narr studienbücher

Nina Janich (Hg.)

Textlinguistik

15 Einführungen

gnv Gunter Narr Verlag Tübingen

Prof. Dr. Nina Janich ist Professorin für Deutsche Sprachwissenschaft an der TU Darmstadt.

Bibliografische Informationen der Deutschen Nationalbibliothek

Die Deutsche Nationalbibliothek verzeichnet diese Publikation in der Deutschen Nationalbibliografie; detaillierte bibliografische Daten sind im Internet über <http://dnb.d-nb.de> abrufbar.

© 2008 · Narr Francke Attempto Verlag GmbH + Co. KG
Dischingerweg 5 · D-72070 Tübingen

Internet: http://narr-studienbuecher.de
E-Mail: info@narr.de

Satz: Informationsdesign D. Fratzke, Kirchentellinsfurt
Printed in the EU

ISSN 0941-8105
ISBN 978-3-8233-6432-0

Klaus Brinker (†) gewidmet

Inhalt

Einleitung *von Nina Janich* 9

I Grundlegende Orientierungen

   1. Text und Textlinguistik *von Ulla Fix*. 15
   2. Text und Diskurslinguistik *von Ingo H. Warnke* 35

II Forschungsansätze der Textlinguistik im Einzelnen

   3. Textgrammatische Ansätze *von Christina Gansel & Frank Jürgens* 55
   4. Textsemantische Ansätze *von Andreas Lötscher*. 85
   5. Textpragmatische und kommunikative Ansätze
      von Wolfgang Heinemann. 113
   6. Textsorten und ihre Beschreibung *von Kirsten Adamzik*. 145
   7. Intertextualität und Text(sorten)vernetzung *von Nina Janich*. 177

III Textproduktion und Textrezeption

   8. Mündlichkeit und Schriftlichkeit von Texten *von Peter Koch &*
      Wulf Oesterreicher 199
   9. Mündliche Textproduktion: Informationsorganisation in Texten
      von Christiane von Stutterheim & Wolfgang Klein. 217
  10. Schriftliche Textproduktion: Formulieren als Problemlösung
      von Gerd Antos 237
  11. Textproduktion und Kontext: Domänenspezifisches Schreiben
      von Eva-Maria Jakobs 255
  12. Kriterien der Textbewertung am Beispiel Parlando *von Peter Sieber* . . .271
  13. Textverstehen und Textverständlichkeit *von Susanne Göpferich*. 291

IV Textlinguistik und neue Medien

  14. Hypertextlinguistik *von Angelika Storrer*. 315
  15. Computerlinguistik und Textanalyse *von Manfred Stede* 333

Gesamtliteraturverzeichnis. 353

Register. 380

Einleitung

Nina Janich

Die Idee für eine Einführung in die Textlinguistik, deren Kapitel von unterschiedlichen Autorinnen und Autoren geschrieben werden, die also sozusagen aus 15 Einzeleinführungen renommierter Textlinguistinnen und Textlinguisten besteht, entstand im Rahmen einer Ringvorlesung an der Technischen Universität Darmstadt im Wintersemester 2006/2007 (finanziell großzügig unterstützt von der AG „Modernes Lehren und Lernen" der TU Darmstadt). Ich hatte in diesem Semester eine Textlinguistik-Vorlesung „mit lebendiger Bibliographie" abgehalten, zu der ich zahlreiche der in diesem Buch vertretenen Autorinnen und Autoren eingeladen hatte, selbst über ihre textlinguistischen Forschungen zu berichten. Auf diesem Weg sollten die Studierenden die Möglichkeit haben, ihre Studienlektüre auch einmal „in persona" kennenzulernen, anstatt nur durch das Referat ihrer Dozentin – denn viele der geladenen und hier vertretenen Forscherinnen und Forscher haben bereits selbst Einführungen in die Textlinguistik verfasst (z.B. Heinemann/Viehweger 1991, Fix/Poethe/Yos 2001, Gansel/Jürgens [2]2007, Heinemann/Heinemann 2002, Adamzik 2004, Bračič u.a. 2007). Zur Ringvorlesung hatte auch der bekannte Textlinguist Klaus Brinker (auf den in vielen der vorliegenden Beiträge verwiesen wird) zugesagt, er verstarb jedoch leider nach kurzer schwerer Krankheit kurz vor Semesterbeginn – ihm sei die Einführung daher gewidmet.

Die Vorlesung profitierte ungemein nicht nur von der Lebendigkeit ihrer Beiträgerinnen und Beiträger, die in einem solchen Buch natürlich nicht vermittelt werden kann, sondern auch von der Vielfalt der Perspektiven, so dass die Idee entstand, diese Perspektivenvielfalt in einer Art „Sammeleinführung" zusammenzubringen. Das bedeutet allerdings auch, dass kontroversen Ansichten Raum gegeben wurde und die in den einzelnen Kapiteln vertretenen Positionen einander widersprechen können (vgl. z.B. die Kapitel 6 und 8 und ihre unterschiedliche Einschätzung der Relevanz der *mündlich-schriftlich*-Kategorie für Texttypologisierungen oder die unterschiedlichen Diskursbegriffe in den Kap. 2 und 8).

Die vorliegende Einführung versucht, erstens einen klassischen Überblick über die textlinguistische Forschung der letzten vierzig Jahre sowie über aktuelle theoretische und methodische Fragen der Textlinguistik zu bieten und zweitens – handlungs- und anwendungsorientiert und dem aktuellen Fokus auf kognitionslinguistischen Ansätzen folgend – Einblicke in Problemstellungen der Textproduktion und Textrezeption zu geben. Dies alles tut sie nicht im Stile eines klassischen Sammelbandes mit völlig autonomen Beiträgen, wie er beispielsweise von Gerd Antos und Heike Tietz vor gut zehn Jahren mit „Die Zukunft der Textlinguistik. Traditionen, Transformationen, Trends" (1997) vorgelegt wurde. Stattdessen haben wir versucht, in Form von vielfach aufeinander bezogenen Kapiteln gemeinsam *ein* Buch zu schreiben, das sich in Studium und wissenschaftlicher Lehre als *eine* Einführung lesen lässt, auch wenn eine gewisse Heterogenität bei insgesamt 18 verschiedenen Autorinnen und Autoren mit unterschiedlichen inhaltlichen Anliegen und Schreibstilen nicht geleugnet werden soll.

Als zentrales Problem eines solchen Konzepts (für die Textsorte Einführung!) erwies sich – nicht verwunderlich – der zugrunde gelegte Textbegriff, der dementsprechend auch von Kapitel zu Kapitel etwas variieren kann. Der Begriff des Textes selbst ist Gegenstand des ersten einführenden Kapitels von Ulla Fix und des sechsten Kapitels von Kirsten Adamzik im Rahmen der Grobdifferenzierung von Textsorten, unter der Perspektive von Mündlichkeit und Schriftlichkeit diskutiert im 7. Kapitel von Peter Koch und Wulf Oesterreicher sowie am Phänomen des Hypertexts problematisiert dann noch einmal im Kapitel 14 von Angelika Storrer. Ansonsten lässt sich die Frage des Textbegriffs für die vorliegende Einführung etwas pointiert auf die Feststellung verkürzen, dass insgesamt der konventionelle Begriff des sprachlichen, medial schriftlichen und linear aufgebauten Textes dominiert, dass aber beispielsweise mündliche Formen wie Gespräche in den Textbegriff der einzelnen Autorinnen und Autoren ebenso eingeschlossen sein können (z. B. ganz explizit in den Kapiteln 3, 5, 8 und 9, problematisiert auch in Kapitel 6) wie visuelle Bestandteile oder Teiltexte und damit das Textualitätsmerkmal der Multimedialität (wie in den Kapiteln 1, 7, 13 oder 14). Diesen Dimensionen des Textbegriffs konnten jedoch aus Gründen des Umfangs keine spezifischen Kapitel gewidmet werden (also z. B. zu Gesprächssorten und Gesprächsanalyse (siehe knapp nur unter 5.5) oder zu einem semiotischen Textverständnis und Text-Bild-Beziehungen).

Wer sich für die Frage der Textdefinition – insbesondere im Zeitalter der neuen Medien – interessiert, dem sei zum einen ein Aufsatz von Maximilian Scherner (1996) zur Begriffsgeschichte von *Text* empfohlen und zum anderen der Sammelband von Ulla Fix u. a. (2002) zur linguistischen Preisfrage „Brauchen wir einen neuen Textbegriff?" (darin zum Beispiel die von Michael Klemm zusammengestellte Sammlung von Textdefinitionen oder die Diskussion der Preisträgerin Eva Martha Eckkrammer).

Zum Aufbau dieses Buches:

Die Einführung versteht sich als Lehrbuch im universitären Unterricht und bemüht sich um eine didaktische Heranführung an die sprachwissenschaftliche Teildisziplin der Textlinguistik. Deshalb ist – neben dem gemeinsamen Literaturverzeichnis – jedes Kapitel zusätzlich mit kommentierten Literaturtipps versehen. Zentrale Begriffe und Kategorien sind durch Kapitälchen hervorgehoben. Schließlich sollen zweierlei „besondere" Textbausteine den Einführungscharakter unterstützen: Die mit dem Symbol des Blitzes versehenen Textabschnitte verweisen auf theoretische und/oder methodische Probleme oder immer noch diskutierte Fragen in der Forschung, die mit dem Symbol der Glühbirne versehenen Textblöcke regen zur eigenen Forschungsarbeit (z. B. im Rahmen von wissenschaftlichen Haus- oder Abschlussarbeiten) an, indem sie auf konkreten weiteren Forschungsbedarf hinweisen.

Das Buch beginnt unter der Überschrift *I Grundlegende Orientierungen* mit zwei einführenden Kapiteln, die den Text (bzw. das sprachwissenschaftliche Verständnis von ‚Text' und damit zusammenhängende Erkenntnisinteressen) in den Kontext der Textlinguistik einerseits (Kap. 1/Fix), der Diskurslinguistik andererseits stellen (Kap. 2/Warnke). Damit sind grundlegende Orientierungen gewonnen, die neben der Problematisierung des Textbegriffs und aktueller Forschungsperspektiven auch zeigen, wie sich Textlinguistik und Diskurslinguistik zunehmend näher kommen.

Der zweite Teil des Buches, *II Forschungsansätze der Textlinguistik im Einzelnen*, bietet in insgesamt fünf Kapiteln einen Überblick über die zentralen sprachwissenschaftlichen Herangehensweisen an Texte. Es werden textgrammatische (Kap. 3/ Gansel und Jürgens), textsemantische (Kap. 4/Lötscher) und im weitesten Sinne textpragmatische Ansätze (Kap. 5/Heinemann) vorgestellt, die zugleich zu einem gewissen Grad eine Chronologie der textlinguistischen Forschung widerspiegeln: Nach der Überwindung des Satzes als größter Einheit sprachwissenschaftlicher Untersuchungen beschäftigte sich die Textlinguistik in ihren Anfangsjahren vor allem mit grammatischen Phänomenen der Textverflechtung. Diese wurden bald durch themenbezogene Zugänge erweitert und schließlich in pragmatische Zugriffe auf Texte integriert. Dabei ist wichtig, dass sich die Ansätze nicht einfach abgelöst haben, sondern integrativ zusammengeführt wurden. Heute ist man sich weitgehend darin einig, dass Texte Ausdrucksformen sprachlich-kommunikativen Handelns sind, dass aber zum Verständnis dieses kommunikativen Handelns *alle* sprachlichen Ebenen, d. h. zum Beispiel auch die Grammatik der Sätze, die Semantik der verwendeten Lexik oder die propositionale Struktur des Textes untersucht werden müssen. Daher enthalten die Kapitel 3 und 4 bereits pragmatische Perspektiven auf die Grammatik und das Thema von Texten, die forschungsgeschichtlich erst *nach* den in Kapitel 5 dargestellten Ansätzen entwickelt wurden. Da längst nicht mehr nur der Einzeltext im Fokus der Textlinguistik steht, widmen sich die Kapitel 6 (Adamzik) und 7 (Janich) den Textsorten und der (Un-)Möglichkeit ihrer Typologisierung sowie – unter dem Stichwort Intertextualität – den verschiedenen Formen von Text- und Textsortenvernetzung.

Da das kommunikative Handeln mit Texten und die damit zusammenhängenden kognitionswissenschaftlichen Fragestellungen im Fokus der aktuellen Textlinguistik stehen, wendet sich der dritte Teil der Einführung der *Textproduktion und Textrezeption (III)* und damit verstärkt den Kommunikationsteilnehmern, also den Autoren und Lesern und ihrem Umgang mit Texten zu. Dieser Teil des Buches dient weniger dazu, weit gespannte Überblicke zu bieten (wie dies vor allem die Aufgabe der Kapitel 3–7 ist), sondern stellt in detaillierterer Form ausgewählte Ansätze vor, zu denen häufig auch jeweils ausführliche Monographien der Autorinnen und Autoren vorliegen. Im Kapitel 8 (Koch/Oesterreicher) wird mit dem in der Forschung intensiv rezipierten Modell von ‚Sprache der Nähe – Sprache der Distanz', d. h. der

Differenzierung zwischen medialer vs. konzeptioneller Schriftlichkeit vs. Mündlichkeit, die Grundlage für eine pragmatische Einordnung verschiedenster Textausprägungen geschaffen. Kapitel 9 (Stutterheim/Klein) beschäftigt sich mit der *mündlichen* Textproduktion, d.h. damit, wie sehr die leitende Frage (die Quaestio), die jedem Text zugrunde liegt, dessen Gestalt beeinflusst. Kapitel 10 (Antos) wendet sich dagegen der Produktion *schriftlicher* Texte zu und entwickelt eine Theorie des Formulierens, die die Produktion eines Textes als ein zu lösendes Problem auffasst, dem nur mit einem „dialektischen" Problemlösen in Form ständiger Reformulierung beizukommen ist. In Kapitel 11 (Jakobs) wird die Textproduktion schließlich in den beruflichen Kontext gestellt, um zu verdeutlichen, in welcher Form nicht nur die in den beiden vorangegangenen Kapiteln im Mittelpunkt stehenden textinhärenten, sondern auch kontextuelle Faktoren das Abfassen von Texten wesentlich beeinflussen. Die beiden folgenden und diesen Teil abschließenden Kapitel 12 (Sieber) und 13 (Göpferich) beschäftigen sich dagegen mit den Ergebnissen von Textproduktionsprozessen und beziehen damit auch die Rezipientenperspektive ein: Kapitel 12 stellt das Zürcher Textanalyseraster vor, mit dessen Hilfe sich Textbewertung operationalisieren lässt, und veranschaulicht Bewertungsprobleme am *Parlando*-Phänomen, einer vor allem für die Deutschdidaktik wie auch die Sprachkritik spannenden „Veränderung kommunikativer Grundmuster in der Schriftlichkeit" (Sieber). In Kapitel 13 wird das Karlsruher Verständlichkeitskonzept erläutert, das der Textbewertung vor allem unter der Perspektive der Verständlichkeit und der Adressatenangemessenheit dient und in dem sprachwissenschaftliche u.a. mit instruktionspsychologischen Kategorien verbunden werden.

Im letzten Teil *IV Textlinguistik und neue Medien* wird im Sinne eines Ausblicks zum einen der Hypertext als neues Textphänomen diskutiert (Kap. 14/Storrer) und werden zum anderen Möglichkeiten und Grenzen computergestützter Methoden der Textlinguistik vorgestellt (Kap. 15/Stede), mit denen umfangreiche Textkorpora textlinguistischen Fragestellungen unterzogen werden können.

Ich danke den Autorinnen und Autoren für ihre Flexibilität gegenüber redaktionellen Eingriffen meinerseits, dem Narr Verlag und Frau Susanne Fischer für die gewohnt gute Zusammenarbeit sowie Margarete Mollenhauer für die Sisyphos-Arbeit bei der Erstellung des Gesamtliteraturverzeichnisses.

I   Grundlegende Orientierungen

1 Text und Textlinguistik

Ulla Fix

1.1   Die Disziplin ‚Textlinguistik'
1.2   Die Kategorie ‚Text'
1.3   Textualität – ein konzentrisch erweiterter Textbegriff
1.3.1   Text als Satzkette
1.3.2   Text als semantisch-thematische Einheit
1.3.3   Text und Handeln
1.3.4   Text und Kognition
1.3.5   Text und Intertextualität
1.4   Text und Typik von Texten
1.5   Text und Stil
1.6   Neuere Aspekte der Textbetrachtung

1.1   Die Disziplin ‚Textlinguistik'

„Es wird, wenn überhaupt gesprochen wird, nur in Texten gesprochen." (Hartmann 1968b: 212) Diese vorausschauende Äußerung von Peter Hartmann, der zu den Begründern der Textlinguistik gehört, vermittelte schon in einer Zeit, als das sich etablierende Fach noch mit der Untersuchung von Mitteln der Satzverknüpfung befasst war (transphrastische Textbetrachtung, siehe 1.3.1), die Einsicht, dass Texte weit mehr als miteinander verknüpfte Sätze sind, dass sie nämlich *die* – thematisch bestimmte und eine Funktion ausübende – Grundeinheit sprachlicher Kommunikation bilden. Texte als Hervorbringungen und Mittel sprachlichen Handelns rückten damit in das Blickfeld der Linguisten. Das ist der Kern eines Textbegriffs, mit dem wir es heute noch zu tun haben, erweitert um die kognitive Dimension, nämlich um die Erkenntnis, dass der Umgang mit Texten auch den Einsatz von Wissen verschiedener Art zur Bedingung hat.

Ebenso wie die Teildisziplinen Soziolinguistik, Psycholinguistik, Gesprächsanalyse u. a. ist die Textlinguistik eine noch junge Richtung der Sprachwissenschaft. Sie ist wie die anderen Disziplinen Teil des grundlegenden Paradigmenwechsels, der sich in den Sechzigerjahren und zu Anfang der Siebzigerjahre des 20. Jahrhunderts in der Sprachwissenschaft vollzogen hat, nämlich des Wechsels von der system-orientierten zur kommunikations- und funktionsbezogenen Sprachbetrachtung, den man unter der Bezeichnung „pragmatische Wende" kennt. Mit diesem Wechsel traten Fragen des Sprachgebrauchs und der Umstände sprachlich-kommunikativen Handelns, d. h. der Situationen dieses Gebrauchs, in den Vordergrund. Damit wurde der Text als die sprachliche Äußerungsform, in der sich Kommunikation vollzieht, zum zentralen Gegenstand. Wenn manche Vertreter des Faches am Anfang der Auffassung waren, dass sich Texte – als Phänomene des Gebrauchs und nicht des Systems – einer systematischen Beschreibung entzögen, so hat sich das gründlich geändert. Mittlerweile ist die Textlinguistik eine unumstrittene Disziplin. Es gibt keinen Zweifel mehr daran, dass der Text als eine Einheit der Sprache anzusehen ist – lange Zeit galt er sogar als die oberste –, und es liegen Instrumentarien für systematische Textbeschreibungen unter den verschiedensten Aspekten vor. Inzwischen hat sich der Radius über den Text hinaus erweitert: Wir wissen heute, dass wir auch bei der Betrachtung von Einzeltexten nicht stehen bleiben können, sondern dass Texte sich in – notwendigen – Beziehungen zu anderen Texten befinden, Beziehungen, die wir mitdenken müssen und die z. B. als TEXTNETZE oder TEXTVERBÜNDE gefasst werden (siehe 7.4.3). Darüber hinaus entwickelt sich eine neue Teildisziplin der Sprachwissenschaft, die Diskurslinguistik, die von einer als DISKURS bezeichneten textübergreifenden Extension der Kommunikation ausgeht. Mit diesem im Foucault'schen Sinne gebrauchten Diskursbegriff ist ein „Verbund textueller Ereignisse" gemeint, „die über das Gleiche sprechen und dabei unter Umständen auch formale Übereinstimmungen aufweisen" (Warnke 2002: 134, siehe Kap. 2).

Die Etablierung der Textlinguistik – wie die der anderen „Bindestrichdisziplinen" auch – wurde befördert durch die Tendenz der Wissenschaftsentwicklung zur Interdisziplinarität, die die Fragestellungen über den Rahmen der eigenen Disziplin hinaus ausweitete und zugleich die Aufnahme von Anregungen von außen mit sich brachte. Disziplinen wie Kognitionsforschung, Kommunikationstheorie, Semiotik, Psychologie, Literaturwissenschaft und Ästhetik spielen hierbei eine Rolle. Eine Reihe von Fragen, die die Sprachwissenschaft selbst gestellt hat, sowie solche, die andere mit der Sprachgestalt des Textes befasste Disziplinen wie z. B. Rezeptionsästhetik und Übersetzungswissenschaft zu beantworten haben, verlangen Auskünfte über den Text. Auch geisteswissenschaftliche Disziplinen, zu deren Gegenständen Texte weniger unter ihrem formalen als unter ihrem inhaltlichen und funktionalen Aspekt gehören, wie z. B. Theologie, Geschichtswissenschaft, Kulturgeschichte, benötigen Wissen über den Text, vor allem über Textsorten (siehe Kap. 6).

 Eine Reihe solcher mit Text befasster Wissenschaften stellt van Dijk (1980: 1 ff.) in seinem Entwurf einer überdisziplinären Textwissenschaft vor. Es lohnt sich, sich mit dieser aus meiner Sicht nicht überholten Vorstellung vertraut zu machen und sich zu überlegen, wie das Verhältnis weiterer, von van Dijk nicht genannter Disziplinen der Geisteswissenschaften zum Thema ‚Text' ist.

Akzeptiert ist die Textlinguistik heute auch deshalb, weil die Alltagspraxis Antworten von ihr erwartet und in einem gewissen Grade auch erhält: Antworten auf Fragen, die die Form, Funktion und Abgrenzung von Textsorten z. B. in den Fachsprachen, im Bildungsbereich, in der Übersetzungspraxis und in der Medienarbeit betreffen. Will man die Leistung der Textlinguistik auf einen griffigen Nenner bringen, so kann man sagen, dass sie sich im Lauf ihrer Entwicklung vor allem zweier großer theoretisch zentrierter Aufgabenstellungen in der Reihenfolge, wie sie hier genannt werden, angenommen hat: Zum einen fragt sie von Anfang an danach, was den Text eigentlich ausmacht. Es geht ihr also um das Wesen des Textes ‚an sich'. Sie entwickelt im Lauf der Forschung vor dem Hintergrund verschiedener theoretischer Ansätze eine Reihe unterschiedlicher Textauffassungen, die sich immer mehr erweitern. Darauf komme ich unter 1.3 zurück (siehe hierzu auch die Kap. 6, 8 und 14). Zum anderen bemüht sie sich in einem später einsetzenden, bis heute andauernden und sich verstärkenden Prozess um das Erfassen der Typik von Texten, d. h. um die musterhaften Ausprägungen des Phänomens Text, die eine Sprach- und Kulturgemeinschaft im gemeinsamen Handeln entwickelt hat, also um die Bestimmung der TEXTSORTEN, in denen Texte realisiert werden. Davon wird hier nur knapp die Rede sein, da sich Kapitel 6 des vorliegenden Bandes diesem Gegenstand widmet.

1.2 Die Kategorie ‚Text'

Was ist eigentlich ein Text? Kann man sich auf die alltagssprachlichen Vorstellungen verlassen, die man als Antwort bekommt, wenn man nichtlinguistisch gebildete „Durchschnittssprachteilnehmer" nach ihrer Vorstellung von Text fragt? Wissen wir also alle, was ein Text ist? Daraufhin befragte Sprachteilnehmer bestimmen das Phänomen Text ziemlich übereinstimmend, wenn auch nicht in denselben Formulierungen, als eine über den Satz hinausgehende, abgeschlossene, thematisch gebundene, sinnvolle sprachliche Einheit, wobei zumeist schriftliche Äußerungen im Blick sind. Zum Alltagswissen über Text gehört auch das Wissen über Funktionen und Muster gebräuchlicher Textsorten. Textexemplare häufig gebrauchter Textsorten (z. B. Bewerbungsschreiben, Einladungen, institutionelle Briefe verschiedener Art) können sowohl (mehr oder weniger) angemessen hergestellt als auch als Texte dieser Textsorten erkannt und rezipiert werden.

 Mit diesem alltagssprachlichen Befund hat man nun zwar das einschlägige Wissen der „Durchschnittssprachteilnehmer" erkundet und damit den Wissensfundus, der gebraucht wird, um Textverstehen zu sichern, das uns ja in der Mehrzahl der Fälle erstaunlicherweise auch gelingt. Was wir damit aber noch nicht erreicht haben, ist die für die wissenschaftliche Betrachtung, d. h. das tiefere Eindringen in das Problem nötige Systematik, Verallgemeinerbarkeit, Vergleichbarkeit und Widersprüche ausschließende Objektivierung, kurz ein Erkenntnisgewinn durch Theoretisierung. Die Bemühungen in diese Richtung, von denen es im Zusammenhang mit der Textbestimmung und der Textklassifizierung vielfältige gibt, haben unser Wissen über den Text in vieler Hinsicht erweitert, differenziert und vertieft. *Einen/den* einheitlichen Textbegriff haben diese Arbeiten aber nicht gebracht. Zum Glück, möchte man sagen; denn der *eine* – notwendigerweise selektive und reduzierende – Textbegriff, auf den man dann festgelegt wäre, würde – ebenfalls wichtige – Aspekte ausschließen und damit mögliche Zugänge zum Phänomen ‚Text' verbauen. Die Gefahr einer solchen Festlegung besteht, wie die Erfahrung zeigt, aber deshalb gar nicht, weil die Ausgangsfragen und Erkenntnisinteressen, mit denen man an das Phänomen Text herangeht, zu verschieden sind und in jeweils andere, immer aufschlussreiche Richtungen führen. So wird, vereinfacht gesagt, Text u. a. verstanden als Verkettung von Sätzen, als Zeichenfolge mit einer Funktion, als thematische Einheit, als Mittel sprachlichen Handelns, als auf Wissensvoraussetzungen angewiesenes Konstrukt (ausführlicher dazu Adamzik 2004: 38 ff.). Es leuchtet ein, dass von den sehr verschiedenen – morphologisch-syntaktischen, lexikologisch-semantischen, kognitiven, pragmatischen, semiotischen – Gesichtspunkten immer nur bestimmte in spezifischer Kombination eine Rolle spielen, jeweils nur in der für die jeweilige Textauffassung geeigneten Auswahl. Wenn man sich jedoch zunächst eine allgemeine Vorstellung verschaffen will, wie es die LeserInnen eines Einführungsbandes ja sicher anstreben, ist ein spezieller Einstieg noch nicht angeraten, sondern es scheint sinnvoll, zunächst einmal auf diese verschiedenen Aspekte einzugehen, ehe man dann, in einem zweiten Schritt, der z. B. die eigene vertiefte Beschäftigung mit einem der Aspekte in einer wissenschaftlichen Haus- oder Abschlussarbeit sein könnte, sich *einem* Problemkreis genauer zuwenden kann. Daher soll in diesem Beitrag ein solch offener Ansatz gewählt werden, der verschiedene in der Literatur diskutierte Zugänge zum Text zeigt und der es darüber hinaus auch erlaubt, Ergänzungen vorzunehmen und neue Aspekte einzuführen.

Bevor wir uns diesem Ansatz zuwenden, treffe ich noch folgende Festlegungen:

1. Es werden nur schriftliche Texte betrachtet. Die Beschäftigung mit gesprochenen Texten einschließlich der Klärung der Frage, ob Gespräche überhaupt als Texte zu betrachten sind, würde den Rahmen dieses Kapitels sprengen (siehe hierzu auch die Einleitung).
2. Ich gehe davon aus, dass sich eine „textliche Einheit", das also, was als ein vollständiger Text zu betrachten ist, zum einen aus unserem Textsortenwissen ergibt. Wir wissen aus Erfahrung, wie Texte bestimmter Textsorten eröffnet und abgeschlossen werden. Wir kennen also Anfangs- und Endsignale. Eine Texteinheit kann außerdem aus ihrem Handlungszusammenhang deutlich werden und auch daran, dass sie eine spezifische Textfunktion verfolgt.
3. Man muss aber auch damit rechnen, dass Textgrenzen nicht immer scharf gezogen sind. Unschärfe ist ein Phänomen, das bei der Betrachtung von Sprache nicht unsicher machen darf. In einem sozial bestimmten und sich natürlich entwickelnden Bereich, wie es der Gebrauch einer Sprache ist, kann man absolute Trennschärfe zwischen den Phänomenen nicht erwarten.

Für einen offenen Zugriff auf das Textphänomen bietet es sich an, zunächst einmal auf die fast „klassisch" gewordenen (wenn auch zugleich in die Kritik geratenen) KRITERIEN DER TEXTUALITÄT zurückzukommen, wie sie Beaugrande/Dressler (1981) in ihrem Buch „Einführung in die Textlinguistik" vorgestellt und expliziert haben: Es sind die folgenden: KOHÄSION, KOHÄRENZ, INTENTIONALITÄT, AKZEPTABILITÄT, INFORMATIVITÄT, SITUATIONALITÄT, INTERTEXTUALITÄT (genauer unter 1.3).

Dass man dabei nicht stehen bleiben darf, ja dass diese Kriterien auch kritisch zu betrachten sind, ist gegenwärtig ebenso Konsens wie die Praxis, dass sich nahezu jede Auseinandersetzung mit dem Textbegriff an der Arbeit der beiden Autoren – zustimmend und/oder kritisch, das Gesagte einfach wiedergebend oder es fortführend – orientiert. Feilke (2000: 76) z. B. spricht von „völlig heterogenen Theorietraditionen" der Kriterien. Anders dagegen äußern sich Adamzik (2004) und Warnke (2002), die den Kriterien durchaus einen erkenntnisfördernden Wert zusprechen. Es lohnt sich, die Argumentationen der drei Autoren durch die Lektüre der genannten Arbeiten nachzuvollziehen. Warnke meint sogar, dass die Kriterien der Textualität nach Beaugrande/Dressler nicht nur „noch immer einschlägig" seien, sondern dass sie sogar „gleichsam die Matrixkarte der Textlinguistik" bildeten (Warnke 2002: 127). In einem zusammen mit Gerhard verfassten Aufsatz wird gezeigt, wie man die Kriterien erfolgreich als eine Richtschnur für Untersuchungen einsetzen kann, und dies sogar auch in der Analyse von über den sprachlichen Text hinausgehenden nicht-sprachlichen zeichenhaften Artefakten (Stadt als Text/Warnke/Gerhard 2006, siehe 1.6).

Im vorliegenden Beitrag sollen die TEXTUALITÄTSKRITERIEN gleichsam als ein Rahmen dienen, in dem man sich über Textualitätseigenschaften Gedanken macht. Genauer gesagt: Die von Beaugrande/Dressler so genannten „Kriterien" werden nicht als *ausschließliche* Kriterien gebraucht, sondern als „Beschreibungsdimensionen für wesentliche Eigenschaften von (prototypischen) Texten" (Adamzik 2004: 53), die auch ergänzt werden können. Man kann sie sich – in einem gedanklichen Bild – als um einen Kern herum geordnet vorstellen, vom engeren transphrastischen hin zu weiteren Kriterien. Die Ausführungen von Adamzik (2004) und Sandig (2006: 309 ff.) stellen diesen Kriterien jeweils eine Auffassung von Texteigenschaften als Elemente eines prototypischen Textverständnisses gegenüber. Hier steht das Prototypische eines Textes, das, was ihn zu einem guten, d. h. typischen Vertreter seiner Kategorie macht, im Mittelpunkt, weniger entscheidende Merkmale rücken an den Rand (so auch in Kap. 14). Der Hinweis auf das Prototypische ist eine wichtige Bereicherung, die nicht notwendig die Kriterien von Beaugrande/Dressler „aushebeln" muss, sondern zu einem differenzierteren Gebrauch dieser Beschreibungsdimensionen anregt.

 Die sieben „Beschreibungsdimensionen" erlauben es in ihrer Offenheit, das Interesse über die geläufigen Perspektiven hinaus auf andere Gesichtspunkte und neue Fragestellungen zu richten, so dass ein weiterer Blick auf den Gegenstand Text möglich wird und bisher wenig oder gar nicht im Blick befindliche Perspektiven eröffnet werden können. Zu diesen bisher weniger beachteten Blickrichtungen gehört die auf den Stil. Grundsätzlich – daran kommt man nicht mehr vorbei – wird man die Beziehung von Text und Stil, die für Beaugrande/Dressler von geringer Bedeutung waren, berücksichtigen müssen. Das hat in jüngster Zeit Sandig mit ihrer umfangreichen „Textstilistik" (^{2}2006) besonders deutlich gemacht.[1]

---

1 Es lohnt sich, Kapitel 5 „Stil im Text: Textmerkmale und Stil" und Kapitel 6 „Stil im Text: Textmuster und Stil" daraufhin anzusehen. Zur zwingenden Notwendigkeit, Stil als Teil des Textes zu verstehen, siehe Fix 2005.

Zieht man in Betracht, dass es handlungsorientierte, funktional bestimmte und semiotische Stilauffassungen gibt, die alle ohne einen Textbezug nicht denkbar wären und die (direkt oder indirekt) Stil sogar als eine Voraussetzung für Texthaftigkeit ansehen, kann man nicht umhin, im Kontext der Auseinandersetzung mit dem Textbegriff dem Thema Stil besondere Aufmerksamkeit zuzuwenden und zwar, indem man Stil ausdrücklich als Teil des Textes betrachtet. Stil ist demnach konstitutiv für Texthaftigkeit. Die Frage wird zu beantworten sein, ob die stilistische Einheit eines Textes auch eine Beschreibungsdimension für Texte sein sollte (siehe auch 1.5).

Was ist nun aus der Sicht von Beaugrande/Dressler als ein Text aufzufassen? In ihrer „Einführung in die Textlinguistik" stellen die Autoren zu Beginn erwartungsgemäß die Frage, was ein Text sei, d. h., „welche Kriterien Texte erfüllen müssen" (Beaugrande/Dressler 1981: 3), um als Texte gelten zu können, und beantworten ihre Frage mit der folgenden teilweise einleuchtenden, teilweise nicht unproblematischen Definition:

> Wir definieren einen TEXT als eine KOMMUNIKATIVE OKKURENZ […], die sieben Kriterien der TEXTUALITÄT erfüllt. Wenn irgendeines dieser Kriterien als nicht erfüllt betrachtet wird, so gilt der Text nicht als kommunikativ. Daher werden nicht-kommunikative Texte als Nicht-Texte behandelt. (Beaugrande/Dressler 1981: 3)

Dass die Autoren Texte als eine „kommunikative Okkurenz" betrachten, d. h. als eine kommunikations- und damit handlungsbestimmte Größe, ist ein wichtiger Schritt. Wie oben schon beschrieben, rücken damit Texte als Größen der Sprachverwendung in den Blick, womit die rein transphrastische Betrachtung, also die Untersuchung der Satzverknüpfungen als alleiniger Beschreibungsansatz, überwunden ist (siehe ausführlicher Kap. 5). Ein weites und erweiterbares Untersuchungsfeld tut sich auf. Das wird deutlich werden, wenn in 1.3 die sieben Kriterien genauer beschrieben werden.

 Problematisch ist an der oben zitierten Äußerung zu Text als kommunikativer Okkurenz die Feststellung, dass die Nichterfüllung eines der Kriterien den Textcharakter überhaupt in Frage stelle. Das hat in vielen Auseinandersetzungen mit den Textualitätskriterien eine Rolle gespielt (vgl. z. B. Adamzik 2004). Dass die Äußerung problematisch ist, wird unter 1.3.1 genauer dargestellt werden. Nur so viel an dieser Stelle: Man muss diese strikte Forderung kritisch betrachten, weil die Erfahrung zeigt, dass Rezipienten durchaus auch Textangebote, die im Sinne der Kriterien defizitär sind, als Texte anzuerkennen bereit sind. Aus den Ausführungen der Autoren kann man ableiten, dass sie diese positive Rezeption mit der Existenz von „Ersatzfunktionen" erklären. So kann für mangelnde Kohäsion (Verbindungen auf der Oberfläche des Textes) Kohärenz (Weltwissen) „einspringen", so kann der Rezipient Situationalität (Kenntnis der Umstände eines kommunikativen Ereignisses) und Intentionalität (z. B. Kenntnis der Funktionen von Textsorten) für mangelnde Kohäsion „einsetzen", um die Satzfolge als Text verstehen zu können. Die Feststellung, dass der Textcharakter bereits beim Fehlen eines der Merkmale (Kriterien) beschädigt wäre, wird also von den Autoren selbst relativiert.

Nachdem nun deutlich geworden ist, dass Beaugrande/Dressler mit ihren Kriterienvorschlägen ein offenes System vorgestellt haben, sehen wir uns diese Vorschläge im Zusammenhang mit der Vorstellung verschiedener Textbegriffe zunächst genauer an (1.3–1.5), um sie dann zu ergänzen (1.6).

1.3 Textualität – ein konzentrisch erweiterter Textbegriff[2]

1.3.1 Text als Satzkette

In ihrer Anfangsphase (Sechzigerjahre des 20. Jh.) war die Textlinguistik, wie oben schon ausgeführt, von einer satzbezogenen Perspektive dominiert und hatte das Übergreifende wie z.B. die Textbedeutung, das sprachliche Handeln, das Kognitive etc. nur bedingt im Blick. Folgt man diesem „transphrastisch" genannten Ansatz, so betrachtet man Texte als miteinander verbundene Ketten von Sätzen, die folglich mit demselben Instrumentarium beschrieben werden können, das man auch für Sätze verwendet (siehe ausführlich Kap. 3). Das entspricht in etwa dem Merkmal der KOHÄSION bei Beaugrande/Dressler. Die Autoren nennen als geläufige Mittel der Herstellung von Kohäsion u.a. Tempus, Aspekt, Junktion, Satzperspektive, Pronominalisierung, Rekurrenz, Parallelismen und geben folgende Definition:

> Das erste Kriterium [der Textualität, U.F.] wollen wir KOHÄSION nennen. Es betrifft die Art, wie die Komponenten des OBERFLÄCHENTEXTES, d.h. die Worte, wie wir sie tatsächlich hören oder sehen, miteinander verbunden sind. Die Oberflächenkomponenten hängen durch grammatische Formen und Konventionen voneinander ab, so daß also Kohäsion auf GRAMMATISCHEN ABHÄNGIGKEITEN beruht. (Beaugrande/ Dressler 1981: 3f.)

Wie oben schon angesprochen, kann bereits dieses erste Kriterium, verstanden als die grammatische Verknüpfung von Komponenten des Textes auf der Textoberfläche, durchaus unvollkommen realisiert sein, ohne dass wir als Rezipienten auf die Idee kämen, dadurch den Textcharakter der zur Rede stehenden Satzfolge in Zweifel zu ziehen. Denken wir nur an Texte, für die das reine Aneinanderreihen von Wörtern nichts Ungewöhnliches ist, denen morphologisch-syntaktische Elemente der Kohäsion ganz oder teilweise fehlen können, wie das z.B. in Gedichten der Moderne oder in Werbetexten der Fall sein kann. Das Kriterium der Kohäsion wäre in diesen Fällen nur unvollständig bzw. bei einem engen Verständnis von Grammatik als System morphologischer und syntaktischer Regeln gar nicht erfüllt. Ist ein solcher Text wirklich zwangsläufig nicht-kommunikativ und damit streng genommen kein Text mehr? Hat er uns nichts zu sagen? Das würden wohl alle in unserer Kultur aufgewachsenen und mit Literatur vertrauten Sprachteilnehmer bestreiten. Wir finden die Lösung bei Beaugrande/Dressler selbst. Die Autoren nehmen ihre strikte Feststellung partiell zurück, indem sie deutlich machen, dass sie

---

2 Dieses Teilkapitel stützt sich partiell auf einen Aufsatz, der für einen literaturwissenschaftlichen Rezipientenkreis geschrieben wurde: Fix 2008.

‚Textkohäsion' wesentlich weiter fassen als das, was man unter ‚Textsyntax' oder ‚Textgrammatik' versteht.

> Diese Erweiterung besteht aus zwei Faktoren: der *Operationalisierung* syntaktischer oder grammatischer Strukturen in der realen Zeit und der *Interaktion* der Syntax oder Grammatik mit anderen Faktoren der Textualität. (Beaugrande/Dressler 1981: 87)

Wenn wir wissen, was das ist, was auf der Textoberfläche die Sätze so miteinander verknüpft, dass man sie als Einheit erlebt, haben wir erst den innersten (und auch engsten) Bezirk des Textsortenwissens erfasst, seinen – natürlich auch heute noch – unentbehrlichen Kern. Um diesen Kern herum legen sich nun wie Ringe weitere Areale von Wissensbeständen, ohne die man mit Texten auch bei Kenntnis aller Oberflächenverknüpfungen nicht umgehen könnte: Wissen über textsemantische Beziehungen und textthematische Strukturierungen, die die Texteinheit konstituieren und das Handeln mit Texten erst ermöglichen, Wissen über die kommunikative Eingebettetheit der Texte und ihre kognitiven Bezüge, ihren semiotischen Charakter und schließlich über ihre kulturelle Geprägtheit und damit über ihre Textsorten.

1.3.2   Text als semantisch-thematische Einheit

Die erste Erweiterung des Textbegriffs ist die um seine semantisch-thematische Qualität. Hier geht es um die Kategorie der KOHÄRENZ, wie Kohäsion ein textgebundenes Phänomen, das aber bereits über rein Sprachliches hinausgeht. Beim Rezipieren des Textes müssen Konzepte („Konstellationen von Wissen", Beaugrande/Dressler 1981: 5) und Relationen zwischen diesen Konzepten, die dem Text in seiner Tiefenstruktur zugrunde liegen, aktiviert werden. Voraussetzung für gelingende Sinnherstellung ist, dass die Konzepte, d.h. die Wissenskonstellationen, den Sprachteilnehmern, d.h. Produzenten und Rezipienten, gemeinsam bekannt sind.

> Kohärenz ist nicht bloß ein Merkmal von Texten, sondern vielmehr das Ergebnis kognitiver Prozesse der Textverwender. Die bloße Aneinanderreihung von Ereignissen und Situationen in einem Text aktiviert Operationen, welche Kohärenzrelationen erzeugen oder ins Bewusstsein zurückrufen. (Beaugrande/Dressler 1981: 7)

Kohärenz muss nicht zwingend auf der Textoberfläche repräsentiert sein. Fehlt die sprachliche Repräsentation der Zusammenhänge, wird der Rezipient diese selbst herstellen, indem er sein Weltwissen einbringt. Im Fall des folgenden Beispiels handelt es sich um einen kausalen Zusammenhang, den wir alle aufgrund unseres Alltagswissens mühelos herstellen:

(1-1)   *Er hatte den Schlüssel vergessen und rief den Schlüsseldienst an.*

Mit dieser Beschreibung ist zwangsläufig der Gedanke verbunden, dass die semantische Einheit eines Textes auch eine Hervorbringung des Rezipienten ist, der nicht nur die Oberflächenstruktur erfassen, sondern auch herausfinden muss, was unter dieser liegt, der durch die Interaktion zwischen den im Text angebotenen Informationen und seinem Weltwissen Sinn erzeugt. Als ein Textualitätskriterium, das hier gebraucht wird, gilt das auf der Rezipientenseite angesiedelte Kriterium der AKZEPTABILITÄT. Gemeint ist damit die Bereitschaft des Rezipienten, einen Text als kohäsiv, kohärent und intentional anzusehen, also eine inhaltliche Einheit anzunehmen, die sich nicht durchweg aus den auf der Textoberfläche vorhandenen Zeichen ablesen lassen muss, sondern die sich auch durch das Füllen von Lücken herstellen kann.

Akzeptabilität ist das einzige rezipientenbezogene Kriterium und darum von besonderer Relevanz. Alle anderen Kriterien beziehen sich auf die Textproduktion. Im Sinne der Verstehenspsychologie heißt der Umgang mit Akzeptabilität, dass „Sinnkonstanz" hergestellt wird (Hörmann 1987), d. h., dass ein sinnvoller Zusammenhang erschlossen wird, der über die in der Äußerung kodierten Informationen hinausreicht. Ein Vorgang, der angewiesen ist auf den dem Rezipienten vertrauten Horizont des „Allgemein-Sinnvollen" (Hörmann 1976: 206). Das Herstellen semantischer Textzusammenhänge kann demnach – da folgt die Textlinguistik der Verstehenspsychologie – nicht gefasst werden als die schlichte Dekodierung sprachlicher Zeichen, sondern es muss als ein konstruktiv-schöpferischer Akt betrachtet werden, der über die sprachlichen Zeichen hinausreicht und Bezug nimmt auf die Welt, die Intentionen des Produzenten und den eigenen Erfahrungshintergrund (siehe Kap. 13). Die Einsicht, dass die sprachlichen Zeichen keine Eins-zu-Eins-Entsprechung zu ihren gedanklichen Inhalten haben, dass sie in ihrer Bedeutung in vieler Weise offen sein können und über sich selbst hinaus auf die Welt verweisen, in der sie gebraucht werden, gehört zum gesicherten Wissen der Textlinguistik. ‚Welt' wird hier zum einen verstanden als die Realität, in der die Kommunizierenden handeln, zum anderen aber auch, mit Blick auf literarische Texte, als die fiktionale Welt, in der die Zeichen etwas bedeuten, was möglicherweise mit ihrem Bedeuten im nicht-fiktionalen Text nichts zu tun hat (siehe auch 6.2.1).

Liegt bei dem eben dargestellten linguistischen Konzept von Text als Sinnangebot der Schwerpunkt auf der Zeichenhaftigkeit der Texte, so findet man ihn bei der Auffassung von Texten als Resultaten verschiedener Arten thematischer Entfaltung eher beim Handlungscharakter, der Texten zugeschrieben wird. Die Entfaltung des Themas wird, das ist der Ausgangspunkt, wesentlich durch situative Faktoren beeinflusst. Durch sich immer wiederholende Faktoren der jeweiligen Kommunikationssituation haben sich kulturell bestimmte Grundformen der Verknüpfung von Propositionen bzw. Propositionskomplexen herausgebildet, die, sofern sie dominieren, den Charakter von Textsorten mitbestimmen (siehe hierzu ausführlich Kap. 4).

1.3.3 Text und Handeln

Die Betrachtungen von Text und Syntax, Text und Semantik oder Text und Thema, wie sie bis jetzt angesprochen wurden, reichen nicht aus, um das Wesen des
Textes zu erfassen. Es legt sich ein weiterer Ring um den „transphrastischen Kern"
und den Ring semantisch-thematischen Wissens. Grund für diese Erweiterung des
Blickwinkels ist die oben schon angesprochene Einsicht, dass der Text eine Einheit
sui generis mit eigenen, von den Regeln des Satzes unterschiedenen Regularitäten ist
und dass unter diesen Umständen eine nur textinterne Betrachtung nicht genügen
kann. Wenn Texte in Handlungen eingebettet bzw. an ihnen beteiligt sind, müssen sie als Element des Handelns auch unter dem Gesichtspunkt ihrer Produktion
und Rezeption betrachtet werden. Im Handlungszusammenhang spielen daher die
Kriterien INTENTIONALITÄT, SITUATIONALITÄT, INFORMATIVITÄT und AKZEPTABILI-
TÄT (s. o.) eine wichtige Rolle.

- INTENTIONALITÄT bezieht sich auf die Absicht des Textproduzenten, einen kohä-
  siven und kohärenten Text mit einer Funktion herzustellen.
- SITUATIONALITÄT ist das Kriterium, das sich auf die „Außen-Faktoren", auf die
  Situation bezieht, in der mit dem Text gehandelt wird. Zugleich wird – umgekehrt – hier der Blick auch auf die Textelemente gerichtet, die die Situation
  sprachlich verdeutlichen.
- INFORMATIVITÄT betrifft die durch den Kontext bestimmte „Erwartetheit bzw.
  Unerwartetheit, Bekanntheit bzw. Unbekanntheit/Ungewissheit" (Beaugrande/
  Dressler 1981: 10 f.) sowie „Wahrscheinlichkeit bzw. Unwahrscheinlichkeit" der
  durch den Text vermittelten Informationen (ebd.: 146 f.). Dass dies eine von den
  anderen textexternen Kriterien abhängige und daher nicht leicht bestimmbare
  Größe ist, wird einleuchten.

Mit diesen Kriterien und dem von ihnen eröffneten Blickwinkel hat man die rein
textinterne Perspektive (bestimmt durch Kohäsion und Kohärenz) aufgegeben und
richtet den Blick zusätzlich auf Textexterna. Über Textstrukturen, -themata und
-funktionen hinaus betrachtet man nun die Zweckgerichtetheit der sprachlich-
kommunikativen Handlungen, die Rolle, die Sender und Empfänger gemeinsam
bei der Textkonstitution haben, und den sozialen Aspekt, der sich daraus ergibt,
dass zwei oder mehr Individuen mithilfe von Texten und auf der Grundlage gemeinsamer Konventionen kooperieren. Kommunikativ-pragmatische Prinzipien
(Situationalität, Intentionalität, adressatenbezogene Informativität und senderbe-
zogene Akzeptabilität) auf der einen und spezifische, nicht vom Sender abhängige
Textkonventionen (Textregularitäten, Textmuster, Textklassen, siehe Kap. 6) auf
der anderen Seite stehen jetzt im Vordergrund. Sowohl dem handlungstheoretischen Konzept der Sprechakttheorie (siehe 5.2.2) wie der kognitionspsychologisch
begründeten Tätigkeitstheorie, die beide in diesen Kontext gehören, liegt die Auffassung zugrunde, dass Sprache nur im Zusammenhang des Handelns – des sprachlichen und des nicht-sprachlichen – angemessen beschrieben werden kann. Man

hat davon auszugehen, dass Texte immer von jemandem für jemanden mit einer bestimmten Intention gemacht werden und dass das „Leben" der Texte davon abhängt, ob jemand sie als eine intentional auf eine bestimmte Wirkung hin verfasste Mitteilung rezipiert und ihnen Sinn gibt. Andernfalls bleiben sie unabgeschlossene Entitäten. Bezüge zu literaturwissenschaftlichen Kategorien wie ‚Lesarten', ‚offener Text' und ‚Rezeptionsästhetik' lassen sich hier denken.[3]

1.3.4 Text und Kognition

Bei jeder der bisher vorgestellten Textauffassungen – Textoberflächenbeziehungen, thematisch-semantische Einheit, Handlungszusammenhang – hat sich die Perspektive auf Texte erweitert. Eine außerdem notwendige Erweiterung besteht in der Einbeziehung kognitiver Prozesse, die an der sprachlichen Tätigkeit beteiligt sind. Der Sender greift beim Herstellen und Verstehen von Äußerungen auf bestimmte mentale Voraussetzungen zurück. Er bezieht sich auf seine Wissens- und Erfahrungsbestände und geht mit den aus der zurückliegenden kommunikativen Praxis gewonnenen Erwartungen an Künftiges heran. Die Organisation solcher Wissensbestände wird von verschiedenen Ansätzen aus beschrieben. Ein semasiologischer, sich auf Erkenntnisse der kognitiven Psychologie beziehender Ansatz geht aus von der Existenz semantischer Felder. Unser Gedächtnis speichert begriffliches Wissen nicht in isolierten Einheiten, sondern in KERNKONZEPTEN. Zu einem solch umfassenden integrierenden Kernkonzept, das Agricola u.a. (1987) als Oberbegriff von mittlerem Abstraktionsgrad auffassen, gehört als grundlegende Struktureinheit ein SEMANTISCHES FELD, das aus einer Menge einander bedeutungsnaher Lexembedeutungen besteht. Das semantische Feld für alles, was z.B. unter den Oberbegriff *Reise* mit allen zugehörigen Substantiven, Verben, Adjektiven gehört, ist dem Sprachteilnehmer mehr oder weniger vollständig bekannt und kann zu Assoziationen bzw. in Texten zu Vernetzungen führen, also Textkohärenz und Sinnangebote herstellen.

Auch mit FRAMES bzw. SCHEMATA (begrifflichen Zusammenhängen: Institutionen, Vorgänge, Gegenstände, Personen, Zustände, z.B. im Bereich des Reisens) und SCRIPTS (Handlungsabläufe im Kontext des Reisens) werden konzeptuelle Teilsysteme unseres Wissens erfasst. Der Unterschied zum Ansatz der semantischen Felder ist darin zu sehen, dass nicht mehr sprachlich fixierte Begriffe die Ausgangsposition für ein solches globales Muster bilden, sondern typische Zusammenhänge, wie sie als in der Realität existent in unserem Bewusstsein fixiert sind. Nicht das sprachliche Zeichen ist hier also der Ansatzpunkt, sondern die Strukturen sind es, in denen Ausschnitte der Wirklichkeit in unserem Gedächtnis fixiert sind. Sie repräsentieren typisierte Situationen, Objekte, Zustände und Prozesse. Die Infor-

---

3 Wenn man sich über diese Ansätze genauer informieren will, empfiehlt sich folgende Literatur: zur Sprechakttheorie Austin 1979, Searle 1971, Linke u.a. [5]2004, Motsch/Pasch 1987, zur Tätigkeitstheorie Leont'ev 1984a, Leont'ev 1984b.

mationen, die solche globalen Muster bereithalten, sind von unterschiedlichem Abstraktionsgrad, unterschiedlich komplex und auch erweiterbar, d.h., sie lassen einen dynamischen Umgang zu. Die Kenntnis solcher Zusammenhänge ist sowohl für das Textverstehen, für dessen Beschreibung sie herauspräpariert wurden, als auch für das Herstellen von Texten relevant (siehe Teil III dieser Einführung). Der Textzusammenhang kann nur über die außersprachliche Instanz ‚Weltwissen‘ hergestellt werden. In der Kenntnis von Frames und Scripts geht man mit bestimmten Erwartungen an Texte heran, und man hört oder liest dann auch mit den Erwartungen des jeweiligen Frame oder Script und nimmt nur auf, was in dieses Frame oder Script passt. Wie sieht die Erwartung an künstlerische Texte aus? Zum Beispiel so, dass unsere Erwartungen von einem spezifischen Ausschnitt von Weltwissen bestimmt sind, nämlich dem, dass es so etwas wie Literatur gibt, dass solche Texte anders als andere gelesen werden müssen, dass den Lesern in ihr andere Welten begegnen als im alltäglichen Leben.

1.3.5 Text und Intertextualität

INTERTEXTUALITÄT, das letzte der von Beaugrande/Dressler angeführten Kriterien, bezieht sich auf die allgemeine Tatsache, dass Texte mit anderen Texten in Verbindung stehen, wobei die Autoren ihr Augenmerk primär auf die Beziehungen richten, die zwischen Einzeltexten und den Textsorten, zu denen sie gehören, bestehen. So sind alle Textexemplare über das Muster der Textsorte, in der sie realisiert sind, miteinander verbunden. Das scheint eine triviale Erkenntnis zu sein. Wenn man es allerdings mit Texten zu tun hat, die dem Muster nicht mehr zweifelsfrei folgen, weil der Autor Textmuster miteinander mischt (z.B. politischer Protest als Todesanzeige formuliert), wird deutlich, dass diese Art der Intertextualität (TYPOLOGISCHE INTERTEXTUALITÄT, vgl. Holthuis 1993) nicht als Selbstverständlichkeit abgetan werden kann. Hier rückt die *Text*betrachtung schon nahe an die *Textsorten*betrachtung heran. Außerdem verweisen die Autoren auch darauf, dass es notwendige Beziehungen zwischen Textexemplaren (REFERENZIELLE INTERTEXTUALITÄT nach Holthuis) geben kann, die im Charakter der Textsorte/Gattung liegen, wie es z.B. bei der Rezension oder der Parodie der Fall ist. Dass es gleichsam fakultative Text-Text-Beziehungen geben kann, wie das Zitat oder die Anspielung im Roman, sehen die Autoren auch. Insgesamt regt die Kategorie der Intertextualität dazu an, Texte nicht als isolierte Einheiten zu betrachten, die sie ja in Wirklichkeit gar nicht sind, sondern sie in der Vielfalt möglicher Verflechtungen und Beziehungen zu betrachten (vgl. zur Weiterentwicklung dieses Denkens 1.6, zur Intertextualität siehe ausführlich Kap. 7).

1.4   Text und Typik von Texten

Das bisher als letztes in die Diskussion eingebrachte Feld von Wissensbeständen, das sich konzentrisch an das bisherige Textwissen anlagert, ist das Wissen um Textsorten in ihrer kulturellen Geprägtheit. Wissenschaftsgeschichtlich ist interessant, dass sich das Interesse von der Auseinandersetzung mit dem Wesen des ‚Textes an sich' immer mehr auf die Frage nach den Möglichkeiten der Klassifizierung von Texten, nach Textsorten also, verlagerte (kritisch dazu Kap. 6). Die pragmatische und später auch die kulturwissenschaftliche „Wende" waren die Ursache, dass sich das Interesse von der Wesensbestimmung des Textes zunehmend auf den Text in seinen kommunikativen und kulturellen Zusammenhängen verlagerte, was folgerichtig die Frage nach der Typik, in der Texte auftreten, mit sich brachte, die Frage nach Sorten von Texten und ihrer Klassifizierung und nach ihrer kulturellen Geprägtheit (Fix/Habscheid/Klein 2001, Fix 2002). Der alltagssprachliche Kulturbegriff, der hier gemeint ist, bezieht sich darauf, dass die Mitglieder einer Kulturgemeinschaft für das im Sinne ihrer Gemeinschaft existenziell nötige Miteinanderhandeln, zu dem natürlich auch Kommunizieren gehört, Formen, Muster und Routinen entwickelt haben, auf die alle zurückgreifen können und müssen, wenn Zusammenleben gelingen soll. Zu den kommunikativen Mustern, die die Gemeinschaft entwickelt hat, um miteinander leben zu können, gehören neben nicht-sprachlichen Formen, wie z. B. Mimik und Gestik, auch die sprachlichen, d. h. auch Textsorten einer jeweiligen Kultur mit ihrer typischen Form, ihrem vereinbarten Weltbezug und ihrer Funktion, ihrem spezifischen „Zugriff" auf das Leben. Zur Lösung bestimmter Probleme stehen bestimmte Textsorten zur Verfügung. Für die Erfüllung eines Bedarfs, also für die Formulierung einer Bitte z. B., stehen uns je nach Handlungsbereich formelhafte Antragstexte im institutionellen Verkehr, das Petitionsschreiben in der Politik und das Gebet im religiösen Bereich zur Verfügung. Zur Verdeutlichung: Textsorten – wie andere Routinen des Handelns auch – beruhen in zweierlei Hinsicht auf kulturellen Übereinkünften. Von der ersten war schon die Rede. Es geht darum, dass bereits die Tatsache der Existenz des Phänomens Textsorte an sich, das Faktum also, dass Kultur- und Kommunikationsgemeinschaften über die Textsorte als eine wichtige und komplexe Art von Handlungsroutine verfügen, ein im oben beschriebenen Sinne (alltags)kulturelles Phänomen ist. Sie haben also *grundsätzlich* einen kulturellen Status. Im konkreten Fall der Beschäftigung mit einer bestimmten Textsorte hat man zusätzlich die einzelkulturelle Spezifik der jeweiligen Textsorte zur Kenntnis zu nehmen. Konkrete Textsorten sind einzelkulturelle Übereinkünfte, von der jeweiligen Kultur, in der sie entstanden sind, geprägt. So gibt es in der Realität des Sprechens nicht ‚Textsorten an sich', sondern spezifische, von einer oder auch von mehreren Kulturen gemeinsam geprägte. Diese Prägung kann verschiedene Aspekte betreffen. Sie kann sich inhaltlich auswirken, aber auch funktional und formal. Zum Wissen über Textsorten gehört also auch Wissen über Traditionen von Texten und über deren kulturelles Prestige und dessen Wandel (SMS gilt als attraktiv, der handschriftliche Brief weniger) sowie über den Wert des Mediums (geschriebenen Texten wird mehr Wert zugebilligt als gesprochenen, siehe 1.6 und allgemein dazu Kap. 8). Hat man dies alles im Blick, wird man sich fragen müssen, ob nicht dieser Ring von Wissen, der sich als weitester um die anderen schon beschriebenen Wissensbestände legt, konstitutiv ist für den Textcharakter und man nicht das zusätzliche Kriterium der KULTURALITÄT ansetzen sollte.

Interessant ist in diesem Kontext auch das Konzept der mündlichen ‚kommunikativen Gattungen', denen zugeschrieben wird, „historisch und kulturell spezifische, gesellschaftlich verfestigte Lösungsmuster für strukturelle kommunikative Probleme" zu sein. Man kann dazu nachlesen bei Bergmann/Luckmann (1993) und Günthner (2000).

1.5   Text und Stil

Nach allem, was wir gegenwärtig aus der Stilistik[4] und aus der Textlinguistik (Heinemann/Viehweger 1991) über die Ganzheitlichkeit des Stilphänomens und dessen Textbezogenheit wissen, kann man von einer – noch näher zu erklärenden – textkonstitutiven Funktion des Stils ausgehen. Dies bedeutet einerseits, dass Stil an den Text gebunden ist, dass es ihn nur im Textzusammenhang gibt und sprachliche Mittel außerhalb des Textes stilistisch nicht eingeordnet und bewertet werden können. Und es bedeutet andererseits, dass – ebenso wie der Stil auf den Textzusammenhang angewiesen ist – die reale Existenz eines Textexemplars auch vom Vorhandensein eines einheitlichen Stils abhängt. Ohne einheitlichen Stil kann man die Textmusterbezogenheit eines Textes, allem voran seine Funktion, nicht erkennen und daher seine Texthaftigkeit nicht bestätigt finden. Text und Stil bedingen einander. Wie lässt sich das begründen? Schon immer gab es in der Stilistik, vor allem in literarisch orientierten Stilauffassungen (vgl. Püschel 2000), Bezüge zum Text. Das beginnt bereits bei den Stilfiguren: Anapher (Wiederaufnahme derselben Ausdrücke am Anfang mehrerer Sätze oder Absätze), Epipher (Wiederaufnahme derselben Ausdrücke am Ende mehrerer Sätze oder Absätze) und Parallelismus (im engeren Sinne: gleichlaufende syntaktische Struktur) z.B. sind erst im Kontext mehrerer Sätze möglich, also textgebundene Erscheinungen. Die konsequente und theoretisch begründete Betrachtung der Bezüge von Stil und Text ist aber erst in modernen Stilauffassungen – funktionalen, pragmatischen, semiotischen – zum Thema geworden. Stil wird nun aus verschiedenen Perspektiven als ein deutlich textbezogenes Phänomen betrachtet. Diese Perspektiven sollen kurz angesprochen werden.

Die von der Prager Schule herkommende Funktionalstilistik (Fleischer/Michel 1975, Fleischer u.a. 1993), die Stil als ein durch außersprachliche Gegebenheiten

---

4 Fleischer/Michel 1975, Fleischer u.a. 1993, Lerchner 2002, Püschel 2000, Sandig 2006, Sowinski 1983, 1999, Fix 2007.

bestimmtes Phänomen betrachtet, hat einen deutlichen Textbezug. Stil wird als eine sich erst im Text herausbildende Ganzheit betrachtet. Die drei zentralen Kategorien der Funktionalstilistik STILELEMENT, STILZUG und STILGANZES sind nur aus dem Textbezug zu verstehen. STILELEMENTE als kleinste Einheiten definieren sich durch ihre Mitwirkung am Stil des gesamten Textes im Sinne der Beziehung von Teil und Ganzem (Fleischer/Michel 1975: 53). Jedes sprachliche Mittel von den Satzzeichen über morphologische, syntaktische und lexikalische Elemente bis hin zu sprachlichen Bildern und Textstrukturen kann Stilelement werden und zum STILGANZEN beitragen. Zwischen Textganzem und einzelnen Stilelementen „vermitteln" STILZÜGE wie *,anschaulich, bildhaft, locker, knapp, sachlich',* Charakteristika, die sich durch den gesamten Text ziehen und ihn stilistisch prägen. Sie konstituieren eine spezifische Textqualität, wobei zu beachten ist, dass dies in der Regel nicht die Leistung eines einzigen Stilzugs ist, sondern die Leistung mehrerer in einer spezifischen Kombination. Der Bezug zu Textsortenstilen wird von der Funktionalstilistik zwar noch nicht in ihrer Anfangsphase, aber in ihrer späteren Entwicklung (Fleischer u. a. 1993) gesehen.

Für die pragmatisch-textlinguistische Stilistik, wie man sie von Sandig (1978, 1986) vertreten findet und neuerdings in ihrer großen Arbeit zur „Textstilistik des Deutschen" (^{2}2006) dezidiert unter dem Textaspekt vorgestellt bekommt, ist der Textbezug unentbehrlich. Stil wird hier mit dem Ansatz einer pragmatisch verstandenen Text- und Textmusterlinguistik (Sandig 2006: 3) und der ethnomethodologischen Konversationsanalyse unter kognitiven und prototypischen Aspekten erfasst. „Stil ist Bestandteil von Texten, er ist die Art, wie Texte zu bestimmten kommunikativen Zwecken gestaltet sind." (Sandig ^{2}2006: 3)

> So werden Texte außer den üblichen Beschreibungen anhand von Lexik, Grammatik, Lautung und Stilfiguren auch z. B. im Hinblick auf Thema, Textmuster (Textsorten) oder Aspekte ihrer Materialität betrachtet. (Sandig ^{2}2006: 2 f.)

Der weite Stilbegriff, der hier vertreten wird, bedeutet, dass Textsortenstile einbezogen und vollständige Stilinterpretationen ganzer Texte vor dem Hintergrund ihres gesellschaftlichen Handlungsbereichs vorgenommen werden. Stil verleiht mit Hilfe von „Struktur-Eigenschaften von Äußerungen bzw. Texten" (Sandig ^{2}2006: 19) sozialen Sinn, d. h., durch die Sprachform wird mitgeteilt, „was die Handlung ist, wer sie [die Handelnden, U. F.] sind, wer der intendierte Adressat ist, was die Situation ist" (ebd.).

Die Auffassung, dass Stil Bedeutung habe und Sinn vermittle, wird – in einem semiotischen stiltheoretischen Ansatz, bezogen auf literarische Texte – auch von Lerchner (2002a, b) vertreten. Auch bei ihm ist, was er mit Bedeutung und Sinn meint, strikt auf den Text bezogen. Er betrachtet Stil als an das komplexe Zeichen ‚Text' gebundene Information, die sich auf der Ebene der Form des Textes konstituiert. Diese sich aus den semantischen und strukturellen Beziehungen des Gesamttextes ergebende sekundäre Information – intersubjektiv und kommunizierbar – nennt er KONNOTATIVE TEXTPOTENZ und meint damit das Rezeptionsangebot, das nur über die Wahrnehmung der Form des Gesamttextes erfassbar ist und das emotional-assoziative Bewusstseinsprozesse auslöst. Textgebundenheit wird auch bei semiotisch orientierten Stilauffassungen vorausgesetzt, die ihr Augenmerk u. a. auf die Kategorie der ‚Gestalt' richten, eine Kategorie, die dann wichtig wird, wenn man Stil als Mittel der Sichtbarmachung und Hervorhebung versteht. Stilistischer Sinn im oben beschriebenen Verständnis „als ‚Bedeutung' der stilistischen Textstruktur" (Sandig 1986: 25) oder als „konnotative Textpotenz" (Lerchner 2002b) kann nur über die Form, die ‚Art des Machens' und die ‚Art des Gemachten', verdeutlicht und verstanden werden, d. h. durch die einem Stilwillen folgende einheitliche durchgehende Gestaltqualität (Fix 1996: 317).

So viel zur Textgebundenheit von Stil aus der Sicht der Stilistiker. Wie sieht es nun aber mit dem Blick der Textlinguistik auf das Verhältnis von Text und Stil aus? Gibt es, wie es eine Textgebundenheit von Stil gibt, auch eine Stilgebundenheit von Texten? Während es, wie gezeigt wurde, innerhalb durchaus verschiedener Spielarten der Stilistik einen Konsens über die Textgebundenheit von Stil gibt und die jeweilige Sicht auf die Textgebundenheit von entscheidendem Einfluss für die Etablierung des Kategorieninventars und für die Praxis der Stilanalyse ist, ist die Lage in der Textlinguistik deutlich anders. Zwar wird in der Regel „fraglos vorausgesetzt, dass dem Text Stil eignet" (Püschel 2000: 479), es wird jedoch nicht ausgeführt, in welcher Weise das bewirkt wird. Stilfragen sind für Textlinguisten offensichtlich kaum von Interesse. Umso bemerkenswerter ist daher der resümeeartige Überblick, den Heinemann/Viehweger (1991: 255 ff.) geben, und ganz besonders zu würdigen ist der knappe Hinweis Sowinskis (²1999) auf den Stil als Element der Einheit des Textes. Seine Bemerkungen zum „charakteristischen Stil" und zum „Stilbruch" sagen *in nuce* das Entscheidende:

> Das Erkenntnisinteresse ist [...] in Stilistik und Textlinguistik ganz verschieden, dementsprechend sind es auch die Erschließungsmethoden. Wenn man allerdings innerhalb der Textlinguistik nach den konstituierenden Faktoren eines Textes fragt, die die Einheit eines Textes ermöglichen, so erweist sich auch der jeweils charakteristische Stil als ein solches textprägendes Mittel. Stilbrüche dagegen signalisieren mitunter textliche Verschiedenheiten. (Sowinski ²1999: 10)

Die von Sowinski gebrauchte Kategorie ‚konstituierende Faktoren eines Textes' steht in inhaltlicher Nähe zu den Kriterien der Textualität. Wie man nun auch zu der oben angesprochenen Frage steht, ob man die Kriterien der Textualität um weitere ergänzen möchte oder nicht, die Einbeziehung des Kriteriums der stilistischen Einheit ist angesichts der Tatsache, dass diese den Text mit konstituiert, eine Notwendigkeit. STILISTISCHE EINHEIT als ein „textprägendes Mittel" (Sowinski) gehört zum Textbegriff als ein textzentriertes Kriterium notwendigerweise hinzu.

 Keinem Zweifel unterliegt es, dass Textoberfläche und -tiefenstruktur die unentbehrlichen zwei Seiten/Ebenen eines jeden Textes sind, und die Analysemöglichkeiten von Kohäsion und Kohärenz sind hinlänglich untersucht worden. Dass damit jedoch nicht schon alles Notwendige zur Sprachgestalt gesagt wird, ist möglicherweise noch nicht bewusst genug.

Textkonstitutiv ist nicht nur die Existenz von Strukturen, Beziehungen und Bedeutungen. Es genügt nicht, diese zu konstatieren. Man muss vielmehr auch ein übergeordnetes Prinzip der Herstellung von Kohäsion und Kohärenz im Blick haben, das in der Einheitlichkeit der Wahl der Mittel besteht – mit dem Ziel, eine einheitliche „Textatmosphäre" herzustellen und damit zum einen den individuellen Textstil zu kreieren, zum anderen aber auch, dem Textmuster einer Textsorte und dessen sprachlich-formulativem Anspruch gerecht zu werden.

Während der erste Gesichtspunkt – Herstellung eines durchgehenden Werk- und Individualstils – hier vernachlässigt werden kann, er ist nicht zwingend bzw. häufig nicht signifikant, muss auf den Textsortenstil genau eingegangen werden. Es sollte bei der Betrachtung von Texten über die textgrammatischen und textsemantischen Fragestellungen hinaus auch darum gehen, dass ein Text sich in seiner Ausformung an seine Funktion, an die Intention, die er verfolgt, anpassen muss und dass er der Situation zu entsprechen hat, in der er als „kommunikative Okkurrenz", als Element sprachlich-kommunikativen Handelns verwendet wird (siehe Kap. 5). Alle Erscheinungen, die wir auf der Textoberfläche finden, sind von den Faktoren der Kommunikation bestimmt und an der Konstitution des Textstils beteiligt. Für die Frage nach der Berechtigung einer Textstilistik bedeutet das: Alles, was auf der Textoberfläche umgesetzt wird, folgt Stilprinzipien, die für den gesamten Text gelten. Dies muss in der Analyse berücksichtigt werden. Stil ist also ein Teil der Textbedingungen, weil er sich – dies ist der eine Teil der Begründung – erst im Text entfaltet und weil es ohne ihn – dies ist der andere Teil – ein klar erkennbares Textexemplar einer Textsorte nicht gäbe.

1.6 Neuere Aspekte der Textbetrachtung

Zunehmend hat die Textlinguistik im Blick, dass der Textbegriff vom rein sprachlich bestimmten auf einen *multikodalen* erweitert werden muss. Texte existieren nie nur sprachlich, immer sind andere Zeichen an ihnen beteiligt, seien es Gestik, Mimik, Stimmführung oder – bei den uns interessierenden schriftlichen Äußerungen – Bilder, Typographie, Papiersorte usw. Da alle diese Zeichen gemeinsam Sinn anbieten, da sie alle auf der Textoberfläche und in der Textumgebung etwas zu verstehen geben und wahrgenommen werden sollen, kann man an ihnen nicht vorbeigehen. So kann man also nicht den *einen* Kode, den sprachlichen, aus dem Textkomplex herauslösen und an ihm den Sinn des Ganzen ablesen wollen, ein Verfahren, das in stilistischen Textanalysen noch immer vorherrscht. Dass die nicht-sprachlichen Zeichen auch von Bedeutung sind, wird deutlich, wenn man z.B. versucht, sich eine Sammlung von Gedichten im Layout eines Fachbuchs vorzustellen. Man bemerkt sofort die Widersprüchlichkeit der Zeichen und stößt darauf, *dass* sie etwas bedeuten. Ein anderes Beispiel: Unsere Rezeption wird intensiver und aufschlussreicher sein, wenn wir ein Barockgedicht in der Erstausgabe lesen. Die mögliche axiale Anordnung des Textes, die eingezogenen Verse, die Barockfraktur, in der der Text gedruckt ist, der möglicherweise kostbare Einband des Buches – alles dies trägt Informationen, die am Sinnangebot des Textes teilhaben. Nun wächst der Anteil der visuellen Zeichen in der Kommunikation heute mit der Vielfalt medialer Möglichkeiten, Visuelles zu vermitteln. Diese visuellen Phänomene – Bilder, Schemata, Tabellen, Typographie u. a. – sind keine Randerscheinungen, sondern können zentrale Elemente eines Textes sein. Hier macht sich die Auseinandersetzung mit den verschiedenen Leistungen der verwendeten Kodes nötig: auf der einen Seite die sprachlichen – digitalen – Zeichen, die arbiträr sind und verallgemeinernden Charakter haben, also begrifflich sind, und auf der anderen Seite Bilder, Farben, Proportionen, – analoge – Zeichen, die nicht begrifflich sind, sondern eher über die direkte Anschauung wirken. Außerdem darf nicht unberücksichtigt bleiben, dass sich Lesen als Verstehen von Texten nicht so einfach in visuelle und kognitive Elemente aufspalten lässt (Gross 1994). Sprachtexte werden auch als Bildtexte (vgl. Konkrete Poesie) gelesen: Umrisse, Struktur, Visualität der Lesefläche werden wahrgenommen. Und andererseits können Bilder auch wie Sprachtexte verallgemeinernd gelesen werden, wenn sie so konventionalisiert sind, dass viele Rezipienten gemeinsam in den Bildern denselben Sinn entdecken. Wenn man nun die Phänomene in der Rezeption nicht trennen kann, verbietet sich die Trennung selbstverständlich auch bei der Analyse. Alles ist also als sinntragendes Element zu betrachten und einzubeziehen. Leittheorie für ein Herangehen an Texte bei Beachtung ihrer MULTIKODALITÄT kann die Semiotik sein – als eine Wissenschaft, die an allen Zeichen- und Kommunikationsphänomenen gleichermaßen interessiert ist. Einen für eine solche Betrachtung geeigneten Textbegriff, der auf komplexe Zeichengefüge und komplexe Semiosen anwendbar ist, findet man bei Posner (1991), für den jedes Zeichengebilde als Text gilt, das intendiert sowie mit einer Funktion versehen ist und auf Zeichenkonventionen einer Kultur beruht. Jedes Artefakt, d. h. alles vom Menschen unter diesen Bedingungen Hervorgebrachte, wäre dann Text.

Zusätzlich zur Multikodalität ist auch das Phänomen der MULTIMEDIALITÄT zu beachten, wenn es um den Textbegriff geht. Texte, die wir zunächst einmal relativ unproblematisch einer Textsorte zuordnen zu können glauben, wie die oben schon genannten Textsorten Brief[5], Eintragung ins Gästebuch, Rezension, Lexikoneintrag oder Alltagsgespräch, begegnen uns auch als elektronische Fassung, unter derselben oder einer ähnlichen Textsortenbezeichnung: z. B. E-Mail, elektronisches Gästebuch, Rezension, Wikipedia-Text, Chat. Die Frage ist, ob wir bei den Verlagerungen aus dem sprachlichen in ein anderes Medium von derselben Textsorte reden können, die durch das andere Medium möglicherweise spezifiziert, aber nicht in ihrem Wesen beeinträchtigt ist, oder ob wir es mit neuen Textsorten, mit anderen Bedingungen und Wirkungsmöglichkeiten zu tun haben.

---

5 Auf die Notwendigkeit der Differenzierung in Brieftextsorten kann ich hier nicht eingehen.

Die Frage stellt sich natürlich nicht nur und nicht in erster Linie bei den oben genannten Alltagstextsorten. Sie begegnet uns auch bei literarischen Texten[6], z. B. bei der Verfilmung von Literatur. Ist die Verfilmung eines Märchens, um bei einer einfachen Gattung zu bleiben, ein Gattungswechsel, ein Medienwechsel, ein Kodewechsel oder das alles zusammen? Wie sind hier Abgrenzungen und Festlegungen möglich, wenn das überhaupt der Fall ist? Was ist bei einer solchen Abgrenzung zu gewinnen?

Die oben schon besprochene Kategorie INTERTEXTUALITÄT (1.3.5., siehe auch Kap. 7) ist ebenfalls ein aktuelles Problem für die Textlinguistik. Es geht nicht nur darum, dass die bekannten Klassifizierungsfragen (z. B. typologische und referenzielle Intertextualität) und die Frage ihrer analytischen Erhebbarkeit problematisch sind (Intertextualität ein Phänomen des Textes oder der Rezeption?), sondern es zeigen sich auch neue Probleme. Neue Formen von Text-Text-Bezügen, die sich aus den elektronischen Möglichkeiten ergeben, stehen auf der Tagesordnung: Beispiel Hypertext – ein holistischer Text, der als Verbund von digital gespeichertem Sprachtext mit Tonmaterial, mit Bildern, Filmen, Grafiken u. Ä., also mit Texten mehrerer Kodes, auftreten kann und dies in der Regel auch tut (vgl. Kap. 14). Hinzu kommen, durch die Diskursanalyse linguistischer Provenienz ins Blickfeld gerückt, kulturell geprägte Verbünde von Texten als TEXTSORTENNETZE (z. B. alle Texte um das Thema ‚Buch' – vom Klappentext über den Roman, das Motto, das Vor- oder Nachwort, die Rezension bis hin zu Buchwerbetexten, siehe 7.4.3) und SERIEN von Texten wie Fortsetzungstexte, Fassungen, Reihen, die sich nicht nur in der Literatur, sondern auch in der Presse und in der Werbung finden.

Zum Schluss ist auch noch der Ort der Präsentation eines Textexemplars zu nennen. Bisher hat die Textlinguistik dem Faktum, dass Texte als Exemplare einer Textsorte auch durch den Ort ihrer Veröffentlichung bestimmt werden, wenig Beachtung geschenkt. Es ist aber nicht von der Hand zu weisen, dass einige Textsorten wie z. B. Klappentext, Graffiti, Packungsbeilagen und Verkehrszeichen, sofern man letztere mit Beaugrande/Dressler (1981) als Text auffassen will, in ihrer Bedeutung und Funktion „ortsgebunden" sind. Dem Phänomen wird sich die Textlinguistik noch zuwenden müssen.

In diesem Überblick wurde versucht, sowohl relativ gesichertes Wissen als auch neue Fragen und Perspektiven aufzuzeigen. Nur wenn man beides im Blick hat, wird man mit dem Problemkreis ‚Text' in der Vielfalt seiner Aspekte und Bezüge umgehen können.

Kommentierte Literaturtipps

Von den vorliegenden Handbüchern zur Textlinguistik sei vor allem Adamzik 2004 genannt. Darüber hinaus sind folgende Handbücher für folgende Zwecke verfügbar: für die Textgrammatik Gansel/Jürgens [2]2007, für die Textanalyse Brinker [6]2005,

---

6 Differenziertere Hinweise auf die Probleme, die sich beim textlinguistischen Umgang mit literarischen Texten ergeben, finden sich in Fix 2008.

für die Text- und Stilanalyse Eroms 2007, Fix/Poethe/Yos 2001 und Sandig ²2006, letzteres eine Arbeit, die über den Handbuch- und Einführungscharakter weit hinausgeht. Wer sich für Gespräche und die Klassifizierung von Gesprächen interessiert, findet Aufschluss in Brinker u. a. 2001. Genaueres zum Thema ‚Textnetze‘ und ‚Textverbünde‘ kann man u. a. bei Adamzik 2001a, 2004 oder Klein 2000 nachlesen (vgl. auch Kap. 6 und 7). Dort finden sich auch ausführliche Beispiele. Zu den Textualitätskriterien vgl. einführend den knappen Überblick in Adamzik 2004: 47 f. und ausführlicher in Sandig 2006 das Kapitel „Stil im Text" (vor allem die Seiten 309 ff.).

2 Text und Diskurslinguistik

Ingo H. Warnke

2.1   Diskurs als textübergreifende Struktur
2.2   Richtungen und Akzentuierungen der Diskurslinguistik
2.2.1   Textualistische und epistemologische Diskurslinguistik
2.2.2   Diskurslinguistik nach Foucault
2.2.3   Akteure, Wissen, Macht
2.3   Gegenstandsbereiche der Diskurslinguistik
2.3.1   Unterspezifiziertheit und Übergeneriertheit
2.3.2   Diskursdimensionen
2.4   Methoden der Diskurslinguistik
2.4.1   Intratextuelle Ebene nach DIMEAN
2.4.2   Diskurshandlungen nach DIMEAN
2.4.3   Transtextuelle Ebene nach DIMEAN
2.4.4   Layout der Diskurslinguistischen Mehr-Ebenen-Analyse DIMEAN

2.1   Diskurs als textübergreifende Struktur

Die in Kap. 1 diskutierte Erweiterung von Gegenstandsbereichen der traditionellen Linguistik in der Textlinguistik entspricht der Frage nach Kontexten. So wie ein Morphem als Kontext eines Phonems verstanden werden kann, kann ein Wort als Kontext eines Morphems aufgefasst werden. Diese Konstituentenstruktur der Sprache, bei der jeweils kleinere Elemente Teil von größeren Einheiten sind, lässt sich bis zum Text fortdenken. Denn Sätze sind keine so genannten terminalen Einheiten, sie sind wiederum kontextualisiert: in Texten. Wir können sogar sagen, dass Texte alltagstypische Rahmenkonstrukte von Sätzen sind. So erhalten wir – stark vereinfacht – ein Modell des hierarchischen Konstituentensystems sprachlicher Einheiten:

[Text [Satz [Wort [Morphem [Phonem]]]]]

Dieser strukturelle Aufbau ist einer der Gründe für die Komplexität von textlinguistischen Analysen. Texte sind keine unabhängigen Einheiten, sondern umfassen eine Reihe selbst wiederum recht komplexer linguistischer Formen und Funktionen.

Denken wir diesen Aufbau weiter, so können wir fragen, ob mit dem Text die größte linguistisch zu beschreibende Einheit der Sprache gefunden ist. Diese Frage ist unabhängig von einer anderen Frage zu stellen, der Frage danach, was überhaupt ein Text ist und wo dessen Grenzen liegen. Diese zweite Frage wollen wir hier nicht weiter verfolgen, sie wurde bereits in Kap. 1 erörtert. Wir wollen uns auf die Frage konzentrieren, ob Texte auch kontextualisiert sind, ob es also eine oder mehrere Rahmenstrukturen für Texte gibt.

Ähnlich wie bei der Infragestellung des Satzes als größter linguistisch zu beschreibender Einheit hat man zunächst versucht, diese Frage zu verneinen. Dies geschah in der Befürchtung vor einer fortschreitenden und nicht absehbaren Erweiterung der Linguistik und ist eine Folge davon, dass wissenschaftliche Schulen ihre vertrauten Gegenstandsbestimmungen ungern gefährdet sehen. Jedoch wurde die Frage nach dem Kontext von Texten lauter. Einerseits hat man in Reaktion auf den Poststrukturalismus, insbesondere auf den in den 1960er-Jahren geprägten Begriff der Intertextualität (Kristeva 1969, siehe auch Kap. 7) erkannt, dass Texte häufig auf andere Texte verweisen. Dieser Verweis erfolgt nicht nur durch Zitate, sondern auch da, wo man sich auf Wörter, Argumente, Meinungen anderer Texte beruft oder andere Texte auch nur Anlass der Textproduktion sind. In all diesen Fällen können wir von einer so genannten Intertextualität ausgehen: Die Existenz des einzelnen Textes – des so genannten singulären Textes – verdankt sich also der beabsichtigten oder unbeabsichtigten Bezugnahme auf andere Texte. Man hat außerdem erkannt, dass in singulären Texten häufig das zu finden ist, was in einer ganzen Gruppe anderer Texte auch belegt ist. Die Auswirkungen des Versailler Vertrags auf die deutsche Politik der 1920er- und 1930er-Jahre ist nicht nur in einem Text thematisiert, sondern in einer kaum zu übersehenden Zahl von Texten. Innerhalb dieser Texte kann man Gruppierungen vornehmen, etwa nach inhaltlichen oder zeitlichen Gesichtspunkten. Man sieht dann, dass ein einzelner Text, etwa ein Zeitungsartikel zum Thema „Versailler Vertrag" aus dem Jahr 1933, keineswegs so vereinzelt ist, wie man das zunächst annehmen könnte. In einem solchen Text finden sich sprachliche Formen und Funktionen, die mehr oder weniger mit anderen Texten übereinstimmen. Der singuläre Text ist also Konstituente eines größeren Kontextes. Dieser Kontext wird DISKURS genannt. In Ergänzung des vereinfachten hierarchischen Konstituentenmodells kann also eine Erweiterung vorgenommen werden:

[Diskurs [Text [Satz [Wort [Morphem [Phonem]]]]]]

 Auch wenn mit dieser Formalisierung die Einbettung des Textes in die Konstituentenstruktur des Sprachsystems erkennbar wird, ist der damit dargestellte Diskursbegriff noch nicht hinreichend bestimmt. Wie bereits ein Blick in allgemeinsprachige Wörterbücher zeigt, ist die Bedeutung des Substantivs *Diskurs* komplex, was erst recht gilt, wenn wir fachwissenschaftliche Bedeutungsdimensionen hinzudenken. Selbst wenn wir uns auf den linguistischen Gebrauch von *Diskurs* beschränken, müssen wir von einer Mehrdeutigkeit des Terminus ausgehen. Im Wesentlichen können wir drei sprachwissenschaftliche Bedeutungsdimensionen von *Diskurs* unterscheiden:

1. Diskurs als satzübergreifende Struktur, als so genannte transphrastische Einheit im Sinne von Text (vgl. Harris 1952).

2. Diskurs als gesprochene Alltagssprache im Kontext institutionell gebundener Kommunikation im Sinne von Dialog oder Gespräch (vgl. Kurt Ehlich 1994).
3. Diskurs als Menge formal oder funktional zusammengehöriger Texte im Sinne von textübergreifender Struktur (vgl. Busse/Teubert 1994).

Während sich die Bedeutungen von (1.) und (2.) auf Einzeltexte bzw. singuläre Formen gesprochener Sprache beziehen, können wir bei (3.) von einem transtextuellen Diskursbegriff sprechen. Transtextuell heißt über den einzelnen Text hinausgehend. Der Diskurs als transtextuelle Struktur von Aussagen ist also ein sprachliches Phänomen, das nicht durch singuläre Texte begrenzt ist. Solche transtextuellen Strukturen sind mehr als ein Effekt intertextueller Verweise. Eine Linguistik des Diskurses im Sinne von (3.) ist daher auch nicht gleichzusetzen mit einer Untersuchung von Intertextualitätsphänomenen. Der Diskurs als transtextuelle Aussagenstruktur umfasst sprachliche Einheiten von der Phonem- bis zur Textebene und bringt als wissenschaftlicher Gegenstand eine eigene Spezifik mit. In der Diskurslinguistik befasst man sich unter theoretischen Gesichtspunkten mit dieser strukturellen Spezifik des Diskurses und zugleich damit, wie man konkrete textübergreifende Strukturen empirisch analysiert. Um die Umrisse der damit verbundenen theoretischen Überlegungen und die Möglichkeiten empirischer Untersuchungen der Diskurslinguistik wird es im Weiteren gehen.

2.2   Richtungen und Akzentuierungen der Diskurslinguistik

2.2.1 Textualistische und epistemologische Diskurslinguistik

Unter DISKURS wollen wir im Weiteren präzisiert einen textübergreifenden Verweiszusammenhang von thematisch gebundenen Aussagen verstehen (vgl. Busse/Teubert 1994 und Warnke 2007). Die Diskurslinguistik befasst sich mit diesem Gegenstand einerseits unter dem Gesichtspunkt der textübergreifenden Zeichenorganisation und andererseits mit Blick auf das im Diskurs manifeste gesellschaftliche Wissen. Wir sprechen daher von einer *textualistischen* Ausprägung der Diskurslinguistik, sofern die sprachstrukturelle Organisation von Aussagen in textübergreifenden Verweiszusammenhängen wissenschaftlicher Gegenstand ist. Sofern sprachlich manifestiertes Wissen Gegenstand des wissenschaftlichen Interesses ist, kann von einem *epistemologischen* Diskursbegriff gesprochen werden.

1. Die *textualistische Diskurslinguistik* versteht sich als erweiterte Textlinguistik und lässt sich relativ leicht in das System der Linguistik einordnen. Hier werden intertextuelle Verweise und thematisch-funktionale Übereinstimmungen von Texten im Diskurs untersucht und beschrieben. Wir können auch sagen, dass die textualistische Diskurslinguistik Gebrauchsformationen von Sprache untersucht, also die Art und Weise, wie jenseits singulärer Texte Sprache verwendet wird. Mit Methoden der Korpuslinguistik werden hier sprachliche Phänomene der Diskursrepräsentation beschrieben, also wiederkehrende Muster erfasst.

2. Demgegenüber nutzt die *epistemologische Diskurslinguistik* die Analyse textübergreifender Aussagenzusammenhänge, um Erkenntnisse über zeittypische Formationen des Sprechens und Denkens über die Welt gewinnen zu können. Kurz, es geht um das Wissen einer Zeit. Man fragt sich hier, was man wann und wie sagen kann, und wie über das Sagen die Welt überhaupt erst erfahrbar wird. Das sprachlich verankerte Wissen erscheint nicht zuletzt als Ausdruck von Haltungen und Einstellungen, von sprachlichen Routinen, von Macht und Regulierung. Der Diskurs reguliert immer auch, wer eine Stimme erhält, wer schweigen muss.

Beide Ausprägungen der Diskurslinguistik beziehen sich mehr oder weniger erkennbar auf den französischen Philosophen Michel Foucault (1926–1984). Insbesondere in der epistemologischen Diskurslinguistik, also mit dem Interesse an zeittypischen Formationen des Sprechens und Denkens über die Welt, erfolgt die sprachwissenschaftliche Aneignung der Werke Foucaults. So zielt etwa die diskurslinguistische Analyse so genannter Argumentationstopoi (vgl. Wengeler 2003) auf die Freilegung des impliziten Wissens einer Gesellschaft, das mit Foucault als anonyme Formation des Denkens über die Dinge verstanden wird. Der Diskurs ist hier eine Repräsentation von Topoi oder Schemata. Wir verstehen darunter schematisierte Formen des Sprechens und Meinens. In diesem Verständnis ist Diskurslinguistik letzthin Teil einer Semantik, die verstehensrelevantes Wissen einer Zeit rekonstruiert. Etwas komplexer ausgedrückt kann man auch von einer epistemischen Funktion sprechen. Die in den Blick genommenen Wissensbestände – etwa über Sexualität, Religion oder menschliches Zusammenleben – werden als Effekte von Aussagen beschrieben.

Textualistische und epistemologische Diskurslinguistik sind in der Forschungspraxis kaum zu trennen, ihre Abgrenzung ist eher theoretischer Art. Denn auch eine wissensbezogene Analyse von Diskursen wird, sofern sie linguistisch organisiert ist, die strukturellen Konstituenten des Diskurses in den Blick nehmen und mit Texten arbeiten. Folglich gilt die Analyse von Korpora auch als gängige Praxis aller diskurslinguistischen Arbeiten.

2.2.2 Diskurslinguistik nach Foucault

 Wie bereits angemerkt, sind für die humanwissenschaftliche Prägung des Begriffs ‚Diskurs' die Arbeiten Michel Foucaults grundlegend. Jedoch verfolgt gerade Foucault das Projekt einer terminologischen Verunklarung, wie es übrigens vielen Texten des französischen Poststrukturalismus gemeinsam ist. Gegen die Annahme einer Geschlossenheit und Eindeutigkeit von Bedeutungen werden offene Konzepte, zerfaserte Kategorien und Vieldeutigkeiten zum Gegenstand und Verfahren des wissenschaftlichen Schreibens. Der Versuch, ‚Diskurs' nach Foucault zu definieren, scheitert daher regelmäßig. Wir müssen geradezu davon ausgehen, dass Foucault die bereits in der französischen Sprache vorhandene Mehrdeutigkeit des Substantivs *discours* für ein kaleidoskopartiges terminologisches

Spiel nutzt. Bereits in seinem für die Diskurslinguistik zentralen Text „L'ordre du discours" (1972, dt. 1974) finden sich unterschiedliche Bedeutungen des Terminus, wie z. B. Diskurs als Gespräch, Abhandlung, Aussagenverbund, Handlungsstruktur.

Es ist nicht möglich, eine eindeutige Rekonstruktion des linguistisch relevanten Diskursbegriffs bei Foucault vorzunehmen. Durchaus sinnvoll ist es aber, einige seiner Annahmen als Ausgangspunkt einer *Diskurslinguistik nach Foucault* zu bestimmen. Die Präposition *nach* kann sowohl temporal als auch modal verstanden werden: in zeitlicher Nachfolge zu Foucault und in Anlehnung an seine Theorie und Methode.

Wir stimmen mit Foucault zunächst darin überein, dass der Diskurs eine „Gesamtheit von Zeichen" (Foucault 1973: 74) ist, d. h. ein Aussagensystem. Foucault führt dies in der „Archäologie des Wissens" (1969, dt. 1973) aus. Im gleichen Text findet sich auch der epistemologische Diskursbegriff, der den Diskurs als Wissensformation beschreibbar macht. Bis heute arbeitet die theoretische Diskurslinguistik an der Auflösung dieses Widerspruchs: Diskurs als Aussagensystem gegenüber Diskurs als Wissensformation. Bei aller Differenzierung der dabei eingenommenen Standpunkte stimmt man mit Foucaults Absage an geschlossene Kategoriensysteme überein. Es gibt danach keine eindeutige Semantik von Aussagen in Texten. Bedeutung und Wissen, die komplexe Organisation unserer Gedanken, all das, was wir wissen, was wir sagen und hören, wird als diskursiver Effekt, als Ergebnis von anonymen Formationen des Wissens verstanden.

Wörter verweisen also nicht auf eine verlässliche Bedeutung, sondern bedeuten etwas dadurch, dass sie in einem spezifischen diskursiven Umfeld erscheinen. Die Diskurslinguistik nach Foucault grenzt sich daher von semantischen Analysen ab, die Texte als alleinige Rahmenkonstruktionen für die Bedeutungsbildung annehmen. Abgelehnt werden auch Konzepte, die sprachliche Bedeutung als Resultat von individuellen Intentionen beschreiben. Deutlich werden kann das, wenn man versucht, die Bedeutung von *Freiheit* zu ermitteln. Man wird sehen, dass die Semantik von *Freiheit* nicht das Resultat einer Bedeutung in singulären Texten ist oder weil jemand darunter etwas Bestimmtes versteht oder verstehen will, sondern weil das Wort in einem komplexen Feld von Haltungen und Einstellungen, von sprachlichen Routinen, von Macht und Regulierung erscheint. Dieses Feld ist dynamisch, so dass die Bedeutung von *Freiheit* sich je nach Diskurszusammenhang ändert. Ja, wir können sogar sagen, dass vermeintlich eindeutige Bedeutungsdimensionen des Substantivs, wie seine Abgrenzung gegenüber *Unfreiheit*, äußerst fragil sind. *Freiheit* bedeutet in demokratischen Gesellschaftsordnungen etwas gänzlich anderes als in Diktaturen. Die Bedeutung von Aussagen verdichtet sich also im Diskurs. Wörter und Aussagen haben keine Bedeutung an sich, sondern Bedeutung ist ein diskursiver Effekt, die Stellung im Diskurs ist ausschlaggebend dafür, was eine Aussage bedeutet. Wenngleich man Foucault immer wieder dem so genannten Poststrukturalismus zurechnet, ist sein Diskursbegriff in dieser Hinsicht ganz strukturalistisch, denn eine der Grundannahmen des Strukturalismus lautet: Der Wert eines Elementes resultiert aus seiner Stellung im System. Beispielhafte Analysen von *Freiheit* in unterschiedlichen Texten können das verdeutlichen.

Foucault (1974) zeigt, dass die Zugehörigkeit einer Aussage zu einem Diskurs reguliert wird. Ein Feld von Akteuren regelt anonym und zumeist ohne unmittelbare Intention, was diskursiven Status erlangt und was nicht. Als Regeln nennt Foucault KONTROLLE, SELEKTION, ORGANISATION und KANALISIERUNG. Wir werden uns damit noch befassen (siehe 2.4.2). Der Diskurs ist nicht nur ein intertextueller Effekt, sondern eben ein Mechanismus der Strukturierung dessen, was wann und wie gesagt und gedacht wird. Damit verbunden ist auch eine Frage nach der Beziehung von Akteuren, Wissen und Macht.

2.2.3 Akteure, Wissen, Macht

Letzthin kreisen die theoretischen Probleme, die Foucault den Humanwissenschaften mit auf den Weg gegeben hat, um die Frage, ob Diskurse sprachliche Formen sind oder ob hinter der Sprache, hinter dem Sprechen noch etwas Weiteres zu erkennen ist. Ist also das ‚Sprechen über etwas' der Diskurs oder sind die ‚Richtkräfte des Sprechens' der Diskurs? Wir erkennen hier eine Variation der von Krämer/König (2002) aufgeworfenen Frage: „Gibt es eine Sprache hinter dem Sprechen?" Wir fragen genauer: Gibt es einen Diskurs hinter dem Text?

Sprache in Texten ist ein substanzieller Baustein jedes Diskurses, doch es gibt ein Mehr des Diskurses. Zwar besteht ein Diskurs aus Zeichen und das heißt aus Texten bzw. Aussagen, aber in Diskursen geht es um mehr als um eine zeichenhafte Erfassung der Welt. Diskurslinguistik ist daher auch ein sprachwissenschaftliches Verfahren zur Analyse sozialer Praktiken der Hervorbringung und Verteilung von Wissen. Die über bloße Korpusdaten hinausgehende Dimension des Diskurses ist mit der Rolle der Handelnden im Diskurs eng verbunden. Diskurslinguistik fragt daher, welche sprachlichen Handlungen zur Erzeugung und Prägung von Wissensbeständen beitragen. Die Handelnden können wir im Folgenden in Anlehnung an die übliche sozialwissenschaftliche Terminologie auch als *Akteure* bezeichnen. Akteure verwenden Sprache, um Wissen zu erzeugen, weiterzutragen, zu bestätigen, zu bekämpfen oder auch in Frage zu stellen. Immer, wenn wir kommunizieren, sind wir zugleich Akteure in einem diskursiven Feld.

Gegenstand der Diskurslinguistik ist daher nicht nur die intertextuelle Vernetzung von Aussagen, sondern eben auch der Zusammenhang von sprachlichen Aussagen/Texten, Wissen und Akteuren. Wenn wir den DISKURS als einen textübergreifenden Verweiszusammenhang von thematisch gebundenen Aussagen definiert haben, so können wir jetzt sagen, dass dieser Verweiszusammenhang aus der Beziehung von TEXTEN, WISSENSFORMATIONEN und AKTEUREN resultiert. Dieser Verweiszusammenhang oder auch Kontext transportiert immer auch Machtbeziehungen, abgeschwächt können wir auch von sozialen Hierarchien sprechen. Gerade politische Systeme, aber auch Institutionen und Ideologien weisen den Äußerungen spezifische Positionen im Diskursgefüge zu.

Die Erkenntnis, dass mit der Erweiterung der Textlinguistik um die Ebene des Diskurses nicht nur eine weitere Beschreibungsebene der Sprache erfasst ist, sondern dass mit dieser auch neue Fragestellungen verbunden sind, ist nicht folgenlos geblieben. Man kann hier von einer regelrechten Lagerbildung sprechen. Auf der einen Seite stehen *die* Linguisten, die Diskursanalyse vor allem als erweiterte Semantik in textlinguistischer Tradition verstehen und dabei soziale Dynamik und Hierarchisierung aus ihrem Erkenntnisinteresse ausklammern. Man kann diese Position als deskriptive Diskursanalyse bezeichnen. Auf der anderen Seite stehen *jene* Linguisten, die gerade die Analyse von Macht als eine ihrer zentralen Aufgaben ansehen. Die machtbezogene Diskurslinguistik bezeichnet sich selbst als Kritische Diskursanalyse bzw. Critical Discourse Analysis (CDA). Schaut man genauer auf die Auseinandersetzungen, so erkennt man, dass es bei dieser Lagerbildung weniger um die Frage geht, ob Diskurslinguistik sich mit Aussagen/Texten, Wissen und Akteuren beschäftigen sollte, als vielmehr darum, ob Analysen eine (politische) Wertung enthalten dürfen. Zu entscheiden wäre hier, ob man Diskurslinguistik als Beschreibung von sprachlichen Strukturen oder als Kritik an Sprachverwendungen verstehen möchte. Für die Kritische Diskursanalyse fällt die Antwort eindeutig aus, es geht in ihr „um Kritik von Machtbeziehungen" (Jäger 2005: 13). Die deskriptive Diskursanalyse erhebt dagegen nicht selten den Vorwurf der Unwissenschaftlichkeit. Spitzmüller (2005) spricht zutreffend vom Deskriptions-/Präskriptions-Antagonismus und meint damit die Gegenüberstellung von Linguistik als Beschreibung und Linguistik als Normierung bzw. Lenkung des sprachlichen Verhaltens.

Knüpft man an Positionen der Soziolinguistik an, so vermag man die strenge Trennung der Ansätze nicht recht nachzuvollziehen. Gerade die Lagerbildung von deskriptiver vs. Kritischer Diskurslinguistik scheint selbst ein Ausdruck von Diskurseffekten zu sein: Wissenschaftliche Schulen streiten um die Frage, wer wann was sagen kann. Will die Diskurslinguistik der Germanistischen Sprachwissenschaft international anschlussfähig bleiben, so wird sie gut beraten sein, auf die Analyse sozialer Strukturen im Geflecht von diskursiven Akteuren nicht zu verzichten. Sofern es um das kritische Potenzial der Diskurslinguistik geht, sollte vor allem der Auftrag zur Selbstreflexivität ernst genommen werden (vgl. Fairclough 2001: 127). Diskursanalysen sind Teil von Wissensformationen, Wissenschaftler selbst stehen als Akteure im Geflecht von Machtbeziehungen. Die Wahl von Gegenständen, Methoden etc. ist oft alles andere als ein freies Spiel der Interessen, wie die Textsorten der wissenschaftlichen Hausarbeit und Doktorarbeit beispielhaft zeigen. Die Kritik an gesellschaftlichen Strukturen sollte jedoch auch weiterhin nicht zum Kern einer linguistischen Diskursanalyse gehören. Dabei würde der Sprachbezug der Diskurslinguistik vollkommen in den Hintergrund treten, wäre Sprache nur noch eine Spur zum Ziel der Gesellschaftskritik. Linguistik als Wissenschaft von der Sprache kann darin nicht ihre Aufgabe erkennen.

2.3   Gegenstandsbereiche der Diskurslinguistik

2.3.1 Unterspezifiziertheit und Übergeneriertheit

Womit beschäftigt sich nun die Diskurslinguistik konkret? In den vergangenen
Jahren hat man sich in empirisch orientierten Arbeiten häufig auf gesellschaftliche Debatten konzentriert, etwa auf den Atomenergiediskurs (Jung 1994), den
Migrationsdiskurs (Wengeler 2003) oder den Gentechnologiediskurs (Domasch
2007). Wenn wir uns die bisherigen diskurslinguistischen Arbeiten anschauen,
stellen wir fest, dass sie sich in einem methodischen Spannungsfeld bewegen, im
Spannungsfeld von Unterspezifiziertheit und Übergeneriertheit. Was ist darunter
zu verstehen?

Diskurslinguistik ist unterspezifiziert, wenn sie über ihren Gegenstand weniger
in Erfahrung bringt, als dies mit Methoden der Sprachwissenschaft möglich ist. So
sind Diskurse, wie wir gesehen haben, weit mehr als ein intertextuelles Geflecht
von Begriffen oder gar Nomina. Eine Analyse von Freiheitsbegriffen in der Geschichte einer politischen Partei könnte sehr wohl diskurslinguistisch interessant
sein, würde jedoch, sofern sie allein an der Rekonstruktion einer historisch kontex-
tualisierten Semantik von Nomina interessiert ist, unterspezifiziert sein. Klammert
man beispielsweise Fragen nach Medialität und Akteuren aus dem Interesse aus,
so steht man in der Gefahr unterspezifizierter Untersuchungsergebnisse.

Als Reaktion auf unterspezifizierte Beiträge der Diskurslinguistik und vor allem
als Reflex auf das wachsende humanwissenschaftliche Interesse am Diskurs werden
in jüngeren Arbeiten zunehmend auch Analysen vorgelegt, die über linguistische
Gegenstandsbereiche deutlich hinausgehen, wie etwa Bild- und Medienanalysen.
Zwar schöpft man hier aus dem Reichtum von Diskursformaten, man reicht damit
aber zugleich über die fachwissenschaftliche Kompetenz hinaus. Diskurslinguistik
in dieser Ausprägung ist übergenerierend, sie bringt über ihren Gegenstand mehr in
Erfahrung, als dies mit sprachwissenschaftlichen Verfahren möglich und notwendig ist. Unterspezifiziertheit und Übergeneriertheit zeigen sich als methodische
Fallen der Diskurslinguistik, die man bei der empirischen Arbeit im Bewusstsein
behalten sollte.

 Da Diskurse sehr komplex sind, ist es nicht immer einfach, alle fachwissenschaftlichen
Möglichkeiten der Analyse zu nutzen. Es stellt sich hier die Frage, was die akzeptierten und
akzeptablen Gegenstandsbestimmungen der Linguistik sind und ob diesen entsprochen
werden muss. Schließlich sind wissenschaftliche Gegenstandsbereiche selbst dynamisch.
Diskurse sind recht komplex strukturiert, d. h., ihre Formen und Funktionen sind vielfältig
und gehen über das rein Sprachliche hinaus. Jedoch kann das nicht bedeuten, dass auch
die linguistische Analyse von Diskursen weit über die fachwissenschaftliche Identität der
Sprachwissenschaft hinausreichen sollte. Hinreichende Untersuchungsergebnisse sind oft
nur in interdisziplinärer Zusammenarbeit möglich. Der Linguistik kommt dabei keineswegs
die Rolle einer Hilfswissenschaft zu, etwa für Historiker und Soziologen, die weitgehende
Sprachlichkeit von Diskursen fordert geradezu eine zentrale Berücksichtigung linguisti-

scher Methodenkompetenz gerade auch in interdisziplinären Forschungen der Diskursanalyse.

Das wirft die Frage auf, ob es eine einheitliche Methode des diskurslinguistischen Arbeitens überhaupt geben kann. Wir wollen uns dieser Frage nähern, indem wir zunächst auf die verschiedenen Erscheinungsformen von Diskursen eingehen, auf die DISKURSDIMENSIONEN.

2.3.2 Diskursdimensionen

Diskurse sind multidimensional, sie bestehen aus einer Fülle von bedeutungs- und funktionstragenden Elementen, die von Wörtern über Bilder, Raumformen bis zu Handlungen reichen. Diskursanalyse im Allgemeinen ist daher auch etwas anderes als Diskurslinguistik im Besonderen. In der Diskursanalyse kann man sich mit Plänen von Gefängnisanlagen im 19. Jahrhundert ebenso befassen wie mit strafrechtlichen Gutachten, also mit Raumformationen *und* Texten. Man könnte vermuten, dass man es dabei mit sehr unterschiedlichen Zeichensystemen zu tun hat. Aber gerade die Abgrenzung von sprachlich verfassten Texten zu visuellen Zeichen ist keineswegs so einfach möglich, wie man das intuitiv annehmen könnte. Wir sind es gewöhnt, Sprache vor allem als nicht-visuelles Zeichensystem zu verstehen, als akustische Repräsentation von Bedeutung, die durch Schrift lediglich festgehalten werden kann. In der Linguistik hat man das Akustische (orale Sprache) über lange Zeit derart aufgewertet, dass Schrift (literale Sprache) von manchen gar nicht als Sprache angesehen wurde. An dieser Medienvergessenheit der Linguistik hat sich im Zuge schriftgeschichtlicher Arbeiten einiges geändert (Dürscheid ³2006). Nicht nur unterschiedliche Schriftsysteme, auch ihre konkreten Zeichenkörper wie Handschrift, Druckschrift, Typographien etc. sind Teil der semiotischen Organisation von Bedeutung (siehe auch 1.6). Wir sehen also, dass bereits die Medialisierung von Sprache durch Schrift eine visuelle Bedeutungsebene begründet. Visualität in Text und Diskurs geht aber darüber noch weit hinaus. Sobald textuelle Informationen illustriert sind, also durch Grafiken, Bilder, Abbildungen etc. angereichert, lässt sich die Annahme einer Text-Bild-Schranke überhaupt nicht mehr aufrechterhalten. Sprachliches Wissen und visuelles Wissen greifen häufig ineinander, nicht zuletzt in der Graphostilistik.

 Man kann sich für sein eigenes Wohnumfeld fragen, welche Vorstellungen über das menschliche Zusammenleben sich darin eigentlich ausdrücken: In welchen Diskursen wurden diese Vorstellungen ausgehandelt? Wie wird das in urbanen Räumen erkennbar? In welchen Texten werden Raumformationen thematisiert? Welche städtebaulichen Leitbilder prägen meine Lebensumgebung? Gleiches gilt für Handlungen, für die so genannte performative Dimension des Diskurses. Aussagen im Diskurs können nicht nur textuell, visuell oder raumgestaltend getroffen werden, sondern auch durch Handlungen. Politische Demonstrationen zeigen das sehr gut. Das Erscheinen selbst, zu einer bestimmten Zeit an einem bestimmten Ort, kann bereits eine Verlautbarung im Diskurs sein. Wir können hier auch an Revolutionen denken, an Paraden, an öffentliche Jubiläumsfeiern. Diese noch nicht ausreichend untersuchte Performativität des Diskurses manifestiert sich zumeist gemeinsam mit visuellen Kommunikaten und textuellen Aussagen.

Anhand der Überlegungen zu verschiedenen Diskursdimensionen erkennen wir, dass eine Erklärung des Diskurses als Erweiterung der sprachlichen Konstituentenstruktur zu kurz greift. Dennoch muss darauf hingewiesen werden, dass die Diskurslinguistik bei allem Interesse an Dimensionsverschränkungen in erster Linie mit sprachlichen Daten arbeitet bzw. arbeiten sollte. Dass hier auch Beziehungen zu anderen Zeichensystemen in den Blick geraten, kann nur begrüßt werden und befreit die Sprachwissenschaft aus ihrer zum Teil noch immer selbst auferlegten Abstinenz gegenüber nicht-sprachlichen Symbolformen.

2.4   Methoden der Diskurslinguistik

Wie kann man nun dem komplexen Gegenstand DISKURS methodisch gerecht werden? Ebenso wie zum Zweck der Analyse von Sätzen und Texten gibt es auch für die Untersuchung von Diskursen unterschiedliche Verfahren mit jeweils differenten wissenschaftlichen Perspektiven. Da man die Komplexität eines Diskurses allein linguistisch kaum fassen kann, wird man sich bei sprachwissenschaftlichem Interesse immer auf Teilgegenstände von Diskursen konzentrieren. Jedoch kann dafür eine bloße Sammlung unterschiedlichster diskurslinguistischer Möglichkeiten kaum befriedigen. Gerade weil der Diskurs ein verwirrend komplexer Gegenstand ist, spricht wenig für eine Individualisierung von Forschungsperspektiven.

Notwendig ist eine systematische Methodik, auf deren Grundlage Entscheidungen für spezifische Fragestellungen möglich sind. Erforderlich ist die Einhaltung der wissenschaftlichen Grundprinzipien Validität und Reliabilität (vgl. Busch 2007). Unter Validität versteht man die Gültigkeit einer Analyse aufgrund ihres argumentativen Gewichts, unter Reliabilität die formale Genauigkeit einer Untersuchung. Bevor ich ein diskurslinguistisches Methodensystem vorstelle, das sowohl Validität als auch Reliabilität sichert, ist es sinnvoll, Foucaults methodische Prinzipien selbst kennenzulernen. Wenngleich sehr abstrakt, machen diese deutlich, was die Diskurslinguistik nach Foucault von einer einfachen Erweiterung der Textlinguistik unterscheidet. Foucault (1974) nennt vier methodische Prinzipien der Diskursanalyse:

1. UMKEHRUNG als Frage nach den Bedingungen, unter denen eine Aussage zustande kommt. Während sprachliche Äußerungen herkömmlich als intendierte Produkte von Sprechern oder Schreibern angesehen werden, versteht Foucault die Aussagen nicht als Ergebnis von individuellen Absichten. Aussagen werden nicht vor dem Hintergrund ihrer Bindung an Subjekte analysiert – sie werden nicht als Schöpfung verstanden, sondern als Ereignis in einem Feld von Diskursbedingungen.

2. DISKONTINUITÄT als Frage nach den Brüchen in Diskursen. Foucault lehnt die Annahme kontinuierlicher Entwicklungen des Sprechens über die Welt ab. Sprache ist demnach keine evolutionäre Einheit, sondern ein System von Serien. Aussagen werden in ihren Widersprüchen zueinander in den Blick genommen.
3. SPEZIFITÄT als Absage an die Annahme von konstantem Sinn jenseits diskursiver Aushandlung. Gegen die Vorstellung ursprünglichen Sinns stellt Foucault das Prinzip der Regelhaftigkeit von Diskursstrukturen.
4. ÄUSSERLICHKEIT als Frage nach den Möglichkeitsbedingungen von Aussagen. Weil im Diskurs ausgehandelt wird, was überhaupt zu wissen ist, wird die Suche nach den Bedingungen von Aussagen relevant. Untersucht werden sprachliche Oberflächenstrukturen.

Diese Prinzipien sind in der Diskurslinguistik methodologischer Ausgangspunkt für ein Analysemodell, das die Mehrschichtigkeit von Diskursen erfasst. Warnke/ Spitzmüller (2008b) sprechen von einer DISKURSLINGUISTISCHEN MEHR-EBENEN-ANALYSE, kurz DIMEAN.[1] Mit DIMEAN wird der Komplexität von Diskursen entsprochen, Unterspezifiziertheit von Ergebnissen vermieden und Übergeneriertheit von Analysen ausgeschlossen. Darüber hinaus erläutert DIMEAN das konkrete Vorgehen bei der linguistischen Untersuchung von Diskursen.

Empirische Analysen der Diskurslinguistik sollten sinnvollerweise einem Stufenmodell folgen. Vor jeder Beschäftigung mit Aussagen im Diskurs ist zu klären, mit welchem Textkorpus gearbeitet werden kann und sollte. Man wird in der Regel für das eigene Untersuchungsziel zunächst relevante Texte oder Textteile sammeln und diese Sammlung als Datenbasis, als Korpus einer Untersuchung definieren. Diesen ersten Schritt nennt man Korpusgenerierung. Auf der Basis der im Korpus gesammelten Sprachdaten erfolgt dann die Erstlektüre. Dabei werden alle Auffälligkeiten zunächst unsystematisch gesammelt, interessante Wörter, Bedeutungsdimensionen, Formulierungen, Aussagen, Textstrukturen usw. können erfasst werden. Dieses nicht-automatisierte Verfahren der Textanalyse bzw. diese Sammlung von Auffälligkeiten weist der muttersprachlichen Kompetenz hohe Bedeutung zu. Es ist sinnvoll, die Erstlektüre durch mindestens zwei Leser unabhängig voneinander durchführen zu lassen. Das Ergebnis der Erstlektüre ist nicht mehr und nicht weniger als eine Sammlung von sprachlichen Phänomenen. Diese Daten beziehen sich zunächst noch auf einen einzelnen, singulären Text bzw. eine Quelle.

2.4.1 Intratextuelle Ebene nach DIMEAN

Nach der Erstlektüre erfolgt die Zuordnung der Daten zu einem intratextuellen System. Darunter verstehen wir die strukturierte Darstellung aller diskurslinguistisch wichtigen Elemente innerhalb von (Teil-)Texten. Das intratextuelle System nach

---

1 Eine detaillierte Darstellung der methodologischen Grundlagen von DIMEAN und der im Modell erfassten Gegenstandsbereichen findet sich in Warnke/Spitzmüller 2008b. Im Folgenden werden lediglich die Eckpunkte des Modells vermittelt.

DIMEAN umfasst die Ebene der Wörter, der Propositionen und der Textstrukturen. Wir sprechen daher auch von einer wortorientierten, propositionsorientierten und textorientierten Analyse:

Intratextuelle Ebene	Textorientierte Analyse
	Propositionsorientierte Analyse
	Wortorientierte Analyse

Abb. 2.1: Ebenen der intratextuellen Analyse nach DIMEAN (Warnke/Spitzmüller 2008b)

Die wortorientierte Analyse berücksichtigt EIN- und MEHRWORT-EINHEITEN, also Elemente wie *Freiheit* und *Stunde der Freiheit*. Gerade Wortverbindungen sind Ausdruck von sprachlichen Routinen und damit Hinweis auf gesellschaftliche Haltungen. Als Klassen von Ein- und Mehrworteinheiten sind Schlüsselwörter, Stigmawörter, Namen und Ad-hoc-Bildungen zu nennen. In Warnke/Spitzmüller (2008b) findet sich eine ausführliche Darstellung zu diesen und weiteren Klassen in DIMEAN.

Neben der wortorientierten Analyse untersucht man Texte nach PROPOSITIONEN und TEXTARCHITEKTUREN. Unter einer PROPOSITION verstehen wir die Verbindung eines referierenden Elementes mit einer Prädikation. So referiert *Freiheit* als Nomen auf ein Handlungskonzept. Eine Einheit wie *ist ein hohes Gut* hingegen spricht Gegenständen oder Sachverhalten eine Eigenschaft zu. Verbindet man das referierende Element (*Freiheit*) mit der Prädikation (*ist ein hohes Gut*), so erhält man eine Proposition: *Freiheit ist ein hohes Gut.* Bei der propositionsorientierten Analyse bezieht man sich mithin auf die Inhalte von Sätzen oder Teilsätzen. Als empirische Klassen von Propositionsdaten unterscheiden wir: Satzsyntax, rhetorische Figuren, Metaphernlexeme, soziale/expressive/deontische Bedeutung, Präsuppositionen und Implikaturen sowie Sprechakte.

Schließlich nimmt man bei der intratextuellen Analyse die TEXTARCHITEKTUR selbst in den Blick. Diskurslinguistisch relevante Phänomene finden sich nicht nur auf der Ebene des Wortschatzes und der Propositionen. Die Propositionen als Einzelaussagen sind bereits auch Bausteine der Textarchitektur, wir verstehen sie als MIKROEBENE von Texten. Hinzu kommen die TEXTUELLE MESOSTRUKTUR, also die Gliederung von Textteilen, und die TEXTUELLE MAKROSTRUKTUR als thematische Gesamtgliederung eines Textes. Auf der Ebene des Textes ergeben sich als Phänomenklassen lexikalische Felder, Metaphernfelder, lexikalische Oppositionslinien, Themenentfaltung, Textstrategien/Textfunktionen und die Zugehörigkeit zu einer Textsorte. Hinzu kommt die visuelle Textstruktur, bei der Besonderheiten von Layout/Design, Typographie, Text-Bild-Beziehungen und der Materialität des Textträgers beschreibbar sind.

Sofern also bei der Erstlektüre Auffälligkeiten für Wortschatz, Propositionen oder Textstruktur notiert werden, können diese bei der intratextuellen Ebenenzuordnung spezifischen Klassen von Diskursphänomenen zugeordnet werden. Damit ist eine erneute Prüfung und detaillierte Sichtung eines Belegtextes möglich, also die wiederholte Lektüre und Präzisierung von Beobachtungen. Die Zuordnung von Daten der Erstlektüre zu einem intratextuellen System geschieht also nach folgender Systematik:

Intratextuelle Ebene	Textorientierte Analyse	Visuelle Textstruktur	– Layout/Design – Typographie – Text-Bild-Beziehungen – Materialität/Textträger
		Makrostruktur: Textthema	– Lexikalische Felder – Metaphernfelder – Lexikalische Oppositionslinien – Themenentfaltung – Textstrategien/Textfunktionen – Textsorte
		Mesostruktur: Themen in Textteilen	
	Propositionsorientierte Analyse	Mikrostruktur: Propositionen	– Syntax – Rhetorische Figuren – Metaphernlexeme – soziale, expressive, deontische Bedeutung – Präsuppositionen – Implikaturen – Sprechakte
	Wortorientierte Analyse	Mehr-Wort-Einheiten	– Schlüsselwörter – Stigmawörter – Namen – Ad-hoc-Bildungen
		Ein-Wort-Einheiten	

Abb. 2.2: Intratextuelles System nach DIMEAN (Warnke/Spitzmüller 2008b)

Wie deutlich ist, berücksichtigt die diskurslinguistische Analyse von Einzeltexten eine Vielfalt von sprachlichen Phänomenen. Daher ist Kompetenz in Feldern der Wort-, Satz- und Textanalyse eine notwendige Voraussetzung für erfolgreiche linguistische Diskursanalysen. Zu bedenken ist in diesem Zusammenhang auch, dass das intratextuelle System nach DIMEAN für Ergänzungen von Phänomenklassen durchaus offen ist, dass andererseits aber bei konkreten Analysen immer Konzentrationen auf bestimmte Aspekte erfolgen werden. Es geht hier also nicht um ein summarisches Abarbeiten einer Checkliste, sondern um die Darstellung der Möglichkeit systematischer Zuordnung von Diskurselementen. Je nach Fragestellung oder Untersuchungsziel wird man sich auf unterschiedliche Phänomene konzentrieren.

Soweit könnte man noch von einer textlinguistisch orientierten Analyse sprechen. Das diskurslinguistische Interesse im engeren Sinn wird durch die Untersuchung der Diskurshandlungen und durch die Ebene der transtextuellen Analyse erkennbar.

2.4.2 Diskurshandlungen nach DIMEAN

Wie wird ein singulärer Text zum Element eines Diskurses? Wie werden singuläre Texte durch Diskurse geprägt? Diese zentralen diskurslinguistischen Fragen beziehen sich auf Beobachtungen, die wir alle im Alltag machen. Wir wissen, dass sich nicht alle Meinungen durchsetzen. Was in Texten formuliert wird, erlangt nicht automatisch den Status der öffentlichen Anerkennung und Weiterbehandlung. Wir wissen aber auch, dass vermeintlich individuelle Standpunkte sehr häufig nichts anderes als Effekte dessen sind, was bereits vorher und durch andere schon gesagt wurde. Der einzelne Text ist also mit dem Diskurs durch Handlungen und Handelnde verbunden. Es ist sinnvoll, bei der diskurslinguistischen Analyse diesem Faktum Rechnung zu tragen. Wir tun das durch die Analyse einer Reihe handlungsbezogener Kategorien: Autor(schaft), antizipierte Adressaten, soziale Stratifizierung/ Macht, Vertikalitätsstatus, Diskursgemeinschaften, Ideology Brokers, Voice, Medium, Kommunikationsformen, Kommunikationsbereiche und Textmuster. So ist die Bedeutung von Texten im Diskurs abhängig von der Frage, wer zum wem spricht, in welchen sozialen Bereichen Sachverhalte ausgehandelt werden, wer hier besondere Anerkennung genießt und damit auch den Diskurs ideologisch prägen kann, wer überhaupt eine Stimme im Diskurs hat, welche Medien zur Verbreitung von Wissen genutzt werden, wie und wo kommuniziert wird und schließlich welche Intentionen von Akteuren geteilt werden.

Man kann dieses Bündel relevanter Gegenstände gruppieren. Die Analyse von Diskurshandlungen erfolgt dann zunächst für die so genannten INTERAKTIONSROL-LEN, also die sozialen und kommunikativen Positionen der Handelnden; hierzu gehören: Autor und antizipierter Adressat. Zu den MACHTSTRUKTUREN gehören soziale Stratifizierung/Macht, Diskursgemeinschaften, Ideology Brokers, Voice und Vertikalitätsstatus. Schließlich geht es um MEDIALITÄT, dazu zählen Medium, Kommunikationsformen, Kommunikationsbereiche und Textmuster.

Akteure	*Diskursregeln* ⇧ ⇩ *Diskursprägung*	Interaktionsrollen	– *Autor* – *Antizipierte Adressaten*
		Diskurspositionen	– *Soziale Stratifizierung/ Macht* – *Diskursgemeinschaften* – *Ideology Brokers* – *Voice* – *Vertikalitätsstatus*
		Medialität	– *Medium* – *Kommunikationsformen* – *Kommunikationsbereiche* – *Textmuster*

Abb. 2.3: Kategorien und Filter der akteursorientierten Analyse nach DIMEAN (Warnke/Spitzmüller 2008b)

Die Tabelle zeigt neben den Kategorien der akteursorientierten Analyse auch zwei
Pfeile. Sie stellen Filter zwischen Einzeltext und Diskurs dar. So ist jeder Text als
Mosaik von Zitaten, Anspielungen und Verweisen durch Diskurse geprägt. Dieser
Filter der Diskursprägung ist immer wirksam, er wird hier durch den durchgezo-
genen Pfeil dargestellt. Akteure entscheiden durch ihr Handeln, was aus einem
Diskurs in einzelne Texte eingeht. Aussagen sind also nicht zuletzt das Resultat
einer Filterung des Diskurses durch Akteure.

Nicht jede Aussage, nicht jeder Text geht aber in den Diskurs ein. Mit Foucault
(1974) sind Regeln der Beziehung von singulären Texten zu Diskursen zu beschreiben, die wir bereits kennengelernt haben (siehe 2.2.2): KONTROLLE als Prozedur der
Ausschließung, SELEKTION als Verfahren der prüfenden Anpassung, ORGANISATION
als Gestaltung von Handlungsmodalitäten und KANALISIERUNG als Eliminierung.
So können politische Gruppen zum Beispiel den Freiheitsbegriff politischer Gegner
aus ihrem Sprechen ausschließen, sie kontrollieren den Diskurs der Anderen. In
ihrer internen Kommunikation prüfen sie Meinungen und Freiheitsbegriffe, sie
selektieren. Durch die Organisation ihrer Gruppierung regeln sie, wer überhaupt
über was sprechen darf. Kanalisiert wird der Diskurs schließlich, wenn man Positionen ganz zum Schweigen bringt. Akteure entscheiden durch ihr Handeln also, ob
eine Aussage überhaupt wahrgenommen wird, ob sie Aufmerksamkeit im Diskurs
erfährt; all dies wird durch den unterbrochenen Pfeil dargestellt.

2.4.3 Transtextuelle Ebene nach DIMEAN

Die Daten der intratextuellen Analyse dienen der Beschreibung von Sprache in
Teiltexten eines Diskurses. Die Analyse der Akteursebene ermöglicht darüber hi-
nausgehende Einsichten in die Handlungsabhängigkeit von Texten im Diskurs.
Möchte man nun die Diskursorganisation selbst analysieren, so muss man über
den Einzeltext hinausschauen und den Diskurs als Kontext von Texten in den
Blick nehmen. Wir sprechen von der transtextuellen Ebene. Darunter verstehen
wir eine Strukturebene, deren Konstituenten singuläre Texte, verstreute Aussagen,
Gespräche und nicht-sprachliche Zeichenträger sind.

Die transtextuelle Ebene ist mehr als die Summe von Einzeltexten. Diskurslinguistik bedeutet also nicht die Untersuchung eines sprachlichen Phänomens in
einer Vielzahl von einzelnen Texten. Zwar nutzt die Diskurslinguistik als Datenbasis
auch Korpora von Einzeltexten, sie ist jedoch im Gegensatz zur Korpuslinguistik
an der transtextuellen Ebene der Sprache selbst interessiert. Untersucht man etwa
die Bedeutung des Wortes *Freiheit* in Verlautbarungen einer politischen Partei, und
tut man dies, indem man semantische Analysen in unterschiedlichen Texten eines
Korpus durchführt, so kann man von einer korpusbezogenen semantischen Untersuchung sprechen. Eine diskurslinguistische Untersuchung des Freiheitsbegriffs
geht darüber hinaus. Sie wird nicht nur die Bindung der Semantik an Akteure
berücksichtigen, sondern erklären, wie die Bedeutung von *Freiheit* transtextuell
strukturiert ist. So haben wir ja bereits gesehen, dass über Diskursfilter die Art der

Prägung des Einzeltextes durch transtextuellen Strukturen erfolgt und Regeln zur
Diskursteilhabe realisiert sind.

Bei der Beschreibung der transtextuellen Ebene sind verschiedene Kategorien
relevant. Von zentraler Bedeutung für die diskursorientierte Analyse sind sämtliche
Formen der Intertextualität (siehe Kap. 7). Hinzu kommen Schemata, diskursse-
mantische Grundfiguren, Topoi, Sozialsymbolik, indexikalische Ordnungen, His-
torizität, Ideologien/Mentalitäten und allgemeine gesellschaftliche Debatten. Eine
ausführliche Erläuterung findet sich bei Warnke/Spitzmüller (2008b).

		Intertextualität
		Schemata (Frames/Scripts)
		Diskurssemantische Grundfiguren
Transtextuelle Ebene	Diskursorientierte Analyse	*Topoi*
		Sozialsymbolik
		Indexikalische Ordnungen
		Historizität
		Ideologien/Mentalitäten
		Allgemeine gesellschaftliche und politische Debatten

Abb. 2.4: Transtextuelles System nach DIMEAN (Warnke/Spitzmüller 2008b)

2.4.4 Layout der Diskurslinguistischen Mehr-Ebenen-Analyse DIMEAN

Wie wir gesehen haben, setzt die linguistische Untersuchung von Diskursen eine
begründete Differenzierung verschiedener Ebenen voraus. Dies gilt zunächst
für die Unterscheidung von INTRATEXTUELLER EBENE, EBENE DER AKTEURE und
TRANSTEXTUELLER EBENE. Auf der intratextuellen Ebene werden wortorientierte,
propositionsorientierte und textorientierte Analysen unterschieden. Schließlich
werden konkrete Phänomene der Text- und Diskursorganisation sowie der Bindung von Aussagen an Handelnde als analytische Kategorien bestimmt. Damit ist es
möglich, den Zusammenhang unterschiedlicher Beobachtungsgegenstände im Diskurs zu erkennen und zu beschreiben. Unser Freiheitsbeispiel kann dies abschlie-
ßend noch einmal verdeutlichen. *Freiheit* ist ein Begriff mit vielen Bedeutungen.
Diese Bedeutungen resultieren unter anderem aus dem spezifischen Gebrauch von
Akteuren. Die Bestätigung einer vielleicht ideologischen Freiheitsbedeutung durch
Texte einer Akteursgruppe ist unter Umständen ein intertextueller Effekt, also eine
Zitation oder Anspielung auf Freiheitskonzepte in anderen, bereits existierenden
Prätexten. So verschränken sich intratextuelle Ebene, Akteure und transtextuelle
Ebene im Diskurs auf vielfältige Weise. Mit der diskurslinguistischen Mehr-Ebe-
nen-Analyse DIMEAN wird die damit verbundene Komplexität beschreibbar:

Transtextuelle Ebene	Diskursorientierte Analyse	*Intertextualität*	
		Schemata (Frames/Scripts)	
		Diskurssemantische Grundfiguren	
		Topoi	
		Sozialsymbolik	
		Indexikalische Ordnungen	
		Historizität	
		Ideologien/Mentalitäten	
		Allgemeine gesellschaftliche und politische Debatten	
Akteure	*Diskursregeln* ↑ ⇓ *Diskursprägung*	Interaktionsrollen	– *Autor* – *Antizipierte Adressaten*
		Diskurspositionen	– *Soziale Stratifizierung/Macht* – *Diskursgemeinschaften* – *Ideology Brokers* – *Voice* – *Vertikalitätsstatus*
		Medialität	– *Medium* – *Kommunikationsformen* – *Kommunikationsbereiche* – *Textmuster*
Intratextuelle Ebene	Textorientierte Analyse	Visuelle Textstruktur	– *Layout/Design* – *Typographie* – *Text-Bild-Beziehungen* – *Materialität/Textträger*
		Makrostruktur: Textthema	– *Lexikalische Felder* – *Metaphernfelder* – *Lexikalische Oppositionslinien*
		Mesostruktur: Themen in Textteilen	– *Themenentfaltung* – *Textstrategien/Textfunktionen* – *Textsorte*
	Propositionsorientierte Analyse	Mikrostruktur: Propositionen	– *Syntax* – *Rhetorische Figuren* – *Metaphernlexeme* – *soziale, expressive, deontische Bedeutung* – *Präsuppositionen* – *Implikaturen* – *Sprechakte*
	Wortorientierte Analyse	Mehr-Wort-Einheiten	– *Schlüsselwörter* – *Stigmawörter*
		Ein-Wort-Einheiten	– *Namen* – *Ad-hoc-Bildungen*

Abb. 2.5: Layout der diskurslinguistischen Mehr-Ebenen-Analyse DIMEAN (Warnke/Spitzmüller 2008b)

Kommentierte Literaturtipps

In den Humanwissenschaften hat man sich seit den 1970er-Jahren mit Diskursana-lyse befasst. Es gibt eine Vielzahl an Veröffentlichungen. Für linguistische Fragestel-lungen sind dabei unter anderem sozialwissenschaftliche Arbeiten interessant. Als Kompendium der wichtigsten Ansätze ist besonders das „Handbuch der Sozialwis-senschaftlichen Diskursanalyse" von Keller u. a. (2 Bände: [2]2006, 2004) zu empfeh-len. Eine sprachwissenschaftliche Einführung in die Diskurslinguistik liegt bisher nicht vor. Die Diskussion in der Linguistik wurde wesentlich angeregt durch Busse 1987. Als kanonischer Text für die Grundlegung der Diskurslinguistik gilt bis heute Busse/Teubert 1994. Einen eher theoriebezogenen Überblick zur Diskurslinguistik findet man in Warnke 2007. Eine aktuelle Darstellung zu Methoden der Diskurslin-guistik unter Einschluss der Diskurslinguistischen Mehr-Ebenen-Analyse DIMEAN liegt vor mit Warnke/Spitzmüller 2008a.

II Forschungsansätze der Textlinguistik im Einzelnen

3   Textgrammatische Ansätze

Christina Gansel & Frank Jürgens

3.1   Strukturell-grammatische Textauffassungen der 1960er-Jahre
3.1.1   Text als transphrastische Einheit: Die Satzverknüpfungshypothese
3.1.2   Textkonstitution und Pronominalisierung
3.2   Textgrammatik als pragmatische Grammatik – Ein neuer Beschreibungsansatz
3.2.1   Kommunikativ-kognitive Textauffassung und textgrammatische Beschreibung
3.2.2   Syntaktische Segmentierung in der geschriebenen und gesprochenen Sprache
3.2.3   Das textgrammatische Beschreibungsinstrumentarium: Syntaktische Formen und
        ihr interner Bau
3.2.4   Kommunikative Gegebenheiten und die syntaktische Form des Textes: Beispiele

Textgrammatik bedeutet in der Textlinguistik Unterschiedliches. Textgrammatische Ansätze zur Beschreibung von Texten und deren Bausteinen sind durch die Zeit ihrer Entstehung und ihre Beziehung zu dominierenden theoretischen Positionen geprägt. Das folgende Kapitel wendet sich von daher zwei textgrammatischen Richtungen zu: Eine an der Syntax orientierte Textlinguistik der 1960er-Jahre sieht den Text zunächst als Folge von Sätzen. Sie geht also vom Satz als konstituierendem Segment aus und gelangt über die Verflechtung von Sätzen oder Textsegmenten zum Text (3.1). Kommunikativ-pragmatische Ansätze seit den 1980er-Jahren (siehe Kap. 5) drehen die Blickrichtung um. Sie schauen vom Text auf den Satz und fragen danach, welche Ausprägungen Sätze in mündlichen und schriftlichen Texten als Sprachgebrauchsphänomene unter Wirkung kommunikativ-pragmatischer Faktoren (Situativität, Funktion, Textsorte) erhalten. Im Zentrum steht dabei das Problem, mit welchem linguistischen Instrumentarium Sätze bzw. Textbausteine zu beschreiben sind, wenn sie keine Vollsätze bzw. elliptisch sind (3.2).[1]

3.1   Strukturell-grammatische Textauffassungen der 1960er-Jahre

3.1.1   Text als transphrastische Einheit: Die Satzverknüpfungshypothese

Bis zur Herausbildung der Textlinguistik Mitte der 1960er-Jahre galt der Satz als die oberste linguistische Bezugseinheit, wobei die syntaktische Forschung bis dahin im Wesentlichen auf den Einzelsatz beschränkt war. Aufgrund der Existenz einer Vielzahl von sprachlichen (grammatischen) Phänomenen, die allein mit Blick auf den

---

1 Die nachfolgenden Erläuterungen basieren auf den ausführlicheren Darstellungen in Gansel/Jürgens ²2007. Vgl. insbesondere die Kapitel 1 (Annäherung an die Kategorie „Text"), 2 (Zur Entwicklung des Textbegriffs), 4 (Textgrammatik als pragmatische Grammatik – Ein neuer Beschreibungsansatz) und 6 (Textgrammatische Strukturen).

(isolierten) Satz nicht zu erklären sind, wurde dieser Ansatz mit der Herausbildung der Textgrammatik überwunden, und zwar zunächst im Sinne eines Erweiterungspostulats. Demnach wurden Texte allgemein als phrasen- bzw. satzübergreifende (transphrastische) Einheiten gekennzeichnet.

Als das ‚primäre sprachliche Zeichen' und damit die oberste und unabhängigste linguistische Einheit galt nun nicht mehr der Satz, sondern der Text. Das war der Ausgangspunkt für die Herausbildung der Textlinguistik als eigenständige linguistische Disziplin, die auf einer Fachtagung zu Fragen der Textlinguistik im Jahre 1968 in Konstanz versuchte, ihren Gegenstand zu konstituieren. In seinem Grundsatzreferat „Texte als linguistisches Objekt" stellte Hartmann (1971) insgesamt zwölf Thesen auf, in denen die Vorzüge einer Textlinguistik gegenüber der bisherigen (System-)Linguistik herausgearbeitet wurden. Bemerkenswert ist für den damaligen Zeitpunkt die These 10:

> Mit der Behandlung von Textgegebenheiten werden neben Gesichtspunkten der Textbildungsnorm auch Gesichtspunkte der Sprachverwendung wichtig, zumal das Herstellen von Texten anderen Regeln unterliegt als das Herstellen von (sprachrichtigen) Sätzen und von einem erheblich breiteren Spektrum von Voraussetzungen und Zwecken bestimmt wird. (Hartmann 1971: 25)

Diese These sei hier herausgehoben, weil sie bereits 1968 in theoretisch und programmatisch richtungsweisender Formulierung ausweist, dass mit der Textlinguistik ein kompletter Neuansatz in der linguistischen Forschung verbunden sein musste, der vor allem in einer Abkehr von der ausschließlichen Konzentration auf das Sprachsystem und einer Hinwendung zum Sprachgebrauch besteht.

 Allerdings wurde diese Wende naturgemäß nicht mit einem Mal vollzogen. Zu beachten ist beispielsweise ein sehr früher Beitrag von Oomen (1971) mit dem Titel „Systemtheorie der Texte". Der Beitrag kritisiert früh die lineare Ausweitung grammatischer Analysen auf den Text und rückt den Text in die Nähe von *performance* oder Sprachverwendung. Von daher sieht Oomen (1971: 16) sprachliche Merkmale von Texten als Merkmale des Textablaufs und nicht als solche der Grammatik. Als Theorie einer Textlinguistik, die den Text als System mit einer bestimmten, die Struktur/Komponenten determinierenden Mitteilungsfunktion fundieren kann, schlägt Oomen die Systemtheorie vor. Letztlich führt der Beitrag in den Ansatz, dass die jeweilige Kommunikationsfunktion den spezifischen Ablauf des Textprozesses steuert. „Texttypen unterscheiden sich durch ihre Textformation, Texttypen unterscheiden sich nicht generell durch die ihnen zugrundeliegende Grammatik." (Oomen 1971: 20) Dieser hier noch strukturalistische Ansatz, der die kommunikativ-pragmatische Konstellation der Elemente-Funktions-Relation in den Blick nimmt, dominiert die Textlinguistik jedoch erst viel später.

So bleiben viele der Anfangsarbeiten einer sprachsystematischen Betrachtung verhaftet. Zu einer wirklich prinzipiellen Änderung der sprachtheoretischen Grundlagen kam es zunächst nicht (vgl. Brinker 6,2005: 12 ff.). Das wird auch in einigen der frühen Textdefinitionen deutlich, etwa bei Isenberg (siehe 1971: 155) und Agricola (1970: 85, 88), die den Text als eine „Folge von Sätzen" begreifen, die durch Vertextungsmittel (Konjunktionen, Pronomina, Proadverbien, Satzadverbien u. a.) miteinander verknüpft sind.

Unübersehbar ist die Grundannahme, wonach der Satz als *die* Struktureinheit des Textes gilt.

Der transphrastische (satzübergreifende) Ansatz geht davon aus, dass „Texte strukturelle Einheiten vom gleichen Typ wie Sätze sind, nur umfangreicher" (Vater 1992: 20). Deshalb könne man Texte im Wesentlichen mit dem in der strukturalistischen und später auch mit dem in der generativ-transformationellen Linguistik bewährten Instrumentarium beschreiben.

Kennzeichnend für diese erste Phase der Textlinguistik war – und zwar in Ost- und Westdeutschland gleichermaßen –, dass die Hierarchie der bis dahin angenommenen Einheiten des sprachlichen Systems (Phonem, Morphem, Wort, Satzglied, Satz) um die Einheit ‚Text' erweitert wurde. Verändert wurde also nicht das theoretische Grundkonzept, sondern lediglich die „Domäne" der Grammatik (vgl. Heinemann/Viehweger 1991: 26). Darin drückt sich die Auffassung aus, dass die Textbildung (wie die Satzbildung) durch das Regelsystem der Sprache gesteuert wird und auf allgemeinen, sprachsystematisch zu erklärenden Gesetzmäßigkeiten beruht.

Ziel der Textgrammatik müsse es daher sein herauszufinden, nach welchen strukturellen Prinzipien Texte konstituiert werden. Dabei ging man von der Grundannahme aus, dass das Problem der Verknüpfung von Sätzen als Grundlage und Voraussetzung für die Erklärung von Texterzeugungsprozessen anzusehen sei. Deshalb musste es vor allem darum gehen, Regeln für die Verknüpfung von Sätzen herzuleiten. Eine entscheidende Rolle spielt dabei die Pronominalisierung.

3.1.2 Textkonstitution und Pronominalisierung

Mit seiner 1962–64 entstandenen und 1968 ([2]1979) publizierten Habilitationsschrift „Pronomina und Textkonstitution" hat Roland Harweg eine erste groß angelegte Untersuchung über die Organisation von Texten und damit die erste wichtige Monographie vorgelegt, die die Entwicklung der Textlinguistik nachhaltig beeinflusst hat. Seine eigene Position in Bezug auf den Text sieht Harweg als strukturalistisch mit Merkmalen einer generativistischen Grundhaltung, die in der Unterscheidung von zwei Textbegriffen – des ETISCHEN (performanzorientiert) und des EMISCHEN (kompetenzorientiert) – zum Ausdruck kommt. Für die Erstellung wohlgeformter Texte bilde das Verfahren der Pronominalisierung eine entscheidende Rolle. Kompetente Sprecher/Schreiber sind danach in der Lage, das Verfahren der Pronominalisierung zur Textkonstituierung anzuwenden (vgl. Harweg [2]1979: V). Von daher definiert er Text als „ein durch ununterbrochene pronominale Verkettung konstituiertes Nacheinander sprachlicher Einheiten" (Harweg 1968: 148).

Harweg verdeutlicht, dass er die pronominale Verkettung als textkonstitutiv ansieht, sie ist für eine Textdefinition unabdingbar:

Unser Textdefiniens verlangt *ununterbrochene* pronominale Verkettung. Eine Unterbrechung dieser Verkettung würde folglich die Grenzen, d. h. Anfang und Ende eines spezifischen Textes markieren. (Harweg 1968: 148)

Harweg zeigt in seiner Arbeit, in welcher Weise die Ersetzung eines sprachlichen Ausdrucks durch einen anderen sprachlichen Ausdruck erfolgt. Ersetzende Elemente (Substituentia) und zu ersetzende Elemente (Substituenda) wirken in der Textkonstitution zusammen. Als „reinste und prägnanteste Repräsentanten der Pronominalität" sieht er die Pronomen *er/sie/es* (Harweg ²1979: 25). Die Besonderheiten von Pronomen liegen im „Phänomen der Substitution" (ebd.: 17). Pronomen ermöglichen in prototypischer Weise eine zweidimensionale Substitution – sie können einen Ausdruck an einem Punkt der Redekette ersetzen (PARADIGMATISCHE SUBSTITUTION), und sie vermögen es, in der Ersetzung sprachlicher Mittel von einem Satz zum nächsten Beziehungen herzustellen (SYNTAGMATISCHE SUBSTITUTION).

Es werden dann jedoch alle ersetzenden Elemente als Pronominalisierungen definiert, also z. B. auch Synonyme, Hyperonyme, Metaphern, Metonymien und andere Ersetzungen (vgl. Sowinski 1983: 24).

Harweg räumt aber zu Recht ein, dass mit bestimmten Texten zu rechnen ist, „die das Konstitutionsprinzip pronominaler Verkettung nicht erfüllen. Es sind dies in jedem Fall Texte, die zu kurz sind, um das genannte Prinzip erfüllen zu können, so z. B. gewisse aus einem Satz bestehende Aphorismen" (Harweg 1968: 149).

Pronominalisierung im Sinne Harwegs zeigt sich im Prinzip der WIEDERAUFNAHME, das im Folgenden in seinen Verfahren an Textbeispielen illustriert werden soll.

(3-1)   **Gänseblumen**

Manchmal wünsch ich mir die Kraft einer Gänseblume. Im Garten raschelt das Apfelbaumlaub; in den Nächten hat es schon Fröste gegeben. Wiesen- und Wegblumen sind erfroren. Im dürren Fallaub blühn Gänseblumen, winzige Sonnen mit Blütenblatt-Strahlen.

Der Schnee fällt, und er bleibt lange liegen. Die Ponys scharren im Apfelgarten: Im erfrorenen Gras blühn die Gänseblumen.

Der Frühling, es taut, und der Schnee verschmilzt. Am feuchten Wegrand blühn Gänseblumen. Schneeglocken sprießen an warmer Hauswand. Sie mühn sich, weiße Blüten zu treiben. Die Gänseblumen blühn schon lang. Sie blühten im Herbst, und sie blühten im Winter, sie blühten bei Frost und unter dem Schnee.

Manchmal wünsch ich mir die Kraft einer Gänseblume.

(Erwin Strittmatter (1967): Gänseblumen. In: Schulzenhofer Kramkalender. Berlin/Weimar, S. 143)

Der Text beginnt (hier bereits in der Überschrift, sonst häufig im ersten Satz, manchmal auch später) mit dem Setzen eines Kommunikationsgegenstandes/Substituendum (*Gänseblumen*), der im Verlaufe des Textes mehrfach wieder aufgenommen wird (Substituens, z. B. *sie*), um eine Substitutionssequenz herzustellen und damit Aussagen über diesen Gegenstand zu treffen.

Harweg (1968, ²1979: 179 ff.) erstellt in seinem Buch eine umfassende Typologie pronominaler Verkettungen, die hier nicht annähernd wiedergegeben werden kann. Pronominalisierungen als Formen der Wiederaufnahme, die den Text konstituieren, werden in unterschiedlichen Phänomenen im Text sichtbar. Brinker (⁶2005: 27 ff.) hat diese Formen vereinfacht dargestellt und in den Verfahren der EXPLIZITEN und der IMPLIZITEN WIEDERAUFNAHME zusammengefasst. Das Substituendum wird dabei ersetzt durch „Bezugsausdruck" und das Substituens durch „wiederaufnehmenden Ausdruck". Die EXPLIZITE WIEDERAUFNAHME basiert auf der Referenzidentität (Bezugnahme auf dasselbe Objekt = KOREFERENZ) bestimmter sprachlicher Ausdrücke in aufeinanderfolgenden Sätzen eines Textes. Bedingung für die Wiederaufnahme ist die Bedeutungsgleichheit oder -ähnlichkeit der sprachlichen Mittel. In Frage kommen vor allem folgende Formen:

- REKURRENZ (wörtliche Wiederholung): *Gänseblumen – Gänseblumen,*
- SYNONYME (ein bedeutungsgleicher oder -ähnlicher Ausdruck): *Gänseblumen – winzige Sonnen mit Blütenblatt-Strahlen,*
- PRO-FORMEN (z. B. Pronomen, Pronominaladverbien): *Gänseblumen – sie,*
- HYPERONYME/HYPONYME (Ober- bzw. Unterbegriffe): *Heckenrosenstrauch – Strauch.*

Bei der IMPLIZITEN WIEDERAUFNAHME handelt es sich nicht um Referenzidentität, sondern lediglich um PARTIELLE KOREFERENZ. Dies wird bewirkt durch Ausdrücke, die in einer bestimmten Relation (z. B. TEIL-GANZES-RELATION/*pars pro toto*) zu dem ersterwähnten Referenzträger stehen:

(3-2)   [...] *Der Winter kam, und eines Tages entdeckte ich in der Nähe der Brücke einen Heckenrosenstrauch. Der Strauch war voller Hagebutten, deren glänzendes Rot von der dünnen Schneedecke unterm Strauch zum Leuchten gebracht wurde. [...]*

          (Erwin Strittmatter (1967): Der Heckenrosenstrauch. In: Schulzenhofer Kramkalender. Berlin/Weimar, S. 212 f.)

Das Substituendum *Heckenrosenstrauch* wird durch das Substituens *Hagebutten* wiederaufgenommen, *Hagebutten* durch *glänzendes Rot*.

Neben den Teil-Ganzes-Relationen gehören SEMANTISCHE KONTIGUITÄTEN zu den impliziten Wiederaufnahmen. Durch eine Relation zwischen Wörtern, die der gleichen logischen (*Niederlage : Sieg*), ontologischen (naturgesetzliche Verknüpfungsverhältnisse wie *Blitz : Donner*), kulturellen (*eine kleine Stadt : der Bahnhof*) oder situationellen (*der langhaarige Knabe : das englische Matrosenkostüm*) Sphäre angehören, wird semantische Kontiguität bewirkt. Derartige Beziehungen zwischen Substituendum und Substituens nennt Harweg (²1979: 192 ff.) „Text-Kontiguitäts-

Substitutionen". Den Begriff *Kontiguität* übernimmt er aus der Semantikforschung und bestimmt ihn als „syntagmatisch semantische Affinität" (Harweg [2]1979: 192). Zur semantischen Kontiguität siehe ausführlich auch 4.2.2.

 Während Harweg eine Typologie der verschiedenen Fälle von Pronominalisierungen und eine darauf aufbauende Textklassifikation verfolgt, geraten mit der Diskussion der Verfahren der Wiederaufnahme die Termini *Kohäsion* und *Kohärenz* als Textualitätskriterien in den Blick (vgl. 1.3). Beide Termini spielen bei Harweg gar keine oder kaum eine Rolle. Dennoch lassen sich seine Pronominalisierungsfälle als kohäsive und kohärente Mittel der Konstituierung des Objekts ‚Text' interpretieren. KOHÄSION signalisiert die Beziehungen zwischen Oberflächenelementen. Vater (1992) präzisiert Substitutionen (z. B. durch Pronomen) und Ellipsen als kohäsive Mittel zur Bezeichnung inhaltlicher Beziehungen (Koreferenz). KOHÄRENZ nimmt auf die Textwelt Bezug, in der Relationen (lokale, temporale, kausale usw.) zwischen Konzepten (Objekte, Ereignisse) gemeinsam auftreten. Damit ist Kohärenz zunächst ein strukturelles Merkmal des Textes, das in „Klang und Druck" (Beaugrande/Dressler 1981: 7) im Text manifest geworden ist. Andererseits sehen Beaugrande/Dressler Kohärenz als „Ergebnis kognitiver Prozesse der Textverwender" (ebd.: 7). Für Vater bedeutet Kohärenz „Sinnkontinuität", die auf der „Textwelt als Gesamtheit der einem Text zugrundeliegenden Sinnbeziehungen" (Vater 1992: 43) beruht. Die Differenzierung von Kohäsion und Kohärenz sieht Brinker ([6]2005: 18) als völlig unnötig an. Er vertritt ein komplexes Konzept von Kohärenz, das grammatisch, thematisch, pragmatisch oder kognitiv differenziert werden kann.

Zur Rolle der Wiederaufnahme sei mit Brinker ([6]2005: 41 f.) festgehalten, dass diese zwar äußerst bedeutsam für die Textkonstituierung ist, denn die Wiederaufnahme eines Gegenstandes ist in aller Regel Träger für den thematischen Zusammenhang eines Textes. Sie ist aber keine notwendige und auch keine hinreichende Bedingung für Kohärenz, denn diese kann unter Umständen tiefer liegen und muss nicht in einer 1:1-Entsprechung aus der Textoberfläche zu erschließen sein. Dies zeigt das folgende Beispiel:

(3-3)   *Die Gaststätte ist geschlossen. Es ist ein Trauerfall zu beklagen.*

Trotz des Fehlens jeglicher syntaktisch-semantischer Verknüpfungsmittel liegt zweifellos eine kohärente Satzfolge vor. Die KONNEXION, also die Verknüpfung, zwischen den in den beiden Sätzen ausgesagten Sachverhalten ist kausaler Natur (siehe auch 4.3.2). Diese inhaltliche Beziehung lässt sich wie im Beispiel (3-3) nicht nur asyndetisch realisieren, sondern auch syndetisch beispielsweise durch den KONNEKTOR *denn*. Werden beide Sätze durch PRO-FORMEN miteinander verflochten, kann dies rückwärtsweisend (anaphorisch: 3-3a) oder vorwärtsweisend (kataphorisch: 3-3b) erfolgen, wie in den folgenden Beispielen:

(3-3a) *Es ist ein Trauerfall zu beklagen.* ← *Deshalb ist die Gaststätte geschlossen.*
(3-3b) *Die Gaststätte ist geschlossen. Das bedeutet Folgendes:* → *Wir bleiben heute zu Hause.*

Dass auch ohne Konnektoren oder Pro-Formen z. B. kausale, temporale oder explizierende Relationen von Propositionen erschlossen werden, liegt in der von syntaktischer Konnexion zu semantischer und pragmatischer Kohärenz voranschreitenden Entwicklung im Sprach- und Schreiberwerb begründet. Konnexion ist also ein wichtiges Mittel zur Herstellung von Kohäsion und Kohärenz von Texten. Sie kann syndetisch oder asyndetisch erfolgen und dient zur Herstellung „interpropositionaler Relationen" (Heinemann/Viehweger 1991: 43), wie sie in semantischen Ansätzen der Textlinguistik untersucht wurden (siehe ausführlich Kap. 4).

3.2 Textgrammatik als pragmatische Grammatik –
Ein neuer Beschreibungsansatz

Die in 3.1 umrissene frühe textgrammatische Beschreibung gilt seit der kommunikativen Wende in der Textlinguistik aber zu Recht als überwunden, denn Texte sind nicht irgendwie vorfindbare Objekte, die es bloß strukturell zu erfassen gilt, sondern sie sind zu bestimmten Zwecken und in bestimmten Situationen wissensbasiert produzierte Äußerungen, deren Sinn und Struktur mitbestimmt sind durch diese Zwecke und Situationen. Deshalb muss eine moderne Textgrammatik die in Texten verwendeten sprachlichen Strukturen mit Blick auf die kommunikativen Gegebenheiten der Äußerung beschreiben (zu pragmatischen und kommunikativ-kognitiven Ansätzen in der Textlinguistik vgl. ausführlich auch Kap. 5).

3.2.1 Kommunikativ-kognitive Textauffassung und textgrammatische Beschreibung

Gegenstand von Systemgrammatiken mit ihren Regeln der Wohlgeformtheit sind die Normen der Standardsprache – bei Coseriu (1988: 52f.) auch „exemplarische Sprache". Diese Normen stellen eine Abstraktion bzw. Idealisierung einer „üblichen" oder „normalen" Realisierung dar. Sie sind weitgehend habitualisiert und konventionalisiert und können daher als Grundlage für den breiten öffentlichen Sprachverkehr betrachtet werden.

Traditionell steht die Beschäftigung mit der *parole* mehr oder minder neben der so genannten Systemlinguistik. Diese zwei Seiten der sprachwissenschaftlichen Forschung gehen zurück auf Saussure (vgl. 1967: 20ff.), nach dessen Auffassung die rein gesellschaftliche und vom Individuum unabhängige Sprache (die *langue*) von der individuellen Seite des Sprechens (der *parole*) zu trennen ist. Nach dem Modell von Saussure liegt alles Regelhafte und Soziale allein in der *langue*, während es in der *parole* nichts Kollektives bzw. Soziales gibt. Die *parole* sei rein individuell und überdies nebensächlich und mehr oder weniger zufällig. In der Grammatiktheorie ist daher die Ansicht verbreitet, dass mit der Untersuchung des Sprachgebrauchs nur deformierende Performanzphänomene in die linguistische Forschung „eingeschleppt" werden. Eine sprachliche Ordnung außerhalb der Systemgrammatik wird quasi ausgeschlossen.

 Die strukturellen Gesetzmäßigkeiten einer Sprache ungeprüft an den präskriptiven Normen des schriftsprachlichen Standards festzumachen bedeutet aber, dass die Möglichkeit strukturell signifikanter Daten außerhalb der kodifizierten Norm von vornherein ausgeschlossen wird. Dies scheint nach mehreren Jahrzehnten variationslinguistischer Forschung nicht haltbar. Deshalb muss es auch auf der grammatischen Beschreibungsebene künftig darum gehen, Regelhaftigkeiten des Sprach*gebrauchs* herauszuarbeiten. Erst auf dieser Grundlage wird es möglich sein zu ermessen, ob und inwieweit der faktische Sprachgebrauch den strukturellen Gesetzmäßigkeiten einer Sprache entspricht.

 Die Auswahl der sprachlichen Mittel in einer beliebigen Textsorte (= Sprachgebrauch) wird zu einem bestimmten Anteil immer der Standardnorm entsprechen. Daneben können für die Textsorten-Norm aber auch Abweichungen vom „Üblichen", von der Standardnorm, durchaus ganz charakteristisch sein. Dies ist überall dort möglich, wo das System eine Reihe von fakultativen Realisierungsvarianten zulässt, und gilt keineswegs nur für den Bereich der Mündlichkeit, sondern ausdrücklich auch für zahlreiche geschrieben realisierte Textsorten wie z. B. Anzeigentexte, Kochrezepte, Lexikoneinträge usw. Das lässt den Begriff der Standardnorm in einem kritischen Licht erscheinen, und zwar aus dreierlei Gründen:

1. Es wird niemand auf die Idee kommen, etwa Lexikoneinträgen wegen des Fehlens wohlgeformter Sätze ihre Standardsprachlichkeit abzusprechen:

(3-4)   **Oldenburger**, *eine Pferderasse in Dtld.; früher starkes, schweres, leistungsfähiges Zug- und Arbeitspferd; durch Einkreuzung von Englischem Vollblut und Trakehner Hengsten in den letzten Jahrzehnten Umzüchtung zu einem erfolgreichen, ausdauernden, athletischen Sportpferd.*

(Der Knaur. Universallexikon. Band 10. München 1991 [²1993], S. 3732)

Insofern ist der Terminus *Standardnorm* irreführend. Es handelt sich vielmehr um *die in Grammatiken kodifizierte Norm*, die idealisiert und zur so genannten Standardnorm erhoben wurde.

2. Es ist erkennbar, dass die standardsprachliche Norm keineswegs mit *der* schriftsprachlichen Norm gleichzusetzen ist, sondern lediglich mit der Norm bestimmter, nicht explizit genannter Textsorten.

3. Zuzustimmen ist auch Henn-Memmesheimer (1986: 7), dass die Auswahl der Muster, die als Standard gelten und infolgedessen Eingang in Standardgrammatiken finden, vom Standpunkt des Systems her betrachtet eher „zufällig" ist: „Als zusammenfassende Bezeichnung der Menge der standardisierten Muster wird der Terminus *Standardvarietät* gewählt, um Standard zu kennzeichnen als *eine* – wie auch immer, unter

welchen Einflüssen entstandene – *Norm innerhalb des Systems* deutsche Sprache."
(Henn-Memmesheimer 1986: 7; Hervorhebungen Ch. G./F. J.)

Insofern wird immer nur ein Ausschnitt aus dem Sprachsystem dargestellt, weshalb
auch die Bezeichnung *Systemgrammatik* im Grunde nicht korrekt ist. Voraussetzung
für eine wirkliche Systemgrammatik wäre eine Analyse des Sprachgebrauchs, die
auch unorthodoxe Phänomene nicht von vornherein als reine Performanzerschei-
nungen abtut.

Quintin schlägt deshalb vor, solche Phänomene nicht mehr nur als halbwegs
tolerierbare Extensionen eines strikt gefassten Einheitsprinzips zu betrachten,
„sondern als Ausdruck eines an sich offenen Systems, dessen Potenzial von den
Sprechern meistens nur partiell ausgenutzt wird" (Quintin 1993: 94). Deshalb ist
es nachdrücklich zu unterstützen, wenn Coseriu eine radikale Änderung des linguistischen Untersuchungsansatzes vorschlägt, indem das Sprechen zum Maßstab
für alle Manifestationen der Sprache gemacht wird:

> Das Sprechen ist nicht von der Sprache her zu erklären, sondern umgekehrt die Sprache
> nur vom Sprechen. Das deswegen, weil Sprache konkret nur Sprechen, Tätigkeit ist und
> weil das Sprechen weiter als die Sprache reicht […] Daher muß unserer Meinung nach
> Saussures bekannte Forderung umgekehrt werden: statt auf den Boden der Sprache
> muß man sich von Anfang an auf den des Sprechens stellen und dieses zur Norm aller
> anderen sprachlichen Dinge nehmen (einschließlich der Sprache). (Coseriu 1988: 58)

Ausgangspunkt aller Überlegungen sollten also die Normen des realen Sprachgebrauchs sein, wie sie z. B. in schriftlichen wie mündlichen Textsorten gegeben sind.
Die Norm einer Textsorte zeichnet sich dadurch aus, dass von den Möglichkeiten des Sprachsystems *regelhaft* auf eine ganz spezifische Weise *Gebrauch* gemacht
wird.

Mit der Orientierung auf den Sprachgebrauch erhält die Grammatik nun eine
pragmatische Dimension. Der Terminus *Pragmatik* geht zurück auf das semiotische
Zeichenmodell von Charles W. Morris (1938, dt. 1972), in dem das Verhältnis vom
Zeichen zum Zeichenbenutzer thematisiert wird (siehe 5.2.1).

> Thema der Pragmatik ist das, was im Sprachgebrauch die Form und/oder die Interpre-
> tation sprachlicher Äußerungen regelhaft beeinflusst kraft der Tatsache, dass Sprache
> in einer Situation und zur Kommunikation, zum sprachlichen Handeln mit anderen,
> gebraucht wird. Pragmatik hat es demgemäss immer mit dem Verhältnis sprachlicher
> Äußerungen zu ihrem situativen und kommunikativen Kontext zu tun. (Linke u. a.
> [5]2004: 201)

Primärer Gegenstand der Pragmatik im engeren Sinne sind die Regularitäten des
kommunikativen Handelns, weshalb Sprechakte, Präsuppositionen, Implikaturen,
Konversationsmaximen u. Ä. zentrale pragmalinguistische Kategorien sind (siehe
5.2.2).

Pragmatik in einem weiteren Sinne betrachtet als ihren Gegenstand übergreifend
die Sprache im Gebrauch. Allerdings ist eine so verstandene Pragmatik – bedingt
durch die Fixierung auf die geschriebene Sprache und damit im Zusammenhang

stehende normierende Grammatikkonzeptionen – erst sehr spät als Arbeitsbereich der Linguistik akzeptiert worden. Dies hat sich in den letzten Jahren im Zusammenhang mit dem verstärkten Interesse an der gesprochenen Sprache ganz grundlegend geändert. Ein weiter Pragmatikbegriff gilt inzwischen als Grundlage für eine an der natürlichen Sprache orientierte deskriptive Grammatik. Mehr noch: Es scheint der Weg geebnet für eine „radikale Pragmatisierung der Syntaxschreibung" (Schlobinski 1997a: 11).

Dieser Ansatz wurde durch die so genannte modulare Auffassung maßgeblich befördert und im Rahmen des Lunder Forschungsprogramms „Sprache und Pragmatik" entwickelt (vgl. u. a. Rosengren 1988, Fries 1988 und Motsch/Reis/Rosengren 1989). Die modulare Auffassung besagt, dass Grammatik und Pragmatik verschiedene Module (möglicherweise auch Mengen von Modulen) sind, wobei „die für das jeweilige Modul (bzw. dessen Submodule) konstitutiven Prinzipien, Einheiten und Regeln […] sich nicht auf konstitutive Prinzipien, Einheiten und Regeln des anderen Moduls reduzieren lassen" (Motsch/Reis/Rosengren 1989: 2).

Betont wird also zunächst die Autonomie und Eigengesetzlichkeit der Module ,Grammatik' und ,Pragmatik':

> Zugleich gibt es aber eine systematische Interdependenz zwischen ihnen, insofern einerseits die pragmatischen Funktionen mit Hilfe von grammatischen Strukturen realisiert, andererseits die grammatischen Strukturen nur als pragmatische Einheiten aktualisiert werden können. Pragmatik ohne Grammatik kann es also nicht geben. Die Grammatik ihrerseits muß kommunikativ verwendbar sein, d. h. die kommunikativen Erfordernisse erfüllen können. Untersuchung des Grammatik-Pragmatik-Verhältnisses heißt dann, die Gesetzmäßigkeiten dieser Interdependenz zu untersuchen […]. (Motsch/Reis/Rosengren 1989: 2)

Mit Oller kann davon ausgegangen werden, dass jede Theorie, die Sprache unabhängig von ihrem Gebrauch zu erklären versucht, zirkulär bleiben muss und dass also jede Betrachtung von Sprache als Kommunikationsmedium eine integrierte Theorie von Syntax, Semantik und Pragmatik erfordert, nicht bloß ein additives Hinzufügen einer pragmatischen Komponente, denn selbst bei einfachen Sätzen (*Der Junge schlägt gerade den Ball.*) sei ein Bezugnehmen auf die Situation unverzichtbar:

> Unabhängig von der Weltkenntnis, über die der Sprecher/Hörer etwas mitteilt, existiert keine Sprachstruktur. Weder Bedeutung noch Syntax existieren in einem Vakuum, und beide zusammen existieren nicht unabhängig von Situationen. (Oller 1974: 132 ff.)

In diesem Verständnis wäre Pragmatik als eher ganzheitliche Theorie zu begreifen, „welche die systemlinguistischen Fragestellungen *einschliesst* und sogar das Fundament für die systemlinguistischen Theorien liefert" (Linke u. a. ⁵2004: 206).

Eine solche Auffassung geht im Grunde zurück auf Karl Bühler (1934). Dessen pragmatische Ansätze sind, obgleich sie lange Zeit weitgehend unbeachtet blieben, bis heute richtungweisend (siehe 5.2.2). Der Vorteil einer solchen integrativen Sicht auf Grammatik, Semantik und Pragmatik ist darin zu sehen, dass somit auch die Form selbst in den Fokus gerückt und als pragmatisch determinierte Größe beschrieben werden kann.

Zusammenfassend kann festgehalten werden:

1. Textgrammatik muss empirisch fundiert sein. Ziel ist es, eine realistische Grammatik des Deutschen in geschrieben und gesprochen realisierten Textsorten vorzulegen, eine Grammatik, die den realen Sprecher/Hörer und Schreiber/Leser in den Mittelpunkt stellt und die Regelhaftigkeiten des Sprachgebrauchs in Texten/ Textsorten herausarbeitet. Strukturelle Gegebenheiten der natürlichen gesprochenen Sprache sind dabei expliziter Bestandteil einer solchen Grammatik. In der Grammatik empirisch zu arbeiten heißt vor allem, sprachliche Phänomene auf der Basis eines gesicherten Datenmaterials zu beobachten und zu beschreiben. Eine empirisch kontrollierte Linguistik sollte sich dadurch auszeichnen, dass sie ihre Theorie und entsprechende Theoreme und Kategorien an den Daten misst, die der Wahrnehmung zugänglich sind.
2. Textgrammatik muss eine pragmatische Grammatik sein. Das ist keineswegs selbstverständlich. Mit Recht weist Schlobinski (1997a: 11) darauf hin, dass die Erweiterung des Blicks auf komplexe pragmatische Faktoren nicht zwangsläufig ist, wie zum einen die Rezeption textlinguistisch fundierter Syntaxbeschreibungen zeigt und zum anderen die Grammatik von Weinrich (1993), in der zwar Verschriftungen gesprochener Sprache zitiert werden, aber letztlich nur als Belege für Analysen im Rahmen einer traditionellen Grammatikschreibung.

Eine pragmatisch fundierte Beschreibung grammatischer Strukturen in Texten muss sich von traditionellen textgrammatischen Ansätzen unterscheiden. Es kann nicht mehr nur um eine formale Betrachtung des Textes als transphrastische Einheit gehen, nicht mehr nur darum, allgemeine oberflächenkonstituierende Merkmale von Texten zu beschreiben oder Pronominalisierungsketten als grammatisch-syntaktische Bedingung der Kohärenz von Texten aufzuzeigen.

Die pragmatische Ausrichtung der Textgrammatik wird darin erkennbar sein, dass sie die in Texten und Diskursen regelhaft verwendeten sprachlichen Strukturen zu ihrem Gegenstand erhebt und diese Strukturen mit Blick auf die kommunikativen Gegebenheiten der Äußerung analysiert. Texte werden nicht als isolierte, statische Objekte behandelt, sondern als kommunikative Entitäten. Die grammatischen Strukturen im Text sollen vor dem Hintergrund kognitiver, funktionaler und situativer Faktoren beschrieben werden. Damit legen wir der textgrammatischen Beschreibung eine kommunikativ-kognitive Textauffassung zugrunde, denn zwischen Textfunktion und Textstruktur besteht insofern ein enger Zusammenhang, als „die Textfunktion – zusammen mit gewissen situativen und medialen Gegebenheiten – die Textstruktur, d. h. die Gestaltung des Textes in grammatischer und thematischer Hinsicht, regelhaft bestimmt" (Brinker [6]2005: 121).

Solcherart Determiniertheiten für die Grammatik an verschiedenen Texten und Textsorten nachzuweisen, muss Anliegen einer modernen Textgrammatik sein. Voraussetzung dafür ist aber ein funktionierendes Beschreibungsinstrumentarium, das den grammatischen Besonderheiten des Sprachgebrauchs, vor allem aber denen der Mündlichkeit gerecht wird. Ein Vorschlag für ein solches Instrumentarium soll hier im Folgenden entwickelt werden.

3.2.2 Syntaktische Segmentierung in der geschriebenen und gesprochenen Sprache

In der geschriebenen Sprache ist das Problem der Segmentierung mit Hilfe der Interpunktion relativ einfach aufzulösen, denn die Interpunktionszeichen können in der Regel eindeutig als vom Schreiber markierte Segmentgrenzen identifiziert werden:

(3-5)   *So ungefähr läuft es. Obwohl die Lehrer auch nicht viel besser dran sind. Höchstens vielleicht, daß sie den Laden kennen. Sie sind nicht so ahnungslos wie vielleicht Obermüller. Deshalb verbrennen sie sich auch nicht den Mund. Aber manchmal kommen sogar Lehrer unter die Räder. Herr Koppe zum Beispiel. Unser ehemaliger Geographielehrer. Er gab auch Deutsch, aber nicht in unserer Klasse.*

   (T. Brussig: Wasserfarben [Roman])

Die Segmentgrenzen im gegebenen Beispiel sind zwar keinesfalls selbstverständlich an den durch die Interpunktion markierten Positionen anzunehmen. Erwartbar und den etablierten Normen angemessen wäre zum Beispiel eher der Anschluss des Satzes *Obwohl die Lehrer auch nicht viel besser dran sind.* als Nebensatz an den Hauptsatz *So ungefähr läuft es.* Ebenso ließe sich die im gegebenen Beispiel offenbar als Satz anzunehmende Äußerung *Herr Koppe zum Beispiel.* auch ohne Weiteres als Apposition zum Nomen *Lehrer* in den vorangehenden Satz integrieren: *Aber manchmal kommen sogar Lehrer unter die Räder, Herr Koppe zum Beispiel.* Dies zu problematisieren, ist aber gegenstandslos, weil der Schreiber mittels der Interpunktion seine Segmentgrenzen ganz eindeutig markiert hat.

 Wesentlich komplizierter ist es, die gesprochene Rede syntaktisch zu segmentieren. Als Ausweg aus dem noch nachzuzeichnenden Dilemma wurde in der Vergangenheit häufig eine Segmentierung auf der Basis kommunikativer bzw. pragmatischer Einheiten angeboten. Exemplarisch dafür stehen die „Äußerungseinheiten" bei Rath (1979: 72 f.) oder Schwitalla (1997: 50 ff.) bzw. die „Kommunikativen Minimaleinheiten" in der „Grammatik der deutschen Sprache" (GDS) (Zifonun u. a. 1997: 91). Letztere sind definiert als „die kleinsten sprachlichen Einheiten, mit denen sprachliche Handlungen vollzogen werden können. Sie verfügen über ein illokutives Potential und einen propositionalen Gehalt" (ebd.).

Generell scheint es (insbesondere für eine Grammatik) nicht unproblematisch, kommunikativ determinierte Gliederungseinheiten als Ersatz für eine syntaktische Kategorisierung zu verwenden (vgl. Schreiber 1995: 82), da deren Status ein völlig anderer ist.

Zudem besteht die Gefahr, dass bei einer primär kommunikativ ausgerichteten Definition von Kategorien „die Möglichkeit verloren geht, die uns allen intuitiv bekannten formbezogenen Organisationsprinzipien [...] als eigenständiges, kommunikativ relevantes Signalisierungssystem [...] zu untersuchen" (Selting 1995: 300). Deshalb sollte die Ebene der Syntax nicht vorschnell aufgegeben werden. Es stellt sich allerdings die Frage, auf welcher Grundlage die gesprochene Rede syntaktisch segmentiert werden kann. Der traditionelle Satzbegriff ist dabei offenbar wenig hilfreich. Praktikabler und einer Textgrammatik angemessener scheint der Begriff der SYNTAKTISCHEN BASISEINHEIT (vgl. Jürgens 1999: 82).

SYNTAKTISCHE BASISEINHEITEN sind in der Redekette relativ selbstständig auftretende Konstruktionen, deren Grenzen mit formal-syntaktischen Mitteln feststellbar sind. Zu denken ist in diesem Zusammenhang insbesondere an

- die INTONATION/PROSODIE (für die gesprochene Sprache) bzw. die INTERPUNKTION (für die geschriebene Sprache) sowie
- die MORPHOLOGISCHE MARKIERUNG (vgl. Paul 1919: 4 ff. sowie einige modernere syntaktische Arbeiten, die in dieser Tradition stehen, z. B. Altmann 1981: 10, Eisenberg 1989: 46 oder Schmidt 1993: 29).

Im Folgenden soll an einigen ausgewählten Beispielen nachgewiesen werden, wie die Einheitenbildung durch das Zusammenwirken der oben aufgeführten syntaktischen Mittel gesteuert wird und welche Probleme es dabei gibt.

Dass die Prosodie eine unmittelbare Funktion bei der Strukturierung komplexer Ausdrücke zu erfüllen hat, ist ohne weiteres nachvollziehbar, wenn man die folgenden schriftsprachlich wiedergegebenen Äußerungen ins Gesprochene überträgt:

(3-6a) *Ich glaube, du spinnst.*
(3-6b) *Ich glaube. Du spinnst.*

Mit Hilfe der Intonation (wie eben im Geschriebenen mit Hilfe der Interpunktion) kann der Unterschied zwischen der hypotaktischen Verbindung zwischen Haupt- und Nebensatz und der parataktischen Verknüpfung zweier selbstständiger Sätze realisiert werden (vgl. Schreiber 1995: 80).

Typischerweise wird das Ende einer syntaktischen Einheit prosodisch durch fallende Intonation und eine anschließende kurze Pause gekennzeichnet:

(3-7) Sprecher A: *radio mv (2.0) service (1.0) –*
 Sprecher B: *mit der <u>wettervorhersage;</u>*
  <u>(.)</u>
  wechselnd bewölkt und trocken [...]

Allerdings ist diese Annahme nicht unproblematisch (vgl. Jürgens 1999: 144 ff.): Zunächst sei auf die Mehrdeutigkeit von Pausenzeichen verwiesen. So gibt es Pausen, die keineswegs syntaktische Segmente konstituieren, sondern z. B. psychische Befindlichkeiten (Unkonzentriertheit, Suchen nach dem richtigen Wort o. Ä.) des Sprechers reflektieren. Aber auch die Intonation markiert die syntaktische Gliederung keineswegs eindeutig (vgl. u. a. Rath 1979: 100, Caroli 1977: 147 ff., Schreiber 1995: 78 ff. sowie Schönherr 1997: 89). So kann es durchaus vorkommen, dass der Sprecher eine Einheit mit fallender Intonation (und ggf. einer kürzeren Pause) zunächst ganz klar abschließt, dann aber, weil er noch etwas nachtragen will, dieselbe Konstruktion unmittelbar fortsetzt und das bereits markierte Einheitenende nach hinten verlagert.

(3-8)   *Strunz in der liberoposition, (–) außer <u>frage; (1.0) bei</u> den Bayern*[2]

Andererseits muss festgestellt werden, dass auch andere Intonationsmuster am Einheitenende stehen können. Das typische Intonationsmuster in der Sportreportage ist z. B. die gleichbleibende Tonhöhenbewegung, die eine Weiterführung erwarten lässt. Der Sprecher hält sich somit immer die Option offen fortzufahren, kann aber die Einheit durchaus auch mit einer schwebenden Intonation abschließen.

Neben der Prosodie bzw. der Interpunktion ist für die Segmentierung vor allem die morphologische Form maßgeblich. Eine wichtige Rolle spielen dabei die in ihrer Wortklassencharakteristik als Fügewörter zu bestimmenden Konjunktionen.

Für die mündliche Rede sei hier zunächst auf die besondere Funktion der koordinierenden Konjunktionen *und* bzw. *aber* verwiesen (vgl. Kreye 1989: 47). Insbesondere die Konjunktion *und* hat als „das allgemeinste Bindewort von unbestimmtester Bedeutung" (Heyse 1907: 543) für den Sprecher ungemeine Vorzüge. *Und* dient häufig nicht in erster Linie der Verknüpfung kopulativ miteinander verbundener syntaktischer Einheiten, sondern vor allem der Abgrenzung von syntaktischen Einheiten und ist somit primär Gliederungssignal:

(3-9)   *dann haben sie die schubladen aufgemacht*
        <u>*und*</u> *was war drin,*
        lauter verhütungsmittel
        ich heiße Peter
        <u>*und*</u> *du,*
        ich habe selbst nicht genug;
        (.)
        <u>*und*</u> *hände weg*

        (Beispiel zitiert nach Polikarpow 1997: 182)

---

2 Alle noch folgenden Beispiele aus TV-Fußballreportagen stammen aus Jürgens 1999.

Hingegen hat die Konjunktion *aber* vor allem die Funktion, „Diskontinuitäten auf etwas Vorangehendes zu markieren. Dies gilt nicht nur dann, wenn ein Kontrast vorliegt, sondern auch dann, wenn *aber* spezifische diskursive Funktionen erfüllt" (Schlobinski 1996: 246 f., vgl. auch 1992: 255–314 sowie Ehlich 1984a).

Schlobinski (1996: 247) nennt z.B. die Möglichkeit, dass *aber* als themaorganisierendes Element einen Bruch in der Themakontinuierung markiert.

(3-10) *Strunz in der liberoposition, (–) außer frage; (1.0) bei den Bayern*
     ↑ *der konflikt ist entschieden,*
     (–)
     sagt Otto Rehhagel;
     (–)
     nicht Thomas Helmer der auch gerne libero wäre –
     (1.5)
     sondern Strunz,
     (3.5)
     zweikampfstark,
     (–)
     glänzt auch durch lange pässe,
     (.)
     aber die erste ecke für Borussia Dortmund

Ein gravierendes Problem für die Analyse besteht nun darin, dass die Anwendung der einzelnen Segmentierungskriterien zum Teil zu unterschiedlichen Ergebnissen führt, etwa im folgenden Beispiel:

(3-11) *Ricken;*
     (3.5)
     fordert den ball

Die morphologische Form des Finitums (*fordert*) stellt eine Verknüpfung zur vorangehenden Einheit her (Zuordnung, Kongruenz). Auch semantisch und dependenziell ist eine Beziehung ohne weiteres nachweisbar. Dass *Ricken* dennoch als eine syntaktische Einheit gelten muss, ist durch die mit 3,5 Sekunden relativ lange Pause und durch die fallende Intonation deutlich markiert. Unterstützt wird diese Annahme durch die Tatsache, dass es sich auch semantisch und funktional um eine eigenständige Einheit handelt, weil es zunächst um nichts anderes geht, als einen im Fernsehen gezeigten Spieler zu identifizieren und somit einen Referenten einzuführen, ein Thema zu setzen. Erst nachträglich und in relativ selbstständiger Form wird etwas über diesen Referenten ausgesagt.

Zusammenfassend lässt sich sagen, dass eine syntaktische Segmentierung der gesprochenen Rede nur dann operationalisierbar ist, wenn alle oben genannten formal-syntaktischen Mittel in ihrem Zusammenspiel betrachtet werden. Im Einzelfall sind auch Überlegungen zur semantischen und pragmatischen Gliederung zu berücksichtigen, wobei semantische und pragmatische Einheiten keineswegs immer mit syntaktischen Einheiten zusammenfallen.

3.2.3 Das textgrammatische Beschreibungsinstrumentarium: Syntaktische Formen und ihr interner Bau

Nach der Abgrenzung syntaktischer Einheiten rückt ein nächstes, unseres Erachtens zentrales Problem in den Blickpunkt. Es gilt, die segmentierten Basiseinheiten syntaktisch zu kategorisieren, und zwar auf Grundlage der Gegebenheiten der jeweiligen Konstruktion, wie sie in der Rede konkret beobachtet werden können.

Dabei ist der Satz als eine spezifische (und dabei sicher als die idealtypische) syntaktische Form einzubeziehen, die neben anderen Formen existiert, um eine Äußerung zu tätigen.

> Die Betonung liegt dabei auf dem Grundwort *-form*, denn da der Satz in aller Regel als *syntaktische* Kategorie eingeführt wird, sollte er auch primär syntaktisch definiert werden. In diesem Sinne bestimme ich den Satz als relativ selbständige grammatisch-strukturelle Einheit, die sich durch eine wohlgeformte prädikative Struktur auszeichnet. Der deutsche Satz ist zweigliedrig, nominativisch und verbal. Er besteht also im Minimalfall aus einem Verbkomplex mit finitem Verb und einer Ergänzung im Nominativ. (Jürgens 1999: 83)

Im Folgenden soll es darum gehen, Kategorien für die syntaktischen Äußerungsformen zu finden, die im Sprachgebrauch regelmäßig vorkommen, aber nicht Sätze im Sinne oben aufgeführter Definition sind. Es handelt sich vor allem um Formen, die in der Grammatik üblicherweise als Reduktionen (des vollständigen Satzes) bzw. als Ellipsen behandelt werden.

Der Begriff ‚Ellipse' (griech. *elleipein*: ‚mangeln, fehlen') bewirkt die Vorstellung von Unvollständigkeit und meint die „Aussparung von sprachlichen Elementen, die auf Grund von syntaktischen Regeln oder lexikalischen Eigenschaften [...] notwendig sind" (Bußmann ³2002: 187), die aber aus dem sprachlichen bzw. außersprachlichen Kontext regelhaft erschlossen werden können. Als Ausgangspunkt wird dabei immer eine vollständige Struktur, nämlich wiederum der wohlgeformte Satz, unterlegt.

Die GDS (Zifonun u.a. 1997: 413ff.) geht bei der Klassifizierung der Ellipsen daher von dem aus, was fehlt, und unterscheidet insgesamt drei Arten:

1. Bei der SITUATIVEN ELLIPSE fehlt ein Element der Sprechsituation, das aber aufgrund einer „gemeinsamen Vor-Orientierung von Sprecher und Hörer" ohne weiteres erschließbar ist. Solche Situationselemente können z.B. sein:
   a. der Sprecher bzw. Hörer (Person-Ellipse): *Bin fix und fertig. – Kannst jetzt gehen. – Bist gemein!*;

b. im gemeinsamen Aufmerksamkeitsbereich aktuell ablaufende Ereignisse (Ereignis-Ellipse): *Könnte dir so passen! – Find ich klasse! – Hast du doch gesagt!*.

2. Die STRUKTUR-ELLIPSE ergibt sich aus der Reduktion grammatischer Konstruktionselemente:

a. Ellipse der Präposition: *Allianz Bonn/Moskau* (Spiegel, 23.7.1990, Titel) – *Gespräche Kohl – Gorbatschow*;

b. Ellipse des Kopulaverbs: *Notanschluß unvermeidlich* (Spiegel, 20.8.1990, S. 16) – *Alles paletti*;

c. Ellipse des Vollverbs: *Uwe Seeler: Ich rette den HSV* (BILD, 22.8.1990, S. 1) – Rekonstruktion: *Uwe Seeler sagt(e)/äußert(e)…: Ich rette den HSV – Afrika vor dem Einmarsch in Liberia* (taz, 14.8.1990, S. 9) – Rekonstruktion: *Afrika steht/befindet sich … vor dem Einmarsch in Liberia*.

3. Für die so genannten EMPRAKTISCHEN ELLIPSEN (vgl. auch Bühler 1934: 154 ff.) hingegen macht es keinen Sinn, nach den weggelassenen Teilen zu fragen: *Heiße Würstchen* (Aufschrift an einer Würstchenbude) – *Für Hunde verboten!* (Schild auf einem Spielplatz) – *Die Nachrichten* (Ankündigung der Nachrichtensendung durch den Sprecher in Hörfunk oder Fernsehen) – *Zeuge Müller* (Aufruf des Zeugen vor Gericht).

Zumindest für die empraktischen Ellipsen ist es überaus fraglich, ob es sich um Reduzierungen einer vollständigen Struktur handelt. Das machen Versuche, die empraktischen Ellipsen zu vervollständigen, überaus deutlich, denn a) führen diese oft zu keinem eindeutigen Ergebnis und b) sind entsprechende Ergänzungen häufig sehr willkürlich und gezwungen.

> Manchmal kommt man sich dabei wie ein dummer Schulbub oder (vielleicht richtiger gesagt) wie ein pedantischer Schulmeister vor, wenn man, wo die naive Praxis völlig unzweideutig ist, mit Satzergänzungen zu theoretisieren beginnt. (Bühler 1934: 157)

Deshalb scheint der Ellipsenbegriff insbesondere bei der Erforschung der überaus kontextverwobenen gesprochenen Sprache und darüber hinaus eigentlich in jeder satzübergreifenden Grammatikbeschreibung nicht produktiv zu sein. Eine schlüssige Argumentation zur Stützung dieser Auffassung findet sich bereits bei Bühler:

> Wenn der wortkarge Kaffeehausgast ‚einen schwarzen‘ bestellt, kann er dies tun, weil in der Kaffeehaus-Situation nur noch eine Wahl zwischen den paar gleich wahrscheinlichen Getränken getroffen werden (muß) und dazu genügt das Nennwort ‚schwarz‘ oder auch die isolierte Präposition ‚ohne‘ […] Damit ist […] psychologisch alles gesagt.
> Ein unbekehrbarer Anhänger der generellen Ellipsentheorie wird darauf hinweisen, daß man doch in allen Fällen um die empraktische Nennung herumkonstruieren *kann*. Die Antwort lautet, das sei zwar unbestreitbar, beweise aber nichts. Denn ein sprachlich geschickter Interpret kann auch zu jeder Phase eines völlig stummen Verkehrsaktes einen mehr oder minder treffenden Text liefern; der aufgehobene rechte Arm mit dem Geld des Passagiers im Straßenbahnwagen ‚sagt‘ zum Schaffner: ‚bitte, geben Sie mir einen Fahrschein!‘
> Es wäre schlimm bestellt um die mimischen Gebärden und Gesten im menschlichen Verkehr, wenn alles lautsprachlich unterbaut und adäquat lautsprachlich übersetzbar

(interpretierbar) sein müßte. Ein Elliptiker hätte den Beweis zu erbringen, daß die em-praktisch verwendeten isolierten Nennungen ohne ein irgendwie mitgedachtes (vom Sender oder Empfänger mitgedachtes) Satzschema unfähig wären, als eindeutige Verkehrszeichen zu fungieren. (Bühler 1934: 157 f.)

Mit Recht spricht Busse (1997: 23) von einem verbreiteten sprach- und kommunikationstheoretischen Missverständnis, dass die Funktion sprachlicher Äußerungen darin bestehe, einen zu kommunizierenden Inhalt möglichst vollständig in eine sprachliche Ausdrucksgestalt zu fassen.

Deshalb wird den hier zur Diskussion stehenden Konstruktionen von den so genannten Autonomisten der Ellipsenstatus abgesprochen. Sie werden vielmehr zunehmend als eigenständige Strukturen begriffen. Die Form sei, so wie sie im konkreten Sprechereignis vorliegt, souverän. Ausgangs- und Zielpunkt der Analyse sollte deshalb immer genau die Konstruktion sein, die tatsächlich formuliert wird. Somit wären die so genannten Ellipsen ganz reguläre, abgeschlossene und vollwertige syntaktische Formen, die alternierend zum vollständigen Satz abgerufen werden können und die unter bestimmten Bedingungen angemessener sind als der Satz. Deshalb ist es nur zu unterstreichen, wenn Busse (1997: 23 f.) feststellt: „Das, was üblicherweise mit dem Terminus ‚Ellipse' bezeichnet wird, ist – in einem weiteren Sinne verstanden – weniger der Ausnahmefall als vielmehr der Standardfall sprachlicher Kommunikation."

Ein Verwerfen des Ellipsenbegriffs wirft allerdings zwingend die Frage nach einer Alternative auf. In der Vergangenheit sind dazu einige z. T. sehr produktive Ansätze entwickelt worden, die sich in entsprechend alternativen Termini widerspiegeln, z. B. „kompakte Strukturen" (vgl. Werner 1994: 138), „satzwertige Äußerungen" (vgl. u. a. Caroli 1977, Schank/Schwitalla 1980: 316 oder Lindgren 1987), „Satzäquivalente" (vgl. Wundt 1901: 73, Schlobinski 1992: 120 f. oder Jürgens 1997: 215). Insbesondere die letzteren beiden Begriffe sind geeignet zu signalisieren, dass es sich um Strukturen handelt, die dem Satz gleichwertig sind.

> Gleichwertig in dem Sinne, daß der Sprecher in bestimmten Kommunikationssituationen bzw. Redekonstellationen die Möglichkeit hat, statt eines Satzes eine äquivalente Äußerungsform zu verwenden, die in gleicher Weise geeignet ist, die Intentionen des Sprechers zu realisieren und einen relativ abgeschlossenen psychischen Inhalt sprachlich zum Ausdruck zu bringen. (Jürgens 1999: 88 f.)

In 3.2.2 ist bereits der Terminus der SYNTAKTISCHEN BASISEINHEIT eingeführt worden, der die Vollwertigkeit der entsprechenden Konstruktionen gar nicht erst in Frage stellt und der deshalb hier als Oberbegriff beibehalten werden soll, wenn es darum geht, die Vielfalt der möglichen Formen syntaktischer Basiseinheiten in einer begrenzten Anzahl von Kategorien zu reflektieren. Es handelt sich – wie noch zu zeigen sein wird – keineswegs um regellose oder willkürliche Strukturen, sondern um solche, die in mündlich wie schriftlich realisierten Texten regelhaft vorkommen und die klaren syntaktischen Baumustern folgen – Baumustern, die sich allerdings von den standardisierten Normen der Schriftlichkeit sehr deutlich unterscheiden.

Der hier im Folgenden erläuterte Vorschlag einer Kategorisierung solcher Muster (vgl. Jürgens 1999: 155 ff.) orientiert sich vom Zugang her an dependenziellen Grammatiken. Der Vorteil eines solchen Zugangs besteht darin, dass bisher nicht beschriebene Muster nach derselben Methode beschrieben werden können wie standardisierte Muster, denn Dependenzen lassen sich in allen Syntagmen ausmachen (vgl. Henn-Memmesheimer 1986: 26). Auch Engel weist darauf hin, dass Dependenzgrammatik nicht automatisch mit Satz- oder Verbgrammatik gleichzusetzen sei, denn das dependenzielle Prinzip erstrecke sich keineswegs nur auf den Verbalsatz:

> Es kann ebensogut für Wortgruppen verschiedener Art wie für Texte angewandt werden. Und es eignet sich auch, wie mittlerweile gezeigt wurde, für Sprachen, in denen Sätze ohne Verb häufig sind. (Engel 1994: 28)

Die Strukturbeschreibung der nachfolgend aufgelisteten Einheiten erfolgt auf der Grundlage des für die jeweilige Konstruktion anzunehmenden Zentralregens. Das Zentralregens ist das die syntaktische Basiseinheit regierende Element, von dem alle anderen Elemente abhängig sind.

Neben dem SATZ sind die folgenden Formen syntaktischer Basiseinheiten zu unterscheiden:

1. NOMINALKONSTRUKTIONEN:
Nominalkonstruktionen bestehen aus einem substantivischen Kernwort (Zentralregens) und einem oder mehreren Attributen. Sie sind also in ihrer inneren Struktur der substantivischen Wortgruppe vergleichbar, sind aber im Unterschied zu dieser nicht mittels verknüpfender Elemente als Satzglied oder Satzgliedteil in eine übergeordnete Einheit eingebunden, sondern syntaktisch selbstständig.

(3-12) *Wer gegen Walkman ist, hat keine Ahnung. Zum Beispiel, wenn man am Morgen in der S-Bahn sitzt und zur Schule fährt. <u>Nur verkniffene Gesichter.</u> Aber wenn man dann seinen Kopfhörer aufsetzt […]*

   (T. Brussig: Wasserfarben [Roman])

(3-13) <u>*Immer erschütterndere Nachrichten über Judenverschickungen nach Polen.*</u> *Sie müssen fast buchstäblich nackt und bloß hinaus.*

   (V. Klemperer: Das Tagebuch 1933–1945)

2. PRÄPOSITIONALKONSTRUKTIONEN:
Das Wesen der Wortklasse Präposition besteht in der Fähigkeit, sprachliche Elemente miteinander zu verknüpfen. Wenn aber innerhalb der gegebenen syntaktischen Einheit kein Element existiert, zu dem die Präposition eine Relation herstellt, muss dies zu der Konsequenz führen, dass es sich nicht um eine eingebettete Präpositionalgruppe handelt, sondern um eine relativ selbstständige Einheit, deren

Form durch die Präposition regiert wird. Im nachfolgenden Beispiel ist die Eigenständigkeit der Präpositionalkonstruktion durch die Interpunktion hinreichend gekennzeichnet.

(3-14) *Sie hatten mir übrigens ein sehr schönes Geschenk gemacht. Sie hatten mir einen Walkman geschenkt. <u>Mit Radio und Kassettenteil.</u> Diese Dinger sind einmalig.*

    (T. Brussig: Wasserfarben [Roman])

Der Autor führt den Satz (*Sie hatten mir einen Walkman geschenkt.*) an dieser Stelle ganz bewusst nicht weiter, sondern hebt die nachfolgende Einheit durch deren Isolierung deutlich hervor.

3. VERBALKONSTRUKTIONEN (mit Finitum):
Die Verbalkonstruktion enthält – wie der Satz – ein finites Verb, das (bei zusammengesetzten Tempora ggf. zusammen mit einem infiniten Verb) das Zentralregens der Konstruktion bildet. Allerdings wird die für einen Satz notwendige Nominativergänzung nicht realisiert. Das Vorfeld, also die Position vor dem Finitum, bleibt unbesetzt.

(3-15) *August, Kurfürst von Sachsen (1553–86)*
      […],
      strenger Lutheraner;
      <u>*förderte die Wirtschaft des Landes und legte den Grund für die meisten*</u>
      <u>*Dresdener Kunstsammlungen.*</u>

    (Lexikon: Der Knaur, Bd. 1, S. 380)

(3-16) *Stefan Reuter gestern (.) noch mit oberschenkelproblemen lief er nur seine einsamen runden da auf'm trainingsplatz,*
      (4.5)
      <u>*hatte letzte woche übrigens noch ein sehr freudiges ereignis (.)*</u>
      <u>*ist vater geworden*</u>

Ein besonderes Problem ist in diesem Zusammenhang der zusammengezogene Satz. Wenn koordinierte Sätze ein gemeinsames Satzglied enthalten wie hier (*Stefan Reuter [...] lief [...] seine einsamen runden* und [er] *hatte ein freudiges ereignis*), können sie zu einem Satz zusammengezogen werden. Die relativ lange Pause von 4,5 Sekunden steht aber ganz eindeutig für eine Einheitengrenze.

4. PARTIZIPIAL- BZW. INFINITIVKONSTRUKTIONEN:
Die Partizipial- bzw. Infinitivkonstruktion unterscheidet sich von der partizipialen bzw. infinitivischen Wortgruppe – ebenso wie die Nominalkonstruktion von der Substantivgruppe – dadurch, dass sie nicht mittels verknüpfender Elemente als

Satzglied oder Satzgliedteil in eine übergeordnete Einheit eingebunden, sondern syntaktisch selbstständig ist. Das Partizip bzw. der Infinitiv ist Zentralregens der gesamten Einheit.

(3-17) *Andamanensee,*
Meeresgebiet im NO des Indischen Ozeans,
<u>durch die Malakkastraße mit dem Südchin. Meer (Pazifik) verbunden,</u>
bis 4.200 m tief.

(Lexikon: Der Knaur, Bd. 1, S. 218)

(3-18) *Honiglimonade:*
Zitronenschalen in feine Streifen schneiden und mit Zucker und Honig in einer
Schüssel vermischen.
Kochendes Wasser darübergießen.
Abkühlen lassen.
Zitrone auspressen und zur Flüssigkeit dazugeben.
Alles durchsieben und in ein Glas füllen.

(Kochrezept aus „Leckerbissen aus der Kinderküche")

5. ADJEKTIVKONSTRUKTIONEN:
Zentralregens dieser Form einer syntaktischen Basiseinheit ist ein Adjektiv. Solche Konstruktionen sind z. B. in Wettervorhersagen nicht selten anzutreffen:

(3-19) *und nun das wetter für heute;*
(.)
überwiegend wolkig mit einzelnen aufheiterungen –
schwach windig;

6. KONSTRUKTIONEN OHNE ZENTRALREGENS:
Konstruktionen ohne Zentralregens sind kompakte Strukturen, in denen Ergänzungen bzw. Angaben zu einem implizit gegebenen, sprachlich aber nicht realisierten semantischen Prädikat direkt zueinander in Relation stehen, ohne dass diese Relation durch ein regierendes Element vermittelt wird.

(3-20) *<u>Das Gepäck ins Haus!</u>*
<u>Dr. Färber sofort zum Chef!</u>

(Beispiele zitiert nach Lindgren 1987: 290)

(3-21) *<u>Die Nervenfolter immer unerträglicher.</u> Am Freitag morgen dauernde Verdunke-*
lung befohlen. Wir sitzen eng im Keller […]

(V. Klemperer: Das Tagebuch 1933–1945)

(3-22) *Dahlin;*
    (5.5)
    ja jetzt noch mal zurück auf Pflipsen

7. EINGLIEDRIGE EINHEITEN:
Der Terminus *eingliedrig* zielt darauf, dass die gesamte Struktur nur aus einem isolierten Element besteht, das sprachlich nicht zu einem anderen Element in Relation
gesetzt wird. In der Regel handelt es sich um Einzelwörter. Auch solche Segmente
können, obwohl sie sich dem traditionellen Verständnis von Syntax als der Lehre
von der Verknüpfung einzelner Wörter zu komplexeren Einheiten völlig entziehen,
als syntaktische Basiseinheiten gelten, da sie formal, funktional und inhaltlich relativ abgeschlossen und eigenständig sind wie in dem folgenden Werbeslogan:

(3-23) *Rittersport.*
    Quadratisch. Praktisch. Gut.

Eingliedrige Einheiten sind auch typisch für TV-Sportreportagen, in denen der
Sprecher nicht selten ausschließlich die Namen der jeweils ballführenden Spieler
benennt, weil der Fernsehzuschauer deren Handlungen ja ohne weiteres selbst auf
seinem Bildschirm verfolgen kann:

(3-24) *Reinhardt*
    (2.0)
    Tretschok –
    (.)
    Herrlich
    (19.5)
    Matthias Sammer

Eine Begründung für die Existenz eingliedriger Einheiten findet sich bereits bei
Paul:

> Damit eine Mitteilung zustande kommt, muß die durch ein Wort ins Bewußtsein gerufe-
> ne Vorstellung erst an eine andere geknüpft werden. Dies geschieht in der Regel dadurch,
> daß mindestens ein zweites Wort hinzugefügt wird [...] Allerdings kann eine Mitteilung
> [...] auch durch das Aussprechen eines einzelnen Wortes gemacht werden. Aber auch
> dann muß die Vorstellung, welche die Bedeutung des Wortes ausmacht, an eine ande-
> re unausgesprochene angeknüpft werden, die durch die Situation gegeben ist. Wenn
> z. B. jemand den Angst- oder Hilferuf *Diebe* ausstößt, so will er, daß der Allgemeinbegriff
> *Diebe* mit einer von ihm in dem Augenblick gemachten Wahrnehmung in Beziehung
> gesetzt werde [...] Es darf überhaupt nicht übersehen werden, daß zum Verstehen des
> Gesprochenen die Situation vieles beiträgt und daß daher der Sprechende, weil er mit
> der Ergänzung durch die Situation rechnet, vieles unausgesprochen läßt. (Paul 1919:
> 3 f.)

Neben diesen Formen syntaktischer Basiseinheiten gilt es natürlich auch in einer Textgrammatik, die in komplexere Einheiten eingebetteten abhängigen Strukturen zu kategorisieren, die jeweils als Glied bzw. Gliedteil der übergeordneten Einheit fungieren. Zu diesen syntaktisch sekundären Einheiten zählen Nebensätze und eingebettete Wortgruppen wie Substantivgruppen, präpositionale, infinitivische und partizipiale Wortgruppen, wie sie in jeder traditionellen Grammatik beschrieben werden.

Allerdings können auch vermeintliche Nebensätze syntaktisch unabhängig sein und damit den Status einer syntaktischen Basiseinheit einnehmen:

(3-25) *Kohnert gratulierte. Und dann die Benjamin. <u>Daß sie sich ja so freut und ihr wei-terhin alles Gute wünscht und daß sie hofft</u>, daß sie auch die kommenden Aufgaben so gut meistert wie bisher, und so weiter. Sie meinte es ernst.*

   (T. Brussig: Wasserfarben [Roman])

Abschließend sei noch einmal darauf verwiesen, dass hier nur regelhaft vorkommende Strukturen einbezogen wurden, nicht aber akzidentielle, also eher zufällige Erscheinungen und Konstruktionen, die auch in der gesprochenen Sprache als Fehler angesehen werden müssen. Zum Beispiel sind Konstruktionsabbrüche bzw. -mischungen – anders als in der interaktiven Situation des Dialogs – im monologischen Diskurs in der Regel der psychischen Situation des Sprechers geschuldet und hier als gescheiterte Äußerungshandlungen und damit als defektiv anzusehen.

Allerdings können sie natürlich von einem Autor als bewusste Stilmittel eingesetzt werden, wobei dann mit der Defektivität der entsprechenden Äußerungen gespielt wird:

(3-26) *Dann die Rede von Schneider. Irgendwas mit Nation war wieder dabei, und daß unsere Perspektive jetzt Konturen annimmt, <u>und daß heute der wichtigste Tag unseres Lebens und all dieses Gewäsch.</u>*

   (T. Brussig: Wasserfarben [Roman])

3.2.4 Kommunikative Gegebenheiten und die syntaktische Form des Textes: Beispiele

Entsprechend einer integrativen Definition von Textsorten (als prototypischen, auf Konventionen der Sprachteilhaber beruhenden sprachlichen Mustern mit charakteristischen funktionalen, situativen und thematischen Merkmalen sowie einer diesen Merkmalen entsprechenden formalen Struktur; siehe auch Kap. 6) sollen im Folgenden die Zusammenhänge zwischen den kommunikativ-pragmatischen Faktoren auf der einen Seite und den prototypischen Formulierungsmustern im Bereich der Grammatik auf der anderen Seite an einer kleineren Textsortenauswahl veranschaulicht werden. Es wird zu zeigen sein, dass der Situationsbezug in die Form eingeht und dort seine Spuren hinterlässt, dass spezifische Formaspekte in bestimmten Fällen nur aus deren situationellem und diskursivem Kontext zu erklären sind, dass bestimmte Formphänomene direkt mit ihrem Verwendungskontext zusammenhängen.

Zur Rolle des Kontextes am Beispiel der TV-Sportreportage

Das folgende Beispiel verdeutlicht eine extreme Reduktion der sprachlichen Form, wie sie in Sportreportagen des Fernsehens durchaus typisch ist.

(3-27) *[…] und Häßler;*
        (6.0)
        Minotti,
        (6.5)
        und Freund bisher ganz sicher gegen Zola –
        (5.5)
        Pagliuca außerhalb des 16-meter-raums –
        (8.0)
        Casiraghi –
        (1.5)
        und Babbel –
        (2.0)
        und Zola;
        (–)
        und Berti

Die Möglichkeit zu dieser Reduktion ergibt sich aus der Präsenz des Mediums Bild, das als primäre Informationsquelle für den Fernsehzuschauer gelten kann. Der Sprecher beschränkt sich in seiner Reportage weitgehend darauf, mit eingliedrigen Einheiten auf den durch das Fernsehbild jeweils fokussierten Spieler zu referieren. Über diese Einheiten muss nichts ausgesagt werden, sie müssen nicht in Relation zu anderen Sprachzeichen gebracht werden, weil der Fernsehzuschauer sich alle notwendigen Informationen über das Bild erschließen kann.

Auch bei der Analyse des nächsten Beispiels ist die Rolle des Fernsehbildes zu bedenken:

(3-28) *Stefan Kuntz;*
        (1.5)
        hätten wir ihm doch alle gegönnt (–) kurz vor'm abschied (–) in die Türkei

Das Bild zeigt in Großaufnahme den Spieler Stefan Kuntz, worauf der Reporter mit einer eingliedrigen Einheit zu dessen Identifizierung reagiert. Der nachfolgende Satz bezieht sich auf eine unmittelbar vorausgegangene Spielsituation, in der Stefan Kuntz eine große Torchance ausgelassen, also kein Tor erzielt hat. Diese Aktion ist Gegenstand (Thema) der Satzäußerung. Der Sprecher kann aber darauf verzichten, das Thema zu benennen, denn der Fernsehzuschauer ist über das Bild hinreichend gesteuert. Der Reporter lässt also das Vorfeld, das für ein entsprechendes thematisches Element prädestiniert wäre, unbesetzt und beginnt mit dem Finitum *hätten*.

Aus solcherart Beobachtungen ergibt sich folgende für eine Textgrammatik sehr grundsätzliche Konsequenz (vgl. Jürgens 1999: 208 ff.): Es ist davon auszugehen, dass Sprachzeichen nur in dem Maße durch formale Mittel explizit aufeinander bezogen werden, wie es für die Kommunikation erforderlich ist. Zentrale Forderung an eine pragmatisch orientierte Textgrammatik muss es daher sein, Fragen des (sprachlichen und außersprachlichen) Kontextes ganz maßgeblich zu berücksichtigen, denn Kontextgegebenheit ist eine entscheidende Voraussetzung für die Reduktion der sprachlichen Form. „Generell gilt, daß je mehr Kontextwissen vorausgesetzt ist, desto weniger an Strukturierung notwendig ist." (Busler/Schlobinski 1997: 103)

Kognitive Grundlagen der Textproduktion und -rezeption am Beispiel der Hörfunk-Sportreportage

Grundsätzlich anders als im Medium Fernsehen stellen sich die kommunikativen Bedingungen in der Hörfunkreportage dar. In dieser Textsorte ist der Reportagetext für den Hörer die einzige Informationsquelle. Dennoch kommt es auch hier zu einer z. T. extremen Reduktion der sprachlichen Form (vgl. Jürgens 1999: 216 ff.):

(3-29) *Italien (.) über links;*
    (.)
    ball am strafraumrand;
    (.)
    weggeköpft von Babbel (.) der zum fünften mal hintereinander (.) berufen wurde
    (.) der lange vorstopper (.) vom FC Bayern München;
    (.)
    noch einmal Italien (.) über die rechte seite mit Benarrivo;
    (.)
    Benarrivo der beste mann (.) der schützling von Arrigo Sacchi in Lausanne heute
    (.) bisher noch nicht so auffällig;
    (.)
    Nicola Berti;
    (.)
    Nicola Berti zu Albertini

Kompakte Strukturen in der Hörfunkreportage sind vor allem durch den Zwang zu einer äußerst ökonomischen Ausdrucksweise bedingt. Dabei kann die Kommunikation nur reibungslos funktionieren, wenn Sprecher und Hörer auf ein gemeinsames Wissenspotenzial zum thematisierten Ereignis ‚Fußballspiel‘ verfügen. Es ist davon auszugehen, dass im Hintergrund spezifische kognitive Muster (Schemata, Geschehenstypen) ständig präsent gehalten werden. Der Sprecher kann auf diese Muster im Text anspielen und der Hörer kann unter deren Zuhilfenahme die Bedeutung der Äußerung erst erschließen. Die in der Äußerung realisierten Sprachzeichen sind Anhalts- und Markierungspunkte, „die es einem Rezipienten erlauben, unter Bezugnahme auf sein gesamtes, für das Verstehen dieser kommunikativen Äußerung relevantes Wissen die Bedeutung dieser Äußerung zu (re-)konstruieren" (Busse 1997: 23).

In welchem Maße kognitive Muster die Kommunikation steuern, wird deutlich, wenn man sich die entsprechenden Formen aus Beispiel (3-29): *Italien (.) über links* und *Nicola Berti zu Albertini* einmal in einer vollkommen kontextfreien Verwendung vorstellt.

Daraus folgt, dass eine pragmatisch orientierte Textgrammatik die kognitiven Grundlagen der Textproduktion und -rezeption ganz zentral zu bedenken hat (siehe Kap. 9–13). Ein entscheidender Faktor ist dabei das Alltagswissen, das in Bezug auf die jeweilige kommunikative Situation zu aktualisieren ist. Das Alltags- bzw. Weltwissen ist ein so wichtiges Fundament für die sprachliche Kommunikation, weil

> das sprachliche Umsetzen von Äußerungsabsichten immer nur als ein teilweises Ausdrücken von Sachverhalten geschieht, in dem die Relation zwischen Ausgedrücktem und (als Teil des gemeinsamen Wissens vorausgesetztem) Unausgedrücktem Rückschlüsse auf die kommunikative Intention des Textproduzenten erlaubt. (Busse 1992: 79)

Unpersönliche Ausdrucksweise in handlungsanweisenden Texten

Für handlungsanweisende Texte ist eine agensabgewandte Darstellung charakteristisch, wozu verschiedene syntaktische Mittel beitragen können, z. B. Passiv- oder Imperativsätze:

(3-30) „TABU" (Auszug aus der Spielanleitung):
Zuerst drückt man die vier Gummifüße fest in die Löcher an der Unterseite des Kartenhalters ein und bringt den TABU-Aufkleber an. Dann wird der Kartenhalter mit Karten gefüllt – und zwar so, dass alle Karten mit derselben Farbe nach oben liegen. Zuerst wird mit der roten Seite gespielt.

(3-31) Beerensoße (aus einem Kochrezept):
Rühren Sie beide Beerensorten gemeinsam durch ein Sieb und vermischen Sie Orangenmarmelade, Rotwein und Senf mit dem Fruchtmark. Würzen Sie mit Ingwerpulver und Zimt und stellen Sie die fertige Soße bis zum Gebrauch in den Kühlschrank.

Die in der Gegenwart gebräuchlichste syntaktische Form zur Realisierung der unpersönlichen Ausdrucksweise in handlungsanweisenden Texten sind aber Infinitivkonstruktionen:

(3-32) *Biskuitplätzchen*
        Eigelb, Zucker, Salz und geriebene Zitronenschale mit dem Schneeschläger schaumig rühren, bis die Masse kremartig wird. Den steifen Eischnee auf die Eigelbmasse geben, das Mehl darübersieben und alles untereinanderheben. Das gefettete Backblech mit Mehl bestäuben. Mit 2 Teelöffeln die Masse bei mindestens 3 cm Abstand auf das Blech geben und die Plätzchen goldgelb backen.

(3-33) *Kopfball im Sprung* (aus einer Trainingsanleitung für Fußballer):
        Auf Pfiff hochschnellen, den ganzen Körper wie einen Bogen nach rückwärts spannen, schlagartig den Kopf nach vorne stoßen.

Imitierte Mündlichkeit im Kinderbuch

Das Kinderbuch „Oh wie schön ist Panama" (Janosch) richtet sich vor allem an Kinder im Vorschulalter:

(3-34) *Der kleine Bär nahm noch seinen schwarzen Hut, und dann gingen sie los. Dem Wegweiser nach. Am Fluß entlang in die eine Richtung …*
        He, kleiner Bär und kleiner Tiger! Seht ihr nicht die Flaschenpost auf dem Fluß? Auf dem Zettel könnte eine geheime Botschaft über einen Seeräuberschatz stehen … zu spät. Ist schon vorbeigeschwommen.

Die Geschichten werden also häufig *vorgelesen*. Der Autor berücksichtigt diese Rezeptionsbedingungen. Er imitiert Mündlichkeit, zwingt die Vorlesenden mit der entsprechenden Interpunktion zu einer adäquaten Prosodie und verhilft seinen kleinen Textrezipienten mit den kompakten und überschaubaren syntaktischen Formen zu einem wirklichen *Hörerlebnis*. Dieser medial schriftlich realisierte Text entspricht konzeptionell offenbar eher den Vorstellungen von einem mündlichen als denen von einem schriftlichen Text (siehe auch Kap. 8).

Umgangssprachliche Syntax in der Belletristik

Auch die zeitgenössische Belletristik für Erwachsene entspricht in ihrer Syntax keineswegs immer tradierten Normen:

(3-35) *Erstens: Wen laden wir überhaupt ein? Puh, viel zu schwierig, erst mal was anderes: wie viele ungefähr. Rein mengenmäßig – ganz viele. Alle müssen kommen. Mit 30 kennt man ja so viele Leute wie niemals zuvor im Leben und auch wie nie mehr danach, denn das sortiert sich dann in die Ausschüsse.*

So viele? Passen die dann denn, oder sollten wir nicht? Man wird nur einmal 30, genau, das ist der Satz, also einen Raum mieten. Oder ein Haus? Mit erforderlicher Zweidrittelmehrheit wird schließlich ein Gemeindezentrum durchgewinkt. Ein Bürgerhaus. Kann man angeblich mieten, hat Sandra auch gemacht oder wollte sie mal, für die Hochzeit, genau. Mal Sandra anrufen: Aha, hast du noch die Nummer, ja, warte mal, wo hast du denn Stifte hier, Andrea, ja, da, so, ja, sag noch mal. Wie heißt der? Wie man's spricht? Klasse. Und schon ist die Liste um zwei Namen länger, denn natürlich muß Sandra jetzt auch eingeladen werden, Sandra+Mann. Ist aber nicht schlimm: In ein Bürgerzentrum passen mehrere hundert Menschen, und wenn die nicht kommen, sieht es ärmlich aus, nach Beerdigung. Dann kommen böse Gedanken. Aber es soll ein frohes Fest werden. Nun werden alle eingeladen, die man kennt. Alle, die es gibt, je gab. Alte Adreßbücher werden recycelt. Seit Jahren nichts gehört voneinander, aber dann: Herzlich eingeladen. Zum 30. Gerne auch in Begleitung. Wer den wohl inzwischen (oder sagt man: noch) begleitet?

(B. Stuckrad-Barre: 30. Geburtstag. Glosse aus: Remix)

Stuckrad-Barre als ein der Popliteratur zuzuordnender junger Autor will u. a. über den Gebrauch zeitgenössischer Umgangssprache Modernität signalisieren. Dies reflektiert sich ganz maßgeblich in seiner Syntax. Viele der unter 3.2.3 aufgeführten Formen syntaktischer Basiseinheiten sind daher in dem gegebenen Textausschnitt vertreten, z. B. Infinitivkonstruktionen (*Mal Sandra anrufen:*), Präpositionalkonstruktionen (*Zum 30.*) oder Konstruktionen ohne Zentralregens (*Gerne auch in Begleitung.*).

Mit Blick auf die hier beschriebenen textgrammatischen Phänomene ist zusammenfassend festzustellen, dass einerseits die syntaktischen Normen der gesprochenen Sprache nicht als defizitäre Abweichungen von den an der Schriftsprache orientierten und in Grammatiken kodifizierten so genannten standardsprachlichen Normen beschrieben werden sollten, und dass andererseits die standardsprachliche Norm auch keineswegs mit *der* schriftsprachlichen Norm gleichzusetzen ist, sondern lediglich mit der Norm bestimmter, nicht explizit genannter Textsorten. Die Konsequenz aus diesem Befund kann nur lauten, dass es ein homogenes grammatisches System für das geschriebene Deutsch ebenso wenig gibt wie für das gesprochene Deutsch. Vielmehr ist es so, dass das Spektrum der Kommunikationsformen, der situativen Konstellationen und der Textsorten so vielschichtig ist, dass die prototypische Struktur, die wir vom Schriftlichen bzw. vom Mündlichen in unserem Sprachbewusstsein entwickeln, vielfach durchbrochen wird. Die dabei produzierten Äußerungen lassen sich offensichtlich nur mit einer Textgrammatik neueren Typs angemessen erfassen und beschreiben.

Kommentierte Literaturtipps

Eine Monographie, die exemplarisch für die Herausbildung der Textlinguistik als Textgrammatik steht, ist die erwähnte Habilitationsschrift „Pronomina und Textkonstitution" von Roland Harweg (1968, ²1979). Sie ist insbesondere interessant mit Blick auf die Methoden der strukturell-grammatischen Textbeschreibung. Ein Studienbuch, das einen Überblick über verschiedene Textbeschreibungsmodelle gibt und Studierende in die Lage versetzt, diese an unterschiedlichen analogen und digitalen Textsorten anzuwenden, liegt mit Gansel/Jürgens ²2007 vor. In der Monographie von Jürgens 1999 wird am Beispiel verschiedener gesprochen und geschrieben realisierter Textsorten aus dem Bereich der Sportberichterstattung ein Beschreibungsinstrumentarium für textgrammatische Analysen entwickelt. Eine, wenn nicht *die* zusammenhängende Grammatikdarstellung, in der textgrammatische Phänomene systematisch Aufnahme gefunden haben, ist die „Grammatik der deutschen Sprache" (GDS) von Zifonun u.a. 1997.

4 Textsemantische Ansätze

Andreas Lötscher

4.1   Die textsemantische Betrachtungsweise: Fragestellung und Abgrenzungen
4.2   Isotopie und semantische Kontiguität
4.2.1   Isotopie-Konzept von A. Greimas
4.2.2   Semrekurrenz und semantische Kontuiguität
4.3   Kontiguitätsbeziehungen und propositionale Beziehungen zwischen Sätzen
4.3.1   Kontiguitätsbeziehungen zwischen Sätzen
4.3.2   Propositionale Verknüpfungen
4.4   Theorie rhetorischer Strukturen – Rhetorical Structure Theory (RST)
4.5   Text als Entfaltung einer Kernidee
4.6   Thema als Textvorgabe
4.6.1   Funktionale Themabegriffe
4.6.2   Themenstruktur und Handlungsstruktur
4.7   Schlussüberlegungen und Ausblick

4.1 Die textsemantische Betrachtungsweise: Fragestellung und Abgrenzungen

Geschriebene Texte präsentieren sich typischerweise als Folgen von Sätzen. Damit Sätze aber einen Text ausmachen, müssen sie mehr sein als bloße Satzfolgen, sie müssen einen Zusammenhang haben. Ein Text ist „eine kohärente Folge von Sätzen, wie sie in der sprachlichen Kommunikation Verwendung finden" (Isenberg 1970: 1). Von den einzelnen Sätzen her gesehen kann man umgekehrt sagen: Eine Folge von Sätzen wird dadurch zum Text, dass die Sätze untereinander einen Zusammenhang haben.

Die Kernfrage ist: Welcher Art sind diese Zusammenhänge, die Satzfolgen zu einem Text machen?

Man kann diese Zusammenhänge auf verschiedenen Ebenen suchen. Textgrammatische Ansätze (siehe Kap. 3) suchen den Zusammenhang auf der Ausdrucksebene, in ausdrucksseitigen Vertextungsmitteln wie anaphorischen und deiktischen Beziehungen zwischen einzelnen Ausdrücken, Konjunktionen, Satzgliedstellung. Der Zusammenhang, der zwischen Sätzen ausdrucksseitig hergestellt wird, wird KOHÄSION genannt (siehe 1.3.1).

Formale Ausdrucksmittel sind wichtige sprachliche Verfahren, um textuelle Zusammenhänge zwischen Sätzen anzuzeigen; sie garantieren allerdings nicht aus sich selbst einen zusammenhängenden Text. Im folgenden Text sind alle Sätze durch irgendein sprachliches Mittel verknüpft, und trotzdem bilden die Sätze keine zusammenhängende Folge:

(4-1)   *Gestern besuchte mich ein alter Freund aus München. Zu diesem Zeitpunkt saß er*
        in der Bibliothek. Deshalb besuchen diese Bibliothek einige Menschen. Solche Men-
        schen essen oft Weißwürste.

Es braucht mehr, damit Satzfolgen ein zusammenhängendes Ganzes ergeben. Eine
weiter entwickelte Hypothese lautet: Satzfolgen werden zu Texten, wenn zwischen
den Sätzen inhaltliche Beziehungen, d. h. Beziehungen auf Bedeutungsebene bestehen. Der Zusammenhang, der zwischen Sätzen auf der Inhaltsebene besteht,
wird KOHÄRENZ genannt (siehe 1.3.2).

Sätze haben Bedeutung in unterschiedlichen Dimensionen, und welche Dimension entscheidend ist, ist nicht leicht anzugeben. Wichtig ist in der Textlinguistik
eine Differenzierung geworden, die primär von einer Unterscheidung zwischen der
Abbildungsfunktion und dem Handlungsaspekt von Sprache ausgeht. Äußerungen
beziehen sich auf einen Wirklichkeitsausschnitt und beschreiben oder benennen
diesen, sie bilden in irgendeiner Weise einen Wirklichkeitsausschnitt ab. Mit Äußerungen vollzieht man jedoch auch Handlungen im Sinne der Sprechakttheorie, man bezweckt etwas damit und erzielt Wirkungen. Die handlungsorientierten
Ansätze stehen im Zentrum der pragmatischen-kommunikativen Ansätze (siehe
Kap. 5).

Textsemantische Ansätze suchen demgegenüber Kohärenz vor allem in den semantischen Eigenschaften von Texten, also jenen Bedeutungsaspekten, die sich aus
der sachlichen Bedeutung von Texten und aus ihrem Sachbezug ergeben.

Damit ist das Thema dieses Kapitels gegeben: Es gibt einen Überblick über die
verschiedenen Ansätze, welche versuchen, Textkohärenz als Zusammenhänge zwischen semantischen Eigenschaften von Texteinheiten, vor allem zwischen Sätzen,
aber auch zwischen größeren Textabschnitten, zu beschreiben.

 Eine an sich grundlegende Unterscheidung bei der Bedeutungsanalyse von Sprache bleibt
in den einzelnen textsemantischen Beschreibungsansätzen oft ungeklärt, nämlich jene
zwischen der abstrakten Bedeutung von grammatischen und lexikalischen Gebilden im
Sprachsystem und der Bedeutung der einzelnen Äußerung im Gebrauch. Im Sprachsystem ist die abstrakte Bedeutung am ehesten als allgemeine Gebrauchsregel fassbar. In
der Äußerung bekommen Wörter einen Bezug zu einem Realitätsausschnitt, je nachdem
REFERENZ oder DENOTATION genannt. Häufig wird das Denotat eines Satzes in einer Äußerung als seine Bedeutung verstanden, was jedoch nur in einem eingeschränkten Sinn
und nur für eine ganz konkrete, einzelne Verwendung eines entsprechenden Satzes in
einer bestimmten Situation zutrifft. Wenn wir die Inhalte suchen, welche zur Kohärenz
zwischen Sätzen beitragen, müssen wir grundsätzlich darauf achten, über welche dieser
unterschiedlichen Bedeutungsebenen wir sprechen. Diese Unterscheidung wird jedoch in
der Praxis der verschiedenen textsemantischen Theorien nicht sehr präzise beachtet.

4.2 Isotopie und semantische Kontiguität

Erste Ansätze zu einer semantischen Beschreibung von textueller Kohärenz, Ende der 1960er-Jahre entwickelt, basieren auf der Analyse von Bedeutungsbeziehungen auf der Wortebene. Vor gemeinsamen sprachtheoretischen Hintergründen entwickelten sich im französischen und im deutschen Sprachraum unterschiedliche Varianten dieser Beschreibungen.

4.2.1 Isotopie-Konzept von A. Greimas

Der litauisch-französische Sprachwissenschafter Algirdas Julien Greimas (1966, dt. 1971) und in seinem Gefolge andere französische Sprachwissenschafter, vor allem François Rastier (1972, 1987), entwickelten in ihrem Ansatz der ISOTOPIE den Gedanken, dass Kohärenz zwischen Texteinheiten durch semantische Gemeinsamkeiten zwischen den einzelnen Wörtern eines Textes entsteht. Diese Gemeinsamkeiten können direkte Bedeutungsverwandtschaften zwischen einzelnen Wörtern, aber auch Bedeutungsgemeinsamkeiten auf einer eher versteckten, sozusagen über dem Satz „schwebenden" Ebene sein. Bei *Der Hund bellt* besteht die Isotopie in den Bedeutungselementen ‚Lebewesen' und ‚Hund', die sowohl in der Bedeutung von *Hund* wie in jener von *bellen* vorhanden sind. In einem Satz wie *Nelson befahl, die Segel zu hissen* ist allen Lexemen der Hintergrund ‚Seefahrt' gemeinsam.

Greimas stützt sich bei seinem Ansatz auf die damals (in den 1960er-Jahren) neu entwickelte Methode der semantischen Komponentenanalyse: Wortbedeutungen sind, analog zu Phonemen, keine unanalysierbaren Atome, sondern lassen sich in Einzelkomponenten, so genannte SEME oder SEMANTISCHE MERKMALE aufspalten (Pottier 1964, vgl. auch den Überblick in Dupuy-Engelhard 2002). Wörter lassen sich gruppieren, zusammenfassen und bedeutungsmäßig differenzieren entsprechend den gemeinsamen oder unterschiedlichen semantischen Merkmalen, die ihre Bedeutungen ausmachen. Dazu kommt als theoretische Voraussetzung, dass Bedeutung nur dadurch entsteht, dass zwei Elemente in Opposition zueinander stehen. Der Gegensatz zwischen zwei Elementen erzeugt einen semantischen Unterschied, der durch einen positiven bzw. negativen Wert in Bezug auf ein Merkmal ausdrückbar ist. Durch den Gegensatz *Ente – Erpel* entsteht so beispielsweise ein Bedeutungsunterschied ‚weiblich' – ‚nicht-weiblich'. Dadurch, dass zwei Wörter in eine Opposition gebracht werden, werden sie wiederum in eine gemeinsame Klasse zusammengefasst, sie haben ein gemeinsames Merkmal, vom französischen Semantiker Bernard Pottier KLASSEM genannt. *Ente* und *Erpel* gehören zusammen, weil sie das gemeinsame Merkmal ‚Gattung Ente' enthalten.

Greimas übernimmt diese Idee der Aufspaltbarkeit und Zusammenfassbarkeit von Wortbedeutungen in Einzelbestandteile. Er wendet jedoch die paradigmatische Blickrichtung der Semanalyse in die syntagmatische Blickrichtung: Betrachtet werden nicht die Bedeutungsbeziehungen in einer Liste von Wörtern im Lexikon, sondern innerhalb einer Folge von Wörtern im Text: Welche gemeinsamen semantischen Merkmale haben Wörter innerhalb eines Textausschnittes? Gemeinsame Merkmale in einem Text werden ISOTOPIEN genannt; ein Text hat Kohärenz, wenn er Isotopien aufweist. Greimas selbst gibt unterschiedliche Definitionen oder Umschreibungen dafür (siehe die Diskussion in Rastier 1987: 88 ff.). Eine erste lautet: „Eine Äußerung oder irgendeine Wortfolge in einem Text kann nur dann als isotop gelten, wenn sie [ihre Teile, A. L.] eines oder mehrere Klasseme gemeinsam haben."[1]

Isotop sind also Texteinheiten, deren einzelne Ausdrücke durch eines oder mehrere gemeinsame übergreifende Merkmale – Klasseme – zu einer oder mehreren Klassen zusammengefasst werden. Das Klassem selbst wird in der Regel nicht explizit benannt, sondern existiert nur implizit.

Während dieser Hinweis auf eine semantische Gemeinsamkeit der Elemente eines Textes mit dem Konzept der KOHÄRENZ intuitiv sehr verträglich ist, kann möglicherweise in der folgenden Umschreibung der Ausdruck *redundant* irritieren: „Unter Isotopie versteht man allgemein ein Bündel von redundanten semantischen Kategorien, die dem entsprechenden Text zugrunde liegen."[2]

Es handelt sich hier jedoch nur um eine andere Blickrichtung: Redundant ist ein Bedeutungselement, das zu einer bereits vorhandenen Information keine weitere zusätzliche hinzufügt. In diesem Sinne ist, informationstheoretisch gesprochen, ein immer wiederkehrendes Bedeutungsmerkmal tatsächlich redundant, denn es bringt an sich kein neues Bedeutungselement in die Textinformation. Isotopietheoretisch verbindet es umgekehrt die einzelnen Elemente eines Textes.

Welche Isotopien sich hinter einem Text verstecken, hängt von der Kombination von Wörtern im Text ab. Die Kombination von *chien* (‚Hund') und *aboie* (‚bellt') im Satz

(4-2a)   *Le chien aboie* (‚Der Hund bellt')

schafft ein gemeinsames, isotopes Merkmal ‚Tier', während in

(4-2b)   *Le commissaire aboie* (‚Der Kommissar bellt' = ‚brüllt')

die beiden Elemente durch das Merkmal ‚Mensch' verbunden werden.

Die theoretischen Implikationen und Ansprüche von Greimas sind weiterreichend, als diese einfachen Beispiele erahnen lassen. Je umfangreicher ein Text, desto mehr Schichten von Isotopien werden darin aufgebaut. Greimas geht mit anderen Strukturalisten davon aus, dass das Seminventar, das hinter den Isotopien steht, universaler Natur ist: Es gibt in einer Sprache eine universale Menge von Se-

---

1 „Un message ou une séquence quelquonque du discours ne peuvent être considéré comme isotopes que s'ils possèdent un ou plusieurs classèmes en commun." (Greimas 1966: 53)

2 „Par isotopie, on entend généralement un faisceau de catégories sémantiques redondantes, sousjacentes au discours considérés." (Greimas 1970: 10)

men, aus denen die Isotopiestruktur eines Textes aufgebaut wird, und umgekehrt, die Bedeutung eines Text bewegt sich oder realisiert sich innerhalb eines Inventars von universellen Semen. Isotopiestrukturen werden in Texten auch schichtweise aufgebaut. Kleinere Texteinheiten haben ihre einfache Isotopiestruktur mit dominierenden Klassemen; wenn mehrere Texteinheiten zusammengefügt werden, ergeben sich in der Kombination der Klasseme dieser Texteinheiten Oppositionen und Isotopien zwischen diesen Klassemen; und aus diesen Oppositionen und Klassemen lassen sich auf der nächsthöheren Ebene weitere Isotopien und Klasseme ableiten. Ein Text ist sozusagen ein Raum von Isotopien, welcher einen Bedeutungsraum widerspiegelt, in dem sich ein Text bewegt.

Greimas erweitert die Konzeption, dass bedeutungshaltige Objekte auf Oppositionen aufbauen, auch für eine Erzähltheorie. Zum einen versucht er das Aktantenmodell, das der russische Märchenforscher und Erzähltheoretiker Vladimir Propp 1928 für russische Märchen entwickelt hatte, zu verallgemeinern. Propp (1975) formulierte allgemeine Strukturprinzipien, wonach in Märchen immer bestimmte Handlungsrollen und Handlungsmuster vorkommen. Greimas vereinfacht diese Muster zu einigen wenigen Oppositionspaaren: Held – Helfer, Held – Gegner, handelnde Person – Objekt. Erzähltexte werden nach Greimas letztlich durch solche Gegensatzpaare konstituiert. Ferner bewegen sich auch die einem Text zugrunde liegenden Isotopien in einem solchen Raum von Oppositionen.

Die Analyse von literarischen Texten besteht so im Aufzeigen der versteckten Isotopien und Isotopien-Oppositionen wie z. B. Licht – Dunkel, Reinheit – Unreinheit usw. Diese Schichtungen von Isotopien mit ihren Oppositionen machen in gewisser Weise die Tiefenstruktur eines Textes aus, deren Bedeutungsgehalte nicht unbedingt auf der Ausdrucksseite des Textes verbalisiert werden.

In der linguistischen Textlinguistik werden die erzähltheoretischen und sprachtheoretischen Ansätze von Greimas allerdings selten beachtet und sein Isotopie-Konzept auf das Phänomen der semantischen Verwandtschaft von benachbarten Textelementen aufgrund gemeinsamer Bedeutungsmerkmale reduziert.

 Isotopieansätze, die auf der Semanalyse basieren, können nur so leistungsfähig sein wie die Semanalyse selbst. Diese aber ist umstritten. Bei der konkreten Anwendung der Semanalyse ist es oft schwierig, Wortbedeutungen restlos in klar definierbare Seme aufzugliedern. Es ist oft auch unzureichend, Bedeutungen als bloße Addition von Semen darzustellen, denn zwischen Bedeutungselementen bestehen vielfach kompliziertere Beziehungen. ‚Erfrieren‘ ist nicht einfach eine Addition von ‚sterben‘ und ‚frieren‘, sondern impliziert ein Kausalverhältnis zwischen Frieren (bzw. Unterkühltwerden) und Sterben. Methodisch gesehen ist sehr oft auch nicht klar, was in einem durch Semanalyse gewonnenen Bedeutungsmerkmal semantisch tatsächlich enthalten ist. Die bloße Identifikation von Merkmalen wie ‚weiblich‘ oder ‚männlich‘ besagt wenig über deren Inhalt. Zudem basiert die Identifikation von semantischen Merkmalen aus der Gegensatzbildung oft zu sehr auf der Intuition des Analysierenden, um stringente Gültigkeit beanspruchen zu können.

In Rastier (1987) ist das Isotopiekonzept allerdings weiter entwickelt worden und elastischer geworden. Als Bedeutung wird nicht eine fixe lexikalische Bedeutung angenommen, sondern eine Bedeutung, wie sie die Wörter in ihrem Textzusammenhang bekommen (Rastier 1987: 81). Seme können innerhalb des Textes unterschiedlicher Natur sein: Sie können einem Wort aufgrund seiner lexikalischen Bedeutung zukommen („inhérence"), sie können konventionell konnotiert sein („afférence"), im Text können solche Seme konkret aktualisiert sein („actualisation"), aber auch in ihrer Geltung aufgrund des Kontextes aufgehoben, rein virtuell vorhanden sein („virtualisation"). Rastier (1987: 81) zitiert dazu einen Satz von Emile Zola:

(4-3)   *Guillaume war die Frau im Haushalt, das schwache Wesen, das gehorcht, das den Einflüssen von Fleisch und Geist unterworfen ist.*

‚Inhärent' ist dem Ausdruck *Frau* das Merkmal ‚weiblich', konventionell konnotiert („afféré") das Merkmal ‚schwach'. Im konkreten Text wird dieses konnotierte Merkmal aktualisiert, das inhärente Merkmal wird virtualisiert.

Isotoptische Bedeutungselemente werden also in dieser Auffassung nicht nur aus den Bedeutungselementen der einzelnen Ausdrücke als vorgegebene Merkmale konstruiert, sondern auch aus dem Zusammentreffen im Text. Das wird etwa sichtbar an Rastiers (1987: 115 f.) Isotopieanalyse einer Sequenz aus der Novelle „Coco" von Guy de Maupassant:

(4-4)   *Die Miststöcke waren gut gepflegt; die Hunde wohnten in Hundehütten, ein Volk von Geflügel spazierte im hohen Gras herum.*

Zusammengenommen ergeben sich für Rastier aus diesen Formulierungen die Elemente ‚Ordnung' und ‚Überfluss', die allerdings in den einzelnen Wörtern nicht in dieser Weise als Bedeutungselemente enthalten sind. Dieses Beispiel zeigt im Übrigen, dass Greimas und Rastier Isotopie in letzter Konsequenz sehr abstrakt auffassen: Auch sehr allgemeine Motive, die aus einzelnen Aussagen abgeleitet werden können, gelten als Isotopieelemente, nicht nur enge semantische Beziehungen zwischen einzelnen Lexemen. Auf diese Weise kann ein isotopieschaffendes Element ein Bedeutungselement sein, das im Text nirgends ein Bedeutungselement eines konkret vorkommenden Lexems ist, das auch nirgends explizit ausgeführt wird, das aber im Hintergrund, in der Bedeutungstiefe des Textes alles zusammenhält, weil aus dem Zusammentreffen aller einzelnen Ausdrücke mit ihrer Textbedeutung ein solches Bedeutungselement als übergeordneter gemeinsamer Nenner sozusagen „herausdestilliert" wird. In der Konsequenz scheint sich aus solchen Überlegungen zu ergeben, dass die Bedeutungselemente, welche als rekurrente Seme einen Text zusammenhalten, nicht direkt aus den Bedeutungen oder den vorgegebenen Konnotationen einzelner Lexeme „herausdestilliert", sondern in der Lektüre durch den Leser als übergreifende thematische Zusammenhänge hergestellt werden. Damit entfernt sich der Isotopieansatz von der ursprünglichen, wortsemantischen Konzeption und nähert sich einem Ansatz, der die Herstellung von Textkohärenz als Herstellung übergreifender thematischer Kerninformationen versteht, wie sie im Abschnitt 4.5 behandelt werden.

4.2.2 Semrekurrenz und semantische Kontiguität

Der Ansatz, dass textuelle Kohärenz zwischen Sätzen durch Bedeutungsbeziehungen, also SEMREKURRENZ entsteht, ist über andere Entwicklungen auch in der deutschsprachigen Textlinguistik entwickelt worden. Ausgangspunkt dieser Entwicklung war die Analyse von Formen der PRONOMINALEN WIEDERAUFNAHME im Text und ihrer Rolle als Bedingung von Textkohäsion durch Harweg ([2]1979) (siehe ausführlich unter 3.1.2).

Bei der Herstellung derartiger Textbeziehungen können sehr verschiedenartige lexikalische Bedeutungsbeziehungen eine Rolle spielen, zum Teil mehr, als in einer Merkmalssemantik direkt dargestellt werden können (siehe Kleine Enzyklopädie 1983: 222, Heinemann/Viehweger 1991: 38):

- SYNONYMIE (Bedeutungsähnlichkeit): *Verstorbener – Leiche, Ehemann – Lebenspartner*
- HYPO-/HYPERONYMIE (Über-/Unterordnung): *Familienmitglieder – Angehörige, Reh – Rotwild, Eichensarg – Sarg*
- KOHYPONYMIE (Bedeutungsverwandtschaft mit gleichem Oberbegriff): *Filmdarsteller – Künstler, Täter – Krimineller*
- ANTONYMIE (Bedeutungsgegensatz): *ausgraben – bestatten*
- PARAPHRASE (Umschreibung): *Ehemann – die bessere Hälfte.*

Über reine Bedeutungsverwandtschaft können auch logische und sachliche Beziehungen zwischen Ausdrücken, so genannte SEMANTISCHE KONTIGUITÄTEN textuelle Kohärenzbeziehungen stiften (Harweg 1968: 192 ff., siehe auch Brinker [6]2005: 37 f.):

- LOGISCH (BEGRIFFLICH) BEGRÜNDETES KONTIGUITÄTSVERHÄLTNIS: *Niederlage – Sieg, Aufstieg – Abstieg, Problem – Lösung*
- ONTOLOGISCH (NATURGESETZLICH) BEGRÜNDETES KONTIGUITÄTSVERHÄLTNIS: *Blitz – Donner* (Kausalverhältnis), *Elefant – Rüssel* (Teil-von-Beziehung), *Kind – Mutter* (biologische/soziale Beziehung)
- KULTURELL BEGRÜNDETES KONTIGUITÄTSVERHÄLTNIS: *Kirche – Turm, Haus – Tür, Krankenhaus – Chefarzt.*

Ein Beispiel für Textkohärenz aufgrund solcher Kontiguitätsbeziehungen ist folgender Textausschnitt (aus Brinker [6]2005: 38):

(4-6) *Eine <u>Richterin</u> beim <u>Amtsgericht</u> in Mettmann hat ein mutiges <u>Urteil gesprochen</u>. Sie <u>lehnte</u> die <u>Klage</u> eines 18jährigen Gymnasiasten <u>ab</u>, der von zu Hause weggezogen war und von seinen Eltern monatlich 200 Mark Unterhalt forderte.*

Zwischen *Richterin, Amtsgericht* und *Urteil gesprochen* einerseits und *lehnte Klage …
ab* andererseits besteht ein kulturell begründetes Kontiguitätsverhältnis, d. h. ein
Zusammenhang, der durch kulturell entstandene Institutionen hergestellt wird. In
der Institution Amtsgericht amten Richterinnen und Richter, die Urteile sprechen,
und ein möglicher Inhalt eines Urteilsspruchs kann die Ablehnung einer Klage
sein.

 Auch gegen diesen Ansatz sind Einwände und Einschränkungen formuliert worden: Iso-
topie- und Kontiguitätsbeziehungen sind zwar ein wichtiges Symptom für Textkohärenz,
aber keine ausreichende Bedingung; sie garantieren allein aus sich selbst noch keinen
kohärenten Text. Von Manfred Bierwisch stammt das folgende, häufig zitierte Beispiel
(hier zit. nach Heinemann/Heinemann 2002: 73):

(4-7)   *Es gibt niemanden, den ihr <u>Gesang</u> nicht fortreißt. Unsere <u>Sängerin</u> heißt
        Josephine. <u>Gesang</u> ist ein Wort mit fünf Buchstaben. <u>Sängerinnen</u> machen
        nicht viele Worte.*

Zweifellos ist in jedem der Sätze dieser Satzfolge ein rekurrentes Bedeutungselement
‚Gesang' oder ‚singen' enthalten. Trotzdem empfinden wir die Folge nicht als kohärenten
Text. Heinemann/Heinemann (2002: 73 f.) postulieren deshalb, dass die Elemente einer
Isotopiekette zusätzlich koreferent sein müssen, also sich auf dasselbe Objekt beziehen
müssen. In dieser Form ist die Bedingung allerdings wiederum zu eng gefasst. Im Beispiel
(4-6) beispielsweise sind *Richterin, Gericht, Klage* oder *Urteil* nicht im präzisen Sinne ko-
referent. Der ganze Text bezieht sich auf eine konkrete einzelne Situation; die einzelnen
Ausdrücke sind Teile dieses Textes und beziehen sich auf Teilausschnitte der beschriebenen
Situation.
    Und schließlich ist Isotopie nicht nur kein ausreichendes Kriterium für Kohärenz von
Texten, es ist auch kein notwendiges. Es gibt durchaus Texte ohne Semrekurrenzen, die wir
als kohärente Texte wahrnehmen. Heinemann/Heinemann (2002: 74) geben als Beispiel
die Beschreibung eines Sommertags in Heinrich Heines „Harzreise":

(4-8)   *Silberne Wasser brausten, süße Waldvögel zwitscherten, die Herdenglöcklein
        läuteten, die mannigfaltig grünen Bäume wurden von der Sonne goldig an-
        gestrahlt.*

Die Einheit dieses Textes liegt in anderen Aspekten als semantischen Semrekurrenzen. Wie
in Rastiers etwas generellerem Isotopiekonzept könnten allerdings auch in diesem Text
isotopiestiftende übergreifende Bezüge gefunden werden: ‚strahlende schöne Farben',
‚angenehme Naturklänge'. Auch diese Überlegungen führen letztlich zu einer Erweiterung
der textsemantischen Betrachtungsweise, bei welcher der thematische Zusammenhang
zwischen ganzen Aussagen einbezogen wird (siehe 4.5).

4.3   Kontiguitätsbeziehungen und propositionale Beziehungen zwischen Sätzen

4.3.1   Kontiguitätsbeziehungen zwischen Sätzen

Isotopieansätze betrachten einzelne Wörter oder Satzglieder in Sätzen und versuchen die Kohärenzbeziehungen zwischen den Sätzen aus den semantischen Beziehungen zwischen diesen Satzteilen zu erklären. Man kann jedoch auch ganze Sätze und ihre Bedeutung betrachten und untersuchen, welche Beziehungen zwischen den Satzbedeutungen bestehen. Dem Isotopieansatz verwandt ist die Idee, dass Satzfolgen kohärente Texte ergeben, wenn zwischen den Sätzen inhaltliche Beziehungen bestehen, vergleichbar den Inhaltsbeziehungen zwischen Satzgliedern. Relevant ist dabei weniger die Bedeutung der einzelnen Sätze als deren Denotate, also die von Sätzen im Text bezeichneten Sachverhalte. In den Worten Teun van Dijks:

> Zwei Propositionen sind miteinander verbunden, wenn ihre Denotate, d.h. die Sachverhalte, die ihnen in einer Interpretation zugewiesen werden, miteinander verbunden sind. (van Dijk 1980: 27)

Van Dijk (1980: 22–40) stellt eine Reihe von Faktoren zusammen, welche solche Zusammenhänge zwischen Sätzen bzw. ihren Denotaten stiften. Dazu gehören auch die oben in Abschnitt 4.2 beschriebenen Identitäts- oder Kontiguitätsbeziehungen zwischen den Referenten der Satzglieder, die in den einzelnen Sätzen vorkommen. Hinzu kommen verschiedene Arten von sachlichen Beziehungen zwischen den von den einzelnen Sätzen bezeichneten Situationen und Sachverhalten, so etwa die folgenden:

- RÄUMLICHE UND ZEITLICHE ZUGEHÖRIGKEIT ZUR GLEICHEN SITUATION: Zwei Sachverhalte können in einem Zusammenhang stehen, indem sie zur gleichen Zeit, im gleichen Raum oder in benachbarten Zeiten oder Räumen der Fall sind.
- GEMEINSAME ZUGEHÖRIGKEIT ZU TYPISCHEN, STANDARDMÄSSIG DEFINIERTEN SITUATIONEN: Van Dijk bezieht sich hier auf die Konzeption von so genannten FRAMES und SCRIPTS, die im Rahmen der Künstlichen-Intelligenz-Forschung entwickelt wurde (Schank/Abelson 1977). Danach werden für sehr viele Handlungsbeschreibungen vordefinierte Handlungs- und Situationsmuster vorausgesetzt, die beim Textverstehen zu Hilfe genommen werden, um unausformulierte Nebeninformationen zu ergänzen. Zu einem Restaurantbesuch gehören etwa Essen bestellen, essen und bezahlen; dadurch bekommen die Handlungen ESSEN und BEZAHLEN im Rahmen der Beschreibung eines Restaurantbesuchs einen denotativen Zusammenhang.
- VORAUSSETZUNGSBEZIEHUNG: Eine Situation kann eine Voraussetzung einer anderen sein. Dass ich in einen Zug einsteige, ist die Voraussetzung dafür, dass ich in diesem Zug fahren kann; insofern besteht auch eine inhaltliche Beziehung zwischen zwei derartigen Ereignissen (sofern sie auch zur gleichen Situation gehören).

- KAUSALE BEZIEHUNGEN: Wenn ein Ereignis A die Ursache für ein Ereignis A ist, schafft dies ebenfalls Zusammenhänge zwischen Sätzen bzw. Propositionen.

All dies kann als Verallgemeinerung des Kontiguitätsprinzips für Sätze verstanden werden, das oben als allgemeinste Form des Isotopieprinzips erwähnt worden ist. Zu beachten ist auch hier, dass nicht strikte semantische Verwandtschaft zwischen den semantischen Inhalten von Sätzen als Propositionen (Bedeutungen von abstrakten grammatischen Einheiten) die Basis für diese Kontiguitäten abgeben, sondern Beziehungen zwischen deren Denotaten, sachliche Beziehungen, Beziehungen, die zwischen Situationen bestehen, wie wir sie in der Realität kennen.

4.3.2 Propositionale Verknüpfungen

Die erwähnte Kausalbeziehung als Verbindung zwischen zwei Sätze führt zu weiteren Überlegungen. Wenn zwei Sätze kohärent verstanden werden können, wie etwa im folgenden Satzpaar:

(4-9)   *Die Straßen sind überflutet. Es hat heftig geregnet.*

dann kann man diese Beziehung als eine echte semantische Beziehung zwischen zwei Propositionen verstehen, die auch in Satzform wiedergegeben werden könnte: ‚Dass die Strassen überflutet sind, ist dadurch verursacht, dass es heftig geregnet hat.‘ Anders gesagt, diese Inhaltbeziehungen können als Prädikate verstanden werden, die Propositionen als Ergänzungen haben und die damit wiederum semantische Einheiten höherer, komplexerer Art schaffen. In der Notationsweise der Prädikatenlogik würde eine solche Bedeutungsstruktur (stark vereinfacht und behelfsweise) etwa so dargestellt:

> VERURSACHEN (p, q)
> wobei: p: FALLEN (REGEN)
>   q: ÜBERFLUTET-SEIN (STRASSEN)

Kohärente Satzfolgen kann man also als Propositionskomplexe verstehen. Die Sprache selbst bietet verschiedene grammatische und lexikalische Mittel an, um derartige Beziehungen auch explizit zu formulieren, etwa Verben wie *verursachen* oder Nebensatzkonstruktionen mit Nebensätzen wie Kausal-, Final- oder Temporalsätzen. Wie in satzinternen Konstruktionen kann man auch in Texten über die kausale Beziehung hinaus zahlreiche weitere inhaltliche Beziehungen zwischen Sätzen als Texteinheiten beobachten (siehe dazu den Begriff der Konnexion in 3.1.2). Heinemann/Viehweger (1991: 42–44) und Heinemann/Heinemann (2002: 76 f.) nennen unter anderen etwa folgende Arten:

- EINFACHE ADDITIVE RELATION (UND): *Es regnet. Es ist kalt.*
- OBJEKTIVE KAUSALE RELATION (WEIL): *Die Straßen sind nass. Es hat geregnet.*
- SUBJEKTIVE KAUSALE RELATION (DENN): *Emma fährt nach Berlin. Ihr Freund hat Geburtstag.*
- KONDITIONALE RELATION (WENN): *Hoffentlich schneit es. Dann können wir Ski fahren gehen.*
- KONZESSIVE RELATION (OBWOHL): *Emma mag zwar Gesang nicht. Trotzdem geht sie ins Konzert.*
- TEMPORALE RELATION (VORHER – NACHHER): *Lucky Luke setzte sich aufs Pferd. Das Pferd galoppierte los.*
- KONSEKUTIVE RELATION (SODASS): *Lucky Lukes Pferd machte wilde Sprünge. Lucky Luke fiel vom Pferd.*
- FINALE RELATION (DAMIT): *Emma fährt nach Berlin. Sie besucht dort ein Rolling-Stones-Konzert.*
- ADVERSATIVE RELATION (ABER): *Die Luft ist heiss, aber das Wasser ist kalt.*
- SPEZIFIZIERENDE RELATION (SPEZIF): *Das Haus ist am Verlottern. Das Dach ist ganz löcherig.*
- VERGLEICHSRELATION (WIE): *Erich isst Kuchen fürs Leben gern. Auch sein Vater liebte Süßes.*
- EXPLIZIERENDE RELATION (EXPLIZ): *Emma fährt zum Geburtstag von Karl nach Berlin. Karl ist Emmas Bruder.*

Dass zwischen Sätzen eines Textes inhaltlich relevante Beziehungen bestehen, die über die Einzelbedeutungen der einzelnen Sätze hinausgehen, und dass diese einen wichtigen Beitrag zur Kohärenz leisten, ist nicht zu bestreiten. Die hier erwähnten Beziehungen sind allerdings auf recht unterschiedlichen Inhaltsebenen anzusiedeln. Viele davon sind, wie van Dijk postuliert, Beziehungen zwischen den Denotaten der Sätze, also den bezeichneten Sachverhalten, so die konjunktionale oder die kausale Relation. Andere sind eher logisch-satzsemantischer Art; sie werden nicht von einzelnen Situationen ausgesagt, sondern über die Wahrheitsbedingungen der einzelnen Sätze, etwa im Falle der konditionalen Relation oder der spezifizierenden Relation. Andere Relationen betreffen weniger die sachliche Bedeutung der verknüpften Sätze als die Aussageabsichten der Sprecherin oder des Sprechers, also die illokutive Ebene, so im Falle der explizierenden Relation. Und wieder andere Verknüpfungen beziehen sich auf Erwartungen des Lesers oder der Leserin, so bei der konzessiven und bei der adversativen Relation: In zwei Sätzen werden zwei Sachverhalte genannt, die an sich sachlich durchaus verträglich sind, bei denen aber gewöhnlich aus dem ersten Satz Schlussfolgerungen gezogen werden, zu denen der zweite nicht ganz passt. Die zuletzt genannten textuellen Relationen zwischen Sätzen in einer Textfolge können also kaum als Prädikate zwischen Propositionen verstanden werden, sondern sind Verknüpfungen auf anderen Ebenen, der Pragmatik oder der Illokution. Eine voll entwickelte Theorie, die Texte als Propositionskomplexe versteht, müsste hier wesentliche Differenzierungen anbringen.

Außerdem: Je mehr Inhaltsaspekte in die Beschreibung einbezogen werden, desto schwieriger wird es zu entscheiden, auf welcher Ebene der festgestellte Zusammenhang anzusiedeln und wie er konkret zu beschreiben ist. Die textuellen Zusammenhänge zwischen den einzelnen Sätzen in einer Satzfolge wie (4-9) können auf unterschiedlichen Ebenen gesehen werden: Sie sind einmal, wie beschrieben, sachlich-kausaler Art, der zweite Satz kann aber zusätzlich auch als Erläuterung oder Begründung verstanden werden, was – je nach Betrachtungsweise – eine performative oder illokutive Funktion wäre. In solchen Fällen zeigt sich die Mehrschichtigkeit der Textkohärenz.

4.4   Theorie rhetorischer Strukturen – Rhetorical Structure Theory (RST)

Nahe verwandt mit Theorien über propositionale und denotative Beziehungen zwischen Sätzen ist die so genannte Theorie rhetorischer Strukturen, englisch Rhetorical Structure Theory (RST) (Mann/Matthiessen/Thompson 1992, Mann/Thompson 1988, Taboada/Mann 2006, www.sfu.ca/rst/). Diese Beschreibungsmethode stellt im Vergleich dazu allerdings einen wesentlich differenzierter ausgebauten Ansatz dar. Sie wurde zunächst in den USA im Rahmen von computerlinguistischen Forschungen zur Textanalyse entwickelt und sollte Formate zur computergestützten Analyse von Textinhalten und zur computergestützten Textproduktion anbieten (Kap. 15). Dieser Hintergrund hat Konsequenzen für die linguistische Fundierung des Ansatzes: Er will zunächst weniger eine sprachtheoretisch untermauerte Texttheorie als eine eher pragmatische Methodologie zur Textanalyse sein. Der Name „Rhetorical Structure Theory" ist denn auch eher irreführend; weder handelt es sich um eine Theorie im geläufigen Sinn noch hat sie direkt etwas mit Rhetorik im klassischen oder neuzeitlichen Sinn zu tun. (Man sollte die Bezeichnung eher als werbewirksames Etikett verstehen.)

Die RST bietet einen Ansatz zur Beschreibung von satzübergreifenden Textkohärenzen zwischen größeren Texteinheiten aus ganzen Satzfolgen. Dies stellt eine Erweiterung gegenüber einer einfachen Theorie propositionaler Verknüpfungen dar, in der lediglich Paare direkt aufeinanderfolgender Sätze betrachtet werden. Gemäß der RST kann jeder Komplex von Texteinheiten, der durch eine Textbeziehung zu einer Textstruktur verbunden ist, selbst wieder Teil einer Textbeziehung sein. Texteinheiten aus mehreren Sätzen können also in der gleichen Weise wie einzelne Sätze als Elemente von Textbeziehungen fungieren. Eine Begründung zu einer Aussage etwa muss nicht aus einem einzelnen Satz bestehen, sondern kann selbst wieder eine ganze, in sich strukturierte Satzfolge darstellen. Dabei gelten stets die gleichen allgemeinen Strukturbedingungen zwischen den Texteinheiten, gleichgültig ob es sich um einzelne Sätze oder ganze Satzgruppen handelt: Alle Texteinheiten können durch genau eine Textbeziehung mit einer benachbarten Texteinheit zu einer Texteinheit auf einer höheren Ebene verbunden werden; es gibt weder Überlappungen noch Textbeziehungen über Distanz noch mehrfache

Zuordnungen einer Texteinheit zu anderen Texteinheiten. Unter diesen Annahmen kann man einen Text vollständig als Baumstruktur analysieren, als sukzessive Verknüpfung von Texteinheiten in einer hierarchischen Strukturierung. Die Rhetorical Structure Theory wird in Kap. 15 näher erläutert, dort findet sich auch eine Beispielanalyse (siehe 15.3.3).

4.5 Text als Entfaltung einer Kernidee

Ein anderer Ansatz, die Kohärenz zwischen längeren Satzfolgen zu erklären, basiert auf dem Grundgedanken, dass einem Textabschnitt eine Art Hauptgedanke, eine Kernidee zugrunde liegt, die dann in den einzelnen Sätzen konkretisiert und ausformuliert wird. Ein Text wie der in Abschnitt 4.2.2 zitierte (Beispiel (4-8)) hat unbestreitbar eine Einheitlichkeit, auch wenn er keine wörtlichen Isotopien zwischen einzelnen Nominalgruppen aufweist:

(4-10) *Silberne Wasser brausten, süße Waldvögel zwitscherten, die Herdenglöcklein läuteten, die mannigfaltig grünen Bäume wurden von der Sonne goldig angestrahlt.*

Im Alltagsverständnis kann man sagen: Die Kohärenz dieses Textes liegt darin, dass in ihm eine allgemeine Grundidee ausformuliert wird. Der Bezug aller Sätze auf einen solchen Grundgedanken macht die Kohärenz des Textes aus.

Dieser Gedanke ist etwa im Text-Thema-Modell von Erhard Agricola (Agricola 1976, 1977, 1979, s. u.) ausgearbeitet worden. Agricola (1976: 15) definiert das THEMA eines Textes als „begrifflichen Kern im Sinne der konzentrierten Abstraktion des gesamten Textinhaltes"; in der Kleinen Enzyklopädie (1983: 221) wird das Thema eines Textes umschrieben als „ein Grund- oder Leitgedanke, der die wesentlichen inhalts- und strukturbestimmenden Informationen des Gesamttextes in konzentrierter, abstrakter Form enthält". Ähnlich umschreibt Brinker ([6]2005: 55 ff.) das Thema eines Textes als „Grund- oder Leitgedanken eines Textes", als „Kern des Textinhalts", als „die größtmögliche Kurzfassung des Textinhalts"; der Text ist die „Entfaltung des Themas". Brinker geht dabei von vier Arten der THEMENENTFALTUNG aus:

- DESKRIPTIVE THEMENENTFALTUNG: Ein Thema wird in seine Teilthemen zerlegt und in räumliche und zeitliche Umstände eingeordnet. Typische Textsorten sind z. B. Nachricht, Lexikonartikel und Bericht.
- EXPLIKATIVE THEMENENTFALTUNG: Ein Sachverhalt wird aus einem oder mehreren anderen Sachverhalten abgeleitet. Typische Textsorten sind z. B. Lehrbuchtexte, wissenschaftliche und populärwissenschaftliche Darstellungen.
- ARGUMENTATIVE THEMENENTFALTUNG: Auf der Textoberfläche sind Thesen und die Entwicklung von Argumenten für diese Thesen präsent. Die Stützung der Argumentation kann implizit erfolgen. Typische Textsorten sind z. B. Politikerreden und Gerichtsreden.

- NARRATIVE THEMENENTFALTUNG: Sie ist typisch für Alltagserzählungen und wird dann gebraucht, wenn ein abgeschlossenes Ereignis mit einem bestimmten Neuigkeits- oder Interessantheitswert dargestellt werden soll.

In der Regel hat ein Text nicht nur ein einziges Thema (und weist auch nicht nur eine Form der Themenentfaltung auf), vielmehr sind Texte mehrschichtig, hierarchisch aufgebaut: Kleinere Textabschnitte sind durch ein TEILTHEMA oder SUBTHEMA zusammenfassbar, mehrere Teilthemen/Subthemen können wiederum zu größeren Teilthemen zusammengefasst werden usw. bis zur obersten Ebene, auf der alle Teilthemen zum Gesamtthema des gesamten Textes zusammengeführt werden. Das lässt sich an der schematischen Darstellung der thematischen Struktur eines Berichts über einen Wohnungsbrands veranschaulichen (Brinker [6]2005: 63):

(4-11)   (1) *Gegen 15 Uhr wurde gestern die Aachener Berufsfeuerwehr alarmiert.* (2) *Sie rückte in die Thomashofstraße aus, wo es in einer Wohnung brannte.* (3) *Die Feuerwehrleute löschten mit drei C-Rohren.* (4) *Oberbrandrat Starke war ebenfalls am Einsatzort.* (5) *Zwei Zimmer brannten vollkommen aus.* (6) *Drei weitere wurden in Mitleidenschaft gezogen.* (7) *Die Ursache des Brandes ist noch nicht bekannt.* (8) *Die Kripo hat sich inzwischen eingeschaltet.* (9) *Die Feuerwehrleute mussten aus einem oberen Geschoß ein Kleinkind retten.* (10) *Während des Brandes befand sich niemand in der heimgesuchten Wohnung.*

Diesem Text lässt sich nach Brinker eine thematische Struktur wie die folgende zuschreiben:

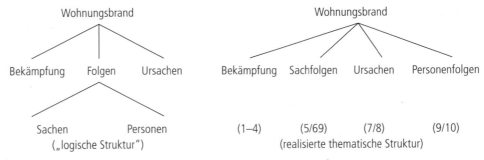

Abb. 4.1: Thematische Struktur des Beispieltextes (4-11) (Brinker [6]2005: 63)

Das Beispiel zeigt im Übrigen, dass im vorliegenden Fall die lineare Struktur der logischen Struktur nicht ganz entspricht. (Dies ist hier durch die übliche „Pyramidenstruktur" von Zeitungsmeldungen verursacht, wonach das Wichtigste vorangestellt wird und Details am Ende nachgeschickt werden.)

Nur äußerlich anders kommt das Makrostruktur-Konzept von van Dijk (1980: 41–67) daher. Satzsequenzen können nach van Dijk in so genannten MAKROSTRUKTUREN zusammengefasst werden. Makrostrukturen entsprechen für van Dijk

(1980: 45) Textthemen im Sinne von Brinker oder Agricola; sie stellen eine Art abstrahierende, verallgemeinerte Zusammenfassungen solcher Satzsequenzen dar. Die Makrostrukturen können wieder zu übergeordneten Makrostrukturen zusammengefasst werden. Auch hier ergeben sich durch die sukzessiven Schritte des Zusammenfassens („Zusammenfassungen von Zusammenfassungen") baumartige Inhaltsstrukturen.

Gemeinsam ist all diesen Ansätzen, dass die übergeordneten Zwischenelemente, seien sie Thema oder Makrostrukturen, grundsätzlich selbst wiederum Propositionen oder Sätze sind, also sprachliche Elemente der gleichen Art wie die zusammengefassten Texteinheiten. Sie können dementsprechend im Text selbst als gewöhnliche Sätze erscheinen, als Kurzzusammenfassung, Überschrift oder Einleitung. Explizite Ausformulierungen im Text sind allerdings nicht notwendig, der Kerninhalt kann auch nur implizit im Text verborgen bleiben und muss sprachlich nicht manifest werden.

 Eine wichtige Frage ist, welcher Art die semantischen Beziehungen zwischen diesen Makrostrukturen bzw. einem Textthema und den konkreten Sätzen im Text sind. Intuitiv würde man vermuten, dass diese übergeordneten Themen/Makrostrukturen eine Art allgemeinere Aussagen zu den spezielleren Aussagen im Text sind, dass also semantisch gesprochen eine Hypero-/Hyponomiebeziehung zwischen Textthema und Textsätzen besteht: Ein Textthema stellt sozusagen einen propositionalen „Überbegriff" zu den einzelnen Sätzen als „Unterbegriffen" im Text dar. Tatsächlich ist die Beziehung aber komplexer. Das zeigt sich schon daran, dass sowohl Brinker wie van Dijk die thematische Struktur bzw. die Makrostruktur als etwas Abstraktes auffassen, dessen logische Organisation nicht unbedingt präzise der linearen Organisation eines Textes entspricht.

Die Komplexität dieser Frage wird auch an den Vorschlägen zum Problem erkennbar, wie man aus einer Satzfolge ein Thema bzw. eine Makrostruktur ableiten kann. In den verschiedenen Ansätzen werden dazu unterschiedliche Verfahren entwickelt. Agricola (1976, 1979, siehe auch Kleine Enzyklopädie 1983: 220–231) entwickelt ein Verfahren, das nach seiner Absicht eine operationalisierbare, nach objektiven Kriterien organisierte Methode sein soll. Aus den Einzelinformationen in den einzelnen Sätzen sollen in klar geregelten Stufen Schritt für Schritt sozusagen allgemeinere Informationen „destilliert werden". Das beginnt bei der Analyse von ISOTOPIEKETTEN. Aus allen Wiedererwähnungsformen in einer Isotopiekette lässt sich beispielsweise ein umfassendes LEITSYNONYM oder ein entsprechendes Hyperonym ableiten. Die verschiedenen Prädikate in den einzelnen Sätzen enthalten ferner je nachdem unterschiedliche oder vergleichbare Aktanten (Subjekt, Objekte usw.). Aufgrund der Überlappungen und Ähnlichkeiten der Aktantenstrukturen der einzelnen Sätze können diese zu geschlossenen Gedanken- oder Handlungsketten zusammengefasst werden. Die Aktanten, die häufiger wiederkehren, sind wichtiger als jene, die seltener vorkommen. Die Kernidee einer Satzsequenz ergibt sich daraus, dass das Wichtige in diesen Handlungsketten, das, was häufiger vorkommt, beibehalten wird, das weniger Wichtige weggelassen wird. Daraus kann eine HYPERPROPOSITION abgeleitet werden, welche die Hauptinformation eines Textabschnittes kondensiert. In einem weiteren Schritt werden auf Grund von KONNEKTOREN, welche die logische Struktur zwischen den Abschnitten zeigen, die inhaltlichen Beziehungen zwischen den einzelnen Textabschnitten eruiert und die Hyperpropositionen logisch miteinander verknüpft. In einem letzten Schritt werden alle Glieder in diesen Hyperpropositionen neu gruppiert: Jedes Vorkommen eines Aktanten wird in einen Knoten zusammengefasst, der mit allen andern Aktanten in seinen Beziehungen vernetzt wird. Die Kanten zwischen den Knoten sollen die Grundbeziehungen zwischen den einzelnen Aktanten in einem Text repräsentieren.

Anders aufgebaut ist van Dijks Verfahren zur Herleitung von Makrostrukturen aus einzelnen Sätzen (van Dijk 1980: 45–67). Die Grundidee ist, dass durch eine genau festgelegte Menge von Operationen, so genannten MAKROREGELN, aus Propositionsreihen einfachere Propositionsreihen, die Makrostrukturen entstehen. Van Dijk gibt genau vier Makroregeln an: AUSLASSEN – SELEKTIEREN – GENERALISIEREN – KONSTRUIEREN/INTEGRIEREN.

Die ersten beiden Makroregeln sind eine Art Tilgungsregeln, sie erlauben das Tilgen von Informationen. Beim AUSLASSEN wird Information weggelassen, die für den Textzusammenhang wenig notwendige Information enthält. Ein Beispiel wäre etwa folgende Folge:

(4-12) *Ein Mädchen lief vorbei. Es trug einen Rock. Der Rock war gelb.* [Auslassen]
    → *Ein Mädchen lief vorbei. Es trug einen Rock.*

Während beim Auslassen die weggelassene Information nach dem Auslassen verloren ist, wird beim SELEKTIEREN Information weggelassen, die aus anderen Informationen weiterhin erschließbar ist. Dass jemand im Auto nach Frankfurt fährt, setzt voraus, dass er zuerst ins Auto gestiegen ist; diese Aussage kann ohne Informationsverlust weggelassen werden:

(4-13) *Peter stieg ins Auto. Er fuhr nach Frankfurt.* [Selektieren]
    → *Peter fuhr nach Frankfurt.*

Generalisieren und Konstruieren sind Vereinfachungsoperationen, in denen nicht strikt einzelne Sätze weggelassen werden, sondern in denen Aussagen verallgemeinert werden. Beim GENERALISIEREN gehen wie beim Auslassen Informationen verloren, indem Details weggelassen werden, die aus der Verallgemeinerung nicht mehr erschließbar sind:

(4-14) *Auf dem Boden im Wohnzimmer lag eine Puppe. Auf dem Sofa lag eine Holzeisenbahn. Unter dem Schrank lagen Bausteine.* [Generalisieren]
    → *Im Wohnzimmer lagen überall Spielsachen.*

Beim KONSTRUIEREN/INTEGRIEREN schließlich wird eine Folge von Informationen, welche beispielsweise eine zusammengehörige Kette von Handlungen beschreibt, durch den übergeordneten Handlungsbegriff ersetzt; wenn wir die Handlungskette kennen, wissen wir auch bei dieser Zusammenfassung, welches die einzelnen Elemente sind, und insofern geht dabei keine Information verloren:

(4-15) *Ich ging zum Bahnhof. Ich kaufte eine Fahrkarte. Ich stieg in den Zug nach Frankfurt. Der Zug fuhr ab.* [Konstruieren/Integrieren]
→ *Ich nahm den Zug nach Frankfurt.*

Alle diese Operationen können nach van Dijk sukzessive angewendet werden, also auch auf ihr Ergebnis, auf Makrostrukturen. Reihen von Makrostrukturen können wiederum durch diese Operationen vereinfacht werden, bis wir zu einer obersten, einfachen Makrostruktur gelangen, welche den Inhalt des ganzen Textes zusammenfasst.

Bei allen diesen Regeln gilt ferner das semantische Prinzip der IMPLIKATION: Aus dem Input einer Regel folgt semantisch deren Output. Wenn die komplexere Information gilt, gilt auch die vereinfachte Information (aber natürlich nicht das Umgekehrte). Das garantiert, dass in den einzelnen Reduktionsschritten keine semantischen Widersprüche entstehen.

Brinker (⁶2005: 57) formuliert ebenfalls einige Prinzipien der Themenanalyse, allerdings vorsichtiger und mehr als intuitive Strategien. Auch für ihn ist die Analyse der verschiedenen Wiederaufnahmeformen ein wichtiger Ausgangspunkt. Was oft vorkommt, ist offenbar thematisch wichtig. Dabei ergeben sich für einen Text in der Regel mehrere Themen. Es ist zu entscheiden, was das HAUPTTHEMA und was NEBENTHEMEN in einem Text sind; Entscheidungskriterium ist, aus welchem Thema sich andere Themen „ableiten" lassen (Ableitbarkeitsprinzip). Außerdem müssen die inhaltlich-semantischen Beziehungen der einzelnen Aussagen und der TEILTHEMEN untereinander und zum Textthema klar gemacht werden. Eine wichtige Rolle für Brinker spielt auch die Funktion des Textes: Textthema und Textfunktion müssen kompatibel sein (Kompatibilitätsprinzip). Dasjenige Thema ist als Hauptthema zu betrachten, das am besten zur Hauptfunktion des Textes passt. Mit diesem Kriterium schafft Brinker eine Verknüpfung zwischen der thematischen und der funktionalen Analyse von Texten.

Jede Theorie, welche annimmt, dass die Kohärenz von Texten auf einem übergeordneten Thema im Sinne einer einheitlichen Themenstruktur beruht, macht die Voraussetzung, dass jeder Text eine klare, hierarchisch organisierte Themenstruktur mit einem Hauptthema und allenfalls Unterthemen hat. Ob diese Voraussetzung generell erfüllt ist, wird in den dargestellten Ansätzen nicht grundsätzlich hinterfragt und auch nicht grundsätzlich diskutiert. Eine Ausnahme macht hier Brinker (⁶2005); er nimmt eine differenzierte Position ein, indem er je nach Textfunktionstyp unterschiedliche Themenentfaltungstypen (s.o.) annimmt.

Ferner ist es trotz den Vorschlägen von Agricola und van Dijk kaum möglich, einfache operationelle Verfahren anzugeben, mit denen für gegebene Satzfolgen klar und unzweideutig ein Thema ableitbar ist. Die Verfahren von Agricola und van Dijk zur Ableitung von Textthemen bzw. Makrostrukturen aus konkreten Textpartien sind gleichzeitig zu abstrakt und zu speziell formuliert, um immer zu einem Resultat zu führen; im Einzelfall ist oft überhaupt nicht klar, wie sie anzuwenden sind (siehe auch die Kritik in Gülich/Raible 1977: 274 f. und Schröder 2003: 54–58). Auch kann man nicht immer einen Text auf genau eine Kernaussage reduzieren. Wenn konkret aus einer Menge von Einzelaussagen eine generelle, allgemeinste Aussage hergestellt wird, wird ja dabei immer Information weggelassen, Information, welche eigentlich den Sinn des Textes ausmacht. Deshalb bleibt als Textthema meist eine relativ inhaltsarme Aussage übrig. Beispielsweise ergibt bei Agricola (1976) die Analyse einer Zeitungsmeldung über eine archäologische Ausgrabung einer Burg bei Brandenburg, die wertvolle Aufschlüsse über Lebensweise und Kultur der ehemaligen Bewohner liefert, als Zusammenfassung schließlich die relativ vage Aussage „Ausgrabungen informieren über Topographie und Lebensweise".

Schließlich gehen wohl bei jeder Textinterpretation zu viel spezielles Hintergrundwissen und individuelle Leseerwartung in deren Anwendung ein, als dass man generelle, objektive Rekonstruktionsverfahren definieren könnte. Eine Themenzusammenfassung kann sich nicht auf die isolierte Bedeutung von einzelnen Sätzen beziehen, sondern muss die gesamte Interpretation eines Satzes im Kontext berücksichtigen, und diese ist vom ganzen Text und von seiner Mitteilungsabsicht abhängig. Die Mitteilungsabsicht kann sich auf ein Detail beziehen, das bei der Zusammenfassung eines Textabschnitts zu einer allgemeinen Aussage gerade verschwindet. Brinker ([6]2005: 56) stellt denn auch fest: „Es kann hier keine ‚mechanische' Prozedur geben, die nach endlich vielen Schritten automatisch zur ‚richtigen' Themenformulierung führt. Die Bestimmung des Themas ist vielmehr abhängig von dem Gesamtverständnis, das der jeweilige Leser von dem Text gewinnt."

Mit anderen Worten, das Verständnis des Themas eines Textes ist das Resultat eines hermeneutischen Prozesses, was auch den hermeneutischen Zirkel impliziert: Die Interpretation der Teile hängt ab von der Interpretation des Ganzen, die Interpretation des Ganzen hängt ab von der Interpretation der Teile. Erst in der Zusammensicht der Teile und des Ganzen kann man ein Verständnis beider gewinnen. Dazu wird man bei jeder Interpretation auch die vermuteten Absichten des Autors eines Textes mit einbeziehen. Was beispielsweise wesentlich, was nicht wesentlich ist, was eine sinnvolle Zusammenfassung von Inhalten ist, kann man nur entscheiden, wenn man den ganzen Text und seinen Zweck kennt. Die Verfahren von Agricola und van Dijk sind so letztlich Abstrahierungen aus konkreten praktischen Vorgehensweisen, die bei praktischen thematischen Analysen von Texten tatsächlich mehr oder weniger intuitiv angewendet werden; sie können aber Intuitionen nicht ersetzen, sondern allenfalls bewusst machen.

4.6 Thema als Textvorgabe

4.6.1 Funktionale Themabegriffe

Neben dem in Abschnitt 4.5 behandelten Themabegriff – ‚Thema als Kerngedanke eines Textes' – gibt es einen anderen, der für die Textlinguistik ebenfalls von Bedeutung geworden ist und den man mit der Umschreibung ‚Thema als Textvorgabe' etikettieren könnte. Die beiden Verwendungsarten des Ausdrucks *Thema* werden oft nicht scharf getrennt, sind jedoch klar zu unterscheiden.

Ausgangspunkt des zweiten Ansatzes ist zunächst die so genannte Funktionale Satzperspektive der Prager Schule und ihrer Vorläufer (siehe Eroms 1986). Diese Theorie ist zunächst keine Texttheorie; vielmehr will sie etwas über den funktionalen Informationsgehalt einzelner Sätze und dessen Auswirkung in der grammatischen Gestalt von Sätzen aussagen, vor allem über die Rolle der Satzgliedstellung. Zwischen (4-16a) und (4-16b) besteht ein subtiler, kommunikativ aber wichtiger Unterschied, obwohl sich die beiden Sätze nur in der Wortstellung unterscheiden:

(4-16a) *Die Rolling Stones treten im Mai in Zürich auf.*
(4-16b) *In Zürich treten im Mai die Rolling Stones auf.*

Traditionellerweise beschreibt man den Unterschied so, dass die beiden Sätze Aussagen über unterschiedliche Gegenstände sind: In (4-16a) sagt man etwas über die Rolling Stones, in (4-16b) darüber, was in Zürich im Mai los ist. Anders formuliert: Die beiden Sätze sind Antworten auf unterschiedliche Fragen: (4-16a) antwortet auf die Frage: „Was machen die Rolling Stones?", (4-16b) auf die Frage: „Was ist in Zürich los?" Die beiden Sätze übermitteln die sachlich gleiche Information aus unterschiedlichen Frageperspektiven.

Nach der Funktionalen Satzperspektive und den verwandten Theorien ist eine Aussage (immer oder wenigstens fast immer) aus zwei Teilen aufgebaut: einem THEMA – dem Satzgegenstand, über den etwas ausgesagt wird –, und einem RHEMA – der Aussage über das Thema; (4-16a) und (4-16b) weisen dementsprechend eine unterschiedliche Thema-Rhema-Struktur auf. Im einfachen Fall ist in (4-16a) *Die Rolling Stones* das Thema, *treten im Mai in Zürich auf* das Rhema. In (4-16b) ist demgegenüber das Thema *In Zürich*, der Rest *treten im Mai die Rolling Stones auf* ist das Rhema. (Man kann sich kompliziertere Ausgangsfragestellungen vorstellen, wodurch auch die Thema-Rhema-Verteilung anders aussähe.)

Neben dem Begriffspaar THEMA – RHEMA wird im Übrigen auch, aus angelsächsischer Tradition, das Paar TOPIK – KOMMENT(IERUNG) (*topic – comment*) verwendet, wieder andere Ausdrücke sind HINTERGRUND – FOKUS; all diese Begriffe werden jedoch immer wieder unterschiedlich definiert und auch untereinander kombiniert. Statt einer Dichotomie wird zuweilen auch ein abgestuftes System von Thematizität angenommen. Überhaupt gibt es auch bei der inhaltlichen Deutung der

Unterscheidungen eine große Vielfalt an Vorschlägen. Man kann die Deutungen in drei Hauptgruppen einteilen:

1. *bekannt – neu:* Das Thema ist im Satz bekannte Information, das Rhema ist neue Information.
2. *Topik – Kommentar:* Das Thema ist dasjenige, worüber etwas ausgesagt wird, der Gegenstand der Aussage; das Rhema ist das, was über das Thema ausgesagt wird, der Kommentar.
3. *Hintergrund – Fokus:* Das Thema ist Hintergrundwissen, das Rhema wird in der Äußerung als Vordergrundwissen zum Bewusstsein gebracht.

Solche Charakterisierungen sind auf die Struktur des einzelnen Satzes bezogen: Sätze haben eine zweigeteilte Struktur mit Thema und Rhema/Topik und Kommentar/Hintergrund und Fokus. Daneben gibt es auch textbezogene Charakterisierungen, welche ein Thema als Bezugsgröße nicht von einzelnen Sätzen, sondern von Texteinheiten verstehen. Dieses Themaverständnis schließt sich am ehesten dem vom ‚Thema als Gegenstand einer Aussage' an; danach ist ein Thema nicht unbedingt der Gegenstand einer einzelnen Aussage, sondern Gegenstand eines Textes. Was unter dem Gegenstand einer Aussage oder eines Texte zu verstehen sein soll, ist selbst wieder erklärungsbedürftig. Häufig wird das Thema eines Textes als eine „Frage" verstanden: Der Zweck eines Textes besteht sozusagen darin, eine bestimmte Frage zu behandeln, darauf eine Antwort zu geben. So definiert Hellwig (1984: 14) ein Thema als etwas „Fragliches", als etwas, „zu dem in einem Text eine Lösung gesucht wird". In dieselbe Richtung geht die Auffassung von Stutterheim (1997a: 19), wonach „jeder kohärente Text als Antwort auf eine einleitende Frage, die Quaestio, zu verstehen ist" (siehe ausführlich unter 9.3). Ähnlich konstituiert für van Kuppevelt (1995: 113) jede Frage, die in einem Text behandelt wird, das Thema dieses Textes. Andere Umschreibungen finden sich etwa in Lötscher (1987: 80), wo das Thema eines Textes als „mangelhaftes Objekt, dessen Mangel in der Behandlung in diesem Text beseitigt werden soll", definiert wird. Schröder (2003: 78) schließlich bettet die Themadefinition (wie teilweise auch Lötscher 1987) in eine Handlungstheorie von Texten ein: Texte sind „komplexe Handlungen", ein Thema ist der Gegenstand, der im Text behandelt wird, auf den der Text sich als Ganzes bezieht. Ähnlich lautet die Definition in Zifonun u. a. (1997: 209): „Unter einem THEMA verstehen wir den kommunikativ konstituierten Gegenstand oder Sachverhalt, über den in einem Diskurs oder Text(-abschnitt) fortlaufend etwas gesagt wird."

All diese Themabegriffe scheinen untereinander so heterogen zu sein, dass der wesentliche Unterschied zum Verständnis von Thema als ‚Kerninformation eines Textes' zu verschwinden scheint. Ein grundlegendes Merkmal bleibt jedoch allen gemeinsam: Ein Thema im funktionalen Sinn, wie immer es definiert wird, ist nicht eine in sich vollständige Informationseinheit wie eine Proposition, sondern gibt lediglich einen Ausgangspunkt für eine Äußerung an, welcher der weiteren Behandlung bedarf. In satzbezogener Sicht ist das Thema ein Teil eines Satzes, welcher der Ergänzung durch die Vervollständigung des Satzes bedarf. Auch in den textbezogenen funktionalen Themaauffassungen hat das Thema eine Ausgangs-funktion in der weiteren Gestaltung des Textes. Prototypisch geschieht dies, wenn ein Textthema als Frage definiert wird: Eine Frage ist ein initiativer Kommunika-tionsakt, der nach einem weiteren Kommunikationsakt verlangt; eine Frage muss eine Leerstelle enthalten oder definieren, die anschließend im Text zu füllen ist. Ein Textthema im funktionalen Sinn hat zwei Funktionen: Es markiert einen Aus-gangspunkt, von dem aus ein Kommunikationsakt ausgehen muss, und es definiert ein Ziel, das zu erreichen ist. In diesem doppelten Sinn können wir ein Thema im funktionalen Sinne als Textvorgabe verstehen.

 Satzbezogene und textbezogene Themadefinitionen und Themaauffassungen sollten klar unterschieden werden; dies wird jedoch selten gemacht (vgl. ansatzweise Lötscher 1987: 301 ff., Hoffmann 2000, Schröder 2003). Die Thema-Rhema-Unterscheidung auf Satzebe-ne berührt zwar die Analyse der kommunikativen Funktion eines Satzes im Text und basiert letztlich ebenfalls auf einer textlinguistischen, funktionalen Betrachtungsweise, sie zielt aber primär auf die Beschreibung der Struktur einzelner Sätze.[3] Textbezogene Thema-definitionen beziehen sich demgegenüber nicht auf die Struktur einzelner Sätze, sondern auf die thematische Funktion von Textabschnitten; es muss nicht notwendigerweise da-von ausgegangen werden, dass sie direkt in einzelnen sprachlichen Einheiten erkennbar sind. Ferner kann dem satzfunktionalen Begriff ‚Rhema' auf textlinguistischer Ebene kein Korrelat ‚Textrhema' zugeordnet werden. Mit ‚Textrhema' müsste konsequenterweise ein ganzer Textabschnitt gemeint sein, was eine recht komplexe Angelegenheit sein kann.

Überhaupt ist kaum je systematisch untersucht worden, wie man zu einem gegebenen Text das Thema finden kann. Es ist anzunehmen, dass hier viel Intuition im Spiel ist, was eine für alle gültige Identifikation eines Textthemas erschweren dürfte.

 Dass man in der Theorie und der Praxis der Textbeschreibung kaum je zwischen Satzthema und Textthema unterscheidet, hat außerdem zur Folge, dass auch die Beziehung zwischen dem Thema-Rhema-Aufbau eines Satzes und seiner Beziehung zu einem Textthema noch kaum untersucht ist: Welche semantischen und formalen Beziehungen bestehen zwischen der Thema-Rhema-Gliederung eines Satzes und der thematischen Funktion einer Äuße-rung im Text? Eine weitere Frage ist, ob wir für alle denkbaren Textsorten Textthemen gleicher Art voraussetzen können: Ist das Thema eines argumentativen Textes von der gleichen Art wie jenes einer Beschreibung? Der Begriff des Textthemas als Textvorgabe erscheint so im Rahmen der Textsemantik zwar sinnvoller und nützlicher als jener vom The-ma als Textzusammenfassung. Er ist aber dennoch nicht viel leichter zu systematisieren.

---

3 Deshalb wird der von František Daneš im Rahmen der Funktionalen Satzperspektive entwickelte und viel rezipierte Ansatz der thematischen Progression hier nicht ausführ-lich dargestellt (ausführlich dazu Daneš 1974, 1976; vgl. auch Eroms 1991 und Hoffmann 2000). Übersichten über die satzbezogene Thema-Rhema-Konzeptionen in der Tradition der sog. Prager Schule und deren Weiterentwicklungen geben Lutz 1981, Eroms 1986, Molnár 1993 und Schröder 2003: 152–185.

4.6.2 Themenstruktur und Handlungsstruktur

Das Thema als TEXTTHEMA kann als Faktor verstanden werden, der einer Folge von Sätzen Kohärenz verschafft: Ein Textabschnitt ist insofern ein kohärente Folge von Sätzen, als alle diese Sätze der Behandlung dieses einen Themas gelten, eine Antwort auf eine bestimmte Frage liefern oder den Mangel eines vorgegebenen kognitiven Objekts beseitigen helfen. Eine solche kommunikative Aufgabe ist je nach Situation nicht in einem einzelnen Satz zu lösen, sondern erfordert möglicherweise einen inhaltlich komplexen Text.

Texte, die aus einer Folge von Sätzen bestehen, können in der Regel in Teiltexte unterteilt werden. Daraus entwickelt sich fast automatisch die Konzeption, dass auch in thematischer Hinsicht Texte hierarchisch strukturiert sind: Als Ganzes haben sie ein übergeordnetes Hauptthema, die einzelnen Teiltexte haben untergeordnete Teilthemen. Wie dieser Zusammenhang entsteht, kann unterschiedlich gesehen werden. In einfacher Form kann der Zusammenhang dadurch entstehen, dass sich aus jeder Aussage zu einem Thema wieder eine neue Frage, also ein neues Thema ergeben kann; eine Antwort kann ihrerseits ergänzungs- oder erläuterungsbedürftig sein. Für Hellwig nimmt der Autor bei jedem Satz

> in Gedanken vorweg, was der Leser an bestimmten Stellen fragen könnte oder müsste, und beantwortet es im Voraus. Größere Sinneinheiten resultieren daraus, dass eine Frage erst endgültig beantwortet ist, wenn auch die Fragen, die die Ausführungen wiederum nach sich ziehen, behandelt worden sind. (Hellwig 1984: 15)

Ähnlich sagt van Kuppevelt (1995): „The contextual induction of a subquestion is [...] the result of an UNSATISFACTORY ANSWER to a preceding question." Eine andere Möglichkeit besteht darin, dass ein bestimmter Gegenstand in seine Teilaspekte aufgegliedert werden muss, um behandelt werden zu können; jeder Teilaspekt lässt sich als Teilfrage oder als Teilgegenstand des Gesamtthemas verstehen, der in einem Teiltext zu behandeln ist. Auf der Textebene treffen wir also thematische Beziehungen an, die auch im satzbezogenen Ansatz der thematischen Progression unter den Stichworten THEMENKOMPOSITION und THEMENSPALTUNG erfasst werden (siehe Fußnote 3). In textlinguistischer Sicht haben diese Progressionsformen allerdings den Charakter hierarchischer Beziehungen: Teilaspekte sind dem Gesamtthema untergeordnet, daraus ergeben sich Themenhierarchien.

In manchen Weiterentwicklungen dieser Gedanken wird die Beschreibung von thematischen Strukturen von Texten mit der Idee verknüpft, dass Texte komplexe Handlungen sind und dass auch auf der Handlungsebene, der illokutiven, funktionalen Ebene Texte hierarchisch gegliedert sind. Wie die thematische Struktur und die Handlungsstruktur sich zueinander verhalten, kann unterschiedlich interpretiert werden. Für Lötscher (1987) ist eine Thematisierung selbst eine initiative kommunikative Teilhandlung, welche Anlass zur Formulierung eines Textes ist. Der Text ist eine reaktive problemlösende Handlung zu dieser Thematisierung. Eine solche Handlung muss gewöhnlich in Teilhandlungen vollzogen werden. Entweder ergibt sich die Aufteilung in Teilhandlungen aus dem übergeordneten Thema oder Teilhandlungen provozieren selbst wieder „mangelhafte Objekte", die zu untergeordneten Themen werden, die in Teiltexten behandelt werden müssen. Die Einführung eines Themas hat in dieser Sicht immer einen bestimmten Zweck, im Normalfall mit Bezug auf ein anderes Thema. Diese Zweckbestimmung schafft Themenverknüpfungen. Lötscher (1987: 149 ff.) gibt etwa folgende Beispiele von THEMENEINFÜHRUNGEN, als Texthandlung verstanden:

- KONTEXTUNABHÄNGIGE EINFÜHRUNG EINES THEMAS: Ein Thema wird um seiner selbst willen gewählt, als Ausgangspunkt eines Textes oder ohne Bezug zu einem vorangehenden Thema.

- THEMENASSOZIATION: Ein Thema hat eine bestimmte Kontiguitätsbeziehung zu einem vorangehenden Thema, wird aber sonst rein assoziativ gewählt. Dies ist vor allem im Small Talk eine häufige Form der Themenverknüpfung. Im folgenden Textausschnitt findet ein fließender Wechsel vom Thema des Geldversteckens zu Versehen beim Kleiderwaschen statt:

(4-17) [zwei Frauen sprechen darüber, wie man bei Ferienreisen Geld in Kleidern verstecken kann]
A: *ich wollt das auch irgendwie so am Bademantel – da im Saum oder so –*
B: *beim Bademantel is s natürlich noch günstiger*
A: *weil das so ein schöner dicker Stoff is*
C: *... wenn Sie den Bademantel dann nicht am Strand vergessen oder damit ins Wasser gehen – so wie meine Mutter ihren Personalausweis mit in die Waschmaschine tut – und meine Freundin behauptet, ich glaub sie hatte die goldnen Manschettenknöpfe von ihrem Mann mit rein getan.*

- THEMAEINFÜHRUNG ÜBER PROBLEMATISIERUNG: Ein Thema wird eingeführt, weil der vorangehende Satz begründungs- oder erklärungsbedürftig ist:

(4-18) *Jetzt muss ich die Heizung anstellen.*
[Problematisierung: Muss ich das wirklich?]
[Begründung:] *Draußen ist es kalt.*

- THEMAEINFÜHRUNG ZUR INHALTSERGÄNZUNG: Ein Thema wird eingeführt, um Verständnisvoraussetzungen für eine vorangehende Äußerung zu klären:

(4-19) *Heute abend gehe ich mit Max ins Kino.*
Max, das ist ein Kollege vom Büro nebenan.

- THEMASPALTUNG: Zu einem eingeführten Thema werden Teilaspekte als Unterthemen eingeführt:

(4-20) _Wie ist Max als Schüler?_
　　　　In Mathematik und Physik _ist er ausgezeichnet._
　　　　In den Sprachfächern _könnte er mehr leisten, als er tut._

- TEILZIELSETZUNGEN BEI SUCHHANDLUNGEN: Teilthemen werden im Zusammenhang mit Problemlösungen, Argumentationen oder Planungen eingeführt,
beispielsweise als Vorschläge. Meist haben entsprechende Themen inhaltliche
Beziehungen. Im nachfolgenden Beispiel werden nacheinander verschiedene
Zeitpunkte zur Vereinbarung einer Sitzung thematisiert:

(4-21) A: _Donnerstag ist bei dir ganz besetzt?_
　　　　B: _Ja_
　　　　A: _Mhm_
　　　　B: _Halt ab 20 Uhr, dann, abends_
　　　　C: _Und n spätern Termin?_
　　　　D: _Donnerstag nich, an einem anderen Tag wär das durchaus drin._
　　　　B: _Mittwoch, wie wärs mit Mittwoch?_

- INHALTSSTRUKTURELL BEDINGTE THEMENVERKNÜPFUNG: Teilthemen werden entsprechend der Sachstruktur eines behandelten Gegenstands eingeführt, bei Beschreibungen etwa entsprechend der Struktur des zu beschreibenden Gegenstands, bei Darstellungen von Handlungen oder im Speziellen bei Erzählungen
entsprechend der chronologischen Reihenfolge und der Handlungsstruktur. Im
folgenden Beispiel werden nacheinander verschiedene Teile des Zentralnerven-
systems thematisiert:

(4-22) _Die multiple Sklerose ist eine entzündliche Erkrankung des Zentralnervensystems._
　　　　Aus noch unbekannten Gründen treten im Rückenmark und Gehirn eine größe-
　　　　re Anzahl Entzündungsherde auf, die sklerotische Veränderungen, so genannte
　　　　Plaques, hinterlassen. Schwerwiegende Konsequenzen ergeben sich daraus, dass die
　　　　Plaque-Bildung mit einem lokalen Zerfall der Schutzhüllen der Nervenfasern (My-
　　　　leinhüllen) verbunden ist.

Es tauchen hier teilweise Themenverknüpfungen auf, die auch im Zusammenhang
mit der thematischen Progression (siehe Fußnote 3) erwähnt werden. Hier allerdings werden diese Verknüpfungen unter dem Gesichtspunkt betrachtet, aus welchem Grund und zu welchem Zweck bestimmte neue Themen eingeführt werden.
Die rein thematische Betrachtungsweise wird mit einer illokutiven verknüpft.

Eine etwas anders aufgebaute Klassifizierung von Typen von thematisch-funk-
tionalen Beziehungen entwickelt Schröder (2003: 49 und 91). Nach ihm sind
funktionale und thematische Strukturen parallel organisiert, allerdings ist die Beschreibung der Themenstruktur Teil der Beschreibung der Handlungsstruktur und
demzufolge dieser untergeordnet. Als hauptsächliche funktionale und thematische
Strukturbeziehungen nennt Schröder die folgenden:

1. FUNKTIONALER UND THEMATISCHER WECHSEL: Themenwechsel, die zusammen mit einem Wechsel in der dominierenden Handlung erfolgen.
2. FUNKTIONALER ZUSAMMENHANG UND THEMENERHALT: thematische Verbindung von Teilhandlungen, die zusammen eine komplexe Handlung ausmachen.
   2.1 FUNKTIONALE UND THEMATISCHE UNTERORDNUNG: Themen von Teilhandlungen, die in einem funktionalen Über-/Unterordnungsverhältnis stehen, namentlich weil sie eine stützende Funktion haben, beispielsweise Begründungen, Erläuterungen, Einschränkungen.
   2.2 FUNKTIONALE UND THEMATISCHE NEBENORDNUNG: Teilhandlungen eines Textes beziehen sich auf Teile eines gleichen Gegenstandes.
      2.2.1 FUNKTIONALE UND THEMATISCHE ERGÄNZUNG: z. B. Nachtrag.
      2.2.2 FUNKTIONALE UND THEMATISCHE REIHUNG: z. B. Aufzählungsstrukturen (jedes einzelne Element erfüllt für sich die funktionalen und thematischen Voraussetzungen).
      2.2.3 FUNKTIONALE UND THEMATISCHE FORTSETZUNG: z. B. komplexe Handlungen, die nur als Ganzes die funktionalen und thematischen Voraussetzungen erfüllen, z. B. Schilderungen von Handlungen oder Sachverhalten.

 Mit diesen Erweiterungen der Betrachtungsweise berührt sich die thematische Strukturanalyse mit der pragmatischen Textstrukturanalyse oder überlappt sich damit, insbesondere mit dem Illokutionsstrukturkonzept (Koch u. a. 1981; siehe auch Kap. 5). Die Arbeiten von Lötscher (1987) und Schröder (2003) diskutieren das Verhältnis zwischen thematischer Struktur und illokutiver Struktur einerseits grundsätzlich und andererseits eher einzelfallbezogen. In der Frage, ob und inwiefern die thematische und die illokutive Ebene etwas miteinander zu tun haben, bleibt jedoch noch vieles offen. Eine Fortsetzung der texttheoretischen und empirischen Diskussion wäre jedenfalls wünschenswert.

4.7 Schlussüberlegungen und Ausblick

Wenn man die verschlungenen Diskussionen um die unterschiedlichen Vorschläge zur Textsemantik überblickt, gelangt man zur Frage: Können textsemantische Ansätze überhaupt erklären, wie kohärente Texte entstehen? Ist die semantische Ebene überhaupt die relevante Ebene, auf der Kohärenz entsteht?

Eine pauschale Ja-oder-Nein-Antwort dürfte wohl nicht angemessen sein. Texte sind, wie jede sprachliche Mitteilung, vielschichtige Gebilde. Ihr Gehalt liegt nicht auf einer einzigen Ebene. Dass die Untersuchung von thematischen Zusammenhängen zur Berücksichtigung des Handlungsaspekts von Texten geführt hat, zeigt, dass alle Ebenen einbezogen werden müssen. Die Beobachtung, dass Kontiguitätsbeziehungen – also sachliche, nicht semantische Zusammenhänge – auf der Ebene von Dingen, Sachverhalten und Situationen ebenfalls wichtig sind, zeigt, dass nicht nur die rein sprachliche Bedeutung wichtig ist, sondern auch enzyklopädisches Wissen, Weltwissen.

Die textsemantische Betrachtungsweise, wie sie hier dargestellt worden ist, kann nicht die ganze Textbedeutung erfassen, sie leistet aber sicherlich in allen ihren Aspekten einen wichtigen Beitrag zur Analyse von Texten. Die verschiedenen Aspekte, die hier dargestellt worden sind, können als unterschiedliche Zugänge zu Teilaspekten von Texten, sozusagen als Analysestufen betrachtet werden, die beim Verstehen von Texten zu beschreiten sind, angefangen beim Erkennen der lexikalischen und sachlichen Bezüge zwischen den einzelnen Wörtern eines Textes über die sachlichen und logischen Zusammenhänge zwischen einzelnen Sätzen bis zu den übergreifenden sachlichen und thematischen hintergründigen Aspekten eines Textes und seiner Teile. Bei der Diskussion der einzelnen Ansätze hat sich auch gezeigt, dass die verschiedenen Aspekte untereinander Berührungspunkte haben.

Über all die Detailanalysen hinaus kann auch die grundsätzliche Frage gestellt werden: Was ist überhaupt die Bedeutung eines Textes? Beaugrande/Dressler (1981) haben diese Frage u. a. interpretiert als Frage „Was wissen wir (mehr), wenn wir einen Text rezipiert haben?"; diese Frage zielt auf den sachlichen Inhalt, auf das Abbild von einer Wirklichkeit, das mit einem Text vermittelt wird. Sie versuchten, dieses Wissen als Vernetzung von Propositionen darzustellen. Schon für einen kleinen Textausschnitt ergibt sich ein überaus komplexes, kaum mehr zu überblickendes Geflecht von Symbolen (siehe etwa die Abbildungen in Beaugrande/Dressler 1981: 88 ff.). Dieser Ansatz ist letztlich in der kognitiven Linguistik weitergeführt worden. In diesem Rahmen hat man die These entwickelt, dass Texte selbst keine abgrenzbare Bedeutung haben wie vielleicht noch Wörter oder einzelne Sätze. Texte bilden nicht als Symbole etwas ab, sondern lösen dynamische Prozesse aus, sie verleiten einen Leser oder eine Leserin u. a. zur Konstruktion von „Weltmodellen" (siehe auch 7.2.1 und Kap. 13). Diese Konstruktion wird mit Hilfe jedes einzelnen Satzes vorgenommen, aber das Resultat der Verstehensprozesse, die Details eines Modells finden sich nicht Eins-zu-Eins in einzelnen Texteinheiten wieder.

> Aus der Sicht der Psychologie und der kognitiven Linguistik sind Texte nicht Träger von Bedeutungen. Sie sind vielmehr Auslöser für mentale Konstruktionsprozesse, die sowohl durch die externe Textinformation als auch durch die interne Vorwissensinformation angeleitet werden. (Schnotz 2006: 237)

So oder so bleiben Texte aber Sprache. Die Untersuchung der sprachlichen Details ist eine Voraussetzung dafür, dass man auch die Ganzheit des Verstehens erfassen kann. In diesem Sinne braucht jede Textanalyse auch eine textsemantische Analyse.

Kommentierte Literaturtipps

Greimas hat seine Isotopie-Konzeption in seinem grundlegenden, aber nicht leicht zu lesenden Werk „Sémantique structurale" (1966, dt. 1971) dargestellt. Weiterentwicklungen dazu finden sich in Rastier 1972 (dt. 1974) und Rastier 1987. Kritisch zu Greimas 1966 äußert sich Große 1974. Einen kritischen Überblick über die verschiedenen Ansätze zur thematischen Analyse von Texten gibt Schröder 2003 (50–94). Verbindungen zwischen Themastruktur und Handlungsstruktur schaffen Lötscher 1987 und Schröder 2003. Eine Theorie über die thematisch-hierarchische Strukturierung von Texten entwickelt auch van Kuppevelt 1995 in einem etwas formaleren Zugriff. Als Kurzeinführung in die Ansätze der kognitiven Linguistik kann Schnotz 2006 dienen. Eine ausführliche Darstellung der kognitiven Sicht des Textverstehens gibt Schnotz 1994.

5 Textpragmatische und kommunikative Ansätze

Wolfgang Heinemann

5.1   Textlinguistik – eine „Revolution" in der Linguistik
5.2   Pragmatische Grundlagenforschung
5.2.1   Semiotische Pragmatik
5.2.2   Handlungsorientierte Pragmatik
5.3   Die pragmatische Wende in der Linguistik
5.4   Textstrukturen und Textfunktionen
5.5   Konversationsanalyse
5.6   Handlungs- und kommunikationsorientierte Ansätze
5.6.1   Sprechakte als Handlungszusammenhänge in der sozialen Interaktion
5.6.2   Illokutionshierarchien
5.6.3   Interaktion und Text
5.7   Textpragmatische Implikationen – methodologische Konsequenzen

5.1 Textlinguistik – eine „Revolution" in der Linguistik

Die Textlinguistik gilt heute fast weltweit als etablierte Wissenschaftsdisziplin. An einigen Universitäten gibt es spezielle Lehrstühle für Textlinguistik; zumindest aber werden an nahezu allen Universitäten Lehrveranstaltungen zu Textproblemen angeboten. Auch bei den linguistischen Publikationen nehmen Forschungen zu textlinguistischen Problemen heute eine zentrale Stellung ein.

Dennoch lässt sich nicht übersehen, dass die Textlinguistik keineswegs so unumstritten ist, wie das auf den ersten Blick scheinen mag. Vor allem für viele Grammatiker gilt nach wie vor das strukturalistische – von Bloomfield (1955: 170) explizierte – Axiom, wonach Sätze als größte exakt fassbare linguistische Einheiten zu gelten haben. Sprachliche Gebilde von größerem Umfang können – nach dieser Grundannahme – nicht als ein in sich geschlossenes regelhaftes (syntaktisch verstandenes) Beziehungsgefüge charakterisiert werden. Auch wenn die Existenz von Texten natürlich nicht in Frage gestellt wurde, so können doch komplexe Texte aus dieser Sicht nicht Gegenstand linguistischer Forschung sein.

Die linguistische Forschung seit etwa 1970 und die erfolgreiche Anwendung von linguistischen Einsichten in der kommunikativen Praxis des gesellschaftlichen Lebens haben diese strukturalistischen Antipositionen zur Textlinguistik eindrucksvoll widerlegt. Die allmähliche Herausbildung einer Wissenschaft von den Texten hat vielmehr deutlich gemacht, dass die Textlinguistik zwar als *„newcomer"* unter den linguistischen Disziplinen betrachtet werden muss, dass mit ihr aber auch eine neue Qualität zum Tragen kommt, eine grundlegende Veränderung im Vergleich zu den tradierten sprachwissenschaftlichen Disziplinen (der Phonologie/Phonetik, der

Morphologie, der Syntax und der Lexikologie), gleichsam ein qualitativer Sprung, der von manchen auch als eine Art „Revolution" in der Linguistik gekennzeichnet wurde.

Worin aber zeigt sich nun das qualitativ Neue der Textlinguistik? Vereinfacht formuliert darin, dass nun nicht mehr nur das Beziehungsgefüge von *Sätzen* (und linguistischen Einheiten unterhalb der Satzebene) durch Regeln expliziert wird – wobei sich diese Regeln ja immer nur intern auf andere Teileinheiten desselben Systems beziehen –, sondern dass nun versucht wird, das praktische kommunikative Funktionieren von komplexen Äußerungseinheiten als Teil der Lebenspraxis der Kommunizierenden zu erfassen. Das bedeutet mit Notwendigkeit, bei der Charakterisierung von komplexen *Texten* grundsätzlich von den aktiv in der Kommunikation Handelnden in bestimmten Interaktionen auszugehen und erst in einem zweiten Schritt zu fragen, welcher sprachlicher Strukturen sich die Kommunizierenden zur Erreichung bestimmter kommunikativer Ziele bedienen.

Aus diesen grundsätzlichen Überlegungen wird deutlich:

1. Nicht Sätze, sondern Texte sind als die *Grundeinheiten der sprachlichen Kommunikation* anzusehen. Wir leben in einer Welt von Texten: „Es wird, wenn überhaupt gesprochen wird, nur in Texten gesprochen. […] Nur texthafte und textwertige Sprache ist das Kommunikationsmittel zwischen den Menschen." (Hartmann 1971: 12) Diese Grundthese wurde bei einer Konferenz zu Textproblemen pointiert zusammengefasst: „Text is all around you" (siehe Dürscheid 2007: 3). Überall finden wir Schrift-Texte und Sprech-Texte, Texte von gestern, von heute, und auch in aller Zukunft wird es immer Texte geben, solange Menschen miteinander kommunizieren.

   Sätze wiederum sind die grundlegenden Konstituenten von Texten. Sie tragen daher wesentlich zum Zustandekommen von Textsinn bei. Aber diese Text-Bausteine für sich genommen können nur in Ausnahmefällen wie ganzheitliche Texte fungieren, dann nämlich, wenn die Äußerung eines Satzes (oder die eines einzelnen Wortes) allein schon ausreicht, das jeweilige Ziel/die Intention des Textproduzenten dem/den Adressaten zu vermitteln (z. B. *Haltet den Dieb! Feuer!*). Normalerweise kommt einzelnen Sätzen nur die Funktion zu, die Bedeutung *eines* Sachverhalts oder Ereignisses auszudrücken sowie syntaktische und semantische Beziehungen zu anderen Textelementen herzustellen.

2. Texte werden nur produziert, wenn Individuen etwas erreichen wollen, wenn sie in einer bestimmten Situation aus einem äußeren oder inneren Anlass, z. B. einem Ereignis oder einer emotionalen Bewegtheit, ein bestimmtes Ziel verfolgen, von dem sie annehmen oder wissen, dass sie es nur mit Hilfe eines Partners realisieren können. In einer solchen Situation werden die Individuen zu Partnern, die miteinander kommunizieren, indem sie Texte produzieren. Texte sind daher primär ein soziales Faktum, gebunden an das konkrete, auf (einen) Partner bezogene Handeln von Individuen in einem bestimmten sozialen Umfeld, einer *sozialen Interaktion*. Daraus ergibt sich die grundsätzli-

che wechselseitige Partnerorientierung des Kommunizierens. Zugleich wird deutlich, dass Texte keine unabhängigen Größen sind, dass sie vielmehr nur als Variable von komplexen Kommunikationsprozessen verstanden werden können. Insofern ist auch die Textlinguistik in erster Linie eine Wissenschaft vom kommunikativen Handeln der Individuen; sekundär aber sind auch Strukturen von Texten und Relationen zwischen den Textelementen von besonderer Relevanz.

3. Wie bei jedem praktischen Handeln (HOLZ HACKEN, EINE TÜR ÖFFNEN) verfolgen Individuen auch beim kommunikativen Handeln (beim SCHREIBEN EINES BRIEFS, beim TELEFONIEREN) bestimmte *Ziele*. Die Ziele beim kommunikativen Handeln werden INTENTIONEN genannt. Sie bestimmen wesentlich Aufbau, Inhalt und Umfang von Texten. Erst wenn ein Text zum Verwirklichen von Sprecher-Intentionen erfolgreich beiträgt, hat er auch seine KOMMUNIKATIVE FUNKTION erfüllt. Primär ist dabei eben das Erreichen solcher Ziele (das Glücken von kommunikativen Handlungen), d. h. die praktische Einwirkung auf den Partner und das Umfeld, erst sekundär ist auch die Frage von Interesse, wie der entsprechende Text gestaltet ist (Wunderlich 1976: 9).

Damit ändert sich auch das traditionelle Textverständnis. Texte können nämlich vor diesem Hintergrund nicht mehr nur als isolierte Struktureinheiten gesehen werden, deren Elemente aufeinander bezogen sind und in Kohärenzrelationen zueinander stehen. Das ist ohne Frage auch der Fall. Hinzu kommt aber, dass die aufeinander bezogenen Elemente und Textbausteine eine in sich geschlossene *Ganzheit* bilden, die durch zahlreiche Faktoren geprägt wird. Das sind vor allem intentionale Aspekte, die Auswahl und Anordnung der sprachlichen Einheiten innerhalb von Texten determinieren. Hinzu kommen auch SITUATIVE FAKTOREN. So macht es durchaus einen Unterschied, ob der Texter vor Studenten oder vor Schülern über den Klimawandel spricht, ob er nur vor einer kleinen Gruppe in einem geschlossenen Raum auftritt oder bei einer Großkundgebung einer Partei auf einem Marktplatz. Schließlich sind in diesem Zusammenhang auch subjektive Gegebenheiten zu nennen, da auch das jeweilige Wohlbefinden und die jeweilige emotionale Bewegtheit für die Konstituierung der Ganzheit eines Textes eine nicht unwesentliche Rolle spielen. So darf man zusammenfassend festhalten, dass die Ganzheit von Texten vor allem durch das aktuelle pragmatische Bedingungsgefüge geprägt wird.

4. Texte sind aber nicht nur feste statische Größen mit charakteristischen Strukturen, also die Ergebnisse von Kommunikationsprozessen. Sie müssen auch dynamisch gefasst werden, als *Prozesse* des Produzierens und Verstehens von Äußerungskomplexen, immer im Rahmen übergreifender praktischer Handlungen.

Resümierend darf man feststellen, dass die pragmatisch fundierte Textlinguistik in der Tat eine neue Qualität in die linguistischen Wissenschaftsdiziplinen einbringt. Zunächst handelt es sich hier um eine grundlegende Ausweitung des Gegenstandsbereichs: Nicht isolierte Sätze (und die linguistischen Einheiten unterhalb der Satzebene) stehen im Fokus des Interesses, sondern komplexe Texte. Noch wichtiger aber ist das grundsätzliche Ausgehen von einer sozialen Interaktion, vom Handeln und Text-Handeln der Partner, die auch die Ausweitung der Inhalte einer pragmatisch verstandenen Textlinguistik um die genannten pragmatischen Faktoren des Kommunizierens in ihrer Gesamtheit impliziert. So entsteht eine umfassende Zusammenschau aller relevanten Faktoren des Kommunizierens: von den kommunikativ Handelnden – den Partnern mit ihren sozialen Prägungen, ihren Kenntnissen und Fähigkeiten – in konkreten Interaktionszusammenhängen (unter Einschluss von konkreten Umgebungssituationen und Kommunikationsbereichen) über die grammatisch-semantischen Strukturzusammenhänge von komplexen Texten bis zu den Wirkungen/Effekten, die durch das kommunikative Handeln der Partner bewirkt werden. Streng genommen ist das natürlich keine „reine" Linguistik mehr. Das will und kann eine pragmatisch orientierte Textlinguistik auch gar nicht sein. Sondern hier geht es um das Zusammenwirken von (bisher strikt voneinander getrennten) Wissenschaftsdisziplinen wie der allgemeinen Linguistik, der Handlungstheorie, der Sprachproduktions- und -rezeptionsforschung, der Grammatik, der Semantik, der Kommunikationswissenschaften i. w. S. mit Teilbereichen der Soziologie und der Psychologie (insbesondere der kognitiven Psychologie). Vor diesem Hintergrund erweist sich die Textlinguistik als eine übergreifende Text-Pragmatik.

Legt man diese Messlatte an die Textlinguistik an, dann wird deutlich, dass die auf einzelne Ebenen des Sprachsystems beschränkten Disziplinen der Phonetik/Phonologie, der Morphologie, der Syntax und der Lexikologie nicht auf eine Stufe mit der Textlinguistik gestellt werden können. Untersuchungen im Rahmen dieser Einzeldisziplinen verlieren durch die Herausbildung der pragmatisch orientierten Textlinguistik nicht an Wert, da sie helfen, das komplizierte Beziehungsgefüge von Satzstrukturen und häufig auch die Rolle dieser Einheiten und Relationen für das Zustandekommen von Satzsinn und manchmal auch von Textsinn aufzudecken. Sie sind zumindest partiell „aufgehoben" im Hegel'schen Sinn in der übergreifenden Textlinguistik. Dennoch aber können diese strukturorientierten Arbeiten nicht ‚textlinguistisch' (und schon gar nicht ‚textpragmatisch') genannt werden, wenn sie nicht direkt auf das Erfassen des kommunikativen Funktionierens von Textganzheiten gerichtet sind.

5.2 Pragmatische Grundlagenforschung

Von großem Interesse ist es nun zu eruieren, wie sich eine solche pragmatisch orientierte Textlinguistik herausgebildet hat. Bisher wurde das „Zauberwort" *pragmatisch* in alltagssprachlichem Sinne verwendet, also als Synonym zu ‚praktisch, nützlich, auf praktisches Handeln gerichtet'. Das entspricht auch der ursprünglichen Bedeutung von griech. *prattein/prassein* – ‚handeln, Handlungen durchführen, vollenden'. An die Bedeutung dieses Lexems schließen sich zwei unterschiedliche begriffliche Entwicklungslinien an: PRAGMA(TIK) für das Tun, das Handeln selbst, und PRAXIS für das, was durch das Handeln bewirkt wird. Beide Begriffe sind eng miteinander verknüpft; sie stellen nur unterschiedliche Sehweisen auf das Handeln dar.

Auf die Entwicklung des Praxisbegriffs kann in diesem Rahmen nur beiläufig verwiesen werden. Schon bei den griechischen Philosophen spielte PRAXIS eine wichtige Rolle als Bezeichnung für die gesamte Lebenstätigkeit der Menschen, zugleich aber auch als Gegenbegriff zu THEORIE (im Sinne der ‚Anwendung von Begriffen, Prinzipien und Regeln auf in der Erfahrung vorkommende Fälle'). Und dieses Theorie/Praxis-Problem wurde auch später von nahezu allen Philosophen immer wieder thematisiert. Seit dem 17. Jh. entwickelte sich daraus eine eigene Philosophie, die praktische Philosophie, in der die Praxis als die ‚materiell verändernde Tätigkeit' verstanden wurde. Zu den herausragenden Repräsentanten dieser philosophischen Strömung werden u. a. Ludwig Feuerbach und Karl Marx gezählt: „Alles gesellschaftliche Leben ist wesentlich praktisch." (Marx 1956: 3, 7; vgl. dazu auch den Überblick über die pragmatische Philosophie von Barata-Moura 1990: 856 ff.).

Auf das Handeln selbst konzentriert ist dann die „Lebensphilosophie" des vor allem in Nordamerika verbreiteten Pragmatismus, die im Handeln des Menschen sein Wesen ausgedrückt findet (Peirce 1877/1878, dt. 1976). Voraussetzung für das Handeln ist in diesem philosophischen Konzept allerdings der Glaube, eine Gewohnheit, die das Handeln bestimmt. Als Kriterien des Handelns gelten im Pragmatismus vor allem Nützlichkeit und Erfolg – ohne Rücksicht auf Wahrheit und Moral (siehe Schreiter 1990: 844).

5.2.1 Semiotische Pragmatik

Charles S. Peirce (1976) verband das pragmatische Handeln mit einer allgemeinen Zeichenlehre. Er gilt daher auch als Begründer der Zeichentheorie, der Semiotik, da Zeichen in ihren Verwendungszusammenhängen grundlegend sind für das Sinnverstehen und das Handeln der Menschen. Sprachliche Zeichen werden in diesem Modell durch drei Relationen gekennzeichnet: durch die Beziehung auf andere Zeichen, auf Objekte der Realität und auf die Menschen (das interpretierende Denken der Menschen).

Das heutige Verständnis des Begriffs der semiotischen Pragmatik geht auf den amerikanischen Philosophen Charles W. Morris (1938, dt. 1972) zurück, der das Zeichenmodell von Peirce weiterentwickelte. Bei ihm nimmt das triadische Modell die folgende Gestalt an:

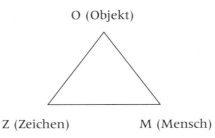

Abb. 5.1: Semiotisches Zeichenmodell nach Charles Morris (1938/1972)

Die Relation Z / Z' (Zeichen mit anderen Zeichen) untersucht danach die SYNTAK-TIK, die Relation Z / O (als Relation zwischen den Zeichen und den Gegenständen) die SEMANTIK, und die Relation Z / M (die Beziehung zwischen den Zeichen und den Menschen) wird der PRAGMATIK zugeordnet: „Unter Pragmatik verstehen wir die Wissenschaft von der Beziehung der Zeichen zu ihren Interpreten." (Morris 1972: 52, siehe auch Levinson 2000: 2).

Von Interesse ist sicher, dass die Pragmatik anfangs nur als eine Art Bezugspunkt von Syntax und Semantik gesehen wurde. Später stand sie gleichberechtigt neben den anderen Basisdisziplinen; schließlich schloss das Handeln die anderen Zeichenrelationen ein.

Aus diesem Grundansatz ergab sich für die Linguistik die Notwendigkeit, auch diese pragmatische Zeichenrelation in linguistische Beschreibungen einzubeziehen. Ausgehend von den Zeichen, vom Text, wurde versucht, die KOMMUNIKATIVE FUNKTION von sprachlichen Äußerungskomplexen zu erfassen.

5.2.2 Handlungsorientierte Pragmatik

Organon-Modell

Schon 1934 bestimmte Karl Bühler die Sprache als „Werkzeug (*organon*), mit dem einer dem anderen etwas über die Dinge mitteilen will". Das ist im Kern ein erster Ansatz zu einem handlungstheoretischen Konzept, da Sprache hier auch gekennzeichnet wird als Mittel zur Erreichung bestimmter Handlungsziele. Bühler fordert auch, dass das jeweilige Umfeld der Zeichen – insbesondere das „Zeigfeld" (damit sind vor allem Deiktika gemeint) – bei der Kennzeichnung von Handlungen berücksichtigt werden müsse.

Auch Bühlers Modell ist triadisch angelegt. Allerdings sind die Pole nun anders „besetzt", nämlich vor allem mit den Handelnden selbst.

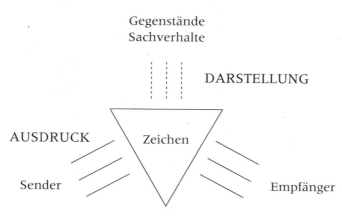

Abb. 5.2: Organon-Modell nach Karl Bühler (1934)

Je nach der jeweils dominierenden Relation unterscheidet Bühler drei Hauptfunktionen von Sprachzeichen:

- die AUSDRUCKSFUNKTION (bezogen auf den Sender, den Handelnden). Mit dem Zeichen (als SYMPTOM) wird etwas ausgedrückt;
- die APPELLFUNKTION (gerichtet auf den Empfänger). Er soll durch Zeichen (als SIGNALE) beeinflusst werden zu einem bestimmten (vom Sender gewünschten) Verhalten;
- die DARSTELLUNGSFUNKTION (im Hinblick auf Sachverhalte). Die Zeichen (als SYMBOLE) beziehen sich – in der Form von Aussagen – auf die Welt.

Sprechakttheorie

In der Philosophie hatten sich schon zu Beginn des 20. Jahrhunderts grundlegende Veränderungen angedeutet, die später als *linguistic turn* bezeichnet wurden, als Hinwendung zur Analyse der Bedeutung sprachlicher Ausdrücke. Das erfolgte zunächst in der analytischen Philosophie im Anschluss an die Regeln der formalen Logik. Später – in der Ordinary Language Philosophy – konzentrierte sich das Interesse der Philosophen auf die Analyse des umgangssprachlichen *Gebrauchs* philosophischer Begriffe.

Als eine Art Wegbereiter der Sprechakttheorie darf der österreichische Philosoph und Soziologe Ludwig Wittgenstein bezeichnet werden. Er hatte als Bedeutung eines Wortes nicht – wie bisher üblich – sein Denotat bestimmt, sondern seinen Gebrauch in unterschiedlichen Situationen: „Die Bedeutung eines Wortes ist sein Gebrauch." (Wittgenstein 1995: 262) Die Zeichen können zwar auf Gegenstände verweisen (Relation Zeichen – Objekte), aber sie tun das – nach Wittgenstein – im Rahmen bestimmter SPRACHSPIELE, Handlungseinheiten als Teil von Tätigkeiten, die im Umfang etwa den Sätzen entsprechen. „Durch den Sprachspielbegriff verdeutlicht er sowohl den Zusammenhang von Sprache und Handeln als auch die

Kontextabhängigkeit sprachlicher Bedeutung." (Bublitz 1994: 4) Wie Spiele sind auch die Sprachspiele regelgeleitet; sie regeln nach Wittgenstein das je spezifische Zusammenwirken von Handlungen und sprachlichen Zeichen. Mit diesem Sprachspiel-Modell grenzt Wittgenstein den Gegenstand der Pragmatik ein, zugleich aber wird deutlich, dass sich das Pragmatische auch als Methode verstehen lässt, als Herangehensweise an die linguistische Interpretation von Handlungen. Insofern schafft Wittgenstein die theoretischen Voraussetzungen der pragmatischen Wende in der Sprachwissenschaft.

Die Begründer der eigentlichen Sprechakttheorie, John L. Austin und John R. Searle, knüpften an die Überlegungen Wittgensteins an und bemühten sich, die pragmatische Basisthese zu explizieren, wonach jedes Sprechen als ein Tun, eine Tätigkeit, ein *Handeln* zu begreifen ist: „Jedes Sprechen heißt, Handlungen vollziehen." (Austin 1979: 108) Und diese Sprach-Handlungen sind generell partnerorientiert und daher sozial geprägt. Es komme daher vor allem darauf an zu ergründen, was man mit Hilfe sprachlichen Handelns erreichen kann. „How to do things with words" (1962) heißt daher auch die berühmt gewordene Programmschrift Austins.

Sprachbeschreibungen sollte man daher nicht nur das Äußern von Sätzen zugrunde legen; vielmehr müsse man ausweisen, dass mit der Äußerung eines jeden einzelnen Satzes mehrere Teilhandlungen (= Akte) zugleich vollzogen werden:

1. der LOKUTIVE AKT, die Tatsache, dass man etwas sagt, die Äußerung des Satzes schlechthin;
2. der ILLOKUTIVE AKT, der angibt, was mit der Äußerung bewirkt werden soll. Er bezeichnet das Ziel der Äußerung, die Illokution (z.B. etwas FESTSTELLEN, jemanden WARNEN, jemanden zu etwas AUFFORDERN);
3. der PERLOKUTIVE AKT, der die Wirkung der sprachlichen Äußerung auf den Rezipienten erfasst, also das, was beim Partner bewirkt wurde (dass er sich freut, dass er etwas gelernt hat …).

Diese drei Teilakte werden nicht nacheinander vollzogen. Vielmehr handelt es sich nur um verschiedene Aspekte *einer* Sprachhandlung, *eines* Sprechakts. Wenn z.B. eine Mutter zu ihrem Kind sagt: *Der Hund beißt!*, dann vollzieht sie einen lokutiven Akt, indem sie eine Äußerung erzeugt, die eine grammatische Struktur aufweist und deren Zeichenfolge etwas bedeutet. Mit dem Äußern dieser Äußerung spricht sie zugleich eine WARNUNG aus, vollzieht sie also einen illokutiven Akt. Und wenn das Kind dann einen anderen Weg wählt, dann ist das die Folge, die Wirkung eben dieser Äußerung, der perlokutive Akt.

Mit den Sprechakten hat Austin klar strukturierte Einheiten für das Handeln mit Sprache gekennzeichnet. Dieses Handeln erfolgt nach bestimmten Regeln, die – nach Austin – vor allem konventionsgeleitet sind. Strawson (1964) hat dagegen zu Recht eingewandt, dass nicht die Konventionen das zentrale Kriterium der Illokutionen darstellen, sondern die Sprecher-Intentionen.

Searle (1969, dt. 1971) war es dann, der den Austin'schen Grundansatz der Sprechakttheorie weiterentwickelte mit der These, dass mit jeder Äußerung auch ein PRÄDIKATIONSAKT und ein REFERENZAKT vollzogen werde. Diese beiden Teilakte wurden von ihm als PROPOSITIONALER AKT zusammengefasst (und vom illokutiven Akt Austins abgehoben). Für diesen – um diese beiden Aspekte „reduzierten" – lokutiven Akt Austins verwendet Searle den Terminus *Äußerungsakt*. Das Sprechaktmodell nach Searle sieht dementsprechend folgendermaßen aus:

1. ÄUSSERUNGSAKT
2. PROPOSITIONALER AKT (= Prädikationsakt + Referenzakt)
3. ILLOKUTIVER AKT
4. PERLOKUTIVER AKT

Im Zentrum des Searle'schen Ansatzes steht die modellhafte Ausarbeitung der Zielkomponente sprachlicher Äußerungen, der illokutiven Akte also. Da der von ihm neu gefasste propositionale Akt immer mit dem gleichzeitigen Vollzug des illokutiven Aktes verbunden ist, spricht Searle (1971: 49) vom „propositionalen Gehalt des illokutionären Akts".

Das eigentlich Neue der Sprechaktanalyse besteht fraglos in der Betonung der Zielkomponente sprachlicher Äußerungen, der illokutiven Akte also. Außerdem wurden in der Theorie die Bedingungen/Voraussetzungen für das Glücken solcher Sprechakte detailliert festgelegt. Mit Hilfe solcher „Regeln" soll deutlich gemacht werden, wie eine Äußerung per Konvention als ein bestimmter Sprechakt verstanden werden kann/muss. So wird erklärbar, warum z. B. ein Fragesatz (*Wann kommst du?*) als FRAGE verstanden werden muss, ein anderer Fragesatz (*Können Sie mir sagen, wie spät es ist?*) dagegen als AUFFORDERUNG, und ein dritter *(Wer hätte das gedacht?)* als FESTSTELLUNG. So wird auch verständlich, dass die Grundpositionen der Sprechakttheoretiker in der Folgezeit immer wieder aufgegriffen wurden.

Dennoch muss festgehalten werden, dass die Sprechakttheorie keine allgemeine Kommunikationstheorie ist (und auch nie den Anspruch erhoben hat, das zu sein); sie verweist nur auf einige relevante Aspekte der Kommunikation. So wird z. B. der Partner nur sekundär in das Sprechhandeln des Sprechers einbezogen. Noch gravierender aber ist das Faktum, dass die Sprechakte immer nur an einzelnen Sätzen (und nicht auch an komplexeren Äußerungseinheiten) expliziert wurden.

Zur Pragmatik des Gesprächs

Das, was in den Sozial- und Geisteswissenschaften (auch in der Sprechakttheorie) seit alters vernachlässigt wurde, aber geradezu als Prototyp des Sprachgebrauchs schlechthin angesehen werden muss, nämlich das *Gespräch*, soll hier – neben den semiotischen und den handlungsorientierten Modellen – als eigenständige pragmatische Grundorientierung herausgehoben werden. Im Grunde ist ja das Sprechen – der mündliche Sprachgebrauch und insbesondere das Gespräch – Anfang und Quelle jeglicher Sprachverwendung, also gleichsam Pragmatik pur.

Gespräche sind als „lebendige Sprache" immer eingebettet in einen Kontext i. w. S. (unter Einschluss von Mimik, Gestik, Tonfall, sozialer Stellung der Partner, Situation, kulturellem Umfeld u. a.); hinzu kommt, dass sich Gespräche auf Grund der wechselseitigen Reaktionen ständig neu konstituieren, so dass sich immer neue Konstellationen herausbilden. Es überrascht daher nicht, dass sich auch die Sprechakttheorie diesem Bereich nicht zuwandte, der offenkundig durch Sprechakte allein nicht zureichend charakterisiert werden kann.

Als Wegbereiter einer allgemeinen Wissenschaft über Gespräche und auch einer Linguistik des Gesprächs darf wiederum ein Sprachphilosoph angesehen werden: H. Paul Grice. Er knüpfte an die Einsichten der Sprechakttheoretiker an (und wird deshalb häufig auch dieser Richtung der Sprachphilosophie zugeordnet). Ausgehend von Beobachtungen bei Gesprächen geht es ihm vor allem darum zu erklären, warum das SAGEN und das MEINEN in Kommunikationsakten nicht immer zusammenfallen (Grice 1975).

Wenn eine Tochter ihrem Vater z. B. ein schlechtes Zeugnis vorlegt und dieser zu ihr sagt: *Das hast du aber fein gemacht.*, dann „versteht" die Tochter die Äußerung des Vaters als Ironie, als Gegenteilsbedeutung. Das legt schon der Tonfall, in der die Äußerung vorgebracht wurde, nahe. Aber sie weiß natürlich auch, dass sich der Vater über so ein schlechtes Zeugnis nicht freuen kann; sie erschließt also das Gemeinte nicht nur aus den gegebenen sprachlichen Informationen, sondern vor allem auch aus dem Kontext. Sie bringt damit auch ihr eigenes Vorwissen in den Verstehensprozess ein (= sie *inferiert* ihr Vorwissen) und gelangt so aus der Verbindung von Gesagtem, Situation und Nicht-Gesagtem zum adäquaten Verstehen, zum Erfassen der „gemeinten" Intention des Vaters.

Grice spricht in einem solchen Zusammenhang von IMPLIKATIONEN (von „Lücken" in Äußerungskomplexen und kognitiven Schlussoperationen), die an eine Reihe von Bedingungen (an bestimmte Erfahrungswerte/Kenntnisse der Partner) geknüpft sind, so dass eine regelhafte Beziehung zwischen der Äußerung und der intendierten Wirkung hergestellt werden kann. Damit aber stehen nicht nur die Intentionen der Texter, sondern auch die über die Texte ausgelösten Wirkungen von Sprechakten beim Partner und in der realen Welt (also die perlokutiven Akte) im Zentrum seines Modells der KONVERSATIONELLEN IMPLIKATUREN. Letztlich geht es dabei immer um das Schließen von der konventionellen Bedeutung des Gesagten auf das Gemeinte/das vom Sprecher Intendierte.

Um einen „maximal effektiven Informationsaustausch" zu erreichen, ist es (nach Grice 1975: 47) unabdingbare Voraussetzung, dass die Partner kooperationsbereit sind. Diese generelle Kooperationsbereitschaft setzt bestimmte Erwartungsgewissheiten (z. B. dass der Partner beim Ampelsignal ‚Rot' nicht weiterfährt) und das Einhalten bestimmter allgemeiner KONVERSATIONSMAXIMEN voraus. Dazu gehören:

- die MAXIME DER QUANTITÄT: *Mache deinen Beitrag so informativ wie erforderlich! Mache deinen Beitrag nicht informativer als erforderlich!*
- die MAXIME DER QUALITÄT: *Sage nichts, was du für falsch hältst!*

- die MAXIME DER RELATION: *Versuche, mit deinen Gesprächsbeiträgen relevant zu sein!*
- die MAXIME DER MODALITÄT: *Sprich klar und verständlich!*

Auch wenn diese Konversationsmaximen (die hier nur verkürzt wiedergegeben wurden) keineswegs vollständig sind (wie Grice selbst hervorhebt), auch wenn manche dieser Maximen noch nicht eindeutig von anderen abzugrenzen sind, auch wenn die Maximen noch sprecherzentriert sind, so kann doch festgehalten werden, dass Grice hier allgemeinste Leitlinien für das Partnerverhalten in Gesprächen zusammenstellt, deren Relevanz für das Funktionieren von Gesprächen offenkundig ist (vgl. dazu Heinemann/Heinemann 2002: 27 ff.).

Damit war ein allgemeiner Rahmen gegeben, der die soziologische und vor allem die linguistische Forschung (die Dialoganalyse, die Konversationsanalyse, die Diskursanalyse, die Dialoggrammatik) stimuliert hat, sich dem Funktionieren des Phänomens ‚Gespräch' zuzuwenden.

5.3   Die pragmatische Wende in der Linguistik

In den 60er- und 70er-Jahren des 20. Jahrhunderts vollzog sich in den Gesellschaftswissenschaften in einigen Ländern Europas und Nordamerikas ein grundlegender Paradigmenwechsel. Ausgelöst durch soziale Verkrustungen, durch Benachteiligung von Minderheiten, durch Chancenungleichheit und ungerechte Kriege, nicht zuletzt auch durch „den Muff von 1000 Jahren unter den Talaren" bildeten sich soziale Protestbewegungen heraus, kam es vor allem an Universitäten auch zu sozialen Unruhen. Studenten und Öffentlichkeit forderten, Universitäten müssten als soziale Einrichtungen auch im Interesse der Gesamtgesellschaft funktionieren, und auch die Wissenschaft müsste von unmittelbarer gesellschaftlicher Relevanz sein.

Daraus ergab sich für die Wissenschaften allgemein und für die Sozial- und Geisteswissenschaften insbesondere die Notwendigkeit, sich stärker mit sozialen Problemen zu befassen. (Auf die speziellen Entwicklungen in der Soziologie gehen wir hier nicht ein, sondern konzentrieren uns auf die Folgen für die Linguistik in jener Zeit.) Damals wurde gleichsam – unter dem Einfluss der sprachphilosophischen und sprachsoziologischen Forschung – der soziale Charakter der Sprache neu „entdeckt". Das bis dahin dominierende statisch-homogene Sprachverständnis der strukturalistisch orientierten Linguistik, die ahistorische und gesellschaftsentbundene Sprachforschung mit idealen Sprechern und Hörern, wurden in Frage gestellt; stattdessen sollte der Zusammenhang zwischen sozialen und sprachlichen Strukturen ausgewiesen werden. So ist es kein Zufall, dass sich gerade in diesen Jahren neue Wissenschaftsdisziplinen entwickelten, u.a. die Soziolinguistik und die Textlinguistik.

In jenen Jahren des Umbruchs entstanden zahlreiche linguistische Arbeiten, die (mit unterschiedlichen Mitteln) bemüht waren, das praktische *Funktionieren von*

Kommunikation zu erfassen. Dabei zeigten sich eine Reihe von Konstanten, die als typisch für diese Gruppe von linguistischen Untersuchungen gelten dürfen:

- Sprechen und Schreiben werden als sprachliches *Handeln* von zwei oder mehreren *Partnern* verstanden.
- Handelnde verfolgen immer *Ziele,* die mit dem Sprachhandeln über Partner erreicht werden sollen.
- Die Ziele stecken den Rahmen ab für *Textganzheiten* als den Grundeinheiten der sprachlichen Kommunikation (vgl. dazu schon Hartmann 1964: 17).
- Die kommunikativen Ziele, die *Intentionen,* determinieren weitgehend auch Umfang, Inhalt und Strukturierung der Texte.
- Das kommunikative Handeln der Menschen erfolgt immer im Rahmen bestimmter *Interaktionen* unter konkreten *situativen Bedingungen.*

 Das Problem für die Sprachwissenschaft in jener Zeit bestand darin, jenen Ansatzpunkt zu finden, der den Linguisten die Chance gab, das enge Miteinander von gesellschaftlichen Bedingungen und sprachlichen Strukturen in konkreten linguistischen Untersuchungen zu operationalisieren. Dabei knüpften die Linguisten an Einsichten der Repräsentanten der drei Strömungen der pragmatischen Grundlagenforschung an (siehe 5.2). Diese Forschungsergebnisse wurden nun nicht nur aufeinander bezogen, man bemühte sich auch um eine Art Zusammenführung dieser Einsichten zu einem übergreifenden Modell. Das semiotische Zeichenmodell – die Relation Zeichen – Mensch – wurde zum Ausgangspunkt für das Aufspüren von Indikatoren von situativen Gegebenheiten und Bedingungen in den Textstrukturen, der sprechakttheoretische Ansatz brachte das Handeln der Kommunizierenden mit Texten in konkreten Interaktionen ein, und das Gesprächsmodell akzentuierte das – über die Sprecher-Perspektive hinausgehende – wechselseitige *kommunikative* Handeln. In der Summe ergab das einen pragmatisch-kommunikativen Rahmenansatz des ,kommunikativen Handelns', der die funktional orientierten linguistischen Arbeiten seit der pragmatischen Wende (mit unterschiedlichen Akzentuierungen) prägte. Von einer in sich geschlossenen, mehr oder minder einheitlichen Theorie, einer „Pragma-Linguistik" also, kann daher nur mit Vorbehalt gesprochen werden.

5.4   Textstrukturen und Textfunktionen

Anknüpfend an das oben skizzierte Zeichenmodell, und zwar an die Relation Zeichen – Mensch, beschrieben zahlreiche Arbeiten die Rolle einzelner sprachlicher Signale (z.B. von Deiktika, Partikeln, adverbialen Konstruktionen u.a.) als Indikatoren realer außersprachlicher Gegebenheiten in Texten. Und in vielen Arbeiten war nun von der KOMMUNIKATIVEN FUNKTION (nicht mehr nur von rein syntaktischen Funktionen) dieser und anderer Elemente die Rede. Auch grundlegende kommunikative Funktionen (z.B. das INFORMIEREN, das AUFFORDERN, die KUNDGABE, die KONTAKTFUNKTION, die POETISCHE FUNKTION, so bei Große 1976) wurden voneinander abgehoben.

Gemeinsam ist diesen Darstellungen das Suchen nach regelhaften Verknüpfungen von Texten mit dem situativen Kontext, wobei aber – und das soll hier hervorgehoben werden – der Text grundsätzlich Ausgangspunkt der Darlegungen bleibt, auch dann, wenn gefordert wird, die Texteinheit (als „Folge von diktiven Handlungen", Isenberg 1974: 44) in den Rahmen eines „komplexen Kommunikationsereignisses" zu stellen.

Diese Arbeiten müssen daher noch als textgrammatische Darstellungen gekennzeichnet werden, in denen aber die pragmatischen Faktoren, Kontext und kommunikative Funktion, schon eine wesentliche Rolle spielen. Horst Isenberg hat 1976 versucht, diesen Grundansatz in einem texttheoretischen Modell zu explizieren. Jeder Text stellt danach ein Quintupel der Form (P, I, C, V, S) dar. Dabei bezeichnet S die OBERFLÄCHENSTRUKTUR und das Symbol P die PROPOSITIONALE/SEMANTISCHE STRUKTUR. Das eigentlich Neue bei Isenberg ist sein Ansatz, den im Allgemeinen nur vage bestimmten Begriff der KOMMUNIKATIVEN FUNKTION (= KF) exakt zu fassen, und zwar als einen Komplex, bestehend aus der INTENTIONSSTRUKTUR (= I), der VORAUSSETZUNGSSTRUKTUR (= C) und der VERWEISSTRUKTUR (= V).

$$KF \longrightarrow I, C, V$$

- Die VORAUSSETZUNGSSTRUKTUREN (*conditiones*) markieren hier die Situationsgebundenheit von Texten, sprachliche Einheiten also, die auf voraufgegangene nicht-sprachliche Handlungen oder Situationen Bezug nehmen.
- Die VERWEISSTRUKTUREN verweisen auf den sprachlichen KONTEXT (Ankündigungen, Rückverweise, Bezug auf andere Texte).
- Das größte Interesse aber verdienen fraglos die INTENTIONSSTRUKTUREN. Dabei sind die „kommunikativen Prädikate", die Prädikate des *Kommunikationsmodus*, besonders wichtig: das INFORMIEREN, MANIFESTIEREN, DEKLARIEREN, APPELLIEREN, KOMMITTIEREN u.a. Sie werden ergänzt durch Prädikate des *Informationsmodus* (die sich auf die Art der Darstellung beziehen: das KONSTATIEREN, BEHAUPTEN u.a.) und des *Ligationsmodus*, der die „Bindung" der kommunikativen Funktionen an bestimmte Einheiten der Oberflächenstruktur expliziert.

Auf diese Weise entwickelt Isenberg (1976) – unter Hinzuziehung von „Wohlgeformtheitsbedingungen" für die Textkonstitution sowie „semantischen und syntaktischen Bindungsregeln" ein in sich geschlossenes System von Beziehungen zwischen Text- und Kontextstrukturen, allerdings im Wesentlichen noch konzentriert auf Einzelsprachhandlungen, die ja erst in ihrem Zusammenwirken das Textganze ergeben.

5.5   Konversationsanalyse

Zwar hatte sich das Interesse von Linguisten schon seit den 1960er-Jahren mehr und mehr auch Einzelphänomenen der gesprochenen Sprache zugewandt; Versuche zur umfassenderen Kennzeichnung von Gesprächs-Ganzheiten (auf der Grundlage strikt empirischer Untersuchungen der natürlichen Interaktion) entstanden in Deutschland erst nach 1970. Dabei wurden – bei grundlegenden Gemeinsamkeiten – unterschiedliche Konzepte für die Kennzeichnung von Gesprächen entwickelt: die Gesprächsanalyse (u. a. Henne/Rehbock 1975), die Konversationsanalyse (u. a. Kallmeyer/Schütze 1976), die Diskursanalyse (u. a. Wunderlich 1976), die Dialoganalyse (Hundsnurscher 1986).

In diesem Rahmen ist es nicht möglich, auf die Spezifika der einzelnen Modelle einzugehen. Vielmehr geht es hier nur um die Darstellung des grundsätzlich Neuen und Gemeinsamen dieser Modelle, wobei hervorgehoben werden soll, dass alle Forschungsrichtungen wesentlich geprägt wurden durch die ethnomethodologische Forschung der Konversationsanalyse in den USA.

Das Verdienst der amerikanischen Soziologie und Ethnolinguistik (vor allem der Ethnomethodologie) bestand vor allem darin, dass – über allgemeine Maximen kommunikativen Verhaltens in Gesprächen hinausgehend – nun auch ganzheitliche Gespräche (nicht nur einzelne Elemente oder Strukturen) als Gegenstand linguistischer Forschung „entdeckt" wurden. Gespräche sind ja die originäre Form aller Kommunikation (aus der sich auch monologische Strukturen entwickeln konnten), und sie sind wesentlich – in ihrer Strukturierung, aber auch in der Wechselhaftigkeit der Aktivitäten der Partner – durch die *Interaktion* geprägt. Erst über diese Koordinierung der sprachlichen Handlungsschritte der Partner kommt ja Verständigung zustande.

Ausgehend von dieser Basisthese, wurden in der ethnomethodologischen Forschung (vor allem Sacks/Schegloff/Jefferson 1974) die Strukturen des Gesprächsverlaufs und insbesondere die Mechanismen des Sprecherwechsels und der Korrektur in Gesprächen erstmals in das Zentrum *empirischer* linguistischer Analysen gerückt. Dabei zeigte sich u. a., dass die Aktivitäten der Partner sequenziell organisiert sind und dass die Konstitution eines Gesprächsschritts Auswirkungen hat auf die Folgeaktivitäten des Partners. Methodisch forderten die amerikanischen Ethnolinguisten, dass man, vorbehaltlos – d. h. ohne theoretische Hypothesen – an die Analyse der Textstrukturen herangehen müsse, da der Sinn der konversationellen Einzelschritte weniger durch äußere Bedingungen oder durch Normen vorgegeben werde, sondern erst durch die Aktivitäten der Partner im Gespräch selbst hervorgebracht werde.

Die Gesprächsanalyse in Europa wird wesentlich geprägt durch die Rezeption, aber auch die Weiterentwicklung von Ergebnissen der amerikanischen Forschung. Das betrifft u. a. die SEQUENZIERUNG von Gesprächen, die Differenzierung in Gesprächseröffnung und Gesprächsabschluss (die ja für bestimmte Gesprächssorten spezifische Strukturen aufweisen), die BINNENSEGMENTIERUNG durch Gliederungssignale (Gülich 1981), Formen der GESPRÄCHSSTEUERUNG durch Sprecher-Signale (*Hast du nicht gehört? Nicht wahr?*) und Hörer-Signale (*O.k., Danke! Auf keinen Fall.*). Auch komplexe HANDLUNGSMUSTER wurden entwickelt (Rehbein 1977) sowie Ansätze für eine Typologie von Gesprächen. Als relevant erwies sich auch, dass mehrere europäische Gesprächsanalytiker von hypothesengeleiteten Analysen ausgingen, dass z. B. die sozialen Strukturen der Interaktion das Sprachhandeln in Gesprächen bedingen (Gülich/Kotschi 1987).

Von besonderem Interesse ist auch der Versuch einiger Linguisten, sprechakt-theoretische Analysekategorien auf die Gesprächsanalyse zu übertragen (Ehlich/Rehbein 1972, Fritz/Hundsnurscher 1975, vor allem auch Roulet 1980, 1988). Der zuletzt Genannte hat mit seinem Team das so genannte Genfer Gesprächs-analysemodell entwickelt, das nicht nur einzelne Gesprächssequenzen, sondern ganzheitliche Gespräche analysiert. Roulet geht davon aus, dass das Prinzip des Aushandelns ein fundamentales Prinzip sprachlicher Interaktion darstellt.

Die Grundstruktur sprachlicher Interaktion in Gesprächen sieht dann beispiels-weise folgendermaßen aus:

(5-1)   A: *Ich werde heute Abend gegen 20 Uhr bei dir sein.* [Initiative]
         B: *Aber ich bin noch bis 19 Uhr in meinem Büro.* [Reaktion]
         A: *Das macht nichts. Dann warte ich eben, bis du kommst.* [Ratifizierung]

Der Austauschprozess (*echange*) erfolgt hier durch den initiativen und den reakti-ven Schritt, beide werden durch die Ratifizierung (Übereinstimmung) abgeschlos-sen. Zu diesem Grundmodell gibt es zahlreiche Variationen: Wenn z.B. A nicht einverstanden ist mit der Reaktion von B, kann A seine Initiative erneuern, oder er kann seine Initiative zurückziehen und durch Anpassung an die Reaktion von B einen neuen Schritt zur Übereinstimmung herstellen. Der Prozess wird also so lange fortgesetzt, bis die Übereinstimmung erreicht ist oder aber eine Übereinkunft darüber, dass sie nicht herstellbar ist. (Alle Redebeiträge werden im Genfer Mo-dell in Termen illokutiver Handlungen analysiert; vgl. dazu Heinemann/Viehweger 1991: 186ff.)

Zu den Wesensmerkmalen von Gesprächen gehört vor allem der SPRECHER-WECHSEL (*turn-taking*), der freie Wechsel der Sprecher-Hörer-Rolle. Normalerweise spricht immer nur ein Teilnehmer, und zwischen den Beiträgen der Gesprächsteil-nehmer bleibt keine (oder eine nur sehr kleine) Pause. Der Sprecherwechsel kann vom Sprecher selbst ausgehen, indem er z.B. eine Frage an den Partner richtet, ihn um etwas bittet; oder der Partner nimmt sich selbst das Recht, den folgenden Redebeitrag zu formulieren. Dabei ist ein Redebeitrag (ein GESPRÄCHSSCHRITT) immer – schon thematisch bedingt – auf den nächstfolgenden orientiert. Vielfach gibt es Indikatoren für das Ende eines Redebeitrags (*Meinst du nicht auch? Nicht wahr? nun, gut*), in anderen Fällen „kämpfen" die Handelnden um das Erstrederecht. We-sentlich ist, dass der Sprecherwechsel als ein universelles Organisationsprinzip von Gesprächen angesehen werden kann, dass er Bedingung und Voraussetzung für die Interaktion in Gesprächen ist. Daraus folgt, dass die Redebeiträge der Partner nicht als monologische Redeteile gesehen werden können, dass sie vielmehr immer aufeinander bezogen sind und damit die Ganzheit des Gesprächs konstituieren.

Die Repräsentanten der Konversationsanalyse haben darüber hinaus zahlreiche relevante Phänomene von Gesprächen detailliert beschrieben, etwa die Konstituierung spezifischer GESPRÄCHSMUSTER (z. B. von Paarmustern: Begrüßungsmustern, Verabschiedungsmustern, Frage-Antwortmustern), oder Mustern von institutionellen Gesprächen: Prüfungsgesprächen, Verkaufsgesprächen, Bewerbungsgesprächen. Dasselbe gilt für die Kennzeichnung von metakommunikativen Sprachhandlungen (Heinemann/Viehweger 1991: 200ff.) und für die Organisation von Reparaturen in Gesprächen.

 Als Desiderat bleibt allerdings zu erwähnen, dass die Konversationsanalyse noch stärker auch das *Funktionieren* von Gesprächen (nicht nur mit Blick auf die Partner in bestimmten Einzelhandlungssequenzen, sondern auch auf praktische Wirkungen des Gesprächs in der Realität) in den Blick nehmen sollte.

5.6   Handlungs- und kommunikationsorientierte Ansätze

Als Repräsentationen oder Weiterführungen der Sprechakttheorie verstehen sich die meisten linguistischen Arbeiten, die im Rahmen der pragmatischen Wende in Deutschland entstanden sind. Doch werden dabei unterschiedliche Akzente gesetzt: Teils wird das Searle'sche Modell direkt (oder leicht modifiziert) übernommen, teils konzentrieren sich die Arbeiten auf die Illokutionsstrukturen, teils rücken ganzheitliche Texte (und nicht nur Sätze) ins Zentrum der Darstellung und bedingen dadurch eine Art Aufhebung des sprechakttheoretischen Grundmodells.

5.6.1 Sprechakte als Handlungszusammenhänge in der sozialen Interaktion

Den Anstoß zu einer breiten Diskussion über die Sprechakttheorie hatten Dieter Wunderlich und Utz Maas mit zwei Sammelbänden ("Linguistische Pragmatik" und "Pragmatik und sprachliches Handeln") schon 1972 gegeben. Aber erst 1976 werden von Wunderlich in den "Studien zur Sprechakttheorie" Überlegungen zu einer – über Searle hinausgehenden – Handlungstheorie vorgebracht.

Wunderlich knüpft an die Grundpositionen von Grice und Searle an, geht aber einen entscheidenden Schritt weiter, indem er die Sprechakte nicht mehr isoliert betrachtet, sondern eingebettet in Handlungszusammenhänge, die aufeinander bezogen sind und ineinandergreifen (Wunderlich 1976: 7). Damit wird die Sprechsituation als soziale Situation charakterisiert, nicht nur, weil die Akteure sozial determinierte Personen sind, sondern vor allem auch, weil "die Teilnehmer in ihnen mittels Interaktionsprozeduren […] ihre je besondere soziale Situation realisieren" (Wunderlich 1976: 7). Und solche Interaktionen ergeben sich immer dann, wenn gesellschaftliche Prozesse durch Kommunikation geleistet werden (z.B. Weitergabe von Wissen) und „wenn Kommunikationen eingebettet oder begleitet sind von materiellen Tätigkeiten (wie Teetrinken, Kochen, [...] mit der Straßenbahn fahren)" (Wunderlich 1976: 13).

Für das Glücken einer Sprachhandlung gibt Wunderlich zwei Bedingungen an:

1. Sie müssen vom Partner *verstanden* werden, d.h., der Partner muss die Intention des Sprechers richtig rekonstruieren.
2. Ebenso wichtig aber ist es, dass der Partner die Sprachhandlung des Sprechers auch *akzeptiert*, dass also die Interaktionsbedingungen in der Realität auch erfüllt wurden.

Erst dann (also erst *nach* der Realisierung der Sprachhandlung) kann auch vom Erfolgreichsein solcher Sprachhandlungen gesprochen werden.

Sprachhandlungen (Wunderlich präferiert diesen Terminus gegenüber dem *Sprechakt*) kommen dann die folgenden gesellschaftlichen Funktionen zu (Wunderlich 1976: 23):

- sie *ersetzen* materielle Handlungen (z.B. kann eine Antwort an die Stelle des materiellen Aufzeigens treten);
- sie *bereiten* zukünftige materielle Handlungen *vor* (u.a. bei Planungen);
- sie *klären* vergangene materielle Handlungen *auf* (z.B. bei Vorwürfen);
- sie *leiten* zu materiellen Handlungen *an* (u.a. Erfahrungen vermitteln);
- sie *stellen* soziale Fakten *her* (z.B. bei Berufungen, Ernennungen, Eröffnungen).

Entsprechend ergänzt Wunderlich (1976: 77) auch die Liste der illokutiven Typen Searles durch weitere Grundtypen. Wie Searle rechnet er dazu:

- REPRÄSENTATIVA (z.B. FESTSTELLUNGEN, BEHAUPTUNGEN, BESCHREIBUNGEN),
- DIREKTIVA (z.B. BEFEHLE, BITTEN, WEISUNGEN),
- KOMMISSIVA (z.B. VERSPRECHEN, VERPFLICHTUNGEN, VERTRÄGE),
- DEKLARATIVA (z.B. ERNENNUNGEN, BERUFUNGEN, KÜNDIGUNGEN).

Neu hinzu kommen bei Wunderlich:

- EROTETISCHE Sprechakte (z.B. FRAGEN),
- SATISFAKTIVA (z.B. ENTSCHULDIGUNGEN, DANKSAGUNGEN, BEGRÜNDUNGEN, ANTWORTEN),
- RETRAKTIVA (z.B. KORREKTUREN von BEHAUPTUNGEN, ERLAUBNISSE),
- VOKATIVA (z.B. AUFRUFE, ANREDEN).

Die Klasse der EXPRESSIVA bei Searle wird von Wunderlich zu den Satisfaktiva gestellt.

Dabei lassen sich die Direktiva und die erotetischen Sprechakte als grundsätzlich *initiativ* kennzeichnen, d. h., sie eröffnen Handlungssequenzen. Die Satisfaktiva
hingegen sind grundsätzlich als *reaktiv* zu bestimmen.

5.6.2 Illokutionshierarchien

Wenn Handlungsziele mit Hilfe der Äußerung sprachlicher Ausdrücke erreicht
werden können, dann müssen sich diese Ziele – so die Hypothese von Wolfgang
Motsch (1986: 262) – als wesentliche Eigenschaften von Handlungen auch in den
Textstrukturen niederschlagen, dann muss „jede Teilhandlung […] eindeutig auf
sprachliche Eigenschaften des Textes beziehbar, d. h. auf die Sätze des Textes abbild-
bar sein". Um diesen Zusammenhang aufzudecken, rückte Motsch ganzheitliche
Texte (als ‚Folgen von elementaren Handlungen') ins Zentrum seiner Untersu-
chungen und versuchte zugleich, den Begriff der ILLOKUTIVEN HANDLUNG (= iH) als
Basiseinheit für die Textkonstitution auszuweisen. Wie Searle nennt er ALLGEMEI-
NE BEDINGUNGEN (dass der Partner die Äußerung versteht, dass der Sprecher ein
Ziel verfolgt…) als Voraussetzung dafür, dass eine illokutive Handlung erfolgreich
sein kann. Hinzu kommen müssen aber unbedingt noch KONSTITUTIVE BEDINGUN-
GEN (dass der Sprecher wünscht, dass der Partner – bei der iH einer BITTE – eine
Handlung vollzieht oder unterlässt, dass der Sprecher davon ausgeht, dass diese
Handlung für den Partner zumutbar ist usw.).

Entscheidend aber für den Erfolg einer iH ist die Annahme, dass es grundsätzlich
möglich sein müsse, aus dem Äußern eines sprachlichen Ausdrucks die ABSICHT (=
int) zu rekonstruieren (Motsch 1986: 269). Das sei mit Hilfe von Indikatoren illokutiver Handlungen möglich: Dazu zählt Motsch vor allem die so genannten EXPLIZIT
PERFORMATIVEN FORMELN (= EPF) (Äußerungsstrukturen also, die die Illokution
im Text „durchscheinen" lassen, z. B. *Ich bitte dich…* für BITTEN, *ich fordere dich
hiermit auf…* für AUFFORDERN usw.), aber auch Modalverben, Modaladverbien,
Abtönungspartikeln sowie die grammatischen Satzmodi.

In diesem unmittelbaren Zusammenhang zwischen einer Einzel-Illokution und
Textstrukturelementen sieht Motsch die grundlegende Voraussetzung dafür, auch
Zusammenhänge zwischen einer bestimmten Menge von miteinander verknüpften
Illokutionen und komplexen Textstrukturen zu explizieren. In einer grundlegen-
den Studie haben Motsch/Viehweger (1981) versucht, nicht nur das Problem der
Verkettung, der Sequenzierung von Illokutionen in einem zusammenhängenden
Text darzustellen, sondern auch die Frage der Hierarchisierung von Illokutionen
zu thematisieren.

Die beiden Autoren gehen dabei – in Anlehnung an die „semantischen Makrostrukturen" van Dijks (1980, siehe 4.5) – davon aus, dass es auch zwischen
den einzelnen Illokutionen eines Textes hierarchische Beziehungen gibt, dass bestimmte Illokutionen (DOMINIERENDE ILLOKUTIONEN) für das Erfolgreichsein eines
Kommunikationsakts von größerer Relevanz sind als andere (SUBSIDIÄRE ILLOKU-
TIONEN). Den zuletzt genannten Illokutionen kommt die Rolle der Stützung einer

(oder mehrerer) dominierender Illokutionen zu (indem sie z. B. Begründungen für eine BITTE explizit machen). Die an der Spitze einer solchen Hierarchie stehende Illokution ist dann die Illokution der 0-Ebene (einfacher: die Text-Illokution), die die Zielorientierung des Textproduzenten reflektiert.

Als methodisches Verfahren zur Ermittlung der kommunikativen Rolle der Illokutionen in einem Text schlagen die Autoren die Eruierung von „pragmatischen Verknüpfungen" zwischen den Teiläußerungen vor. Daraus ist dann abzulesen, dass Sprecher das Gesamtziel eines Textes über Teilziele verfolgen. Dabei kommt jeder Einzel-Illokution letztlich auch eine besondere (teils vermittelte) Funktion für die Realisierung der Text-Illokution zu.

Motsch/Viewweger (1981) haben dieses Vorgehen am Beispiel eines umfangreichen Appelltextes erläutert. Andere Linguisten analysierten weitere Textsorten nach demselben handlungstheoretischen Beschreibungsmodell, in dem mit den Illokutionen die Grundpositionen der Sprechakttheorie aufgegriffen wurden; einige von ihnen aber gingen auch über den satzbezogenen Ansatz der Sprechakttheorie hinaus, indem sie Anstöße gaben für die Einbeziehung von Empfänger-Aktivitäten (Rosengren 1983: 166: „Zugespitzt könnte man sagen, dass der Empfänger darüber entscheidet, wie der Sprecher seinen Text strukturiert.") und das In-Beziehung-Setzen der Einzel-Illokutionen miteinander im Rahmen komplexer Texte.

 Das Modell wurde eingeschätzt als „eines der wichtigsten und produktivsten Konzepte, die der Sprachwissenschaft jemals zur Verfügung standen" (Sökeland 1980: 1). Texte wurden damit als gesellschaftliche Prozesse und Ergebnisse sprachlichen Handelns charakterisiert und Handlungsbegriffe – unter Berücksichtigung konkreter Glückensbedingungen – auf sprachliche Eigenschaften von Texten projiziert. Insofern stellt dieser Ansatz ein Modell dar für ein *text*-bezogenes pragmatisches Vorgehen. Dennoch traten in der Folgezeit auch deutlich die Begrenztheiten dieses Ansatzes hervor: Zu nennen ist hier vor allem die Sprecher-Zentriertheit, die bei der Analyse von Gesprächstexten dazu führte, die einzelnen Gesprächsbeiträge als eigenständige Illokutionen – ohne Bezug zur Illokution des Partners in seinem Gesprächsbeitrag – zu werten (Motsch/Viewweger 1981, kritisch dazu Heinemann 1981). Damit wurde faktisch die Ganzheitlichkeit des Gesprächstextes aufgehoben. Auch erwiesen sich die „pragmatischen Verknüpfungen" mehr oder minder als bloße methodische Postulate, die von den Handelnden bestenfalls intuitiv in der Textpraxis umsetzbar sind.

5.6.3 Interaktion und Text

Zahlreiche Forscher wollen heute nicht mehr von – doch immerhin auch subjektiv geprägten – Illokutionen ausgehen, sondern rücken vielmehr die soziale Interaktion, das Kommunikationsereignis als Ganzes, ins Zentrum ihres Beschreibungsansatzes. Damit stehen die Kommunizierenden selbst, die Partner P1 und P2 (…Pn), mit ihren psychischen und sozialen Voraussetzungen und Beziehungen im Fokus der Darstellung und zugleich auch ihr wechselseitiges Interagieren im Rahmen dieser sozialen Situation. Und die Partner *handeln* in diesem Umfeld, sie vollziehen praktische Handlungen und sind zugleich auch als Produzenten und Rezipienten von *Texten* aktiv. Texte als Teile von Kommunikationsereignissen können aus dieser Sicht nur in ihrer Abhängigkeit von den Faktoren der jeweiligen Interaktion, d. h. von den sozialen und kontextualen Gegebenheiten der Situation i. w. S. und den kooperativ miteinander handelnden Akteuren charakterisiert werden. Bei einem solchen Top-down-Vorgehen wird deutlich, dass die konkreten Textstrukturen, die Textthemen und ihre Entfaltungen, das Beziehungsgefüge zwischen den Partnern, auch die Intentionen und Illokutionen der Partner in ihrer Determiniertheit durch die soziale Interaktion, als Ergebnisse von Interaktionsprozessen gekennzeichnet werden müssen. Das aber wäre im Prinzip der pragmatisch-kommunikativ-funktionale Beschreibungsansatz par excellence.

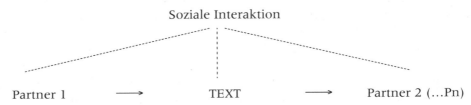

Abb. 5.3: Soziale Interaktion als Rahmen der Textgestaltung und -beschreibung

Dieser allgemeinste Rahmen für Textbeschreibungs- und Textgestaltungsprozesse erscheint auf den ersten Blick stringent, zumindest aber plausibel zu sein. Er ist aber so allgemein gehalten, dass die einzelnen Komponenten des Modells noch weitgehend offen sind, in vielerlei Hinsicht der Ergänzung und Präzisierung, wohl aber auch der Erklärung bedürfen.

Die soziale Interaktion

Beginnen wir mit dem „magischen" Begriff der ‚sozialen Interaktion'. Dieser grundlegende Voraussetzungsbegriff für Textexplikationsprozesse kann per se nicht von Linguisten zureichend erfasst werden; immerhin haben Sprachwissenschaftler Zuarbeiten zu übergreifenderen soziologischen (und psychologischen) Fragestellungen geliefert. Grundlegend für eine erste Kennzeichnung des Begriffs waren die Arbeiten des Begründers der modernen Soziologie, Max Weber (auch wenn bei ihm noch nicht explizit von der *Interaktion* die Rede ist.) Schon in der ersten Hälfte des 20. Jahrhunderts hat er so etwas wie eine pragmatische Wende in den Sozialwissenschaften eingeleitet.

Ihm ging es nicht nur um das Handeln der Individuen schlechthin, sondern um das *soziale* Handeln:

> Soziales Handeln soll ein Handeln heißen, welches seinem von dem oder den Handelnden gemeinten Sinn nach auf das Verhalten anderer bezogen wird und daran in seinem Ablauf orientiert ist. (Weber 1921: 1)

Beim Handeln (das sowohl Tun als auch Unterlassen, nicht-sprachliches und sprachliches Tun und auch das Denken als inneres Tun umfasst) komme es also immer darauf an, dass dem Handelnden selbst der Sinn des eigenen Tuns bewusst wird als Methode zur Erreichung eines bestimmten Ziels. Ebenso wichtig aber ist es, dass das Individuum über situatives Zusatzwissen den Sinn des Handelns seines Partners erkennt, dass er den vom Partner gemeinten Sinn ,deutend versteht'. Im Idealfall von sozialer Kooperation werden daher von den Partnern ständig wechselseitige Sinnzuschreibungen vorgenommen.

Als eine Art Erweiterung und zugleich Eingrenzung dieses soziologischen Grundansatzes sind die Arbeiten von Talcott Parsons (1951, 1961) zu verstehen. Er ging von der These aus, dass das soziale Handeln der Individuen weder durch die „konditionalen Elemente" der Situation noch durch die „intentionalen Elemente" zureichend erklärbar sei. Eine „stabile Ordnung" der Interaktion ergäbe sich nach Parsons erst dann, wenn das Handeln der Individuen geprägt sei durch Werte und Normen („value orientation") von gesellschaftlichen Institutionen. Das konkrete Handeln der Kommunizierenden sei daher normativ ausgerichtet, wobei die soziale Struktur einer Institution – die jeweilige Position des Einzelnen im Geflecht der gesellschaftlichen Beziehungen – die Handelnden zu „Rollenträgern" macht. Im Falle von Verstößen gegen bestimmte Normen müssten die Handelnden daher auch mit entsprechenden Sanktionen der Institutionen rechnen.

Eine Ergänzung von Parsons – auf die institutionelle Kommunikation gerichteten – Modells stellen die Untersuchungen von Alfred Schütz (1984) dar, der die elementaren Strukturen der Lebenswelt des Alltags in die Diskussion zur sozialen Interaktion einbrachte. In diesem grundlegenden Kommunikationsbereich müssten sich die Kommunizierenden wie beim gemeinsamen Musizieren „wechselseitig abstimmen" (Schütz/Luckmann 1984, II: 130), da die Partner in eine gemeinsame Sozial- und Kulturwelt, eine Welt der gemeinsamen Erfahrung eingebunden sind. So ergebe sich für jeden Partner aus der in der Interaktion notwendigen Du-Beziehung eine reziproke Wir-Beziehung, die dann immer durch einen bestimmten Typ von Interaktion bestimmt werde (zwischen Verkäufer und Kundin, zwischen Freunden oder Fremden, bei Geschäftskontakten usw.).

Durch zahlreiche Arbeiten anderer Autoren[1] wurden die allgemeinen soziologischen – und linguistischen – Grundlagen der sozialen Interaktion weiter spezifiziert und durch viele Beispiele erläutert.

Als eine Art Summe der Wesensmerkmale des Begriffs ,Interaktion' (und damit als immer wiederkehrende Grundlage für weitere Bearbeitungen) dürfen – auf der Grundlage der oben genannten Untersuchungen – gelten:

- das wechselseitige zielgerichtete und partnerbezogene Tätigsein und Handeln von Individuen;

---

1 Ich verweise hier nur auf Paul Watzlawick, Erving Goffman, Harold Garfinkel, Harvey Sacks, Thomas Luckmann u. a., zusammenfassend dargestellt bei Heinemann/Heinemann 2002: 48 ff.

- das Eingebettetsein dieser Aktivitäten in zeitliche und lokale Umstände;
- die Strukturiertheit des Handelns (in Phasen);
- der Sprecherwechsel (auch bei monologischen Texten);
- die durch die Handlungen der Individuen bewirkte Konstitution einer sozialen Situation, die den konkreten Handlungsraum absteckt, und die wiederum mit dieser sozialen Situation verknüpfte Konstitution von sozialen Beziehungen. Diese sozialen Beziehungen sind der eigentliche Gegenstand der Kommunikation (Hartung 1982: 399): Sie entstehen in gesellschaftlichem Handeln und bestehen aus sozialen Interaktionen;
- die Rückführbarkeit auf einen sozialen Anlass: P1 verfolgt ein Ziel und will das über P2 erreichen. „Am Anfang einer Interaktion steht nicht die Absicht eines Individuums, sondern eine Notwendigkeit, zu kommunizieren." (Hartung 1981: 227);
- (bei verbaler Interaktion): die grundsätzliche Orientierung beider Partner auf den Text, seine Strukturen und Formulierungen;
- die Aktivierung bzw. Rezeption textueller Handlungsmuster, die als Richtschnur für das Produzieren und das Verstehen von Texten gelten dürfen.

All diese Faktoren zusammengenommen ergeben das eigentliche Charakteristikum der sozialen Interaktion: die *Reziprozität/Wechselseitigkeit* des Handelns der Partner, die die innere Orientierung auf den Partner und das jeweilige Handlungsfeld zwischen den Partnern mit einschließt.

> Das Interaktive in der Interaktion […] liegt nicht so sehr darin, dass zwei Partner wechselseitig agieren, sondern dass bei jeder Handlung die möglichen Rezipientenreaktionen antizipiert und in die Handlung schon eingearbeitet werden. (Zimmermann 1984: 138)

Die Interaktionspartner

Die Partner sind natürlich *das* grundlegende und konstitutive Element in jeder sozialen Interaktion. Sie sind die Akteure, die Handelnden bei Textproduktions- und Textrezeptionsprozessen. Sie werden hier nochmals herausgehoben, weil nicht nur ihr Handeln entscheidend ist für das Glücken eines interaktiven Prozesses, sondern weil auch die an die Individuen gebundenen Parameter großen Einfluss haben auf das Handeln und Texthandeln der Partner.

Das gilt zunächst für das soziale Umfeld der Partner: die UMGEBUNGSSITUATION (= die sinnlich wahrnehmbaren Handlungsfelder: Ort, Zeit, Kommunikationsbereich) und die TÄTIGKEITSSITUATION (= begleitende nicht-verbale Handlungen der Partner: Gespräch beim Einsteigen in einen Bus, beim Fernsehen usw.). Wir gehen davon aus, dass die Individuen auch Situationswissen gespeichert haben, dass sie also bei der Lösung kommunikativer Aufgaben bestimmte Situationsmuster aktivieren: In welchen Situationen kann ein Text eines bestimmten Typs am erfolgversprechendsten verwendet werden? (Vgl. Heinemann/Viehweger 1991: 154.)

Ebenso wichtig aber ist es, mit wie vielen Partnern es ein Interagierender zu tun hat: mit nur einem Partner (= DYADISCHE KOMMUNIKATION), mit einer Kleingruppe (= GRUPPENKOMMUNIKATION) oder mit einer Großgruppe (= MASSENKOMMUNI-KATION). Hinzu kommt die soziale Rolle der Interagierenden: Sie ergibt sich schon aus der Zugehörigkeit der Partner zu bestimmten sozialen Gruppen: Studenten, Journalisten, Arbeiter…, aber auch Jugendliche, Hausfrauen, Autofahrer, Handy-Nutzer. Handelt es sich bei den Partnern um – annähernde – soziale Gleichbe-rechtigung, dann haben wir es mit SYMMETRISCHER KOMMUNIKATION zu tun (z. B. Studenten, Familienmitglieder untereinander). ASYMMETRISCHE KOMMUNIKATION liegt dagegen vor, wenn einer der Partner sozial dominant ist (z. B. Lehrer – Schüler, Unternehmer – Arbeitnehmer). Großenteils sind diese sozialen Rollen der Partner identisch auch mit den jeweiligen kommunikativen Rollen der Partner in der Inter-aktion: Wer darf ein Gespräch anfangen? Wer bestimmt das Thema? Wer ist in der Redeführung überlegen? Es gibt aber durchaus auch Fälle, in denen sich ein sozial Subordinierter dem Chef gegenüber als kommunikativ überlegen erweist.

Noch wichtiger als die sozialen Parameter der Handelnden aber sind die psychi-schen Faktoren, die die konkrete Textgestaltung – und das Textverstehen – weitge-hend mitbestimmen. In diesem Rahmen kann nicht auf die komplexen Kenntnis-systeme der Interagierenden (vor allem ihr Weltwissen, ihr Handlungswissen und ihr Sprachwissen) eingegangen werden, die natürlich grundlegend sind für das Sprachverhalten schlechthin. Bezogen auf die soziale Interaktion, sind es vor allem zwei psychische Aspekte, die besondere Hervorhebung verdienen: die Zielkompo-nente mit INTENTIONEN und ILLOKUTIONEN und die die Handlungen begleitenden EINSTELLUNGEN der Interagierenden.

Kein Text wird produziert, ohne dass es nicht für den Agierenden einen (sozia-len oder/und psychischen) Anstoß gäbe, ein bestimmtes Ziel zu erreichen. Dieses fundamentale Ziel (z. B. die Reparatur seines Autos) kann er aber in der Regel nur über einen/mehrere Partner (hier: in einer Autowerkstatt) erreichen. Daher bringt er das Auto in die Werkstatt (oder lässt es dorthin bringen) und schafft so – in einem Gespräch mit einem Mechaniker – eine soziale Interaktion, in der er sein Anliegen (einen Aufforderungstext) vorbringt. Mit diesem, an den Partner gerichteten Text verfolgt der Sprecher zunächst ein kommunikatives Ziel, eine INTENTION, die darin besteht, dass der Partner seinen Text zunächst einmal verstehen soll und entspre-chend diesem Text (kommunikativ und) praktisch handeln kann (um so erst in einem zweiten Schritt auch das fundamentale Ziel des Sprechers – die Reparatur des Autos – zu realisieren). Die Intention des Textproduzenten bezieht sich immer auf einen ganzheitlichen Text (nicht auf Textteile oder Sätze), sie stellt also – aus der Sicht des Illokutionskonzepts – die Text-Illokution dar. Kommunikative Teilziele, die etwa mit Hilfe von Satzäußerungen erreicht werden sollen (und nur diese!), werden hier ILLOKUTIONEN genannt. Diese terminologischen Festlegungen erlau-ben dann auch eine detaillierte und differenzierte Kennzeichnung der Zielkompo-nente bei allen Textanalysen und Textproduktionsprozessen (Einzelheiten dazu in Heinemann/Heinemann 2002: 15ff.).

Bei jeder Interaktion können auch Emotionen und bestimmte EINSTELLUNGEN der Interagierenden (sowohl bei Textproduktionsprozessen als auch bei der Rezeption von Texten) zum Tragen kommen. Einstellungen (*attitudes*) können als psychische Verhaltensdispositionen der Partner gefasst werden (Viehweger 1977: 161). Sie richten sich auf Gegenstände und Sachverhalte der realen oder auch einer fiktiven Welt (*Vorliebe für PS-starke Autos, für Bio-Produkte, für lyrische Gedichte*), auf den Partner und weitere für die Partner in irgendeiner Form wichtige Personen (*Er ist ein Drückeberger, ein Schlaukopf, ein aggressiver Typ*), auch auf die Kooperation mit dem Partner (*Er ist aufgeschlossen für alles Neue, verschweigt alles Wesentliche, will immer Recht haben*), nicht zuletzt auch auf die situativen Faktoren (*Es ist schon viel zu spät für X, dieser Raum hat keine Klimaanlage*).

Solche Emotionen und Einstellungen sind also immer latent mit gegeben, und häufig werden sie von den Interagierenden auch – gleichsam nebenbei – im Text ausgedrückt, um den eigenen Zielen mehr Nachdruck zu verleihen, das eigene Image oder das des Partners auf- oder auch abzuwerten oder schon durch die Wortwahl zusätzliche Bewertungen auszudrücken (*Was ist denn das für ein Köter?*). In vielen anderen Fällen behalten Textproduzenten aber ihre Einstellungen und Wertungen für sich, wenn sie sich davon größere Chancen für das Erfolgreichsein in einer bestimmten Situation versprechen.

Einstellungen gehören daher zum Persönlichkeitsbild der Partner. Auch wenn sich bei weitem nicht alle Einstellungen der Partner in den Texten niederschlagen, so sollte man bei Textanalysen doch auch nach Indikatoren solcher Einstellungen in den Texten suchen, um eine bestimmte soziale Interaktion möglichst umfassend interpretieren zu können.

Der Text

Natürlich ist und bleibt der Text i. e. S., also Textstrukturen und Formulierungen, der eigentliche Kern auch des interaktiven pragmatisch-kommunikativen Beschreibungsmodells. Nur verändert sich durch den Top-down-Ansatz und die Einbeziehung zahlreicher nicht-sprachlicher Faktoren der Stellenwert von Texten im Rahmen sozialer Interaktionsprozesse, da Texte als „Teile von übergreifenden Kommunikationsakten" gesehen werden müssen, „die über den Text selbst hinausreichen. […] sie markieren vielmehr nur eine bestimmte Phase in einem Gesamtprozeß, der das Hörer-Verstehen und -Reagieren mit einschließt." (Heinemann/ Viehweger 1991: 65)

Die Struktur von Texten oder die Spezifika von Formulierungen können aus dieser Perspektive nicht mehr als die grundlegenden Kriterien für Textualität angesehen werden. Entscheidend ist vielmehr der pragmatische Aspekt, die kommunikative Aufgabe des Textes im Rahmen einer konkreten sozialen Interaktion. Mit Hilfe von Texten ist es möglich, menschliche Tätigkeiten zu koordinieren, Handlungen und Tätigkeiten aller Art vorzubereiten und durchzuführen, Erfahrungen und Einstellungen zu vermitteln, soziales Verhalten zu steuern und nicht zuletzt zur begrifflichen Verallgemeinerung der Wirklichkeit beizutragen, d. h. geistige Prozesse wahrnehmbar, verfügbar und für andere fassbar zu machen. In diesem Sinne erweisen sich die Texte in der Tat auch als die *Grundeinheiten* der sprachlichen Kommunikation, als Instrumente kommunikativen Handelns, mit deren Hilfe die Kommunizierenden spezifische Ziele in komplexen Interaktionsprozessen verfolgen und großenteils auch realisieren können (Heinemann/Heinemann 2002: 61 ff.).

Immer, wenn sich ein Handelnder sprachlich äußert und damit ein bestimmtes Ziel – über einen Partner – verfolgt, produziert er einen Text. Welchen Umfang und welche Struktur ein solcher Text aufweist – ob es sich nun um einen Roman oder nur um einen Ein-Satz-Text (*Besuch mich doch mal wieder!*) oder gar einen Ein-Wort-Text (*Feuer! Hilfe!*) handelt –, ist für das grundsätzliche Funktionieren des Textes von untergeordneter Bedeutung. Daraus ergibt sich auch, dass *alle* zielgerichteten sprachlichen Äußerungen als Texte einzustufen sind, unabhängig davon, ob sie nun als Schrift-Texte oder Sprech-Texte oder elektronische Texte aktualisiert werden. (Die Diskussion um so genannte ‚Nicht-Texte' in den 1970er- und 1980er-Jahren erweist sich somit als gegenstandslos.) Das Funktionieren von Texten aber wird wesentlich geprägt von den Zielen und Intentionen der jeweiligen Textproduzenten. Der Text wird ja überhaupt nur erzeugt, wenn der Texter fundamentale und kommunikative Ziele erreichen will; daher muss der Textproduzent darauf achten, dass seine Intention vom Adressaten auch adäquat aufgenommen und verstanden werden kann, und umgekehrt besteht das Verstehen eines Textes durch den/die Adressaten vor allem darin, die Intention des Textproduzenten zu erfassen, damit er in der Lage ist (seine Kommunikationsbereitschaft vorausgesetzt), auch entsprechend zu reagieren. Daher ist die INTENTIONALITÄT ohne Frage das grundlegende Merkmal der Textualität.

Auch wenn bei einem pragmatisch-kommunikativen Ansatz die oben dargestellten Merkmale der Interaktionalität grundlegend sind für das Funktionieren von Handlungen (und Texthandlungen) der Kommunikationsteilnehmer im Rahmen einer konkreten Interaktion, so erscheint hier auch ein Hinweis auf die in der Textlinguistik seit Beaugrande/Dressler (1981) teils kontrovers geführte Diskussion um die Textualitätsmerkmale als sinnvoll (siehe ausführlich Kap. 1). Einige dieser Kriterien der Texthaftigkeit (SITUATIONALIÄT, AKZEPTABILITÄT, INTERTEXTUALITÄT) sind auf pragmatische Faktoren der Interaktion bezogen und damit „aufgehoben" und als selbstverständliche Voraussetzungen kommunikativen Handelns integriert in den Kriterienkatalog für die soziale Interaktion. Die in der Diskussion immer wieder thematisierten textuellen Merkmale i. e. S. (INFORMATIVITÄT, KOHÄSION, KOHÄRENZ) sind ohne Frage wesentliche Merkmale für die Kennzeichnung der Oberflächenstruktur und der Ganzheitlichkeit des Textes. Aber sie sind im Sinne dieses Konzepts abhängig von den oben genannten dominierenden pragmatischen Textualitätsmerkmalen. Es erscheint sinnvoll, diesen Merkmalkatalog der Texthaftigkeit zu ergänzen durch die Merkmale PROTOTYPIKALITÄT und DISKURSIVITÄT (Heinemann/Heinemann 2002: 94 ff.) .

All diese grundlegenden Merkmale der Textualität dürfen aber nicht als absolute Voraussetzungen für die Texthaftigkeit gelten (wie immer wieder behauptet wurde). Vielmehr sollten sie nur als offene Kriterien-Reihung verstanden werden für die Interpretation wesentlicher Teilaspekte von Textgestaltungs- und Textverstehensprozessen (Heinemann/ Heinemann 2002: 94).

 Beim pragmatisch-funktionalen Vorgehen sind – bei der Fokussierung auf die soziale Interaktion sowie auf Intentionen und Einstellungen der Textproduzenten – vor allem in den 1980er- und 1990er-Jahren die „eigentlichen", die „materiellen" Texte, d. h. Textstrukturen und Textformulierungen, oft nur peripher berücksichtigt worden. Das ist zwar wegen des neuen Grundanliegens bis zu einem gewissen Grade verständlich und nachvollziehbar. Doch im Grunde fordert textpragmatisches Vorgehen mit Notwendigkeit auch detaillierte Kennzeichnungen von Oberflächenstrukturen, um deutlich zu machen, auf welche Weise und mit welchen Mitteln bestimmte Intentionen der Texter versprachlicht und wie die grammatisch-lexikalischen Strukturen miteinander zur Textganzheit vernetzt wurden. Daher sind neuere textlinguistische Arbeiten auch wieder verstärkt auf grammatisch-lexikalische Textzusammenhänge eingegangen (siehe Kap. 3).

Auch in diesem Rahmen kann der „materielle" Text nicht im Zentrum der Darlegungen stehen. Wohl aber scheint es wichtig zu sein, auf die Rolle der formalen Strukturen für das Funktionieren von Texten hinzuweisen. Strikt systemorientierte Interpretationen von aufeinanderfolgenden Sätzen lassen zwar die syntaktischen Rollen der einzelnen Satzelemente und ihre Beziehungen zueinander mit einem hohen Grade von Exaktheit fixieren. Was aber nützt dem Interpreten eine Feststellung, dass X als Subjekt des Satzes S fungiert, wenn nicht auch die grammatischen und semantischen Beziehungen dieses Satzglieds (und aller anderen Satzglieder) zum Gesamtsatz und zum Text und zur Intention des Textautors ausgewiesen werden? Denn Sätze werden doch vor allem als Sinneinheiten (*chunks*) wahrgenommen, die mit anderen kleineren Sinneinheiten zu einem Teiltext verknüpft sind.

Aus der Sicht dieses pragmatisch-funktionalen Modells muss vor allem der Handlungscharakter von Textproduktions- und -rezeptionsprozessen fokussiert werden (siehe dazu auch Teil III der Einführung). Wenn die Textstrukturen und Formulierungen aber Ergebnisse von Handlungen des Textproduzenten sind, dann bedeutet das, dass der Texter – immer mit einer bestimmten Intention und an ein bestimmtes Thema gebunden – komplexe Teiltexte generiert (etwa zur Einleitung, zum jeweiligen Problemfeld, zum Textabschluss), indem er entsprechende (d. h. den pragmatischen Faktoren angepasste) lexikalische und grammatische sprachliche Mittel zu kleinen und dann immer größeren kohärenten Sinneinheiten zusammenfügt. Und am Ende ergeben die wiederum sinnvoll miteinander verknüpften Teiltexte die Ganzheit und den Sinn des Gesamttextes. Das heißt natürlich, dass die Teiltexte (als Teilganzheiten) auch bei der Textrezeption und -analyse eine entscheidende Rolle spielen müssen (vgl. dazu 5.7).

Verschiedene methodische Ansätze

Die oben zusammengefassten Überlegungen zu Interaktion und Text stützen sich auf eine Reihe textlinguistischer Arbeiten, die zwar bei Problemdarstellungen und -lösungen keineswegs durchgehende Übereinstimmungen aufweisen, wegen der in ihnen vertretenen Grundkonzeption doch aber als Repräsentationen (oder Vorstufen) eines pragmatisch-kommunikativen Beschreibungsansatzes – verkürzt auch Interaktionsansatzes (= von der sozialen Interaktion ausgehenden Modells) – gelten dürfen: Das Verhältnis von Interaktion und Text wurde in mehreren linguistischen Arbeiten aufgegriffen. Schon 1972 hatte Utz Maas (189 ff.) gefordert, dass Textbeschreibungen konsequent von der sozialen Situation ausgehen müssten. Konkretisierungen dieses Postulats finden sich bei Ehlich/Rehbein (1972: 208 ff.) und Rehbein (1977). Wolfdietrich Hartung (1974: 282) rückte „Kommunikationsereignisse" (sie dürfen annähernd als Äquivalente der sozialen Interaktion verstanden werden) ins Zentrum seiner Darstellung. Ein neues Textverständnis zeichnete sich in den Arbeiten von Siegfried J. Schmidt (1973: 76: Texte sind eine „pragmatisch geordnete Menge von Anweisungen an Kommunikationspartner") und Robert Alain de Beaugrande und Wolfgang Ulrich Dressler (1981: Text als „kommunikatives Ereignis") ab.

Den ersten funktionalen Gesamtansatz legte Klaus Brinker mit seiner „Linguistischen Textanalyse" (1985, 6̂2005) vor (auch wenn hier noch der Text als Ganzes zum Ausgangspunkt der Analyse gemacht wird). Für ihn ist aber der „kommunikativ-funktionale Aspekt" grundlegend für jede Textanalyse; daher stehen auch die Kennzeichnung der KONTEXTUELLEN MERKMALE und der TEXTFUNKTION (auf der Basis von Indikatoren) an der Spitze der Analyseschritte.

Die TEXTFUNKTIONEN bestimmt er – in Anlehnung an Searles Illokutionstypen, aber z. T. mit deutschen Lexemen – wie folgt:

- INFORMATIONSFUNKTION (für Repräsentativa): P1 informiert P2 über X (den Textinhalt).
- KONTAKTFUNKTION (für Expressiva): P1 gibt P2 zu verstehen, dass es ihm um die Herstellung und/oder Erhaltung des persönlichen Kontakts zu P2 geht.
- APPELLFUNKTION (für Direktiva): P1 fordert P2 zum Vollzug von Handlungen oder Sprachhandlungen (= Antworten) auf.
- OBLIGATIONSFUNKTION (für Kommissiva): P1 verpflichtet sich gegenüber P2, eine Handlung X zu vollziehen.
- DEKLARATIONSFUNKTION (für Deklarativa): P1 bewirkt mit seiner Äußerung, dass X als Y gilt (z. B. VERSPRECHEN, VOLLMACHT).

Dieses Buch und die „Linguistische Gesprächsanalyse" von Brinker/Sager (4̂2006) haben weite Verbreitung gefunden. Ernst (2002: 165) wertet diese Darstellungen daher auch als „gelungenen Versuch einer pragmatischen Textbeschreibung".

Nur wenige Jahre danach erschien eine umfassende Einführung in die „Textlinguistik" (Heinemann/Viehweger 1991), eine Darstellung, in der durch die grundsätzliche Einbeziehung von Partnern vor allem der soziale Charakter der Kommunikation herausgearbeitet wird und die sozialen Beziehungen zu einem relevanten Gegenstand linguistischer Forschung erklärt werden. Ausgangspunkt für textlinguistische Untersuchungen ist in dem hier entwickelten integrativen Modell mit mehreren Ebenen die kommunikative Tätigkeit des Produzierens und Verarbeitens von Texten, so dass die Strukturen und Formulierungen von Texten als abgeleitete, sekundäre Phänomene charakterisiert werden. Hier werden erstmals auch unterschiedliche Zugänge zu Textphänomenen erörtert, werden Schrift-Texte und Sprech-Texte als kommunikative Ganzheiten charakterisiert sowie Prozeduren für die Textproduktion und Textinterpretation untersucht. Hervorhebung verdient auch der Versuch, Kriterien für die Ausdifferenzierung von Textsorten zu erarbeiten (siehe dazu auch Kap. 6).

 Das kommunikativ orientierte Text-Interaktionskonzept ist heute noch kein in sich geschlossenes, stringentes theoretisches Modell. Noch sind die praktischen Ziele (auch die Intentionen) der Partner zu wenig spezifiziert, sind die Konnexionen zwischen den Zielen und Intentionen der Handelnden einerseits mit den Textstrukturen und Formulierungen andererseits nur in ersten Umrissen fassbar, wurden vor allem die praktischen Wirkungen der Kommunikationsakte, auch für die Veränderung oder Stützung sozialer Beziehungen, in den Untersuchungen kaum berücksichtigt. Und doch steht außer Frage, dass gerade dieses Modell der linguistischen Forschung insgesamt neue Impulse gab.

5.7   Textpragmatische Implikationen – methodologische Konsequenzen

Es ist evident, dass die hier vorgestellten textpragmatisch-kommunikativen Ansätze nicht nur für das Erfassen und Beschreiben von Texten in ihren interaktionalen Zusammenhängen relevant sind, sondern dass sich aus diesen Rahmenvorgaben auch Neubewertungen von sozialen und sprachlichen Kategorien und Einheiten ergeben. Das betrifft natürlich vor allem den Textbegriff (wie oben gezeigt wurde), aber auch die Charakterisierung von Textsorten und Textmustern (Kap. 6). Auch Probleme der Diskurse (Kap. 2 und 8) und der Intertextualität (Kap. 7) müssen aus der Perspektive dieser Rahmenansätze neu interpretiert werden. Nicht zuletzt aber sind es methodologische Konsequenzen, die daher hier noch einmal besonders hervorgehoben werden sollen: Wenn Texte als Komplexe von Handlungen und Operationen zu begreifen sind, dann müssen auch die Handlungsschritte der Handelnden und die daraus resultierenden Teiltexte für alle Prozesse des Kommunizierens eine wichtige Rolle spielen, sollten sie auch als komplexe Teilganzheiten im Zentrum von Textanalyse und Textproduktionsprozessen stehen. Das gilt für alle pragmatisch orientierten Grundkonzepte. Sie können hier nicht im Einzelnen verfolgt werden; doch sollen wenigstens die methodologischen und methodischen Grundschritte bei Prozessen der Textrezeption und der Textproduktion im Rahmen des kommunikativ geprägten Textmodells verfolgt werden (zu Textproduktion und -rezeption siehe außerdem die Kap. 9–13).

Zur Textrezeption

Wir unterscheiden im Folgenden zwischen der Textanalyse und der Textbeschreibung (Heinemann/Heinemann 2002:197 ff.).

1. Textanalysemodell:
Die Textanalyse geht von der detaillierten Analyse der Oberflächenphänomene aus (*Bottom-up*-Verfahren). Im Gegensatz zu traditionellen Verfahren, bei denen die Einzelelemente grammatischer und lexikalischer Spezifika gesondert ausgewiesen wurden, wird hier das komplexe Zusammenwirken der Einzelelemente verschiedener Ebenen zur Konstitution der jeweiligen Teiltextbedeutung erfasst. Nicht statistische Angaben sind hier zu eruieren; gefragt wird vielmehr, welche Kohärenzbeziehungen zwischen den Einzelelementen der verschiedenen Ebenen bestehen und welche Rolle etwa Schlüsselwörter oder andere auffällige lexikalische Einheiten im Rahmen der gegebenen Satzstrukturen bei der sukzessiven Konstitution der jeweiligen Block- oder Teiltextbedeutung spielen. Analoges erfolgt dann mit den anderen Teiltexten. Erst nach den eigentlichen Analyseprozessen werden die Teiltextstrukturen mit den situativ-pragmatischen Gegebenheiten in Beziehung gesetzt. So kann dann auch die Funktion des Gesamttextes und die Intention des Textproduzenten erschlossen werden.

2. Textbeschreibungsmodell:
Dabei handelt es sich um ein *Top-down*-Modell, das von einem übergreifenderen Begriff, der sozialen Interaktion/dem Kommunikationsereignis, ausgeht und die konkreten Textstrukturen erst sekundär in die Untersuchungen einbezieht. Hier stehen also die pragmatischen Faktoren i.e.S. im Zentrum der Darstellung; dabei nimmt die Intention des Textproduzenten (auf der Grundlage einer Vorab-Einschätzung des Gesamttextes durch den Analysierenden) eine Art „Pole-Position" ein, weil sie zentral ist für das Funktionieren des Textes. Nach der detaillierten Kennzeichnung des interaktionalen Bedingungsgefüges (erster Schritt) nimmt der Analysierende in einem zweiten Schritt zunächst eine Globaleinschätzung des Gesamttextes vor, die es ihm erlaubt, eine Grobstrukturierung des Gesamttextes in Teiltexte (und weitere Subeinheiten) vorzunehmen. Im dritten Schritt der Textbeschreibung erfolgt die komplexe Analyse der Teiltexteinheiten, wobei wiederum ermittelt wird, mit welchen verbalen (und gegebenenfalls nonverbalen) Mitteln der Textproduzent diese Teiltextbedeutung im konkreten Text realisiert. Das simultane Nebeneinander von Illokutionen, Propositionen und Textformulierungen kann hier „aufgehoben" werden, indem die lexikalischen Elemente und grammatischen Strukturen eingebettet und integriert werden in komplexe – semantisch geprägte – Basiseinheiten (*chunks*) mit entsprechenden illokutiven Indikatoren.

Nach dieser sukzessiven lokalen Analyse aller Teiltexte stellt dann der vierte Schritt die Integration der Teilergebnisse dar, eine zusammenfassende und wertende Textkennzeichnung (Heinemann/Heinemann 2002: 202 ff.) .

Zur Textproduktion

Da sich bestimmte Aufgaben des Kommunizierens in der kommunikativen Praxis immer wieder wiederholen (wenn auch nicht immer strikt in derselben Form), werden auch bestimmte Textproduktionsprozesse in hohem Grade voraussagbar. Jeder Kommunizierende weiß natürlich im Normalfall, was er kommunikativ – über einen Partner – erreichen will (die Veränderung eines Zustands Z in den Zustand Z'). Und mit seiner Intention kennt er natürlich auch das Textthema, das er dem Kommunikationsakt zugrunde legen will. Und dieses Wissen könnte nun auch den „Aufhänger" oder Anknüpfungspunkt bilden für die Lösung einer konkreten Textproduktionsaufgabe. Der Texter hat ja zahlreiche kommunikative Erfahrungen gemacht, er weiß, in welcher Situation unter welchen Bedingungen sein Handeln kommunikativ erfolgreich war (und wann nicht). So kann er eine Vielzahl von Mustern aus seinem Gedächtnis abrufen, also Muster von KOMMUNIKATIVEN BASISTYPEN, die die gesellschaftlichen Funktionen kommunikativen Handelns schlechthin markieren. Nach Heinemann/Heinemann (2002: 224 ff.) sind das fünf Grundtypen:

Mit Hilfe von Texten kann ein Textproduzent

1. sich psychisch entlasten → SICH AUSDRÜCKEN (SELBST DARSTELLEN);
2. Kontakt mit anderen Partnern aufnehmen, erhalten, abbrechen → KONTAKTIEREN;
3. Informationen an Partner vermitteln → INFORMIEREN;
4. Partner veranlassen, Handlungen/Sprachhandlungen zu vollziehen → AUFFORDERN/STEUERN;
5. bei Partnern eine ästhetische Wirkung erzielen → ÄSTHETISCH WIRKEN.

Die Entscheidung für eine dieser Grundintentionen ist ein erster Orientierungspunkt für das Produzieren des Textes, die Basiskomponente. Sie bildet zugleich den Rahmen für weitere Subdifferenzierungen, beim Typ des AUFFORDERNs z.B. das BITTEN/EMPFEHLEN, das ANWEISEN/BEFEHLEN und das APPELLIEREN.

In der Planungskomponente, der 2. Stufe der Textproduktion, wird der Texter prüfen, wie er das TEXTTHEMA – unter Berücksichtigung der konkreten interaktiven Bedingungen – vermitteln will. Er wird also Muster der thematischen Entfaltung abrufen – ob er also das Textthema direkt und komprimiert darlegen will (wie etwa bei einer Verkaufsanzeige) oder ob er das Thema „entfalten" (Brinker 1973; siehe auch 4.5), d.h. ausdifferenzieren will in bestimmte Teilthemen/Teiltexte zur Stützung oder Spezifizierung seines Anliegens (z.B. Einleitung, Begründung eines Wunsches, Erklärung eines Sachverhalts oder Begriffs usw.).

Aufs engste verknüpft mit den thematischen Textentfaltungsmustern sind die globalen, auf Ganztexte bezogenen TEXTMUSTER. Man darf davon ausgehen, dass die meisten Kommunizierenden über ein solches (wenngleich möglicherweise vages) Textmuster-/Textsortenwissen (zumindest für die zu produzierende Textsorte) verfügen, also beispielsweise Muster für einen Antrag, einen Lebenslauf, eine Kontaktanzeige, einen Geschäftsbrief. Bei umfangreicheren Texten können auch noch Vertextungsmuster hinzukommen, z.B. ERZÄHLEN, BESCHREIBEN, BERICHTEN, ARGUMENTIEREN. Diese Grundmuster zusammengenommen dürfen als Rahmen (eine Art „Fahrplan" für die Produktionsstrecke) gelten.

In der folgenden Komponente der lokalen Ausgestaltung geht es um die „eigentliche" Produktion des Textes, die TEXTFORMULIERUNG. Mit den globalen Mustern sind ja vielfach auch schon Formulierungsvorgaben gegeben: textsortenspezifische und themengebundene Lexik (Fachwörter, Termini, Kollokationen), typische, für die jeweilige Textsorte dominante syntaktische Muster (wie Konnexions- und Satzbaumuster, syntagmatische Stereotype, Sequenzierungsprinzipien), Muster für Formulierungsbeschränkungen wegen der Dominanz bestimmter Kommunikationsmaximen, Muster und Grenzmarkierungen für bestimmte Teiltexte (wie Anreden. Gliederungssignale, Schlussformeln). Wie der Texter diese vielfältigen Rahmenvorgaben im jeweiligen Text konkret ausfüllt, welche verbalen (und nonverbalen) Mittel er – auch entsprechend oder bewusst abweichend von Konventionen und Normen – mit dem Ziel der Konstitution kleinster Sinneinheiten und von Teiltexten auswählt, ist dann abhängig von seiner Sprachkompetenz und seiner Handlungskompetenz. Das ist dann sein *Stil* der Realisierung einer kommunikativen Aufgabe (siehe auch 1.5 und Kap. 10).

 ### Kommentierte Literaturtipps

Die hier dargestellten textpragmatischen Ansätze werden in Heinemann/Heinemann 2002 genauer ausgeführt. Auer 1999 gibt mit der Erläuterung von 22 „klassischen" Interaktionsmodellen einen forschungsgeschichtlichen Überblick über die Interaktionsproblematik. Ergänzend dazu empfehlen sich Ventola 1987 und Sager 1995. Das Handbuch zur „Text- und Gesprächslinguistik" (Brinker u.a. 2000/2001) bietet schließlich einen umfassenden Überblick über den Stand der Forschung zu Textproblemen um die Jahrtausendwende. Dabei gibt es auch mehrere Einzelartikel zum Problemkreis Interaktion und Text (z.B. von Helmuth Feilke, Wolfdietrich Hartung, Eckard Rolf und Ulla Fix).

6 Textsorten und ihre Beschreibung

Kirsten Adamzik

6.1   Fragestellungen und Zugänge zum Phänomen
6.1.1   Die gewöhnliche kommunikative Praxis
6.1.2   Texte als Gegenstand wissenschaftlicher Untersuchung
6.1.3   Textklassifikation als theoretische Aufgabe
6.2   Grobunterscheidungen
6.2.1   Fiktion und anderes – Bezugswelten
6.2.2   Gesprochenes und Geschriebenes – Medien, Interaktivität, Spontaneität, Gültigkeitsdauer
6.2.3   Die Relativierung der Grobunterscheidungen bei der Betrachtung von Texten im Gebrauch
6.3   Texteigenschaften und ihre Typologisierung
6.4   Abstraktionsebenen: Zum Verhältnis von Text und Typ
6.5   Schlussbemerkungen

Jeder Text ist eine individuelle, ganz einzigartige Erscheinung – er ist, wie man mit Saussure sagen würde, eine Erscheinung der *parole*. Und doch teilt jeder Text mit mehr oder weniger vielen anderen mehr oder weniger viele gemeinsame Merkmale. Dementsprechend lassen sich also vorliegende Texte zu Gruppen mit gemeinsamen Merkmalen zusammenfassen. In einer ersten Annäherung könnten wir TEXTSORTEN als eben solche Gruppen auffassen. Dies entspricht einer ganz und gar unspezifischen Auffassung des Begriffs ‚Textsorte‘, einer Auffassung, die entschieden zu weit ist. Denn wenngleich der Begriff tatsächlich – sowohl in der Forschung als auch in mehr oder weniger fachexternen Zusammenhängen – sehr uneinheitlich und oft auch recht unspezifisch verwendet wird, so gibt es doch viele Eigenschaften, die niemand als textsortenkonstituierend auffassen würde. Dazu gehören z.B. die Sprache (‚deutsche Texte‘ gelten nicht als eine Textsorte), der Autor (Goethes Texte gehören gerade *nicht* alle zu einer Textsorte), die Entstehungszeit (z.B. die Texte des 20. Jahrhunderts) und vieles andere mehr.

Eine Textsorte ist also gewiss nicht eine Gruppe von Texten, die nach irgendeinem beliebigen übereinstimmenden Merkmal zusammengefasst wird. Mehr als eine solche negative Präzisierung lässt sich aber unmittelbar auch nicht geben. Der Ausdruck *Textsorte* hat nämlich m.E. inzwischen einen ähnlichen Status erlangt wie *Wort* und *Satz*: Als alltagssprach-naher ist er nahezu unverzichtbar; eine vereinheitlichte Verwendungsweise hat sich aber schon in der Wissenschaftlergemeinschaft nicht durchgesetzt. Besonders wesentlich für die verschiedenen Verwendungsweisen ist dabei, in welchem Zusammenhang und wozu man überhaupt Texte in Gruppen einteilt, also klassifiziert. Dieser Frage ist der erste Hauptabschnitt gewidmet.

6.1   Fragestellungen und Zugänge zum Phänomen

Es sei hier vorgeschlagen, grundlegend drei Arten von Fragestellungen oder Zugangsweisen zu unterscheiden, je nachdem mit welchem Phänomen oder welcher Aufgabe man konfrontiert ist.

6.1.1   Die gewöhnliche kommunikative Praxis

Jeder Mensch geht mit einer Vielzahl von Texten um, hat aber in der Regel kein wissenschaftliches Interesse an dem Phänomen: Vielmehr hat man – rezeptiv – mit einzelnen vorliegenden Texten zu tun, muss diese „verarbeiten", interpretieren, sie u. U. auch bewerten, oder aber man muss – produktiv – einen bestimmten Text erstellen. In beiden Fällen spielen TEXTSORTENKONZEPTE eine Rolle, genauer gesagt, das Alltagswissen, das jeder Sprachteilhaber darüber hat, dass natürlich nicht Text gleich Text ist, sondern es verschiedene Arten davon gibt.

Bei der Rezeption wird ein Text gewöhnlich ziemlich schnell als der einer bestimmten Textsorte identifiziert, z. B. weil schon oben darüber bzw. auf dem Umschlag steht, dass es sich um das Fernsehprogramm, die Wettervorhersage, die Montageanleitung, ein Wörterbuch, eine Literaturgeschichte handelt – in solchen Fällen hat man den Text oft überhaupt nur zur Hand genommen bzw. seine Aufmerksamkeit speziell auf ihn gerichtet, weil man weiß, dass man eine bestimmte Textsorte sucht.

Aber natürlich können auch umgekehrt Texte – „unverhofft" – zum (potenziellen) Leser kommen, z. B. wenn man ein Buch geschenkt bekommt oder wenn man eine Bank statt, wie vielleicht erwartet, mit Geld mit einem Stapel von Papieren verlässt, die zu lesen, teilweise auszufüllen und durch selbst erstellte oder beigebrachte Texte zu ergänzen sind, damit man an seinen Kredit kommt. In allen diesen Fällen wird zweifellos der erste Rezeptionsschritt meist auch in der groben Identifizierung bestehen, die man großenteils aus dem Text selbst oder beigegebenen Erläuterungen entnehmen kann.

Beim Schreiben schließlich kommt es wohl überhaupt nie vor, dass man schlicht vor der Aufgabe stünde, einen ,Text' zu verfassen; es muss immer ein bestimmter sein, ein Brief, ein Antrag, eine Seminararbeit oder was auch immer.

Da Textsortenkonzepte in der alltäglichen kommunikativen Praxis für die Groborientierung also eine zentrale Rolle spielen, gibt es auch eine große Menge gemeinsprachlicher Wörter, mit denen man sich auf sie bezieht. Diese dürften in vielen Fällen unproblematisch die Verständigung gewährleisten, ebenso wie man sich ja auch über alle anderen Dinge alltagssprachlich verständigen kann, obwohl – oder eher gerade weil – „normale Wörter" polysem und vage sind. Immerhin ist dieser Weltausschnitt lexikalisch sehr reich, nämlich mit mehreren tausend Einheiten besetzt (vgl. Adamzik 1995: Anhang), die man als Substrat des Alltagswissens über Textsorten betrachten kann.

Sekundär kann dieses Alltagswissen dann natürlich auch Gegenstand wissenschaftlicher Forschung werden, wobei man neben dem lexikalischen Inventar (vgl. dazu Dimter 1981 und Rolf 1993) auch Sach- und Handlungswissen einbeziehen sollte. Auch dies wird in der normalen kommunikativen Praxis nicht selten expliziert – wiederum natürlich unsystematisch –, und zwar besonders wenn es zu irgendwelchen Problemen oder Konflikten kommt: *Das ist wieder so eine echte Sonntagsrede; Was war denn an meinem Referat so schlecht?* usw.

 Elisabeth Gülich hat schon 1986 die Untersuchung des Alltagswissens über Textsorten dringlich eingefordert, jedoch liegen dazu bis heute nur wenige Ansätze vor. Dies erklärt sich sicher auch aus dem methodischen Problem, authentische Äußerungen über Textsorten *systematisch* zu erheben. Da es zur Bedeutung des Textsortenwissens in der alltäglichen kommunikativen Praxis noch wenig Untersuchungen gibt und mit Fragebogen oder Tests (vgl. z. B. Dimter 1981, Techtmeier 2000, Becker-Mrotzek 2005) letzten Endes doch nur wenig Einschlägiges erhoben werden kann, lohnt es sich durchaus, z. B. in einer Seminargruppe eine Bestandsaufnahme der Texte zu versuchen, mit denen die einzelnen rezeptiv oder produktiv an einem Tag/in einer Woche umgehen. Inwieweit lassen sie sich einfach und unproblematisch bestimmten Textsorten zuordnen? Inwiefern lässt sich Übereinstimmung über die Zuordnungen herstellen usw.?

6.1.2 Texte als Gegenstand wissenschaftlicher Untersuchung

Texte können aus verschiedensten Gründen Objekt wissenschaftlichen Interesses sein. Die nächstliegende Aufgabe besteht in der Auslegung oder Interpretation; damit sind diverse so genannte Textwissenschaften, wie die Religions-, Literatur-, Geschichts- oder Rechtswissenschaft, die Anthropologie, Ethnologie o. Ä. befasst. Dabei müssen natürlich vielerlei Aspekte und vorrangig der Inhalt behandelt werden; auch dabei kommt jedoch die Textsortenspezifik ins Spiel, z. B. wenn man vor der Frage steht, ob man die Aussagen wörtlich nehmen muss/kann oder der Text (auch) in anderem Sinne zu lesen ist.

Besonders nah an einer „Sortierproblematik" ist man, wenn es darum geht, ein größeres Korpus von Einzeltexten (die allerdings, wie z. B. die Bibel, auch zu einem Großtext zusammengefasst sein können) näher zu charakterisieren. Ein solches Korpus besteht natürlich auch schon aus einer über mindestens ein gemeinsames Merkmal verbundenen Gruppe, und dabei kann es sich sogar um solche grundlegenden, aber nicht textsortenkonstituierenden Eigenschaften handeln, wie sie eingangs genannt wurden. Z. B. ist der Aufbewahrungs- oder Fundort für Archivare oder Bibliothekare relevant und für Sprachen bzw. Sprachstufen, für die verhältnismäßig wenig Quellen überliefert sind, ist die Frage, welche Textsorten dabei vertreten sind, durchaus von großem Interesse. Auch für die „Sortierung" von Schriften eines einzelnen Autors, wie sie schon bei einem Editionsvorhaben ansteht, greift man wesentlich auf Textsortengruppen zurück, und die vielen empirischen Untersuchungen zur Gegenwartssprache schließlich setzen ebenfalls entweder an einer

„natürlichen Gruppe" an wie z. B. den Texten in einem Presseorgan, in einem Schulbuch, auf einer Internetseite u. Ä. (es handelt sich ja in diesen Fällen um Konglomerate verschiedener Textsorten) oder beziehen das Merkmal TEXTSORTE sinnvollerweise bei der Korpuszusammenstellung ein.

Diese Fragestellung ist mit der gewöhnlichen kommunikativen Praxis eng verwandt, und zwar nicht nur deswegen, weil als Material eben auch hier authentische Texte zugrunde liegen. Vielmehr bauen solche Untersuchungen auch notwendigerweise auf dem Alltagswissen und der Alltagsrede über Textsorten auf. Denn in den Texten selbst finden sich ja Eigencharakterisierungen – oft z. B. im Titel oder Vorwort – und bei späteren Bezugnahmen auf sie (z. B. in Rezensionen, in „Gegenschriften", bei Editionen usw.) kommt es nicht zuletzt auch zur Thematisierung der Textsortenspezifik. Außerdem haben einzelne Textwissenschaften, insbesondere die Rhetorik, Philologie und Literaturwissenschaft, in einer langen Tradition schon Systeme der wissenschaftlichen Beschreibung von, wie es dort in der Regel heißt, GATTUNGEN entwickelt, und es kann text(sorten)linguistischen Ansätzen nur zum Nachteil gereichen, diese bei den eigenen Systematisierungsversuchen zu ignorieren.

6.1.3 Textklassifikation als theoretische Aufgabe

Spezifisch für die Sprachwissenschaft ist die Fragestellung, die direkt an der theoretischen Aufgabe ansetzt, den Kosmos der Texte im Rahmen eines textlinguistischen Ansatzes zu erfassen und zu gliedern. Dass eine Texttypologie zentraler Bestandteil einer Textlinguistik sein muss, wurde schon ganz zu Beginn der Diskussionen herausgestellt, als es noch darum ging, die Textlinguistik als (Sub-)Disziplin zu etablieren bzw. die gesamte Sprachwissenschaft unter diesem Vorzeichen neu auszurichten (vgl. vor allem die Beiträge von Peter Hartmann 1964 und 1968a und als Überblick über diese Phase Adamzik 2004: Kap. 1.1.). Wie man dabei allerdings vorgehen sollte, war zunächst sehr umstritten, und aus diesem Kontext stammen denn auch die Problematisierung des Begriffs und verschiedene Versuche, diesen und verwandte Begriffe präzise(r) zu definieren.

Charakteristisch für diesen Ansatz ist, dass man hier – im Gegensatz zu den beiden ersten Zugängen – nicht an einem konkreten Text bzw. einem Korpus, also deskriptiv und induktiv, arbeitet, was normalerweise schon „von selbst" bestimmte Differenzierungskriterien und auch Klassenbildungen nahelegt oder sogar erzwingt. Denn im Material selbst stößt man schon auf Textsortenbezeichnungen oder auch -charakterisierungen, und bestimmte Eigenschaften sind unmittelbar auffällig oder aber abwesend, was dann natürlich die nähere Analyse steuert. Der theoretische Zugang dagegen ist deduktiv, sieht sich sei es dem ‚Text an sich', sei es dem gesamten Universum der Texte gegenüber und muss dementsprechend entscheiden, was denn ein Text grundsätzlich an potenziell differenzierungsrelevanten Merkmalen aufweist oder welche Merkmale (besonders) relevant sein könnten. Dabei gelten die alltagssprachlichen Textsortenbezeichnungen, da sie eben unabhängig von solchen theoretischen Erwägungen entstanden sind und benutzt werden, als nicht nur unzureichende, sondern geradezu fehlleitende Basis.

 Dies hat in der Textsortenforschung zu einem fundamentalen Gegensatz zwischen empirisch-induktiven und theoretisch-deduktiven Ansätzen geführt.

Ganz wesentlich für diese Auseinandersetzung wurde ein Beitrag von Horst Isenberg aus dem Jahr 1978, der die spätere Diskussion erheblich beeinflusst und zu einer gewissen Verunsicherung der Textsortenforschung beigetragen hat. Diese Situation scheint mir auch heute noch nicht gänzlich überwunden, jedenfalls werden Isenbergs Einlassungen auch in neueren Veröffentlichungen immer noch als entscheidender Diskussionsbeitrag präsentiert,[1] ohne dass sich dabei eine klare Argumentationslinie abzeichnete. Dies ist daraus zu erklären, dass dabei mehrere sehr unterschiedliche Probleme zur Sprache kommen. Für einige von ihnen hat sich mittlerweile eine Lösung weitgehend durchgesetzt, in Bezug auf andere jedoch besteht nach wie vor Dissens und es herrscht auch eine gewisse Unübersichtlichkeit. Deswegen scheint es mir geraten, den gegenwärtigen Diskussionsstand aus den Thesen dieses frühen Beitrags her zu entfalten und also einen geschichtlichen Rückblick einzuschalten.

In der Anfangsphase der Textlinguistik wurden Ausdrücke wie *Textklassen, -typen, -sorten* noch ganz unterminologisch nebeneinander benutzt. Es ist wohl auf das 1972 veranstaltete Kolloquium zum Thema zurückzuführen, dessen Beiträge in einem Sammelband mit dem Titel „Textsorten" erschienen (Gülich/Raible 1972), dass die Bezeichnung *Textsorte* besonders prominent wurde. Ziel der interdisziplinären Veranstaltung war es übrigens, „eine Brücke zwischen den auf einer hohen Abstraktionsebene formulierten linguistischen Textmodellen und den sehr verschiedenartigen Texten zu schlagen, die den Objektbereich der Textwissenschaften bilden" (Gülich/Raible 1972: 1), also den im vorigen Abschnitt behandelten Zugang mit dem textlinguistischen zu verbinden. Schon damals hoben die Herausgeber als Ergebnis der Tagung hervor, „daß sich bisher die Vertreter der Linguistik im prätheoretischen Gebrauch des Terminus ‚Textsorte' nicht einig sind" (Gülich/Raible 1972: 1).

Zu demselben Befund kommt dann auch Isenberg (1978) in seiner Übersicht über den Stand der Forschung, und er moniert durchaus zu Recht eine gewisse Beliebigkeit in den Ansätzen und mangelnde theoretische Durchdringung. Deutlichstes Zeichen dafür ist, dass unter den Ausdruck *Textsorte* die unterschiedlichsten Konzepte gefasst werden: Neben Witz, Beschreibung oder Erzählung fallen darunter argumentativer Text und Übersetzung ebenso wie Brief oder Gespräch beim Abendessen, und selbst bei Versuchen einer gewissen Systematisierung und vergleichenden Gegenüberstellung erscheinen als Alternativausprägungen Kategorien wie Zeitungstext vs. ökonomischer vs. politischer Text usw. (vgl. Isenberg

---

1 Vgl. Heinemann 2000a: 512 f., 2000b: 535 ff., Fix/Poethe/Yos 2001: 24 ff., Vater ³2001: 157 ff., 176, Gansel/Jürgens ²2007: 49 ff., Heinemann/Heinemann 2002: 157, Brinker ⁶2005: 140.

1978: 569), obwohl ja offenkundig ist, dass ein Text dies alles gleichzeitig sein kann.

Um zu verdeutlichen, wie unsystematisch und undurchdacht ein solches Vorgehen tatsächlich ist, scheint es mir nützlich, dies auf eine tiefere Ebene der Sprache und einen anderen Phänomenbereich zu übertragen. Es wäre nämlich etwa so, als wenn man Wortsorten zu unterscheiden suchte und dabei z. B. mit den Alternativkategorien Substantiv, Farbwort, Kompositum und Fremdwort operieren würde, oder als ginge es um eine Typologisierung von Tieren, und man würde die einen als Fleischfresser, die anderen als Säugetiere und die dritten als Zweibeiner charakterisieren.

Angesichts solch elementarer Kategorisierungskonfusionen wird es verständlich, dass Isenberg sich bemüßigt fühlte, zunächst einmal grundsätzliche Überlegungen dazu anzustellen, „was eine Typologie im einzelnen leisten soll und was eine solche Typologie ihrem logischen Aufbau nach eigentlich ist" (Isenberg 1978: 566). Zu diesem Zweck erläutert er, welche Anforderungen an eine wissenschaftliche Typologie zu stellen sind. Sie müsse nämlich (1) *alle* zu typologisierenden Elemente (2) nach einem *einheitlichen* Kriterium (3) *eindeutig* (4) einem von einer *überschaubaren Menge* von Typen zuweisen.

In der späteren Literatur werden die ersten drei Anforderungen in der Regel mit den von Isenberg eingeführten Stichworten (1) EXHAUSTIVITÄT, (2) HOMOGENITÄT und (3) MONOTYPIE behandelt. Zusätzlich wird – entsprechend Isenbergs Gliederung (1978: 576) – meistens noch das Kriterium STRIKTHEIT erwähnt, das typologisch ambige Texte ausschließt. Allerdings führt Isenberg Striktheit nicht als eine Anforderung an die Typologie ein, sondern stellt ausdrücklich fest, dass die Möglichkeit der Entwicklung einer strikten Typologie „eine empirische Frage [ist] und [...] keineswegs a priori entschieden werden" kann (Isenberg 1978: 576).

Dass die Typologie „eine überschaubare endliche Menge von *Texttypen*" (Isenberg 1978: 567) enthalten muss, formuliert Isenberg an anderer Stelle (ohne dafür einen „griffig verfremdenden" Terminus wie z. B. *Finitheit* einzuführen), und dieses Kriterium erscheint in den Diskussionen um seinen Anforderungskatalog in der Regel erstaunlicherweise nicht. Erstaunlich ist dies, weil FINITHEIT ein ungemein wichtiges Kriterium ist, entscheidend für das, was Isenberg das „typologische Dilemma" nennt. Dies besteht in seinen Worten darin, dass

> die Forderungen nach Homogenität, Exhaustivität und Monotypie nicht gleichzeitig erfüllbar sind [Striktheit muss, wie gesagt, sowieso nicht erfüllt sein; K. A.], ohne die Bedingung zu verletzen, nach der die zu definierenden Texttypen eine überschaubare endliche Menge bilden müssen (Isenberg 1978: 578).

Dass in dieser Argumentation irgendwo ein Fehler stecken muss – es kann doch nicht sinnvoll sein, Anforderungen an eine Typologie zu formulieren, um abschließend festzustellen, dass man sie leider nicht alle gleichzeitig erfüllen könne – muss jedem auffallen. Andererseits kann man die Berechtigung der von Isenberg formulierten allgemeinen Anforderungen an eine wissenschaftliche Typologie auch nicht gut in Frage stellen. Aus diesem Dilemma hat man sich, wie mir scheint, in der Regel zu befreien gesucht, indem man es als einen Beleg für den Gemeinspruch betrachtet „Das mag in der Theorie richtig sein, taugt aber nicht für die Praxis". Aber dies ist natürlich auch keine wissenschaftlich befriedigende Schlussfolgerung und bei ihr darf man sicherlich nicht stehen bleiben.

Einen ersten Denkfehler hat Isenberg (1983) in einer Überarbeitung seines Aufsatzes selbst entdeckt und korrigiert. Er betrifft das Kriterium der HOMOGENITÄT, die Forderung also, dass alle Einheiten unter demselben Aspekt typologisiert werden müssen, es eine „einheitliche Typologisierungsbasis" geben muss. Es mag daran liegen, dass es in der Frühzeit noch derartig unklar war, unter welchem Aspekt man Texte denn eigentlich klassifizieren soll, und das bunte Nebeneinander verschiedenster Gesichtspunkte jedenfalls als unbefriedigend erschien, dass dieses Problem auf die Frage zugespitzt wurde, welche *eine* Typologisierungsbasis denn wohl die sinnvollste wäre.

Dies entspricht – auf unsere Vergleichsbeispiele bezogen – der Frage, ob es sinnvoller ist, Wörter nach der Wortart (Substantiv, Verb, Adjektiv …), nach ihrer Herkunft (Erbwort, Lehnwort), nach ihrer Komplexität (Simplex, Kompositum, Derivatum und evtl. noch einiges andere) oder schließlich nach ihrer Semantik einzuteilen (was aber sind wohl Alternativkategorien zu Farbwort?). Und sortiert man Tiere besser danach, wovon sie sich ernähren, nach der Art, in der sie sich fortpflanzen, oder der Frage, wie sie sich fortbewegen? Angewendet auf diese Gegenstände, dürfte unmittelbar einleuchten, dass die Frage unsinnig ist – man hat nicht zwischen diesen Möglichkeiten zu wählen, weil ein Wort, ein Tier und eben auch ein Text sinnvollerweise unter verschiedenen Gesichtspunkten betrachtet werden können, da alle diese Phänomene mehrere wesentliche Eigenschaften aufweisen, die sich als Typologisierungsbasis eignen. Es widerspricht also nicht der MONOTYPIE-Forderung, einen Text gleichzeitig als Zeitungstext, politischen Text und Interview zu klassifizieren, weil diese Charakterisierungen „gar nicht Typen *einer* homogenen Typologie sein können, sondern als Typen *verschiedener* Typologien angesehen werden müssen", was bedeutet, „daß für eine erschöpfende texttypologische Beschreibung einzelner Texte das Vorhandensein eines *komplexen Klassifikationssystems* für Texte vorauszusetzen ist, das mehrere Texttypologien enthält" (Isenberg 1983: 333 f.). Was Isenberg als komplexes Klassifikationssystem bezeichnet, nennt man heute meist eine MEHR-EBENEN-KLASSIFIKATION, und es besteht längst allgemeiner Konsens darüber, dass man bei einer Klassifikation von Texten mit einer einzigen Typologisierungsbasis nicht auskommt. Freilich meint Isenberg, wir wüssten noch „so gut wie nichts darüber, wie ein komplexes Klassifikationssystem für Texte beschaffen sein muß" (Isenberg 1983: 334) und betrachtet dessen Erarbeitung als wichtige Aufgabe der Texttheorie, wozu es jedoch „zunächst erforderlich [sei], theoretisch befriedigende Texttypologien zu erstellen" (Isenberg 1983: 335).

Was Isenberg mit theoretisch befriedigenden Texttypologien meint, lässt sich am besten erläutern, wenn man sich an den ersten konkreten Versuch erinnert, Textsorten systematisch gegeneinander abzugrenzen. Es handelt sich um den –

	gesp	spon	mono	tdia	rkon	zkon	akon	anfa	ende	aufb	them	1per	2per	3per	impe	temp	ökon	redu	nspr	part
Interview[5]	+	±	−	−	±	+	+	±	±	−	+	+	+	+	±	±	±	±	+	−
Brief	−	±	±[1]	−	±	−	−	+	±	−	±	+	+	+	±	±	±	±	+	±
Telefongespräch	+	±	−	−	−	+	+	+	+	−	±	+	+	+	±	±	±	±	+	±
Gesetzestext	−	−	+	−	−	+	−	+	+	−	+	−	−	+	−	−	−	−	+	−
Arztrezept	−	−	+	−	−	−	−	+	+	+	+	−	−	−	+	−	+	−	+	−
Kochrezept	±	−	+	−	±	±	−	+	−	+	±	−	−	+	±	±	±	−	+	−
Wetterbericht	±	−	+	−	+	+	±	+	−	+	+	−	−	+	−	±	±	−	+	−
Traueranzeige	−	−	+	−	−	−	−	+	±	+	±	±	−	−	−	−	±	−	±	±
Vorlesung(sstunde)	+	±	+	−	+	+	+	+	±	+	+	+	±	+	±	±	−	−	±	±
Vorlesungsmitschrift	−	−	+	−	−	−	−	±	±	+	±	+	−	+	−	−	+	+	±	+
Reklame	±	±	+	±	±	+	+	+	+	+	+	±	±	+	±	±	+	+	+	+
Stelleninserat	−	−	+	−	−	−	−	+[2]	+[2]	−	−	−	+	+	+	+	±	±[3]	+	−
Rundfunknachrichten	+	−	+	−	−	+	+[2]	+[2]	+[2]	−	+	−[6]	−[6]	+	−[6]	+	−[4]	−	+	−
Zeitungsnachricht	−	−	+	−	−	−	−	+	+	−	+	−[6]	−[6]	+	−[6]	+	−	−	+	±
Telegramm	−	−	+	−	−	−	−	±	+	+	+	±	±	+	+	−	±	±	+	±
Gebrauchsanweisung	−	+	+	−	±	+	+	+	+	+	+	−	+	+	+	±	−	±	±	±
Diskussion	+	±	−	−	+	+	+	+	+	−	+	+	+	+	±	±	±	+	+	+
familiäres Gespräch	+	+	−	±	+	+	+	±	−	−	−	+	+	+	±	±	+	±	±	+

1 [−mono] bei Briefwechseln.
2 + für die Nachrichtensendung, nicht die einzelne Nachricht.
3 Vgl. Bezugstext 5: Wiederholungen von *Brandt, Bundeskanzler* statt *er.*
4 + ist nur bei Schlagzeilen möglich.
5 Der Kritik von G. Wienold folgend streiche ich „verschriftlichtes Interview" und „verschriftlichtes Interview, überarbeitet". Denn sonst müßten auch für andere Sprech-Textsorten weitere Textsorten eingeführt werden, je nachdem, ob sie verschriftlicht oder verschriftlicht überarbeitet wären. Es ist aber ökonomischer, gleiche charakteristische Veränderungen bei allen nicht überarbeiteten oder überarbeiteten Verschriftlichungen gesprochener Textsorten anzunehmen, statt für jede Textsorte eine Verdreifachung.
6 + nur in Zitaten.

Abb. 6.1: Differenzierungsmerkmale für Gebrauchstextsorten (Sandig 1972: 118)

später außerordentlich häufig zitierten – Beitrag von Barbara Sandig zum oben erwähnten Kolloquium, in dem sie versuchte, 18 Textsorten mit Hilfe von 20 Unterscheidungsmerkmalen zu differenzieren. Wegen seiner großen wissenschaftshistorischen Bedeutung sei die zusammenfassende Übersicht hier noch einmal abgedruckt (Abb. 6.1).

Wie man sieht, sind hier – in der Tat einigermaßen willkürlich – Einzelmerkmale angeführt. Außerdem erscheinen neben-, um nicht zu sagen: durcheinander so genannte textexterne und textinterne Merkmale. Zu den ersten gehören z.B. die Fragen, ob die Kommunikanten in räumlichem und zeitlichem Kontakt zueinander stehen und ob sie gleichberechtigt sind, zu den zweiten u.a. die Frage, ob Imperativ- oder bestimmte Tempusformen vorkommen oder nicht. Zwar hat Sandig ihren Vorschlag ausdrücklich als fragmentarisch bezeichnet und in aller Deutlichkeit darauf hingewiesen, dass dieser Ansatz noch ausgebaut werden müsste, also eher dazu dient, das Prinzip einer Textsortendifferenzierung mit Hilfe von Merkmalsoppositionen zu verdeutlichen. Trotzdem lässt sich wohl leicht nachvollziehen, dass man schon diesen Ansatz für verfehlt halten kann, da sich sowohl die Liste der Textsorten als auch die der Merkmale nahezu bis ins Unendliche erweitern ließe. Auf diesem Wege lässt sich ganz sicher keine Übersicht über das Universum der Texte gewinnen, was ja schließlich das Ziel einer Typologie ist (eine andere Weise zu sagen, dass eine Typologie finit sein muss).[2] An Grundunterscheidungen, die eine solche Übersicht gewähren sollen, sind zwei seit langem gängig, nämlich erstens die zwischen FIKTIONALEN/LITERARISCHEN und NICHT-FIKTIONALEN TEXTEN, zweitens die zwischen GESCHRIEBENEN und GESPROCHENEN. Im Laufe der Diskussion haben sich zusätzlich zwei weitere als relativ üblich etabliert, das ist einerseits eine Grobdifferenzierung nach der TEXTFUNKTION, andererseits eine nach der THEMENBEHANDLUNG. Im Abschnitt 6.2 werden zunächst die beiden ersten Grobunterscheidungen vorgestellt und ihre Problematik erläutert. Problematisch an ihnen ist vor allem, dass sie eigentlich als „Sortierwerkzeug" gedacht sind, mit ihrer Hilfe nämlich das Textuniversum in jeweils zwei Mengen aufgeteilt werden soll. Bei näherem Hinsehen zeigt sich jedoch, dass einerseits die Zweiteilung zu grob ist und es sich andererseits richtiger um analytische Unterscheidungen handelt, da ein und derselbe Text Elemente beider bzw. mehrerer dieser ‚Klassen' aufweisen kann. Dasselbe gilt auch für die Funktionen und Themenbehandlungen. Daher halte ich es für angemessener anzunehmen, dass saubere Texttypologien gar nicht auf Texte, sondern nur auf Texteigenschaften angewendet werden können. Dem gilt der Abschnitt 6.3.

---

2 Außerdem sind die Merkmalsausprägungen, bei denen man ja nur zwischen + oder – oder ± wählen kann, sicher für eine differenzierte Beschreibung nicht geeignet.

6.2   Grobunterscheidungen

6.2.1 Fiktion und anderes – Bezugswelten

Eine elementare und sehr gängige Grundunterscheidung ist die zwischen fiktionalen und nicht-fiktionalen Texten, die auch gut zu der „Arbeitsteilung" der ursprünglich global philologisch orientierten Fächer in Literaturwissenschaft und Linguistik passt. Tatsächlich stellt man in diesem Sinne oft literarische Gattungen nicht-literarischen Textsorten gegenüber, und manche Textlinguisten beschränken sich von vornherein auf die so genannten Gebrauchstexte. Das gilt z.B. für den genannten Aufsatz von Sandig, aber auch – sehr einflussreich! – für die Einführung von Klaus Brinker (⁶2005) sowie den HSK-Band „Text- und Gesprächslinguistik" (Brinker u.a. 2000/2001). In dessen Hauptkapitel zur Typologisierung (VIII) gibt es zwar einen Artikel zu „Textsorten und literarische Gattungen" (Dammann 2000), literarische Texte spielen jedoch im Kapitel IX keine Rolle, wenngleich darin nach Meinung der Herausgeber „die für die schriftliche Kommunikation wesentlichen Kommunikationsbereiche [und ihre konstitutiven Textsorten] erfaßt sind" (Brinker u.a. 2000: XIXf.). Literarisches wird damit also aus dem Gegenstandsbereich der Text(sorten)linguistik ausgeklammert.

Dammann schließt sich der Forderung an, die Gegenstände Textsorte und Gattung/Genre „nach den Praxisbereichen Alltagskommunikation einerseits und (Schöne) Literatur andererseits" (Dammann 2000: 547) gegeneinander abzugrenzen, weist aber die Zuschreibung des Prädikats ‚Fiktionalität' für letztere ausdrücklich als „falsch" (ebd.) zurück. Da ein Gespräch zwischen Literaturwissenschaft und Linguistik nicht zustande gekommen sei, beschränkt er sich im Weiteren auf die Präsentation der Theoriebildung in der Literaturwissenschaft (vgl. Dammann 2000: 547f.).

Dort arbeitet man bekanntlich seit dem 18. Jahrhundert für die Subdifferenzierung des literarischen Feldes mit der Trias Epik – Dramatik – Lyrik und einer Vielzahl von (historisch gebundenen) Einzelgenres wie Abenteuerroman, Ballade, Epos, Picaroroman, Räuberroman, Sonett, Sottie, Trinklied, Zeitgedicht usw., findet hier also eine ebenso große Fülle überlieferter Bezeichnungen vor wie bei den Gebrauchstextsorten. Tatsächlich steht die literaturwissenschaftliche Gattungstheorie vor denselben Problemen wie die Gebrauchstextsorten-Typologie, zumal sich auch die überkommene Trias systematisch nicht begründen lässt und also nicht etwa als Beispiel für eine theoretisch befriedigende Typologie gelten kann. Auch insofern darf man es als durchaus bedauerlich betrachten, dass der Dialog zwischen Linguistik und Literaturwissenschaft nicht intensiver geblieben ist (vgl. dazu das diesem Thema gewidmete Themenheft der „Zeitschrfit für Germanistische Linguistik" (ZGL) 2008).

Für unseren Zusammenhang interessiert jedoch zunächst die Frage, ob man an der Zweiteilung festhalten kann. Zwei Vorschläge für die Begründung der Dichotomie stehen im Raum. Zunächst die Abgrenzung LITERARISCH vs. NICHT-LITE-

RARISCH, wofür das Kriterium offenbar PRAXIS- oder KOMMUNIKATIONSBEREICH ist. Man muss sich nicht einmal die im HSK-Band neben dem Alltag angeführten Kommunikationsbereiche – u.a. Massenmedien, Rechtswesen, Religion, Wissenschaft – vor Augen führen, um zu erkennen, dass es mit einer Zweiteilung nicht getan ist. Ein Text gehört nicht entweder in den Alltags- oder in den Literaturbereich, daneben gibt es auf gleicher Ebene offenbar noch anderes.

Der zweite Vorschlag greift auf das Kriterium FIKTIONALITÄT zurück, das sicher sehr häufig als Differenzierungsmerkmal für literarische und nicht-literarische Texte gebraucht bzw. hinzugedacht wird, das Dammann (2000) aber schlicht als falsch zurückweist, ohne dies allerdings näher zu erläutern. M.E. gibt es mindestens drei Gründe dafür, dass dieses Kriterium unbrauchbar ist. Erstens ist es nur ein relatives, da literarische Texte mehr oder weniger weit von der „Normalwelt" entfernt sein können und dies für die Unterscheidung von Gattungen zweifellos relevant ist (z.B. für den Gegensatz zwischen Märchen und Novelle).[3] Zweitens rechnet man spätestens seit den 1960er-Jahren mit einem so genannten „erweiterten Literaturbegriff", der nicht nur Konsum-/Trivialliteratur und Filme einschließt, sondern ausdrücklich auch „literarische Gebrauchsformen" wie Essay, Reportage, Memoiren und vieles andere Nicht-Fiktionale – zuweilen gar als „vierte Gattung" – einbeziehen möchte (vgl. Belke 1973 und 1974). Abgesehen davon, dass mit Gelegenheitsdichtung, Lehrdichtung oder Aphorismen auch bestimmte nicht-fiktionale Texte schon lange mit zur Literatur gerechnet werden, haben natürlich auch die jüngeren literarischen Entwicklungen und Experimente – z.B. Dokumentarstücke oder Ready-made-Poesie wie Peter Handkes „Die Aufstellung des 1. FC Nürnberg am 26.1.1968" – die Erweiterung des Literaturbegriffs gestützt. Drittens schließlich ist das Kriterium Fiktionalität deswegen ganz und gar ungeeignet zur Ausgrenzung literarischer Texte, weil nicht nur im Rahmen der Literatur Fiktionales ersonnen bzw. der Bezug auf die als real gedachte Welt suspendiert werden kann.

Dass eine Zweiteilung in literarisch/fiktional vs. nicht-literarisch/Gebrauchstexte so gängig ist, lässt sich also sicher nicht systematisch begründen, sondern nur (disziplin)historisch erklären. Das Kriterium, ob sich ein Text auf die reale Welt bezieht oder nicht, bzw. die Frage, auf welche WELTEN Texte sich beziehen können, scheint mir aber durchaus geeignet für eine Grobunterscheidung. Ich habe vorgeschlagen (Adamzik 2004: Kap. 4.1.), dabei mit fünf Welten zu rechnen:

- STANDARDWELT: Dies ist die Welt, die wir (in einer bestimmten Gesellschaft) als real betrachten; sie umfasst neben der oben genannten Alltagswelt auch vieles für die Allgemeinheit ganz und gar nicht Alltägliche, insbesondere die gesellschaftlichen Institutionen.
- WELT DES SPIELS/DER FANTASIE: Sie umfasst selbstverständlich die Belletristik (und andere Kunstschöpfungen mehr oder weniger hohen Niveaus); da aber

---

3 Übrigens wird in der literaturwissenschaftlichen Diskussion auch die Position vertreten, dass der Lyrik die Eigenschaft der Fiktionalität abgehe. Grundsätzlich ist Fiktionalität von Fiktivität zu unterscheiden, vgl. dazu jetzt Weidacher 2007.

bereits Kinder ganz geläufig Fantasiewelten kreieren und in diesen agieren, scheint es mir notwendig, literarische Texte dieser umfassenderen Welt unterzuordnen.

- WELT DES ÜBERSINNLICHEN: Unbeschadet der Tatsache oder Möglichkeit, dass es Menschen oder gar ganze Gesellschaften gibt, die an die Existenz von Übersinnlichem nicht glauben, muss man als Tatsache zur Kenntnis nehmen, dass es Texte und Lebensweisen gibt, die sich in eben dieser Welt situieren.
- WELT DER WISSENSCHAFT: Gemeint ist hiermit die Welt, in der mögliche Welten (in der Philosophie ja seit langem geläufig) gedanklich konstruiert werden. Inwieweit man mit einer solchen Welt rechnen muss, hängt natürlich ganz besonders stark von der Bezugsgesellschaft ab. Für die westliche Welt in unserer Zeit ist aber klar, dass Wissenschaftler hypothetisch Welten entwerfen, zwar mit dem Ziel, sich der Wahrheit anzunähern, aber im Bewusstsein, dass diese prinzipiell nicht zugänglich ist.
- WELT DER INDIVIDUELLEN SINNFINDUNG: Für jedes Individuum ist vorauszusetzen, dass es sich – natürlich großenteils unter Rückgriff auf die anderen Welten, teilweise aber auch unter Ausschluss einzelner von ihnen – an einem eigenen Bezugssystem orientiert, das möglicherweise mit Entitäten und Sachverhalten rechnet und in dem Werte, Aussagen und Argumente Gültigkeit haben, die für andere Individuen nicht zulässig sind oder keinen Sinn haben, ein Bezugssystem, das sich im Übrigen im Laufe des Lebens sehr stark verändern kann.

Die Unterscheidung dieser Welten ist als analytische zu verstehen, denn wenngleich es viele Texte gibt, die sich ausschließlich auf die Standardwelt beziehen, nämlich die eigentlichen Gebrauchstexte, sind andere (die interessanteren!) nicht einfach einer der Welten zuzuordnen, sondern für ihre Interpretation ist es wichtig zu berücksichtigen, welche Welten sie als Bezugssysteme einbeziehen oder auch ausschließen. Die Welten fallen auch nicht mit Kommunikationsbereichen zusammen. So sind z. B. die Bibel, die katholische Kirche und der Papst zweifellos Entitäten der Standardwelt, die jungfräuliche Geburt gehört in den Bereich des Übersinnlichen, die Kirchengeschichte ist u. a. Gegenstand der Welt der Wissenschaft, die Gleichnisse Jesu spielen in der Welt der Fantasie, und ob man den Papst als geistlichen Führer akzeptiert, ist eine Frage der individuellen Sinnfindung.[4]

In gewisser Weise verwandt mit dem Kriterium der Bezugswelten ist eine Kategorie, die Josef Klein (2000) in die Diskussion eingebracht hat, den so genannten GELTUNGSMODUS von Textsorten, der auch ihre „Bindekraft" betrifft. Er hat dies am Beispiel von Textsorten aus dem politischen Bereich erläutert. Während internationale Verträge eine völkerrechtliche Verbindlichkeit haben und damit in meiner Redeweise Tatsachen in der Standardwelt etablieren, ist der Geltungsmodus von Wahlkampftexten

---

4 Für eine ausführlichere Erläuterung des möglichen Zusammenspiels der Welten am Beispiel des Films *Die fabelhafte Welt der Amélie* vgl. Adamzik 2004: 65 ff.

geprägt durch die Differenz zwischen dem Emittentengestus kategorischer Wahrheits- und Richtigkeitsansprüche und einer verbreiteten adressatenseitigen Skepsis gegenüber diesem Gestus. Ankündigungen pflegen als ‚Wahlversprechen' verstanden […] zu werden. (Klein 2000: 37)

Dieselbe Diskrepanz dürfte bei einer Textsorte bestehen, die sich auf bereits geschehene Ereignisse der Standardwelt, nämlich Wahlen, bezieht: Bei der Kommentierung von Wahlergebnissen scheinen es Politiker immer zu schaffen, sich als Sieger zu sehen oder mindestens eine Verbesserung gegenüber irgendeinem anderen Ergebnis zu erkennen.

 Die Berücksichtigung der Kategorie GELTUNGSANSPRUCH überwindet eine einseitig an der Sprecherintention festgemachte Interpretation, wie sie insbesondere in der senderzentrierten Sprechakttheorie üblich ist (vgl. auch hierzu besonders Brinker [6]2005: Kap. 4.3.1., sowie auch Rolf 2000). Es wäre zu überlegen, ob solche Diskrepanzen auch mit dem Konzept der Bezugswelten interpretierbar wären: Die Fernsehveranstaltungen am Wahlabend als Bestandteil einer Spiel-/Fantasiewelt der Politiker oder doch als simples Täuschungsmanöver in der Standardwelt? Oder glauben sie wirklich, was sie sagen – wie mögen sich die Ereignisse in der individuellen Welt eines bestimmten Politikers darstellen?

6.2.2 Gesprochenes und Geschriebenes – Medien, Interaktivität, Spontaneität, Gültigkeitsdauer

Auch die Grobunterteilung nach den beiden Erscheinungsformen von Sprache – MÜNDLICH vs. SCHRIFTLICH – ist sehr elementar und äußerst gebräuchlich, aber ebenso problematisch wie das Kriterium der Fiktionalität. Zunächst ist die Frage umstritten, ob man bei mündlichem Sprachgebrauch überhaupt von Texten reden soll (vgl. Adamzik 2004: 41 ff.). Ebenso wie manche Literarisches von vornherein aus dem Gegenstandsbereich der Textsortenlinguistik ausschließen, sprechen sich auch viele dagegen aus, Gesprochenes bzw. Gespräche/Dialoge darin zu berücksichtigen. Auch diese Position wird besonders prominent von Brinker vertreten und liegt der Zweiteilung der HSK-Bände „Text- und Gesprächslinguistik" zugrunde (Brinker u. a. 2000/2001). Auf den ersten Blick geht es hier um das Kriterium der MEDIALITÄT: Handelt es sich bei dem Kommunikat, dem Produkt des Sprachgebrauchs, um ein optisches, d. h. visuell wahrnehmbares oder um ein lautliches, d. h. auditiv wahrnehmbares Gebilde? Nun kann man Geschriebenes vorlesen – und vieles Geschriebene ist zum Vorlesen gedacht – und Gesprochenes aufschreiben – auch das kommt regelmäßig vor –, so dass dieses eher äußerliche Kriterium zu Einteilungen führt, die denn doch nicht besonders sinnvoll sind.

Auf den zweiten Blick stellt sich dann heraus, dass es gar nicht allein um die Medialität geht, sondern noch um anderes. Und zwar kommen hier mindestens zwei weitere Kriterien ins Spiel, die in Brinkers Einführung ([6]2005) und im HSK-Band beide bei der Trennung von Text- und Gesprächslinguistik herangezogen werden. In beiden Fällen ist der argumentative Ausgangspunkt die Dichotomie geschrieben – gesprochen. Entsprechend der Einführung ist dann die DIALOGIZITÄT (oder auch: INTERAKTIVITÄT) das unterscheidungsrelevante Merkmal, da die Bestimmung der kommunikativen Funktion „primär auf den einzelnen Sprecher bzw. Schreiber bezogen" ist (Brinker [6]2005: 20), hier scheint also die Anzahl der (produktiven) Kommunikationsteilnehmer relevant, die uns auf die Dichotomie MONOLOG – DIALOG führt. Im Vorwort des HSK-Bandes sind als Textproduktionsinstanz dagegen nicht mehr nur Einzelpersonen, sondern auch Gruppen und Institutionen vorgesehen. Als Differenzierungsmerkmale erscheinen dann MÜNDLICH vs. SCHRIFTLICH KONSTITUIERT und INTERAKTIV-GLEICHZEITIG vs. ZEITLICH UND RÄUMLICH VERSETZT (vgl. Brinker u. a. 2000: XVII).

Man beachte, dass damit verschiedene Eigenschaften – wohl im Sinne einer prototypisch vorausgesetzten Kombination – zusammengegriffen werden, die Sandig (1972) mit den Merkmalen ± gesprochen, ± spontan, ± monologisch, ± räumlicher Kontakt, ± zeitlicher Kontakt, ± akustischer Kontakt säuberlich voneinander unterschieden hat (siehe Abb. 6.1 oben). Was sich also zunächst wie eine Dichotomie ausnimmt, erweist sich beim näheren Hinsehen als ein höchst komplexes Ineinander durchaus unterscheidbarer Merkmale.

 Angesichts dieses Problems greift man heutzutage meist auf das besonders von Koch/ Oesterreicher propagierte Konzept der Differenzierung zwischen medialer und konzeptioneller Mündlichkeit/Schriftlichkeit zurück. Prototypisch für konzeptionelle Schriftlichkeit sind monologische, sorgfältig geplante (= nicht spontan formulierte), situationsentbundene Texte, die sich für die Distanzkommunikation (Öffentlichkeit) eignen. Das Problem ist allerdings, dass konzeptionelle Mündlichkeit/Schriftlichkeit im Gegensatz zu medialer nicht einer Dichotomie entspricht, sondern es sich um ein graduelles Kriterium handelt (siehe 8.1), diese Differenz also zur Sortierung eigentlich ungeeignet ist, womit sich auch diese Grobunterscheidung tendenziell auflöst (vgl. dazu auch Adamzik 2008; kontrovers hierzu Kap. 8).

Ein Unterscheidungsmerkmal bleibt in dieser Zusammenstellung noch etwas unterbelichtet. Besonders in den Vordergrund gerückt wurde es von Konrad Ehlich, der die wesentliche Funktion der Schrift darin sieht, dass sie „Mittel zur Verdauerung des in sich flüchtigen sprachlichen Grundgeschehens, der sprachlichen Handlung" (Konrad Ehlich 1994: 18) sei. In diesem Sinn kann man den Textbegriff wieder einschränken auf ausschließlich zur Überlieferung gedachte Texte. Tut man dies nicht – und dies scheint mir schon deswegen wenig sinnvoll, weil es sich sicherlich wieder um ein graduelles Unterscheidungsmerkmal, eine Skala handelt – dann haben wir schlicht ein weiteres Unterscheidungsmerkmal vor uns, das ich GÜLTIGKEITSDAUER genannt habe. Texte – auch geschriebene – sind ja nicht nur materiell mehr oder weniger vergänglich, sondern auch entsprechend ihrem Nutzen mehr oder weniger beständig. Am einen Ende dieser Skala stehen Wegwerf- oder Verbrauchstexte, am anderen Texte, die für die Ewigkeit gedacht sind. Auf dieser Grundlage kann man immerhin, wenngleich recht arbiträr, auch diskrete Klassen bilden, wie etwa:

1. MINIMAL (Wegwerftexte wie Tafelanschrieb oder Einkaufslisten sowie alles spontan Gesprochene, das nicht aufgezeichnet wird),
2. BEGRENZT (Veranstaltungsprogramm, Tageszeitung),
3. LÄNGERFRISTIG (Protokoll, Reportage, Gesetz, wissenschaftlicher Text, Enzyklopädie),
4. UNBESCHRÄNKT (philosophische Texte, Belletristik i. e. S. der Höhenkammliteratur).

Kommen wir nun noch einmal auf das Kriterium der MEDIALITÄT zurück: Die Dichotomie gesprochen – geschrieben mutet m. E. heutzutage nahezu anachronistisch an. Denn im Mulitmedia-Zeitalter sind wir ja besonders sensibel geworden für die Verknüpfung verschiedener Kanäle und Ausdruckssysteme. Zum Sprachlichen – sowohl in mündlicher als auch schriftlicher Realisation – kommen Bilder und Grafiken, Musik, Filme, Animationen und natürlich parasprachliche Merkmale sowie Gestik und Mimik hinzu, letztere durch den Kamerazoom oft viel deutlicher erkennbar und dauerhafter als in der *Face-to-face*-Situation. Diese Erinnerung an das per se mehrere Medien und Kanäle einbeziehende Gespräch möge auch verdeutlichen, dass wir unter dem Eindruck der globalisierten und multimedialen Kommunikation zu dem durchaus irrigen Eindruck neigen, im vor-elektronischen Zeitalter seien Kommunikate überwiegend monomedial gewesen. Das ausschließlich aus Schriftzeichen bestehende Buch ist aber eher ein Grenzfall, ebenso wie eine ausschließlich aus (neutral artikulierten) Wörtern bestehende Rundfunkbotschaft. Und selbst ein Buch oder beschriebene/bedruckte Einzelblätter bestehen nicht nur aus Schriftzeichen, sondern präsentieren notwendigerweise zugleich eine Fläche, deren Strukturierung Informationswert hat (siehe auch 1.5 und 1.6).

6.2.3 Die Relativierung der Grobunterscheidungen bei der Betrachtung von Texten im Gebrauch

Die Sortierung von Kommunikaten entsprechend dem Kommunikationsbereich oder den verwendeten Medien ist noch aus einem weiteren Grund problematisch. Sie ist nämlich ausschließlich produktorientiert, ohne irgendeinen Kontext oder den Umgang mit Kommunikaten einzubeziehen. Nun kommt aber ein Text selten allein, vielmehr steht er sogar außerordentlich häufig in Beziehung zu anderen Botschaften, die medial teilweise anders verfasst sind und die einem anderen Kommunikationsbereich angehören oder sogar in andere Welten führen können. Was die Medialität angeht, so ergibt sich daraus ja auch die vieldiskutierte Frage, ob wir mit einem so genannten *erweiterten* Textbegriff arbeiten sollten, der nicht nur Mündliches umgreift, sondern auch bildliche, filmische, musikalische usw. Teile aufweisen kann, oder ob man gar etwa ein Bild ohne Sprache auch als Text auffassen sollte.[5]

---

5 Auch dabei kann man allerdings noch ganz produktorientiert bleiben und z. B. feststellen, dass eine Zeitschriftenreportage normalerweise aus Bildern und geschriebener, eine Fernsehreportage aus Film mit gesprochener sowie eventuell zusätzlich geschriebener Sprache (Einblendungen) besteht.

Weniger häufig diskutiert wird, jedenfalls was die Textsortenlinguistik angeht, die Frage, inwiefern Texte aus einem Kommunikationsbereich in einen anderen überführt werden und sich dabei sogar die Bezugswelten – in charakteristischer oder auch unerwarteter Weise – vermischen können. Für Medientexte ist es charakteristisch, dass sie ihre Gegenstände aus sämtlichen anderen Kommunikationsbereichen „beziehen" und sich erst in neuerer Zeit auch viel mit sich selbst als einem relevanten Kommunikationsbereich beschäftigen.

Ebenso ist es eine – bekanntlich nicht einfache – Aufgabe für die Literaturwissenschaftler, Studierende daran zu hindern, literarischen Texten (lediglich) mit einer „evasiven" Lesehaltung zu begegnen, entsprechend der sie in die fiktionale Welt eintauchen. Stattdessen sollen sie diese Texte einerseits als Entitäten der Standardwelt betrachten – sie gehören ja auch dieser an, haben einen Autor, eine Rezeptionsgeschichte, sind in einem realen historischen Kontext entstanden usw. Andererseits werden sie zu Gegenständen der (literatur-)wissenschaftlichen Welt, in der sie auch unter Gesichtspunkten betrachtet werden, die keinem naiven Leser in den Sinn kämen.

Bezieht man nun auch den Gebrauch der Texte ein – und das ist einfach notwendig, weil ihre bloße materielle Existenz nicht dafür ausreicht, sie als interpretierbare Sinngebilde aufzufassen, von einem Kommunikat kann sinnvollerweise nicht die Rede sein, wenn niemand da ist, der den Text rezipiert – , dann ergeben sich neue Perspektiven: Bei der Reaktualisierung kommen zunächst üblicherweise verschiedene Medien zusammen, und auch die anderen Einzelmerkmale können variieren. Um mit einem einfachen Beispiel für Wegwerftexte zu beginnen: Einer Einkaufsliste liegt oft ein gedrucktes Rezept, also ein Text mit längerfristiger Gültigkeit, zugrunde; Bestandteile dieser Liste werden im Dialog mit dem Verkäufer abgelesen. Ein Tafelanschrieb, ebenfalls höchst flüchtig, ist normalerweise nur ein kleiner schriftlicher Bestandteil einer überwiegend mündlichen Interaktion; es wird dabei meist geschrieben, was auch gesagt wird, und vom Angeschriebenen und/oder Gesagten fertigen andere schriftliche Notizen an. Außerdem spielen in einer Schulstunde oder einem Seminar – hier sind wir im Kommunikationsbereich (Hoch-)Schule bzw. Wissenschaft – zugleich gedruckte Dokumente eine große Rolle, die in Ausschnitten auch vorgelesen werden und auf jeden Fall eine Quelle z. B. für Begriffe sind, die man im mündlichen Austausch über den schriftlichen Text verwendet. Damit sind wir in gewisser Weise schon beim anderen Extrem, den „Texten für die Ewigkeit". Bei diesen sollte man sich vor Augen führen, dass sie eben deswegen solche sind, weil sie immer und immer wieder reaktualisiert werden und damit von „Definitionsagenturen" überhaupt erst zu solchen gemacht werden. Zwei wesentliche davon sind die Schule und die Universität, andere Schreibwerkstätten bzw. Verlage. Von diesen werden die Texte auch materiell rekreiert, nämlich immer wieder abgeschrieben bzw. neu gedruckt; sie erscheinen in vielen Ausgaben, kommentiert, textkritisch bearbeitet, übersetzt, gekürzt, illustriert usw., und diese verschiedenen Bearbeitungen sind wiederum charakteristisch für bestimmte Kommunikationsbereiche und Welten: Die einen machen aus einem literarischen oder philosophischen Text z. B. eine Ware der Unterhaltungsindustrie, die anderen einen Gegenstand des wissenschaftlichen Diskurses. Wenn solche Produkte dann in Gebrauch sind, werden sie (teilweise) vorgelesen und mündlich kommentiert, in Bestandteilen in Grafiken umgesetzt usw.

Insgesamt zeigt sich also, dass das Klassifikationsprinzip – „Ordne die Texte nach Kommunikationsbereichen, Medien usw." – Fragestellungen ausblendet, die für ihre nähere Charakterisierung von entscheidender Bedeutung sind.

6.3   Texteigenschaften und ihre Typologisierung

Die im vorigen Abschnitt besprochenen elementaren Dichotomien bzw. das, was sich auf den ersten Blick als solche darstellt, werden häufig in sehr allgemeinen, teilweise auch fachexternen Kontexten gebraucht. Bei den Versuchen, theoretisch befriedigende Texttypologien zu entwickeln, spielen diese hergebrachten und offensichtlichen Unterscheidungen dagegen kaum eine Rolle. Vielmehr haben hier zwei Kriterien im Vordergrund gestanden, die schon Isenberg für besonders geeignet hielt, nämlich einerseits das der TEXTFUNKTION und andererseits THEMENENT-FALTUNGSTYPEN bzw. VERTEXTUNGSMUSTER[6]. Während bei letzteren auch in Bezug auf die Ausprägungen relative Einigkeit herrscht – unterschieden werden meist mit Brinker ([6]2005: Kap. 3.5.) die vier Typen Narration, Deskription, Argumentation und Explikation – gibt es bei den Funktionen viel unterschiedlichere Positionen (vgl. ausführlicher dazu Adamzik 2004: Kap. 5). Besonders gängig ist aber auch hier der Rückgriff auf die Gliederung von Brinker ([6]2005: Kap. 4.4.), der im Anschluss an die Sprechakttypen von John R. Searle (1971) Texte entsprechend ihrer Grundfunktion in fünf Typen einteilt: nämlich solche mit Informations-, Appell-, Obligations-, Kontakt- oder Deklarationsfunktion. Entsprechend dem Prinzip der Mehr-Ebenen-Klassifikation werden beide Typologien natürlich nebeneinander zur Charakterisierung eines Textes oder einer Textsorte eingesetzt. Da beide Ansätze in anderen Kapiteln dieses Buches ausführlicher besprochen werden (siehe 4.5 und 5.2.2), möchte ich es bei diesen allgemeinen Hinweisen belassen und wieder zu der Frage zurückkehren, inwieweit sich damit nun eine befriedigende Aufgliederung des Textuniversums bewerkstelligen lässt.

Abgesehen davon, dass man auch die in 6.2 behandelten Kriterien bei der Charakterisierung von Texten und Textsorten einbeziehen muss, sind mit FUNKTION und VERTEXTUNGSMUSTER erst zwei weitere Aspekte erfasst. Es besteht aber allgemeiner Konsens darüber, dass es noch weitere wesentliche Texteigenschaften gibt, und es erhebt sich die Frage, warum wir denn ausgerechnet diese beiden als ganz besonders relevant auffassen sollten. Was haben wir mit ihnen eigentlich gewonnen?

---

6 Diesen Ausdruck benutzen Brinker u. a. 2000/2001 im HSK-Band „Text- und Gesprächslinguistik".

Wir erhalten genau das, was wir angestrebt haben, nämlich homogene und finite Typologien mit jeweils einer kleinen Anzahl von Klassen. Diese Klassen umfassen natürlich – das ist die logische Konsequenz, man könnte auch sagen: die Kehrseite dieses Verfahrens – jeweils sehr viele Elemente, und zwar auch solche, die einander sehr unähnlich sein können, wir erhalten also höchst heterogene Klassen. Wenn man alle Texte etwa der deutschen Sprache in fünf bis zehn Klassen einteilt, dann kann dies ja nur dazu führen, dass sich die verschiedensten Phänomene beieinander finden, ganz so wie in der biologischen Systematik, wo in der Unterklasse der höheren Säugetiere u. a. Gürteltiere, Nashörner, Fledermäuse und Wale vereint sind.

Schon deswegen ist es einigermaßen erstaunlich, dass man diesen homogenen Typologien auf hohem Abstraktionsniveau einen so großen Wert beimaß. Sie sind zwar sinnvoll und notwendig, aber alles andere als ausreichend. Denn die Klassen sind schlicht zu wenig differenziert, nicht distinktiv genug. Und es besteht keine Aussicht, dass man auf diesem Weg noch eine Brücke zu den anderen beiden Zugängen schlagen kann, also zu der gewöhnlichen kommunikativen Praxis (6.1.1) oder den an authentischen Texten interessierten Textwissenschaften (6.1.2).

In dieser Situation mag man versucht sein, die Großklassen weiter zu untergliedern. Könnten wir nicht eine hierarchische Typologie z. B. der Gebrauchstextsorten erstellen, die im ersten Schritt etwa in fünf Funktionsklassen aufgeteilt wird und an deren unterster Stufe sich die alltagssprachlichen Textsortenbezeichnungen finden? Die Vermutung, dass so etwas gar nicht möglich sei, hat Eckard Rolf (1993) erfolgreich widerlegt. Tatsächlich hat er mehr als 2000 deutsche Bezeichnungen für schriftliche Gebrauchstextsorten im Rahmen des Searle'schen Ansatzes „exhaustiv und disjunkt" in einer hierarchischen Taxonomie untergebracht. Wie er dabei vorgeht, zeigt Abbildung 6.2 mit einem Ausschnitt aus dieser Typologie. Nicht widerlegt, sondern eher bestätigt hat er allerdings m. E. die Annahme, dass eine solche Gesamttypologie teilweise sehr heterogene Klassen umfasst und auch keine Übersicht über das Textuniversum gewährt. Er gelangt zu insgesamt 109, also doch einer beachtlichen Zahl von Unterklassen. Zu der in der Abbildung 6.2 erscheinenden Klasse DIR 20, die insgesamt 25 Bezeichnungen umfasst, gehören neben weiteren Rätselformen auch Intelligenz-, Schulleistungs- und Schulreifetest. In einer Unterklasse der deklarativen Textsorten (DEKLA 16) befinden sich u. a. Aktie, Kassenbon, Gepäckaufbewahrungs-, Lotto- und Schuldschein beieinander.

Es ist unmittelbar erkennbar, warum solche Klassenbildungen für die gewöhnliche kommunikative Praxis (und ihre wissenschaftliche Beschreibung!) so unbefriedigend sind. In diesen spielt nämlich der KOMMUNIKATIONSBEREICH eine ganz zentrale Rolle, das ist der unmittelbare praktische Lebenszusammenhang, in dem die Texte situiert sind. Sortiert man Texte nach diesem Kriterium oder bezieht es wenigstens als relevantes ein, so kommt man natürlich zu ganz anderen Unterklassen.

Man stelle sich nun vor, dass man gleich mit mehreren solchen Gesamtklassifikationen konfrontiert wäre. Was könnte man mit solchen konkurrierenden Systemen, in denen jede Textsorte ein für allemal ihren festen Platz hat – allerdings

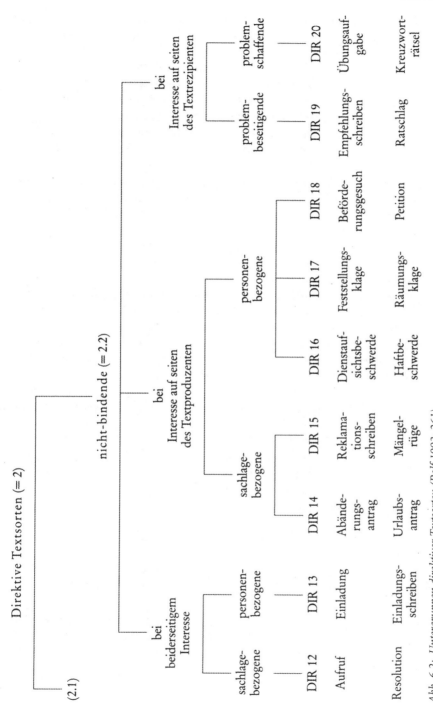

Abb. 6.2: Untergruppen direktiver Textsorten (Rolf 1993: 261)

in jedem System einen anderen! – anfangen? Eine Gesamttaxonomie, selbst wenn sie hierarchisch gestuft verschiedene Differenzierungskriterien einbezieht, realisiert nicht, sondern widerspricht m. E. einem komplexen Klassifikationssystem, wie es sich nach Isenbergs revidiertem Vorschlag (1983) aufdrängt. Falls mit einer Mehr-*Ebenen*-Klassifikation eine solche hierarchisch geordnete Abarbeitung verschiedener Aspekte gemeint sein sollte, handelte es sich doch um einen anderen Ansatz, der vernachlässigt, dass die verschiedenen Aspekte quer zueinander liegen und daher auch nicht in eine einzige Typologie eingehen, sondern nebeneinander verwendet werden sollten. Dies nun bedeutet, dass Typologien gar nicht auf Texte (oder Wörter oder Sätze …) angewendet werden sollten, sondern nur auf Eigenschaften dieser Entitäten. Sie sind kein Sortier-, sondern ein Beschreibungswerkzeug – ganz so, wie wir es aus Lexikologie und Grammatik gewohnt sind: Ein Wort kann u. a. in Bezug auf seine Wortart, seine morphologische Komplexität, seine Herkunft klassifiziert werden, ein Satz in Bezug auf seine Länge, seine Komplexität, den Satzbauplan usw., mit Wort- oder Satzsorten im Sinne von Typologien, die mehrere dieser Eigenschaften kombinieren, rechnen diese Disziplinen aber nicht, und das ist zweifellos auch gut so.

Je mehr Eigenschaften ein Beschreibungsobjekt aufweist, desto mehr Typologien sind für seine Charakterisierung notwendig bzw. möglich. Texte als komplexe Großzeichen haben sehr viele Eigenschaften. Der nächste Schritt bei der Erarbeitung eines komplexen Klassifikationssystems besteht also darin, sich über Menge und Art dieser Eigenschaften klar zu werden. Schon die bislang besprochenen Merkmale, insbesondere die innere Komplexität des Merkmals MEDIUM oder auch die (ja ganz offensichtlich unvollständige) Liste von Sandig (siehe Abb. 6.1) lassen in aller Deutlichkeit erkennen, wie umfangreich entsprechende Listen aussehen können. Angesichts dessen ist es verständlich und auch sinnvoll, dass sie immer nur für Teilaspekte ausgearbeitet werden. Um einer willkürlichen Auswahl und ungeordneten Auflistung zu entgehen, ist es nützlich, zunächst bestimmte Dimensionen voneinander abzugrenzen und dabei etwas differenzierter vorzugehen als bei der (in sich ohnehin problematischen) Unterscheidung von textinternen und -externen Merkmalen. Abbildung 6.3 bildet einige solche Grobsortierungsversuche aufeinander ab.

Dass gerade der FUNKTION und dem THEMENENTFALTUNGSTYP in den theoretisch orientierten Ansätzen eine herausragende Bedeutung zugewiesen wird, erklärt sich m. E. am ehesten daraus, dass es hier relativ leicht ist, auf einer obersten Ebene ein Typeninventar zu entwerfen, das mit einer Handvoll von Kategorien auskommt. Erstaunlich erscheint es mir allerdings, dass beim Thema nur der Themenentfaltungstyp regelmäßig behandelt wird. Dabei ist es durchaus möglich, auch Thementypen selbst auf einem hohen Abstraktionsniveau zu typologisieren (siehe dazu ausführlich Kap. 4). Ich habe vorgeschlagen Themen entsprechend dem behandelten ‚Objekt' grob zu unterteilen in

- STATISCHE OBJEKTE (Gegenstände, Lebewesen, Zustände/Situationen);
- DYNAMISCHE OBJEKTE (= Ereignisse: Vorgänge und Handlungen);
- KOGNITIVE OBJEKTE (Begriffe/Kategorien, Thesen, Theorien).

In gewissem Ausmaß ist es möglich, diese Thementypen in Beziehung zu Themenentfaltungstypen zu setzen (statische Objekte: Deskription; dynamische: Narration; kognitive: Argumentation), durchgängig ist das aber nicht möglich und vor allem ist zu beachten, dass auch diese Typologie nicht als Sortier-, sondern als Beschreibungswerkzeug zu verstehen ist und einzelne Texte und auch Textsorten mehrere dieser Typen aufweisen können (vgl. dazu ausführlicher Adamzik 2004: Kap. 6.3).

Grundunter-scheidung	Dressler [2]1973	Brinker 1985/[6]2005	(Morris)	Heinemann 2000c[7]	Adamzik 2004
textintern	Textgrammatik	Textstruktur	Syntax	formal-	(sprachliche) Gestalt
		grammatisch		grammatisch	
	-semantik		Semantik	inhaltlich-	Thema/Inhalt
	-thematik	thematisch		thematisch	
textextern	Textpragmatik	Textfunktion	Pragmatik	funktional	Funktion
				situativ	situativer Kontext

Abb. 6.3: Texteigenschaften/Aspekte der Textbeschreibung

Eher aus empirisch orientierten Ansätzen, nicht zuletzt aus der Konversationsanalyse (siehe 5.5), kommen Klassifikationsvorschläge, die den Aspekt des SITUATIVEN KONTEXTES betreffen und die eine sehr differenzierte Subgliederung in verschiedene Unteraspekte erfordern, wie schon die Diskussion um das Merkmal Medium gezeigt hat. Daneben ordne ich auch Kommunikationsbereich und Weltbezug dem situativen Aspekt zu, ferner raum-zeitliche Situierung und Produzent/Rezipient bzw. Kommunikatoren. Dieser letzte Aspekt ist in der Konversationsanalyse besonders wichtig, da es darum geht, die Anzahl der Teilnehmer, ihr Verhältnis zueinander, ihren Bekanntheitsgrad u. a. zu berücksichtigen. Mir kommt es jedoch darauf an zu betonen, dass die Frage, wer in welcher Rolle an der Produktion, Rezeption und Re-Produktion beteiligt ist, bei der Beschreibung von Schrifttexten ebenso bedeutsam ist und die einfache Gegenüberstellung von Schreiber vs. Leser viel zu kurz greift. Im Anschluss an Diskussionen aus der Gesprächsanalyse habe ich u. a. folgende Rollenaspekte unterschieden (vgl. dazu weiter Adamzik 2002 und 2004: Kap. 4.5):

---

7 Vgl. auch – mit etwas veränderter Formulierung – Heinemann/Heinemann 2002: 134 f.

- Berufsrolle;
- Funktionsrolle;
- Diskursrolle (Befürworter, Gegner …);
- Sprachteilhaberrolle (Muttersprachler, Sprachlerner …);
- Kommunikanten-/Beteiligungsrolle:
  - Träger der illokutionären Rolle,
  - Formulierer (lokutionäre Rolle),
  - Ersteller des Textkörpers (Äußerer – phonetischer Akt bzw. (Auf-)Schreiber),
  - Gesprächsrolle,
  - Multiplikator, Mittler und Filterinstanzen, Reaktualisierer.

Dies ist nur ein Ausschnitt, der hauptsächlich verdeutlichen soll, wie komplex die Typologien sogar noch bei Einzelaspekten aus dem situativen Bereich werden können.

Dies ist aber noch gar nichts gegenüber den Eigenschaften, die die (sprachliche) Gestalt betreffen, also vor allem Lexik und Grammatik. Bei der Lexik ist letzten Endes mit einer unüberschaubar großen Menge von Ausprägungen zu rechnen, wie schon oben mit der Frage nach möglichen Alternativkonzepten zu Farbwort angedeutet. Es lässt sich schlechterdings keine erschöpfende Systematik von semantischen Gruppen oder Wortfeldern erstellen. Die onomasiologischen Wörterbücher, die so etwas immerhin versuchen, bestätigen eher diesen Befund, als ihn zu widerlegen. Auf der untersten Ebene, d. h. bei den einzelnen Lexemen, hat man es immer mit einer unüberschaubaren Menge und teilweise arbiträren, unvorhersehbaren, sprachlich-historisch „zufälligen" Kombinationen von höchst spezifischen Merkmalen zu tun.

Was die Grammatik angeht, so haben wir hier immerhin den Vorteil, dass ja an ausgearbeiteten Typologien kein Mangel besteht, solche können direkt aus der Grammatikforschung übernommen werden. Gleichwohl dürfte es unmittelbar einsichtig sein, dass es gar keinen Sinn hat, hier Listen von potenziellen Beschreibungsaspekten zu präsentieren, also etwa Sandigs Entwurf noch um vorkommende Modi, Genera Verbi etc. zu erweitern. Denn jeder Text weist viel zu viele grammatische Eigenschaften auf, als dass es möglich wäre, sie jeweils samt und sonders zu analysieren. Außerdem beziehen sich die Typologien aus Lexikologie und Grammatik ja auf die niedrigeren Ebenen Wort und Satz. Ein Text besteht aber normalerweise aus vielen Wörtern und Sätzen, die selbstverständlich nicht alle demselben Typus angehören. Hier bleibt also gar nichts anderes übrig, als mit quantitativen Eigenschaften (Vorkommenshäufigkeit von Phänomenen) zu rechnen.

Dass wir bei Texten und Textsorten nicht immer alle sprachlichen Merkmale berücksichtigen können, ist allerdings durchaus kein Schaden, weil nämlich keineswegs alle Eigenschaften für den jeweiligen Text/die Textsorte charakteristisch und damit relevant sind. Von den möglichen Analysekategorien wählt man also notwendigerweise aus – je nach Fragestellung und je nachdem, was das Material hergibt.

Als Fazit aus diesen Erläuterungen zu dem, was theoretisch befriedigende Typologien von Texten – und anderen (sprachlichen) Einheiten – leisten und was sie nicht leisten, ergibt sich Folgendes: Homogene Typologien siedeln sich auf einem sehr hohen Abstraktionsniveau an und führen, wenn man sie als Sortierungswerkzeug benutzt, jeweils zu wenigen sehr heterogenen Klassen. Eine Kombination sämtlicher potenziell relevanter Texteigenschaften zu *einer* komplexen Textklassifikation ist angesichts ihrer Menge kaum denkbar und jedenfalls nicht sinnvoll.

Nun haben ja nicht nur homogene Typologien, sondern auch quasi das Gegenteil, nämlich homogene Klassen, ihren Nutzen. Nur Mengen von Texten, die einander hinreichend ähnlich sind, können in kommunikationspraktischen Zusammenhängen als relevante Kategorie fungieren. Auch bei der wissenschaftlichen Arbeit ist es sinnvoll, um nicht zu sagen unausweichlich, den Untersuchungsgegenstand einzugrenzen, bei den Texten sowohl in Bezug auf das Korpus als auch auf die Beschreibungsaspekte. Damit sei auch der von Isenberg (und anderen) zumindest implizit unterstellten Annahme widersprochen, dass ad hoc gebildete bzw. ausgewählte Klassen für die Analyse ungeeignet wären. Um aus der unüberschaubaren Menge von lexikalischen Klassen zur Demonstration zwei auszuwählen: ‚Farbwort‘ oder ‚Personenbezeichnung‘ sind relativ klare Kategorien, auch wenn man ihnen nicht einen bestimmten Ort in einer umfassenden Typologie zuweisen kann – man muss nicht wissen, was es sonst noch alles für semantische Klassen gibt, um einzelne Ausdrücke den Farbwörtern bzw. Personenbezeichnungen zuordnen zu können, so wenig wie man Kenntnisse in der zoologischen Systematik braucht, um einen Elefanten zu identifizieren, oder eine Texttypologie im Hinterkopf haben müsste, um eine Stellenausschreibung zu erkennen.

Die Willkür oder der Ad-hoc-Charakter von Merkmalen, wie Sandig (1972) sie in ihrer Merkmalsbeschreibung zugrunde legt, sind allenfalls deswegen störend, weil sie nicht von vornherein ihren Gegenstandsbereich eingegrenzt hat; das liegt allerdings nur daran, dass sie lediglich das Prinzip einer möglichen Abgrenzung von Textsorten nach Merkmalsoppositionen verdeutlichen wollte. Bei allen empirischen, an irgendwelchen Korpora ansetzenden Studien, ist aber die Auswahl von Merkmalen normalerweise nicht willkürlich, sondern eben induktiv, durch das Beschreibungsobjekt geleitet.

Damit können wir nun diese Überlegungen abschließend auch noch eine ganz andere Klassifikation von Texteigenschaften im Bereich der eigentlich unüberschaubaren lexikalischen und grammatischen Merkmale ins Auge fassen. Das ist die Erwartbarkeit von Eigenschaften oder anders herum gesehen die Frage, woraus sich das Vorkommen bestimmter Merkmale erklärt. Dabei zeigt sich, dass eine vollständige Analyse der sprachlichen Gestalt weder notwendig noch sinnvoll ist, da eben ein Teil der Befunde gar nicht auf die Textsortenspezifik zurückgeht – wenn es uns aber um deren Erklärung geht, dürfen wir nicht andere Faktoren unkontrolliert damit vermischen. Konkret lässt sich dies am besten am lexikalischen Material demonstrieren. Für dessen Grobsortierung schlage ich folgende Gruppen vor:

- EINZELSPRACHSPEZIFISCH – viele, im Deutschen genauer gesagt etwa die Hälfte, der Wörter eines Textes erscheinen ganz einfach deswegen, weil der Text der einer bestimmten Einzelsprache ist. Dazu gehören vor allem die Funktionswörter (Artikel, Präpositionen, Konjunktionen, Pronomina, Hilfsverben usw.) sowie eine Reihe von Allerweltswörtern (*geben, machen, groß, klein, heute, immer* usw.);
- TEXTSORTENSPEZIFISCH;
- THEMENSPEZIFISCH;
- NICHT ERWARTBAR.

Teilweise dürfte die Unterscheidung zwischen textsorten- und themenspezifischen Ausdrücken problematisch sein, da ja manche Textsorten in Bezug auf ihr Thema stark eingeschränkt sind. Das gilt z. B. für Wetterberichte. Sehr viel variantenreicher sind etwa Kochrezepte, da es zwar nur eine begrenzte Menge von Handlungen und Instrumenten gibt, die dabei in Frage kommen; sogar diese, erst recht aber die Zutaten hängen dagegen davon ab, welche Speise zubereitet wird, das entsprechende Vokabular ist damit thematisch bedingt. Sehr deutlich ist der Unterschied bei Abstracts, die ja von allen möglichen Themen handeln können, als Gemeinsames aber regelmäßig Ausdrücke für den Autor des behandelten Texts, dessen Teile, spezifische Handlungen wie *erörtern, behandeln, ausführen,* allgemeines Wissenschaftsvokabular wie *Frage, Aspekt, Untersuchung* etc. aufweisen. Schließlich gibt es auch noch Textsorten, bei denen überhaupt keine lexikalischen Wahlen voraussehbar sind, da diese ganz vom Thema gesteuert sind. Das gilt z. B. für Leitartikel, Essay oder Diskussion.

Damit kommen wir auf einem anderen Wege wieder zum Ausgangsproblem zurück, dem Tatbestand nämlich, dass man so Verschiedenartiges unter den Begriff ‚Textsorte' fasst. Diese zentrale Frage ist Gegenstand des folgenden Abschnitts.

6.4   Abstraktionsebenen: Zum Verhältnis von Text und Typ

Der wesentliche Grund für unterschiedliche Vorstellungen darüber, was eine Textsorte ausmacht, besteht darin, dass man Klassen unterschiedlichen Abstraktionsniveaus darunter fasst, angefangen von solchen, die nur in einem Merkmal spezifiziert sind (z. B. narrative Texte, Aufforderungstexte) bis hin zu solchen, bei denen viele Eigenschaften festliegen, insbesondere auch solche der sprachlichen Gestaltung (z. B. Kochrezept oder Medienhoroskop). Dem dadurch entstehenden Missstand, dass unklar ist, auf welcher Ebene Textsorten denn nun zu verorten sind, hat man versucht abzuhelfen, indem man zumindest formal Klassen auf unterschiedlichen Hierarchieebenen unterscheidet und für diese auch Spezialbegriffe festlegt. Schon früh haben Gülich/Raible (1975) gefordert, von *Textsorten* nur auf einer bestimmten, und zwar eher niedrigen Abstraktionsstufe zu sprechen und z. B. Telefongespräche nicht als Textsorten, sondern als *Kommunikationsarten* zu bezeichnen. Generell werden Klassen hohen Abstraktionsniveaus oft als *Texttypen* bezeichnet. Dies entspricht insbesondere dem Vorschlag Isenbergs (1983), der diesen Ausdruck für das Ergebnis homogener Klassifikationen reservieren wollte – das sind eben solche, die nur mit einem Merkmal arbeiten. Prinzipiell können das natürlich irgendwelche Merkmale sein, bevorzugt verwendet wird allerdings wohl das Kriterium FUNKTION, während man insbesondere nur medial unterschiedene Klassen eher selten als *Texttypen* oder *-sorten* betrachtet. So argumentiert insbesondere Ziegler (2002) in seinem Beitrag zu dem der *Kommunikationsform* E-Mail gewidmeten Sammelband. Gleichwohl muss er konstatieren, dass nicht nur in der früheren Literatur zu E-Mails diese oft als *Textsorte* bezeichnet werden, sondern auch die anderen Beiträger des Sammelbandes „die Bezeichnungen *Textsorte* und *Kommunikationsform* variabel und mit unterschiedlicher Trennschärfe" verwenden (Ziegler 2002: Anm. 5). Seine Gesamteinschätzung lässt nicht darauf schließen, dass sich die Dinge seit dem ersten Kolloquium zu Textsorten entscheidend geändert haben: „Tatsächlich ist in vielen linguistischen Arbeiten trotz einer zahlreich vorhandenen Spezialliteratur ein geradezu prätheoretischer Gebrauch der Begriffe zu beobachten". (Ziegler 2002: 10) Es drängt sich allerdings der Verdacht auf, dass die viele Spezialliteratur zu der „begrifflichen Verwirrung" (ebd.: 11) selbst beiträgt. Dies gilt insbesondere für Ansätze, die mit einem möglichst differenzierten Inventar von Hierarchieebenen arbeiten und anscheinend an dem Vorbild der biologischen Systematik orientiert sind, d. h. eine Art Analogon zu der Reihe Reich – Abteilung – Unterabteilung – Klasse – Ordnung – Familie – Gattung – Art zu etablieren suchen, wofür sich Ausdrücke wie *Typ, Art, Form, Klasse, Sorte* usw. anbieten.[8] Ganz abgesehen von der Frage, ob sich denn die biologische Systematik als Vorbild eignet[9] – in ihr hat man es immerhin mit Naturerscheinungen zu tun, bei den Texten dagegen mit Artefakten – trägt diese Vermehrung der „Termini" m. E. insofern nur zu größerem terminologischen Wirrwarr bei, als es keinerlei Anzeichen dafür gibt, dass sich einer dieser Vorschläge allgemeiner durchzusetzen vermöchte; in die alltägliche Kommunikationspraxis oder die Textwissenschaften exportierbar scheint er mir schon gar nicht. Dazu sind auch einfach die Verhältnisse bei verschiedenen Gruppen von Texten zu unterschiedlich. Darauf weisen übrigens Heinemann/Heinemann (2002), die einen solchen Vorschlag unterbreiten, selbst hin, wenn sie ihre Abbildung (hier 6.4) folgendermaßen kommentieren:

---

8 Vgl. so als frühen Versuch Schmidt 1977, der mit der Stufung Textklasse – Texttyp – Textart rechnet, an die etwa Pfütze/Blei 1982 noch die Ebene Textsorte anhängen. Vgl. dazu auch Krause 2000b: 28 ff.

9 Dass es auch in der Biologie unterschiedliche Klassifikationsansätze gibt und die Systematiken insofern arbiträr sind, als sie keineswegs zu „natürlichen" Klassen führen, weiß man nicht erst, seit als Alternativklassifizierung auch die DNS-Etikettierung diskutiert wird.

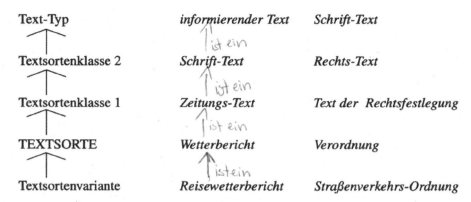

Abb. 6.4: Hierarchische Stufung von Text-Klassen (Heinemann/Heinemann 2002: 143)

Dieses allgemeine Schema der Hierarchisierung von Textklassen darf aber nicht als Absolutum verstanden werden. Wir erkennen schon aus den Beispielen, dass *Schrift-Texte*, je nach dem Anliegen des Klassifikators, in unterschiedlicher Position in der Hierarchie erscheinen können. [...] Die ‚Zwischenstufen' sind keineswegs obligatorisch; sie variieren vielmehr in Abhängigkeit vom Ziel des Klassifizierenden. Und schließlich muss einschränkend festgehalten werden, dass die Relationen zwischen den Textklassen unterschiedlicher Hierarchiestufen keineswegs immer gradlinig verlaufen. Vielfach sind gerade die Zwischenstufen, die Textsortenklassen, mit anderen Textklassen-Repräsentationen derselben Hierarchiestufe vernetzt. So gibt es z.B. *Anweisungs-Texte* sowohl im medizinischen Bereich als auch in zahlreichen anderen Kommunikationsbereichen. (Heinemann/Heinemann 2002: 143f.)

Letztendlich kommen sie denn auch zu einer Zurückweisung des hierarchischen Modells, jedenfalls wenn damit eine Gesamtklassifikation angestrebt wird:

Denn eine Gesamtklassifikation müsste nicht nur distinktiv sein und mehrere hierarchische Ebenen umfassen, sie müsste darüber hinaus ein für alle Mal systemhaft festgelegt und daher in irgendeiner Form absolut und damit letztlich verbindlich für alle Klassifikatoren sein. Eben das aber kann weder erreicht noch ernsthaft intendiert werden, denn Textklassifikationen eignen sich immer nur für bestimmte Zwecke und haben Relevanz immer nur unter bestimmten Voraussetzungen, da sie immer als Mittel und Ergebnisse integriert sind in konkrete Interaktionsereignisse. (Heinemann/Heinemann 2002: 165)[10]

Dies entspricht klar einer Abkehr vom taxonomischen Ansatz, dem es ja gerade nicht um konkrete Interaktionsereignisse geht; denn wenn diese überhaupt betrachtet werden und man nicht von vornherein auf einem abstrakteren Niveau arbeitet, dann stellt sich dem Klassifikator nur die Frage, unter welche abstrakte(n) Klasse(n) diese Ereignisse zu subsumieren sind.

---

10 Damit wird m. E. allerdings auch der Versuch obsolet, Ausdrücke wie *Texttyp* usw., aber auch *Textsortenklasse, Textsorte, Textsortenvariante* als „Termini" für Klassen unterschiedlicher Abstraktionsniveaus festlegen zu wollen.

Während sich also bei den höheren Abstraktionsebenen eine einheitliche Terminologie nicht abzeichnet und nicht einmal Einigkeit darüber herrscht, ob eine solche hierarchische Stufung überhaupt sinnvoll ist, kann immerhin festgestellt werden, dass der Begriff *Textsorte* – sofern ihm irgendwelche Gegenbegriffe an der Seite stehen – immer auf einer relativ niedrigen Abstraktionsebene angesiedelt wird. Dies entspricht der Auffassung, dass es sich bei Textsorten um Phänomene handelt, die durch Merkmalbündel zu beschreiben sind. Genau diese Auffassung finden wir auch in der am häufigsten zitierten Definition von *Textsorte*, nämlich derjenigen von Brinker:

> Textsorten sind konventionell geltende Muster für komplexe sprachliche Handlungen und lassen sich als jeweils typische Verbindungen von kontextuellen (situativen), kommunikativ-funktionalen und strukturellen (grammatischen und thematischen) Merkmalen beschreiben. (Brinker [6]2005: 144)

Hier wird also grundsätzlich vorausgesetzt, dass Textsorten auf den vier in Abb. 6.3 genannten Ebenen spezifiziert sind.

Die am Ende von 6.3 demonstrierten Unterschiede in der Erwartbarkeit bestimmter Merkmale werden damit allerdings tendenziell nivelliert. Diesen trägt Brinker jedoch gleichwohl Rechnung, wenn er feststellt:

> Während stark normierte Textsorten wie Wetterbericht, Kochrezept, Vertrag, Todesanzeige, Testament bis in die sprachliche Gestaltung hinein als weitgehend vorgeprägt erscheinen, gibt es bei anderen Textsorten wie Werbeanzeige, Zeitungskommentar, populärwissenschaftlicher Text usw. durchaus unterschiedliche Möglichkeiten der Ausführung, vor allem in struktureller Hinsicht. (Brinker [6]2005: 144f.)

 Daraus könnten wir nun zunächst wieder einmal ein neues Differenzierungskriterium ableiten und Textsorten nach dem Ausmaß ihrer NORMIERTHEIT oder STANDARDISIERTHEIT einteilen. Es handelt sich natürlich um eine Skala, zu deren Aufgliederung man auch quasi-diskrete Klassen wie maximal, stark, mittel, schwach, minimal standardisiert erfinden könnte. Allerdings dürfte der Nutzen einer solchen „Typologie" recht begrenzt sein, besonders weil eine globale Charakterisierung viel zu undifferenziert ist, denn man möchte ja eher wissen, in welcher Beschreibungsdimension Merkmale festgelegt oder erwartbar sind. Schon die von Brinker als stark normiert zusammengefassten sind da sehr unterschiedlich einzuschätzen: Der Wetterbericht ist sehr stark standardisiert auf der Ebene der Wortwahl, aber variabel in Bezug etwa auf Medium, grafische Aufbereitung und auch Syntax. Bei Testament und erst recht bei Vertrag sind Funktion und Medium festgelegt, aber nur bestimmte Teile der Formulierungen voraussehbar, die Lexik ist nämlich weitgehend themenspezifisch bzw. einzelfallbedingt. Es ist also mit den unterschiedlichsten Kombinationen von Vorhersehbarkeit in einzelnen Merkmalen und Merkmalgruppen zu rechnen. Eben deswegen scheint es mir auch müßig zu versuchen, für bestimmte Ausprägungen solcher Kombinationen spezielle Termini zu kreieren.

Während die Frage nach Zwischenebenen in einer Hierarchie in der Literatur ausführlich behandelt wurde, blieb die Frage, was denn eigentlich zum Verhältnis des

Einzeltextes zu Textsorte oder Texttyp zu sagen sei, gänzlich im Hintergrund. Meist stützt man sich auch hier auf eine Aussage von Brinker, der annimmt, dass der „konkrete Text [...] immer als Exemplar einer bestimmten Textsorte" erscheine, er sei z.B. „ein Fernsehkommentar, eine Zeitungsnachricht, ein Kochrezept oder eine Werbeanzeige – um nur einige alltagssprachliche Namen für Textsorten zu nennen" (Brinker [6]2005: 138). Die Beispiele zeigen, dass Brinker dabei an Klassen relativ niedrigen Abstraktionsgrades denkt, wenngleich keines von ihnen einem maximal standardisierten Typ entspricht und Werbeanzeigen zu denen gehören, deren extrem variable Gestaltung sogar typisch, da funktional begründet ist – eine Strategie besteht jedenfalls darin, Werbung möglichst auffällig zu gestalten, um einer unerwünschten, aber häufigen Reaktion darauf, der Rezeptionsverweigerung, vorzubeugen.

Selbst wenn wir also der Annahme folgen, ein Text würde gewöhnlich einer bestimmten Textsorte im Sinne eines Alltagskonzepts zugeordnet (wie sie ja auch in 6.1.1 zugrunde gelegt wurde), ist damit noch nichts Spezifisches über das Verhältnis des Einzeltextes zur Textsorte ausgesagt: Ist er in erster Linie oder gar ausschließlich die Realisation eines vorgegebenen Musters? So etwas gilt tatsächlich für Formulartexte, z.B. automatisch erstellte Immatrikulationsbescheinigungen oder Bankauszüge. Oder ist er im Gegenteil nur sehr locker einem – bei den bekannten Mustermischungen sogar mehreren! – grob unterschiedenen Typen zuzuordnen, beeinflusst vielleicht dieser Einzeltext seinerseits den Typ, die prototypische Vorstellung von der Textsorte? Oder könnte der Einzeltext nicht sogar auch zur Entstehung einer neuen (Variante dieser) Textsorte beitragen?

Von einem solchen grundsätzlichen Wechselverhältnis zwischen Einzeltext und Textsorte geht man verständlicherweise in der literaturwissenschaftlichen Gattungstheorie aus:

> [...] das Verhältnis zwischen Genre und Einzelwerk stellt sich als eines der nur partiellen Determinierung dar. Die in der Gattung gegebene Bündelung von Merkmalen oder Regeln erscheint im Werk mehr oder weniger (und mehr oder weniger variiert) ausgeschöpft, zugleich zeigt das Werk (zumal in den Details seiner sprachlichen Realisierung) eine Vielzahl von ‚freien' Elementen. (Dammann 2000: 549)

Ganz Entsprechendes können wir aber durchaus auch für Gebrauchstextsorten voraussetzen, besonders wenn wir dabei nicht an die stark standardisierten Kleinformen denken, sondern auch an anspruchsvolle und umfangreichere Sachtexte, wie sie ja für die Wissens- und Informationsgesellschaft charakteristisch sind. Aber selbst die banalsten Textsorten – und zwar sogar dann, wenn sie Formularcharakter haben wie etwa Lottoscheine oder Reisepässe – sind das Ergebnis einer historischen Entwicklung. Dies heißt zwar, dass sie zu einem bestimmten Moment bzw. in einer bestimmten Zeitspanne wirklich keinen Raum für ‚freie Elemente' lassen, aber die historische Entwicklung hört ja nicht auf, und die beiden genannten Beispiele repräsentieren Fälle, bei denen die Kenntnis des alten und des neuen Formulars noch zum Wissensbestand der meisten Leser dieses Textes gehören dürfte.

Das Besondere an Formulartexten ist, dass eine Veränderung der Merkmale von einer dazu befugten Instanz abrupt, von einem Moment auf den anderen, eingeführt wird. In etwa vergleichbar ist auch die Einführung neuer „Formate" in den Massenmedien – abgesehen davon, dass diese doch noch einen großen Spielraum für die Gestaltung des Einzeltextes lassen. Bei allen Textsorten, bei denen nicht eine Instanz bestimmte Vorgaben setzt, sondern die in der Verantwortung individueller Produzenten liegen, vollzieht sich die Entwicklung demgegenüber allmählich, und jeder Einzeltext wirkt, wenn auch nur in einem minimalen Ausmaß, auf den Typ zurück, bekräftigt das geläufigste Realisierungsmuster oder aber weicht davon mehr oder weniger stark ab. Und bestimmten Einzeltexten kann dabei – ebenso wie im literarischen Sektor – eine bahnbrechende oder gar epochale Bedeutung zukommen: textuelle „Neologismen", die von der Sprachgemeinschaft aufgenommen und weiterverwendet bzw. weitergeführt werden.

Als Fazit ergibt sich damit, dass auch über das Verhältnis von Einzeltext und Textsorte nichts Allgemeines ausgesagt werden kann, sondern sich diese Frage wiederum als neues Beschreibungskriterium anbietet. Es ist natürlich verwandt mit dem des Standardisierungsgrades. Wir nehmen aber hier einen anderen Blickwinkel ein: Die Frage ist nicht mehr, wie stark eine Textsorte standardisiert ist bzw. umgekehrt, wie viel Freiheit einem bei der Produktion eines solchen Textes bleibt. Ausgangspunkt ist vielmehr der Einzeltext (es handelt sich damit typischerweise um die unter 6.1.1 und 6.1.2 behandelten Zugänge), in Bezug auf den sich die Frage stellt, auf welchen Ebenen und wie stark er einem oder auch mehreren bekannten Prototypen entspricht. Axiomatisch anzunehmen, dass jeder Einzeltext eine bestimmte Textsorte – und noch dazu nur eine einzige – realisiere, kommt dagegen m. E. einer unzulässigen Vereinfachung der Komplexität und Variabilität des Verhältnisses von Text und Typ gleich.

Zu guter Letzt müssen wir noch einmal auf Abstraktionsebenen und terminologische Fragen zurückkommen, diesmal allerdings am unteren Ende der Hierarchie. Der Titel dieses Abschnitts spricht vom *Text* (in seinem Verhältnis zu *Typ* bzw. *Klasse* usw.). Im Zitat von Brinker war vom *konkreten Text* die Rede, ich habe mehrfach *Einzeltext* benutzt, sehr üblich ist es auch, von *Textexemplaren* zu reden und z. B. zu sagen, Schillers „Die Räuber" sei ein Exemplar der Textsorte/Gattung Schauspiel oder Drama, das Wohnungseigentumsgesetz ein Exemplar der Textsorte Gesetz. Im alltäglichen Sprachgebrauch verwendet man den Ausdruck *Exemplar* allerdings anders, bezieht sich damit nämlich auf konkrete Einzelobjekte. So könnte ich z. B. sagen: Ich habe fünf verschiedene *Ausgaben* von Schillers „Die Räuber" und drei textidentische *Exemplare* der Reclamausgabe, von denen allerdings eines mit Anmerkungen von mir versehen ist. Gesehen habe ich das Stück schon siebenmal (= *Aufführungs-Exemplare*), davon gleich dreifach die *Inszenierung* von Peter Kastenmüller in Frankfurt.

Wie man sieht, stellt sich auf der „untersten" Ebene des Einzeltextes, die wir bisher als eine Einheit behandelt haben, erneut die Frage nach dem Verhältnis von *type* und *tokens*, von so etwas wie einer abstrakten Textvorlage und konkret-materiellen

Vorkommen dieser Vorlage. Ich beziehe mich auf diese Größen mit den Begriffen VIRTUELLER TEXT und TEXTKÖRPER (vgl. Adamzik 2008). Wir kommen damit auf die unter 6.2.3 bereits angesprochene Frage zurück, wie man mit Texten umgeht und sie weiterverwendet. Diese Frage ist keineswegs neu oder originell und schon gar nicht abgelegen, denn in Bezug auf Kulturen und Epochen, in denen Texte mündlich oder in Handschriften überliefert werden, ist sie ohnehin selbstverständlich, aber auch für die Editionsphilologie zentral. In der Text(sorten)linguistik ist sie jedoch m. W. bislang vernachlässigt worden.

 Welche Fragen sich in Bezug auf das Verhältnis virtueller Text – Textkörper stellen, sei abschließend lediglich durch die Auflistung wesentlicher Beschreibungsparameter und Ausprägungen dafür erläutert:

- MENGE DER TEXTKÖRPER (das, was bei gedruckten Texten der Auflagenhöhe entspricht): Unikat (Notizzettel, Privatbrief, Manuskript, Ausweis); eng begrenzte Menge (Handout, Flyer, Rundbrief); begrenzte Menge (Vorlesungsverzeichnis, Flugbla_ letter); massenhaft (Zeitungen, Zeitschriften, Bücher).
- ANZAHL VON VERSIONEN UND AUSGABEN: eine (bei Unikaten sowieso – wenn Vorkommen von fast identischen (Ausweis) oder weitgehend gleichen (Steue_ Danksagungen auf ein Kondolenzschreiben) zu berücksichtigen ist); wenig_ wartsliteratur: Hardcover, Taschenbuch, evtl. Hörbuch oder (Teil-)Abdruck in_ lungen o. Ä.; Zeitungen: Ausgaben für verschiedene Regionen); viele (Bibel, k_ Werke der Literatur, Philosophie u. a.).
- ZEITLICHE RELATION: nah (skalar) – die Entstehung des virtuellen Textes und d_ zipienten benutzten Textkörpers fallen zusammen, erfolgen innerhalb eines T_ Woche, eines Monats, eines Jahres; mittel: im selben zeitlichen Bezugssyste_ nossenschaft); fern: nicht im selben zeitlichen Bezugssystem (historischer T_
- RÄUMLICHE SITUIERUNG: fixiert/ortsgebunden (Aufschriften, Schilder, Hinwei_ Objekten wie Autos, Kleidung); nicht fixiert, aber mit engem Orts-/Objektb_ fig mit grafischem Modell des Ortes bzw. Objekts) (Stadtpläne, Montageanleitungen, Pflanzenbestimmungsbücher); ohne Orts-/Objektbezug.
- ZUGÄNGLICHKEIT DER TEXTE: exklusiv (nur für den Produzenten selbst oder ausgewählte Adressaten); beschränkt. In beiden Fällen kann unterschieden werden: bestimmt von Produktionsinstanz oder dem Adressaten (Tagebuch, Privatbrief, Manuskript, Vorlesungsmitschrift, auf dem Netz mit Passwort geschützte Dokumente); bestimmt von Aufbewahrungsinstanz (archivierte Dokumente wie Stasi-Akten, Gutachten, Manuskripte in Bibliotheken); frei (veröffentlichte Texte, inklusive solcher, die ursprünglich exklusiv oder beschränkt waren wie publizierte Tagebücher, Briefe, Akten): käuflich und noch im Handel; in öffentlichen Bibliotheken etc.; im Internet frei zugänglich.

6.5 Schlussbemerkungen

Von einem Kapitel zur Textsortenproblematik in diesem Band mögen nicht wenige erwartet haben, dass die umstrittene Frage, was unter dieser Kategorie eigentlich zu verstehen ist, geklärt, eine möglichst präzise Definition vorgeschlagen und ein klares Untersuchungsdesign für entsprechende Analysen entworfen wird. Diesem Bedürfnis konnte ich nicht entsprechen. Mein zentrales Anliegen bestand vielmehr darin aufzuzeigen

- dass Klassifikationen auf verschiedenen Abstraktionsebenen und unter verschiedenen Kriterien („Typologisierungsbasen") möglich und sinnvoll sind,
- dass deren Auswahl an die jeweilige Fragestellung und das Untersuchungsmaterial angepasst und teilweise erst induktiv daraus zu entwickeln ist,
- dass sich Typologien weniger als Sortier- denn als Beschreibungswerkzeug eignen und nicht Texte, sondern Texteigenschaften betreffen,
- dass die statisch-produktorientierte Sicht auf Texte und Textsorten dringend durch eine dynamisch-verwendungsorientierte Sicht ersetzt oder mindestens ergänzt werden muss, und schließlich
- dass die Suche nach einer begrenzten Menge standardisiert abzuarbeitender Analyseprozeduren die Gefahr mit sich bringt, eine Vielzahl relevanter(er) Fragestellungen auszublenden und die Textsortenlinguistik zu einer einigermaßen sterilen Beschäftigung zu machen.

 Kommentierte Literaturtipps

Einen guten Einblick in den jeweiligen Diskussionsstand vermitteln die Konferenzbände von Gülich/Raible 1972, Kallmeyer 1986 und Adamzik 2000. Der spezifische Aspekt der Textsorten-Vernetzung wird aktuell im Sammelband „Textsorten-in-Vernetzung" (Baumann/Kalverkämper im Druck) aufgegriffen. Das Verhältnis zu literaturwissenschaftlichen Kategorien war Gegenstand eines Germanistentages, dokumentiert in „Textsorten und literarische Gattungen" 1983; zur Bedeutung der Textsortenlinguistik auch für andere Textwissenschaften vgl. Fix 2003 mit sehr erhellenden Beispielen. Den besten Zugang zur Beschreibung einzelner Textsorten(felder) bieten neben der Bibliografie von Adamzik 1995 die Kap. IX bzw. XXII aus Brinker u. a. 2000/2001 und für Fachtexte das Kap. VII aus Hoffmann u. a. 1998/1999. Als Beispiel für eine Untersuchung, die eine trivial erscheinende Textsorte vorbildlich in den gesellschaftlichen Kontext einbettet, sei Furthmann 2006 empfohlen.

7 Intertextualität und Text(sorten)vernetzung

Nina Janich

7.1 Einführung
7.2 Intertextualität und Textlinguistik
7.2.1 Die „radikale" Sicht auf Intertextualität
7.2.2 Intertextualität als Texteigenschaft bzw. textuelle Disposition
7.3 Aspekte einer systematischen Beschreibung von Intertextualität
7.4 Vorschläge zur Typologisierung intertextueller Beziehungen
7.4.1 Einzeltextreferenz
7.4.2 Systemreferenz
7.4.3 Textsorten-in-Vernetzung
7.5 Schluss: Von der Operationalisierbarkeit intertextueller Interpretation

7.1 Einführung

Texte können sich in unterschiedlichster Weise aufeinander beziehen, und sie tun dies seit der Etablierung von Schriftkulturen (vgl. Jakobs 1999: 6–11).

(7-1)   *Gurgeln oder lutschen, das ist hier die Frage! William Shakespeare*

(Anzeige für Halsschmerzmittel *Mallebrin*)

(7-2)   *Ergebnisse von externen allgemeinen Studierfähigkeitstests können herangezogen werden, wenn diese anerkannten Qualitätsmaßstäben und Kriterien (z.B. <u>DIN 33430 für berufsbezogene Eignungsbeurteilungen</u>) entsprechen und die nach a) geforderten Nachweise enthalten.*

(Allgemeine Prüfungsbestimmungen der Technischen Universität Darmstadt, § 3a Abs. 5)

(7-3)   *Der Begriff der ‚Intertextualität' wurde von <u>Kristeva (1967)</u> geprägt, die ihr Konzept der Intertextualität unter Rückbezug auf das <u>Dialogizitätskonzept Bachtins</u> entwickelt.*

(Jakobs 1999: 13)

Die Bezugnahmen können unterschiedlich explizit und markiert sein und verschiedenste Funktionen haben – sie dienen der Zusammenfassung, der Nachahmung, der Ergänzung, der kritischen Kommentierung, der Verstärkung, der argumentativen Zuhilfenahme, dem Nachweis fremder Quellen, der Markierung von Verbindlichkeit, dem Widerspruch, der Persiflierung und Parodierung, der Aufmerksamkeitserregung – kurz: der Erweiterung der Bedeutung des eigenen Textes, und zwar sowohl im Falle literarischer (oft fiktionaler) Texte als auch nicht-literarischer Gebrauchstexte. Ganz deutlich wird diese Bedeutungserweiterung durch den Textverweis in Beispiel (7-2): Ein Teil der Information ist „ausgelagert". Beispiel (7-3) aus einer wissenschaftlichen Monographie enthält dagegen verschiedene Ebenen der Bezugnahme: Jakobs führt in einem Forschungsüberblick eine Begriffsprägung auf Kristeva zurück, die wiederum Ideen von Bachtin aufgegriffen hat, was auch von Jakobs erwähnt wird, um wissenschaftlicher Genauigkeit und intersubjektiver Überprüfbarkeit Genüge zu tun – und das Ganze wird in diesem Beitrag als wörtliches Zitat verwendet, um das Phänomen der Intertextualität zu veranschaulichen. Demgegenüber „inszeniert" der Werbetext in (7-1) nur ein Zitat, indem er den Autor (*William Skakespeare*) nennt – tatsächlich ist das geflügelte Wort aus „Hamlet": „Sein oder Nichtsein, das ist hier die Frage." (Akt III, Szene 1) aber lexikalisch modifiziert und dient durch die Anknüpfung an Bekanntes einerseits, durch die produktbezogene Verfremdung andererseits schlicht der Aufmerksamkeitserregung.

Die Beispiele zeigen, dass – zumindest für Gebrauchstexte, die ja häufig im Fokus der Textlinguistik stehen – grundsätzlich angenommen werden kann, dass solche Bezugnahmen im weitesten Sinne „kognitiv-ökonomische Ursachen" (Jakobs 1999: 9) haben. Sie zeigen auch, dass sie eine besondere Rezeptionskompetenz erfordern, um Bezugnahmen nicht nur als solche erkennen, sondern auch den dadurch entstehenden Zuwachs an Textsinn entschlüsseln zu können (vgl. z. B. Rößler 1999, Blühdorn 2006). Sie sind demnach sowohl für die Erforschung der Textproduktion als auch für die des Textverstehens relevant.

Literatur- und Sprachwissenschaft haben zur Analyse und Beschreibung solcher Bezugnahmen verschiedene Konzepte entwickelt (im Überblick z. B. bei Jakobs 1999: 6–40) – eines der prominentesten und zugleich vielgestaltigsten, wenngleich auch in seiner Tragweite nicht unumstrittenen ist das der ‚Intertextualität'.

Im folgenden Kapitel werden zuerst verschiedene Intertextualitätsbegriffe dargestellt und unter textlinguistischer Perspektive erläutert (7.2). Es folgt die Darstellung von Parametern, die die Art und Weise intertextueller Beziehungen zwischen Texten allgemein zu fassen, zu differenzieren und zu graduieren versuchen (7.3). Schließlich werden an Beispielen Typologisierungsvorschläge von Intertextualitätsphänomenen diskutiert (7.4), um mit der Frage nach der (textlinguistischen) Operationalisierbarkeit von Intertextualität zu schließen (7.5).

Angesichts der unübersichtlichen Begriffsvielfalt in der literatur- wie sprachwissenschaftlichen Intertextualitätsforschung (*Anatext, Paratext, Metatext, Prätext, Folgetext, Transtext, Intertext* usw.) erscheint vorab eine terminologische Klärung angebracht: Texte, auf die Bezug genommen wird, seien im Folgenden REFERENZTEXTE (bzw. REFERENZTEXTSORTEN) genannt, die Bezug nehmenden Texte heißen PHÄNOTEXTE. Markierungen intertextueller Beziehungen werden als REFERENZSIGNALE bezeichnet. Diese Terminologie folgt Renate Lachmann (1984: 136), da sie an sprachwissenschaftliche Termini der Zeichentheorie und der Textgrammatik anknüpft und damit für einen textlinguistischen Zugriff auf intertextuelle Phänomene besonders geeignet erscheint.

7.2 Intertextualität und Textlinguistik

7.2.1 Die „radikale" Sicht auf Intertextualität

Der Begriff der Intertextualität entstammt der literaturwissenschaftlichen Diskussion der 60er- und 70er-Jahre des 20. Jahrhunderts und markiert ursprünglich eine
vor allem in Frankreich und den USA vertretene Position des Poststrukturalismus
und Dekonstruktivismus.[1] Eingeführt wurde er von Julia Kristeva (1967), einer
bulgarischen Literaturwissenschaftlerin und Psychoanalytikerin, unter Rückgriff
auf das Konzept der ‚Dialogizität' des russischen Literaturwissenschaftlers Michail
Bachtin (= Text als „Ort des Dialogs der Stimmen einer Epoche", Jakobs 1999: 14).
Im Kern geht es bei Kristeva um einen völlig offenen und radikal ästhetischen (literaturwissenschaftlichen) Textbegriff, einen Gegenentwurf zum Text als *Werk* eines
Autors (Linke/Nussbaumer 1997: 115; ausführlicher z.B. Holthuis 1993: 12–26,
Jakobs 1999: 13–15): Da jeder Text immer nur vor der Folie bereits existenter
anderer Texte geschrieben und gelesen werden kann, ist er zwangsläufig, so die
Schlussfolgerung, nur mehr polyphoner Intertext im „Gewirr der Stimmen" und
wird der Textsinn zur instabilen, prozeduralen Größe, die sich im Schreiben („écriture") wie im Lesen („lecture") immer wieder neu konstituiert:

> Der Text auf dem Papier muss demzufolge verstanden werden als Signal eines laten
> ten Sinngehalts, der einerseits auf einen Produktionsprozess zurückverweist (aber nicht
> mehr identisch ist mit ihm) und andererseits als Anstoss zu einem Rezeptionsprozess
> dienen kann, diesen aber nicht determiniert. (Linke/Nussbaumer 1997: 116)

Als Text werden bei Kristeva zudem „alle Formen kultureller Zeichensysteme"
(Adamzik 2004: 96) und die Kultur selbst aufgefasst.

Angelika Linke und Markus Nussbaumer haben sich aus textlinguistischer Perspektive mit diesem „radikalen" Intertextualitätsbegriff und seinen sprachtheoretischen Hintergründen auseinander gesetzt und formulieren aus textlinguistischer
Perspektive unter anderen folgende „Einsichten und Einsprüche" (Linke/Nussbaumer 1997: 119–125):

- Der offene poststrukturalistisch-dekonstruktivistische Textbegriff hat durchaus
  gewisse Gemeinsamkeiten mit pragmatisch-kommunikativen und kognitionswissenschaftlichen Textauffassungen (siehe Kap. 5; vgl. bestätigend auch Jakobs
  1999: 18, 49f.): Diese betrachten den Text als etwas Dynamisches, als Produkt
  von Formulierungs- und Interpretationshandlungen (siehe Kap. 9 und 10), der
  prinzipiell in Produktions- und Rezeptionssituationen eingebunden ist (siehe

---

1 Neben Julia Kristeva zählen dazu zum Beispiel Roland Barthes, Michel Foucault,
Jacques Derrida oder Jacques Lacan.

Kap. 11). Seine Kohärenz und Bedeutung erhält ein Text somit auch aus textlinguistischer Sicht nicht nur und nicht primär durch die Textstruktur, sondern
durch entsprechende (Re-)Konstruktionsleistungen durch die kommunikativ
Handelnden, also durch Autor *und* Leser. Textverstehen wird dabei nicht mehr
nur als Dekodierung, sondern durchaus als „aktive Re-Kreation" aufgefasst
(Adamzik 2004: 95). Der noch offenere und radikalere Textbegriff des Poststrukturalismus könnte daher dazu anregen zu diskutieren, wie dynamisch, unscharf
und flüchtig der ‚Text-im-Kopf‘ tatsächlich ist, kurz: als wie „ereignishaft" Textsinn zu betrachten ist (vgl. dazu auch Adamzik 2004: 94f.).

- Sprachwissenschaftlich nicht ohne weiteres nachvollziehbar und textlinguistisch problematisch ist, dass das radikale Intertextualitätskonzept durch seine
strikt ästhetische Perspektive die kommunikative Einbettung von Texten explizit
ausblendet, dass also Größen wie Autor und Leser, Intention und Funktion bei
der Textinterpretation ausgeschlossen bleiben (vermutlich aufgrund des ausschließlichen Bezugs auf literarische Texte). Auch wenn einzuräumen ist, dass
umgekehrt sprachliche Form und Stil von Texten in der pragmatisch-kommunikativen Textlinguistik phasenweise zu wenig beachtet wurden (siehe 1.5 und
3.2), so sind die Konsequenzen einer Negierung der Autorschaft und des Doku-
mentcharakters von Texten doch höchst kritisch zu sehen: „[...] nicht nur die
Frage nach dem Handlungswert von Texten, sondern auch die Frage nach der
ethischen Rückbindung bzw. nach der sozialen Verantwortung von und für Texte
[erscheint dann] als sekundär, wenn nicht gar als obsolet" (Linke/Nussbaumer
1997: 123; ähnlich Jakobs 1999: 18f. und Kap. 10 in dieser Einführung).

 Diese radikale Infragestellung des Autors als Verantwortlichem für den Text lässt sich im
Medien- und Informationszeitalter und angesichts sich ändernder Textproduktions- und
-rezeptionsgewohnheiten als Anlass nehmen, wichtige und bislang noch ungenügend
geklärte Fragestellungen textlinguistisch anzugehen: Aspekte wie kommunikative Einbettung und Verantwortung (d.h. auch: die Moralität sprachlichen Handelns in und durch
Texte) müssten z.B. bei solchen Texten stärker problematisiert werden, die tatsächlich
nicht eindeutig einem Autor zugeschrieben werden können, wie beispielsweise bei Nach-
richtentexten:

> Dass die Frage „wer spricht" bei einer Nachricht nicht mehr beantwortbar ist, müsste
> eigentlich auf die Rezeption dieser Nachricht, auf ihre Glaubwürdigkeit, ihre Au-
> thentizität erhebliche Auswirkungen haben. Dass dies – mindestens beim „breiten
> Publikum" – eher nicht der Fall ist, ist von ganz erheblicher theoretischer wie prak-
> tischer (politischer) Brisanz. (Linke/Nussbaumer 1997: 122)

Ähnliche Fragen könnten auch bei Hypertexten (vgl. Kap. 14), bei politischen und legislati-
ven Texten, die sich mehrfacher Überarbeitung und unterschiedlichen Richtlinienkompe-
tenzen verdanken, oder bei Werbetexten verstärkt unter die Lupe genommen werden (vgl.
z.B. die Debatte um die Benetton-Kampagnen in den 1980er-/1990er-Jahren). Schließlich
sind Autorschaft und Dokumentcharakter von Texten vor allem in der wissensvermitteln-
den und wissenschaftlichen Kommunikation wichtige Bezugs- und Orientierungspunkte

im Umgang mit Texten und mit Wissen – wie ihr Wegfall angesichts neuer Textrezeptions- und Textweiterverarbeitungsstrategien kompensiert werden könnte, müsste ebenfalls erst noch untersucht werden (Jakobs 1999: 19).

- Entsprechend dem vorigen Kritikpunkt wird der „postmodernen Beliebigkeit" des Textsinns im radikalen Intertextualitätskonzept der „Widerstand des Textes" (Linke/Nussbaumer 1997: 123) entgegengehalten: So sind weder die in einer bestimmten Kultur und Zeit sozialisierten Leser frei in ihrer Interpretation von Texten noch kann Textsinn völlig unabhängig von Textstrukturen und damit von der sprachlichen Form bleiben:

Auch eine ästhetisierende, die signifiant-Seite in den Vordergrund rückende literarische Lecture kann weder hinter die strukturelle noch hinter die soziale Bedingtheit von Sprache (und das heisst auch: hinter die Voraussetzungen intersubjektiven Verstehens) zurück. (Linke/Nussbaumer 1997: 123)

Das Verhältnis von Textform/-struktur – Textsinn – Lesart/Interpretation ist allerdings vor allem mit Blick auf die Fragestellungen einer historischen Textlinguistik, einer „Geschichte des Sprachgebrauchs" (Linke/Nussbaumer 1997: 124), durchaus weiter zu diskutieren und theoretisch zu klären.

7.2.2 Intertextualität als Texteigenschaft bzw. textuelle Disposition

Aus der poststrukturalistischen Intertextualitätsdebatte hat sich in der Literaturwissenschaft noch ein weiterer, aber anders akzentuierter Intertextualitätsbegriff abgelöst, der unter Intertextualität verschiedene Formen der nachweisbaren Bezugnahme zwischen konkreten Texten (wie z.B. Zitat, Anspielung, Parodie oder Plagiat) versteht und die intertextuelle Textinterpretation operationalisierbar zu machen versucht (Holthuis 1993: 22). Damit wird ein restriktiver Intertextualitätsbegriff zugrunde gelegt, der eingeengt ist „auf bewußte, intendierte und markierte Bezüge zwischen einem Text und vorliegenden Texten oder Textgruppen" (Pfister 1985: 25; vgl. auch Holthuis 1993: 23, Adamzik 2004: 97 ff.).

 Einem solchen auf konkrete Text-Text-Beziehungen beschränkten Intertextualitätsbegriff wird vorgeworfen, nicht originell und nur Mode-Etikett für bereits etablierte philologische Methoden (z.B. der Mediävistik, der Quellenkritik, der Editionsphilologie, der Motivforschung oder der Komparatistik) zu sein. Besonders von der Altgermanistik wird die gesamte Intertextualitätsdebatte als nicht neu und kaum weiter erhellend abgelehnt (Linke/Nussbaumer 1997: 110 f.; zur Kritik durch die Linguistik siehe dagegen z.B. Jakobs 1999: 16 und Tegtmeyer 1997). So ist der Literatur des Mittelalters von vornherein ein Textbegriff fremd, der von einer originellen Leistung eines bestimmten Autors ausgeht. Im Gegenteil rechtfertigen Autoren literarischer Texte ihr „Werk" in der Regel durch explizite Quellennennungen oder gar Quellenfiktionen und verweisen auf „bessere" oder „würdigere" Vorlagen, so dass die Untersuchung z.B. des Verhältnisses von Vorlage und Bearbeitung immer schon zu den Kernfragen der Mediävistik gehört.

Im Rahmen eines operationalisierbaren Intertextualitätsbegriffs wird vor allem diskutiert,

- welcher Art die Bezüge zwischen Texten sein können, ob nur Bezüge zwischen Einzeltexten unter Intertextualität zu fassen sind oder auch Bezüge von Texten auf Muster, Gattungen, Textsorten u. Ä.;
- ob nur intendierte oder auch unbewusste Intertextualität einzubeziehen ist (und ob und wie Intentionalität überhaupt nachgewiesen werden kann!);
- inwiefern die unterschiedlichen Arten der Bezugnahme zu einer unterschiedlichen Intensität von Intertextualität führen (Jakobs 1999: 15, Pfister 1985: 19, 23).

Vermittelnde Modelle zwischen einem radikalen und einem restriktiven Intertextualitätsbegriff schlagen z. B. Broich/Pfister (1985), Holthuis (1993) oder aus sprachwissenschaftlicher Perspektive Krause (2000a: 58–67) vor, um nicht das jeweils spezifische Erkenntnispotenzial der beiden Ansätze („literaturtheoretische Tragweite" vs. „heuristische Fruchtbarkeit", Pfister 1985: 25) zu verschenken. So unterscheiden solche Ansätze zwischen EINZELTEXT- und SYSTEMREFERENZ (Broich/ Pfister), zwischen REFERENZIELLER und TYPOLOGISCHER (Holthuis, basierend auf Petöfi/Olivi 1988) bzw. zwischen ALLGEMEINER/POTENZIELLER und SPEZIELLER/AKTUELLER INTERTEXTUALITÄT (Krause) (siehe genauer 7.4). Bei Broich/Pfister und Krause (und vielen anderen Ansätzen) wird Intertextualität aus der Perspektive der Textproduktion und damit als Eigenschaft des Textes bestimmt. Holthuis setzt dem einen explizit rezeptionsorientierten Intertextualitätsbegriff entgegen (vgl. auch Rößler 1999), dem entsprechend Intertextualität erst auf der Ebene der Interpretation entsteht, also *keine* Texteigenschaft ist. Texte können nach Holthuis allenfalls „intertextuelle Dispositionen" aufweisen:

> Der Terminus ‚*intertextuelle Disposition*' soll kennzeichnen, daß im Text bestimmte Intertextualitätssignale vorliegen, die den Rezipienten, soweit er diese als solche erkennt, dazu veranlassen können, nach Relationen zu anderen Texten zu suchen. (Holthuis 1993: 33)

Letztlich unterscheiden sich die Ansätze aber nur geringfügig durch ihre Perspektive: Auf den Nachweis von REFERENZSIGNALEN im Phänotext (nicht zu verwechseln mit expliziten MARKIERUNGEN!) kann auch Holthuis nicht wirklich verzichten, wenn sie danach fragt, „was der Text selbst zur Identifizierung einer intertextuellen Relation beitragen kann" (Holthuis 1993: 33). Der Unterschied liegt darin, dass Holthuis' Theorieentwurf stärker die *intertextuelle Kompetenz des Lesers* (statt die *intertextuellen Absichten des Autors*) in den Mittelpunkt stellt, so dass Referenzsignale im Text ihre „‚intertextuelle Wertigkeit' zum Teil erst unter den Vorzeichen einer intertextuell gelenkten Textinterpretation gewinnen" (Holthuis 1993: 33).

Der Vorteil dieser vermittelnden Ansätze ist, dass man sie weitgehend ohne die unter 7.2.1 angesprochenen grundsätzlichen theoretischen und methodischen Probleme textlinguistisch operationalisieren und für die Analyse intertextueller

Beziehungen auch zwischen Gebrauchstexten nutzen kann, auch wenn sie (außer Krause 2000a) für literarische Texte entwickelt wurden (siehe 7.4). Voraussetzung ist, dass der zugrunde gelegte Intertextualitätsbegriff auch sprachwissenschaftlich reflektiert und definiert wird, um dem Vorwurf zu begegnen, auf einen in der Substanz wenig originellen Modebegriff zu setzen (Jakobs 1999: 16).

Kritische Überblicke über verschiedene literatur- wie sprachwissenschaftliche Intertextualitätsbegriffe bieten z.B. Pfister (1985), Holthuis (1993: 12–28, 43–50), Heinemann (1997), Tegtmeyer (1997), Jakobs (1999: 6–40), Fix (2000), Adamzik (2004: 94–106), Blühdorn (2006) oder Opiłowski (2006: 13–33).

7.3 Aspekte einer systematischen Beschreibung von Intertextualität

Lehnt man den Intertextualitätsbegriff vor dem Hintergrund seiner „turbulenten" Forschungsgeschichte nicht per se ab – und Adamzik geht davon aus, dass er letztlich „einfach zu durchsichtig und selbsterklärend [ist], als dass man auf ihn wieder verzichten würde" (Adamzik 2004: 96) –, dann stellt sich die Frage nach der Systematisierung und Klassifizierung der möglichen intertextuellen Beziehungen zwischen Texten.

Tegtmeyer (1997) spricht sich – verbunden mit einer Kritik an Kristeva und Holthuis – dagegen aus, eine festgelegte Typologie anzustreben, und schlägt stattdessen eine systematische Beschreibung der jeweils im Blickpunkt des Interesses stehenden Textbeziehungen vor:

1. nach der QUANTITÄT der zu berücksichtigenden Referenztexte (1 Text, mehrere Texte, 1 Texttyp, mehrere Texttypen);
2. nach BEWERTUNG des Referenztextes im zu interpretierenden Text (affirmativ, kritisch, neutral);
3. nach DEUTLICHKEIT der Referenz (Zitat, Paraphrase, Allusion);
4. nach MODALITÄT der intertextuellen Beziehung (möglich, wirklich, notwendig). (Tegtmeyer 1997: 79; Hervorhebungen N.J.)

Ähnlich versuchen Broich/Pfister (1985) im Rahmen ihres Vermittlungsversuchs zwischen radikalem und restriktivem Intertextualitätsbegriff intertextuelle Beziehungen nach ihrer Intensität zu beschreiben, statt sie auf klar umgrenzte Typen zurückzuführen. Pfister unterscheidet demnach folgende qualitativen Parameter, mit deren Hilfe sich intertextuelle Intensität beschreiben und graduieren lässt und die sich mindestens mit den Punkten 2 und 3 bei Tegtmeyer überschneiden (Pfister 1985: 25–30):

- KOMMUNIKATIVITÄT: Dieser Parameter bezieht sich auf die kommunikative Relevanz einer Bezugnahme, d.h., die intertextuelle Intensität ist größer, wenn der Bezug intendiert, bewusst und möglicherweise markiert vorgenommen wird. Methodisch ist dieses Kriterium allerdings nicht unproblematisch, da unklar bleibt, wie genau intersubjektiv nachvollziehbar über den „Grad der Bewußtheit des intertextuellen Bezugs bei Autor wie beim Rezipienten" (Pfister 1985:

27) entschieden werden kann, zumindest im Fall fehlender Markierungen (vgl. auch Holthuis 1993: 26).

- SELEKTIVITÄT: Sie bezieht sich auf die Prägnanz einer Bezugnahme. Je pointierter und leichter als Zitat erkennbar der Referenztext oder seine Elemente aufgegriffen werden, umso intensiver die Intertextualität. Der Schwerpunkt liegt hier auf der Auswahl dessen, auf das Bezug genommen wird, weniger auf Umfang oder Markierung, und ist besonders dann interessant, wenn es sich um längere Referenztexte handelt.
- STRUKTURALITÄT: Die Intertextualität wird umso intensiver, je stärker ein Referenztext strukturell den Phänotext beeinflusst. Schwach intertextuell ist also ein punktuelles Zitat in einer Hausarbeit, intensiv intertextuell beispielsweise eine Werbeanzeige, die wie ein journalistischer Artikel gestaltet ist.
- REFERENZIALITÄT: Hierbei geht es um den Unterschied des Erwähnens vs. Kommentierens. Die Intensität der Intertextualität wächst, je mehr der Phänotext den Referenztext nicht nur zitiert, sondern explizit kommentiert oder interpretiert.
- DIALOGIZITÄT: Die Intensität der Intertextualität wächst mit der inhaltlich-argumentativen oder ideologischen Spannung, die der Phänotext zum Referenztext aufbaut.
- AUTOREFLEXIVITÄT: Sie kann die obigen Parameter verstärken, wenn der Autor die von ihm vorgenommenen intertextuellen Bezüge auf einer Metaebene reflektiert, sie also selbst zum Thema des Textes macht.

Diese Kriterien versuchen Intertextualität aus qualitativer Perspektive zu graduieren; die Grenzen zwischen den einzelnen Parametern sind jedoch durchaus fließend. So dienen sie auch nicht einer objektiven „Messbarkeit" von Intertextualität, sondern dazu, die Verschiedenheit der Faktoren bewusst zu machen, durch die sich Beziehungen zwischen Texten unterscheiden. Sie sind zu ergänzen durch quantitative Parameter: „zum einen die Dichte und Häufigkeit der intertextuellen Bezüge, zum anderen die Zahl und Streubreite der ins Spiel gebrachten Prätexte [hier: Referenztexte; N. J.]" (Pfister 1985: 30).

Im folgenden Teilkapitel wird deutlich werden, dass sprachwissenschaftliche Typologisierungsvorschläge immer sehr stark domänen- oder gar textsortenspezifisch ausfallen und dass es daher je nach Fragestellung und Erkenntnisinteresse sinnvoll sein kann, auf eine Typologisierung tatsächlich ganz zu verzichten. Der Anspruch einer systematischen Beschreibung muss deshalb jedoch nicht aufgegeben werden – das sollten die obigen Vorschläge von Pfister (1985) und Tegtmeyer (1997) zeigen.

7.4   Vorschläge zur Typologisierung intertextueller Beziehungen

Wie unter 7.2.2 bereits erwähnt, ist es eine der Kernfragen, ob der Intertextualitätsbegriff nur Beziehungen zwischen konkreten Einzeltexten oder auch zwischen Texten und Mustern, Textsorten bzw. Gattungen umfassen soll. Die im Folgenden vorgestellten Konzepte umfassen jeweils immer beide Arten von Textbeziehungen.

Ein prominentes und viel zitiertes *linguistisches* Konzept von Intertextualität umfasst die Bezugnahme auf Muster wie auf Einzeltexte, ohne diese jedoch terminologisch zu unterscheiden: Intertextualität als Textualitätskriterium bei Beaugrande/Dressler (1981, zurückgehend auf Zimmermann 1978, siehe Jakobs 1999: 16; siehe auch 1.3.5). Intertextualität ist Texten laut Beaugrande/Dressler in ähnlich prinzipieller Weise zuzusprechen wie in der radikalen literaturwissenschaftlichen Konzeption, nämlich als gemeinsame Wissensbasis bei Textproduktion und -rezeption (Beaugrande/Dressler 1981: 188, Jakobs 1999: 16 f.) – sie ist quasi Voraussetzung für das ‚Text sein‘ an und für sich. Eine solche Voraussetzung ist sie deshalb, weil *jeder* Text auf vorgängige Muster zurückgeführt werden kann bzw. sich innerhalb konventionalisierter Muster bewegt, die die Textproduktion ebenso wie die Rezeptionserwartungen steuern (*auch* bei Verstößen gegen solche Muster, vgl. Fix 1997): „Intertextualität ist, ganz allgemein, für die Entwicklung von TEXTSORTEN als Klassen von Texten mit typischen Mustern von Eigenschaften verantwortlich.“ (Beaugrande/Dressler 1981: 13) Neben einer solcherart grundsätzlichen Intertextualität als Existenzbedingung eines jeden Textes sind durch den Intertextualitätsbegriff von Beaugrande/Dressler dann auch noch konkrete Bezugnahmen zwischen Einzeltexten abgedeckt, die aber von den Autoren nicht weiter systematisiert werden (Beaugrande/Dressler 1981: 188–215).

Ein einflussreicher *literaturwissenschaftlicher* Entwurf stammt von Gérard Genette (1982, dt. 1993), der unter dem Oberbegriff der TRANSTEXTUALITÄT folgende grundsätzlichen Arten von Beziehungen zwischen Texten unterscheidet:

- INTERTEXTUALITÄT: die gemeinsame Anwesenheit mehrerer Texte in einem, also die klassischen Formen der Bezugnahme eines Phänotextes auf einen oder mehrere Referenztexte wie Zitat, Anspielung, Plagiat u. a.
- PARATEXTUALITÄT: Bezüge zwischen Teiltexten innerhalb eines Textes, also z. B. zwischen Titel, Vorwort, Einleitung, Haupttext, Literaturverzeichnis, Register usw.
- METATEXTUALITÄT: kommentierende, reflektierende oder kritisierende Bezüge eines Textes auf einen anderen, z. B. konstitutiv für editorische Kommentare, Rezensionen oder sprachwissenschaftliche Textanalysen.
- HYPERTEXTUALITÄT: Bezugnahmen auf andere Texte als Folien, d. h. Phänotexte, die eine ausgeprägte Dialogizität gegenüber den Referenztexten aufweisen, wie z. B. Imitation, Parodie oder Fortsetzung (nicht zu verwechseln mit dem heutigen Begriff des Hypertextes, wie er Gegenstand von Kap. 14 ist).
- ARCHITEXTUALITÄT: Bezüge von Texten auf die ihnen zugrunde liegenden Muster, d. h. auf Gattungen oder Textsorten (vgl. den Intertextualitätsbegriff von Beaugrande/Dressler 1981 oben).

Weder Broich/Pfister (1985) noch Holthuis (1993) diskutieren diese Globaltypen eingehender, sei es wegen der teilweise „exzessiven“ und damit kaum mehr handhabbaren Subklassifikation dieser Hauptkategorien bei Genette (so Pfister), sei es wegen des Vorwurfs, dass es sich dabei allenfalls um ideale Unterscheidungen handeln würde und bei dem Versuch der Anwendung auf Texte zahlreiche Überschneidungen zu erwarten seien (so Holthuis). Unter textlinguistischer Perspektive erscheint der Vorschlag von Genette allerdings durchaus interessant: Blühdorn (2006: 285 f., 293 f.) beispielsweise sieht den Gewinn von Genettes Klassifikation darin, dass sie für Systematisierungen sowohl von makro- und mikrotextuellen Kohärenzbeziehungen als auch von kommunikativen Kompetenzen herangezogen werden kann.

Die oben skizzierten Kategorien ähneln bis zu einem gewissen Grad den grundsätzlichen Formen der Intertextualität, wie sie unter textlinguistischer Perspektive von Kirsten Adamzik zusammengefasst werden (vgl. Adamzik 2001a: 28 f. oder 2004: 105 unter Bezug auf Beaugrande/Dressler 1981 und Klein 2000). Ein Überblick über die prominentesten Ansätze zur Globaltypenunterscheidung verdeutlicht Überschneidungen und Unterschiede:

Adamzik 2001a und 2004	Krause 2000a	Genette 1993	Broich/Pfister 1985	Holthuis 1993
Beziehung zwischen Teiltexten eines Textes	inkorporierende Intertextualität	Paratextualität	–	–
Beziehungen zwischen Textexemplar und Textexemplar	translatorische Intertextualität[2]	–	–	–
	deiktische Intertextualität	Intertextualität	Einzeltextreferenz	referenzielle Intertextualität
	transformierende Intertextualität	Hypertextualität		
		Metatextualität		
Beziehungen zwischen Textsorte und Textsorte	kooperative Intertextualität		–	–
	–	–		
Beziehungen zwischen Textexemplar und Textmuster/Textsorte/Gattung	allgemeine (potenzielle) Intertextualität	Architextualität	Systemreferenz	typologische Intertextualität

Abb. 7.1: Typologisierungsvorschläge im Vergleich

---

2 Krause ordnet damit auch Übersetzungen durch ihren Bezug auf einen Originaltext als Intertextualitätsphänomen ein. Sie werden im Rahmen der anderen Konzepte in der Regel nicht behandelt, können aber grundsätzlich unter die Text-Text-Beziehung gefasst werden.

Genettes und Krauses Vorschläge unterscheiden sich von den anderen Ansätzen im Wesentlichen dadurch, dass sie die Beziehungen zwischen Einzeltexten bereits bei den Globaltypen auch nach ihrer Qualität unterscheiden, also ob sie sich gegenseitig nur punktuell direkt oder indirekt zitieren ((DEIKTISCHE) INTERTEXTUALITÄT), sich parodieren oder persiflieren (HYPERTEXTUALITÄT), sich kommentieren und kritisieren (METATEXTUALITÄT) oder zu neuen Textsorten führen (TRANSFORMIERENDE INTERTEXTUALITÄT). Im Konzept von Broich/Pfister werden diese verschiedenen Bezugnahmen weitgehend über die Parameter intertextueller Intensität unterschieden (siehe 7.3), bei Holthuis als Unterarten der referenziellen Intertextualität.

Deutlich wird an der Übersicht, dass die Textlinguistik (Adamzik, Krause) offensichtlich auch Phänomene interessieren, die den Intertextualitätsbegriff der Literaturwissenschaft deutlich ausweiten (vor allem die systematischen Beziehungen zwischen Textsorten[3], die in den letzten Jahren verstärkt ins Zentrum des Interesses gerückt sind; siehe 7.4.3). Die Beziehungen zwischen Teiltexten ein und desselben Textes (Paratextualität) sind zwar ein zentraler Gegenstand der Textlinguistik, meist aber nicht unter dem Etikett der Intertextualität.

 Der Vorschlag von Genette müsste einmal einer breiter angelegten empirischen und auf Gebrauchstexte bezogenen linguistischen Überprüfung unterzogen werden. Textlinguistisch noch nicht ausgeschöpftes Potenzial verspricht aus meiner Sicht vor allem Genettes Kategorie der METATEXTUALITÄT. Diese lässt sich entweder den Text-Text-Beziehungen zuordnen oder aber auch als eine besondere Form der „Textsorten-Intertextualität" (Klein 2000; siehe 7.4.3) betrachten: So ist es z.B. konstitutiv für Textsorten wie Buchrezension, kommentierte Bibliographie, editorischer Kommentar u.a., dass sie sich auf vorgängige Texte beziehen – der Aspekt der Kommentierung und Kritik ist hier als syntagmatische Beziehung zwischen zwei Textsorten beschreibbar. Diese Vielschichtigkeit des Metatextualitätsbegriffs könnte anhand von kritischen Editionen und annotierten Texten textlinguistisch intensiver beleuchtet werden: Interessant dabei erscheint nicht nur die Vielfalt der Kommentierungsformen und -funktionen (von der editorischen Notiz über die inhaltlich Ergänzung oder Korrektur bis hin zu Verweisen auf andere Texte: siehe Abb. 7.2; vgl. auch Raible 1995), sondern auch die Konsequenz für eine textlinguistische Kategorisierung von Intertextualität.

---

3 Die KOOPERATIVE INTERTEXTUALITÄT bei Krause bezeichnet dabei einschränkend eher eine Unterkategorie für diejenigen Textsorten, die explizit dialogisch aufeinander bezogen sind, wie Nachricht – Dementi, Buch – Rezension oder Briefwechsel, und deckt sich damit partiell mit Genettes Metatextualität. Zur Kritik an dieser Kategorie siehe Jakobs 1999: 19f.

564   X. *Von der Elektricität*   *Vom Elektrophor*   565

verliert; sie kann von der Elektrisir-
maschine abgenommen werden, ent-
455 weder, wenn die Flasche über|haupt
isolirt ist oder durch eine isolirte
Person, an dem mit der elektrisirten 5
Belegung in Verbindung stehenden
Drate; oder ohne daß man nöthig
hat, isolirt zu seyn, an der entgegen-
gesetzten Belegung; und so kann
man sie weit wegtragen. Ja man 10
kann das Wasser daraus in eine andere Flasche gießen, verschicken, in
die neue Flasche vermittelst einer
Zange von Glas oder einer Stange
Siegellack einen Drat hineinstecken, 15
und so die erschütternde Flasche
wieder herstellen.

  CAVALLO's besonders zum Transportiren
  der Elektr. eingerichtete Flasche. L.

Ja ^{VI}Metalle nicht blos ge-
schmoltzen sondern auch
in einen Kalchstaub ver-
wandelt werden.^{VI} Ver-
5 suche mit Schmeltzungen
S. v. Marum T. 2.⁹⁰⁸ und
Goth. M. VI. 3. 63.⁶⁵⁰
^{VI}Selbst die Platina in
einen Dunst wie vermuth-
10 lich alle Metalle in allen
Lufftarten durch Krafft
der Eleckrtricität verwan-
delt.^{VI} Selbst in sehr ver-
dünnter Lufft $\frac{1}{168}$ theil

1f. geschmoltzen] geschmolt-
zens 9–12 wie ... Eleckrtrici-
tät] erg.

§. 538.a.   20

Durch dergleichen geladene Fla-
schen oder Glasplatten, deren mehrere zugleich gebraucht die soge-
nannte **elektrische Batterie** ausmachen, kann man die elektrische 25
Kraft so sehr verstärken, daß man
durch ihre Entladung Eyer entzwey
schlagen, Karten und Pappen durch-
löchern, Metall im Glas schmelzen,
Hexenmehl und Schießpulver an- 30
zünden, ja selbst kleine Thiere
(auch große, wenn der Apparat
stark genug ist. L.) tödten kann, die
hernach das Ansehen haben, als
wenn sie vom Donner erschlagen 35
wären. Ein etwas schwächerer er-
schütternder Funken ist in verschiedenen Krankheiten ein vortreffliches

Heilungsmittel. (Daß Elektr. in
manchen Uebeln, z. B. bey paralyti-
schen Läh|mungen, dem schwarzen 456
Staar, der Taubheit geholfen habe,
5 erhellt aus unzähligen Schriften.
Von plötzlich geheiltem Zahnweh,
weiß ich ein Beyspiel aus eigener
Erfahrung. Allein hier ist Behutsam-
keit sehr zu empfehlen. Vermuthlig
10 ist der Hälfte von dem, was man
in die Welt hineingeschrieben hat,
nicht zu trauen. Auf alle Weise aber
muß mit der Erschütterung nicht
angefangen werden. Die Sache ge-
15 hört eigentlich nicht hieher. L.)

  LANE's Elektrometer.

  Description of an Electrometer invented
  by Mr. LANE; with an Account of
  some Experiments made by him with
20 it; in den *Philos. transact.* Vol. LVII.
  pag. 451.

Vom Elektrophor.

  §. 538.b.

  Wenn man einen gemeinen Spiegel, oder
25 Harz, welches man in ein flaches,
  metallenes Gefäß, oder auch auf ein
  Brett, welches man mit Staniol über-

verkalchen sich die Me-
talle, auch in infl. fixer
und Salpeter Lufft. (Prof.
Charles)

Eine der vorzügl. Schrif- 5
ten von Eleckrtrischen Cu-
ren ist eine Abhandlung
des HE Mauduit in den
Mem de la Soci. de Mede-
cine. T. II. p. 244–250.⁹⁶⁴ 10

Schöne Versuche des HE.
v. Marum die er
der Reitzbarkeit wegen
wählte. S. Rozier Janv.
1791.¹³⁵³ Sie starben au- 15
genblicklich und die Mus-
keln hatten alle Reitzbarkeit sogleich verlorren.
Da sie sonst noch 2 Stun-
den leben nachdem ihnen 20
der Kopf abgeschnitten

Van Marums Versuche über die Wirck. dieses
Schlags auf die Muskeln von Aalen stehen Gren's J.
B. VI. p. 37.⁷⁷⁵

van Marum über die Reitzbarkeit der Pflanzen ibid. 25
p. 360.⁷⁷⁹ Euphorbien durch deren Aeste der El.
Strohm gegangen war, gaben keine Milch mehr.

[456] Büsch (Mechanick S. 196)¹⁹⁹ erzählt, daß
Doppelmayer durch einen solchen Schlag gelähmt
und in diesem Zustand 3 Jahr nachher gestorben 30
sey. Wo steht das?

Zu vergleichen mit der am Rande geschriebenen
Anmerckung p. 487.

22–27 erg. neben dem Ende
von § 537 mit dem Hinweis ad
§. 538. 29 solchen] erg.

*Abb. 7.2: Mehrfache Metatextualität am Beispiel der kritischen Ausgabe eines annotierten Textes
(Phänotext): ein Text von Ch. P. Erxleben (Referenztext), von G. Ch. Lichtenberg kommen-
tiert (erste metatextuelle Ebene: Phänotext 1), mit Kommentaren der Herausgeber der
Lichtenberg-Edition (zweite metatextuelle Ebene: Phänotext 2)*[4]

Im Folgenden werden zuerst exemplarisch Typologisierungsvorschläge für die Bezüge zwischen Textexemplar und Textexemplar vorgestellt und an textlinguistischen Beispielen diskutiert (7.4.1), dann für Beziehungen zwischen Textexemplar
und Textmuster (7.4.2), um abschließend noch kurz auf die im literarischen Intertextualitätskonzept vernachlässigte Intertextualität zwischen Textsorten (Textsorten-in-Vernetzung) einzugehen (7.4.3).

---

4 Auszug aus: Georg Christoph Lichtenberg: Vorlesungen zur Naturlehre. Lichtenbergs
annotiertes Handexemplar der vierten Auflage von Johann Christian Polykarp Erxleben:
„Anfangsgründe der Naturlehre", hrsg. von der Akademie der Wissenschaften zu Göttingen,
Göttingen 2005 (Georg Christoph Lichtenberg: Gesammelte Schriften. Historisch-kritische
und kommentierte Ausgabe, Bd. 1), 564f.

7.4.1 Einzeltextreferenz

Bei EINZELTEXTREFERENZ oder REFERENZIELLER INTERTEXTUALITÄT geht es um Beziehungen zwischen konkreten Einzeltexten. Diese Beziehungen können nach ihrem Intensitätsgrad differenzierter beschrieben werden (siehe 7.3), denn die von Pfister (1985) entwickelten Parameter verweisen bereits auf grundsätzliche Unterscheidungen, wie sie auch die im Folgenden vorgestellten Klassifikationsmodelle nutzen (also z. B. Aspekte wie wörtliche Bezugnahme vs. Anspielung/Verweis, Markiertheit, semantisches Verhältnis zwischen Referenz- und Phänotext u. a.). Die Pfister'schen Parameter sollten daher als notwendige Ergänzungen zu jeglicher Art von Typologisierungsversuch betrachtet werden.

Typologisierungsvorschläge, die sich vorwiegend auf literarische Texte beziehen, bieten zum Beispiel Holthuis (1993: 89–94; zur Kritik siehe z. B. Tegtmeyer 1997), die anhand von oberflächen- und tiefenstrukturellen Unterschieden die Großkategorien ZITAT, PARAPHRASE und ALLUSION/ANSPIELUNG unterscheidet, oder Karrer (1985: 104–106), der seine Kategorien rein formal anlegt (REPRODUKTION vs. ANSPIELUNG, VOLLSTÄNDIG vs. UNVOLLSTÄNDIG, STRUKTURELLE bzw. ELEMENTEBEZOGENE ÄQUIVALENZ vs. MODIFIKATION).

Linguistische Typologisierungsvorschläge beziehen sich in der Regel auf spezifische Kommunikationsbereiche (Domänen) oder gar Textsorten. So lässt sich Karrers formaler Ansatz z. B. für Werbetexte übernehmen und leicht modifizieren (Janich ⁴2005: Kap. 4.4.3; einen abweichenden und ausführlich ausgearbeiteten Vorschlag zu Typologisierung intertextueller Phänomene in der Werbung bietet Opiłowski 2006):

1. VOLLSTÄNDIGE ODER UNVOLLSTÄNDIGE ÜBERNAHME (Zitat) eines Referenztextes, weiter zu unterscheiden nach vorhandener oder fehlender Markierung;
2. ANSPIELUNG auf einen Referenztext durch die ÜBERNAHME VON (SYNTAKTISCHEN) STRUKTUREN BEI LEXIKALISCHER SUBSTITUTION;
3. ANSPIELUNG auf einen Referenztext durch VERWENDUNG ZENTRALER LEXIKALISCHER ELEMENTE BEI STRUKTURELLER MODIFIKATION (Aufgreifen von ‚Schlüsselwörtern‘);
4. ANSPIELUNG auf einen Referenztext über den VISUELLEN CODE.

Dabei scheinen einzelne Referenztexte bei den Werbetextern besonders beliebt zu sein (z. B. Film-, Song- und Buchtitel, aber auch Shakespeare-Zitate): So wird zum Beispiel der deutsche Filmtitel von „Some like it hot" = „Manche mögen's heiß" wörtlich zitiert (z. B. unmarkiert in einer Anzeige für die Tabakmarke Schwarzer Krauser Nr. 1), er ist aber auch Referenztext für strukturelle und visuelle Anspielungen: In einer Anzeige für den VW Polo heißt die Schlagzeile *Manche mögens sicher*, abgebildet ist ein Crashtest-Dummy in klassischer Monroe-Pose mit fliegendem weißen Kleid. Ein Beispiel für die Anspielung über Schlüsselwörter ist *Entdeck die Leichtigkeit des Seins* in einer Anzeige für einen „Performance-Drink Fit for Fun", bei der sich der Werbetext auf Milan Kunderas Buchtitel „Die unerträgliche Leichtigkeit des Seins" bezieht.

Als ein weiterer Typus könnte 5. ANSPIELUNG AUF DIE STRUKTUR eines Referenztextes postuliert werden, um z. B. einen Fall wie *Lucky Strike. Sonst nichts.* (Phänotext) als Antwort auf die Frage in *Campari. Was sonst?* (Referenztext) und damit als intertextuellen Bezug interpretieren zu können (Janich ⁴2005: 175). Die Referenzbeziehung zwischen diesen beiden Texten erscheint allerdings relativ lose und intersubjektiv nicht zwingend, zumal Markierungen fehlen. Alternativ ließe sich eine solche Form der Intertextualität über eine formal offene Kategorie 5. INHALTLICHE ANSPIELUNG erfassen, die über das Aufgreifen von Schlüsselwörtern des Referenztextes hinausgeht bzw. auf anderen Merkmalen als Struktur und Lexik basiert. Eine solche Kategorie entspräche dann in etwa der ebenfalls sehr offenen vierten Kategorie bei Karrer (= Anspielung auf einen Referenztext ohne Reproduktion seiner Elemente oder Struktur), erscheint aber bei so kurzen Referenztexten wie Werbetexten, die sich meist selbst auch wieder nur auf kurze Phänotexte beziehen, weniger gut nachweisbar als z. B. in literarischen Texten, bei denen andere Formen der Markierung (vgl. Broich 1985) möglich sind.

Einen ganz anderen Kommunikationsbereich hat Gisela Harras (1998) im Blick: die wissenschaftliche Kommunikation.

> Die Intertextualität wissenschaftlicher Texte ist zuallererst inhaltlicher Natur: es werden argumentative Gehalte übernommen, wobei die Übernahme auch formal durch den Gebrauch von Termini und bestimmte Zitatweisen gekennzeichnet ist. (Harras 1998: 603)

Harras geht dementsprechend von unterschiedlichen Formen des „Weiterschreibens" wissenschaftlicher Texte aus und differenziert Formen der Bezugnahme daher in erster Linie qualitativ (Harras 1998: 605):

1. ERWÄHNUNG EINES REFERENZTEXTES OHNE INHALTLICHE ODER ARGUMENTATIVE FUNKTION (entweder rein ornamental oder als „Identifizierungsetikett", um sich zu einem Traditionszusammenhang zu bekennen);
2. ERWÄHNUNG EINES REFERENZTEXTES ALS ELEMENT MIT INHALTLICHER FUNKTION (entweder als Textentlastung oder als argumentative Ergänzung und Unterstützung oder als Autoritätsbeweis);
3. VERARBEITUNG UND EINBINDUNG IM RAHMEN EINES ARGUMENTATIVEN TEXTES MIT ABWEICHENDER AUSSAGE (entweder ablehnend oder diskutiert/korrigiert oder unkorrigiert im Rahmen eines Bezugs auf eine andere Theorie/einen anderen Diskurs).

Der Ansatz von Harras ist stark diskursanalytisch geprägt (siehe ergänzend dazu Kap. 2) und bezieht unter dieser Perspektive auch einen weiten Intertextualitätsbegriff mit ein: Es geht also nicht nur um die Beziehungen zwischen wissenschaftlichen Einzeltexten (Autor A zitiert oder verweist auf Autor B), sondern auch um die Beziehungen zwischen Diskursen, die durch Wissenschaftskommunikation schlechthin und durch das wissenschaftliche Verweissystem im Besonderen entstehen.

Auch Eva-Maria Jakobs (1999) beschäftigt sich mit „Textvernetzung" in wissenschaftlichen Zeitschriftenaufsätzen, ausgehend von der These, dass Rückgriffe auf Fachliteratur konstitutiv für diese Textsorte sind. Sie untersucht allerdings nicht nur die Formen der Bezugnahme (Zitat und Verweis), sondern bezieht vor allem auch die „situativen Rahmenbedingungen, unter denen Fachtexte rezipiert, produziert und vernetzt werden", mit ein (Jakobs 1999: 339f.). Da sie sich auf die Typen ZITAT und VERWEIS konzentriert, verzichtet sie auf eine umfassendere Intertextualitätstypologie.

Weitere Vorschläge für mikrotaxonomische Klassifikationen, die in der Regel auch immer die typologische Intertextualität oder Systemreferenz einbeziehen, finden sich z.B. bei Androutsopoulos (1997) für jugendkulturelle Textsorten oder bei Rößler (1999) für Zeitungstexte.

 Die verschiedenen Klassifikationsansätze zeigen, dass es sehr stark vom Gegenstand der Untersuchung (z.B. literarische vs. Gebrauchstexte; Medien- vs. Wissenschaftstexte) abhängt, welche Differenzierungen methodisch sinnvoll und welche Details Erkenntnis fördernd sind. Zum Beispiel sind Markierungsformen in der wissenschaftlichen Kommunikation weitgehend normiert (wörtliches Zitat vs. indirekter Verweis mit entsprechendem Beleg), eine Missachtung kann den Vorwurf des Plagiats nach sich ziehen (Jakobs 1997a und 1997b). Damit liegt ein ganz anderer Fall intertextueller Einbindung vor als in literarischen Texten (zu literarischen Markierungsformen siehe Broich 1985), die sich wiederum unterscheidet von dem formalen Umgang mit Zitaten oder Anspielungen in Werbung und journalistischen Texten. Dies liegt an den unterschiedlichen Funktionen intertextueller Bezüge: von Nachweispflicht und Anerkennung in wissenschaftlichen Texten über Aufmerksamkeitserregung und Lesemotivation in Medientexten bis hin zur ästhetischen Wirkungsabsicht in literarischen Texten. Dabei sind nicht nur die nachweisbaren *Formen* von Intertextualität und ihre *Funktionen* interessant, sondern auch die *Konsequenzen* intertextueller Bezugnahmen: Das Beispiel einer intertextuellen Anspielung in einem Werbetext, die sich selbst wieder auf einen anderen Werbetext bezieht (z.B. *Nicht immer, aber ab und an*/Deutsche Bahn → *Nicht immer, aber immer öfter*/Clausthaler Alkoholfrei), zeigt, dass hier neben der Frage des Urheberrechts (z.B. von Slogans) auch die der doppelten Werbewirkung eine Rolle spielt (sind solche Beispiele verkaufsfördernd nur für das durch den Phänotext beworbene Produkt – oder auch für das im Referenztext beworbene?) (Janich 1997). Das Verweissystem in der Wissenschaft dagegen dient nicht nur dem intersubjektiv nachvollziehbaren Nachweis fremder Ideen (siehe Textbeispiel (7–3) unter 7.1), sondern kann auch dazu benutzt werden, andere Arbeiten z.B. aus Konkurrenzgründen absichtlich *nicht* zu nennen, um ihnen ihre Relevanz im wissenschaftlichen Diskurs abzusprechen (Jakobs 1999: 378).

7.4.2 Systemreferenz

Zur SYSTEMREFERENZ oder TYPOLOGISCHEN INTERTEXTUALITÄT zählen Bezüge von Phänotexten auf Textmuster, auf Textsorten oder literarische Gattungen. Soll Intertextualität sprachwissenschaftlich als Phänomen aufgefasst werden, durch das ein Text einen *semiotischen Mehrwert* erhält, dann erscheint es weniger sinnvoll, hier im Sinne eines weiten Intertextualitätsbegriffs nur oder vor allem von der prinzipiellen Bindung von konkreten Texten an Textmuster auszugehen. Denn dann dient Intertextualitätsforschung ähnlich wie bei Zimmermann (1978) oder Beaugrande/Dressler (1981) mehr der Frage, wie sie zur Typologisierung von Textsorten beitragen kann (siehe Adamzik 2004: 99–104 sowie Kap. 6 dieser Einführung). Mit Ausnahme der Kategorie der „typologisch evaluierenden Intertextualität" geht es auch bei Holthuis (1993: 51–88) bei der typologischen Intertextualität vorwiegend um Funktions- und Äquivalenzrelationen zwischen Texten und damit um Fragen des Zusammenhangs von Intertextualität und Texttypologisierung

Semiotisch und damit intertextuell interessant wird ein Bezug zwischen Text und Textmuster/Textsorte aber erst bei Abweichungen von Mustern:

> Mustermischen und -brechen wird erst zeichenhaft vor dem Hintergrund der immer mitgedachten Musterhaftigkeit. Damit sind der Auflösung der Konturen, der Unbestimmtheit, der Relativität Grenzen gesetzt. [...] Anders gesagt: Indem man Regeln bewußt bricht, hat man ihre Existenz immer schon bejaht, und sei es nur die Existenz der einen, nämlich der, daß Regeln dazu da sind, eingehalten zu werden. Und man zieht aus diesem Bruch stilistischen Gewinn, z.B. den Ausdruck von Respektlosigkeit. (Fix 1997: 104 f.)

Vor der Folie eines Musters wird gegen Rezeptionserwartungen verstoßen, und dieser Verstoß führt zur „wilden Semiose", d. h. zu einer aufmerksameren, weil „verweilenden" Textrezeption (Fix 1997: 106). Dabei können für Gebrauchstexte z. B. folgende Abweichungsformen unterschieden werden:[5]

1. MUSTERBRECHUNG: punktueller Verstoß gegen einzelne Struktur- oder Formulierungsmerkmale eines Textmusters;
2. MUSTERMETAMORPHOSE: affirmative, kritische oder manipulative Nachahmung eines fremden Textmusters;
3. MUSTERMONTAGE/MUSTERMISCHUNG: harmonische oder konfrontative Kombination verschiedener Muster.

Alle Formen von Musterabweichungen können SPRACHLICH und/oder VISUELL realisiert werden, da auf Muster nicht nur sprachlich, sondern z.B. auch mit Bildern bzw. über das Textdesign angespielt werden kann, umso mehr, wenn ein offener

---

5 Fix (1997: 98) unterscheidet etwas anders zwischen Textmustermontagen von Textmustermischungen und Textmusterbrüchen, während Opiłowski (2006: 33–39) zwischen Montage, Mischung und Metamorphose unterscheidet, vorwiegend aufgrund des semantischen Verhältnisses zwischen Referenz- und Phänotext. Androutsopoulos 1997 verwendet eine ganz andere Terminologie.

Textbegriff zugrunde gelegt wird, der auch andere Zeichensysteme zulässt (z. B. Bilder als Texte). Ein Beispiel für eine manipulative Mustermetamorphose, die sich vorwiegend auf der visuellen Ebene des Textdesigns abspielt, wäre z. B., wenn eine Werbeanzeige ihre Werbeabsicht dadurch kaschieren will, dass sie wie ein redaktioneller Artikel aufgemacht ist.

 Blickt man auf die sprachwissenschaftliche und textlinguistische Literatur zur Intertextualität und die wenigen Typologisierungsvorschläge, dann erscheint der Aspekt einer so verstandenen Systemreferenz noch recht vernachlässigt, vor allem in Bezug auf mögliche Übergänge zwischen Einzeltext- und Systemreferenz (vgl. dazu z. B. Holthuis 1993: 60 oder die Mischkategorie thematisch-typologischer Intertextualität bei Opiłowski 2006: 34). Untersuchungen liegen vor allem für stilistisch besonders auffällige Texte wie Lyrik, Werbung oder jugendkulturelle Textsorten vor (Janich 1997, Fix 1997, Androutsopoulos 1997), domänenübergreifende Untersuchungen zur textlinguistischen Relevanz der Systemreferenz fehlen jedoch bislang.

7.4.3 Textsorten-in-Vernetzung

Ende der 1990er-Jahre wurde die Textlinguistik auf ein Desiderat aufmerksam, das sich ebenfalls dem Intertextualitätsbegriff zurechnen lässt, wie die in Abb. 7.1 oben zusammengestellten Kategorisierungen zeigen, nämlich die systematischen Beziehungen zwischen Textsorten und Textsorten:

> Die m. E. wesentlichste Beschreibungskategorie, um die die Textsortenforschung dringend erweitert werden sollte, betrifft das Kriterium der Einbettung von Textsorten in umfassendere kommunikative Strukturen und ihre Vernetztheit miteinander. Denn Textsorten bilden – wie die Elemente anderer Ebenen der Sprache – strukturierte Subsysteme und gehören zu bestimmten Interaktions- oder Diskursrahmen. Zur Bewältigung einer kommunikativen Aufgabe können verschiedene Textsorten benutzt werden (diese stehen also in paradigmatischer Relation wie z.B. eine Werbeanzeige, ein Werbeplakat oder ein Werbebrief); häufig muss man auch eine ganze Reihe von Textsorten nacheinander bzw. grob gesprochen ‚gleichzeitig‘ produzieren, um eine komplexe kommunikative Aufgabe zu erfüllen. (Adamzik 2000: 109; ähnlich schon Girnth 1996: 66)

Erste Studien dazu lieferten Swales (1990) zur Vernetztheit der Wissenschaftskommunikation und Klein (1991), der im Rahmen der politischen Kommunikation die kommunikative Aufgabe „‚Gesetzgebung‘ als verfahrensmäßig geregeltes Zusammenspiel zwischen einer großen Zahl von Textsorten expliziert" (Klein 2000: 34) und damit den Terminus der TEXTSORTEN-INTERTEXTUALITÄT etablierte. Ein anderes Beispiel bei Klein (2000) sind die Textsortenbeziehungen rund um eine Folge einer TV-Soap-Opera (siehe Abb. 7.3).

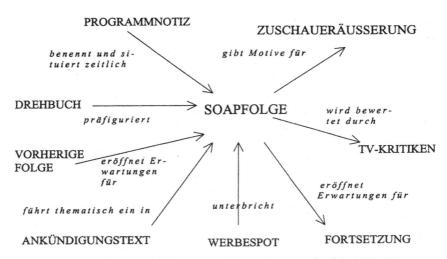

Abb. 7.3: „Textsorten-Intertextualität" am Beispiel Soap Opera (nach Klein 2000: 35)

Mit Vernetzung sind damit anders als bei der Einzeltextreferenz nun nicht mehr konkrete inhaltliche oder formale Bezugnahmen gemeint, sondern syntagmatische und paradigmatische Beziehungen, die (wie beim Gesetzgebungsverfahren in extremer Weise) verfahrensbedingt festgelegt sein können und damit unter Umständen sogar als textsortenkonstitutiv betrachtet werden müssen. So steht beispielsweise eine Rezension systematisch in einem syntagmatischen Verhältnis zum rezensierten Text, eine kritische Edition zum edierten Text (siehe Abb. 7.2 oben, weitere Beispiele bei Adamzik 2001b: 42–48 oder Linke u. a. [5]2004: 283). Alternativ zum Terminus *Textsorten-Intertextualität* lässt sich daher auch von TEXTSORTEN-IN-VERNETZUNG sprechen, um mit der Bindestrichschreibung die Relevanz dieser intertextuellen Beziehungen für die Textsortenbestimmung und -beschreibung unter sprachgebrauchsbezogener Perspektive zu verdeutlichen.[6]

Ein methodischer Vorschlag zur Untersuchung von Textsorten-in-Vernetzung findet sich in eben diesem Sammelband bei Janich (im Druck) und wird dort ausführlich anhand eines Fallbeispiels aus der Unternehmenskommunikation erläutert: Das Analysemodell (siehe Abb. 7.4) stellt handlungsorientiert die Perspektive der Kommunikationsteilnehmer in den Mittelpunkt, um über deren kommunikative Aufgaben und Probleme im Rahmen ausgewählter Handlungsfelder zu einer systematischen Beschreibung von Textsortenvernetzungen und einer empirischen Analyse der aus diesen Netzen resultierenden konkreten Textrealisationen zu gelangen:

---

6 Dieser zweite Terminus geht auf ein gleichnamiges Publikationsprojekt zurück, das angesichts dieses Forschungsdesiderats weitere Abhilfe schaffen soll: Baumann/Kalverkämper im Druck.

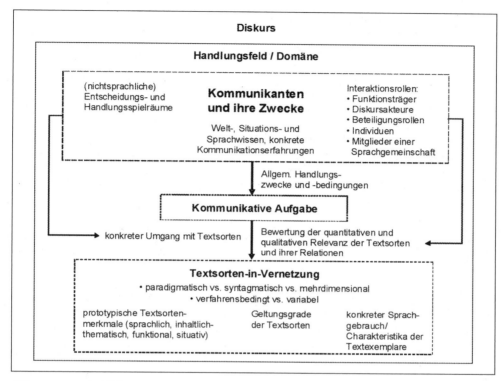

Abb. 7.4: Ganzheitliches Analysemodell für die Analyse von Textsorten-Intertextualität (Janich im Druck)

Erkenntnisziel von Untersuchungen zu dieser Form der Intertextualität ist weniger, wie sich der Textsinn des einzelnen Textes durch Bezugnahmen auf andere Texte und Textmuster ändert bzw. erweitert, sondern sind weiterführende Erkenntnisse über den „kommunikativen Haushalt von Gesellschaften" (Adamzik 2000: 110). Sie lassen sich unter anderem auch dazu nutzen, die (faktische oder wünschenswerte) Textkompetenz der Textproduzenten und Textrezipienten unter anwendungsbezogener Perspektive systematisch zu erfassen (z. B. im Rahmen von KOMMUNIKATIONSPROFILEN: Janich 2007; siehe dazu auch Kap. 9–13 dieser Einführung).

7.5   Schluss: Von der Operationalisierbarkeit intertueller Interpretation

 Die Intertextualitätsforschung geht – wie deutlich geworden sein dürfte – weitgehend davon aus, dass Intertextualität erforschbar und damit auch irgendwie intersubjektiv an Texten nachweisbar ist. Mit Blick auf die Intendiertheit und Wirkung von intertextuellen Bezügen ergeben sich jedoch methodische Fragen, die sowohl bei textzentrierten als auch bei rezeptionsorientierten Ansätzen zu stellen sind: „Ist die Behauptung einer bestimmten intertextuellen Qualität eines Textes objektivierbar oder muß sie zwangsläufig dem subjektiven Kenntnisstand eines Rezipienten verhaftet bleiben? Andererseits: inwieweit ist der vom Rezipienten unterstellte intertextuelle Bezug ein vom Autor beabsichtigter?" (Harras 1998: 604)

Es dürfte klar sein, dass es in einem Werbetext weniger relevant ist (wenn auch möglicherweise unterschiedlich verkaufsfördernd), ob eine intertextuelle Bezugnahme erkannt wird oder nicht (Janich 1997), als bei wissenschaftlichen Texten, bei denen der sorgfältige Nachweis von Textbezügen zu den Regeln guten wissenschaftlichen Arbeitens gehört (Jakobs 1999). Bei nicht-markierten Formen von Intertextualität spielt es außerdem eine je nach Textsorte und Kommunikationsbereich unterschiedlich große Rolle, ob der Referenztext identifiziert werden kann: So ist dies in wissenschaftlichen oder literarischen Texten aufgrund größerer Dialogizität zwischen Referenz- und Phänotext weitaus wichtiger als in Werbetexten, die oft genug nur mit geflügelten Worten operieren, um an Bekanntes und Vertrautes anzuknüpfen, ohne dass bei einem Zitat oder einer Anspielung der ursprüngliche „Text drumherum" eine Rolle für die Aussage des Phänotextes spielen würde.

Das Kapitel sollte jedoch gezeigt haben, dass sich der Intertextualitätsbegriff wegen seiner Vielschichtigkeit und trotz der methodischen Probleme seiner Operationalisierbarkeit für verschiedenste textlinguistische Fragestellungen eignet und aufgrund seiner Relevanz für die Bedeutungskonstruktion von Texten, für die Textsortenforschung und für die Rekonstruktion unterschiedlicher kommunikativer Teilkompetenzen nicht mehr aus der Textlinguistik wegzudenken ist (vgl. auch Steyer 1997, Fix 2000, Adamzik 2004: 96 f., Blühdorn 2006).

 Kommentierte Literaturtipps

Literaturwissenschaftliche Standardwerke zur Intertextualität sind für das „radikale" Lager der Aufsatz von Kristeva 1967 und für vermittelnde Ansätze Genette 1982 (dt. 1993), der Sammelband Broich/Pfister 1985 und Lachmann 1990. Einen umfassenden sprachwissenschaftlichen Theorieentwurf, der sich jedoch vorwiegend mit literarischen Beispielen auseinander setzt und etwas mühsam zu lesen ist, bietet Holthuis 1993 (kritisiert z. B. bei Tegtmeyer 1997). Umfassendere (d. h. über das Aufsatzformat hinausgehende) Untersuchungen zur Intertextualität in Gebrauchstexten bieten exemplarisch Jakobs 1999 (Wissenschaftstexte) und Opiłowski 2006 (Werbetexte). Textlinguistisch ergiebig zur Intertextualitätsdebatte allgemein sind außerdem die Sammelbände von Antos/Tietz 1997 und Klein/Fix 1997, aus denen hier verschiedenste Aufsätze zitiert wurden. Speziell zur Textsorten-Intertextualität verspricht der Sammelband von Baumann/Kalverkämper im Druck neueste Erkenntnisse.

III   Textproduktion und Textrezeption

8   Mündlichkeit und Schriftlichkeit von Texten

Peter Koch & Wulf Oesterreicher

8.1   Mündlichkeit und Schriftlichkeit: Medium und Konzeption
8.2   Mündlichkeit und Schriftlichkeit: Ebenen des Sprachlichen
8.3   Zum Textbegriff
8.3.1   ,Diskurs' und ,Text' zwischen Medium und Konzeption
8.3.2   ,Diskurs' und ,Text' als Betrachtungsebene und als sprachliche Einheit
8.4   Diskurse zwischen Mündlichkeit und Schriftlichkeit: universale Aspekte
8.4.1   Textualität und Kontexte
8.4.2   Typisierung von Kommunikationssituationen
8.4.3   Universale diskurspragmatische Merkmale
8.5   Diskurse zwischen Mündlichkeit und Schriftlichkeit: diskurstraditionelle Aspekte
8.5.1   Diskurstraditionelle Profile
8.5.2   Diskurstraditionelle Dynamiken
8.5.3   ,Textsorten' oder ,Diskurstraditionen'?
8.6   Diskurse zwischen Mündlichkeit und Schriftlichkeit: einzelsprachliche Aspekte
8.6.1   Transphrastik und intensiver Ausbau
8.6.2   Einzelsprachliche Varietäten im Diskurs
8.7   Mündlichkeit und Schriftlichkeit im aktuellen DISKURS/TEXT

In der Alltagssprache versteht man unter Texten geschriebene Mitteilungen. In der „klassischen" Textlinguistik der 1960er- und 1970er-Jahre wurde der Textbegriff systematisch auf alle Arten von Mitteilungen – seien sie nun gesprochen oder geschrieben – ausgeweitet. Ebnet diese terminologische Option nicht doch linguistisch relevante Unterschiede ein? Liegen diese Unterschiede nur in der materiellen Realisierung der Mitteilungen oder gehen sie darüber hinaus? Um diese Fragen in 8.3 beantworten zu können, müssen wir zuvor eine Reihe von begrifflichen Klärungen vornehmen.

8.1   Mündlichkeit und Schriftlichkeit: Medium und Konzeption

Bekanntlich können sprachliche Äußerungen lautlich oder in schriftlich fixierter Form realisiert sein, dabei wird gerne auch von *Mündlichkeit* und *Schriftlichkeit* gesprochen. Dies ist jedoch nur *eine* Verwendungsweise dieser Ausdrücke, denn lautlich realisierte Äußerungen können auch den „Duktus der Schriftlichkeit" (Schlieben-Lange 1983: 81) aufweisen – etwa eine feierliche Rede oder eine Urteilsverkündigung im Gericht –, ebenso wie, umgekehrt, Äußerungen im „Duktus der Mündlichkeit" (ebd.) niedergeschrieben sein können – etwa Privatbriefe unter Freunden oder Chat. Dies bedeutet, dass man grundsätzlich die *mediale* Unterscheidung PHONISCH vs. GRAPHISCH nicht verwechseln darf mit einer zweiten, die den

Duktus, die „Konzeption" der Äußerung betrifft: GESPROCHEN vs. GESCHRIEBEN (nach Söll [3]1985: 17–25).[1] Es ergibt sich damit eine Kreuzklassifikation medialer und konzeptioneller Möglichkeiten, die hier anhand eines deutschen Beispiels illustriert sei:

		KONZEPTION	
		gesprochen	geschrieben
MEDIUM	graphisch	*das is 'ne wichtige Angelegenheit*	*das ist eine wichtige Angelegenheit*
	phonisch	[ˈdasnəˈvɪçtjə ˀˀaŋɡəˌleːŋhaɪt]	[ˈdas ˀɪst ˀˀaɪnə ˈvɪçtɪɡə ˀˀaŋɡəˌleːɡŋhaɪt]

Abb. 8.1: Kreuzklassifikation nach Söll (1985: 17–25) und Schwitalla (1997: 17)

Die grundsätzliche Unabhängigkeit des MEDIUMS von der KONZEPTION – im Prinzip kann ja jede phonisch realisierte Äußerungen schriftlich notiert und jede schriftlich fixierte Äußerung verlesen werden – wird auch im Begriff der *medium transferability* deutlich (Lyons 1981: 11). Für die relevanten Prozesse der medialen Transkodierung bietet es sich an, die beiden Termini VERLAUTLICHUNG bzw. VERSCHRIFTUNG zu nutzen. Strikt davon zu unterscheiden sind Prozesse einer konzeptionellen Verschiebung, die wir mit den Termini VERMÜNDLICHUNG bzw. VERSCHRIFTLICHUNG bezeichnen (vgl. Oesterreicher 1993). So wäre etwa die Umarbeitung eines wissenschaftlichen Textes in ein Schulbuchkapitel als tendenzielle Vermündlichung zu verstehen; das amtliche Protokoll einer Zeugenaussage setzt sowohl Akte der Verschriftung wie auch konzeptionell relevante Prozesse der Verschriftlichung voraus.

Die Unabhängigkeit von Medium und Konzeption widerspricht aber keineswegs der intuitiven Erfahrung, dass – wie in Abb. 8.2 dargestellt – das phonische Medium eine besondere Affinität zur gesprochenen Konzeption aufweist und das graphische Medium zur geschriebenen Konzeption (Koch/Oesterreicher 1990: 12):

---

1 In der anglophonen Literatur wird mit *spoken* vs. *written* gerade der mediale Aspekt bezeichnet, der konzeptionelle hingegen mit *informal* vs. *formal* (vgl. z.B. Chafe 1982: bes. 36).

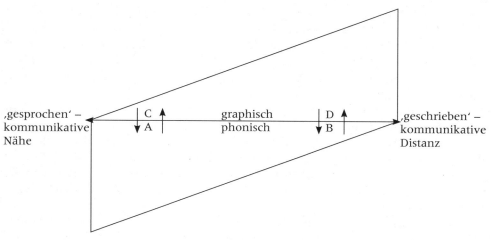

Abb. 8.2: Verschränkungen von Medium und Konzeption: Das Nähe-Distanz-Kontinuum

Das Schema symbolisiert die vier großen medial-konzeptionellen Bereiche A (phonische/gesprochen), B (phonische/geschrieben), C (graphische/gesprochen) und D (graphische/geschrieben). Die Pfeile zwischen diesen Bereichen beziehen sich auf die oben beschriebenen Transkodierungsmöglichkeiten der Verlautlichung und der Verschriftung. Darüber hinaus gibt das Schema die Tatsache wieder, dass wir es im Bereich der Konzeption – im Unterschied zur medialen Opposition – mit einem *Kontinuum* zu tun haben, das zahlreiche Abstufungen zwischen extrem gesprochenen und extrem geschriebenen Kommunikationsformen umfasst. Damit sind die Übergänge zwischen den Bereichen A und B bzw. C und D natürlich auch als fließend zu verstehen.

Wie kommt es nun aber zu den konzeptionellen Abstufungen zwischen unterschiedlichen Kommunikationsformen? Hier sind sehr allgemeine Kommunikationsbedingungen im Spiel, die wir in Form der folgenden Liste von Parametern wiedergeben; sie sind – bis auf die Nr. 6 – intern als skalar zu denken (Koch/Oesterreicher 2008: 351):

① Privatheit — Öffentlichkeit ❶
② Vertrautheit der Kommunikationspartner — Fremdheit der Kommunikationspartner ❷
③ starke emotionale Beteiligung — geringe emotionale Beteiligung ❸
④ Situations- und Handlungseinbindung — Situations- und Handlungsentbindung ❹
⑤ referenzielle Nähe — referenzielle Distanz ❺
⑥ raum-zeitliche Nähe (*face-to-face*) — raum-zeitliche Distanz ❻
⑦ kommunikative Kooperation — keine kommunikative Kooperation ❼
⑧ Dialogizität — Monologizität ❽
⑨ Spontaneität — Reflektiertheit ❾
⑩ freie Themenentwicklung — Themenfixierung ❿
usw.

Abb. 8.3: Kommunikationsbedingungen mit Einfluss auf Medium und Konzeption

Eine extrem GESPROCHENE KONZEPTION von Äußerungen ist gekennzeichnet durch die in Abb. 8.3 im Linksbereich stehenden Parameterwerte; dafür verwenden wir im Folgenden den Begriff der KOMMUNIKATIVEN NÄHE. Die gegenteiligen, im Rechtsbereich stehenden Parameterwerte entsprechen einer GESCHRIEBENEN KONZEPTION, also der KOMMUNIKATIVEN DISTANZ (vgl. Koch/Oesterreicher 1985: 17–24 oder 1990: 8–12).

Das Schema in Abb. 8.2 bildet also in der waagerechten Dimension ein Nähe-Distanz-Kontinuum ab, auf dem sich – in beiden medialen Realisierungen – vielfältig abgestufte Kommunikationsformen ansiedeln lassen. So läge beispielsweise ein Vorstellungsgespräch mit Parameterwerten wie *face-to-face* ⑥, Dialogizität ⑧, gezügelter Spontaneität ⑨, andererseits aber mit beschränkter Öffentlichkeit ❶, Fremdheit der Gesprächspartner ❷ und begrenzter Themenfreiheit ❿ im Mittelfeld des Kontinuums.

Derartige Abstufungen auf dem Nähe-Distanz-Kontinuum gehören zum sprachlich-kommunikativen Wissen, das es den Produzenten erlaubt, die jeweils angemessenen Versprachlichungsstrategien zu wählen und damit den Äußerungen einen passenden „Duktus", einen unterschiedlichen Elaboriertheits- und Formalitätsgrad zu verleihen; die Rezipienten nehmen diese Unterschiede ebenfalls wahr und gleichen sie mit ihren Erwartungen ab.[2]

8.2   Mündlichkeit und Schriftlichkeit: Ebenen des Sprachlichen

In 8.1 ging es zunächst einmal um allgemeine kommunikationstheoretische Klarstellungen. Mündlichkeit und Schriftlichkeit werden jedoch immer auch in bestimmten historischen Formen und Zusammenhängen von Sprechergruppen und einzelnen Sprechern realisiert. Nützlich ist in diesem Zusammenhang die Bestimmung der menschlichen Sprache von Coseriu:

> Die Sprache ist eine *allgemeine menschliche* Tätigkeit, die einerseits von jedem Menschen *individuell* realisiert, ausgeübt wird, wobei sich jedoch andererseits wiederum jeder einzelne an *historisch* vorgegebene Normen hält, die auf gemeinschaftlichen Traditionen beruhen. (Coseriu [2]1981: 6; Hervorhebungen P. K./W. Oe.)

Ausgehend von dieser Bestimmung kann Sprachliches auf *drei Ebenen* betrachtet und im Hinblick auf *vier Bereiche* qualifiziert werden (vgl. Schlieben-Lange 1983, Koch 1988a: 337–342, 1997a: 43–54, Oesterreicher 1988, 2003, Koch/Oesterreicher 1990, 6–8, 2001: 587 f.):

I.   Auf der universalen Ebene der SPRECHTÄTIGKEIT reagieren die Produzenten und Rezipienten beim Sprechen, Schreiben, Hören und Lesen in ganz bestimm-

---

2 Für den konzeptionellen Aspekt wichtige kommunikative Parameter wurden bereits im Rahmen der Soziolinguistik und der Konversationsanalyse identifiziert: vgl. Steger u. a. 1974 und Henne/Rehbock 2001: 28–38.

ter Weise auf die Kommunikationsbedingungen der Nähe und Distanz (siehe genauer 8.4). Es geht hier darum, wie wir auf Gegenstände Bezug nehmen (Referenzialisierung), wie wir etwas über sie aussagen (Prädikation), wie wir das Gemeinte raum-zeitlich und personal einordnen, wie wir Äußerungen kontextualisieren. Von Interesse sind auf dieser Ebene nicht die unterschiedlichen Ausprägungen dieser Prozesse in den Sprachen (vgl. II.2), sondern allein die in allen Sprachen wirksamen kognitiven, volitionalen, motivationalen, motorischen und anderen Faktoren, die die entsprechenden Verbalisierungsleistungen determinieren. Dies entspricht dem Bereich der *langage* im Sinne von Saussure (1916: 24f.), insofern dieser letztlich alle Bereiche des Sprachlichen (also auch II.1, II.2 und III) mit umfasst.

II. Die Sprechtätigkeit vollzieht sich freilich immer im Rahmen historischer Vorgaben, also bestimmter Traditionen und Normen, die als historisch-kontingent zu bezeichnen sind. Auf dieser historischen Ebene können zwei Bereiche unterschieden werden:

II.1 Einmal geht es um die TEXT- oder DISKURSTRADITIONEN (siehe genauer 8.5), also um Textsorten, Gattungen und Stile (z. B. Botennachricht, Lehnseid, Schenkungsurkunde, Sonett, *genus sublime* usw.). Die Regeln und Normen dieser Traditionen sind oft gerade *nicht* an die Grenzen der Sprachgemeinschaften gebunden. Als historische, gesellschaftlich-kulturelle Kommunikationspraxen weisen Diskurstraditionen unterschiedliche konzeptionelle Prägungen auf.

II.2 Zweitens interessieren auf dieser Ebene die einzelnen Sprachen mit ihren Varietäten (siehe genauer 8.6), die als HISTORISCHE TECHNIKEN DES SPRECHENS gerade auch konzeptionell differenzierte Regel- und Normgefüge darstellen (vgl. Dialekt, *slang*, „gewählte" Register usw.). Als historische Gestaltungen sind diese Techniken (wie auch Diskurstraditionen und Gattungen) selbstverständlich immer auch dem Sprachwandel unterworfen. Alle Regel- und Normgefüge dieses Bereiches haben den Charakter einer *langue* im Sinne Saussures (1916: 25–35).

III. Die INDIVIDUELLE EBENE entspricht der aktuellen, einmaligen Äußerung (siehe 8.3.2 und 8.7), also der *parole* (zumindest in dem strengen Sinne, wie sie in Saussure 1916: 30f. definiert wird). Die universalen, diskurstraditionellen und einzelsprachlichen Regularitäten, die hier jeweils angewandt werden, verleihen der Äußerung unter anderem ihr unverwechselbares konzeptionelles Profil.

8.3   Zum Textbegriff

Wir haben bisher bewusst den Terminus *Text* vermieden und nur von *Äußerungen* gesprochen. Auf dem Hintergrund der Überlegungen in 8.1 und 8.2 muss nun aber eine wichtige begrifflich-terminologische Klärung erfolgen (zum Textbegriff siehe auch die Kap. 1, 6 und 14, zum Diskursbegriff das Kap. 2).

8.3.1 ‚Diskurs' und ‚Text' zwischen Medium und Konzeption

Wie bereits zu Beginn dieses Kapitels 8 angesprochen, wird in der Alltagssprache ‚Text' gern als schriftliche Einheit, als „geschriebenes sprachliches Gebilde" verstanden (Brinker [6]2005: 11). Die Textlinguistik der 1960er- und 1970er-Jahre insistiert hingegen darauf, dass „ein Text mündlich oder schriftlich sein kann" (Vater 1992: 16, vgl. auch van Dijk 1980: 221 ff., Kalverkämper 1981: 23). Die Kategorie MÜNDLICH/SCHRIFTLICH wird damit zu einem wichtigen, meist medial verstandenen Differenzierungskriterium von Textsorten (vgl. etwa Sandig 1972: 115–118, Vater 1992: 16, siehe ausführlich und kritisch dazu auch 6.2.2). Eine erste Revision dieses monolithischen Textverständnisses hat Konrad Ehlich (1984b, 1994: 18–26) vollzogen, indem er darauf aufmerksam macht, dass sich unter den Bedingungen von (medialer) Schriftlichkeit die neuartige Möglichkeit ergibt, sprachlichen Äußerungen auch materielle Dauerhaftigkeit zu verleihen („Verdauerung" durch Schrift). Diese Innovation wird beispielsweise deutlich am Übergang von der phonischen, memorisierten Botennachricht zum graphisch fixierten Brief. Genau diesen medial-kommunikativen Zusammenhang meint Ehlichs Begriff der VERTEXTUNG. Nach den Überlegungen in 8.1 ergibt sich nun aber, dass man durch die ausdrückliche Einbeziehung des konzeptionellen Aspekts noch einen Schritt weiter gehen kann (vgl. Oesterreicher 2008). Entscheidend für die unterschiedliche Gestaltung von Äußerungen ist dann nicht in allererster Linie das graphische Medium, sondern die Situierung der jeweiligen Kommunikationsform im Kontinuum zwischen kommunikativer Nähe und Distanz (Abb. 8.2 oben). Schon die erwähnte Botennachricht, die memoriert werden musste, zeigt im phonischen Medium Ansätze zur Vertextung. Ebenso können mündliche Dichtungen in schriftlosen Gesellschaften (*oral poetry*; vgl. Ong 1982) – wenn auch bei begrenzter Stabilität (*mouvance*; Zumthor 1983: 253–261) – bestimmte Formen einer gedächtnisgestützten Verdauerung und Traditionsbildung erreichen, was sich vor allem aus der reduzierten Spontaneität, aber auch aus der Öffentlichkeit, Fremdheit, Handlungsentbindung, Monologizität und thematischen Fixierung ergibt (man kann hier von „elaborierter Mündlichkeit" sprechen: vgl. Koch/Oesterreicher 1985: 29–31, 1994: 588 und 593). Im Gegenzug ist festzuhalten, dass in einer Schriftkultur selbstverständlich auch Kommunikationsformen der Nähe graphisch fixiert werden (können), ohne dass ihre sprachliche Gestaltung auf eine – zumal kulturell relevante – Verdauerung zugeschnitten wäre (Wandkritzelei, Einkaufszettel, Privatbrief, Chat).

Von daher scheint es doch sinnvoll, im Hinblick auf die sprachliche Gestaltung eine Kategorie TEXT zu definieren als Typ von Äußerungen, die unter den kommunikativen Bedingungen der Distanz entstanden sind und die Versprachlichungsstrategien der Distanz widerspiegeln. Um jede Art von sprachlicher Äußerung *unabhängig* von der Konzeption bezeichnen zu können, verwenden wir den Terminus DISKURS (im Unterschied zum Diskurs-Begriff, wie er in Kap. 2 eingeführt wurde). Für uns ist ein Text mithin ein DISTANZDISKURS. Man sollte dabei aber auf jeden Fall die fließenden Übergänge zwischen Nähe und Distanz berücksichtigen: Die

‚Texthaftigkeit' von Äußerungen wächst also mit den Merkmalen kommunikativer Distanz, mit dem Grad der Verschriftlichung.

Damit soll die Bedeutung des Mediums keineswegs in Abrede gestellt werden, denn die Verdinglichung im graphischen Medium erlaubt es in ganz ausgezeichneter Weise, Distanzsprachlichkeit und damit auch Texthaftigkeit zu realisieren. Dieses könnte genauer gezeigt werden an dem Zuwachs an Komplexität und Umfänglichkeit von Texten, auch an spezifischen Layout-Lösungen oder den Möglichkeiten von Vertextungen im Computer, bis hin zum Hypertext (siehe Kap. 14).

8.3.2 ‚Diskurs' und ‚Text' als Betrachtungsebene und als sprachliche Einheit

 Nach den Überlegungen in 8.2 lässt sich zeigen, dass der Ausdruck *Text* in der Linguistik in mindestens zwei unterschiedlichen Richtungen verwendet wird: Zum einen ist damit die aktuelle Ebene des Sprachlichen (8.2: III.) gemeint, also die *parole* im strengen Sinne, das konkrete Sprechereignis, das einmalige sprachlich-kommunikative Geschehen; in diesem Sinne wird die Textlinguistik auch gern als Sprachwissenschaft der *parole*, als Wissenschaft der Sprachverwendung im Gegensatz zur Linguistik der *langue*, des Sprachsystems, propagiert (vgl. etwa Kallmeyer u.a. 1974: I, 45, Kalverkämper 1981: 86, Vater 1992: 8f., Anm. 1, Brinker [6]2005: 13). Zum anderen aber haben die Einheiten, die die Strukturierung von Sprachen (als *langues*: 8.2: II.2) ausmachen, unterschiedliche Formate, und dabei stellt ‚Text' (im Gegensatz zu Satz, Proposition, Syntagma, Wort, Morphem) die umfassendste Einheit dar, die aber gleichzeitig als Grundeinheit der sprachlichen Kommunikation zu betrachten ist (vgl. etwa Coseriu [2]1981: 22–24, Kalverkämper 1981: 18–21, Heinemann/Heinemann 2002: 61–64, Gansel/Jürgens [2]2007: 18–19).

Angesichts dieser misslichen Situation führen wir für unsere Darlegungen in diesem Kapitel folgende Festlegung ein (wobei die in 8.3.1 getroffene konzeptionelle Unterscheidung in Form des terminologisierten Paares *Diskurs/Text* integriert ist): Wir verwenden DISKURS/TEXT (in Majuskeln) im Sinne der aktuellen Ebene (8.2: III.), während ‚Diskurs/Text' für eine Einheit innerhalb der sprachlichen Strukturierung und der Kommunikation steht. So ist es nunmehr möglich (und notwendig), die Einheit ‚Diskurs/Text' auf alle vier in 8.2 skizzierten Bereiche des Sprachlichen zu beziehen. Damit sind bereits die Fragestellungen der folgenden Abschnitte umrissen:

- ‚Diskurs/Text' in der universalen Perspektive der Sprechtätigkeit (8.4),
- ‚Diskurs/Text' unter diskurs-/texttraditionellem Aspekt (8.5),
- ‚Diskurs/Text' unter einzelsprachlichen Gesichtspunkten (8.6) und
- ‚Diskurs/Text' auf der aktuellen Ebene, die wir als DISKURS/TEXT etikettieren (8.7).

(Analog könnte man dies natürlich für jede andere sprachliche Einheit durchspielen: Satz, Wort u.a.m.).

8.4   Diskurse zwischen Mündlichkeit und Schriftlichkeit: universale Aspekte

8.4.1 Textualität und Kontexte

Eines der wichtigsten Charakteristika menschlicher Sprache (im Sinne von *langage*) besteht darin, dass Sprecher und Hörer flexibel auf kommunikativ-pragmatische Bedingungen reagieren können. Dies beginnt schon mit dem viel diskutierten Problem der Definitionskriterien von ‚Textualität' überhaupt, der Frage also, was einen Diskurs/Text als sprachliche Einheit (siehe 8.3.2) ausmacht. So sind einige der von Beaugrande/Dressler (1981) vorgeschlagenen sieben Kriterien der Textualität in unterschiedlichem Ausmaß mit Problemen von Mündlichkeit und Schriftlichkeit verwoben (zu den Textualitätskriterien siehe Kap. 1, bes. 1.3). Wir greifen drei besonders interessante Punkte heraus: Was beispielsweise die KOHÄSION betrifft, so interagiert dieses Kriterium selbst schon mit konzeptionellen Faktoren: Unter den Bedingungen kommunikativer Nähe gelten etwa in der Textphorik weniger strikte Regularitäten der formalen Verkettung von Elementen im Sprachausdruck (vgl. frz. *j'ai repiqué les tomates* [...] *ils sont encore verts* – ‚ich hab' die Tomaten (fem.) pikiert/ausgezogen [...] sie (mask.!) sind noch grün'). Von Interesse sind auch die KOHÄRENZ (Verarbeitung von Erfahrungen und Wissensbeständen auf der inhaltlichen Ebene sprachlicher Zeichen) und die SITUATIONALITÄT (Herstellung einer Relevanzbeziehung zwischen der Äußerung und der Kommunikationssituation). Das bekannte Beispiel eines Verkehrsschilds *LANGSAM – SPIELENDE KINDER* zeigt, dass unter den Bedingungen kommunikativer Nähe (selbst, wie hier, im graphischen Medium!) eine ganz eigene Form der Kohärenzstiftung funktioniert (vgl. Fritz 1982), bei der gerade die Einbettung in einen starken Handlungskontext (Straßenverkehr, Wohngebiet) das Verständnis sichert. Ganz entscheidend ist dabei die Aktivierung unterschiedlicher Kontextarten (zu einer Systematisierung von Kontextarten vgl. Bühler 1934: 154–168, Coseriu ²1981: 93–101 mit einer extrem ausdifferenzierten Systematik, Koch/Oesterreicher 1990: 10 f., Aschenberg 1999: 73–76): Typisch für kommunikative Nähe ist ein beherrschender situativer Kontext (Abb. 8.3 oben: Parameter ④), oft gepaart mit einem Zurücktreten des sprachlich-kommunikativen Kontextes; eine wichtige Funktion übernehmen bekanntlich auch die parasprachlichen und nicht-sprachlichen kommunikativen Kontexte (Prosodie; Gestik, Mimik usw.), die freilich im graphischen Medium fehlen. Bei kommunikativer Distanz verschiebt sich das Verhältnis zwischen situativem und sprachlichem Kontext massiv zugunsten des Letzteren.

Universal menschliche und soziokulturell determinierte Wissenskontexte kommen grundsätzlich in jeder Art von Diskurs ins Spiel. Nur Nähediskurse können sich – auf Grund des Parameterwerts der Vertrautheit ② – in stärkerem Maße auf spezielle und individuelle Wissensbestände stützen (vgl. etwa die Frage einer Mutter nach den dringend anstehenden Mathematik-Hausaufgaben der Tochter: *Haste dein Dings schon gemacht?*); dies ist in Distanzdiskursen bei Fremdheit der Partner ❷ ausgeschlossen.

8.4.2 Typisierung von Kommunikationssituationen

Von entscheidender Bedeutung für die Textlinguistik ist auf dieser Ebene der Sprechtätigkeit eine universale Typisierung von Kommunikationssituationen, die sich immer auch auf eine Kombinatorik von Parameterwerten nach Abb. 8.3 oben bezieht. Nicht zufällig werden mehrere dieser Parameter in gängigen Darstellungen als Differenzierungskriterien für Textsorten benutzt (vgl. etwa Sandig 1972: 115–118, Vater 1992: 161–173, Brinker [6]2005: 146–150; vgl. auch die Systematik der Redekonstellationstypen nach Steger u. a. 1974, ferner die Klassifikation von Gesprächen nach Henne/Rehbock [4]2001; ausführlich zu Textsorten siehe Kap. 6): Privatheit/Öffentlichkeit ①–❶, raum-zeitliche Nähe/Distanz ⑥–❻, Dialogizität/Monologizität ⑧–❽, Spontaneität/Reflektiertheit ⑨–❾, freie Themenentwicklung/Themenfixierung ⑩–❿; gemischt mit diesen Parametern erscheint im Übrigen sogar oft die Dichotomie gesprochen/geschrieben im medialen Sinne (= phonisch/graphisch). Wie wir noch sehen werden, haben solchermaßen definierte Textsorten allerdings einen völlig anderen Status als die Diskurs-/Texttraditionen (8.5).

8.4.3 Universale diskurspragmatische Merkmale

Wenn man sich nun den konkreten sprachlichen Erscheinungen zuwendet, so stellt man fest, dass in der germanistischen, anglistischen und romanistischen Gesprochene-Sprache-Forschung von Anfang an eine erhebliche Anzahl von Phänomenen beschrieben wurde, die per definitionem auf die Einheit ‚Diskurs‘ bezogen sind. Dabei ist es sinnvoll, zwischen MAKROSTRUKTUREN und MIKROSTRUKTUREN zu unterscheiden.

- Bei den MAKROSTRUKTUREN sind zunächst die in 8.4.1 schon angesprochenen Kohärenz-Probleme zu erwähnen, die natürlich auch für Unterschiede im Aufbau von Nähe- und Distanzdiskursen verantwortlich sind; sie unterscheiden sich im Hinblick auf nonverbale Anteile, semantische Progression, Argumentationsstrukturen, Themenzentrierung und -entfaltung, hierarchische Tiefe des Textaufbaus usw. (vgl. Koch/Oesterreicher 1990: 73–76). Typisch für situationseingebundenes ④, dialogisches ⑧, spontanes ⑨ Nähesprechen ist mithin der oft sparsame Einsatz verbaler Mittel, die beinahe unbeschränkte Möglichkeit des abrupten Wechsels zwischen mehreren Handlungs- und Themenebenen, die „aggregative" und „flache" Anlage des Textaufbaus usw. Ein besonders faszinierendes Untersuchungsfeld stellen narrative Diskurse dar. Im Unterschied zu Distanzdiskursen (= Texten) tritt bei Nähediskursen (also bei konzeptionell mündlichem Erzählen) ein Paradox auf. Zumindest im Hinblick auf fünf kommunikative Parameter impliziert Erzählen Distanz – es ist handlungsentbunden ❹, es referiert auf distante Ereignisse und Personen ❺, es schränkt die Kooperationsmöglichkeiten der Zuhörer ein ❼, es ist monologisch ❽ und thematisch festgelegt ❿. Auf diesen Konflikt reagieren die Sprecher/Erzähler mit Strategien

der Vergegenwärtigung und der Verlebendigung, die sich nonverbal und para-
sprachlich (Gestik, Mimik; Stimmführung usw.), aber auch verbal manifestieren
(narratives Präsens/*praesens historicum*, expressive Syntax, Onomatopoetica, Interjektionen usw.) (vgl. Quasthoff 1980: 226–230, Stempel 1987, Koch/Oester-
reicher 1990: 76–79). Einen Spezialaspekt der Narration stellt die Redewiederga-
be dar. Während bei Distanzdiskursen unter den Bedingungen von Planung und
Reflektiertheit ❾ mühelos die indirekte Rede praktiziert werden kann (perfekte
Anpassung der personalen, lokalen und temporalen Deixis an die *origo* des erzählenden Sprechers), legt die Spontaneität ⑨ der nähesprachlichen Narration den
Einsatz der direkten Rede nahe, bei der der Erzähler zugleich quasi theatralisch
in die Rolle des zitierten Sprechers schlüpft und sich damit nicht allein dessen
origo anverwandelt, sondern sich auch dessen Ausdrucksweise, Stimmführung,
Gestik, Mimik – und sei es nur fiktiv – zu eigen macht (vgl. Quasthoff 1980:
231–245, Stempel 1980, Koch/Oesterreicher 1990: 79–81).

- Im Bereich der MIKROSTRUKTUREN unterscheiden sich Nähediskurse von Distanzdiskursen durch die massive Präsenz der so genannten Gesprächswörter,
Diskursmarker und äquivalenter Verfahren; in unterschiedlicher Mischung werden hier die Parameterwerte ②, ③, ④, ⑦, ⑧ und ⑨ relevant (vgl. Schiffrin
1988, Koch/Oestereicher 1990: 51–72, Bazzanella 1990, Schwitalla 1997: 51–56,
120–124, 172–176). So enthält der folgende Redebeitrag ein Verzögerungssignal
sowie am Anfang und am Schluss jeweils ein Gliederungssignal: *also dass wir*
zusammengehören\äh das wird durch eine Formalität bestätigt\ja/. Ohne auf weitere
Einzelheiten einzugehen, seien wenigstens noch die Korrektursignale (*also, äh*
usw.), die Kontaktsignale (*mhm, ja, so, aha* usw.), die Interjektionen (*oh, Mensch*
usw.) und die Abtönungs- oder Modalpartikeln erwähnt (*aber ich hab halt mit*
dieser Nachricht net unbedingt gerechnet; wie redst denn du?; hab ich dir doch erzählt).
Auch wenn die Abtönungspartikeln ein für das Deutsche besonders typisches
Ausdrucksmittel darstellen, ist die ausgedrückte Funktion (kontextgestützte
sparsame Modifikation illokutionärer Akte wie AUFFORDERUNG, BEHAUP-
TUNG, FRAGE usw.) universal nähesprachlich; sie wird ebenso in anderen Sprachen, wenn auch teilweise durch ganz andere Mittel, ausgedrückt (dazu jetzt:
Waltereit 2006). Man vergleiche etwa spezielle Konstruktionen wie ital. *spengilo*
il registratore vai – ,Mach doch den Recorder aus, he' (= Rechtsversetzung), span.
es que es la Edad Media? – ,Das ist doch das Mittelalter?' oder frz. *t'as qu'à ouvrir*
la porte – ,Mach doch die Tür auf!'.

8.5 Diskurse zwischen Mündlichkeit und Schriftlichkeit: diskurstraditionelle Aspekte

Die in 8.4 angestellten Überlegungen bilden den Rahmen für die Betrachtung historischer Ausprägungen von Kommunikation. Konzeptionelle und mediale Aspekte
stellen hier gerade ein wichtiges Bindeglied zwischen universalen Voraussetzungen

und konkreten kulturellen Gestaltungen des Kommunikationsgeschehens dar. Dies wird besonders deutlich, wenn wir etwa die Kultur schriftloser Naturvölker, schriftlose Hochkulturen (z.B. Inka, Azteken) und die Schriftkulturen seit der Antike miteinander vergleichen und in ihrer Entwicklung betrachten. Jede Epoche und jede Gesellschaft besitzt sozusagen ihren „kommunikativen Haushalt" (vgl. Luckmann 2002), der auf der allgemeinsten Ebene in Diskursuniversen wie Alltagskommunikation, Recht und Verwaltung, Religion und Magie, Wissensorganisation, Dichtung, Handel usw. gegliedert ist (siehe auch 6.2.1 zu Bezugswelten und 11.6 zu Domänen), welche ihrerseits wiederum in Diskurs- und Texttraditionen weiter ausdifferenziert sind. Es handelt sich dabei um historisch gewordene und sich verändernde Normgefüge zur Produktion und Rezeption von Diskursen/Texten, also zur Herstellung von gesellschaftlichem Sinn und zur Steuerung von Verstehensprozessen.

Entsprechend der in 8.3.1 getroffenen Regelung meinen wir im Folgenden mit TEXTTRADITIONEN Diskurstraditionen der Distanz, d.h., der konzeptionell neutrale Terminus ist DISKURSTRADITION.

8.5.1 Diskurstraditionelle Profile

In das Profil einer jeden Diskurs-/Texttradition fließen, neben anderen Gesichtspunkten, notwendigerweise konzeptionelle und mediale Faktoren ein. Über ein derartiges diskurstraditionelles Wissen verfügen die Sprachbenutzer in je unterschiedlicher sozialer Distribution. Im Hinblick auf eine Diskurstradition Christliche Predigt wissen die Kommunikationsteilnehmer beispielsweise nicht nur, dass sie instruktiven Charakter hat, dass sie normalerweise in der Kirche, von einem Priester, vor einer Gemeinde, an bestimmten Tagen praktiziert wird, sondern sie wissen eben auch, dass bei diesem relativ distanzierten Diskurs, eventuell auf der Grundlage einer wie auch immer beschaffenen graphischen Vorlage, eine sorgfältige phonische Realisierung zu erwarten ist, die gewissen Bedingungen der Distanz genügt, nämlich ❶, ❹, ❺, ❼, ❽ und ❿, gegebenenfalls mit Einschränkungen ❷ und ❾. Bei einem in der Zeitung abgedruckten Politiker-Interview ist nicht nur klar, dass darin politische Probleme thematisiert werden, dass es einen aktuellen Bezug hat, dass es von einer Zeitungsredaktion verantwortet wird, sondern auch, dass es von einem phonisch realisierten Gespräch ins graphische Medium transkodiert wurde und dass die sprachliche Bearbeitung durch die Redaktion zu beträchtlichen konzeptionellen Veränderungen führt: So findet bezüglich der Parameter ③–❸, ⑦–❼ und ⑨–❾ unverkennbar eine, wenn auch nicht vollständige, Verschiebung in Richtung auf den Distanzpol statt (= Verschriftlichung!). Gleichzeitig wird vorausgesetzt, dass die, wenn auch gelenkte, Dialogizität ⑧ weiter besteht, dass der Politiker mit Blick auf einen hohen Öffentlichkeitsgrad ❶ formuliert, dass die politische Thematik weitgehende Situationsentbindung ❹, referenzielle Distanz ❺ und Themenfixierung ❿ impliziert.

8.5.2 Diskurstraditionelle Dynamiken

Erhellend sind konzeptionelle und mediale Aspekte auch im Blick auf die diachronische Dynamik von Diskurstraditionen. Dazu einige Beispiele:

- Wir beobachten etwa, dass medial unterschiedlich realisierte, aber konzeptionell verwandte Traditionen sich gewissermaßen osmotisch beeinflussen; so strahlen etwa zentrale texttraditionelle Merkmale von der mittelalterlichen Form des offiziellen Briefes (nach der *ars dictaminis*) aus auf die öffentliche politische Rede im 13. Jahrhundert in Italien (vgl. Koch 1998).
- Besonders interessant sind auch die vielfältigen Einflüsse, die eine hochgradig distanzorientierte juristische Schriftlichkeit seit der Frühen Neuzeit auf wissenschaftliche, historiographische und literarische Texttraditionen ausgeübt hat (Raible 1985).
- Hier lassen sich auch Probleme der Filiation literarischer Gattungen anschließen. Beispielsweise ist die Tradition des germanischen Heldenlieds – ein Echo auf die Auseinandersetzungen während der Völkerwanderungszeit – eine zunächst phonisch praktizierte Form der elaborierten Mündlichkeit mit den entsprechenden Distanzmerkmalen (8.3.1); durch ihre Verschriftung wird gleichzeitig ein Prozess der stärkeren Verschrift*lich*ung eingeleitet, der bei der Herausbildung des Heldenepos Umfang, Komplexität und sprachliche Gestaltung des dichterischen Diskurses weiter in Richtung Distanz verschiebt (vgl. unterschiedliche Stadien dieser Entwicklung anhand des ahd. *Hildebrandslieds*, des mhd. *Nibelungenlieds*, des aengl. *Beowulf*, der air. *Táin Bó Cuailnge*, der afrz. *Chanson de Roland*, des aspan. *Cantar de Mio Cid* usw.; dazu Duggan 1973, Tristram 1988, Wolf 1988, Schaefer 1992, Müller 1998).
- Abschließend noch ein aktuelleres Beispiel: Der Filmdialog, wie wir ihn heute kennen, ist im Laufe des 20. Jahrhunderts offensichtlich aus einer relativen Vermündlichung des Theaterdialogs entstanden (vgl. Rauh 1987, Raffaelli 1992: 145–162).

8.5.3 ‚Textsorten' oder ‚Diskurstraditionen'?

Ein wichtiges Anliegen der Textlinguistik ist bekanntlich die *Klassifizierung* von Diskursen/Texten. Unter anderem sind Modelle vorgelegt worden, die unterschiedliche Abstraktionsebenen beinhalten (z.B. die Abstufung TEXTTYP – TEXTSORTEN-KLASSE 2 – TEXTSORTENKLASSE 1 – TEXTSORTE – TEXTSORTENVARIANTE; vgl. Heinemann 2000c: 16 f.; Heinemann/Heinemann 2002: 141–144; vgl. auch Gansel/Jürgens [2]2007: 65–81; siehe genau dazu 6.4, bes. Abb. 6.4). Dabei wird deutlich, dass man beim Aufsteigen innerhalb solcher Systematiken nicht bei *einer* zentralen Oberkategorie ankommt, die die Unterklassen restlos subsumiert: Es koexistieren auf der höchsten Ebene Kategorien mit Bezügen zu pragmatischen Funktionen (z.B. Information, Appell usw.), zu Diskursuniversen (Recht, Religion usw.) sowie zu sozialen und psychischen Systemen (zu Letzteren Gansel/Jürgens [2]2007: 74–81).

Es ist immer wieder überraschend zu sehen, wie wenig diese zweifellos wichtigen und interessanten abstrakten Merkmale wirklich aussagen über die historische Konkretion der „niedrigeren" Kategorien in Diskurs- und Textsystematiken (wie z. B. Lehnseid, Heiligenlegende, Flugschrift, Schwank, Soldatenbrief, Schenkungsurkunde, Madrigal usw.). Offensichtlich kann die kategoriale Spezifik auf dieser Ebene durch allgemein kommunikationstheoretisch basierte Textsortenklassifikationen, wie sie in den seit langem benutzten Merkmal-Matrices vorliegen (vgl. Sandig 1972: 118, Heinemann/Viehweger 1991: 129–175, Vater 1992: 159–173), nicht erfasst werden. (Zum prinzipiellen Problem der Textsortentypologisierung ausführlich und kritisch Kap. 6.)

Man sollte daher auf dieser Ebene der historischen Konkretion nicht mehr von TEXTSORTE sprechen, sondern den Begriff der DISKURS- / TEXTTRADITION verwenden. Er allein beinhaltet von vornherein eine radikale Historisierung der Beschreibungskategorien. Diskurstraditionen sind nämlich, erstens, zu verstehen als prototypische Bündelungen von administrativen, politischen, ökonomischen, soziokulturellen, ästhetischen, religiösen usw. Bezügen. Sie sind, zweitens, intern nicht notwendig homogen und haben oft sogar einen kompositen Charakter. Sie unterliegen, drittens, einer ununterbrochenen Dynamik, die, viertens, diskursive Transformationen, Überschneidungen und Verwerfungen unausweichlich macht. Gerade die medialen und konzeptionellen Grundkategorien – so abstrakt sie zunächst einmal erscheinen mögen – sind für eine derartige Historisierung hervorragend geeignet. Die medialen Charakteristika und Prozesse (einschließlich der Transkodierungen: Lesen, Verlesen, Vorlesen, Diktieren, Protokollieren usw.) haben – dies wird in der Regel vergessen – ebenfalls ihre Geschichte (vgl. Schlieben-Lange 1983, Konrad Ehlich 1994, Gauger 1994, Ludwig 1994, 2005). Was die konzeptionellen Kategorien NÄHE und DISTANZ betrifft, so zeichnen sie sich insgesamt durch eine hohe Flexibilität aus und gewährleisten – über den skalaren Charakter der kommunikativen Parameter (Abb. 8.3 oben) – die Möglichkeit, feinste historische Veränderungen bei den Diskurstraditionen zu registrieren und nachzuzeichnen.

Dies könnte genauer exemplifiziert werden an den letztlich aus der Buchführung entstandenen Familienbüchern (vgl. etwa Weiand 1993, Maas 1995, Jungbluth 1996) oder an den im Umkreis des Buchdrucks entstandenen Flugschriften mit ihrem Einfluss auf die Entwicklung der Zeitung (vgl. Schwitalla 1999, Wilhelm 1996). Insgesamt verleiht eine diskurstraditionelle Zentrierung, die konzeptionellen und medialen Aspekten Rechnung trägt, der Sprachgeschichtsschreibung dadurch eine völlig neue Basis, dass die Kluft zwischen *externer* und *interner Sprachgeschichte* überwunden werden kann.

Einen besonders wichtigen Beitrag hat in diesem Zusammenhang Heinz Kloss (1978: 37 ff.) geleistet, der mit seinem Begriff des „Ausbaus" auf die Tatsache zielt, dass Sprachen oder Idiome sukzessive in ein immer größeres Feld von Diskurstraditionen einrücken. Diesen Prozess, bei dem selbstverständlich vor allem der Zuwachs im Bereich der Distanzdiskurstraditionen (= Texttraditionen) von Interesse ist, bezeichnen wir als EXTENSIVEN AUSBAU (Koch/Oesterreicher 1990: 128, 1994: 594).

8.6 Diskurse zwischen Mündlichkeit und Schriftlichkeit: einzelsprachliche Aspekte

In diesem Abschnitt kann es natürlich nicht darum gehen, Phänomene der einzelsprachlichen Grammatik zwischen der lautlichen Ebene und der Satzsyntax um ihrer selbst willen darzustellen. Da der Bezugspunkt der Diskurs/Text ist, werden allein solche Erscheinungen diskutiert, die entweder die Satzgrenze überschreiten (Transphrastik) (8.6.1) oder aber, als niedrigstufigere einzelsprachliche Fakten, für die Ebene der Diskurse/Texte relevant werden (8.6.2).

8.6.1 Transphrastik und intensiver Ausbau

Wie schon in 8.4.3 dargestellt, unterscheiden sich Diskurse in der Mündlichkeit und in der Schriftlichkeit besonders durch die Organisation ihrer internen Gliederung. Für die dort beschriebenen Funktionen muss jede Einzelsprache die notwendigen Ausdrucksmittel bereitstellen. Alle Sprachen und Idiome (freilich mit typologischen und sprachwandelbedingten Differenzen) decken ohnehin den Bereich der kommunikativen Nähe ab. Den Bereich der Distanz hingegen muss jede Sprache sich erst erschließen, indem sie die für jede Distanzdiskurstradition (= Texttradition) notwendigen Ausdrucksmittel ausbildet. Diesen Prozess nennen wir INTENSIVEN AUSBAU (Koch/Oesterreicher 1990: 128, 1994: 590–592).[3]

 Was die Bezugseinheit ‚Text' betrifft, so sind ausbaubezogen besonders die folgenden Fragen von Belang:

1. Wie sich aus 8.4.1 logisch ergibt, unterscheiden sich Nähe- und Distanzdiskurstraditionen unter anderem durch das Ausmaß, in dem sie einerseits die Kohärenz stärker auf situative Kontexte stützen (Nähe) oder andererseits die für Kohärenz notwendigen Informationen stärker in den sprachlichen Kontext hinein verlagern (Distanz). Unerlässlich sind im letzteren Fall explizite Signale zur Herstellung einer komplexen Textgliederung (z. B. *einerseits…, andererseits…; erstens…, zweitens…, drittens…; zwar…, aber…; schließlich…*).

2. Komplexe Argumentationen und Narrationen erfordern eine oft vielstufige Integration von Sachverhaltsdarstellungen in übergeordnete Strukturen; hier wird die Weiterentwicklung der – natürlich auch in Nähediskursen existierenden – Subordinationstechniken entscheidend (differenzierte Systeme subordinierender Konjunktionen, Partizipial- und Gerundivkonstruktionen, Stringenz der *consecutio temporum* usw.).

3. Letztlich können sogar bestimmte Prozesse der lexikalischen Komplexifizierung (vgl. etwa Bossong 1979: 87–164) unter dem textbezogenen Ausbau verbucht werden; so

---

3 Zum Problem der syntaktischen Komplexifizierungs- und Integrationstechniken im Spannungsfeld von (konzeptioneller) Mündlichkeit und Schriftlichkeit vgl. O'Donnell 1974, Beaman 1984, Voghera 1992: 190–205, Biber 1995, Koch 1995, Schwitalla 1997: 96–100; mit diachronischer Akzentuierung: Bossong 1979, Raible 1992: 191–221; unter allgemein semantischem Blickwinkel: Polenz [2]1988.

trägt insbesondere die verstärkte Bildung von abstrakten *nomina actionis, nomina qualitatis* u. a. zur Integration und Kondensierung textuell wichtiger Informationen bei, wie folgendes bekannte Beispiel illustriert:

(8-1)   *Ich unternehme den historisch gerichteten Versuch einer Rekonstruktion der Vorgeschichte des neueren Positivismus in der systematischen Absicht einer Analyse des Zusammenhangs von Erkenntnis und Interesse.*

(Jürgen Habermas: „Erkenntnis und Interesse", 1968: 9)

8.6.2 Einzelsprachliche Varietäten im Diskurs

Innerhalb der historischen Einzelsprachen lassen sich bekanntlich verschiedene Varietätendimensionen unterscheiden. Neben den drei traditionell bekannten Dimensionen der Diatopik (Dialekte), der Diastratik (Soziolekte) und der Diaphasik (Register Situolekte) (vgl. Coseriu 1980, Nabrings 1981) ist eine vierte zu stellen, die in diesem Artikel von Anfang an im Vordergrund stand: die konzeptionelle Differenz zwischen GESPROCHEN und GESCHRIEBEN, d. h. zwischen NÄHE und DISTANZ (vgl. Koch/Oesterreicher 1990: 12–15, 1994: 594–596). Diese Differenz gehorcht nicht nur universalen Vorgaben (siehe 8.1 und 8.4), sondern strukturiert letztlich auch den ganzen einzelsprachlichen Varietätenraum über bestimmte Affinitäten (nicht Identitäten!): Es besteht zwischen Dialekten sowie diastratisch und diaphasisch als niedrig markierten Varietäten und der Nähesprache einerseits eine klare Beziehung, während andererseits die Distanzsprache typischerweise diatopisch neutral und diastratisch und diaphasisch hoch markiert ist. In dieser Sicht ergibt sich eine Großordnung des Varietätenraums nach gesprochener vs. geschriebener Sprache im weiteren Sinne (NÄHEBEREICH vs. DISTANZBEREICH). Diese Verteilungen werden systematisch auch in diskursiven Zusammenhängen genutzt. Man denke nur etwa an die direkten Reden in „realistischen" Romanen, die Nutzung niedrig markierter bzw. hochsprachlich „gestelzter" Ausdrucksweisen in der Alltagserzählung oder die Funktionalisierung von diatopischen Elementen in Witzen. Nur ein Beispiel:

(8-2)   *Sennerin zu norddeutschem Touristen auf der Almhütte: „Mei, Sie müssen ja g'rennt sei wiar a g'stutzter Hund!" – Der Tourist pikiert: „Also erlauben Sie mal!" – Die Sennerin, einlenkend: „I moan ja bloß. Weil S'schwitzen wiar a Sau."*

(Koch/Krefeld/Oesterreicher ²1997: 63)

Hier stehen die diatopisch markierten Formen, die innerhalb der deutschen Sprachgemeinschaft sofort eine bestimmte Szenerie evozieren, im Dienst einer starken emotionalen Beteiligung ③, die in Widerspruch zur Fremdheit der Kommunikationspartner ❷ gerät. Dieser *clash* macht die Pointe des Witzes aus. Wir beobachten hier ein vielfältiges Zusammenspiel von einzelsprachlichen, diskurstraditionellen und universalen Faktoren auf der Ebene der Einheit ‚Diskurs'.

8.7 Mündlichkeit und Schriftlichkeit im aktuellen DISKURS/TEXT

Damit ist der Punkt erreicht, der der in 8.3.2 definierten Ebene DISKURS/TEXT entspricht; es geht hier also um die Manifestation der sprachlichen Einheit ‚Diskurs/Text' in der Aktualität der konkreten, individuellen und einmaligen Form dessen, was man auch „Diskurs-/Textexemplar" genannt hat. Hierzu merkt Hugo Steger an, dass wir als Sprecher

> in jeder Situation im Rahmen des zugehörigen Typus ein sozial angepaßtes Textexemplar erzeugen und erkennen können, dessen Aufbaumuster wir vorab wählen bzw. bestimmen und das wir prozeßhaft nach flexiblen Regeln konkretisieren (Steger 1998: 285).

Im Unterschied etwa zur Literaturwissenschaft kann die Linguistik solche Textexemplare nie als eigentliches Erkenntnisziel betrachten, sondern nur als Material, aus dem die sprachlichen Regeln und Normen zu erschließen sind, die in den Bereichen I., II.1 und II.2 (siehe 8.2) funktionieren.

Textexemplare zeichnen sich im Verhältnis zu den Textmustern durch große Varianz aus, sie sind oft komposit und in sich dynamisch (ihre Qualität kann sich nämlich im aktuellen Verlauf der Textrealisierung selbst schon wieder verändern). VARIANZ, KOMPOSITHEIT und INTERNE DYNAMIK betreffen nicht zuletzt konzeptionelle und mediale Charakteristika der Diskurse/Texte.

- Was KONZEPTIONELLE VARIANZ angeht, so ist beispielsweise in einem Gesetzestext kaum Spielraum gegeben; in einer Vorlesung, die zahlreiche Parameterwerte der kommunikativen Distanz aufweist, ist jedoch – je nach Dozentenpersönlichkeit – schon mit nicht unerheblichen konzeptionellen und medialen Varianzen zu rechnen: reines Monologisieren vs. dialogisch-interaktive Ansätze; „gestochene" vs. kolloquiale Formulierungen; Abwesenheit vs. Vorhandensein einer graphischen/visuellen Stütze (ausgefeiltes Manuskript oder nur Stichwörter) für den Sprecher; Abwesenheit vs. Vorhandensein einer graphischen/visuellen Stütze (Handout oder Beamerpräsentation) für den Zuhörer. Noch erheblicher sind die Idiosynkrasien in Privatbriefen.
- KOMPOSITHEIT begegnet uns schon etwa im Verkaufsgespräch, in dem expositorische, argumentative und direktive Textteile variabel kombiniert werden können, gesteigert aber etwa in Werbefilmen, in denen beispielsweise argumentative und graphische Distanz-Anteile neben phonischen und nähesprachlichen Anteilen erscheinen – ganz zu schweigen vom Einsatz von Bild und Musik.
- Die INTERNE DYNAMIK von Fernsehdiskussionen ist ja bekannt: Die Kontrolle über die Redeanteile kann vorübergehend verloren gehen, Fremdheit kann durch thematische Syntonie aufgebrochen werden, Themenfixierung kann missachtet werden, nüchterne Argumentation kann in Heiterkeit „umschlagen".

Noch wesentlich komplexer sind Formen der Varianz bzw. Kompositheit, bei denen die Reflexivität menschlichen Sprechens ins Spiel kommt. Zum einen ist hier an Typen der Sprachverwendung zu denken, bei denen ein distanziertes metasprachliches Bewusstsein punktuell mit konzeptionellen Differenzen oder gar Diskrepanzen spielt. Zum anderen – dies hat insbesondere die Forschung zur Schreibkompetenz Halbgebildeter gezeigt – kann das diffuse metasprachliche Gefühl des eigenen sprachlichen Ungenügens punktuelle Hyperkorrektionen hervorrufen (siehe etwa Bruni 1984: 187–189, 205 f., 486–494, 500–514, Schlieben-Lange 1998, Beiträge in Oesterreicher u. a. 1998).

 Nur authentische Korpora bieten die Chance, den oben beschriebenen Formen von Varianz, Kompositheit und Dynamik auf die Spur zu kommen. Allerdings stellen diese Phänomene zugleich eine gewaltige Herausforderung für eine Korpuslinguistik dar, die große Datenmengen auf elektronischem Wege erfasst (siehe Kap. 15). Schon bei der Zusammenstellung umfangreicher Korpora ist zu bedenken: „[Data basis] have to be carefully designed as far as conceptional and medial parameters of the included text types are concerned" (Pusch u. a. 2005: 3). Spiegelbildlich dazu ist gerade auch bei der mechanisch erfolgenden Auswertung sorgfältig darauf zu achten, dass – möglicherweise lokale und aufschlussreiche – konzeptionelle und/oder mediale Besonderheiten innerhalb der großen Datenmengen nicht aus dem Blick geraten.

 ## Kommentierte Literaturtipps

Grundlegende Überlegungen zu Mündlichkeit und Schriftlichkeit finden sich bei Schlieben-Lange 1983 (45–89), Söll 1985 (54–67), Raible 1994 und allgemein Günther/Ludwig 1994/1996 und Schwitalla 1997 (14–32). Zur fundamentalen Unterscheidung von ‚Medium' (*phonisch* vs. *graphisch*) und ‚Konzeption' (*gesprochen* vs. *geschrieben*) vgl. Söll 1985 (17–32). Zum Nähe-Distanz-Modell vgl. Koch/Oesterreicher 1985, 1990 (5–12), 2007a (20–35), 2007b (347–353). Zur empirischen Untersuchung sprachlicher Merkmale im Verhältnis zu (de facto) konzeptionellen Parametern vgl. Biber 1995; unter expliziter Bezugnahme auf das Nähe-Distanz-Modell: Hennig 2006, Ágel/Hennig 2007. Zu dem besonders relevanten Bereich der ‚Text-/Diskurstraditionen' vgl. speziell: Schlieben-Lange 1983 (26–28, 138–161), Koch 1997a, Oesterreicher 1997, Wilhelm 2001, Aschenberg 2003, Kabatek 2005 (151–163). Vorschläge und Ansätze zu einer diskurstraditionell zentrierten Sprachgeschichte im Sinne von 8.5.2, bei der Mündlichkeit und Schriftlichkeit im konzeptionellen und/oder medialen Sinne immer mit im Spiel sind, findet man vor allem in Schlieben-Lange 1983 (162–167), Koch 1988b, 1993, 1997b (57 f.), Steger 1998, Gaberell 2000 (162 f.), Aschenberg/Wilhelm 2003 (und darin besonders Wilhelm 2003) sowie Oesterreicher 2007 (bes. 21–23). Die Korpuslinguistik, die in den letzten Jahren einen gewaltigen Aufschwung erlebt hat (vgl. z. B. Biber u. a. 1998, McEnery/Wilson [2]2005, Pusch/Raible 2002, Pusch u. a. 2005) eröffnet der empirischen Untersuchung von Mündlichkeit und Schriftlichkeit im aktuellen DISKURS/TEXT neue quantitative Dimensionen.

9 Mündliche Textproduktion: Informationsorganisation in Texten

Christiane von Stutterheim & Wolfgang Klein

9.1 Einführung
9.2 Aufgaben bei der Textproduktion
9.3 Der QUAESTIO-Ansatz
9.4 Erläuterung an einem Beispiel
9.5 Steuerungsfaktoren bei der sprachlichen Formulierung
9.6 Einige Ergebnisse experimenteller Studien
9.6.1 Die Steuerungsgröße SACHVERHALTSWISSEN
9.6.2 Die Steuerungsgröße EINZELSPRACHLICHES SYSTEM
9.7 Ausblick

9.1 Einführung

Texte kann man nach ganz unterschiedlichen Gesichtspunkten untersuchen, nach ihren strukturellen, semantischen oder pragmatischen Eigenschaften oder auch nach kognitiven, kommunikativen oder soziolinguistischen Kriterien. Zu jedem dieser Gesichtspunkte gibt es eine stetig wachsende Fülle von Erkenntnissen; zahlreiche Handbücher und Einführungen (vgl. Brinker u. a. 2000/2001, Vater 1992, Adamzik 2004) geben eine gute Vorstellung vom Umfang des Wissens, das sich vor allem durch die Forschungen der letzten drei Jahrzehnte angesammelt hat. Dieses Wissen ist jedoch insofern fragmentarisch und unbefriedigend, als die Verflechtung einzelner Befunde gar nicht oder sehr unzulänglich berücksichtigt wird; das setzt einem tieferen Verständnis der übergreifenden Prinzipien, die Form und Funktion eines Textes bestimmen, deutliche Grenzen.

Ein erster und wichtiger Schritt dazu, diese Zusammenhänge zu erfassen, besteht darin, von der Betrachtung einzelner Merkmale zur Betrachtung von Merkmalbündeln anhand größerer Datenkorpora überzugehen (siehe dazu Kap. 15). Dabei bleibt aber häufig offen, wieso ganz bestimmte Merkmale in eben dieser Weise zusammenhängen (siehe hierzu auch Kap. 6).

 Der Schritt von der systematischen *Beschreibung* – der sicherlich am Anfang stehen muss – zur *Erklärung* der empirischen Tatsachen wird nur in wenigen Arbeiten vollzogen. Dies sind bezeichnenderweise Arbeiten, die die Grenzen der traditionellen Sprachwissenschaft überschreiten und Methoden und Vorstellungen der Kognitionsforschung mit heranziehen:[1] „Text production may look chaotic because established linguistic categories do not guide us much in discovering its organisation." (Beaugrande 1989: 82)

---

1 Vgl. die eher gegenläufige Tendenz in dem Buch von Adamzik 2004.

Aber in welche Richtung sollte man das Instrumentarium der etablierten linguistischen Kategorien überschreiten? Einen möglichen Zugang sehen wir darin, dort anzusetzen, wo tatsächlich alle Fäden für eine erfolgreiche Textproduktion zusammenlaufen müssen: beim Sprecher. Ein Sprecher produziert in einem gegebenen Redezusammenhang einen Text, weil er damit eine bestimmte kommunikative Aufgabe lösen will. Das, was in den unterschiedlichen Betrachtungen als verschiedene Ebenen und Aspekte analytisch getrennt wird, muss vom Sprecher in der Phase der Textplanung und für das zielgerichtete Aufrufen bestimmter sprachlicher Formen aufeinander bezogen und gewichtet werden. Begibt man sich in die Position eines Sprechers, der zum Beispiel eine Auskunft geben, ein Argument entfalten, ein Haus beschreiben, eine Geschichte erzählen, kurzum, eine bestimmte kommunikative Aufgabe bewältigen möchte, so sollte man den Weg beschreiten können, der uns durch die chaotisch scheinende Komplexität des Planungsprozesses führt. Dann allerdings kann man sich nicht auf die Betrachtung des sprachlichen Produktes beschränken, man muss den Bogen so weit spannen, dass die wesentlichen Komponenten, die für die Textproduktion bestimmend sind, enthalten sind. Dies schließt die Komponente des Wissens in all seinen spezifischen Eigenschaften ebenso ein wie die der Verarbeitungsprozesse.

 Bezeichnenderweise findet sich diese prozessbezogene Betrachtungsweise kaum in sprachwissenschaftlich orientierten Arbeiten (vgl. aber Figge 2000 oder Antos 2000 bzw. Kap. 10), sondern vorwiegend in sprachpsychologischen Ansätzen wie denen von Herrmann/Grabowski (1994) oder Levelt (1989). Allerdings befassen sich diese Untersuchungen im Schwerpunkt mit der Produktion von Wörtern, Phrasen und Sätzen. Eine Ausnahme stellt die Gruppe um Rickheit/Strohner dar:

> Texte besitzen eigenständige Realitäten sowohl auf der kognitiven als auch auf der kommunikativen Ebene. Es kommt jedoch darauf an, die gegenseitigen Abhängigkeiten zwischen diesen beiden Ebenen theoretisch und empirisch exakt zu analysieren. Der damit verbundene Forschungsaufwand ist erst in Ansätzen erkannt und bearbeitet. (Strohner 2000: 262)

Ein Text ist bei dieser Betrachtungsweise, die wir im Folgenden entfalten wollen, das Ergebnis eines Produktionsprozesses. Unter dieser Perspektive ist die Frage zentral, wie der Sprecher in die Lage versetzt wird, einen (komplexen) Text zu planen und zu äußern. Welche Teilaufgaben hat er zu lösen, welche Schritte und Entscheidungen hat er zu synchronisieren, um zu einem gelungenen Text zu kommen? Der Anspruch besteht, dass in diesem Rahmen grundsätzlich die Gesamtheit der steuernden Größen von der Redeaufforderung bis zur konkreten Äußerung erfasst und in ihrer internen Struktur und Variabilität analysiert werden kann. Nach der Skizzierung der theoretischen Grundüberlegungen soll dies anhand einiger empirischer Studien erläutert werden. Wir beschränken uns dabei zur Illustration auf den Bereich der mündlichen Sprachproduktion (zur schriftlichen Textproduktion siehe die Kap. 10 und 11).

9.2   Aufgaben bei der Textproduktion

In den meisten Modellen der Sprachproduktion werden – in etwas unterschiedlicher Terminologie – drei Hauptphasen unterschieden:[2] die Konzeptualisierung, die Formulierung und die Artikulation. In der Phase der Konzeptualisierung wird die wesentliche inhaltliche Planung geleistet, sie resultiert in einer konzeptuellen Struktur – bei Levelt (1989) die *preverbal message* genannt –, die hinreichend spezifiziert ist, um den Zugriff auf sprachliche Formen zu steuern. In der Phase der Formulierung wird auf das mentale Lexikon, das syntaktische und phonologische Wissen zugegriffen, werden Elemente und Strukturen ausgewählt und an den Artikulator weitergeleitet. In dieser letzten Phase der Artikulation werden die motorischen Prozesse in Gang gesetzt, die zum akustisch wahrnehmbaren Ergebnis des Prozesses, eben dem Text selbst, führen. Ausgangspunkt sind die Verarbeitungsprozesse im Konzeptualisierer. In Gang kommt dieser Prozess, weil ein bestimmter kommunikativer Anlass besteht. Ein solcher Anlass ist beispielsweise eine Aufforderung oder eine Frage wie *Was machst du heute Abend?, Wie kommt man von hier zum Bahnhof?, Können Sie kurz den Hauptinhalt von „Emilia Galotti" wiedergeben?* und dergleichen mehr. Manche Fragen kann man in einem Satz beantworten. Der Regelfall ist aber, dass mehrere zusammenhängende Sätze erforderlich sind: Der Sprecher muss, um die sprachliche Aufgabe zu lösen, einen Text bilden. Die Einheit des Textes rührt somit daher, dass er in seiner Gesamtheit eine Frage beantwortet.

Wie geht der Sprecher hier vor? Die Basis liefert in der Regel das im Gedächtnis gespeicherte Wissen. Dieses Wissen ist vielfältig gegliedert, enthält kategoriales und spezifisches Wissen, Wissen über Fakten und über Prozeduren, Wissen über Sprache. Wie unser Wissen im Gedächtnis gespeichert ist, ist Gegenstand vieler Debatten und braucht uns hier nicht im Einzelnen zu interessieren (vgl. Engelkamp 1990). Mit Sicherheit kann man annehmen, dass es nicht linear und damit sprachlichen Strukturen isomorph strukturiert ist. Das bedeutet, dass ein Sprecher in einer gegebenen kommunikativen Situation eine Reihe von Operationen über sein im Gedächtnis gespeichertes Wissen ausführt:

1. Er muss aus dem verfügbaren Sachverhaltswissen bestimmte von ihm als relevant erachtete Elemente auswählen: Die Selektion von Informationen ist sowohl durch Konventionen als auch durch Faktoren der jeweils individuellen Sprechsituationen gesteuert. Dabei muss sich der Sprecher auch für ein bestimmtes Granularitätsniveau entscheiden.
2. Die für die Verbalisierung ausgewählten Elemente müssen in eine Abfolge gebracht werden. Diese Linearisierung der einzelnen Informationen unterliegt

---

2 Wir orientieren uns im Folgenden an der Terminologie von Levelt 1989, der von der kognitiv orientierten Linguistik am breitesten rezipiert wurde (vgl. aber auch Herrmann/ Grabowski 1994, Garrett 1980).

Bedingungen, die sich wiederum sowohl aus typischen wie auch individuellen Merkmalen der jeweiligen Redesituation ergeben (Levelt 1982).

3. Der Aufruf des relevanten Wissens geschieht in jedem Fall unter einer spezifischen Perspektive. Eine Perspektiven-neutrale Darstellung eines Sachverhaltes ist nicht möglich. PERSPEKTIVIERUNG, d. h. eine Blickpunkt bezogene Verarbeitung kognitiven Materials, bezieht sich auf eine Reihe von inhaltlichen und strukturellen Eigenschaften eines Textes (vgl. Stutterheim/Klein 2002 für eine ausführliche Diskussion). Hierzu zählt zum einen die Einbindung von Sachverhaltsinformation in einen referenziellen Rahmen in den Bereichen Zeit, Ort, Modalität. Zum anderen ist es notwendig, eine Gewichtung der in der Informationsstruktur selegierten Größen unter Aspekten wie Topik und Fokus, Vordergrund und Hintergrund vorzunehmen (vgl. hierzu Begriffe wie *conceptual perspective point* von Brown/Yule 1983 oder *viewing point* von Talmy 1988; siehe auch 4.6.1).

Alle diese Prozesse in ihrem Zusammenspiel resultieren in der Erzeugung einer temporären konzeptuellen Struktur, die dem zu bildenden Text zugrunde liegt. Der Sprecher ruft also nicht einfach Wissen aus seinem Gedächtnis auf, er generiert eine neue konzeptuelle Repräsentation, die eine übergreifende MAKROSTRUKTURELLE oder GLOBALE ORGANISATION aufweist. Aus dieser ergibt sich die MIKROSTRUKTURELLE UMSETZUNG auf der Ebene der einzelnen Propositionen. Textstrukturelle Eigenschaften wie Kohärenz, thematische Organisation und Hierarchisierung sind auf der Ebene der Makroplanung vorzubereiten (vgl. hierzu die Begriffe *referential links*, *coreference* bei Halliday/Hasan 1976 oder *topic continuity* bei Brown/Yule 1983, Anderson u. a. 1983, Givón 1992, Louwerse/Graesser ²2006).

Diese sehr generellen Überlegungen geben uns bereits eine erste Idee von der großen Komplexität des Textplanungsprozesses. Wie gelingt es dem Sprecher, in enormer Geschwindigkeit und Zielsicherheit diese unterschiedlichen Aufgaben in integrativer Weise zu lösen? Es gelingt ihm, weil die zu beantwortende Ausgangsfrage eine Reihe strukturierender Vorgaben macht. Dies soll im Folgenden erläutert werden.

9.3   Der QUAESTIO-Ansatz

Texte produziert man zur Lösung bestimmter kommunikativer Aufgaben. Eine solche Aufgabe wird dem Sprecher von einem Gesprächspartner als explizite Frage oder Redeaufforderung gestellt; er kann sie sich aber auch in der Form einer Redeintention selbst stellen. Auslöser für den vielschichtigen Textplanungsprozess ist eine solche spezifische kommunikative Aufgabe. Aus ihr müssen sich die wesentlichen Kriterien für die globale Planung des Textes ergeben, in ihr steckt das oben genannte integrative Potenzial, wodurch sich die unterschiedlichsten Anforderungen in kohärenter Weise bearbeiten lassen. Dies ist der Grundgedanke eines

Ansatzes, den wir als QUAESTIO-Ansatz bezeichnet haben (vgl. Klein/Stutterheim 1989, 1992). Mit dem Begriff der QUAESTIO[3] wird die explizite oder nur gedachte redeeinleitende Frage bezeichnet. Aus ihren Eigenschaften lassen sich spezifische Beschränkungen für den Aufbau der jeweiligen Informationsstruktur und damit für die Redeplanung ableiten. Texte werden also als komplexe Antwort auf eine Frage aufgefasst.

Betrachten wir zunächst einmal den einfachen Fall, dass die Antwort auf eine Frage aus einem einzelnen Satz besteht, von dem vielleicht sogar einzelne Teile, da beibehaltene Information, weggelassen werden können:

(9-1)   *Wann hat die Bundeskanzlerin China besucht? – (Die Bundeskanzlerin hat) im letzten Oktober (China besucht).*

(9-2)   *Wie komme ich von hier am besten zum Bahnhof? – (Von hier kommen Sie am besten) mit dem Taxi (zum Bahnhof).*

Bei solchen Frage-Antwort-Paaren wird unmittelbar einsichtig, dass die Frage eine Reihe von Vorgaben macht, die sich sowohl auf die Inhalte wie auf die Struktur des Antwortsatzes beziehen. In (9-1) führt die Frage beispielsweise eine bestimmte Situation ein, die durch bestimmte Angaben zu Raum, Agens und Prädikat (*besuchen*) gekennzeichnet ist. Diese inhaltlichen Komponenten werden in der Antwort – explizit oder implizit – beibehalten: Sie bilden die TOPIKKOMPONENTE oder das THEMA der Antwort. Gleichzeitig definieren sie auf diese Weise gleichsam eine Lücke, die dann vom Antwortenden zu füllen ist: Sie betrifft in diesem Fall die verschiedenen möglichen Zeiten, zu denen diese Situation stattgefunden haben könnte. Aus diesen Alternativen muss der Sprecher die seinem Wissen nach zutreffende auswählen und als FOKUSKOMPONENTE im Antwortsatz realisieren. In die Lücke gehört also eine Zeitangabe, dies ist eine inhaltliche Vorgabe. Sie bildet den Fokus der Antwort, was sich beispielsweise in einer intonatorischen Hervorhebung niederschlägt, unter Umständen auch in einer bestimmten Wortstellung. Bei dem zweiten Beispiel (9-2) ist der Zusammenhang ganz analog – nur dass eben die Vorgaben und die Art der Lücke andere sind. Die Frage macht also inhaltliche und informationsstrukturelle Vorgaben für den Antwortsatz.

In vielen Fällen kann oder will der Sprecher aber die Füllung der Lücke nicht durch einen einzelnen Satz leisten; dann muss er die Informationen, die er seiner Wissensbasis entnimmt, auf eine Folge von Sätzen verteilen; so entsteht ein Text. In diesem Fall macht die Quaestio – die man dann als *Textquaestio* bezeichnen kann – nicht nur Vorgaben für die einzelnen Sätze, sondern auch für die Art und Weise, wie sie zusammenhängen. Die Einheit des Textes rührt also daher, dass er als geschlossene Antwort auf eine Frage zustande kommt.

---

3 Der Begriff ist aus der antiken Rhetorik entlehnt, in der er als einleitende Fragestellung für argumentative Texte bei Quintilian ausgeführt ist (vgl. Lausberg 1979).

Die Entfaltung der Information von Äußerung zu Äußerung im Text bezeichnen wir als REFERENZIELLE BEWEGUNG. Konzeptualisierungsprozesse, die die Versprachlichung komplexer Wissensstrukturen zum Ziel haben, unterscheiden sich damit in einer Hinsicht wesentlich von solchen, die der Produktion einzelner Sätze oder gar Wörter vorausgehen. Es kommt eine Planungsebene hinzu, die in der psycholinguistischen Literatur (Levelt 1989, Herrmann/Grabowski 1994) als MAKROSTRUKTURELLE PLANUNG bezeichnet wird. Planungsprozesse auf dieser Ebene haben zu gewährleisten, dass eine komplexe konzeptuelle Repräsentation der Redeintention gemäß in eine Folge von Äußerungen umgesetzt wird, die hinsichtlich ihrer inhaltlichen und informationsstrukturellen Eigenschaften funktional in den Aufbau einer Globalstruktur eingepasst sind. Zusammengefasst bedeutet dies, dass sich die Vorgaben, die durch eine Quaestio festgelegt werden, als Eingrenzung der referenziellen Besetzung, als Muster der referenziellen Bewegung sowie als Festlegungen von Topik-/Fokuskomponenten auf makrostruktureller Ebene erfassen lassen. Dabei können die durch die Quaestio gesetzten Vorgaben unterschiedlich eng sein. Sie können – wie bei den obigen Beispielen – nur eine Informationskomponente erfragen und damit den Rahmen stark beschränken. Sie können aber auch sehr offen sein, wie bei einer Redeaufforderung *Erzähl doch mal was!*.

Für die Analyse von Textplanungsprozessen unterscheiden wir zwischen inhaltlichen und strukturellen Vorgaben.

Inhaltliche Vorgaben für die Informationsorganisation

Die Quaestio führt einen bestimmten Sachverhalt ein, der durch spezielle referenzielle Eigenschaften gekennzeichnet ist. Damit wird zugleich ein mehr oder weniger spezifisches Wissen zu diesem Sachverhalt aufgerufen und unter einem bestimmten Blickpunkt thematisiert. Die Quaestio kann dabei auch ein bestimmtes Granularitätsniveau vorgeben, auf dem die zu spezifizierenden Informationen angesiedelt sein sollen. Auf die Frage *Was hast du heute Vormittag gemacht?* kann man in sehr grober Granularität sagen *Ich war in der Uni.* Man kann aber dieses Geschehnis auch sehr viel „feinkörniger" beschreiben und in alle möglichen Teilhandlungen auflösen; das Ergebnis ist entsprechend ein komplexerer Text.

Zur Bearbeitung des erfragten sachverhaltsrelevanten Wissens mit dem Ziel der Textproduktion müssen während der Phase der Konzeptualisierung propositionale Strukturen erzeugt werden. Sie setzen sich aus Informationen zusammen, die verschiedenen konzeptuellen Domänen angehören. Die wichtigsten darunter sind:

- Entitäten (Personen oder Objekte),
- Eigenschaften/Handlungen (wie sie durch Verben oder Adjektive ausgedrückt werden),
- Raumangaben,
- Zeitangaben,
- Angaben zur Modalität.

Texte sind als Geflechte verschiedener Informationsbestandteile aus eben diesen begrifflichen Bereichen anzusehen. Wir sprechen von REFERENZIELLER BESETZUNG der Konzeptdomänen. Inhaltliche Vorgaben beziehen sich auf diese Konzeptbereiche in unterschiedlich spezifischer Weise.

Strukturelle Vorgaben für die Informationsorganisation

Die Quaestio macht globale Vorgaben für den Text, die in den Informationsaufbau der einzelnen Äußerungen hineinwirken. In vielen textlinguistischen Modellen wird ein Unterschied zwischen Makrostruktur und Mikrostruktur gemacht, eine analytische Trennung, die in der Modellierung der Strukturen in der Regel nicht wieder aufgehoben wird; es entsteht der Eindruck, als sei beides unabhängig voneinander. Unter der Perspektive der Textplanung, die den Quaestio-Ansatz kennzeichnet, ist die Mikroplanung auf Äußerungsebene weitgehend aus den Vorgaben auf der Makroebene abzuleiten.

Welcher Art sind die globalen strukturellen Vorgaben einer Quaestio? Sie legt zunächst einmal die HAUPTSTRUKTUR des Textes fest. Das sind all jene Äußerungen, die unmittelbar als Antwort auf die leitende Frage dienen. Wenn die Quaestio beispielsweise ist: *Wie komme ich von hier zum Bahnhof?*, dann umfasst die Hauptstruktur all jene Äußerungen, die Schritte auf dem Weg zum Bahnhof beschreiben: *Da gehen Sie hier 100 Meter vor. Dort müssen Sie rechts abbiegen,* usw. In diese Hauptstruktur können verschiedene NEBENSTRUKTUREN eingebunden werden, die unterschiedliche Arten von Begleitinformationen liefern – nähere Erläuterungen, Kommentare, Bewertungen usw. Hauptstrukturäußerungen entsprechen also den Vorgaben der jeweiligen Quaestio, Nebenstrukturäußerungen verstoßen in unterschiedlicher Weise dagegen. Dies gilt für jeden Texttyp in gleicher Weise.

Hauptstrukturäußerungen folgen bestimmten Mustern der Kohärenz; dabei sind zwei Typen der Kohärenzbildung zu unterscheiden:

- STATISCHE KOHÄRENZ ergibt sich dort, wo Referenzen von Äußerung zu Äußerung erhalten bleiben. Sie legen im oben genannten Sinne Komponenten des Situationsrahmens für die zu spezifizierende Information fest.
- Die DYNAMISCHE KOHÄRENZ deckt sich mit dem, was in der psychologischen Forschung als „Linearisierungsprinzip" beschrieben wird. Der lineare Charakter der Sprache erfordert den sequenziell organisierten Zugriff auf das zu verbalisierende Wissen. Kohärente Texte sind dadurch gekennzeichnet, dass sie auf globaler Ebene einem einheitlichen Linearisierungsprinzip unterliegen. Die Quaestio liefert also Vorgaben über die Muster der referenziellen Bewegung in den verschiedenen Konzeptbereichen.

Damit verbunden sind die Vorgaben, die sich auf die informationsstrukturelle Gliederung der Texte beziehen. Überträgt man die Topik-Fokus-Gliederung, wie sie oben für einfache Frage-Antwort-Paare bestimmt wurde, auf die Textebene, so werden klarerweise nicht einzelne zu spezifizierende Angaben als Fokus ausgezeichnet, sondern Ketten von Informationen als Fokus- und Topikdomänen. Strukturelle Vorgaben umfassen damit die folgenden Aspekte einer global gesteuerten Informationsorganisation:

- HAUPTSTRUKTUR-/NEBENSTRUKTUR-GLIEDERUNG;
- MUSTER DER REFERENZIELLEN BEWEGUNG, d. h. der Art, wie sich neue und beibehaltene Information von Äußerung zu Äußerung entwickeln;
- Informationsgliederung in TOPIK- und FOKUSKOMPONENTEN.

Die Einheiten, auf denen diese Vorgaben operieren, sind zunächst die abstrakten Konzeptdomänen wie Raum, Zeit, Person usw. In der konkreten Inhaltsplanung der einzelnen Äußerungseinheiten werden dann die spezifischen Informationen unter den genannten Beschränkungen ausgewählt.

Die Quaestio liefert damit Kriterien für eine HIERARCHISIERUNG der Informationen. Zum einen ist dies die Hierarchisierung zwischen Hauptstruktur und Nebenstruktur, zum anderen werden durch die globalen Vorgaben auch Hierarchisierungen innerhalb der Hauptstruktur möglich. Diese können sich aus der Entscheidung für einen bestimmten Detaillierungsgrad ergeben. Wird ein Granularitätsniveau global gesetzt, so sind Abweichungen davon, z. B. spezifischere Informationen, als hierarchisch zugeordnet markiert. Sprachliche Kennzeichnungen wie Subordination werden gewählt, um einen Wechsel in der Hierarchieebene auch innerhalb der Hauptstruktur anzuzeigen.

Die Idee der Vorgabe bedeutet nun, wie schon angedeutet, keineswegs, dass der Sprecher sich sklavisch daran zu halten hat. Er kann in unterschiedlichen Aspekten und mit unterschiedlichen Konsequenzen in seiner Textproduktion dagegen verstoßen. Übernimmt er jedoch nicht den globalen Rahmen der Topikinformation, so liefert er keine Antwort auf die gestellte Frage. Er muss in diesem Falle – als implizite Redeintention – für die Textplanung erneut globale Vorgaben setzen. Es mag so ein kohärenter Text entstehen, aber dieser kann nicht als Antwort auf die gestellte Frage fungieren. Dieses Phänomen ist in der alltäglichen Kommunikation nicht selten zu beobachten, und das nicht nur bei Politikern. Anders ist es, wenn der Sprecher den globalen Rahmen übernimmt, aber einzelne Äußerungen integriert, die den Vorgaben nicht entsprechen. Dies ist eher die Regel als die Ausnahme und dann kein Störungsmoment für einen kohärenten Informationsfluss, wenn diese Einheiten explizit als zugeordnet gekennzeichnet werden. Äußerungen dieser Art sind lokal in die Hauptstruktur eingebunden und informationsstrukturell untergeordnet. Es handelt sich dann eben um Nebenstrukturen. Besondere sprachliche Mittel wie Subordination, Wortstellung und Prosodie dienen der Kennzeichnung hierarchischer Informationsgliederung im Text (vgl. z. B. zur Funktion der Subordination Stutterheim 1997a, im Sprachvergleich Carroll/Lambert 2006, Gutfleisch 2000).

9.4   Erläuterung an einem Beispiel

Das Gesagte soll nun kurz an einem Beispiel erläutert werden (aus Klein 1979). Wir wählen hierzu eine Wegauskunft als kommunikative Aufgabe. In dem konkreten Fall lautet die Quaestio folgendermaßen: *Können Sie mir sagen, wo das Goethehaus ist?*. Die Gesamtvorstellung, die einer Wegbeschreibung zugrunde liegt, ist eine räumliche Konfiguration, eine kognitive Karte, auf der wichtige Objekte als Landmarken räumlich miteinander verbunden sind. Eine angemessene Auswahl dieser Landmarken (einschließlich der deiktischen Origo, normalerweise die Stelle, an der die Wegauskunft gegeben wird, und des Zielobjektes) und die räumliche Verbindung zwischen diesen Landmarken formen das Gerüst, die Hauptstruktur einer Wegbeschreibung.

Die Vorgaben, die mit der – in diesem Falle expliziten – Quaestio gesetzt sind, sind die folgenden: Inhaltlich sind Modalität und Zeit auf Faktizität und Sprechzeitbezug (unspezifisches Zeitintervall unter Einschluss der Sprechzeit) festgelegt; diese beiden Angaben sind funktional der statischen Kohärenz zuzuordnen. Des Weiteren sind Raumreferenzen vorgegeben, die als Ausgangspunkt (Sprecher-/Hörerort) und als Zielpunkt (Goethehaus) eines Weges zu konzeptualisieren sind. Erfragt sind räumliche Informationen, die den Weg vom Ausgangsort zum Zielort für den Hörer nachvollziehbar machen. In der Domäne der Raumreferenzen liegt das Linearisierungskriterium und damit das Kriterium für den sequenziellen Zugriff auf das relevante Wissen (dynamische Kohärenz). In der Spezifikation der Prädikate hat der Sprecher Optionen, er kann statische Angaben als Prädikate wählen, die Landmarken positionieren, oder dynamische Prädikate, die Bewegungen von Landmarke zu Landmarke zum Inhalt haben. Strukturell sind die genannten Informationskomponenten der Texttopik zuzuordnen, im Fokus sind die Raumreferenzen im Einzelnen und gegebenenfalls Wege zu spezifizieren. Wählt der Sprecher die Strategie, den Hörer auf eine imaginäre Reise zu schicken, so ist eine Referenz auf den Hörer als Topikkandidat in der Agensstelle anzugeben, ebenso wie die Verschiebung der Zeitreferenz angebunden an die Bewegungsereignisse.

Ein Antworttext, der auf diese Frage hin produziert wurde, lautete:

(9-3)   *Ja, lassen Sie mich einen Moment überlegen. Ich war selbst letzte Woche dort. Ja,* <u>*Sie gehen hier ungefähr 300 Meter runter, dann gehen Sie hinter der Kirche links.*</u> <u>*Dann nochmal nach 300 Metern kommen Sie zu einem Platz, einem sehr schönen*</u> <u>*Platz. Den überqueren Sie, gehen weiter und gehen dann nach rechts.*</u> *Sie können es wirklich nicht verfehlen.* <u>*Dann ist es die zweite Straße links, und dann sehen Sie es*</u> <u>*schon.*</u> *Es ist gelb, so gelblich. Okay?*

Der Sprecher löst die Aufgabe durch eine Reihe von Instruktionen (denkbar sind auch reine Beschreibungen). Es werden Bewegungsereignisse in zeitlicher Sequenz spezifiziert, Fokusinformation sind die jeweiligen Zielorte. Äußerungen, in denen diese Informationen spezifiziert werden, bilden die Hauptstruktur des Textes (im

Beispiel unterstrichen). Diese ist im vorliegenden Fall durch zusätzliche Informationen, eben Nebenstrukturen, angereichert. Diese Nebenstrukturen erfüllen unterschiedliche Funktionen. So zeigt das einführende *ja* an, dass der Sprecher bereit ist, auf die gestellte kommunikative Aufgabe einzugehen, die folgenden beiden Äußerungen geben dem Hörer die Sicherheit, dass der Sprecher die Aufgabe ernst nimmt und kompetent lösen kann. Der Sprecher verlässt einmal den globalen Rahmen im Text (*Sie können es wirklich nicht verfehlen*), um einen Kommentar zur Schwierigkeit der gestellten Aufgabe zu geben, ein weiteres Mal um ein Objekt zu spezifizieren. Diese Nebenstrukturen sind jeweils lokal referenziell an die Hauptstrukturäußerungen angebunden. Dabei ist zu betonen, dass Nebenstrukturinformation im Text unter kommunikativen Gesichtspunkten keineswegs nachgeordnet oder weniger wichtig sein muss, im Gegenteil, sie kann für das Verständnis zentral sein. Untergeordnet sind diese Komponenten eines Textinhaltes unter informationsstrukturellen Gesichtspunkten. Die Hierarchisierung der Information, die auf der Setzung und Beibehaltung eines globalen referenziellen Gerüstes beruht, ist eine Voraussetzung für die Planung und Umsetzung eines kohärenten Textes.[4]

9.5   Steuerungsfaktoren bei der sprachlichen Formulierung

Die Beschränkungen der Quaestio, soweit wir sie jetzt charakterisiert haben, beziehen sich auf den der sprachlichen Darstellung notwendig vorausgehenden Konzeptualisierungsprozess. Sie wirken sich auf die Selektion, Anordnung und Gewichtung von Informationen aus, die – aus dem Wissen aufgerufen – in Sprache umgesetzt werden sollen. In diesem letzten Schritt der Textplanung muss der Sprecher sich „entscheiden", wie er die ausgewählten Inhalte sprachlich verpackt. Wesentlich für den Zugriff auf die sprachlichen Formen sind dabei klarerweise die im Einzelnen ausgewählten Konzepte (vgl. hierzu Levelt 1989). Die Integration der einzelnen Konzepte zu einer propositionalen Struktur sowie deren Einbindung in einen weiteren sprachlichen Kontext erfordert die Zuweisungen funktionaler Eigenschaften. Diese erfolgen grundsätzlich Perspektiven-gebunden. Für die Darstellung unterschiedlicher Perspektiven auf einen gegebenen Sachverhalt liefert jede Sprache eine Reihe von Verpackungsoptionen. Hierzu zählt beispielsweise im Deutschen die Wortfolge, Genus Verbi, Determination der Nominalphrase oder Hypotaxe/Parataxe. Die Entscheidung für jeweils eine dieser Optionen muss in der Phase der Konzeptualisierung vorbereitet werden. Die einzelnen Komponenten

---

4 Sehr aufschlussreich sind in diesem Zusammenhang Untersuchungen zu kindersprachlichen Texten. Wie Halm 2008 zeigen kann, liegt eine wesentliche Lernaufgabe für Kinder zwischen 7 und 14 Jahren darin, die Prinzipien der makrostrukturellen Planung zu erwerben. So ist die Hierarchisierung von Informationen unter einem global beibehaltenen Kriterium eine Anforderung, die erst in der Altersgruppe der 12–14-Jährigen annähernd erfüllt wird.

der konzeptuellen Struktur müssen hinreichend funktionale und kontextbezogene Merkmale aufweisen, sodass der Zugriff auf sprachliche Formen eindeutig erfolgen kann.

In die Entscheidung für eine bestimmte sprachliche Form gehen eine Reihe unterschiedlicher Faktoren ein. Neben den Eigenschaften, die das gespeicherte Sachverhaltswissen selbst aufweist,[5] sowie denen, die durch den spezifischen Situationskontext und das entsprechende Hörermodell (vgl. Herrmann/Grabowski 1994) gegeben sind, liefern die makro- und mikrostrukturellen Eigenschaften eines Textes Kriterien für die Wahl spezifischer Ausdrucksmittel. Die große Schwierigkeit, die sich ergibt, wenn man die spezifischen sprachlichen Ausdrucksformen in Texten erklären möchte, liegt darin, diese Faktoren integriert zu betrachten – eben so, wie sie der Sprecher im Textplanungsprozess aufeinander bezieht. Die Vernetzung aller genannten Einflussgrößen im Sprachplanungsprozess verlangt neben der Identifikation der jeweiligen konkreten Faktorenbelegung auch die Bestimmung des relativen Gewichtes der beteiligten Faktoren im Falle des Vorhandenseins von konkurrierenden Ausdrucksformen. Wir nehmen an, dass die durch die Quaestio gesetzten Vorgaben an zentraler Stelle im Planungsprozess solche Gewichtungen liefern. So steuern die informationsstrukturellen Vorgaben beispielsweise die Stellungsmuster im Deutschen mit, ebenso wie sie mit in die Entscheidung für den Determinationsgrad einer Nominalphrase eingehen. Die funktionale Zuweisung von Informationseinheiten zur Nebenstruktur stellt einen Faktor dar, der die Wahl subordinierter Konstruktionen vorbereitet.

Fassen wir noch einmal kurz die zentralen Annahmen des Quaestio-Modells zusammen: Texte produziert man zur Lösung bestimmter kommunikativer Aufgaben, die durch eine – explizite oder implizite – Frage gestellt werden. Diese QUAESTIO ist die zentrale steuernde Instanz für die komplexen Textplanungsprozesse und deren Ergebnis, eben den Text. Damit knüpfen wir an Traditionen der Rhetorik an, decken uns aber auch mit neueren Ansätzen, die der Redeintention, dem kommunikativen Ziel, dem Textthema – die Terminologie variiert hier – eine zentrale Funktion für die Planung der Rede beimessen. Die Quaestio erfüllt diese Funktion, indem sie globale Vorgaben einführt. Diese beziehen sich auf die REFERENZIELLE BESETZUNG, d.h. die Auswahl der auszudrückenden Informationen aus verschiedenen Referenzbereichen, MUSTER DER REFERENZIELLEN BEWEGUNG sowie der informationsstrukturellen Gliederung in TOPIK- und FOKUSKOMPONENTEN. Der Sprecher gewinnt dadurch Kriterien für die INFORMATIONSAUSWAHL, für die LINEARISIERUNG, für die PERSPEKTIVENSETZUNG und auf der Grundlage der so erzeugten konzeptuellen Struktur Kriterien für die WAHL SPRACHLICHER FORMEN. Je nach Spezifikationsgrad der Quaestio können die Vorgaben unterschiedliche Domänen

---

5 So konnte in einem psycholinguistischen Experiment zur Rolle des Wissenserwerb für die Textproduktion gezeigt werden, dass je nachdem, ob Sprecher einen Sachverhalt in einem statischen oder dynamischen Kontext zum ersten Mal aufnahmen, die gewählten Formulierungen (in diesem Falle Dativ oder Akkusativ für eine Raumreferenz) systematisch variierten (vgl. Stutterheim 1997: Kap. 7).

betreffen und darin unterschiedlich weitreichend sein. Die aus der Quaestio gewonnenen Planungskriterien bilden die oberste Ebene einer Hierarchie von Einflussgrößen, alle weiteren erhalten ihr Gewicht in Relation dazu.

9.6   Einige Ergebnisse experimenteller Studien

 Das Zusammenspiel der unterschiedlichen Steuerungsfaktoren, die zur Bildung eines Textes mit bestimmten Eigenschaften führen, lässt sich mit ganz unterschiedlichen Mitteln erforschen. Sie reichen von einer relativ freien Erhebungsmethode, z. B. zur Überprüfung der Rolle der Quaestio anhand unterschiedlicher kommunikativer Aufgaben bei gleichem thematisierten Sachverhalt, bis zu hochgradig kontrollierten experimentellen Methoden, mit denen sehr spezifische Hypothesen über Zusammenhänge zwischen einzelnen Faktorenausprägungen – wie z. B. die Varianz der räumlichen Positionierung eines Sprechers in Bezug auf den zu verbalisierenden Sachverhalt – geprüft werden können.

Es gibt inzwischen eine Reihe von Untersuchungen in diesem Rahmen. Dazu zählen Studien zum Einfluss des abgespeicherten Wissens (statisch – dynamisch, standardisiert – nicht-standardisiert, vgl. Kohlmann 1997, Stutterheim u. a. 1993), zur räumlichen und zeitlichen Perspektive (Carroll 1997, Stutterheim u. a. 2003), zum Situationswissen (Stutterheim/Kohlmann 1998, Speck 1995) und zur verwendeten Sprache. Diese Studien haben genauere Einblicke in die Bedeutung makrostruktureller Planungsgrößen gegeben und lassen den Schluss zu, dass im Rahmen der Quaestio-Vorgaben weitere global steuernde Faktoren hinzutreten. Im Folgenden werden wir einige Ergebnisse betrachten, in denen es um die Rolle des zugrunde liegenden Wissens und die Rolle des einzelsprachlichen Systems geht.

9.6.1 Die Steuerungsgröße SACHVERHALTSWISSEN

Wenn der Sprecher eine konzeptuelle Struktur, die er versprachlichen will, aufbaut und dazu Informationen auswählt und unter verschiedenen Aspekten strukturiert, so spielen die Besonderheiten der relevanten Wissensbasis eine wesentliche Rolle. Zum einen liefert das Wissen klarerweise kein neutrales Abbild der Realität, sondern ist seinerseits perspektivisch gebunden im Gedächtnis gespeichert. Zum anderen verbinden sich im relevanten Wissen zu einem bestimmten Sachverhalt schematische oder standardisierte Anteile mit akzidentellen, individuellen Komponenten. Für den Aufbau der aktuellen konzeptuellen Struktur wird der Sprecher, wenn er eine angemessene Antwort auf die Quaestio liefern möchte, nun auch das Wissen des Hörers mit berücksichtigen (vgl. Herrmann/Grabowski 1994). Wie Untersuchungen gezeigt haben, kann es in Abhängigkeit von der vom Sprecher angenommenen Verfügbarkeit von geteiltem Standardwissen zu unterschiedlichen Textaufbaumustern kommen.

Im Folgenden betrachten wir eine Untersuchung, bei der es darum ging, die Wissensrepräsentation durch unterschiedliche Modalitäten der Wissensaufnahme zu modifizieren. Die Kognitionsphase – also die Phase der Wissensaufnahme – wurde dahingehend variiert, dass eine Gruppe von Versuchspersonen das relevante Wissen so präsentiert bekam, dass die Perspektive von Kognitionsphase und Quaestio im Einklang standen, während dies bei einer zweiten Gruppe nicht der Fall war. Dabei sollte geprüft werden, ob die Perspektive, unter der Wissen aufgenommen und gespeichert wurde, Komponenten der Quaestio-Vorgaben auf globaler Ebene überlagern kann.

Die Aufgabe bestand in der Instruktion, eine Bauanleitung für eine kleine Holzkonstruktion zu geben.[6] Die Kognitionsphase wurde nun dahingehend variiert, dass eine Gruppe von Versuchspersonen einen Film sah, in dem der Zusammenbau des kleinen Objektes vorgeführt wurde; die zweite Gruppe erhielt das fertig zusammengebaute Objekt vorgelegt. Im ersten Falle der dynamischen Kognitionsphase sprechen wir von kongruenter, bei der zweiten, der statischen Kognitionsphase, von inkongruenter Bedingung. Die Quaestio war unter beiden Bedingungen dieselbe. Analysiert wurden: das gewählte Linearisierungskriterium, das Verhältnis von Hauptstruktur- zu Nebenstrukturäußerungen sowie Funktionen der Referenzen in den einzelnen Konzeptdomänen, gemessen an den globalen Vorgaben.

Für die *kongruente Gruppe* ergibt sich ein sehr homogenes Bild. Die Sprecher folgen den mit der Quaestio gesetzten Vorgaben, indem sie eine Folge zeitlich linearisierter Handlungsschritte spezifizieren, die der Abfolge der Bauschritte im Film entspricht. Es variiert das Granularitätsniveau, was jedoch nur zu Unterschieden bei der internen Segmentbildung, nicht jedoch zu anderen globalen Strukturmustern führt. Die *inkongruente Gruppe* folgt zwar auch im Wesentlichen den globalen Vorgaben. Auch diese Texte sind zeitlich strukturiert, und die Hauptstruktur enthält eine Kette von Handlungsspezifikationen. Die Reihenfolge der Handlungsschritte in diesen Texten – und damit die Art und Weise, wie sich die Information von Satz zu Satz entfaltet – ist jedoch weitaus variabler. Die Sprecher können sich nicht, wie in der Filmbedingung, auf eine vorgegebene Linearisierung stützen, sondern sie müssen sie selbst entwickeln. So kommt es zu unterschiedlichen Reihenfolgen, die von den jeweils gewählten Zerlegungsstrategien abhängig sind (vgl. Kohlmann 1997). Verbunden mit der Gliederungsaufgabe, die die Sprecher der inkongruenten Gruppe zu lösen haben, ergibt sich ein weiterer Unterschied. Sprecher dieser Gruppe führen die einzelnen Objektteile zunächst im Sinne eines Inventars ein und schaffen damit eine Voraussetzung, die im Falle der kongruenten Gruppe bereits in der Wahrnehmungssituation gegeben ist: Die zu manipulierenden Objekte müssen einzeln eingeführt sein. Damit verbunden ist ein weiterer Unterschied, der sich auf die Anzahl von Nebenstrukturen in den Texten bezieht. Die zusätzliche

---

6 Die Untersuchung wurde entsprechend für die Aufgabe „Beschreibung" durchgeführt, bei der sich die Relation zwischen Kognitionsphase und Aufgabenstellung umkehrte (vgl. zur ausführlichen Darstellung Stutterheim 1997a).

Aufgabe der inkongruenten Gruppe bewirkt, dass diese Sprecher in größerer Anzahl beschreibende, genauer Objekt-identifizierende Äußerungen produzieren. Das Verhältnis zwischen Hauptstruktur- und Nebenstrukturäußerungen unterscheidet sich in deutlicher Weise (vgl. hierzu ausführlich Kohlmann 1997).

Besonders interessant sind die Effekte des Perspektivenkonfliktes bei der Konzeptualisierung und Auswahl der Einzelreferenten. So produzieren Sprecher der kongruenten Gruppe ausschließlich direktionale Raumreferenzen, während Texte der inkongruenten Gruppe dagegen positionale Raumreferenzen bevorzugen: Erstere sagen, wohin etwas gehört (z. B. *du schraubst die Schraube durch den Würfel*), letztere, wo es ist (z. B. *du schraubst den Würfel an dem roten Würfel fest*). Dies kann man sich aus der je nach Kognitionsphase unterschiedlichen Lenkung der Aufmerksamkeit und Informationsdarbietung erklären. Die Wahrnehmung des fertigen Produktes verlangt vom Instruierer die Zerlegung des Gesamtobjektes in Teile; für diese Zerlegung können räumliche Eigenschaften des Objektes genutzt werden. Es kann so zu einem Konflikt kommen zwischen der Wissensebene, auf der die Objekte in ihren räumlichen Relationen festgelegt sind, und der Ebene der aktuellen Konzeptualisierung, auf der räumliche Einordnungen der Objekte in ihrem sequenziellen Zustandekommen zu spezifizieren sind. An Punkten, an denen die Raumstruktur des Objektes zum Gliederungskriterium für den Textaufbau herangezogen wird (z. B. bei der Trennung in große und kleine, zugeordnete Objekte), kann es lokal zu Einflüssen auf die Topik-Fokusstruktur und damit auf die Wortstellung kommen. Diese Schritte in der Konzeptualisierung eines Textinhaltes entfallen bei den Sprechern der kongruenten Gruppe, weil ihnen die Folge der Handlungsschritte im Film bereits eine Linearisierung einheitlich vorgibt.

Die unterschiedliche Kognitionsphase führt also nicht zu wesentlichen Veränderungen der makrostrukturellen Vorgaben der Quaestio. Es handelt sich bei allen Texten beider Gruppen um Instruktionen. Es finden sich allerdings deutliche Einflüsse in der Umsetzung der Vorgaben. Sie lassen sich allgemein auf einen Perspektivenkonflikt zurückführen, der dazu führt, dass die Texte der inkongruenten Gruppe weniger stringent aufgebaut sind und Äußerungen enthalten, die einige Merkmale beschreibender, statischer Äußerungen aufweisen. Die Integration einer Perspektive, die den Resultatszustand in den Blick nimmt, bei Erhalt einer dynamischen Perspektive auf „oberster" Ebene der Äußerungsbedeutung wird durch den Einsatz spezifischer Ausdrucksmittel wie Passiv, Wortstellung und Determinationsformen ermöglicht.

Es zeigt sich also, dass die Art der Wissensaufnahme und die daraus resultierende spezifische Form der Wissensstruktur über einen Sachverhalt auf die Textproduktion Einfluss nimmt. Im Einzelnen wurden in der Gesamtstudie, die neben Instruktionen auch Beschreibungsaufgaben enthielt, die folgenden Zusammenhänge deutlich:

- Kongruenzen in der Perspektive auf einen Sachverhalt zwischen Kognitionsphase und Quaestio erleichtern die Produktion eines klar strukturierten Textes,

Inkongruenzen führen zu Schwierigkeiten beim Aufbau einer konsistenten globalen Struktur.

- Interferenzen, die auf die Kognitionsphase zurückzuführen sind, variieren in ihrer Stärke in Abhängigkeit von der kommunikativen Aufgabe. Instruktionen, die durch weitreichende globale Vorgaben strukturiert sind und damit in gewisser Weise eine „einfache" Aufgabe darstellen, sind weniger störanfällig als beispielsweise Beschreibungen, die den Sprecher vor eine komplexere Aufgabe stellen.
- Variationen, die auf die Wahrnehmungssituation zurückgeführt werden können, bleiben im Rahmen der Quaestio-Vorgaben. Sie können entweder zur globalen Festlegung spezifischer referenzieller Muster führen, die von der Quaestio nicht determiniert sind (z. B. Linearisierung in Beschreibungen), oder sie können lokale Veränderungen der Referenzmuster bewirken, die jedoch auf propositionaler Ebene den globalen Vorgaben angepasst werden (z. B. positionale Raumangaben in instruierenden Äußerungen).
- Der Effekt bei der Textproduktion wird umso stärker, je umfassender der Perspektivenunterschied zwischen Kognitionsphase und Quaestio ist.
- Der Einflussfaktor ‚Kognitionsphase' ist der Quaestio als textstrukturierender Instanz untergeordnet, er wird in der Form wirksam, dass der Sprecher auf dieser Grundlage zwischen Alternativen des referenziellen Aufbaus entscheidet.

9.6.2 Die Steuerungsgröße EINZELSPRACHLICHES SYSTEM

So wie wir die Determinanten des Textplanungsprozesses bisher betrachtet haben, sind wir davon ausgegangen, dass in der Phase der Konzeptualisierung einzelsprachliche Unterschiede nicht von Bedeutung sind. Dies ist aber gar nicht sicher.

 Um zu klären, ob die steuernde Funktion der kommunikativen Aufgabe tatsächlich für Sprecher unterschiedlicher Sprachen in gleicher Weise wirkt, wurden Erhebungen in unterschiedlichen Sprachen durchgeführt, in denen Sachverhalt und Quaestio parallel geführt wurden (vgl. Stutterheim 1997b, Carroll 1997, Carroll u. a. 2008). Sie zeigen, dass globale Eigenschaften des Textaufbaus erheblich und systematisch mit den verwendeten Sprachen variieren. Zwar wurden konstitutive Vorgaben zum Textaufbau, wie z. B. zeitliche Eigenschaften bei Erzählungen, über die Sprachen hinweg in der Planung berücksichtigt, im Rahmen dieser sehr abstrakten Vorgaben wurde jedoch eine Varianz erkennbar, die zu der Hypothese führte, dass sprachspezifische Muster bereits auf der Ebene der Konzeptualisierung als Determinanten der Globalplanung integriert werden.

Im Unterschied zu der gängigen Annahme in der psycholinguistischen Theoriebildung, dass Konzeptualisierungsprozesse grundsätzlich sprachunabhängig, ja sogar als universal zu denken sind, deuten die systematischen sprachvergleichenden Erhebungen von Texten darauf hin, dass bereits der Schritt der Selektion von Elementen aus einer Wissensbasis sowie dann die Prozesse der Informationsorganisation sprachspezifischen Prinzipien unterliegen.

Dies wollen wir anhand einer Studie „Objektbeschreibungen durch englische und durch deutsche Sprecher" illustrieren (ausführlich Stutterheim 1997a):[7]

Die Sprecher sollten bei dieser Studie wiederum eine Objektkonfiguration (Holzbauteile) beschreiben. Dazu mussten die Sprecher die einzelnen Objekte, aus denen die Gesamtkonfiguration aufgebaut war, identifizieren und lokalisieren. Die resultierenden Texte bestehen also im Wesentlichen aus Angaben zu Objektes und ihren räumlichen Eigenschaften. Die Äußerungen enthalten daher Objektreferenzen, statische Prädikate und positionale Raumreferenzen. Lokalisationen erfordern die Wahl einer referenziellen Struktur, mit den Optionen einer DEIKTISCHEN oder einer INTRINSISCHEN VERANKERUNG.

Der Typ der Lokalisationen unterscheidet sich nun systematisch für die Sprecher der beiden Sprachen. Die englischen Sprecher strukturieren Raum über Objekte. Das bedeutet, dass intrinsische Eigenschaften von Objekten genutzt werden, um Raumregionen auszugrenzen und deren Relationen zueinander festzulegen.

In den deutschen Texten dagegen wird der Raum anhand von deiktisch festgelegten Regionen gegliedert. Die Vorgehensweise, die von deutschen Sprechern in der Regel gewählt wird, besteht darin, einen externen Referenzpunkt zu etablieren und von dort aus den Raum in Regionen wie *oben, unten, links* und *rechts* aufzugliedern. Den so ausgegrenzten Teilräumen werden die einzelnen Bausteine der Figur zugeordnet. Das folgende Textbeispiel verdeutlicht dies:

(9-4)   *(...) das Objekt besteht insgesamt aus drei Würfeln*
         das Ganze sieht aus
         dass oben ein grüner Würfel ist,
         darunter ein gelber Würfel,
         links davon ein grüner Würfel (...)

Sprecher des Englischen bevorzugen einen Darstellungsmodus, bei dem sie der abstrakten Figur ein Schema zuordnen, wie *L-shaped figure* oder *shape of an S* oder *the figure 4 with one side bent down*. Auf dieser Grundlage können intrinsische Eigenschaften des kategorisierten Objektes herangezogen werden, um die einzelnen Teile zu lokalisieren.

(9-5)   *here is eight pieces of coloured wood*
         somewhat in the shape of an L...
         the bottom part of the L is made up of two shapes
         at the top of the L is another one of the same shapes

---

7 Weitere Untersuchungen zum Einfluss sprachstruktureller Eigenschaften auf Textplanungsprozesse finden sich zu Erzählungen bei Carroll 2000, Murcia-Serra 2001, Stutterheim/Carroll 2005, Tomita 2008, zu Beschreibungen/Instruktionen Stutterheim/Kohlmann 2001, zu Argumentationen Stutterheim in Vorber.

Wie sind nun diese Gegensätze zu erklären? Eine nahe liegende Möglichkeit ist, dass sich die beiden Sprachsysteme in Inventar oder Strukturen unterscheiden. Dieser Zusammenhang lässt sich nun jedoch nicht unmittelbar herstellen – etwa im Sinne eines sprachlichen Determinismus à la Benjamin L. Whorf, demzufolge für bestimmte Konzepte keine sprachlichen Formen vorhanden wären. Ausdrucksmittel für beide Typen von Raumreferenzen sind in beiden Sprachen vorhanden. Die Erklärung für die beobachteten Unterschiede muss daher auf einer anderen Ebene zu suchen sein. Hierzu muss man die Texte in ihrer inhaltlichen Gesamtstruktur analysieren und die Raumreferenzen damit in ihrer kontextuellen Einbettung untersuchen. Dabei geht es zunächst darum, welche Rolle die verschiedenen konzeptuellen Domänen – also in unserem Falle Raumangaben und Objektreferenzen – für den Aufbau einer kohärenten Informationsstruktur spielen und wie diese diskursfunktionalen Eigenschaften einzelner Referenzen die Wahl spezifischer sprachlicher Ausdrucksformen bestimmen.

Betrachtet man die Funktion der Raumreferenzen im Rahmen des gesamten Diskurskontextes, so finden sich wiederum gravierende Unterschiede zwischen den englischen und den deutschen Texten. Diese Unterschiede lassen sich anhand der Typen anaphorischer Anbindung belegen, die zwischen Äußerungseinheiten gewählt wird.

In den hier betrachteten Beschreibungstexten wird in der Regel von allen Sprechern eine raumbezogene Linearisierung gewählt. Betrachten wir zunächst die deutschen Texte. Hier wird die Anbindung über anaphorische Raumbezüge geleistet, wobei die Relation zwischen dem zu lokalisierenden Objekt und dem Referenzobjekt über deiktisch verankerte Kategorien hergestellt wird (*dahinter, rechts daneben*). Nicht die Objektreferenz wird pronominal aufgenommen, sondern die Region, die durch das Referenzobjekt ausgegrenzt wird. Vergleichen wir dies mit den englischen Texten. Hier erfolgt die anaphorische Anbindung nicht über Räume, die die Objekte einnehmen, sondern über die Objekte selbst. Pronominal aufgenommen wird das Objekt (*next to it*).

Hier gibt es offenbar einen Zusammenhang mit den oben dargestellten Perspektivenpräferenzen: Englische Sprecher orientieren sich bei der sprachlichen Darstellung eines Sachverhaltes an den vorgegebenen Objekten, denen Eigenschaften – unter anderem auch Raumeigenschaften – zugewiesen werden; die gewählte Perspektive ist intrinsisch objektbezogen. Deutsche Sprecher gehen von einem deiktisch verankerten Koordinatensystem aus, und dieser Raumstruktur ordnen sie die betreffenden Objekte zu. In den englischen Texten kontrolliert die Objektdomäne, das heißt, die jeweils eingeführten Objekte mit ihren intrinsischen Eigenschaften, die Belegung der Raumdomäne, während in den deutschen Texten der deiktisch strukturierte Raum eine gewisse Eigenständigkeit besitzt, d. h. beim Aufbau einer Textinhaltsstruktur die Grundlage für die Zuordnung der Objekte liefern kann.

Dieser grundlegende Unterschied auf der inhaltlichen Ebene verweist auf einen wesentlichen Unterschied auf sprachstruktureller Ebene: Der zentrale Stellenwert, der im Englischen der Objektdomäne zukommt, hat seine Entsprechung in der hervorgehobenen Rolle der syntaktischen Kategorie ‚Subjekt'. Im Unterschied zum Deutschen ist die Position des Subjektes in präverbaler Stellung fest. Dem syntaktischen Subjekt kommt grundsätzlich eine wesentliche Funktion für die Kohärenzstiftung in Texten zu (vgl. Stutterheim/Carroll 2005). Im Englischen müssen die Kategorien ‚Subjekt' und ‚Topik' nach Möglichkeit zur Deckung gebracht werden. Viele Arbeiten haben diesen Zusammenhang für das Englische gezeigt (Givón 1983, Halliday 1985). Aus Sicht des Textproduzenten bedeutet dies, dass er Kandidaten finden muss, die die Rolle des syntaktischen Subjektes und die pragmatische Funktion der Topik auf sich vereinigen können. Daraus erklärt sich die bevorzugte Strategie in englischen Beschreibungen, bei der dem Gesamtobjekt als globaler Topik die Kontrolle über den Informationsaufbau zukommt. Eine solche Strategie impliziert, dass diejenigen Kategorien für die Kohärenzbildung bevorzugt herangezogen werden, die die Subjektstelle einnehmen können. Referenzen auf Objekte eignen sich für diese Aufgabe, Raumreferenzen dagegen nicht. Daraus erklärt sich, dass der rote Faden, der einem englischen Beschreibungstext zugrunde gelegt wird, entlang der Objektdomäne entwickelt wird.

Für das Deutsche gelten derartige syntaktische Beschränkungen klarerweise nicht. Aufgrund der relativ freien Wortstellung und der damit verbundenen flexiblen Besetzung der ersten Position (Topikposition) im Satz können auch Referenzen in anderen Konzeptdomänen zur globalen Kohärenzstiftung herangezogen werden. Dies ist – wie angesprochen – in den Beschreibungen der Fall, wenn Sprecher die Informationen anhand der Raumdomäne organisieren, wobei die deiktisch verankerte Zerlegung des Raumes die Topikvorgaben für den Informationsaufbau liefert.

Die hier dargestellten Unterschiede zeigen, dass deutsche und englische Sprecher keineswegs im Hinblick auf die präferierte thematische Struktur übereinstimmen. Sie zeigen auch, dass die jeweils präferierten Konzeptualisierungsmuster in einem – wenn auch vermittelten – Zusammenhang mit spezifischen Eigenschaften der jeweiligen Sprachsysteme gesehen werden können.

Bisher vorliegende empirische Studien zur Textproduktion legen eine Reihe von Schlussfolgerungen nahe:

- Makrostrukturelle Planung ist die Voraussetzung, um einen kohärenten Text zu produzieren.
- Die kommunikative Aufgabe setzt gewisse – manchmal sehr restriktive, manchmal eher lockere – Rahmenbedingungen, die durch weitere Einflussgrößen ausdifferenziert werden. Zu diesen zählen spezifische Eigenschaften der thematisierten Sachverhalte und deren Einbindung in Welt- und Situationswissen.
- Vorgaben, die durch Merkmale der jeweiligen Sprachstruktur bedingt sind, wirken sich auf der Ebene der referenziellen Besetzung sowie der Zuweisung informationsstruktureller Funktionen auf einzelne Komponenten der Informationsstruktur aus.

9.7   Ausblick

Ein Text kommt dadurch zustande, dass ein Sprecher eine bestimmte sprachliche Aufgabe lösen muss oder will. Die Aufgabe wird ihm von einem Gegenüber gestellt – etwa in Form einer expliziten Frage oder einer expliziten Aufforderung; er kann sie sich aber auch selber vorlegen. Wie immer dies im konkreten Fall geschieht – man kann sich einen Text immer als eine Antwort auf eine bestimmte Quaestio vorstellen. Die Eigenschaften des Textes ergeben sich weitgehend daraus, wie der Sprecher mit den Vorgaben dieser Quaestio umgeht. Dabei gehen viele steuernde Faktoren ein, von denen wir einige oben näher erläutert haben. Es sind sicher nicht die einzigen. Entscheidend ist, dass uns die Betrachtung des Textaufbaus von dieser Warte aus ein Modell an die Hand gib, in dem im Prinzip alle Einflussgrößen in ihrem Zusammenspiel erfasst werden können. Die Merkmale, die einen kohärenten Text kennzeichnen und die im Laufe der letzten Jahrzehnte Gegenstand zahlreicher Studien waren, werden so auf die sie bedingenden Faktoren zurückgeführt. Die Stärke dieser Perspektive liegt darin, dass sich auf dieser Grundlage Hypothesen über Determinanten von Textplanungsprozessen aufstellen lassen, die in empirischen Untersuchungen überprüft werden können. Die kleinen Schritte, die im Konkreten immer nur gemacht werden können, lassen sich so letztlich in ein Ganzes einfügen, das uns irgendwann zu einem Verständnis der Struktur von Texten und der Prinzipien, die diese Struktur bestimmen, führt.

 Kommentierte Literaturtipps

Zur Textproduktion gibt es eine schier unübersehbare Forschung; sie gilt jedoch weitestgehend der schriftlichen Textproduktion und hier vorrangig literarischen Texten; den besten Überblick geben hier die beiden HSK-Sammelbände zur Text- und Gesprächslinguistik (Brinker u. a. 2000/2001). Zur mündlichen Textproduktion gibt es bislang zwar eine Reihe von Einzeluntersuchungen, aber nur wenige, die sich zum Ziel gesetzt haben, Prinzipien der Informationsorganisation zu klären. Epochemachend waren vor allem die Arbeiten von William Labov und seinen Mitarbeitern, etwa zu mündlichen Erzählungen (Labov/Waletzky 1967, Labov 1972) oder zu Wohnraumbeschreibungen (Linde/Labov 1974). Frühe Anwendungen auf deutsche Texte sind Klein 1979 zu Wegauskünften oder Ehrich/Koster 1983 zu Wohnraumbeschreibungen. Der hier zugrunde gelegte Ansatz wurde erstmals in Klein/Stutterheim 1989 entwickelt. Ausführlich dargestellt und auf unterschiedliche Texttypen bezogen findet sich der Ansatz in Stutterheim 1997a. Konzeptorientierte Diskursanalysen unter sprachvergleichender Perspektive wurden im Rahmen der Erstspracherwerbsforschung durchgeführt: Berman/Slobin 1994 oder Hickmann 2002.

10 Schriftliche Textproduktion: Formulieren als Problemlösung

Gerd Antos

10.1   Der erste Satz
10.2   Textherstellen als problemlösendes Handeln: Ein erster Einordnungsversuch
10.3   Textproduktionsforschung zwischen Textlinguistik und Schreibforschung
10.4   Pragmatische Leistungen des Textherstellens
10.4.1 Verantwortlichkeit für Formulierungen
10.4.2 Glückens-Bedingungen des Formulierens
10.5   Grundzüge einer Theorie des Formulierens
10.5.1 Was ist ein Problem? Die ersten Schritte einer Modellierung
10.5.2 Weitere Schritte der Modellierung
10.5.3 Das „dialektische Problemlösen"
10.5.4 Erweiterungen und Differenzierungen des Modells
10.5.5 Typen von Formulierungsbarrieren
10.6   Zusammenfassung und Ausblick

10.1   Der erste Satz

„So, nun beginnen wir!" betitelt Elke Heidenreich ihren Beitrag zum Wettbewerb „Der schönste erste Satz" der „Initiative Deutsche Sprache" und der „Stiftung Lesen". Ihr erster Satz aber lautet so: „Jeder, der schreibt, weiß, dass mit dem ersten Satz alles steht und fällt – darum ist ja das Anfangen so schwer!" Viele, die sich beim Verfassen von Texten selbst über die Schulter schauen können, kennen dieses Gefühl. Es ist ein komisches, ja erstaunliches Gefühl – vor allem, wenn man ansonsten keine Schwierigkeiten hat, einfach „draufloszureden".

Aber bisweilen gelingt nicht einmal der erste Satz. Viele – nicht nur in Schreib-Seminaren (Scheidt 1990) – kennen die Angst vor dem weißen Papier. Trotz aller Anstrengungen und Versuche weiß man einfach nicht, was (und wie) man schreiben soll. Es war der Dichter Heinrich von Kleist, der dazu einen überraschenden Lösungsvorschlag gemacht hat. In seinem berühmten Aufsatz „Über die allmähliche Verfertigung der Gedanken beim Reden"[1] gibt er den verblüffend wirkenden Rat: Einfach drauflosreden! Wenn möglich vor einer beliebigen Person, am besten sogar vor einer, die keine Ahnung von meinen Problemen hat!

---

1 Heinrich von Kleist: Über die allmähliche Verfertigung der Gedanken beim Reden. In: Ders.: Werke und Briefe in vier Bänden. Hrsg. von Siegfried Streller in Zusammenarbeit mit Peter Goldammer u. a. Bd. III: Erzählungen, Gedichte, Anekdoten, Schriften. Frankfurt am Main 1986, 453–459.

Heute wissen wir: „Brainstormendes" Drauflosreden oder besser noch: Drauflosschreiben ist ein durchaus probates Mittel zur Gedankenproduktion. Denn im rekursiven (d. h. immer wieder auf sich selbst anwendbaren) Prozess des schreibenden Planens, Fixierens, Lesens, Prüfens, Verwerfens und im fortlaufenden Verbessern von (ersten) Einfällen entsteht – fast wie von selbst – eine erste Planung, vielleicht sogar schon ein erster Entwurf des anvisierten Textes (Raible 2004).

Die Schreibforschung wird diesen – scheinbar wundersamen – ideengenerierenden Planungsprozess später „epistemisches Schreiben" nennen (Molitor 1984, 1989, 1996). Der Sprachpsychologe Dietrich Dörner (1974) hat dafür eine Theorie des „dialektischen Problemlösens" entwickelt und der Autor dieses Kapitels hat 1982 daraus eine „Theorie des Formulierens" gemacht. Darin wird grundsätzlich der Frage nachgegangen, was wir eigentlich tun, wenn wir Texte produzieren und gestalten, und welche Rolle die von uns gewählten FORMULIERUNGEN bei der kommunikativen Verständnisbildung spielen.

Dass Formulierungen offenkundig eine (manchmal übersehene) Rolle spielen, zeigt sich einerseits z. B. darin, dass wir um „Formulierungen ringen", bestimmte wichtig erscheinende oder entlarvende Formulierungen zitieren, kommentieren oder be- bzw. verurteilen. Andererseits gilt als Plagiat, wenn wir uns (in unserer Kultur) besonders gut formulierte Texte zueigen machen (obwohl sie manchen geradezu als vorbildlich erscheinen). Umgekehrt ist es nicht verboten, Sprichwörter, Slogans oder Sprüche zu zitieren, obwohl man auch dort nicht die Herkunft angibt. Stattdessen sind wir – beginnend mit der Schule – immer wieder gehalten, Texte selber neu herstellen zu müssen.

Es gibt aber auch andere erstaunliche Phänomene: Warum hat man keine Probleme, etwa einen als Augenzeuge beobachteten Verkehrsunfall zu schildern, tut sich aber dann deutlich schwerer, wenn man ihn schriftlich zu Protokoll geben muss? Offenbar sind wir im Sinne der „konzeptuellen Schriftlichkeit" (Koch/ Oesterreicher 1994, siehe Kap. 8) gehalten, beim Schreiben genauer auf unsere Worte zu achten als im spontanen Reden. Unter anderem, weil wir damit rechnen müssen, dass vor allem in der Schriftlichkeit Worte mitunter auf die Goldwaage gelegt werden, so wie man dies etwa von Gesetzen oder Verträgen her kennt – und wenn man als Zeuge vor Gericht befragt wird.

Fazit: Manchmal reicht es in der Kommunikation eben nicht aus, dass man nur etwas „so-la-la" sagt oder es „irgendwie so gemeint" hat. Manchmal zählt nur das *Gesagte*, eben der Wortlaut eines Textes oder eine (zitierte oder kommentierte) Formulierung. Nur so ist auch zu verstehen, warum wir uns um Worte streiten können und warum es in der Medizin, der Wirtschaft, der Architektur, den Naturwissenschaft und der Technik, vor allem aber auch in der Politik, der Geschichte und im Rechtswesen regelrechte „semantische Kämpfe" (Felder 2006) gibt, wo es darauf ankommt, dass bestimmte Formulierungen in einer Gesellschaft oder einer Wissensdomäne durchgesetzt werden.

10.2 Textherstellen als problemlösendes Handeln: Ein erster Einordnungsversuch

Spätestens seit Luthers Forderung „Allein die Bibel" (sola scriptura) wurde in unserer Kultur dem ‚Wort' (Gottes) Priorität eingeräumt – und nicht der Tradition oder dem Hörensagen. Diese Hochschätzung des Wortes und der in Europa mit dem Buchdruck geförderte Textzentrismus wurde spätestens seit dem Geniekult auf die Ikonisierung von Texten unserer „Dichter und Denker" übertragen. Wohl auch deshalb, weil deren Texte zum Kanon einer Kultur erhoben wurden. (Unsere Väter mussten bekanntlich noch Dichter zitieren und z. B. deren Gedichte auswendig lernen.) Parallel dazu entstand eine textkritische Philologie, die die Entstehung, Interpretation und Tradierung von Worten zum Gegenstand ihres Geschäftes machte.

Mit dieser Verehrung war es aber spätestens im Strukturalismus vorbei, der u. a. den Autor für „tot" erklärte und an dessen Stelle die intertextuelle Vernetzung setzte (siehe 7.2.1). Mit dem Aufkommen der Massenmedien, der Postmoderne und der damit verbundenen Ikonisierung von ‚Kommunikation' verblasste im öffentlichen Bewusstsein langsam die Einsicht, dass Verständigung entscheidend auf Worten bzw. Texten beruhe – und nicht primär auf Hörensagen, auf „Texte-Runterladen" oder auf Infotainment. Insofern mag die Fokussierung auf Wort und Text, wie sie in der Formulierungstheorie (notwendigerweise) zum Ausdruck kommt, manchen durchaus altmodisch erscheinen.

Erst mit dem Schriftlichkeits-Diskurs (Günther/Ludwig 1994, 1996) und der Schreibforschung seit den 1980er-Jahren (Flower 1981, Nystrand 1986, Bereiter/Scardamalia 1987, Eigler/Jechle 1993, Bergh/Rijlaarsdam 1995, Antos/Pogner 1995) und heute im Kontext der Medialitäts- und der Performanzdiskussion (Krämer 2004) trat eine vorsichtige Änderung ein. Trotzdem tut sich die Linguistik mit dem skizzierten Phänomen nach wie vor schwer. Dass man der Analyse des Wortlauts eine kommunikationstheoretische Bedeutung abgewinnen kann, erzeugt bei vielen LinguistInnen ebenso ein Unbehagen wie die Einsicht, dass es „gut", aber eben auch „schlecht" formulierte Texte gibt. Immerhin: In der modernen Rhetorik (Antos 1981b, Beetz/Antos 1984), der Stilistik (siehe 1.5, Sandig 2006), in der Auseinandersetzung mit Fragen der Sprachkritik und Sprachkultur (Janich 2004, Zeitschrift „Aptum"), in der Schreib- und Textproduktionsforschung (siehe 10.3 und Kap. 11) wird thematisiert, was weithin verdrängt wird: Kommunizieren erfordert Anstrengungen und Texte sind mitunter aufwendige Investitionen in den kommunikativen Erfolg!

Diese Einsicht mag trivial erscheinen: Aber in welcher Schule werden Schüler darauf eingestellt, dass die Herstellung von Texten Zeit und Mühe kostet? Oder dass Schreibhemmungen nicht nur als ein individuelles Versagen zu betrachten sind, sondern objektivierbare Ursachen haben, denen verallgemeinerbare Probleme der Textproduktion zugrunde liegen? Und schließlich, dass hergestellte Texte nicht allein daran gemessen werden, was sie so allgemein zum Ausdruck bringen, sondern daran, wie sie formuliert sind. Damit kommen wir zu einer These, die bei manchen eher ein Unbehagen auslösen wird: Das Sich-verständlich-Machen erfordert sowohl beim Autor wie auch beim Rezipienten eines Textes (bisweilen) eine Leistung. Natürlich hängt diese Leistung (und das Erleben dieser Leistung, was ja nicht dasselbe ist!) u. a. davon ab, ob und wie Texte gestaltet sind. Wenn sie nicht für eine Instant-Kommunikation gemacht sind, sondern unmittelbare Kommunikationsbedürfnisse überdauern sollen, dann spricht der große Sprachpsychologe Karl Bühler bei diesen Texten sogar von einem „Sprachwerk" (Bühler 1934). Gewiss, Sprachwerke passen nicht so recht ins postmoderne Bild kommunikativer Beliebig- und Vergänglichkeit. Aber an ihnen lässt sich demonstrieren, was z. B. Schriftsteller immer wieder literarisch thematisiert haben und worunter sie oftmals gelitten haben: „Textemachen ist verdammt schwer!" (Beetz/Antos 1984, Schlieben-Lange/Grésillon 1988, Raible 2004).

Vor diesem Hintergrund war nun die „Theorie des Formulierens" (Antos 1981a, 1982) ein erster tastender Versuch in der pragmatischen Linguistik, den kommunikativen Leistungsaspekt beim Sich-verständlich-Machen zu thematisieren, die erforderlichen Typen von Leistungen zu objektivieren und vor allem: theoretisch zu erklären, warum Kommunikationsversuche oftmals mehr von einem abverlangen als nur die bloße Beherrschung einer Sprache. Damit rückten nun jene Fragen zu kommunikativen „Herstellungshandlungen" in das Blickfeld, die wir mit Bezeichnungen wie *Formulierungen* oder *Gestalten von Texten* umschreiben:

1. Was tun wir eigentlich, wenn wir (einen Text) „formulieren"?
2. Warum müssen wir überhaupt Texte produzieren – im Sinne von „sprachlich und stilistisch gestalten"?
3. Welche kognitiven und sprachlichen Leistungen müssen bei der Herstellung und bei der Rezeption eines Textes erbracht werden – und warum?
4. Und für den Autor heißt das vor allem: Warum ist die Textproduktion und hier im Speziellen: die „allmähliche Verfertigung der Texte beim Formulieren" so zeitaufwendig und vor allem: kognitiv wie sprachlich bisweilen „so schwer"?

Dass Erfolg versprechendes Kommunizieren mitunter Leistungen erfordert, wurde parallel zur Formulierungstheorie in der (damals noch amerikanisch dominierten) Schreibforschung thematisiert. Hintergrund war das Entsetzen über die „*literacy crisis*", die vermeintlich mangelnden Schreib- (und Lese-)Fertigkeiten bei vielen Schülern und Studierenden (kritisch dazu für den deutschsprachigen Raum: Nussbaumer 1991, Sieber 1994; siehe Kap. 12). Richtig daran ist, dass Schreiben viele und zum Teil sehr unterschiedliche Kompetenzen und Leistungen erfordert, die nun von der didaktischen (Augst 1988, Baurmann/Weingarten 1995, Feilke 1996, Feilke/Portmann 1995) wie der linguistischen und sprachpsychologischen Schreibforschung zu Tage gefördert wurden (Augst/Faigel 1986, Jechle 1992, Keseling 1993, Günther/Ludwig 1994/1996). Und in der Tat: Bereits das Planen eines Textes entpuppte sich als eine komplexe Handlung, es verlangt neben einer entsprechenden Sprachbeherrschung u. a. Antizipationsfähigkeit, was Vorlieben, Gefühle und Wissenshintergründe von Adressaten angeht. Man muss ferner beim Schreiben auf diverse eigene Wissensbestände selektiv zugreifen (Eigler u. a. 1990, Antos/Tietz

1997) und diese zudem strukturieren können. Schließlich verlangt das Schreiben eine gehörige Portion Kritikfähigkeit, z. B. bei der Revision des Geschriebenen (Rau 1994), und schlussendlich tangiert und fördert es auch noch so etwas wie die Identität(sbildung) des Schreibers, Stilbildung und das Bewusstsein, dass eigene Texte Ausdruck der eigenen Individualität sind (Feilke 1988).

Natürlich gibt es Auswege, um sich diesem textherstellenden Leistungsdruck zu verweigern: Nicht in allen Textsorten muss man einen prononcierten Leistungsaufwand treiben. Man kann sich zudem – wie beim Chatten – an der Mündlichkeit orientieren oder man senkt das Formulierungsniveau und greift quasi zitierend vermehrt auf „vorfabrizierte" Sprache oder auf formelhafte Formulierungsmuster zurück (Stein 1995).

Trotzdem: Gerade die Schreibforschung ist sich sicher, dass Schreiben etwas erfordert, was ein Problemlösen über das Aktivieren von Kompetenzen hinaus notwendig macht (vgl. das berühmt gewordene Schreibmodell von Flower/Hayes: Flower 1981). Dennoch blieb dieser Erklärungsansatz in der Schreibforschung vergleichsweise unspezifisch. Der Grund hierfür lässt sich mit der Problemlöse-Theorie des Kognitionspsychologen Dörner einsichtig machen: Mit seiner Theorie des so genannten „dialektischen Problemlösens" entwickelte er ein weit über Flower/Hayes hinausgehendes Modell, das auch in der Lage ist, Kleists so scheinbar wundersame Idee der „allmählichen Verfertigung der Gedanken beim Reden" zu modellieren und damit rational erklärbar zu machen.

Gleichwohl: Es wäre zu kurz gegriffen, wollte man eine linguistische Formulierungstheorie nur auf der Grundlage eines kognitiven Ansatzes begründen. Gleichberechtigt neben dem kognitivistisch orientierten Problemlöseansatz ist die Formulierungstheorie von 1982 – durchaus im Einklang mit dem späteren pragmatischen Paradigma der Schreibforschung – entwickelt worden, um auch die angedeuteten kommunikativen und sprachlich-textuellen Leistungsaspekte theoretisch verstehbar zu machen. Dazu vorgreifend drei Punkte:

1. „Sprachwerke" (Bühler 1934), wie wir sie beispielsweise aus der Religion, der Belletristik, dem Rechtswesen oder der Wissenschaft kennen, sind im Hinblick auf die besondere Bedeutung ihres Wortlautes, ihrer Wissensrepräsentation (McCutchen 1986, Eigler u. a. 1990, Winter 1992, Antos/Tietz 1997) und ihres Stils bis zu einem gewissen Grade Selbstzweck. Ihr kommunikativer Mittelcharakter kann daher hinter ihren Werkcharakter deutlich zurücktreten.

2. Für unsere Formulierungen wie für unsere Texte (und deren beabsichtigte oder aber auch faktische Wirkungen) können wir verantwortlich gemacht werden, weil damit unsere Herstellungshandlungen beurteilt werden können.

3. Die für gelingende Kommunikation erforderlichen Leistungen werden unter der Perspektive von Glückens-Dimensionen beurteilbar, die über Fragen wie wahr/falsch bei Aussagen und gelungen/nicht-geglückt bei Sprechakten weit hinausgehen.

Bevor auf diese Aspekte näher eingegangen wird, soll im Folgenden zunächst ein kurzer Blick auf die Textproduktionsforschung geworfen werden.

10.3   Textproduktionsforschung zwischen Textlinguistik und Schreibforschung

Wenn ein Dekorateur und ein Einbrecher ein und dieselbe Villa beschreiben, so wird man als Zuhörer/Leser kaum glauben wollen, dass es sich hier um ein und dasselbe Objekt handelt. Ähnlich ergeht es demjenigen, der Textlinguistik und Schreibforschung miteinander vergleicht. Noch verwirrender wird es, wenn man die Textproduktionsforschung mit berücksichtigt (Antos/Krings 1989, Krings/Antos 1992, Beaugrande 1984, 1989, 1992, Jakobs u.a. 1995, Adamzik u.a. 1997, Jakobs u.a. 1999, Göpferich ²2006). Sie steht gleichsam zwischen der Textlinguistik und der Schreibforschung, unterscheidet sich aber terminologisch von beiden ebenso wie von der sprachpsychologischen Teildisziplin der Sprachproduktionsforschung (Herrmann/Grabowski 1994, 2003). Die Textproduktionsforschung hat sich heute in folgende Richtungen entwickelt:

- Textproduktion und Textlinguistik (Nussbaumer 1991, Heinemann/Heinemann 2002)
- Textproduktion und Schreiben (Krings 1992, Jechle 1992, Brinker u.a. 2000/ 2001; siehe auch Kap. 13)
- Textproduktion in der Mündlichkeit (und kontrastiv dazu: in der Schriftlichkeit) (Gülich/Kotschi 1987, Speck 1995; siehe auch die Kap. 9 und 12)
- Textproduktion und neue Medien (Perrin 1997; siehe auch Kap. 14)
- Textproduktion in der Technik (Knorr/Jakobs 1997, Krings 1998, Göpferich ²2006)
- Textproduktion in Berufen (Häcki-Buhofer 1985, Flower/Ackermann 1994, van Gemert/Woudstra 1997, Pogner 1999a; siehe auch Kap. 11)
- Textproduktion und Wissenschaften (Jakobs u.a. 1995, Jakobs/Knorr 1997, Niederhauser 1997, www.prowitec.rwth-aachen.de)
- Textproduktion in der Fremdsprache und beim Übersetzen (Krings 1989, Portmann 1991).

 Gegen eine generelle terminologische Gleichsetzung von Schreib- und Textproduktionsforschung werden vor allem in den 1990er-Jahren folgende Gründe geltend gemacht:

- *Schreiben* im Kontext der Schriftlichkeit ist eine historisch wie geographisch facettenreiche Kulturtechnik, auf die sich so unterschiedliche Aspekte wie Schreibdidaktik, Analphabetismus, Literalität oder auch Schriften- und Kalligraphieforschung beziehen lassen (Günther/Ludwig 1994/1996, siehe auch Kap. 8).
- *Textproduktion* hingegen ist die Bezeichnung für alle Aktivitäten des (solistischen, aber auch gemeinsamen) *Formulierens*. Dazu gehören heute in zunehmendem Maße auch kooperative oder kollektive Formen des arbeitsteiligen Verfassens von Texten z.B. in

Berufen (Pogner 1999a), in der Presse, der Administration, der Wirtschaft, der Politik oder in der Ausbildung (siehe auch Kap. 11).

- Obwohl *Schreiben* und *Textproduktion* vieles gemeinsam haben (Antos/Pogner 1995), zeigen sie auch Unterschiede, etwa bei der technologisch basierten und in der fachsprachlichen Textproduktion (Jakobs 1995): Hier wächst der Einfluss der visuellen Textgestaltung mit Hilfe von Diagrammen, Bildern etc., insbesondere in vielen Fachtexten und im Informationsmanagement (Knorr 1998, Göpferich [2]2006).
- Schließlich hat sich der Terminus *Textproduktion* in den 1990er-Jahren – häufig sogar als Titelbegriff – in Aufsätzen und einer ganzen Reihe von Büchern durchgesetzt (siehe die oben zur Textproduktionsforschung zitierte Literatur).

10.4 Pragmatische Leistungen des Textherstellens

10.4.1 Verantwortlichkeit für Formulierungen

Warum bezeichnen wir Texte beispielsweise als *umständlich, zurückhaltend* oder *demagogisch;* warum können Formulierungen als *konfus, bombastisch, zynisch* oder *ungeschützt* kommentiert werden; wieso ist es sinnvoll, Äußerungen als *ungeschickt, übertrieben* oder *geschmacklos* zu tadeln bzw. sie als *treffend, präzise* oder *brillant* zu loben? Mit solchen Fragen wird deutlich: Sprecher oder Schreiber können für ihre Formulierungen verantwortlich gemacht werden. Handlungstheoretisch heißt das zum einen: Eine Formulierung oder ein Text wird als RESULTAT EINER HANDLUNG betrachtet – und zwar (offensichtlich) als Resultat einer HERSTELLUNGSHANDLUNG. Kriterium ist dabei – wie bei allen Handlungen – zum anderen eine *Zuschreibung von Verantwortung.* Diese Verantwortungszuschreibung bezieht sich nicht ausschließlich auf den propositionalen Gehalt oder auf den illokutiven Aspekt des Textes, sondern auf den Modus seiner Herstellung. Man kann daher in den meisten Fällen sprachlicher Kommunikation eben nicht sagen: „Hauptsache, der Inhalt ist klar!" oder: „Wichtig ist nur, was gemeint ist!". Denn gerade die Formulierungen eines Textes sind – wenn auch situations- bzw. textsortenspezifisch unterschiedlich – durchaus folgenreich für die Verständnisbildung.

Fazit: Wir können uns nicht generell dem Einfluss entziehen, der ausgeübt wird, wenn (unsere) Texte oder Formulierungen als *brillant, provokant, verkürzt, verwaschen* oder *feuilletonistisch* beurteilt werden. Zwar lässt sich eine konkrete Beurteilung eines Textes durch eine Person X als unzutreffend zurückweisen, aber dabei unterstellt man gerade im Akt der Zurückweisung der Beurteilung, dass man für seine Formulierungen bzw. für seinen Text verantwortlich ist. Bleibt nun die Frage: Welche Rolle spielt die Herstellungshandlung bei der Textproduktion? Und vor allem: Welche kommunikativ folgenreiche Rolle spielt die Art und Weise, wie Texte gestaltet werden?

10.4.2 Glückens-Bedingungen des Formulierens

Von John Austin (1962, dt. 1979) haben wir gelernt, dass neben *wahr/falsch* für die Beurteilung von Aussagen in der Kommunikation weitere Prädikate eine wichtige Rolle spielen. Für das Gelingen von Sprechakten zum Beispiel die Prädikate *Glücken/Nicht-Glücken*. Austin hat noch weitere GLÜCKENS-BEDINGUNGEN im Auge, z. B. wenn man anschließend an die obigen Beispiele einen Text etwa wie folgt kommentiert: *Dieses Referat ist zu oberflächlich, zu kurz, zu unverständlich formuliert.* Verfolgt man diese Idee weiter, dann stößt man auf ca. 200 „formulierungskommentierende Ausdrücke" (FKA), die im Folgenden einfachheitshalber alphabetisch aufgelistet werden (Antos 1982: 50 ff.). Auffällig ist aber nicht nur die Vielzahl, sondern der damit zum Ausdruck gebrachte Facettenreichtum, mit dem wir eigene oder fremde Resultate der Textproduktion beurteilen.

(10-1) Formulierungskommentierende Ausdrücke (Auswahl):

– *abfällig, abgeschwächt, abschweifig, abstrakt, aggressiv, aktuell, allgemein, anders, angemessen, anschaulich, anständig, anzüglich, arrogant, aufrichtig, aufschlussreich, ausgewogen;*

– *barock, bedenklich, beispiellos, besser, blumig, bombastisch, bonmothaft, boshaft, breiig, brillant;*

– *demagogisch, deplatziert, deutlich, differenziert, dogmatisch, drastisch, dumm;*

– *ehrlich, einfach, eindeutig, eingängig, einseitig, elegant, endgültig, ergreifend, euphemistisch;*

– *fahrig, falsch, faszinierend, feinfühlig, flink, flott, folgerichtig, forsch, fragend, frech, freundlich, furchtbar;*

– *gefährlich, geglückt, genau, geschickt, geschliffen, geschmacklos, geschmeidig, gewagt, gewissenlos, gewitzt, glatt, grob, gut;*

– *mit dem Hammer, handfest, handlich, harsch, hart, hämisch, hinreißend, höflich, holprig;*

– *intuitiv, ironisch, irreführend, isoliert, juristisch;*

– *ketzerisch, klar, klug, knapp, kokett, kompliziert, konfus, konkret, korrekt, kunstvoll, kurz, in ihrer Kürze;*

– *lakonisch, lasch, leichthin, leichtsinnig;*

– *mehrdeutig, moderat, modern;*

– *nachlässig, negativ, nichtssagend, nüchtern;*

– *oberflächlich, offen, originell;*

– *passend, phrasenhaft, plastisch, pompös, präzis, praktisch, problematisch, programmatisch, provokant, provozierend;*

– *richtig;*

– *sachkundig, salopp, sauber, schillernd, schlecht, schlicht, schön, schonend, schroff, schwammig, schwächer, schwer, schwülstig, seltsam, sinnlos, spektakulär, spontan, spritzig, stichpunktartig;*

- *taktvoll, teigig, temperamentvoll, terminologisch, theoretisch, tief (-sinnig), treffend;*
- *überlegt, übertrieben, überzogen, umschreibend, umständlich, unangemessen, unanständig, unbedacht, unbedenklich, unbekümmert, ungefährlich, ungenau, unglücklich, ungeschickt, ungeschliffen, ungeschützt, unkompliziert, unkorrekt, unpassend, unpräzise, unproblematisch, unsauber, unsicher, unüberlegt, unverantwortlich, unvermittelt, unverständlich, unvorsichtig, unzureichend, unzutreffend;*
- *vage, verantwortungslos, verklausuliert, verkürzt, verschwommen, versehentlich, verständlich, verständnisvoll, vielsagend, virtuos, vorläufig, vorsichtig, vulgär;*
- *wahr, weich, windelweich, wissenschaftlich;*
- *zündend, zugespitzt, zureichend, zusammenhangslos, zurückhaltend, zuschlagend, zutreffend, zweideutig, zynisch.*

Einer Bemerkung Austins (1979) folgend, kann man nun versuchen, Ordnung in diese Vielzahl von FKA dadurch zu bringen, dass man sie als Glückens-Kriterien für den Erfolg oder Nicht-Erfolg von Formulierungsversuchen interpretiert. Ausgehend von den FKA lassen sich dann ansatzweise verschiedene Glückens-Dimensionen herausfiltern, die offensichtlich eine wichtige Rolle in der Beurteilung von kommunikativen Herstellungshandlungen spielen. Etwas willkürlich aufgelistet, lassen sich folgende Glückens-Dimensionen unterscheiden:

1. DIMENSION DER ABLAUFKONSTITUTION: Hier geht es um Probleme der Textorganisation: Berücksichtigung der Textsorte, von Umfang/Zeit, Aufbau, Gliederung, Gewichtung und Proportionierung: z.B. *fahrig, folgerichtig, konfus, zusammenhangslos.*

2. RELEVANZ-DIMENSION: Im Sinne von Grice (1975) spielt die Frage, was in einer kommunikativen Situation wichtig ist und wie viel man dazu äußern soll, eine zentrale Rolle bei der Verständigung: z.B. *knapp, langatmig, pointiert, übertrieben, nichtssagend.*

3. DIMENSION DER SACHADÄQUATHEIT: Diese Dimension betrifft die Klärung der Sachlage, Prüfung der sachlichen Angemessenheit, Fragen des Wahrheitsnachweises bei Behauptungen etc.: z.B. *einseitig, falsch, präzis, salopp, verwaschen.*

4. DIMENSION DER VERSTÄNDNISBILDUNG: Hier geht es um Klarheit, Kompliziertheit, Anschaulichkeit, Kürze, Länge, Exaktheit, Detaillierungsgrad und Berücksichtigung von Leerstellen (für die Interpretationsaktivitäten der Hörer) usw.: z.B. *abstrakt, einfach, klar, verständlich.*

5. BEZIEHUNGS-DIMENSION: Hierunter sollen all jene Probleme subsumiert werden, die die Beziehungsebene zwischen den Kommunikationspartnern tangieren: Berücksichtigung von Motivation, Erwartung, Wissen der Adressaten, kognitive Belastung (Aufnahmefähigkeit), gemeinsame Erfahrungen etc.: z.B. *anzüglich, forsch, hart, provokant, weich.*

6. IMAGE-PROBLEME: Image-Probleme entstehen aus der Antizipation positiver, zumeist aber negativer Rückwirkungen auf den Autor aufgrund seines hergestellten Textes: z.B. *dumm, gewagt, ironisch, phrasenhaft, spontan.*

7. ÄSTHETISCH-STILISTISCHE FORMULIERUNGSPROBLEME: Angesichts der stilistischen Tradition erübrigt sich hierzu ein weiterer Kommentar. Entsprechende Zuschreibungen sind z. B.: *brillant, geschliffen, schlicht, vulgär.*

Diese Glückens-Dimensionen können uns nicht wirklich überraschen: Sie spielen in der Rhetorik und Stilistik eine wichtige Rolle und erinnern vor allem auch an die Kommunikationsmaximen von Paul Grice (1975). Überraschend mag lediglich sein, dass wir mit den FKA sprachliche Ausdrucksmittel für die Beurteilung von Formulierungen bzw. von textuellen Herstellungshandlungen haben, mit denen wir auf weitere wichtige kommunikative Glückens-Bedingungen und -Dimensionen systematisch Bezug nehmen können.

Diese pragmatischen Aspekte der Formulierungstheorie haben über das bisher Gesagte hinaus noch eine wichtige kommunikationsrelevante Bedeutung: Gelegentlich wird gegen die Textproduktionsforschung der Einwand erhoben, dass die Genese eines Textes für den Endtext relativ unwichtig sei. Etwa nach dem Motto: „Was kümmert mich, wie in der Küche ein Mahl zubereitet wird? Hauptsache, es schmeckt!". Am Beispiel der Kommentierungen von Formulierungen oder an den FKA lässt sich aber zeigen, dass die Herstellung von Texten für Rezipienten keineswegs irrelevant ist. Und damit komme ich abschließend auf einen Aspekt kommunikativen Handelns zurück, auf den Karl Bühler mit seinem Begriff des oben bereits erwähnten „Sprachwerks" aufmerksam gemacht hat. Er greift dabei auf Aristoteles zurück, der in seiner Nikomachischen Ethik zwei Typen von Handlungen gemäß ihrer inhärenten Zielsetzung unterscheidet: PRAXIS ist eine (z. B. spielerische) Handlung, die *kein* sichtbares und für einen bestimmten Zweck gefertigtes *Resultat* impliziert. Typisch dafür sind z. B. SPAZIERENGEHEN, IN DER BADEWANNE SINGEN, MITEINANDER PLAUDERN. Hier tun wir etwas sozusagen „um seiner selbst willen". POIETISCHES HANDELN hingegen zielt primär auf die Erzeugung eines Werks, sei es bei der Produktion von Schuhen oder eben bei der Herstellung eines Textes. Auch die Herstellung von Schuhen oder von Texten zielt über die Herstellungshandlung hinaus auf ein weiteres Ziel (gut laufen zu können oder zu kommunizieren). Aber hier gilt, was Bühler für seinen Begriff des „Sprachwerks" schreibt: Dieses soll „entbunden aus dem Standort im individuellen Leben und Erleben seines Erzeugers betrachtbar und betrachtet sein" (Bühler 1934: 53 f.).

10.5   Grundzüge einer Theorie des Formulierens

10.5.1 Was ist ein Problem? Die ersten Schritte einer Modellierung

Versteht man Formulieren bzw. das Textherstellen als ein leistungsorientiertes Verbalisieren, so fragt sich, welche Formulierungsleistungen beim Textherstellen typischerweise erforderlich sind. Dabei wird die zentrale Annahme zugrunde gelegt, dass die wahrscheinlich sehr heterogenen und vielfältigen Formulierungsleistungen dann erklärbar werden, wenn man 1. davon ausgeht, dass beim Textherstellen

Formulierungsprobleme involviert sind, und 2., dass diese Formulierungsprobleme – sofern sie erkannt werden – gelöst werden, und dass man 3. Textherstellen theoretisch als sukzessives Lösen von Formulierungsproblemen modellieren kann.

Eine Theorie des Formulierens (oder auch des Schreibens) muss daher zunächst klären, was überhaupt ein PROBLEM ist. In der Psychologie werden dazu folgende drei Komponenten genannt:

1. UNERWÜNSCHTER ANFANGSZUSTAND (T_i)
2. ERWÜNSCHTER ENDZUSTAND, der aus dem Anfangszustand herzustellen ist (T_j)
3. BARRIEREN, die zwischen Anfangs- und Endzustand liegen und die unmittelbare Überführung des Anfangszustands in den angestrebten Endzustand verhindern (B_i)

$$T_i \text{ ---- } (B_i) \text{ ----> } T_j$$

Ein Beispiel: Gesucht wird ein Titel für einen Vortrag, in dem es einerseits um „formulierungskommentierende Adverbiale" wie *anschaulich formuliert* geht. Andererseits soll aber wenn möglich darauf aufmerksam gemacht werden, dass solche Adverbiale herangezogen werden können, um auf pragmatische Glückens-Dimensionen aufmerksam zu machen. Das etwa war (m)ein unerwünschter Ausgangszustand (T_i). Klar: So kann man keinen Titel formulieren. Die gleich doppelte Barriere (B_i): Zum einen soll der Vortrag polnische Zuhörer ansprechen. Und zum anderen soll der Titel zugleich anregend wie thematisch aussagekräftig klingen. Das ist das Problem. Nach einigem Ausprobieren wurden dann die Barrieren wie folgt (ansatzweise) überwunden. Nun heißt der Vortragstitel: *„Vereinfacht gesagt: Polen ist fünfeckig.* Formulierungscharakterisierende Adverbiale als Bezeichnungen für Dimensionen des pragmatischen Glückens".

10.5.2 Weitere Schritte der Modellierung

Bei der Suche nach einem passenden Begriff oder – wie hier – nach einem einschlägigen Titel mag die Modellierung als Problemlösen überzeugen. Aber wie kann das sukzessive Textherstellen mit so einem einfachen Modell angemessen modelliert werden? Die Lösung: Das Modell muss schrittweise erweitert und auf die Spezifik des zu erklärenden Gegenstandes, also hier auf den Prozess der Textproduktion hin „passend" gemacht werden. In der Formulierungstheorie von 1982 wird dieses theoretische Problem in einem zweiten Schritt wie folgt zu lösen versucht. Man tut so, als ob Formulieren nicht ein einmaliges Problemlösen erfordert, sondern ein mehrfacher, hintereinander geschalteter (ja, sogar *rekursiver*, d.h. auf sich selbst immer wieder anwendbarer) Prozess ist. Das führt zu der Vorstellung, dass Textherstellen als eine Kette von (letztlich nicht abschließbaren) Umformulierungen modelliert werden muss:

> Danach ist es zentrale Aufgabe des Modells, einen verbal manifestierten Formulierungs-
> prozeß als progressiv verlaufenden Herstellungsprozeß darzustellen und dabei vor allem
> Formulierungsprobleme und deren Lösungen identifizierbar zu machen. (Antos 1982:
> 149)

Texte als Ausgangszustand für eine letztlich nicht abschließbare „Fortschreibung"
zu verwenden, ist etwas, was empirisch bei jeder Seminararbeit nachzuweisen ist.
Hier fungiert – komischerweise – die Primärliteratur als unerwünschter Anfangszustand und die herzustellende Seminararbeit als erwünschter Endzustand. Auch
die Barrieren sind relativ klar: Eine Seminararbeit soll ja keine Kopie oder kein
Komplett-Zitat der Primärliteratur sein. Die Leistung einer Seminararbeit besteht
ja gerade darin zu zeigen, dass man in der Lage ist, unter bestimmten Fragestellungen aus der Primärliteratur einen neuen Text herzustellen. Hier scheint das Modell
vom „Formulieren als sukzessives Umformulieren von schon vorhandenen Texten"
einigermaßen den realen Verhältnissen zu entsprechen.

Aber was macht man, wenn man noch keinen (unerwünschten) Ausgangstext
hat? Hier muss man nun zu einer Hilfskonstruktion Zuflucht nehmen: Man gibt vor,
dass auch die ganze Planungsphase als ein fortlaufender Umformulierungsprozess
zu modellieren sei. Zunächst tut man so, als ob es eine Art thematische Ausgangs-
idee gibt, die als unerwünschter Ausgangstext verstanden und daher schrittweise
verbessert wird. Die dabei jeweils erreichten erwünschten Zieltexte fungieren nun
im Modell als ZWISCHENLÖSUNGEN (ZL) und damit als jeweiliger Ausgangstext für
weitere Umformulierungen, so lange, bis man glaubt, einen vorläufig akzeptablen,
d. h. erwünschten Zieltext gefunden zu haben (Antos 1982: 147):

$$T_1 ---- (B_1) ----> T_2 (= ZL_1) ---- (B_2) ----> T_3 (= ZL_2) ---- (B_3) ----> .....$$

In dieser schematischen Darstellung des „Prozesses des umformulierenden Formulierens" wird nun deutlich, wie sukzessive Umformulierungsschritte so modelliert
werden können, dass sie als ein fortlaufendes Problemlösen erscheinen, vor allem
wenn man die Darstellung einer einmal erreichten Zwischenlösung (= ZL_{n-1}) zum
Ausgangspunkt einer weiteren Umformulierung nimmt (T_n).

Bei dieser Interpretation der Planung zeigt sich nun aber ein Schönheitsfehler,
der auch kritisiert wurde (Wrobel 1995: 84 ff.): Im bisherigen Modell werden kognitive Planungsprozesse samt deren Hilfsfunktion mit einer fortlaufenden „Text-
verbesserung" über einen Kamm geschoren:

> Diese Basis – dies ist unbestritten – kann ein Text sein. Allerdings würde man den Begriff
> des Textes extrem weit fassen müssen, um mentale Vorstufen von Formulierungsprozes-
> sen insgesamt als Texte gelten lassen zu können. (Wrobel 1995: 85)

Diese Kritik macht einerseits auf etwas aufmerksam, was in den folgenden Schritten durch „Entidealisierung" ansatzweise rückgängig gemacht werden soll. Andererseits schießt diese Kritik bei kognitivistischen Textlinguisten (etwa Beaugrande/
Dressler 1981) übers Ziel hinaus, denn ein Begriff wie „Text im Kopf" (Nussbau-

mer 1991) verwischt gerade den Unterschied zwischen einem semiotisch basierten Textexemplar und seiner mentalen Repräsentation bei einem Rezipienten.

10.5.3 Das „dialektische Problemlösen"

Gewichtiger ist allerdings eine anderer Einwand: Wie identifiziert man überhaupt unerwünschte Anfangs- und erwünschte Endzustände bei der Planung? Für die Beantwortung dieser Frage kommt nun das schon genannte „dialektische Problemlösen" von Dörner zum Zuge. Worin besteht also die Leistungsfähigkeit dieses Problemlösetyps?

In der klassischen Problemlösetheorie sind die Zielzustände klar – wie etwa beim Schach. Hier haben wir es mit so genannten *well-defined problems* zu tun. Es ist beiden Spielern klar, was Schachmatt ist. Das Problemlösen besteht „lediglich" darin, unter Berücksichtigung des gegnerischen Spiels jene Mittel zu entwickeln, d.h. Strategien und Züge zu wählen, die den Gegner zu einem Schachmatt zwingen. Dass diese Art des Problemlösens alles andere als einfach ist, braucht nicht betont zu werden. Dennoch: Im Gegensatz zu so genannten *well-defined problems*, bei denen die Zielzustände immerhin klar sind, zeichnet sich der von Dörner vorgeschlagene Typ des dialektischen Problemlösens dadurch aus, dass die Klarheit der Zielkriterien und der Bekanntheitsgrad der Mittel gering sind. Wir haben es hier – wie bei dem Einrichten einer Wohnung oder eben bei der Formulierung eines Textes – mit *ill-defined problems* zu tun. D.h., beim Textherstellen müssen wir häufig nicht nur die angemessenen Worte wählen, sondern uns überhaupt erst einmal klar darüber werden, welche Ziele überhaupt zu entwickeln sind. Denn: Man weiß nur ungefähr, was man und wie man es sagen will, und erst im Verlaufe des Formulierungsprozesses wird einem schrittweise mit dem entstehenden Text auch (ansatzweise) klar, was man genau sagen will und kann. Dörner umschreibt dieses allmähliche Verfertigen des Textes beim Schreiben so:

> Der wesentliche Unterschied des dialektischen zu allen anderen Formen des Problemlösens besteht darin, daß die Kriterien für die Beurteilung des angestrebten Endzustandes mit diesem zusammen entstehen. (Dörner 1976: 102)

Dabei sind nicht nur KONSTRUKTIONSPROZESSE wichtig – wie es das graphische Formulierungsmodell suggeriert. Mindestens genauso wichtig und gleichberechtigt sind fortlaufende PRÜFPROZESSE (Dörner 1976: 97 ff.). Erst mit der fortlaufenden Koppelung von Konstruktion und Prüfung entsteht ein *Trial-and-error*-Prozess. Damit wird nach Dörner erklärbar, warum Beurteilungskriterien für den anvisierten Zieltext erst im Prozess der Herstellung eben dieses Zieltextes entstehen. Und entsprechend: Prüfprozesse können sich bei der Textproduktion vielfach nicht an vorgegebenen Plänen orientieren, sondern sind erst auf der Grundlage des bereits geschaffenen Textes im Nachhinein möglich.

Damit wird im Übrigen auch das Phänomen erklärbar, warum ein Text nicht durch Vergleich mit einem Kriterienkatalog definitiv als Zieltext zu identifizieren ist. Eben weil es keine für Zieltexte hinreichenden Kriterien gibt, sind Texte prinzipiell unabschließbar zu verbessern und damit in inhaltlicher und formaler Hinsicht immer weiter umformulierbar. Autoren kennen diesen Effekt – sei es, dass sie sich nicht sicher sind, wann sie ihre fortlaufenden Textverbesserungen aufgeben sollen (meist ist es die Deadline oder der Abgabetermin), oder sei es, dass sie Angst bekommen, Texte wegen ihre vermeintlichen „Unfertigkeit" nicht veröffentlichen zu können.

Das Generieren von (neuen) Zielen beim dialektischen Problemlösen wird aber noch durch einen anderen Prozess vorangetrieben: Je nach Text entstehen auf verschiedenen Ebenen Textelemente oder Textteile, die sich anfangs oft unverbunden, möglicherweise sogar widersprüchlich oder konkurrierend gegenüberstehen. Die sukzessive Verschmelzung inkonsistenter Formulierungsziele sowie die sich daran anschließende Herstellung textueller Kohärenz bzw. stilistischer „Stimmigkeit" werden vielfach ebenfalls durch Prüfprozesse geleistet. Dabei kann es vorkommen, dass bei der Beseitigung von inhaltlichen, aber auch stilistischen Widersprüchen ganze Textpassagen neu – sozusagen vom vermeintlichen Ende her – entstehen.

Das dialektische Problemlösen erklärt aber noch ein weiteres Phänomen, das wir aus unserer Schreibpraxis kennen: Hat man den ersten Satz oder gar den roten Faden gefunden, dann geht die Textproduktion umso schneller, je mehr man schon geschrieben hat. Nach Dörner lassen sich Schaffensprozesse als „Anreicherung der Zwänge" verstehen, d. h., es entwickelt sich eine „innere Logik" bei der Konstruktion von Gebilden. Motor für diese Anreicherung ist das Bestreben, Widersprüche zu beseitigen:

> Da durch die Maßnahmen zur Widerspruchsbeseitigung gewöhnlich neue Beziehungen in das System eingebracht werden, gibt es neue Möglichkeiten für Widersprüche. Es findet eine „Vermehrung der Zwänge" (constraint proliferation) statt [...]. Das entstehende Gebilde wird immer reichhaltiger, der Motor aber zu dieser Anreicherung ist das Bestreben, Widersprüche aufzuheben. (Dörner 1976: 96)

Je mehr Formulierungsziele durch sukzessive Zielkonkretisierungen erzeugt worden sind, umso leichter lassen sich dann geeignete sprachliche und stilistische Mittel wählen, um die Textproduktion voranzutreiben.

10.5.4 Erweiterungen und Differenzierungen des Modells

Bisher unberücksichtigt geblieben ist eine Reihe von wichtigen Randbedingungen des Problemlösens. Dazu gehören: die Einschätzung der Formulierungssituation, Einschätzung der Adressaten, die so genannte „Startpunktwahl" und die Strukturierung des Problemraumes.

Formulieren besteht zudem nicht nur aus lokalen Formulierungsproblemen, wie z. B. welcher Titel, welcher erste Satz, wie gestalte ich eine Überleitung usw.? Wer beispielsweise *etwas spannend erzählen, überzeugend argumentieren* oder *etwas anschaulich darstellen* möchte, hat es immer auch mit globalen, auf die Textganzheit gerichteten Formulierungsproblemen zu tun. Diese globalen Probleme definieren wesentlich die lokalen Formulierungsprobleme mit und machen damit übergreifende Lösungen möglich. Umgekehrt werden globale Formulierungsprobleme häufig erst durch lokale konkretisiert. Dabei ist nicht auszuschließen, dass lokalen Formulierungsproblemen „zu viel" Aufmerksamkeit geschenkt wird, d. h., dass man sich „an ihnen festbeißt". In vielen Fällen führt dies zu einer Verselbständigung der Problemstellung bzw. der Problemlösung. In der Stilistik kennt man dieses Problem als Forderung, Texte „stimmig" zu gestalten.

10.5.5 Typen von Formulierungsbarrieren

Wir haben gesehen: Dass Textproduktion „so schwer" ist und uns gehörige Leistungen abverlangt, hat aus der Perspektive des dialektischen Problemlösens vor allem damit zu tun, dass BARRIEREN überwunden werden müssen. Aber welche Barrieretypen sind das genau?

1. BARRIERE ZWISCHEN (VORHANDENEN) WENIGEN UND/ODER VAGEN FORMULIERUNGSKRITERIEN UND EINEM GESUCHTEN ENSEMBLE AUSREICHENDER UND/ODER KLARER FORMULIERUNGSKRITERIEN: Wer eine Seminararbeit oder einen Liebesbrief schreiben muss, hat zwar aufgrund seiner Textsortenkenntnis (siehe Kap. 6) einen Anhaltspunkt: Bei der Seminararbeit haben wir, anders als beim Liebesbrief, zwar klare formale Formulierungskriterien. Doch das hilft uns bei der konkreten Textproduktion nur wenig, da diese Formulierungskriterien relativ vage bleiben. In beiden Fällen muss der Texthersteller zusehen, dass er sich ein Ensemble zureichender und klarer Formulierungskriterien erstellt (oft in Verbindung mit der Konstruktion und Klärung von Zielen).
2. BARRIERE ZWISCHEN BESTIMMTEN FORMULIERUNGSKRITERIEN UND GESUCHTEN FORMULIERUNGSZIELEN: Wer vorhat, bestimmte Bedenken zu äußern, einen Bericht zu geben oder ein Märchen zu erzählen, hat zwar damit Formulierungskriterien in der Hand, an denen er sowohl seine weiteren Zielvorstellungen als auch den fertigen Text messen kann, doch ergibt sich daraus noch nicht automatisch, welche Formulierungsziele relativ zu den Kriterien angemessen erscheinen.
3. BARRIERE ZWISCHEN VORHANDENEN, ABER UNSTRUKTURIERTEN ZIELEN UND GESUCHTEN STRUKTURIERTEN UND/ODER AUSDIFFERENZIERTEN ZIELHIERARCHIEN: Bei längeren Texten kommt es oft vor, dass man zwar weiß, was man alles sagen will, ohne jedoch eine genaue Vorstellung davon zu besitzen, wie die verschiedenen Ziele nach ihrer Relevanz zu strukturieren und nach ihrem Zusammenhang zu ordnen sind.
4. BARRIERE ZWISCHEN FORMULIERUNGSZIEL UND FORMULIERUNGSVORSCHLAG: Formulierungsprobleme können ferner dort auftreten, wo explizit oder implizit zwischen Formulierungszielen und Formulierungsvorschlägen unterschieden wird. Dies ist immer dann der Fall, wenn die Umsetzung von erklärten Formulierungszielen in endgültige Formulierungsvorschläge nicht auf Anhieb gelingt.

Das Phänomen, dass man zwar weiß, was man sagen will, es aber nicht (sofort) sagen kann, hat hier seine allgemeine strukturelle Erklärung.

5. BARRIERE ZWISCHEN ZIELEN UND VORSCHLÄGEN EINERSEITS UND DER ERWÜNSCH-TEN BERÜCKSICHTIGUNG VON TEILWEISE KONFLIGIERENDEN FORMULIERUNGSKRI-TERIEN, STANDARDS, NORMEN ODER SONSTIGEN (INDIVIDUELLEN ODER SOZIALEN) ANFORDERUNGEN ANDERERSEITS: Ein weiterer Barrieretyp ergibt sich aus der Berücksichtigung bestimmter Anforderungen und Normen: Darf man in einem Text wie diesem Wörter und Formulierungen wie *so-la-la*, *Instant-Kommunikation*, *vom Hörensagen* oder *Textmachen ist verdammt schwer* verwenden? Dieser Barrieretyp hat vor allen Dingen soziolinguistische Bedeutung, da die Kenntnis und Beherrschung von Standards und Normen gruppenspezifisch unterschiedlich ist.

6. BARRIERE ZWISCHEN VERSCHIEDENEN WIDERSPRÜCHLICHEN LOKALEN ODER ZWI-SCHEN LOKALEN UND GLOBALEN LÖSUNGSVORSCHLÄGEN: Die Aufdeckung und Beseitigung von Widersprüchen und die Herstellung von „innerer" Konsistenz, textueller Kohärenz und stilistischer Stimmigkeit ist eine Barriere, die erst auf der Basis des schon hergestellten Textes virulent wird. Mit dieser Barriere lässt sich auch zeigen, dass Prüfprozesse relativ selbständige Prozesse sind, die nicht nur Handlungsresultate im Hinblick auf ihre „Planung" vergleichen. Pointiert ausgedrückt: Man kann die Ausschaltung von Widersprüchen nicht vorweg „planen", sondern nur retrospektiv auf der Basis hergestellter Resultate prakti-zieren.

7. BARRIERE ZWISCHEN PROSPEKTIVER KONSTRUKTION UND RETROSPEKTIVER PRÜ-FUNG: Nicht nur Dichter wundern sich – wie etwa Leo Tolstoi im Hinblick auf seinen Roman „Anna Karenina" – dass Texte ihrer eigenen Logik folgen und letztendlich etwas anderes als geplant dabei herauskommt. Dahinter verbirgt sich eine allgemeine doppelte Erfahrung: Ein ursprüngliches Handlungsziel ge-winnt im Lichte des Handlungsprozesses eine neue Bewertung, was auch heißen kann, dass Fragen der Durchführbarkeit oder der Mittelanwendung neu bewer-tet werden. Und entsprechend: Während oder retrospektiv nach dem Herstel-lungsprozess eröffnen sich bisweilen neue Handlungsanforderungen und neue Nutzungsmöglichkeiten.

Zu diesen sieben Barrieren kommen noch hinzu:

• VORPROBLEM: Hierzu gehören folgende Fälle: a) unklare Kenntnis der Wirkung bestimmter sprachlicher Formen (man denke etwa an die unterschiedliche Kenntnis und Beherrschung von verschiedenen Kodes, Fach- und Sonderspra-che), b) ungenaue Kenntnis von Formulierungskriterien, Standards und Nor-men und c) unklare Situationsdefinition. Diese Punkte allein oder zusammen können als UNSICHERHEIT DER ANFANGSSITUATION zusammengefasst werden.

• NACHPROBLEME: Auch nach der eigentlichen Textherstellung lassen sich drei Quellen der Unsicherheit unterscheiden, die sich verselbständigen und damit zu Nachproblemen werden können: a) Unsicherheit über die zutreffende Antizipation der Rezeption bzw. der Interpretation des hergestellten Textes, b) Unsicherheit über die unbeabsichtigten/unvorhersehbaren Nebenfolgen des Textes, einschließlich der Rückschlüsse von Rezipienten auf die Fähigkeiten, Wertsysteme, Präferenzen etc. des Textherstellers, und c) Unsicherheit über die Verantwortbarkeit des Textes. Dazu zum Schluss nochmals Dörner:

> Ein Grad an Vernetztheit fordert vom Handelnden und Problemlösenden, daß er *Nebenwirkungsanalysen* unternimmt. Er darf nicht nur den angestrebten Haupteffekt seiner Operationen im Auge haben, sondern muß zusätzlich mögliche Nebeneffekte berücksichtigen. (Dörner 1976: 20)

Die genannten Typen von Formulierungsproblemen geben nur ein grobes Raster für die empirische Analyse ab, doch bieten sie einen Ausgangspunkt für die differenzierte Betrachtung von Formulierungsproblemen.

10.6 Zusammenfassung und Ausblick

Texte als Verständigungsangebote erfordern bei ihrer Herstellung spezifische Leistungen. In diesem Beitrag wurde anknüpfend an die Formulierungstheorie von Antos (1982) der Akzent auf das problemlösende Planen gelegt und dabei eine Brücke zur Schreibforschung geschlagen. Konkret geht es um die Frage: Worin bestehen die Leistungen, die vom Autor bei der Herstellung und Gestaltung eines Textes erbracht werden müssen, und wie können diese theoretisch und empirisch erforscht werden? Um die bei der schriftlichen Textproduktion erforderlichen Leistungen explizit machen zu können, wurde auf das so genannte „dialektische Problemlösen" (Dörner 1976) zurückgegriffen, um eines der überraschendsten Phänomene beim Planen, nämlich das „allmähliche Verfertigung von Texten beim Formulieren" erklären zu können. Die Grundidee: Texte werden in der Regel nicht nach vorher feststehenden Zielen produziert. Vielmehr entwickelt sich in und während des Prozesses der Textproduktion die Zielsuche, die dann auch die Mittelsuche beeinflusst. ‚Formulieren' lässt sich analytisch als eine (rekursive) Folge von Umformulierungsschritten modellieren. Ein Umformulierungsschritt besteht darin, dass ein unakzeptabler Ausgangszustand (Ausgangstext) in einen akzeptablen Zielzustand (Zieltext) überführt wird. Die dabei zu überwindende Barriere spezifiziert die Struktur des Formulierungsproblems. Charakteristisch für das „umformulierende Formulieren" ist, dass die Klärung der Formulierungsziele und -vorschläge integraler Bestandteil des Formulierungsprozesses ist. Da es in der Regel keine hinreichenden Kriterien für Zieltexte gibt, sind Formulierungsresultate immer nur als vorläufige Endpunkte einer Folge von Umformulierungen aufzufassen. Im Rezipieren und Interpretieren kann der Zieltext weiter umformuliert werden. Unter dieser Perspektive erscheint Rezipieren als ein weitergeführtes Formulieren – genauso wie umgekehrt Formulieren als ein antizipiertes Rezipieren zu verstehen ist.

„Formulieren als problemlösendes Handeln" impliziert eine Veränderung des Verständnisses vom allein regelgeleiteten *homo loquens*:

- Die beim Textherstellungsprozess unübersehbaren sprachlichen und textuellen Unvollkommenheiten sind danach keine „Fehler", sondern Spuren des Problemlöseprozesses.
- Texte werden nicht nur nach Konventionen, Regeln oder Mustern reproduziert. Textuelle Herstellungsleistungen verlangen vielmehr auch ein Problemlösen, um konkrete Verständnisangebote zu verbessern.
- Zudem ist problemlösendes Prägen von Formulierungen bzw. problemlösendes Textherstellen eine stetige Quelle von stilistischen, sprachlichen und kommunikativen Innovationsmöglichkeiten. Damit wird es möglich, eingespielte und verbrauchte Formulierungsweisen und textuelle Repertoires, die sich durch Inflationierung ihres Gebrauchs abgenutzt haben oder bestimmte unerwünschte Identifikationen nach sich ziehen, durch immer neue Formulierungen zu ersetzen (die ihrerseits gebräuchlich und damit möglicherweise charakteristisch für bestimmte Aspekte gesellschaftlicher Kommunikation werden können).

 ### Kommentierte Literaturtipps

Die hier skizzierte Formulierungstheorie findet sich ausführlich dargestellt in Antos 1982. Der dafür genutzte Ansatz des dialektischen Problemlösens wird von Dörner 1976 ausgeführt. Gute Überblicke über Textproduktionsforschung und Textkompetenz bieten die Sammelbände Antos/Krings 1989, Kruse u. a. 1999 und Portmann-Tselikas/Schmölzer-Eibinger 2007. Weitere einschlägige Literatur findet sich – nach Forschungsrichtungen geordnet – bereits unter 10.3.

11 Textproduktion und Kontext: Domänenspezifisches Schreiben

Eva-Maria Jakobs

11.1   Einführung
11.2   Domänenspezifisches Schreiben
11.3   Das Forschungsgebiet „Schreiben am Arbeitsplatz"
11.4   Kontextuelle und personale Faktoren des Textproduzierens
11.5   Kontextfaktor KULTUR
11.6   Kontextfaktor DOMÄNE
11.6.1 Handlungsraum und Domäne
11.6.2 Organisationelle Einbettung
11.6.3 Arbeitsplatz: Textproduktionsaufgabe und -situation
11.6.4 Der Textproduzent

11.1 Einführung

Texte spielen in unserer Gesellschaft eine zentrale Rolle. Während sich die Textlinguistik lange Zeit primär mit Fragen ihrer Bestimmung, Beschreibung und Klassifikation auseinandersetzte, wuchs allmählich auch das Interesse an den Prozessen ihrer Verfertigung (siehe Kap. 9 und 10) und Verarbeitung (zu Textverstehen und Verständlichkeit siehe Kap. 13). In den Anfängen konzentriert sich die Textproduktionsforschung, um die es im Folgenden geht, zunächst auf die Entwicklung allgemeiner Modelle. Im Laufe der Zeit verlagert sich das Interesse auf andere Fragen, etwa den Einfluss äußerer und innerer Bedingungen auf die Art und Weise, wie wir Texte planen, strukturieren, formulieren und überarbeiten: Wie wirken sich domänenspezifische, kulturelle und mediale Bedingungen auf unser textproduktives Handeln aus? Welchen Einfluss hat die Einbettung von Textproduktionsaufgaben in übergeordnete Zusammenhänge? Oder die Sozialisation, die wir als Schreiber durchlaufen? Welche Vorgaben, Motive und Ziele prägen unser Denken und Formulieren? Was heißt domänenspezifisches Schreiben und wie kann man es untersuchen? Der vorliegende Beitrag führt anhand eines ausgewählten Beispiels – dem Schreiben am Arbeitsplatz – in diesen Teil der Textproduktionsforschung ein.

11.2 Domänenspezifisches Schreiben

Das Handeln von Menschen beim Schreiben – allgemeiner: Verfassen schriftlicher Äußerungen – ist ein Gegenstand, der viele Disziplinen interessiert.

Die *Schreib-* oder *Textproduktionsforschung* ist ein heterogenes Forschungsgebiet, in dem sich verschiedene Disziplinen mit jeweils differierenden Schwerpunkten, Methoden und Erkenntnisinteressen mit dem komplexen Phänomen des Schreibens und Textproduzierens befassen. Die Ausdrücke *Schreiben* und *Textproduzieren* werden je nach Disziplin und Erkenntnisinteresse unterschiedlich definiert (siehe 10.3). Zum Teil werden sie synonym verwendet, zum Teil kontrastiv. Im letztgenannten Fall meint SCHREIBEN das grapho-motorische Fixieren und/oder das Formulieren gedanklicher Inhalte, TEXTPRODUKTION dagegen den gesamten Prozess von der Absicht, sich schriftlich zu äußern, bis zur Fertigstellung ganzer Bücher oder elektronischer Kommunikate. Die Forschungsliteratur ist heterogen, verstreut und zum Teil schwer zugänglich. Die Begriffsbestimmung variiert u. a. abhängig vom Textbegriff des Forschers. Viele Autoren legen sich hier nicht fest, was die Vergleichbarkeit ihrer Ergebnisse erschwert.

Anfangs richtete sich das Interesse auf allgemeine Modelle des Textproduzierens, später auf ausgewählte Textproduktionsaufgaben und die Prozesse ihrer Lösung. Es setzte sich die Erkenntnis durch, dass sich sprachliches Handeln immer in konkreten Teilbereichen oder Domänen unserer Gesellschaft vollzieht, die sich durch bestimmte Werte und Normen auszeichnen, die den Rahmen vorgeben, innerhalb dessen wir uns bewegen (dürfen bzw. müssen) (vgl. 11.6). Diese Räume und ihre Werte sind zeitlich wie kulturell geprägt. In der Textproduktionsforschung führte diese Erkenntnis zu einem zunehmenden Interesse an kultur- und domänenspezifischen Textproduktionsprozessen (Adamzik u. a. 1997), etwa dem Schreiben in Ausbildungskontexten oder im Beruf.

11.3   Das Forschungsgebiet „Schreiben am Arbeitsplatz"

Die oben genannte Forschungsrichtung ist ca. 20 Jahre alt. Sie hat verschiedene Traditionslinien, eine angloamerikanische (englische Benennungen: *Writing at work, Writing at the Workplace*) und eine eher europäische. Die meisten U.S.-amerikanischen Studien untersuchen Domänen wie Unternehmen oder Behörden und orientieren sich primär an sozial-konstruktivistischen Theorien (Odell/Goswami 1985, Spilka 1993a).

Im Vordergrund stehen die Interaktionsbeziehungen der Beteiligten in beruflichen Kontexten; wenige Studien untersuchen konkrete Formulierungs- und Überarbeitungsverfahren. Im europäischen Raum zeigen sich teilweise gegenläufige Tendenzen. Untersucht wird primär wissenschaftliches Schreiben (Überblick in Ehlich u. a. 2000), journalistische Textproduktion (z. B. Perrin 1999) und literarisches Schreiben (z. B. Grésillon 1995, Viollet 1995). Im Vordergrund stehen die konkreten Prozesse der Textentstehung bis hin zum minutiösen Nachvollzug von Formulierungs- und Kohärenzbildungsprozessen. In den Niederlanden liegt der Schwerpunkt auf Schreiben als institutionellem Handeln in Organisationen und Behörden (van der Maast 1996, van Gemert/Woudstra 1997). Flankierend entstehen zahlreiche Untersuchungen zu medialen Aspekten des beruflich veranlassten Schreibens.

Heute hat sich allmählich das Bewusstsein durchgesetzt, dass der Gegenstandsbereich beruflich veranlasster Schreibprozesse sehr breit und heterogen ist (Jakobs 2006). Neuere Erhebungen zeigen, dass in fast allen Berufen relativ viel geschrieben wird; die Berufsausübenden müssen ein breites Spektrum an Textproduktionsaufgaben bewältigen und sich auf schnell verändernde Kontextbedingungen einstellen (Jakobs 2007). Die Zunahme von Schriftlichkeit im Beruf und damit schriftlich zu bewältigender Arbeitsanteile hat verschiedene Ursachen:

- DIE AUFWERTUNG VON WISSEN: Wissen ist eine wichtige Ressource für Innovationen und Wertschöpfungsprozesse. Viele Textproduktionsaufgaben richten sich auf das Ziel der Erfassung, Beschreibung und Distribution von Wissen (z.B. in Unternehmen).
- DIE PROFESSIONALISIERUNG VON ARBEIT: Arbeitsaufgaben, -prozesse und -ergebnisse werden standardisiert, die Standards in Dokumenten beschrieben (z.B. in der Pflege).
- DIE INDUSTRIALISIERUNG VON KOMMUNIKATIONSARBEIT: Ziele wie Effizienz, Effektivität und Qualitätskontrolle bewegen Unternehmen und Organisationen, Texte wie auch die Prozesse ihrer Erzeugung zu modularisieren, zu standardisieren und dann zu automatisieren (z.B. in der technischen Dokumentation, Nickl 2005).
- DIE RECHTLICHE ABSICHERUNG: In vielen Fällen ist ein Nebenziel beruflichen Schreibens, den Verfasser und sein Handeln juristisch abzusichern.
- DIE ENTWICKLUNG ELEKTRONISCHER INFORMATIONS- UND KOMMUNIKATIONSMEDIEN: E-Mail und Textverarbeitung, Internet und Intranet befördern die Renaissance des Schreibens. Arbeitsaufgaben, die traditionell mündlich oder telefonisch erledigt wurden (Anweisungen oder Absprachen), werden zunehmend schriftlich gelöst (z.B.: E-Mail statt persönliche Bankauskunft, vgl. Habscheid u.a. 2006, oder Blackberry-Kommunikation statt Anruf).

Für die Untersuchung beruflich veranlasster Textproduktionsprozesse stehen verschiedene Methoden zur Verfügung. Zu den produktzentrierten Methoden gehört die Auswertung von Textversionen. Anhand des Versionenvergleichs wird auf Probleme der Textbearbeitung und/oder Strategien der Textplanung und der Textüberarbeitung geschlossen. Prozesszentrierte Methoden nutzen die Möglichkeit, Formulierungs- und Überarbeitungsprozesse in elektronischen Textproduktionsumgebungen softwarebasiert Tastendruck für Tastendruck aufzuzeichnen (vgl. etwa Perrin 1999). Der Textproduzent wird nachträglich mit der Rekonstruktion des Textproduktionsprozesses konfrontiert und gebeten, den Prozess zu kommentieren. Interviews mit Textproduzenten erlauben die Rekonstruktion subjektiver Theorien über Sinn und Zweck von Textproduktionsaufgaben, Barrieren und Probleme des textproduktiven Handelns am Arbeitsplatz, über hindernde und fördernde Arbeitsbedingungen, implizite und explizite Regeln, die einzuhalten sind, etc. Sie bieten wertvolle Einblicke in die Arbeitswelt der Befragten, die in der Regel jedoch durch eigene Beobachtungen und Erhebungen vor Ort zu prüfen sind.

Jede Methode hat ihre Vor- und Nachteile. Für die Prozessbetrachtung eignen sich vor allem empirische Studien:

> The process of making meaning with written language can not be understood by looking backward from a printed page. Process can not be inferred from product any more than a pig can be inferred from a sausage. (Murray 1980: 3)

Gleichwohl ist es äußerst schwer, Institutionen, Unternehmen und Berufsausübende dazu zu bewegen, sich in ihrem Arbeitsprozess beobachten zu lassen oder gar der Installation von Software auf ihrem Computer zuzustimmen, die Schreibprozesse per Tastaturmanipulation und/oder Bildschirmaufnahme registriert.

Für Forschungszwecke wären Datenbanken sehr hilfreich, in denen empirische Forschungsdaten gesammelt und für vergleichende Studien zur Verfügung gestellt werden. Diese Datenbanken fehlen u. a. aus den oben genannten Gründen bislang weltweit. In Zürich entsteht in der Gruppe um Daniel Perrin eine solche Datenbank mit den Ergebnissen von Langzeitstudien zum Schreiben von Journalisten und Kindern. Deren Schreibprozesse werden über mehrere Jahre hinweg elektronisch aufgezeichnet und softwaregestützt analysiert. Das Aachener Korpus zum beruflichen Schreiben umfasst derzeit über 500 Interviews von Vertretern unterschiedlicher Branchen und Berufe (Jakobs 2007).

11.4   Kontextuelle und personale Faktoren des Textproduzierens

Textproduzieren geschieht immer unter ganz spezifischen Bedingungen, die durch vielfältige Faktoren beeinflusst werden. Um welche Faktoren es sich dabei im Einzelnen handelt, beschreibt Alfred Schütz sehr anschaulich zu Beginn seiner Schrift „Das Problem der Relevanz" (1971). Die Beschreibung ist so plastisch und umfassend, dass sie trotz ihres Umfangs hier zitiert werden soll. Sie skizziert die Ausgangssituation eines Textvorhabens als Gefüge von Bedingungen und Voraussetzungen, die dem Textproduzenten so oft nicht bewusst sind:

> Nachdem ich beschlossen hatte, einige Gedanken über die Sache der ‚Relevanz' niederzuschreiben, habe ich mein Schreibzeug auf dem Tisch im Garten meines Sommerhauses zurecht gelegt. Während ich die ersten Striche mit einem Federhalter ziehe, habe ich dieses weiße Blatt Papier, meine schreibende Hand und die Tintenzeichen […] in meinem Gesichtsfeld. Vor mir steht der Tisch mit seiner grünen Oberfläche, auf den ich verschiedene Gegenstände gelegt habe: den Bleistift, zwei Bücher und andere Dinge. Weiter weg befinden sich Baum und Rasen meines Gartens, der See mit seinen Booten […]. Ich höre das Summen eines Motorbootes, die Kinderstimmen in Nachbars Garten, die Vogelstimmen. […] All das liegt innerhalb meines Wahrnehmungsfeldes […]. In diesem Augenblick ist jedoch keines der wahrgenommenen Dinge für mich thematisch. Denn ich konzentriere meine Aufmerksamkeit auf eine ganz besondere Aufgabe (die Analyse des Relevanzproblems) und, wenn ich unter diesen oder jenen Umständen jetzt schreibe, so ist das eines von verschiedenen Mitteln, mein Ziel zu erreichen und meine Gedanken anderen mitzuteilen. Im Horizont dieses thematischen Feldes finde ich […] nicht nur die Wahrnehmungserfahrungen […] meiner gegenwärtigen räumlichen Position […].

Zu berücksichtigen ist ebenfalls meine autobiographische Situation im gegenwärtigen Augenblick, die an sich schon das Sediment [...] meiner persönlichen Geschichte ist, aller meiner gehabten Erfahrungen, die in meinem Gedächtnis bewahrt sind, oder die in meinem [...] Wissensvorrat zur Verfügung stehen. Letzteres umfaßt nicht nur, was ich selbst direkt erfahren habe, sondern auch das sozial vermittelte Wissen, das auf die Erfahrungen der anderen (sowohl meiner Zeitgenossen wie auch meiner Vorfahren) verweist. Während ich z.B. diesen Absatz schreibe, habe ich noch die Forschungen vieler anderer im Gedächtnis [...], viele Gespräche, die ich mit Freunden über all diese Dinge pflegte, und sicherlich all meine eigenen, früheren Gedanken, die sich mit dem aufgeworfenen Problem befassen. [...]

Auf der anderen Seite fügt sich auch der soziale Hintergrund meines jetzigen Schreibens in diesen Horizont ein. Da ich zum Beispiel in einem englisch sprechenden Land lebe, habe ich das Englische als mein Ausdrucksschema gewählt. Meine Schreib-Handlung ist zum Teil durch die Erwartung bestimmt, daß andere, welche diese Sprache als ihr Interpretationsschema benützen, vielleicht das lesen werden, was ich schreibe. Überdies schreibe ich diese Zeilen während meiner Ferien, das heißt, ich nehme damit die Rückkehr zu meinen beruflichen Pflichten (und alles, was dazu gehört) vorweg. Diese sozio-ökonomische Bedingung meiner gegenwärtigen Situation liegt also ebenfalls im Horizont meiner derzeitigen Tätigkeit. Trotzdem ist für mich nur die Erforschung des aufgeworfenen Problems thematisch. Das Feld der Wahrnehmungen, der autobiographischen Erinnerungen, der sozialen Beziehungen, der sozio-ökonomischen Bedingungen und so weiter, formt bloß den Horizont dieser Tätigkeit, auf die ich mich konzentriere. (Schütz 1971: 27 ff.)

Psychologische Modelle des Textproduzierens weisen bereits früh darauf hin, dass sich textproduktives Handeln unter je spezifischen Rahmenbedingungen vollzieht, die den Textproduktionsprozess in vielfältiger Weise beeinflussen. Hayes/Flower (1980) unterscheiden zwei wesentliche Rahmenbedingungen: die Aufgabenumgebung und das Langzeitgedächtnis des Textproduzenten. Die Aufgabenumgebung umfasst alle externen Rahmenbedingungen, das Langzeitgedächtnis interne, an die Person des Verfassers gebundene Voraussetzungen. Zu den externen Faktoren rechnen Hayes/Flower das zu lösende Problem, d.h. die Schreibaufgabe (das Thema, der intendierte Leser, motivationsrelevante Informationen) sowie – in einem fortgeschrittenen Stadium der Textproduktion – das bisher bereits Niedergeschriebene (Notizen, Textteile etc.). Als interne, an die Person des Textproduzenten gebundene Faktoren gelten sein Wissen zum Thema und Adressaten sowie intern repräsentierte Schreibpläne (Textschemata und Ordnungskriterien). In einer späteren Modellierung, die als Umwelt-Individuen-Modell bekannt wird, beschreiben die Autoren Schreiben als Zusammenspiel kognitiver, affektiver und der Umwelt zuzuordnender Faktoren (Hayes 1992: 246). Die Definition der Aufgabenumgebung berücksichtigt nun stärker soziale Faktoren, die sich aus dem individuellen Umfeld des Textproduzenten ergeben (seine sozialen Beziehungen zu anderen Personen, sein sozialfachlicher Hintergrund, soziale und kulturelle Normen der Umwelt), wie auch die materiellen Bedingungen, unter denen Texte entstehen, etwa das Schreibmedium (Hayes 1996: 6 f.). Zu den internen Voraussetzungen des Individuums zählt Hayes (1996) neben dessen motivationalem und affektivem Hintergrund auch Ziele, Voreinstellungen, Annahmen, Überzeugungen sowie Kosten-Nutzen-Überlegungen.

Kontextfaktoren werden auch in sprachpsychologischen Modellen angesprochen, etwa im Mannheimer Regulationsmodell. Herrmann/Grabowski (1992: 3 f.) gehen davon aus, dass die im Prozess der Spracherzeugung entstehenden Produkte wie auch die ihnen vorangehenden Prozesse durch Bedingungsklassen ko-determiniert werden. Als Bedingungsklassen nennen sie die ZIELSETZUNG DES AUTORS, KULTURELL-GESELLSCHAFTLICHE KONVENTIONEN, WISSEN UND KÖNNEN DES POTENZIELLEN SPRACHERZEUGERS und sein PARTNERMODELL. Alle vier Klassen beeinflussen das Was und Wie der produzierten Äußerungen.

Textlinguistisch orientierte Ansätze gehen deutlich weiter (etwa Jakobs 1995, 1999). Sie thematisieren viele situationsspezifische Rahmenbedingungen, die in Sprachproduktionsmodellen nur am Rande berücksichtigt werden. Das Interesse für den Einfluss kontextspezifischer Faktoren ergibt sich zum Teil aus der Textsortenforschung, die in den 1990er-Jahren zunehmend domänen- und kulturspezifische Rahmenbedingungen berücksichtigt, aber auch mediale und interaktionale Phänomene. Der Einfluss von Domäne, Kultur, Medium und Einbettung des Textproduzenten in soziale Interaktionsbeziehungen wie auch in zeitlich-historische Rahmenbedingungen zeigt sich deutlich, sobald man die Ebene allgemeiner Textmodelle verlässt und sich konkreten Textproduktionsaufgaben und daran gebundenen Formen des Textproduzierens zuwendet, wie das Schreiben von Postkarten, Gutachten, Rezepten, Zeitungsbeiträgen oder Produktbeschreibungen. Der Einfluss externer wie interner Rahmenbedingungen lässt sich als Bedingungsgefüge von Faktoren beschreiben, das in Abb. 11.1. stark verallgemeinernd als Inklusionsmodell dargestellt wird. Jede Schale umfasst Komplexe sich beeinflussender Faktoren:

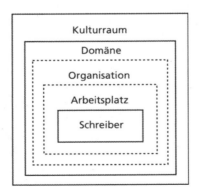

Abb. 11.1: Rahmenbedingungen textproduktiven Handeln im Beruf (nach Jakobs 1999)

Das Modell kann in zwei Richtungen gelesen werden: Von außen nach innen erfasst es den Einfluss äußerer Kontextbedingungen auf das Handeln des Textproduzenten, von innen nach außen betrachtet verdeutlicht es, welche Größen der Textproduzent in seine Überlegungen und die Realisierung des Textproduktionsprozesses einbeziehen muss bzw. sollte.

Die Schalen des Modells sollen im Folgenden am Beispiel beruflich veranlassten Schreibens exemplarisch vorgestellt und diskutiert werden. Zu diesem Bereich rechne ich unter anderem das Verfassen wissenschaftlicher Textsorten als wesentlichen Bestandteil des Berufslebens von Wissenschaftlern. Einzelne diskutierte Aspekte werden durch Zitate der Aachener Interviewdatenbank illustriert (Jakobs 2007).

11.5 Kontextfaktor KULTUR

Der Einfluss kultureller Größen zeigt sich in vielen verschiedenen Facetten. Situativ-pragmatisch gesehen ist relevant, in welchem bzw. für welchen Kulturraum Texte verfasst werden. International agierende Unternehmen mit Niederlassungen in verschiedenen Ländern kommunizieren z.B. mündlich in der Landessprache der Niederlassung, schriftlich dagegen in einer übergeordneten Verkehrssprache, meist Englisch. Die Produktdokumentation wird zunächst in einer Sprache erstellt und anschließend (halbautomatisch unterstützt) in die Sprachen der Zielmärkte übersetzt. Das Ziel, den Übersetzungsaufwand möglichst gering zu halten, hat erhebliche Konsequenzen für die Planung und elektronisch gestützte Gestaltung des Dokuments. Es bestimmt die Strategien des Strukturierens, Formulierens und Überarbeitens in den Grenzen vielfältiger nationaler und internationaler Vorgaben (Normen etc.), an die sich die Verfasser halten müssen.

KULTURRÄUME sind sozial-sprachlich wie auch zeitlich geprägt. Sie bestimmen u.a. den Stellenwert von Schriftlichkeit und die Ausformung von Textsorten (-konventionen). Einige Kulturen sind eher mündlich, andere eher schriftlich orientiert. Abhängig von (National-)Kulturen differiert die Sicht auf Schriftlichkeit, Text und Autor.

Insgesamt liegen – gemessen an mündlicher Kommunikation – deutlich weniger Studien zu kulturell oder interkulturell bedingten Unterschieden des Textproduzierens vor. Problematisch ist unter anderem der Begriff ‚Kultur'. Seine intensionale wie extensionale Bestimmung variiert abhängig vom jeweiligen Forschungsansatz und -ziel.

Eine andere Frage ist, in welchem Kulturraum der Textproduzent geprägt (bzw. sozialisiert) wurde und wie sich diese Prägung auf sein textproduktives Handeln auswirkt (etwa beim Schreiben für Adressaten anderer Kulturräume). Nach wie vor unklar ist z.B., ob es so etwas wie kulturspezifische Denkstile (Kaplan 1966, Kusch/Schröder 1989) gibt, und wenn es sie gibt, wie sie sich auf das Planen, Strukturieren, Formulieren und Überarbeiten von Texten auswirken (Fokussierungsstrategien, Verfahren der Relevanzsetzung, Kohärenzherstellungsverfahren). Derartige Frage sind z.B. relevant bezogen auf große Unternehmen, die in verschiedenen Ländern operieren, bzw. für Fragen des Wissensmanagements in stark divergierenden Kulturräumen.

Die Annahme kulturspezifischer Denkstile gründet u.a. auf Kaplan (1966), der anhand der Analyse von 600 englischen Essays ausländischer Studierender vier verschiedene DISKURSMUSTER ermittelt, die Sprachgruppen zugeordnet werden. Nach dieser Zuordnung unterscheidet er semitische, orientalische, romanische und russisch-slawische Diskursmuster. Als entscheidendes Kriterium gilt u. a. ihre Abweichung von Linearitätsvorstellungen der englischen Texttradition.

Ein anderes Forschungsfeld ergibt sich mit der Frage nach dem Einfluss kulturspezifischer WERTESYSTEME auf das Verfassen und Gestalten schriftsprachlicher Äußerungen abhängig von anderen Kontextfaktoren wie ZEITLICHE EPOCHE, POLITISCH-ÖKONOMISCHES SYSTEM etc. Ein interessantes Beispiel ist China. In China galt lange Zeit das wortgetreue gedankliche Memorieren von Texten als hoch geschätzte Tugend. Die kollektiv orientierte Kultur sieht Texte im Gegensatz zu westlich geprägten Kulturen nicht als geistiges Eigentum eines Autors, sondern als kulturelles Gemeingut. Das eigene Denken und Innovationen werden geschätzt, jedoch nicht höher als die Erhaltung der Tradition durch imitierende und reproduktive Techniken. Was in der westlich geprägten Welt als Plagiat und Abschreiben gilt, erweist sich in der chinesischen Kultur als Tugend – im Schnittpunkt westlicher und östlicher Kultur entstehen interkulturell bedingte Irritationen (Jakobs 1997a, 1997b). Mit der ökonomischen Neuausrichtung der chinesischen Gesellschaft ändert sich – domänenspezifisch – die Sicht auf geistiges Eigentum und damit auch auf Autorschaft und Text. Bezüge auf andere Texte sind nun als solche auszuweisen. Copyright und die Forderung nach Quellennachweisen dienen zunehmend auch hier dem Schutz und der Sicherung individueller Leistungen (z. B. wissenschaftlich-technischer Innovationen).

Teil des Kulturraums sind kulturspezifisch differierende TEXTMUSTER bzw. Textsortenausprägungen (Fix 2001; siehe auch Kap. 6). Textmuster steuern als kognitive Schemata das textproduktive Handeln des Textproduzenten. Sie stellen als handlungsleitende kognitive Instanzen Vorgaben und Mittel für die thematische, strukturelle, formulative und visuelle Gestaltung des zu verfassenden Textes bereit und liefern wesentliche Zielkriterien für seine Überprüfung und Überarbeitung. Die Prägung von Textmustern differiert u. a. abhängig von den ästhetischen Werten einer Kultur; dies gilt auch für neue mediale Formen wie etwa Hypertextmuster (Jakobs 2003; siehe auch Kap. 14), die bislang jedoch kaum Gegenstand der Textproduktionsforschung sind. Dies liegt u. a. an der Komplexität der beteiligten Prozesse (und Akteure).

Der Medienlinguist Hans-Jürgen Bucher hat die Gestaltung elektronischer Geschäftsportale in Deutschland und China untersucht. Seine Studien (Bucher 2004a, 2004b) zeigen u. a., dass es – etwa im Falle internationaler Unternehmen – nicht reicht, die sprachlichen Anteile bereits vorhandener Realisierungen einer Hypertextsorte (hier: westliche Geschäftsportale) für andere sprachliche Zielgruppen (hier: den chinesischen Markt) zu übersetzen. Die Unterschiede der Wahrnehmung und die Kriterien der Bewertung, ob das sprachlich-visuelle Produkt gelungen ist, hängen von vielen verschiedenen Facetten ab. Die Beschaffenheit des Schriftsystems bestimmt z. B. Strukturierungsmuster. Bei Alphabetsprachen lautet eine Anordnungsregel: Wichtige Inhalte sind auf der visuellen Bezugsfläche links bzw. oben anzuordnen, weniger wichtige rechts bzw. unten (keine Firma platziert ihr Firmenlogo rechts unten auf der Homepage ihrer Firmenwebsite). Bei arabischen Schriften oder im Falle chinesischer Schriftzeichen gelten andere Grundregeln der Platzierung und Sequenzierung von Textelementen (zu chinesischen Schriftzeichen Goonetilleke u.a. 2002). Der Einsatz von Gestaltungsmitteln (etwa für Interaktivität) wie auch ihre Wahrnehmung und Bewertung wird durch Vorbilder des kultur-historischen Hintergrunds beeinflusst. Während sich westliche Gestaltungs- und Rezeptionsgewohnheiten an Stilprinzipien des Bauhaus (etwa „Form folgt Funktion"), der „de stijl"-Bewegung und des Konstruktivismus orientieren, folgen chinesische Webdesignkriterien eher dem „Prinzip der Fülle", das Teil der chinesischen Volkskultur ist.[1] Chinesische Portale suggerieren das Prinzip des „Soviel wie möglich auf einmal", eine Gestaltungsmaxime, die westliche Nutzer als überladen und unübersichtlich empfinden. Die Portale sind eher flach strukturiert, die Module (Webseiten) des Portals zeigen hohe thematische Komplexität bei einer Vielzahl von Gestaltungselementen. (Die Einstiegsseiten chinesischer Portale enthalten im Durchschnitt ca. 750 Links, deutsche dagegen 150–180.)

Die kulturelle Prägung kommunikativer Produkte und Verfahren unterliegt dem Einfluss der ZEIT. Zeitabhängige Phänomene sind z.B. Moden und Zeitgeist, aber auch Veränderungen, die sich aus historischen Wechseln ergeben. Die nach 1945 einsetzende Phase der Entnazifizierung der Massenmedien hatte u.a. die Etablierung amerikanischer Formen der Berichterstattung zur Folge, wie die Einführung der „Pyramidenform" für Hard News, die wiederum Konsequenzen für den Produktionsprozess des Reporters wie auch des Nachrichtenteils der Zeitung hatte (Jakobs/Püschel 1998).

 Interesssant, jedoch erst in Ansätzen untersucht, ist die kulturelle Überformung domänenspezifischer Textproduktionsprozesse, z.B. in der Wirtschaft (etwa Pogner 1999b) oder den Wissenschaften (vgl. den Überblick in Jakobs 1999: 221 ff.). In der Literatur wird zudem davon ausgegangen, dass der Einfluss kultur- und nationalspezifischer Gegebenheiten in Abhängigkeit von anderen Faktoren, wie der Domäne, differiert.

11.6 Kontextfaktor DOMÄNE

11.6.1 Handlungsraum und Domäne

Die Kategorie DOMÄNE bzw. HANDLUNGSBEREICH findet über verschiedene Wege Eingang in die Textlinguistik. Der Begriff *Domäne* wird in den Achtzigerjahren des 20. Jahrhunderts in der Computerlinguistik für die Modellierung so genannter Expertensysteme verwendet; er bezeichnet dort den Ausschnitt der Expertenwelt, den das Expertensystem abbildet. Der Ausdruck *Handlungsbereich* wird in der Textsortenlinguistik genutzt, um die Einbettung kommunikativer Prozesse (Produk-

---

1 Im Gegensatz zur „Ästhetik der Leere", die als Teil der Hochkultur dem Zen-Buddhismus entspringt.

tion und Rezeption von Textsorten) in Typen von Kommunikationssituationen zu beschreiben. Handlungsbereiche sind Teil eines *sozial, kulturell und zeitlich geprägten Raumes* mit spezifischen Normen, Anspruchshaltungen und Erwartungen, gesetzlichen Vorgaben, Wertesystemen u. a. m.

Die Differenzierung von Handlungsbereichen kann unterschiedlichen Kriterien folgen, z. B. inhaltlich nach Gesellschaftsbereichen wie Wirtschaft, Bildungswesen, Politik, privates Leben. Ein anderes Differenzierungskriterium ist die Art des Rollenverhältnisses zwischen den Kommunikationspartnern. Brinker ([6]2005: 136 f.) unterscheidet nach diesem Kriterium zwischen PRIVATEM, OFFIZIELLEM und ÖFFENTLICHEM HANDLUNGSBEREICH. Der offizielle Handlungsbereich umfasst Situationen, in denen sich die Partner in offizieller Rolle bzw. Funktion als amtliche Personen und Institutionen (Geschäftspartner, Firma, Behörde) gegenübertreten. Der öffentliche Bereich wird von Brinker durch den Gegensatz zum privaten Handlungsbereich definiert und auf öffentliche Medien wie Zeitung, Rundfunk, Fernsehen bezogen.

Die Kategorie DOMÄNE erfasst Branchen und Berufsfelder, für die oder in denen geschrieben wird. Die dazugehörigen Institutionen und Diskursgemeinschaften treffen (verbindliche) Vereinbarungen über die Art und Weise der beruflichen Interaktion und darin eingebetteter Kommunikationsanlässe und -prozesse, z. B. welche Inhalte wie für wen zu kommunizieren sind (Beispiel: juristische Vorgaben für Verträge). Die Domäne enthält kulturelle, soziale und ökonomische Normen bzw. Werte für die schriftliche Interaktion mit Konkurrenten, Partnern (Zulieferer etc.) und Kunden. Der Textproduzent muss diese Vorgaben und Werte kennen und angemessen in seinem textproduktiven Handeln berücksichtigen. Schreiben im Beruf ist immer Teil situierten beruflichen Handelns. Aus dieser Sicht handelt es sich um „schriftlich realisierte Arbeitsanteile".

Abhängig von der untersuchten Domäne bzw. ihren Subdomänen ist das oben genannte Kontext-Modell (Abb. 11.1) zu spezifizieren (vgl. Abb. 11.2).

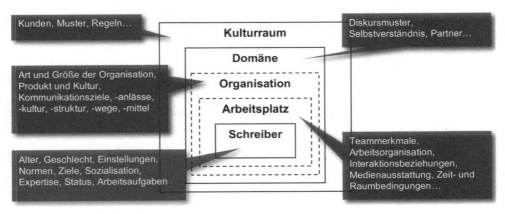

Abb. 11.2: Kontextbedingungen des beruflichen Schreibens

Die Verwendung der Begriffe *Domäne* und *Handlungsbereich* ist häufig heterogen. Offen ist u.a. die Frage, wie viele und welche Domänen und Handlungsbereiche anzunehmen sind und ob ein Einteilungssystem für Domänen überhaupt sinnvoll und machbar ist.

11.6.2 Organisationelle Einbettung

Je mehr wir erfassen, (...) und je mehr wir schreiben, je klarer laufen die Arbeitsabläufe ab, und je weniger Differenzen haben wir. Und wir müssen es niederlegen, um es später noch mal nachvollziehen zu können. Ohne Schreiben geht das in unserem Bereich nicht. (Sachbearbeiter bei der Bank)

Beruflich veranlasste Schreibprozesse sind häufig eingebettet in übergeordnete organisationale Zusammenhänge (z.B. eines Krankenhauses). Merkmale der ORGANISATION wirken sich mehr oder weniger vermittelt auf den Inhalt, den Ablauf und das Ergebnis des Textproduktionsprozesses aus. Zu diesen Merkmalen gehören Art, Größe, Ziele, Struktur, Kultur und Produkt der Organisation, ihre globale und/oder lokale Ausrichtung (vgl. 11.4), Führungsstile, vertikale und horizontale Interaktionsbeziehungen (Kooperation, Konkurrenz), Vorgaben und Regeln (etwa der Qualitätssicherung), das Medienmanagement, Dokumente (Mission Statement, Checklisten, ISO-Normen etc.), Kommunikationsziele und -anlässe, Kommunikationskultur, -struktur, -wege und -mittel sowie Kommunikationsregeln der Organisation.

Dies soll an einigen wenigen Beispielen erläutert werden: In größeren Unternehmen werden Dokumente in der Regel durch mehrere Personen oder Instanzen nach verschiedenen Gesichtspunkten gegengelesen (*reviewing*). Kleimann (1993) zeigt, dass Anzahl, Frequenz, Abfolge, Inhalt und Ton der Kommentare, ihre Auswirkungen auf Stil und Inhalt des Textprodukts sowie die Anzahl der Textversionen von der Kultur des Arbeitsteams und/oder des Unternehmens abhängen. In stärker kooperativen Abteilungen dominieren inhaltliches Statement und (Rück-)Frage (*Was meinst du mit ...*, *Was verstehst du unter ...*) (48 % der Feedbacks), in stärker hierarchisch organisierten Abteilungen dominieren sprachliche Änderungsvorschläge (Wortwahl etc.).

Textproduktionsaufgaben, z.B. das Verfassen von Qualitätsmanagement-Handbüchern oder Arbeitsanweisungen, können ihrerseits auf die Organisation zurückwirken. Die epistemisch-heuristische Potenz des Schreibens (Molitor-Lübbert 1996) (Ordnen von Inhalten, Erkennen von Zusammenhängen) wird zum Ausgangspunkt für die Diskussion von Festlegungen und Abläufen. Um Inhalte treffend erfassen und wohlstrukturiert formulieren zu können, muss der Textproduzent die darzustellenden Inhalte aus der Sicht seiner Schreibaufgabe, ihrer Ziele und Adressaten rekonstruieren und reflektieren; dies geschieht häufig in Kooperation mit anderen. Dabei zeigen sich Inkonsistenzen der Organisation, Wissenslücken und anderes.

Writing at work is firmly embedded in a social web. This social network is most visible in organizations like workplaces [...] where actions are aimed at a collective goal. Within these organizations, writing is visibly used not just to record decisions and events but to do the organization's work, to build its shared understanding, and construct its knowledge. (Winsor 1989: 271)

Mit der Größe der Organisation verändert sich der Regelungsbedarf für interne und externe Kommunikationsprozesse (z. B. in Form standardisierter Sprachverwendung).

 Insgesamt gibt es nur wenige Theorien und Modelle, die organisationale Phänomene (betriebswirtschaftliche, arbeitswissenschaftliche, produktionsbezogene) und darin situierte kommunikative Phänomene (Kommunikationsanlässe, -wege, -formen) systematisch aufeinander beziehen. Ausnahmen sind das Twente Organizational Communication Model von van Gemert/Woudstra (1997) oder die Modellierung von Unternehmenskommunikation entlang von Wertschöpfungsketten von Jakobs (2008).

11.6.3 Arbeitsplatz: Textproduktionsaufgabe und -situation

Wo ich manchmal Probleme hab, (…) ist, wenn man etwas dokumentieren muss, was etwas unangenehm ist, weil es sich um einen unangenehmen Patienten handelt oder weil Angehörige unangenehm auftreten uns gegenüber. Die zu kritisch sind uns gegenüber, die vielleicht irgendwas zu meckern haben immer, aber man will es irgendwie so dokumentieren, dass da so eine bestimmte Kritik vorhanden ist, aber man versucht sich halt auch, sich zu rechtfertigen. Also, wenn es gravierende Dinge sind, muss man das auch ordentlich aufschreiben. Da ist natürlich immer diese Formulierungsweise schwierig, weil, da denkt man sich dann auch, du kannst das jetzt nicht so umgangssprachlich niederschreiben, weil, es könnte immerhin sein, dass irgendjemand beim Gericht das irgendwie in der Hand hat. Wenn du dann schreibst „der guckt doof", (…) das ist dann schon wieder schwierig, das diplomatisch zu formulieren. (Krankenschwester, Intensivstation)

Wesentliche kontextuelle Faktoren ergeben sich aus der Art und Beschaffenheit des ARBEITSPLATZES und der dazugehörigen Arbeitssituation, die im Falle von Textproduktionsaufgaben zur Textproduktionssituation wird. Der Arbeitsplatz definiert Rollen, in denen die Arbeitnehmer agieren. Unter ‚Rolle' versteht man in den Sozialwissenschaften einen Komplex von Verhaltenserwartungen, die normativen Charakter besitzen. An die Rolle sind bestimmte gesellschaftliche Positionen (hier: Status in der Arbeitshierarchie) geknüpft, aber auch Aufgaben (z. B. Textproduktionsaufgaben) und Verantwortlichkeiten. Abhängig vom Arbeitsplatz und den daran gebundenen Aufgaben und Befugnissen variiert die Rolle von Berufsausübenden bezogen auf Textproduktionsprozesse. Sie agieren als Ideenspender, Verfasser, Koautor, Feedbackgebender etc.

Im Laufe des Berufslebens ändern sich *statusabhängig* kommunikative Aufgaben, insbesondere durch die Möglichkeit, Arbeiten an andere zu delegieren. Im Berufsalltag von Führungskräften spielen Texte eine Rolle, aber eher als zu diskutierende Vorlagen. Ein hoher Arbeitsdruck, schnell und häufig wechselnde Gesprächspartner und Orte legen nahe, zumindest einen Teil der Arbeit, wie das Beantworten von E-Mails oder das Formulieren von Texten, mit Vorgaben an andere (Assistenten oder Sekretariat) zu delegieren (Spranz-Fogasy 2002). Studien zeigen, dass sich im

Falle statushoher Personen der Anteil am Textproduktionsprozess auf die Phase der Planung und Konzeption von Texten sowie auf die Phase des Feedbackgebens und der Endabnahme des Produkts verlagert.

Die Arbeitssituation ist geprägt durch die Inhalte und die Organisation von Arbeitsabläufen, sie umfasst die Interaktion mit anderen (Kollegen, Vorgesetzte), Teammerkmale (Art, Größe, Struktur, Normen und Kultur), die zur Verfügung stehenden Kommunikationsmittel (Medien) und -wege. Andere unmittelbar das textproduktive Handeln des Berufsausübenden beeinflussende Größen betreffen Raumbedingungen, das Zeit- und Kostenbudget, Vorgaben (Regeln, Mustertexte), Dokumente (Textentwürfe), Textsorten u. a.

In vielen Berufen und an vielen Arbeitsplätzen wird ein breites Spektrum zu beherrschender Textsorten verlangt. Krankenhausärzte müssen bis zu 27 verschiedene Textsorten praktizieren: Anamnese, Dokumentation des Aufnahmegesprächs und des Konsils, Befunde für verschiedene Arten der Diagnostik, (vorläufiger und endgültiger) Entlassungsbericht, (interner) Verlegungsbericht, Gutachten, Beantwortung externer Anfragen (Kostenträger), Rehabilitations- und Kurantrag, Anzeige meldepflichtiger Krankheiten, Erreger und Infektionen, Besprechungsprotokoll, Bescheinigung u. a. (Blum/Müller 2003).

Betrachtet man die Vielfalt der in Arbeitssituationen auftretenden Textproduktionsaufgaben, so zeigen sich Spektren, die sich zwischen gegensätzlichen Polen erstrecken, wie:

EINFACH		KOMPLEX

Zum Pol EINFACH tendieren Schreibaufgaben, die inhaltlich, strukturell und/oder sprachlich begrenzte Anforderungen stellen: das Ausstellen medizinischer Rezepte, Schreiben nach Diktat oder das Kombinieren von Textbausteinen nach Vorgabe. Der Planungs-, Strukturierungs- und Formulierungsaufwand ist gering, die Handlungsfreiräume sind stark eingeschränkt. Der Adressat tritt als Zielgröße häufig in den Hintergrund. Im Vordergrund steht das Ziel, die Aufgabe medial gestützt schnell mit geringem Aufwand lösen zu können oder sie an Maschinen zu delegieren.

Zum Pol KOMPLEX tendieren Schreibaufgaben, die Anstrengungen auf mehreren Ebenen der Textentwicklung erfordern: das Erarbeiten von Sachverhalten, das Entwickeln von Strukturen und Formulierungen, das Klären von Zielkriterien etc., so etwa im Falle argumentierender Texte (Stellungnahme, Forschungsantrag, Gutachten). Der Adressat bestimmt maßgeblich die Zielkriterien, an denen sich der Textproduzent orientiert (Qualität der Inhalte, Detaillierungsgrad, Fachsprachlichkeit). Es werden spezielle Fähigkeiten gefordert, im Falle polizeilicher Formulierungsaufgaben z. B. die Fähigkeit, an sich verworrene Sachverhalte gut strukturiert und verständlich darzustellen (Flos 2008). Es geht hier weniger um Zeit, als um Qualität.

FORMALISIERT		INDIVIDUELL

Ein zweites Spektrum ergibt sich mit dem Ausmaß geforderter Kreativität. Schreibaufgaben, die zum Pol FORMALISIERT tendieren, erfordern keine oder geringe
Kreativität. Durch Vereinheitlichung wird der kognitive Aufwand des Textproduzenten reduziert, Prozesse und Produkte werden kontrollier- und vergleichbar,
etwa mit dem Ziel der Sicherung von Qualität. Die Formalisierung von Prozessen
und Produkten ist eine wesentliche Voraussetzung für die Industrialisierung von
Kommunikationsarbeit. Sie setzt beim Produkt an: Das Produkt wird in Textbausteine zerlegt, die Bausteine auf verschiedenen Ebenen standardisiert (inhaltlich,
strukturell, sprachlich-visuell, quantitativ). Im Anschluss werden die dazu gehöri-
gen Produktionsprozesse automatisiert (Jakobs 2006).

Textproduktionsaufgaben, die zum Pol INDIVIDUELL tendieren, haben einen
hohen Freiheitsgrad, sie intendieren Neuheit und/oder Unterscheidbarkeit des Produkts und erfordern ein hohes Maß an Individualität bzw. Eigenständigkeit der
Lösung. Die Textproduzenten haben gestalterische Freiräume, etwa im Sinne des
Abweichens von der Norm (z. B. Literaten oder Werbetexter).

STANDARDAUFGABE		NICHTSTANDARDAUFGABE

Ein drittes Spektrum ergibt sich mit dem Grad der Vertrautheit und Routine der
Aufgabe (zur Unterscheidung von *routine task* vs. *spezial task* siehe Couture/Rymer
1993). STANDARDAUFGABEN dienen der Lösung bekannter, wohl strukturierter
Textproduktionsaufgaben; sie werden häufig und daher mehr oder weniger rou-
tiniert gelöst. Im Vordergrund steht die Effizienz der Lösung. Standardaufgaben
ähneln in diesem Punkt einfachen und formalisierten Aufgaben, ohne diesen per
se gleichgesetzt werden zu können. Wer zwanzig Jahre lang psychiatrische Gutachten verfasst, ist hochroutiniert. Junge Psychiater benötigen Jahre, bevor sie diese
anspruchsvolle Textsorte beherrschen.

Zum Pol NICHTSTANDARDAUFGABE tendieren alle Aufgaben, die sich auf neue,
daher unbekannte oder auf selten bearbeitete Probleme und Textsorten beziehen
(z. B. Liebesbriefe schreiben). Im Vordergrund steht die Qualität der Lösung.

Bezogen auf Berufsprofile wie auch das Spektrum an Arbeitskontexten und
Textproduktionsaufgaben zeigt sich ein breites Spektrum domänen-, berufs- und
rollenspezifisch geforderter Formulierungsfähigkeiten, wie:

- *Taktvoll formulieren*: Diffizile Themen und Situationen erfordern Fingerspitzen-
  gefühl und diplomatische Formulierungen als Teil der Beziehungsgestaltung.
- *Unangenehmes sachlich und korrekt formulieren*: Emotional belastende Inhalte müssen sachlich-neutral beschrieben werden, um notfalls juristischen Vorgaben zu
  genügen.
- *„Flott" formulieren*: Die Verfasser von PR-Texten und Pressemitteilungen sollen
  „flott" formulieren können, eine häufig zu hörende, selten jedoch spezifizierte

Fähigkeit, die deutlich mehr als die Forderung nach aktiv formulierten Sätzen und den Verzicht auf Wortballast umfassen dürfte.

- *Eindeutig formulieren*: In technischen Kontexten geht es häufig um die eindeutige Darstellung von Inhalten. Technische Redakteure werden dabei häufig mit konfligierenden Anforderungen konfrontiert wie Eindeutigkeit durch Fachsprachlichkeit vs. Verständlichkeit durch Anknüpfen an Ausdrücke, die dem Adressaten geläufig sind.
- *Persönlich formulieren*: An Kunden gerichtete Texte sollen einerseits persönlich und individuell wirken, andererseits jedoch kostengünstig erstellt werden. Die Praxis der Kombination vorgefertigter Textbausteine ist ökonomisch sinnvoll, sie erzeugt andererseits unerwünschte Textmerkmale wie Monotonie und Uniformität.
- …

 Wer Hinweise zur Bearbeitung der genannten Formulierungsaufgaben sucht, sucht oft vergeblich. Viele dieser Arten des Formulierens sind wenig untersucht; die Ratgeberliteratur erschöpft sich häufig in Allgemeinplätzen (vgl. Schindler u. a. 2007). Viele berufliche Schreibaufgaben und Textsorten sind bisher nicht oder nur in Ansätzen untersucht (vgl. auch Alamargot u. a. 2007).

11.6.4 Der Textproduzent

Von meinem Beruf her bin ich Schlosser, oder war mal Schlosser (…) Ich stell mich gerade um zu den Verwaltungssachen. Die Schreiberei ist mittlerweile mein Beruf. (…) Als Schlosser lernt man so etwas nicht. (Feuerwehrmann, Ausbilder)

Im Zentrum des Modells steht der TEXTPRODUZENT in seiner Eigenschaft als Arbeitnehmer oder -geber. Zu den *personalen* Größen, die die Realisierung von Textproduktionsaufgaben beeinflussen, gehören u. a. seine Rolle (als Ideenspender, Verfasser, Koautor, Feedbackgebender etc.) abhängig von seinen Arbeitsaufgaben, seine Position im Arbeitskontext (daran gebunden sein Status), seine Expertise (Sach-, Schreib-, Medienkompetenz und -erfahrung), seine soziale, kulturelle und fachliche Sozialisation, Alter und Geschlecht, Einstellungen, Ziele und Motive (z. B. der Wunsch nach beruflichem Aufstieg) sowie seine mentale Repräsentation der Schreibaufgabe. (Vielen Arbeitnehmern ist der Sinn bzw. Unsinn ihrer Schreibaufgabe unklar. Sie kennen den Adressaten nicht oder erwarten, dass er den von ihnen verfassten Text nicht liest.)

Abhängig vom Bezug zum Textproduktionsprozess und der dabei übernommenen Rolle werden spezifische Fähigkeiten verlangt, die oft erst im Verlauf des Berufslebens erworben und ausgebaut werden. Zu diesen Fähigkeiten gehören sachbezogene und rhetorische Kompetenzen, Flexibilität des Reagierens auf die Umwelt durch ein möglichst breites und flexibles Strategienrepertoire u. a. m. Im Falle global orientierter Unternehmen werden fremdsprachliche Fähigkeiten wie

auch interkulturelle Kompetenzen verlangt sowie die Fähigkeit, diese je nach Ar-
beits- und Kommunikationssituation parallel zu nutzen.

 Mit der Renaissance von Schriftlichkeit im Beruf wächst die Bedeutung schriftsprachlicher
Ausdrucksfähigkeiten für Berufs- und Aufstiegschancen. Sie werden jedoch eher selten
vermittelt (vgl. Jakobs/Lehnen 2008). Die Vermittlung berufsbezogener schriftsprachlicher
Ausdrucksfähigkeiten bedingt andererseits eine genaue Kenntnis der zu vermittelnden
Inhalte und Fähigkeiten, die jedoch erst in Ansätzen untersucht sind. Untersuchungsde-
fizite betreffen u. a. den Einfluss von Alter und Geschlecht des Textproduzenten, multi-
kulturelle und interkulturelle Aspekte (Einwanderer, Schreiben für andere Zielgruppen)
sowie Schreibaufgaben gering qualifizierter und behinderter Mitarbeiter. Was fehlt, sind
Studien zu domänenspezifischen Anforderungen, Schreibaufgaben, Strategien, medialen
Arbeitsumgebungen und zu vielen beruflichen Textsorten (Funktion, Form, Inhalt, Gestal-
tungsanforderungen), u. a. aus der Sicht ihrer Vermittlung in der Aus- und Weiterbildung.

 Kommentierte Literaturtipps

Viele Anregungen zum Thema „Kultur- und domänenspezifisches Schreiben" bietet
der gleichnamige Sammelband (Adamzik u. a. 1997). Zum Schreiben am Arbeitsplatz gibt es nur wenige linguistisch orientierte Bände, etwa im deutschsprachigen Raum die Sammelbände „Schreiben am Arbeitsplatz" (Jakobs u. a. 2005) oder
„Coaching und berufliches Schreiben" (Jakobs/Lehnen 2008). Sie behandeln ausgewählte Aspekte wie schriftliche Arbeitsanteile von Polizisten, Journalisten, Lehrern,
Werbetextern, Ingenieuren, Verwaltungsmitarbeitern und Technischen Redakteu-
ren sowie Konzepte ihrer Vermittlung in Deutschland, Dänemark und der Schweiz.
Zu den Klassikern im englischsprachigen Raum gehören die Sammelbände „Writing
in nonacademic settings" (Odell/Goswami 1985) und „Writing in the workplace"
(Spilka 1993b). Sie enthalten ebenso wie der jüngere Band „Written Documents
in the Workplace" (Alamargot u. a. 2007) linguistisch, soziologisch oder psycholo-
gisch orientierte Beiträge zum Verfassen und Verstehen technischer, finanzieller
und anderer Dokumente aus Industrie und Wirtschaft. Zum wissenschaftlichen
Schreiben ist nach wie vor die Bibliographie von Ehlich/Steets/Traunspurger 2000
empfehlenswert. In Jakobs 1999 wird wissenschaftliches Schreiben verschiedener
Disziplinen mit Blick auf die oben diskutierten Faktoren behandelt.

12 Kriterien der Textbewertung am Beispiel Parlando

Peter Sieber

12.1   Was heißt einen Text bewerten?
12.2   Textqualität – was könnte das sein?
12.3   Das Zürcher Textanalyseraster als Suchhilfe für Textqualitäten
12.4   Textqualitäten – ein Blick auf ein Jahrhundert Schreiben in der Schule
12.5   PARLANDO als Textmuster
12.6   Wie kommt es zu solchen Entwicklungen? – Vier Thesen
12.7   Textqualität und Textbewertung

12.1 Was heißt einen Text bewerten?

Textbewertung nimmt die Qualität von Texten in den Blick. Die Tätigkeit des Bewertens

> ist ein kognitiver Akt bzw. ein mentaler Prozess des Einschätzens. [...] Dem Werten liegt – bewusst oder unbewusst – ein Wertmaßstab zugrunde, der sich in Form von Kriterien beschreiben lässt. Die Qualität der Schreibleistung wird als ‚gelungen' oder ‚nicht gelungen' bewertet (Böttcher/Becker-Mrotzek 2003: 50).

Dabei ist mit einer spezifischen Schwierigkeit umzugehen: Das Sprechen über Textqualitäten zeigt oft eine einseitige Gewichtung der Inhaltsseite gegenüber der sprachlichen Seite von Texten. Gespräche über Texte landen (zu schnell) „durch den Text hindurch" bei den Inhalten. Zur Erläuterung dieses Phänomens kann eine Unterscheidung hilfreich sein, die Scardamalia/Bereiter (1986, 1987) zur Charakterisierung der Planungstätigkeiten beim Schreiben getroffen haben. Sie unterscheiden zwischen einem SPRACHPROBLEMRAUM (*rhetorical space*) und einem INHALTSPROBLEMRAUM (*content space*), in denen die textuelle Planung stattfindet. Der Inhaltsproblemraum umfasst jene Strukturierungsanforderungen, die sich aus dem behandelten Thema eines Textes ergeben („Was sagen?"); im Sprachproblemraum sind die textuellen und sprachlichen Probleme angesiedelt („Wie sagen? Wie komponieren?"). Jüngere Schreiber sind noch kaum in der Lage, diese beiden Problemräume auseinanderzuhalten. Diese Fähigkeit entwickelt sich erst in der Adoleszenz. Und wenn man den Äußerungen Hans Martin Gaugers (1986) folgen will, bleibe die Fähigkeit, sich im Sprachproblemraum zu bewegen, im deutschsprachigen Gebiet eher unterentwickelt. Es sei dies „ein speziell deutscher Übelstand", meint Gauger und fährt fort:

> literarische Autoren werden fast nur inhaltlich, ideologisch, nach Kriterien der Sympathie und Antipathie gewertet; kaum je sagt einer (auch nicht in den großen Literaturbeilagen): ich mag ihn nicht, bin nicht einverstanden mit dem, was er sagt, aber er kann schreiben …

> Der psychische Tatbestand, der in Rechnung zu stellen ist, ist der: wir sind in aller Regel sprachlich reizbar, weil wir inhaltlich oder aus schlichter Antipathie dagegen sind. (Gauger 1986: 101)

Unabhängig davon, ob dies nun ein allgemeiner Übelstand und ob er noch aktuell ist, trifft die Kritik nicht ausschließlich den Umgang mit literarischen Texten, häufiger noch zeigt sich dies im Umgang mit Schülertexten. Die Art, wie wir über Schülertexte reden – stärker, wenn nicht ausschließlich am Inhalt orientiert –, erschwert die Ausbildung eines kompetenten Umgangs mit dem Sprachproblemraum. Wenn wir aber versuchen, diesen Sprachproblemraum vermehrt in die Diskussion über Texte einzubringen, dann merken wir sehr schnell, wie wenig wir über eine Sprache verfügen, die uns ein differenziertes Sprechen über Textqualitäten ermöglichen könnte. Zwar haben wir uns alle auf irgendeine Weise eine Sprache dafür zurechtgelegt – die einen eher mit grammatischen und stilistischen, die andern mit rhetorischen Kategorien. Aber das, was Texte zu guten Texten macht, bleibt meist ziemlich schummrig.

12.2   Textqualität – was könnte das sein?

Das Stichwort *Textqualität* sucht man in linguistischen Wörterbüchern vergeblich. Und auch der große Brockhaus lässt uns hier im Stich – ebenso Meyers Online-Lexikon oder Wikipedia (14. 2. 2008). In den 1990er-Jahren haben wir uns im Zürcher Sprachfähigkeiten-Projekt der Textqualität in einem ersten Schritt metaphorisch genähert – das Zürcher Textanalyseraster, das im nächsten Abschnitt vorgestellt wird, war dann unser Versuch, durch die Metaphorik hindurch zu linguistischen Kategorien für Textqualitäten zu finden. Anleihen für unsere Metaphorik haben wir u. a. bei Ludwig Wittgenstein gemacht. Er beschreibt die Sprache mit dem Bild einer Stadt:

> Unsere Sprache kann man ansehen als eine alte Stadt: Ein Gewinkel von Gäßchen und Plätzen, alten und neuen Häusern, und Häusern mit Zubauten aus verschiedenen Zeiten; und dies umgeben von einer Menge neuer Vororte mit geraden und regelmäßigen Straßen und einförmigen Häusern. (Wittgenstein 1995: §18)

Wie ausbaubar diese Metapher auch für die Thematisierung von Sprachbewusstheit (*language awareness*) ist, zeigt mit reichem Material Peyer (2006).

Angeregt von Wittgensteins Bild, fassten wir einen Text in die Metapher des Wegs, der „von irgendwo aus – irgendwo durch – irgendwo hin" führt – oder wie wir es in unserer heimischen Umgangssprache gefasst haben: „vo näime uus – näime dure – näime hii". Diesen Weg kann man gesamthaft charakterisieren als lohnend, vorwärtsbringend oder überflüssig, als geradlinig oder labyrinthisch verschlungen, als Weg am Licht oder durch dunkle Gänge, als Weg auf festem Grund oder über Sumpf und durch Morast, als steinigen Pfad mit unerwarteten Aussichtspunkten oder als Autobahn in der sattsam bekannten und reichlich zersiedelten Ebene (und was der Möglichkeiten der Weg-Metapher mehr sind).

Vor diesem Hintergrund haben wir Textqualität im Stichwort der *Wegqualität* zu fassen versucht:

> **Wegqualität:** Ein (guter) Text ist wie ein Weg, der seine RezipientInnen an einem bestimmten Punkt abholt und sie über eine bestimmte Strecke Wegs an einen neuen Punkt führt. Man kann einen Text im Rahmen dieser Metapher nach der Qualität des Weges beurteilen, den der Text darstellt. Je nach Textmuster/Textsorte mögen andere Typen von Wegen die Norm sein; nicht ausgeschlossen ist auch, dass ‚der Weg das Ziel ist'. (Sieber 1994: 368)

Diese Weg-Metapher bildete einen Ausgangspunkt auf der Suche nach linguistischen Kriterien von Textqualitäten (ausführlich in Nussbaumer 1991).

12.3 Das Zürcher Textanalyseraster als Suchhilfe für Textqualitäten

Im Rahmen des Zürcher Sprachfähigkeiten-Projekts entstand das Zürcher Textanalyseraster, mit dem Texte von Abiturienten und Studienanfängern analysiert wurden. Die Ergebnisse dieser Textanalysen führten zu einer ersten Formulierung der PARLANDO-Hypothese, die in weiteren Arbeiten an einem historischen Korpus geprüft werden konnte (Sieber 1998, 2000; siehe 12.5).

Das Zürcher Textanalyseraster ist eine systematische Zusammenstellung von einzelnen Fragen an einen Text, von Fragen, in die sich die ganz generelle Frage „Wie ist ein Text?" auseinandernehmen lässt. Wir haben fünf Grunddimensionen der Textqualität in drei große Bereiche von Fragen unterteilt:

1. Wie zeigt sich der Text in seinen GRUNDGRÖSSEN?
2. Wie zeigt sich der Text im Hinblick auf seine KORREKTHEIT?
3. Wie zeigt sich der Text im Hinblick auf seine funktionale, ästhetische, inhaltliche ANGEMESSENHEIT?

Das Zürcher Textanalyseraster umfasst deshalb drei Großbereiche:

0 GRUNDGRÖSSEN: Bezugsgrößen/Korrelate für die Erfassung von allgemeinen Charakteristika von Texten.

A SPRACHSYSTEMATISCHE UND ORTHOGRAPHISCHE RICHTIGKEIT für die Erfassung der sprachformalen Korrektheit von Texten.

B ANGEMESSENHEIT für die Erfassung des mehr oder weniger angemessenen Sprachmittelgebrauchs im Hinblick auf die Wirkungen.

Der Großbereich der Angemessenheit B ist seinerseits unterteilt in

B.1 FUNKTIONALE ANGEMESSENHEIT: Verständlichkeit/Kohärenz.

B.2 ÄSTHETISCHE ANGEMESSENHEIT: Besondere formale Qualitäten.

B.3 INHALTLICHE RELEVANZ: Besondere inhaltliche Qualitäten.

Diese Art der Differenzierung war sinnvoll im Hinblick auf die Art der Analyse und insbesondere die Ausrichtung an den jeweiligen Normensystemen, die je verschieden strukturiert sind:

- Der 0-Teil, Grundgrößen, richtet sich – gleichsam phänomenologisch – aus an einer Beschreibung allgemeiner Charakteristika eines Textes vor jedem Urteil über die Qualität der Ausprägung einzelner Merkmale.
- Der A-Teil, Sprachrichtigkeit, orientiert sich an den dichotomen Normen des Sprachsystems und nimmt jene Phänomene in den Blick, die entweder richtig oder falsch gemacht werden können.
- Der B-Teil, Angemessenheit, umfasst all jene Merkmale, die unter skalaren Normen des mehr oder weniger Angemessenen untersucht werden können.

Wechselt man die Perspektive und rückt anstelle der unterschiedlichen Normen die möglichen Aspekte von Textqualität in den Vordergrund, so lassen sich die im Zürcher Textanalyseraster unterschiedenen Bereiche als grundlegende Dimensionen von Textqualität bestimmen. Wir haben das folgendermaßen versucht (vgl. Nussbaumer/Sieber 1995b: 38): Wer einen (Schüler-)Text auf seine Qualitäten hin untersucht, kann fragen

- nach den Grundgrößen des Textes, seiner Länge, der Art seines Baus, der Art der verwendeten Sprache, der Komplexität seines Themas;
- nach dem Grad seiner Korrektheit – bezogen auf die Anforderungen und die Möglichkeiten der SchreiberInnen;
- nach dem Ausmaß seiner funktionalen, d. h. zweckbezogenen Angemessenheit: der Verständlichkeit und dem Zusammenstimmen seiner Teile (Kohärenz);
- nach seinen ästhetischen Qualitäten;
- nach seiner inhaltlichen Relevanz.

Ein einfaches Grundschema der Textqualität kann dann so aussehen:

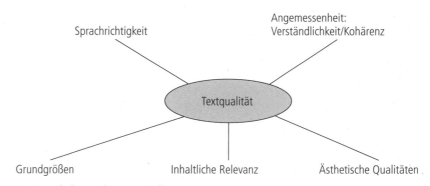

Abb. 12.1: Grundschema der Textqualität

Ein solches Schema liegt dem Zürcher Textanalyseraster zugrunde, das für die wissenschaftliche Analyse von Textqualitäten entwickelt wurde. Abb. 12.2 zeigt einen differenzierten Überblick über die Dimensionen und Kategorien des Analyserasters, die – wo nötig (markiert durch *) – durch die anschließenden Kommentare erläutert werden.

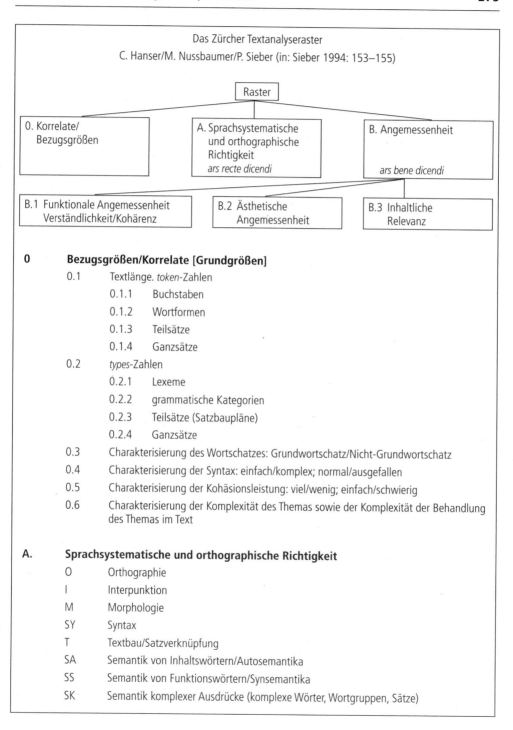

0   Bezugsgrößen/Korrelate [Grundgrößen]

0.1   Textlänge. *token*-Zahlen

        0.1.1   Buchstaben

        0.1.2   Wortformen

        0.1.3   Teilsätze

        0.1.4   Ganzsätze

0.2   *types*-Zahlen

        0.2.1   Lexeme

        0.2.2   grammatische Kategorien

        0.2.3   Teilsätze (Satzbaupläne)

        0.2.4   Ganzsätze

0.3   Charakterisierung des Wortschatzes: Grundwortschatz/Nicht-Grundwortschatz

0.4   Charakterisierung der Syntax: einfach/komplex; normal/ausgefallen

0.5   Charakterisierung der Kohäsionsleistung: viel/wenig; einfach/schwierig

0.6   Charakterisierung der Komplexität des Themas sowie der Komplexität der Behandlung des Themas im Text

A.   Sprachsystematische und orthographische Richtigkeit

O   Orthographie

I   Interpunktion

M   Morphologie

SY   Syntax

T   Textbau/Satzverknüpfung

SA   Semantik von Inhaltswörtern/Autosemantika

SS   Semantik von Funktionswörtern/Synsemantika

SK   Semantik komplexer Ausdrücke (komplexe Wörter, Wortgruppen, Sätze)

B.1   Funktionale Angemessenheit: Verständlichkeit/Kohärenz *

B.1.1   Gesamtidee, Thema, Absicht des Textes

    1.1.1   In welchem Maße lässt sich im Text eine Gesamtidee erkennen, die den einzelnen Textteilen ihren Ort zuweist?

    1.1.2   Welches ist diese Gesamtidee?

    1.1.3   Entspricht die Gesamtidee der Aufgabenstellung (wie sie z. B. durch den Titel markiert sein kann)?

B.1.2   Aufbau, Gliederung (Textmakrostruktur)

    Hat der Text eine der Gesamtidee entsprechende Gliederung?

    Welches sind die einzelnen Glieder?

    1.2.1   Innere Gliederung

    1.2.2   Äußere Gliederung (graphisch mittels Absatz, Spiegelstrich u. Ä.)

B.1.3   Thematische Entfaltung

    1.3.1   Lässt sich in der thematischen Entfaltung eine Logik hinter dem Text rekonstruieren? (Texthintergrundslogik THL) *

    1.3.2   Zeigt sich in der thematischen Entfaltung eine Logik im Text selbst? (Textvordergrundslogik TVL) *

B.1.4   Grad an Implizitheit/Explizitheit

    1.4.1   Ist der Text so implizit wie möglich?

    1.4.2   Ist der Text so explizit wie nötig?

B.1.5   Ausdrückliche Rezipientenführung

    1.5.1   Metakommunikative Elemente

    1.5.2   Kohäsionsmittel (Verweis-, Verknüpfungsmittel: Pronomen, Konjunktionen, Konjunktionaladverbien u. a.; textstrukturierende Mittel, Wortstellung) *

    1.5.3   Graphische Mittel (Unterstreichung, Schriftauszeichnung u. Ä.)

    1.5.4   Explizite Nennung von Produzent und Rezipient; Markierung des Standpunktes des Produzenten

B.1.6   Angemessenheit der Sprachmittel (Sachadäquatheit, Funktionsadäquatheit, Ususadäquatheit)

    1.6.1   Interpunktion

    1.6.2   Wortformen-, Phrasen- und Satzbau

    1.6.3   Textbau

    1.6.4   Wahl von Inhaltswörtern/Autosemantika

    1.6.5   Wahl von Funktionswörtern/Synsemantika

    1.6.6   Semantik komplexer Ausdrücke

    1.6.7   Registerwahl

B.1.7   Erfüllung von Textmusternormen

B.2   Ästhetische Angemessenheit: Besondere formale Qualitäten

B.2.1   Sprachlich-formales Wagnis *

B.2.2   Qualität der Sprachmittel (Attraktivität/Repulsivität) *

    2.2.1   Wortwahl

    2.2.2   Satz- und Textbau

    2.2.3   Rhythmus

    2.2.4   Registerwahl, Tonlage

B.3   Inhaltliche Relevanz: Besondere inhaltliche Qualitäten *

B.3.1   Inhaltliches Wagnis *

B.3.2   Inhaltliche Wegqualität (Attraktivität/Repulsivität) *

Abb. 12.2: Zürcher Textanalyseraster im Detail

* Kurze Erläuterungen zur Terminologie des Zürcher Textanalyserasters: Auszüge aus dem „Glossar zum Zürcher Textanalyseraster" (Nussbaumer 1994, in: Sieber 1994: 353–368):

- ATTRAKTIVITÄT/REPULSIVITÄT (B.2.2, B.3.2): In einer zugegebenermaßen heiklen Entscheidung setzen wir die Attraktivität eines Textes ab von der Verständlichkeit und Funktionalität des Textes (B.1). Damit meinen wir nicht, dass die Attraktivität nicht gerade ein konstitutiver Faktor für die Verständlichkeit eines Textes sein kann. Wir unterscheiden eine formale von einer inhaltlichen Attraktivität (B.2.2 und B.3.2). Was die – formale wie inhaltliche – Attraktivität eines Textes ausmacht, lässt sich generell überhaupt nicht sagen; die Kategorie figuriert im Zürcher Textanalyseraster also, um von Fall zu Fall konkretisiert werden zu können. Wichtig ist, dass die Attraktivität nicht im Gegensatz zu Repulsivität, zu formaler oder inhaltlicher Anstößigkeit und Widerborstigkeit stehen muss (→ Wagnis): Vielmehr kann gerade das, was auf den ersten Anhieb formal oder inhaltlich im Rezipienten Anstoß erweckt (repulsiv ist), die Attraktivität des Textes (und damit seine Verständlichkeit und seine → Relevanz für den Rezipienten) erhöhen.
- KOHÄRENZ (B.1 Nachbarbegriff: → Kohäsion): Kohärenz ist das vom Rezipienten beim Textverstehen zu rekonstruierende Zusammenstimmen der Textteile zu einem integralen Ganzen, zu einem funktional aufzufassenden Thema (siehe auch Kap. 4 dieser Einführung). Man kann drei Aspekte der Kohärenz unterscheiden:
  - den integrativen Aspekt des Zusammenstimmens aller Teile zu einem funktionalen Ganzen (B.1.1);
  - den analytischen Aspekt der Gegliedertheit des Textthemas (B.1.2);
  - den derivationalen Aspekt der schrittweisen Entfaltung des Textthemas über einzelne Sätze hinweg (B.1.3).
- KOHÄSIONSMITTEL (0.5, B.1.5.2; auch: SS, B.1.6.5) (vgl. Nussbaumer 1991: Kap. 4, DUDEN-Grammatik [7]2005: 1072 ff.): Kohäsionsmittel sind sprachliche Elemente, die *in* Sätzen auftreten, deren Funktion aber vorwiegend darin besteht, Beziehungen *zwischen* den Sätzen (zwischen Teil- oder Ganzsätzen) zu signalisieren. Kohäsionsmittel sind damit die prominentesten Sprachmittel des Textbaus. Sie zeigen Zusammenhang (Kohäsion) an und leiten den Rezipienten zur Herstellung von Kohärenz an. Ein gewisses Maß an Kohäsionsmitteln ist in einem Text unvermeidlich; der Textproduzent hat aber darüber hinaus eine gewisse Freiheit, mehr oder weniger Kohäsionsmittel zu brauchen, und natürlich gibt es Abstufungen in der Angemessenheit der gewählten Kohäsionsmittel [siehe dazu die Kap. 1, 3 und 4 dieser Einführung].
- RELEVANZ (B.3.2): Ein Text ist ein umso besserer Text für mich, je mehr mir der Text zu sagen hat, d. h., je größer die Relevanz des Textes für mich ist. Das ist aber primär eine Frage des Inhalts, des Gehalts, und gehört insofern an den Rand einer auf das Sprachliche gerichteten Textanalyse, kann aber natürlich aus einer

solchen sprachlichen Analyse auch nicht einfach ausgeschlossen werden. Die Relevanz eines Textes fassen wir mit der Metapher des Wegs (→ Wegqualität, vgl. auch → Attraktivität).

- TEXTHINTERGRUNDSLOGIK THL (B.1.3) (Nachbarbegriff: → Textvordergrundslogik): Wir attestieren einem Text eine kohärente Texthintergrundslogik, wenn die schrittweise textuell-thematische Entfaltung für uns RezipientInnen nachvollziehbar ist und die folgenden Textschritte sinnvoll zusammenpassen.

- TEXTVORDERGRUNDSLOGIK TVL (B.1.3) (Nachbarbegriff: → Texthintergrundslogik): Die Abfolge von thematischen Schritten, die ein Text an der Oberfläche, d. h. sprachlich explizit signalisiert oder ausdrückt. Im besseren Fall gelingt den RezipientInnen aufgrund dieser TVL die Rekonstruktion einer kohärenten Texthintergrundslogik, im schlechteren Fall aber behindert sie die TVL bei dieser Rekonstruktion oder sie verunmöglicht ihnen eine solche.

- WAGNIS (B.2.1; B.3.1; vgl. auch 0.6): Ein Text geht ein FORMALES WAGNIS (B.2.1) ein im Aufbieten ungewöhnlicher Wörter, in der Bildung neuer Wörter, im Beschreiten ungewöhnlicher Wege des Satz- und Textbaus. Das kann dysfunktional sein, das kann aber auch die Attraktivität des Textes und damit seine Verständlichkeit erhöhen, das kann ein angemessenes Pendant zu inhaltlichen Besonderheiten sein. Die Kategorie des formalen Wagnisses ist in der Textanalyse auch zu benutzen als Korrelat und Korrektiv für bestimmte (Fehl-)Leistungen im formalen Bereich: Wer formal viel wagt, nimmt damit auch eine erhöhte Möglichkeit von Misslingen in Kauf.
Ein Text geht ein INHALTLICHES WAGNIS (B.3.1) ein, wenn er sich auf schwierige Aspekte eines Themas einlässt, wenn er sich auf die Äste hinauslässt, wenn er die ausgetretenen Pfade des üblichen *common sense* über ein Thema verlässt. Die Kategorie des inhaltlichen Wagnisses ist ein Korrelat und Korrektiv für Befunde inhaltlicher Art, insbesondere für Befunde im Bereich der Kohärenz (B.1.1 bis B.1.3).

- WEGQUALITÄT (B.3.2): Ein (guter) Text ist wie ein Weg, der seine RezipientInnen an einem bestimmten Punkt abholt und sie über eine bestimmte Strecke Wegs an einen neuen Punkt führt. Man kann einen Text im Rahmen dieser Metapher nach der Qualität des Weges beurteilen, den der Text darstellt. Je nach Textmuster/Textsorte mögen andere Typen von Wegen die Norm sein; nicht ausgeschlossen ist auch, dass ‚der Weg das Ziel ist'.

12.4 Textqualitäten – ein Blick auf ein Jahrhundert Schreiben in der Schule

Das Zürcher Textanalyseraster bildete eine wichtige Grundlage dafür, dass über einen längeren Zeitraum an der Universität Zürich schriftliche Texte – vor allem aus Gymnasien und Hochschulen – analysiert werden konnten. Daran hat sich eine historische Untersuchung angeschlossen, die eine Textsammlung über den Zeitraum vom Ende des 19. bis Ende des 20. Jahrhunderts umfasste: ein Korpus von insgesamt 112 Texten mit 89664 Wörtern. (Näheres zur Stichprobe in Sieber 1998: 72 ff.) Dabei ist erstaunlich, dass sich die Bedingungen für das Schreiben von Abituraufsätzen in der Deutschschweiz seit Ende des 19. Jahrhunderts kaum geändert haben. Sie lauten auch heute noch weitgehend: vier Stunden Schreibzeit und eine Auswahl von 4–6 Themen. Das bietet die Möglichkeit, Entwicklungen des Schreibens an einem ausreichend homogenen Korpus zu untersuchen.

Welche Veränderungen lassen sich feststellen? Einen ersten Eindruck mögen drei Beispiele vermitteln, sie umfassen die erste und letzte Passage eines Abituraufsatzes – in originaler Schreibweise:

(12-1) Text von 1881 zum Thema „Eine Figur aus Lessing's Nathan" (1881A5): ‚Nathan'

> *Es wird wohl am Platze sein, einige kurze Bemerkungen über die Zeit vorauszuschicken, in der das Meisterwerk deutscher Sprache und Dichtung, Nathan der Weise, von Lessing geschaffen wurde. [/] [Schlusspassage:]*
> *Und auch wir blicken freudig auf diesen braven Nathan und rufen froh: An den guten Thaten, dem edlen Lebenswandel und dem festen Charakter soll man den braven Menschen erkennen!*

(Diese Formulierung war offenbar schon damals auch dem korrigierenden Lehrer allzu emphatisch. Er kommentierte dazu trocken: „3mal hoch!".)

(12-2) Text von 1891 zum Thema „Wissen ist besser als Reichtum" (1891B1):

> *Wissen ist besser als Reichtum, Reichtum ist besser als Wissen: das sind die Wahlsprüche der beiden grossen Parteien der menschlichen Gesellschaft, der Idealisten einerseits, der Materialisten andererseits. Wer hat Recht? Welchen von Beiden sollen wir uns zuwenden? [/]*
> *Darum sei unser Wahlspruch für und für: Wissen ist besser als Reichtum. Vergessen wir aber hiebei nicht jenes Mahnworts unsere Erlösers:*
> *Was hülfe es dem Menschen, so er die ganze Welt gewönne und nähme doch Schaden an seiner Seele?*

(12-3) Text von 1991 zum Thema „Gesichter" (die Aufgabenstellung war mit dem expliziten Hinweis versehen, das Thema frei zu gestalten.) (1991B2):

> Wir stehen vor einer riesigen schwarzen Wand … und warten
> *Weder Sie noch ich wissen, was wir auf dieser Wand gleich sehen werden, oder? Ich möchte, dass Sie mich auf meinem Durchgang durch eine der besten wissenschaftlichen Ausstellungen begleiten (wobei die wissenschaftlichen Aspekte durch genaue Information und praktische Beispiele auch dem Laien verständlich sein sollten) Die Ausstellung heisst ‚faces – what do they tell <u>you</u>?' und befindet sich im Moment im La Villette in Paris. [/]*

*Als ich zum Ausgang schlendere, hüpft ein kleiner Junge neben mir her. Plötzlich
zupft er mich am Ärmel und schaut mich erwartungsvoll an. Da mir nichts Besseres
in den Sinn kommt, verziehe ich mein Gesicht zu einer Grimasse. Der Kleine zögert
einen Moment und dann beginnt er, übers ganze Gesicht zu strahlen! – The End.*

(Siehe zu diesem Text ausführlicher den folgenden Abschnitt 12.5)

Im Zusammenhang mit Fragen der Textbewertung interessiert die Schreibweise,
die Textur, welche Veränderungen sichtbar macht. Ebenso große Unterschiede lassen sich aber auch in der Art und Weise der gestellten Themen ausmachen – mit
entsprechenden Konsequenzen für die Textqualitäten, denn es ist nicht unerheb-
lich, zu welchen Aufgabenstellungen Texte geschrieben werden (vgl. dazu Sieber
1998: 116 ff.).

Die Analyse dieses Korpus von Abituraufsätzen aus einem Zeitraum von mehr
als 100 Jahren macht Tendenzen sichtbar, die allerdings immer vor dem Hintergrund einer sehr großen Variationsbreite zu sehen sind. Stark vergröbernd soll in
vier Punkten nur das Wichtigste an Veränderungen herausgestellt werden:

1. Weniger Wissen darstellen – mehr (eigene) Erfahrungen zum Thema machen:
In den gestellten Themen lässt sich über den gesamten Zeitraum ein allmähli-
ches Verschwinden der schulischen Inhalte feststellen. Über lange Zeit standen
die Darstellung und die Auseinandersetzung mit (schulisch vermitteltem) Wissen
im Mittelpunkt. Geradezu ausgeschlossen war ein Bezug zur subjektiven Welt der
Schreibenden. Erst in neueren Texten finden wir häufiger die Thematisierung von
(eigenen oder fremden) Erfahrungen.

2. Von der Emphase zum allmähliche Auftauchen eines ‚Ich‘:
Die älteren Texte zeigen häufig große Emphase, die bei heutigen Lesenden oft
den Eindruck von Unechtheit oder Formelhaftigkeit hervorruft (vgl. die Beispiele
(12-1) und (12-2)). Ein ‚Ich‘ des Schreibers taucht kaum auf. In den jüngeren
Jahrgängen werden die Versuche zahlreicher, eigene Sichtweisen darzustellen und
auf eigene Erfahrungen zu referieren. Dies führt dazu, dass vermehrt aus einer Ich-
Perspektive formuliert wird.

3. Mehr Textgliederung – mehr Metatext:
Neuere Texte zeichnen sich häufiger durch einen auch äußerlich gegliederten Aufbau aus. Und sie verwenden zunehmend explizite metakommunikative Mittel (wo
der Aufbau des Textes also selbst zum Gegenstand wird). Das hängt nicht zuletzt
mit der großen Offenheit – der Themenstellungen ebenso wie der Textgestaltung –
zusammen.

4. Zu allen Zeiten: große Bandbreite hinsichtlich formaler Korrektheit:
In sämtlichen Jahrgängen des Korpus ist eine große Bandbreite im Bereich der
formalen Korrektheit der Texte festzustellen. Keinesfalls zeichnen sich die älteren

Arbeiten durch eine strikte Einhaltung formaler Normen aus, wie dies in der öffentlichen Meinung als Grundtenor heute überall zu hören ist. Das gilt sogar für die Handschrift, die auch früher oft bemängelt worden ist.

Die kurz charakterisierten Merkmale erlaubten es, ein Phänomen klarer zu fassen, das im Zürcher Sprachfähigkeiten-Projekt aus der Analyse von aktuellen Texten lediglich als Hypothese formuliert werden konnte: PARLANDO als (neues) Textmuster.

12.5 PARLANDO als Textmuster

Die Textanalysen verdeutlichten eine für die Sprachentwicklung des 20. Jahrhunderts wichtige Tendenz der Angleichung von geschriebener und gesprochener Sprache, wobei die Tendenz deutlich in Richtung der gesprochenen Sprache läuft.

> Wir charakterisieren solche Tendenzen mit dem Terminus Parlando. Diese Benennung entlehnen wir der Musiktheorie, wo sie eine vor allem in der Opera buffa des 18. und 19. Jhdts. gängige Art der musikalischen Vertonung und Vortragsweise bezeichnet, die das (natürliche, rasche) Sprechen nachzuahmen versuchte. (Sieber 1994: 319)

In der Musik bezeichnet PARLANDO eine Art der Vortragsweise, der „Textgestaltung", die Charakteristika des einen Mediums (des Sprechens) in ein anderes Medium (das des Gesangs) überträgt. Ähnliches ist bei Parlando-Phänomenen im Schreiben zu beobachten. Hier wird in die Schrift übernommen, was bis vor kurzem vor allem in die mündliche Kommunikation gehört hat: Direktheit, kurze Planungszeit, das Vertrauen auf die gemeinsam geteilte Kommunikationssituation:

> In der Übertragung auf geschriebene Texte bezeichnen wir mit *Parlando* eine bestimmte Art textueller Oberfläche, die sich sowohl in der Wortwahl und in der Syntax wie auch in der Textstruktur stark an einer fiktiven Redesituation zu orientieren scheint. Am ehesten lassen sich solche Parlando-Texte – sind sie gelungen – mit Radiomanuskripten vergleichen, die monologisch *und* sprechsprachlich sind. Solche Texte – orientiert weniger am Ideal der Wohlgeformtheit als an jenem der guten Verdaulichkeit – wirken auf Anhieb leicht verständlich, sie bieten (zunächst) wenig Widerstand und sind flüssig zu lesen. (Sieber 1994: 319)

Der folgende Textausschnitt soll einen Eindruck vermitteln von der Webart der Parlando-Texte – Anfang und Schluss sind oben in Beispiel (12-3) aufgeführt, der vollständige Text sowie eine ausführlichere Analyse sind greifbar in Sieber (1998: 32 ff.).

Der Text trägt keinen Titel und beginnt so:

(12-4) *Aufsatz: Deutsch*   [Datum] *by* [Name]
  Wir stehen vor einer riesigen schwarzen Wand … und warten
  Weder Sie noch ich wissen, was wir auf dieser Wand gleich sehen werden, oder? Ich
  möchte, dass Sie mich auf meinem Durchgang durch eine der besten wissenschaft-

*lichen Ausstellungen begleiten (wobei die wissenschaftlichen Aspekte durch genaue
Information und praktische Beispiele auch dem Laien verständlich sein sollten) Die
Ausstellung heisst ‚faces – what do they tell <u>you</u>?' und befindet sich im Moment im
La Villette in Paris.*

*Mittlerweile stehen etwa 150 Personen vor der schwarzen Leinwand, darunter viele
Kinder, die aufgeregt an den Armen ihrer Väter zerren und immer wieder fragen,
wann es denn endlich losgehe.*
*Plötzlich hören wir das Surren eines Motores und die Leinwand wir(d) langsam
aufgerollt Darunter werden, wie mir scheint, unendlich viele Fernseher sichtbar, die
zu <u>einer</u> einzigen Videowand zusammengebaut worden waren.*
*Sobald die Leinwand ganz aufgerollt ist, werden alle Bildschirme gleichzeitig ein-
geschaltet, und wir müssen aufgrund der schlagartig eintretenden Helligkeit einen
Moment die Augen schliessen.*

*Und dann … stehe ich fassungslos da und starre auf diesen Video-Screen, von wo
mir ungefähr 150 Gesichter entgegenblicken, lächelnde, erstaunte, ahnungslose,
weinende Gesichter. Alle Völker dieser Erde, alle Kulturen mit ihren charakteristischen Merkmalen sind hier versammelt, im Herzen von Paris Hier lächelt mich ein
hübsches Indermädchen an, dort weint ein kleiner Pueblo-Indianer still vor sich
hin und ganz zuoberst auf dem Screen scheint mich ein tibetanischer Mönch mit
geschlossenen Augen in sein Gebet zu nehmen.*
Mir wird sonderbar warm um's Herz.
*Bei all den schlechten Eigenschaften, die sich der Mensch im Laufe der Zeit angeeig-
net hat muss selbst der grösste Kritiker bei einem solchen Anblick zugeben: auch der
Mensch ist ein grosses Wunderwerk der Natur!*
*Jedes dieser Gesichter enthält eine Geschichte, und bei vielen ist sie praktisch aufs
Gesicht gedruckt worden.*
Und noch etwas fällt mir auf:
Die Lebensgewohnheiten prägen diese Gesichter sehr stark.
*Am augenfälligsten scheint mir das bei der Indianerin und dem Tibetaner zu sein
Ihr Gesicht ist von Falten übersät, die Sonne hat ihre Haut ausgetrocknet.*
*Der Mönch, die ganze Zeit im Kloster verbringend, besitzt ein sogenanntes ‚baby-
face', völlig faltenfrei.*

*Und wir? Besitzen wir ebenfalls ein solches Charakterface? Ich suche auf der Wand
unseres Gesicht, also dasjenige des Schweizerbürgers. Es ist bald gefunden und …
banal, fast schon langweilig.*
Ein rotwangiges, bleiches Trachtenmädchengesicht. Keine Spur von Abenteuer.
[…]

Parlando-Texte – das illustriert dieses Beispiel – zeichnen sich durch spezifische
Abweichungen von herkömmlichen Mustern der entfalteten Schriftlichkeit aus.
Diese Abweichungen betreffen einmal den Text selbst, sie betreffen aber ebenso den
Umgang mit der Situation der literalen Kommunikation, und zwar von der Pro-

duzenten- wie von der Rezipientenseite her. Mit Hilfe der Kategorien des Zürcher Textanalyserasters kann dies hier auszugsweise erläutert werden (Detaillierteres in Sieber 1998: 35 ff.):

Parlando-Texte weisen in sprachformaler Hinsicht (A-Bereich des Rasters) eine uneinheitliche Orientierung an sprachsystematischen und sprachpragmatischen Normen auf. In den gleichen Texten können Passagen ausgesprochener Korrektheit (A-Bereich) und hoher Angemessenheit (B.1.6) neben Passagen stehen, die eine vergleichbare Orientierung vermissen lassen, ja, im Gegenteil, einen ausgesprochen sorglosen Umgang damit vermuten lassen. Das zeigt sich z. B.

- als Unachtsamkeit gegenüber der Schreibung von einzelnen Wörtern (A.O);
- in der uneinheitlichen Setzung von Interpunktionszeichen: Von den insgesamt 20 Interpunktionsfehlern betreffen sechs das Fehlen des Punktes, wobei selbstverständlich der nächste Satz mit Großschreibung einsetzt (A.I – B.1.6.1);
- im Vorkommen von syntaktisch sehr unterschiedlich durchgeplanten Sätzen (A.SY – B.1.6.2);
- in der unterschiedlich klaren und logischen Verknüpfungen von einzelnen Teilaussagen zu einem gesamten Text (A.T – B.1.6.3 – B.2.2);
- in der Orientierung an einem möglichst allgemein verständlichen Wortschatz bei gleichzeitiger Verwendung von Fachwortschatz und fremdsprachlichen Elementen (A.SA, SS, SK – B.1.6.4 – B.1.6.6 – B.2.2).

Von der *Produzentenseite* her betrachtet, wird in Parlando-Texten das Bemühen spürbar,

- den Leser/die Leserin gleichsam „bei der Hand zu nehmen" und durch den Text zu führen (B.1.2 – B.1.5);
- auch Unverbundenes nebeneinander stehen zu lassen und mit deutlichen Gliederungssignalen abzusetzen (B.1.2.2);
- möglichst viele Aspekte und Perspektiven aufzugreifen anstelle einer Vertiefung in einzelne Facetten (B.1.3);
- Leserin oder Leser möglichst direkt anzusprechen oder sie an eigenen Gedankengängen teilhaben zu lassen (B.1.5);
- eigene Sichtweisen und Standpunkte zu vermitteln (B1.1 – B.3).

Auf der *Rezipientenseite* erfordern Parlando-Texte spezifische Formen der Rezeption:

- Sie sind eher für eine schnelle, oberflächliche Rezeption geschrieben (B.1.3).
- Sie erfordern vom Rezipienten – ähnlich wie beim spontanen Gespräch – in erhöhtem Maß selbständige und für selbstverständlich gehaltene Ergänzungen dessen, was nicht geschrieben steht (B.1.3 – B.1.4).
- Sie erfordern damit eine wohlwollende, am Verständnis orientierte Rezeption (B.1.3 – B.1.4 – B.2.1 – B.3.1).
- Authentizität und Direktheit sind vom Rezipienten höher zu werten als sprachformale und ästhetische Stimmigkeit (B.1.6 – B.2.2).

Die spezifische Kombination von Textmerkmalen, die mit dem Terminus *Parlando* zusammengefasst werden, sowie die allmähliche Herausbildung von Parlando-Mustern in jüngerer Zeit legen den Schluss nahe, dass sich hinter Parlando mehr als nur textuelle Eigenarten verbergen: Im Phänomen Parlando zeigt sich – so die These – eine Veränderung kommunikativer Grundmuster in der Schriftlichkeit. Diese Veränderung ist vor allem gekennzeichnet durch folgende drei Merkmale:

1. eine Thematisierung von (eigenen) Erfahrungen;
2. hohe Ansprüche an Direktheit und Authentizität;
3. eine starke Orientierung an Mustern der Mündlichkeit (insbesondere was Planung, Struktur und Textoberfläche betrifft).

Zusammengefasst: Parlando-Texte scheinen geradezu aus einer kommunikativen Grundhaltung der Mündlichkeit heraus schriftlich verfasst zu sein (siehe auch Kap. 8). Das lässt sich illustrieren mit der folgenden – fiktiven – Schreibanleitung (leicht modifiziert nach Sieber 1998: 192).

Eine Anleitung zum Schreiben von Parlando-Texten

- Nimm das einzelne Wort, den einzelnen Satz nicht allzu wichtig. Schreib weiter.
- Formuliere so, dass sich dir die Leserin, der Leser möglichst nahe fühlt.
- Schreibe verständlich und baue auf das Alltagsverständnis deiner Leserin.
- Gehe davon aus, dass der Leser das, was du schreibst, auch so versteht wie du.
- Baue auf verständnisvolle, einfühlsame Lesende.
- Rechne mit dem gesunden Menschenverstand der Lesenden, vermeide unnötige Differenzierungen.
- Nimm den Inhalt wichtiger als die Form.
- Schreibe aus eigener Erfahrung.
- Schreibe authentisch oder spiele mit der Sprache.

12.6   Wie kommt es zu solchen Entwicklungen? – Vier Thesen

Parlando kann gedeutet werden als Reaktion auf (1) einen veränderten Kommunikationsbedarf und (2) veränderte Kommunikationsbedürfnisse, als (3) Reaktion auf eine weitgehend etablierte Literalität und zusammenhängend damit als (4) Reaktion auf gewandelte schulische Anforderungen.

1. Parlando als Reaktion auf einen veränderten Kommunikationsbedarf
Eine eigenständige Auseinandersetzung in Inhalt und Form ist gefragt und nicht lediglich die Darstellung von (schulisch vermittelten) Inhalten – und auch nicht die ehemals gehobene Sprache dieser Inhalte. Darin schlägt sich in Texten nieder, was sich in Diskussionen der Bildungsvorstellungen anzeigt: Nicht mehr die (spätbür-

gerliche) Vorstellung von Bildung mit ihrer engen Bindung an Sprachlichkeit und sprachliche Kunst steht im Vordergrund, sondern eine Vorstellung von Bildung, deren Ziel die Verständlichkeit einer medialen Darstellung von Inhalten und Erfahrungen ist. Mit Blick auf eine umfassendere Medienbildung formuliert dies der Medienpädagoge Heinz Moser (2003) so:

> ‚Bilden' wird man sich im 21. Jahrhundert nicht mehr am literarisch bestimmten Text, sondern in der Auseinandersetzung mit komplex konstruierten kulturellen Arrangements, in denen nicht die einzelnen Texte, sondern deren Einbettung in multimediale Bedeutungszusammenhänge mit verschiedenen Genres, Formaten und Medien im Mittelpunkt steht. (Moser 2003: 33)

2. Parlando als Reaktion auf veränderte Kommunikationsbedürfnisse
Die oft beschriebenen Individualisierungstendenzen zeigen sich auch beim Schreiben: Persönliche Erfahrungen werden vermehrt zum Maßstab und Orientierungspunkt der textuellen Gestaltung. Sie aktualisieren sich in der Formulierung einer Ich-Perspektive, sie zeigen sich im hohen Anspruch an Authentizität, der in den Texten oft mit sprechsprach-nahen Formen zu realisieren versucht wird. Sie zeigen sich aber ebenso in veränderten Anforderungen an die Schreibenden, die eine persönliche, subjektive und möglichst authentische Auseinandersetzung einfordern.

3. Parlando als Reaktion auf eine etablierte Literalität
Parlando wird als Textmuster mit seiner starken Orientierung an Mustern der Mündlichkeit möglich, nachdem sich Schriftlichkeit in einem Maße etabliert hat, das erst Möglichkeiten für neue Mischformen bietet. Die Muster der Schriftlichkeit haben sich im 20. Jahrhundert in hohem Maß etabliert: Wir sind – über weite Teile – eine literale Gesellschaft, die Schreiben und Lesen als Selbstverständlichkeit voraussetzt. Damit ist eine rigide Durchsetzung von engen Normen nicht mehr in gleichem Maß notwendig wie zu früheren Zeiten – der Spielraum wird größer. Allerdings sind mit dieser Öffnung auch neue Schwierigkeiten entstanden, da die ehemals klar getrennten Normbereiche für geschriebene und gesprochene Sprache durchlässig werden. Die Bewertung von Textqualität wird dadurch komplexer: Unterschiedliche und sich oftmals widersprechende Normorientierungen kommen ins Spiel.

4. Parlando als Reaktion auf gewandelte textuelle Anforderungen
Zur Entwicklung von Parlando-Mustern trägt der Umstand bei, dass den Ansprüchen auf Mehrperspektivität und Vielfalt, auf Direktheit und Authentizität ein hoher Stellenwert eingeräumt wird. Das ist nicht nur in der Schule so; solche Orientierungen für das Schreiben nimmt sich beispielsweise auch die Presse oftmals zur Richtschnur.

Daraus resultieren hohe Anforderungen an die Vertextungsfähigkeit der Schreibenden. Was im Gesprochenen schon nicht einfach ist, wird im Geschriebenen zu einer noch schwerer lösbaren Aufgabe: eigene, oftmals unstrukturierte Erfahrungen und Vorstellungen in einen für Lesende verständlichen Text umzuformen. Dass dabei teilweise „schnelle Herstellung" und „gute Verdaulichkeit" des Geschriebenen den Schreibenden wichtiger zu sein scheinen als eine ausgefeilte sprachliche Fassung von eigenen Eindrücken und Gedanken – wer kann es den Schreibenden vorwerfen?

12.7   Textqualität und Textbewertung

Texte heutiger junger Menschen zeigen häufig Spuren aktiver Suche nach eigenem Stil und authentischer Haltung gegenüber der Sprache und ihren Normen. Solche aktive Suche nach dem Eigenen zeigt an, dass auch heutige Jugendliche auf dem Weg zu ihrer Sprache sind.

Ohne dass sie speziell gelehrt worden wären, haben sich in den alten und neuen Medien neue Textmuster zu etablieren begonnen, die sich vermehrt an Mustern orientieren, die früher der Mündlichkeit vorbehalten waren.

Dies wird durch die aktuelle Schreibpraxis in hohem Maße unterstützt. Heutige Jugendliche schreiben ja nicht in erster Linie Aufsätze – sie formulieren sich in den Foren, die die neuen Medien zuhauf anbieten: SMS, Mail, Chat u. Ä. In diesen Foren sind Direktheit und (oftmals vermeintliche) Authentizität – oder zumindest Originalität – in einer Weise gefragt, die die Anforderungen an herkömmliche geschriebene Texte bei weitem übertrifft. Was sich also in einer Entwicklung der klassischen Textsorte Abituraufsatz über das letzte Jahrhundert zeigt – eine Veränderung der Muster im Schreiben, hin zu stärker mündlichkeitsorientierten Formen – findet ein weites neues Betätigungsfeld im schriftbasierten Umgang mit den neuen Medien. Dadurch erhält die Hinwendung zur Mündlichkeit eine Beschleunigung und Verstärkung, deren Konsequenzen noch kaum absehbar sind (siehe auch Kap. 8 und 14).

 Dies alles macht die Frage nach der Bewertung von Textqualitäten nicht einfacher. Und in einer weiteren Perspektive stellt sich die Frage nach der Ausbildung literaler Kompetenzen, was nach wie vor eines der grundlegenden Ziele der schulischen Sprachförderung ist (vgl. dazu z. B. Bertschi-Kaufmann u. a. 2004).

Die Herausbildung von Parlando-Phänomenen in geschriebenen Texten, die eine starke Affinität zur Orientierung an Mustern der Mündlichkeit zeigen, bietet aber eine gute Chance, Sprache vermehrt für – wie es Peter von Polenz formuliert hat – „Verständlichkeit und Ehrlichkeit offen und variabel zu gebrauchen" (Polenz [2]1988: 48). Dass dies in der aktuellen Diskussion keineswegs selbstverständlich ist, mag zum Abschluss ein Hinweis auf die Bewertung eines Schülerinnentextes zeigen, der in einer aktuellen Publikation zur Sprachdidaktik greifbar ist.

Mit Rückgriff auf die Parlando-These wird hier – am Beispiel eines Textes einer 15-jährigen Schreiberin – postuliert, dass zunächst ein akzeptables Maß an konzeptioneller Schriftlichkeit aufzubauen sei, bevor sich SchreiberInnen an mündlichkeitsorientierten Mustern versuchen sollen. Der – ausgesprochen negativ ge wertete – Text von Vanessa zeigt sich mit vielen Qualitäten und Mängeln so (aus: Steinig/Huneke [3]2007: 132f.):

(12-5) *Eifersucht*

> *Wir sind umgezogen und ich kam in eine neue Schule, es war mir peinlich als Frau*
> *Schmidt (die Direktorin) mich der Klasse vorstellte, sie sagte: „So, das ist die neue*
> *Schülerin Vanessa"! Ich kam mir echt blöd vor, dann sagte Frau Schmidt zu mir,*
> *das ich mich zu Kevin setzen soll, das ist ein Junge mit blauen Augen und blonde*
> *Igelhaare, er hätte auch super coole Klamotten an, er sah echt süß aus. In der ersten*
> *Woche waren alle auch sehr nett zu mir, vor allem Kevin, Kevin und ich haben auch*
> *sehr viel miteinander unternommen, er zeigte mir die Stadt, wir gingen zusammen*
> *ins Kino, schwimmen u. s. w., nach zwei Wochen kam Kevins Freundin Sabrina, sie*
> *war im Urlaub, als sie mich im Unterricht sah, als ich neben Kevin, saß, starrte sie*
> *mich richtig neidisch an, ich konzentrierte mich auf den Unterricht und sah Sabri-*
> *na gar nicht reinkommen. In der Pause hängte ich immer mit Kevin rum. Da kam*
> *Sabrina und gab Kevin einen Kuss auf den Mund. Ich war richtig eifersüchtig, hab*
> *aber so getan als ob nichts wäre. Ich ging dann ohne was zu sagen, um sie alleine zu*
> *lassen. Nach der Schule ging ich wie immer nachhause. Als ich daheim war, dachte*
> *ich nach, wie konnte Kevin blos mit so einer blöden gehen sie war doch so eingebildet.*
> *Dann rief mich meine Mutter, ich soll ans Telefon. Es war Kevin, er fragte mich ob*
> *wir uns treffen können, denn er müsse mit mir sprechen, also trafen wir uns um*
> *15:00 Uhr an der Straßenkreuzung, er gestand mir seine Liebe und gab mir einen*
> *Kuss, aufeinmal kam Sabrina auf uns zu, sie scheuerte ihm eine, und sagte das es*
> *aus ist, ich war überglücklich.*

Die nachfolgende Kommentierung von Steinig/Huneke in ihrer Einführung „Sprachdidaktik Deutsch" ([3]2007) nimmt mit Rückgriff auf Parlando-Merkmale ausschließlich negative – oder für negativ gehaltene – Bewertungen vor. Die Autoren kommentieren den Text von Vanessa (12-5) wie folgt:

> Die Schülerin scheint ohne planende Vorbereitung ihren Text so geschrieben zu ha-
> ben, als wolle sie etwas Vertrauliches einem verständnisvollen Leser in einer fiktiven
> Redesituation mitteilen. Eine spontane und personale Schreibhaltung, gepaart mit der
> Hoffnung auf einen gutwilligen Leser, der die hohe Implizitheit mancher Textstellen
> mühelos aufzulösen vermag, sich an mangelnder Kohärenz nicht stört und die zahlrei-
> chen Auffälligkeiten in Orthographie und Interpunktion verzeiht, sind kennzeichnend
> für einen Stil, den Sieber (1998) mit ‚Parlando' bezeichnet.
> Im Rahmen einer Untersuchung von Maturaaufsätzen schweizerischer Gymnasiasten
> über mehr als 100 Jahre konnte er feststellen, dass dieser Stil in den letzten 30 Jahren
> deutlich zugenommen hat. Er sieht ihn jedoch keineswegs als Indiz für schriftsprachliche
> Defizite oder gar Kulturverfall, sondern interpretiert ihn als ein „neues kommunikatives
> Grundmuster in der Schriftlichkeit" und mithin als ein Phänomen sprachlichen Wan-
> dels. Denn ‚Parlando' könne auch – anders als in unserem Beispiel – stilistisch gut oder
> gar meisterlich gelingen, etwa in einer Zeitungsreportage oder in moderner fiktionaler
> Literatur. Bevor Schüler allerdings ein stilistisch geglücktes ‚Parlando' beherrschen, so
> wie dies offenbar einigen Maturanden in schweizerischen Gymnasien gelingt, müssen

Schüler wie Vanessa zunächst lernen, ein akzeptables Maß an konzeptioneller Schriftlichkeit zu erreichen. Erst dann können sie sich davon lösen und mündliche Elemente
als Stilmittel verwenden. (Steinig/Huneke ³2007: 133)

Die Wertung des Textes durch die Autoren und die daraus gefolgerten Konsequenzen sind eindeutig und sie sind eindeutig negativ. Damit unterliegt die Textbewertung einer Schwierigkeit, die auch bei der Arbeit mit dem Zürcher Textanalyseraster
festzustellen war – die dominante Ausrichtung auf Fehler und Mängel:

> Die Analysearbeit an den Texten hat auch ein grundsätzliches Problem der Wertun-
> gen von Textqualitäten deutlich gemacht: Es ist – auch mit einem Instrument wie dem
> Zürcher Textanalyseraster – sehr schwer, von der dominanten Ausrichtung auf Fehler
> und Mängel wegzukommen. Das hat mit unserer stark schulisch geprägten sprachli-
> chen Sozialisation zu tun. Es hat aber auch mit folgendem Umstand zu tun: Wenn wir
> Texte lesen, ist unsere Erwartung – wie in jeder Kommunikationssituation – die, dass
> die Texte das leisten, was sie leisten müssen, d.h. dass Kommunikation reibungslos
> gelingt. Wir erwarten mit andern Worten eine Qualität, und wird sie realisiert, fällt
> sie uns gar nicht auf. Es fällt uns dagegen auf, wenn sie nicht realisiert wird, und ganz
> selten fällt uns auch auf, wenn unsere Erwartung des Guten noch übertroffen wird.
> (Sieber 1998: 24)

 Aus der Perspektive der Textbewertung, wie sie hier am Beispiel des Zürcher Textanalyserasters und der Parlando-Phänomene entwickelt worden ist, sind zumindest die folgenden
kritischen Fragen an die Wertung des Textes (12-5) zu stellen:

- Was bietet uns der Text an? (Grundgrößen – auch mit Blick auf den Entwicklungsstand
  der Schreiberin – 15-jährige Hauptschülerin)
- Wie zeigt sich der Text, wenn die störenden Fehler in Orthografie und Interpunktion in
  einer bereinigten Fassung wegfallen? (Der Text erhält eine andere Qualität, wenn man
  ihn laut liest!)
- Welche Kategorien von Textqualität sind bei der Bewertung berücksichtigt worden?
  (Sprachsystematische und orthografische Richtigkeit – funktionale und ästhetische
  Angemessenheit – inhaltliche Relevanz?)
- Wie geht der Text mit Implizitheit und Explizitheit um?
- Welche Wagnisse schlagen wie (positiv/negativ) zu Buche?
- Welche Orientierungen an konzeptioneller Schriftlichkeit und Mündlichkeit (siehe
  Kap. 8) lassen sich ausmachen und wie sind sie zu werten?
- Welches können positive Ansatzpunkte für eine Weiterentwicklung der aktuellen
  Schreibkompetenz sein?

Aber auch:

- Welches Textideal, welche Wertmaßstäbe lassen sich im Hintergrund der Textbewer-
  tung ausmachen?
- Wie hilfreich ist die Forderung, „zunächst ein akzeptables Maß an konzeptioneller
  Schriftlichkeit zu erreichen"?
- Welches ist der geeignete Zeitpunkt, um „mündliche Elemente als Stilmittel" zu ver-
  wenden?

Textbewertung, so wurde eingangs zitiert, ist ein kognitiver Akt des Einschätzens, dem Wertmaßstäbe zugrunde liegen, die sich in Form von Kriterien beschreiben lassen. Diese Kriterien haben Veränderungen der Sprachpraxis, wie sie sich im aktuellen Umgang mit Texten in den verschiedenen medialen Realisierungen zeigen, in Rechnung zu stellen. Funktionale und ästhetische Angemessenheit von Texten ist nicht (mehr) mit Rekurs auf ein einziges Textideal zu bestimmen. Das macht die Textbewertung nicht einfacher – es macht aber auch den Blick frei für Qualitäten, die sonst verborgen bleiben würden.

Es gilt, mit offenen Augen die Vielfalt des Neuen zur Kenntnis zu nehmen – auch die spezifischen Qualitäten in den unterschiedlichen Schreibarten. Denn: Was wir im Mündlichen von klein auf gelernt haben, müssen wir neu auch im Geschriebenen wahrnehmen lernen: Eine Vielfalt von sprachlichen Realisierungen mit ihren jeweiligen Qualitäten und Herausforderungen, die je nach Situationen, Adressaten, Medien und Intentionen anders gestaltet sind. Dafür ist ein geschärftes Sprachbewusstsein nötig, das die Vielfalt der Stile und Möglichkeiten erkennen lernt und einen bewussten Einsatz des ganzen Spektrums von sprachlichen Möglichkeiten in Mündlichkeit und Schriftlichkeit fördert.

Dazu ist uns der Optimismus zu wünschen, wie ihn Jacob Grimm, der große Märchensammler und Sprachwissenschaftler des 19. Jahrhunderts einmal so formuliert hat:

> es ergibt sich, dasz die menschliche sprache nur scheinbar und von einzelnem aus betrachtet im rückschritt, vom ganzen her immer im fortschritt und zuwachs ihrer inneren kraft begriffen angesehen werden muss. (Grimm 1991 [1864, ²1879]: 291)

 ## Kommentierte Literaturtipps

Das Zürcher Textanalyseraster findet sich ausführlich dargestellt und erläutert im Sammelband „Sprachfähigkeiten" (Sieber 1994). Zentrale Vorüberlegungen enthält Nussbaumer 1991. Adaptationen für schulische Zwecke sind u. a. greifbar in Böttcher/Becker-Mrotzek 2003: 52 ff., Becker-Mrotzek/Böttcher 2006: 88 ff., Fix 2006: 194 ff. Eine informative Diskussion um die Einschätzung von Fehlern und Qualitäten in einem Schülertext findet sich in „Fehler: Defizite oder Lernfortschritte? Deutung eines Falles" (Der Deutschunterricht 2/94). Die gut dokumentierte Auseinandersetzung zeigt, wie in den 1990er-Jahren aus unterschiedlichen Perspektiven (Linguistik, Deutschdidaktik, Psycholinguistik, Schule) auf die Qualitäten und Mängel eines Schülertextes reagiert wurde.

13 Textverstehen und Textverständlichkeit

Susanne Göpferich

13.1   Vorstufen der Verständlichkeit: Leserlichkeit und Lesbarkeit
13.2   Die Verständlichkeit von Texten
13.3   Das Karlsruher Verständlichkeitskonzept
13.3.1 Kommunikative Funktion
13.3.2 Textproduktions-Eckdaten
13.3.3 Die Verständlichkeitsdimensionen
13.4   Methoden zur empirischen Verständlichkeitsprüfung

Verständlichkeit ist eines der wichtigsten Textqualitätsmerkmale. Botschaften kommen umso besser an, je leichter die Adressaten sie einem Text entnehmen können. Schwerverständliche Texte transportieren ihre Botschaft nur unzureichend oder gar nicht und drohen angesichts der zunehmenden Informationsflut, der wir in Alltag, Beruf und Freizeit ausgesetzt sind, und dem damit verbundenen Zeitdruck auch bei der Textrezeption erst gar nicht oder zumindest nicht weitergelesen zu werden. Wer will, dass seine Botschaften ankommen, muss also verständlich schreiben. Was macht nun aber einen verständlichen Text aus? Und wie kann man Textverständlichkeit „messen"? – Um diese Fragen zu beantworten, ist es zunächst einmal erforderlich, Textverstehensprozesse zu beleuchten.

13.1 Vorstufen der Verständlichkeit: Leserlichkeit und Lesbarkeit

Bevor wir einen Text kognitiv verarbeiten („verstehen") können, müssen wir ihn zunächst einmal über unsere Sinnesorgane aufnehmen. Wie leicht dies gelingt, ist von der LESERLICHKEIT (engl. *legibility*) des Textes abhängig. Der Begriff der Leserlichkeit bezieht sich auf die Qualität der graphischen und typographischen Gestaltung von Texten. Sie und ihr Einfluss auf die Textrezeption sind Gegenstand der Leserlichkeitsforschung. Sie wird als Vorläufer, aber auch als Teil der so genannten Lesbarkeitsforschung (siehe unten) betrachtet (Groeben 1982: 174). Faktoren, die einen Einfluss auf die Leserlichkeit eines Textes haben, sind beispielsweise die Schriftart, die Schriftgröße, der Schriftschnitt, die Zeilenlängen, der Zeilenumbruch, die Wortabstände, der Kontrast zwischen Schrift und Hintergrund sowie die Druckqualität. So hat man beispielsweise festgestellt, dass diejenigen Schriften, die am häufigsten verwendet werden und mit denen der Leser daher auch am häufigsten konfrontiert wird (z. B. in der Presse), auch am leichtesten zu entziffern sind. Dies sind die Schriften Times und Helvetica (Kösler [2]1992: 157, 160). Eine Zusammenstellung der wichtigsten Ergebnisse der Leserlichkeitsforschung für die Textproduktion liefert Göpferich (1998: Kap. 4).

Auf einer höheren Verarbeitungsstufe muss der Rezipient die Wörter in ihrer
Einbindung in den Satz und die grammatischen Konstruktionen, die in einem Text
verwendet werden, erkennen und verstehen. Textoptimierungen, die in diesem
sprachlich-stilistischen Bereich von Texten ansetzen, sind Gegenstand der Lesbarkeitsforschung (LESBARKEIT – engl. *readability*), deren Anfänge in die 1930er-Jahre
zurückreichen (vgl. Groeben/Christmann 1989: 166 f.). Ihre wichtigsten Ergebnisse
sind so genannte Lesbarkeitsformeln, in die als Hauptfaktoren Werte für die Wort-
und Satzschwierigkeit einfließen (wie die durchschnittliche Wortlänge, die Anzahl
der Silben pro 100 Wörter, die durchschnittliche Anzahl der Wörter pro Satz), aber
je nach Formel auch Werte wie etwa die allgemeine Vorkommenshäufigkeit der
im Text verwendeten Wörter (gemessen an Ranglisten bzw. Häufigkeitswörter-
büchern). Berücksichtigt werden also ausschließlich quantitativ erfassbare Eigenschaften der sprachlichen Textoberfläche (siehe hierzu überblicksartig Göpferich
²2006: 109 ff.). Entwickelt hat man Lesbarkeitsformeln zunächst zur Beurteilung
der Lesbarkeit von Schulbüchern.

 Lesbarkeit darf nicht mit Verständlichkeit gleichgesetzt werden, sondern deckt allenfalls
einen Teilaspekt von ihr ab. Nahezu unberücksichtigt bleiben in den Lesbarkeitsformeln
nämlich u. a. inhaltliche Aspekte wie die Beschreibungstiefe und Gliederung, die spezifische Textfunktion und damit auch die Textsorte (sofern eine Lesbarkeitsformel nicht textsortenspezifisch entwickelt wurde und auch nur auf Texte der entsprechenden Textsorte
angewandt wird), das Vorwissen und die Interessen der Adressaten an dem jeweiligen
Text, also auch die Frage, ob die Inhalte in einer Ausführlichkeit und einer Reihenfolge
dargeboten werden, in der die Adressaten sie mit ihrem spezifischen Vorwissen auch
verarbeiten können (siehe zur Kritik an Lesbarkeitsformeln allgemein auch Heringer 1979:
262; zur Bewertung von Lesbarkeitsformeln speziell für das Technical Writing Redish/
Selzer 1985).

13.2   Die Verständlichkeit von Texten

Zwei wichtige Forschungsstränge in der Verständlichkeitsforschung im engeren
Sinne sind 1. die grundlagentheoretisch orientierte kognitionswissenschaftliche
Forschung und 2. die anwendungsorientierte instruktionspsychologische For-
schung (vgl. Groeben 1982, Christmann 1989, Groeben/Christmann 1989: 166,
Biere 1989). Eine Zusammenfassung ihrer wichtigsten Ergebnisse findet sich in
Göpferich (²2006: Kap. 4.4 und 4.5). Im Folgenden werden lediglich diejenigen
Ansätze dieser beiden Forschungsstränge vorgestellt, die für das Verständnis mei-
nes kommunikationsorientiert-integrativen Bezugsrahmens für die Bewertung der
Verständlichkeit von Texten, das Karlsruher Verständlichkeitskonzept (13.3), not-
wendig sind.
   Alle Ansätze der Verständlichkeitsforschung im engeren Sinne haben gemein-
sam, dass in ihnen Verstehen nicht mehr als rein (text)datengeleiteter Prozess, als

so genannter *bottom-up*-Prozess (d.h. vom Text in die kognitiven Strukturen des Lesers), verstanden wird, sondern aufgefasst wird als ein Prozess, in dem das, was der Leser über *bottom-up*-Prozesse aus dem Text aufnimmt, in eine Wechselwirkung tritt mit dem Wissen, das er bereits in seinem Gedächtnis gespeichert hat und das für das Verstehen aktiviert wird. Dabei geht man davon aus, dass ein Text Sinn nicht inhärent besitzt, sondern dass der Leser im Verstehensprozess durch Einbringen seines Wissens Sinn erst aktiv „konstruieren" muss (Groeben 1982: 8, 49). Man spricht bei diesen neueren Theorien des Verstehens daher auch vom kognitiven Konstruktivismus (siehe z.B. Bransford/McCarrell 1974, Hörmann 1976: 467 ff., Hanstein 1993, überblicksartig Rickheit/Strohner 1993: 78 f., aber auch bereits Bartlett 1932, dessen Gedanken man während der Vorherrschaft des behavioristischen Wissenschaftsparadigmas jedoch noch wenig Beachtung schenkte).

Die Prozesse, in denen im Gedächtnis des Lesers bereits vorhandenes Wissen für den Verstehensprozess aktiviert wird, bezeichnet man als *top-down*-Prozesse (d.h. vom Langzeitgedächtnis bzw. den höheren Verarbeitungsstufen aus zu den tieferen Verarbeitungsstufen). Beim Verstehen interagieren im Gedächtnis des Lesers also Informationen, die er in *bottom-up*-Prozessen über seine Sinnesorgane aufnimmt, mit dem Vorwissen, das in seinem Langzeitgedächtnis gespeichert ist und – u.a. ausgelöst durch *bottom-up*-Prozesse, aber auch durch seine Interessen und Lesestrategien – in sein Bewusstsein gerufen wird (*top-down*-Prozesse), so dass er dieses Vorwissen aktiv in das Verstehen einbringen kann. Groeben (1982: 9, 15, 148, 186) betrachtet den Verstehensprozess daher auch als eine „Leser-Text-Interaktion".

Kognitionswissenschaftliche Verständlichkeitsforschung

Die beiden wichtigsten Ansätze der kognitionswissenschaftlichen Verständlichkeitsforschung sind die Schema-Theorie sowie die Theorie der mentalen Modelle.

Die *schema-theoretischen Ansätze* zur Textverarbeitung betonen in besonderem Maße die Bedeutung des Vorwissens, der Erwartungen und Zielsetzungen des Rezipienten für die Textverarbeitung. Das Vorwissen des Rezipienten stellt man sich dabei als in SCHEMATA strukturiert vor. Hierbei handelt es sich um im Langzeitgedächtnis gespeicherte grundlegende Wissenseinheiten, die aus Konzepten und Relationen zwischen diesen Konzepten bestehen (z.B. Teil-Ganzes-Relationen, temporalen, kausalen, räumlichen Relationen). Die Konzepte sind dabei die kleinsten Bausteine unseres Wissens. Wir erwerben sie durch Abstraktion von Wahrgenommenem. Sie weisen Variablen, so genannte *slots*, auf, die durch Informationen aus *bottom-up*-Prozessen besetzt werden können. Hierdurch ist eine Eingliederung neuer Informationen in die bereits vorhandene Wissensstruktur möglich. Bei der Informationsverarbeitung aktiviert die über *bottom-up*-Prozesse aufgenommene Information im Langzeitgedächtnis bereits vorhandene Schemata, die ihrerseits wieder Subschemata aktivieren und zu Hypothesen und Erwartungen führen, die in *top-down*-Prozessen in den Verstehensprozess eingebracht werden (vgl. Christmann 1989: 76 sowie zusammenfassend auch Hoppe-Graff 1984: 17).

Nach der Schema-Theorie ist das Verstehen und Behalten eines Textes also von den im Gedächtnis des Rezipienten bereits vorhandenen Schemata abhängig, die u.a. durch die über *bottom-up*-Prozesse aus dem Text aufgenommene Information aktiviert und somit in das Verstehen eingebracht werden können. Fehlen relevante Schemata oder Subschemata, so hat der Rezipient entweder Verstehensschwierigkeiten, weil er das in diesen – vom Verfasser des Textes bei seinen Adressaten vorausgesetzten – Schemata gespeicherte Vorwissen nicht besitzt und daher z.B. bestimmte Inferenzen nicht ziehen kann, oder aber das Fehlen relevanter Schemata oder Subschemata führt zu Missverständnissen, weil der Leser auf andere in seinem Gedächtnis gespeicherte Schemata zurückgreift, deren Einbringung vom Verfasser des Textes jedoch u. U. nicht intendiert war.

Nach der *Theorie der mentalen Modelle* (z.B. Sanford/Garrod 1981, Johnson-Laird 1985, Schnotz 1985, und ansatzweise auch bereits van Dijk/Kintsch in ihrem Modell von 1983) wird Textbedeutung kognitiv auf zwei Weisen repräsentiert: zum einen in Form von Propositionen (Prädikat-Argument-Strukturen), d.h. auf eine sehr sprachnahe Weise, auf deren Grundlage dann aber zum anderen „geistige Bilder" oder „Szenen" der im Text beschriebenen Sachverhalte, die so genannten MENTALEN MODELLE, konstruiert werden. Dabei wird an einen Gedanken von Craik (1943) angeknüpft, der Denken als die Manipulation der internen Repräsentation von Welt auffasst. In mentalen Modellen können also Sachverhalte, Ereignisse und Handlungen geistig simuliert werden. Sie stellen Realitätsbereiche nicht symbolisch oder digital dar (wie z.B. Propositionsmodelle), sondern repräsentieren sie analog (Schnotz 1985: 11, Christmann 1989: 87).

Den Verstehensprozess kann man sich nach der Theorie der mentalen Modelle im Einzelnen wie folgt vorstellen: Die Textinhalte werden zunächst in Propositionen umgesetzt. Diese werden schrittweise zur Konstruktion mentaler Modelle genutzt, wobei auf bereits in den kognitiven Strukturen vorhandene Schemata (sozusagen als „Fertigbauteile") zurückgegriffen werden kann. Die einlaufenden Propositionen werden dabei vor dem Hintergrund aktivierter schon vorhandener mentaler Modelle realer oder imaginärer Weltausschnitte interpretiert und die mentalen Modelle mit den neu aufgenommenen Informationen angereichert, auf Konsistenz geprüft und ggf. modifiziert (Schnotz 1985: 14). Auf diese Weise kann man mehrere Grade des Verstehens unterscheiden: ein eher oberflächliches, rein sprachliches Verstehen auf der sprachnahen Ebene der propositionalen Repräsentation und ein tieferes Verstehen des im Text vermittelten Sachverhalts, das von sprachlichen Strukturen losgelöst ist (Schnotz 1985: 39, Christmann 1989: 88).

Bedeutende Konsequenzen hat die Theorie der mentalen Modelle für die Inferenz- und Kohärenzbildung. Nach Johnson-Laird (1985: 370) ist ein Text dann kohärent, wenn es gelingt, auf seiner Grundlage ein einheitliches, in sich widerspruchsfreies mentales Modell zu konstruieren. Kohärenz ist also nicht mehr an das Vorliegen von expliziten Begriffswiederaufnahmen im Text gebunden; Kohärenz ist keine Texteigenschaft mehr, sondern eine Eigenschaft, die durch die Interaktion von Textinformationen mit dem Vorwissen des Rezipienten erzeugt werden kann und folglich in starkem Maße von dem jeweiligen Vorwissen des Lesers abhängt.

Instruktionspsychologische Ansätze der Textverarbeitung

Die beiden wichtigsten instruktionspsychologischen Ansätze zur Erklärung von Textverarbeitungsprozessen sind das so genannte Hamburger Verständlichkeitskonzept der Psychologen Langer, Schulz von Thun und Tausch ([5]1993) sowie das Verständlichkeitskonstrukt Groebens (1982). Beide Konzepte wurden bereits in den 1970er-Jahren entwickelt (vgl. Langer/Tausch 1972, Langer u. a. 1973, Schulz von Thun 1974, Groeben [2]1978). Sie gerieten immer wieder in die Kritik (siehe hierzu z. B. Heringer 1979 und 1984), wurden und werden aber aufgrund ihres didaktischen Nutzens bis heute in Textproduktionslehrveranstaltungen eingesetzt. Obwohl die Hamburger Forschergruppe und Groeben bei der Herleitung ihrer Verständlichkeitskonstrukte unterschiedliche Ansätze wählten (die Hamburger Psychologen einen empirisch-induktiven, Groeben hingegen einen theoretisch-deduktiven), gelangten sie relativ übereinstimmend zu dem Ergebnis, dass es Merkmale in vier so genannten DIMENSIONEN sind, die die Verständlichkeit eines Textes beeinflussen. Bei diesen vier Dimensionen handelt es sich – jeweils in der Terminologie der Hamburger Psychologen (Langer u. a. [5]1993: 16 ff.) und derjenigen Groebens (1982: 211) angegeben – um:

1. EINFACHHEIT bzw. SPRACHLICHE EINFACHHEIT;
2. GLIEDERUNG – ORDNUNG bzw. KOGNITIVE GLIEDERUNG;
3. KÜRZE – PRÄGNANZ bzw. SEMANTISCHE KÜRZE/REDUNDANZ;
4. ANREGENDE ZUSÄTZE bzw. MOTIVATIONALE STIMULANZ.

 Die wesentlichen gegen diese instruktionspsychologischen Verständlichkeitskonzepte vorzubringenden Kritikpunkte, die sich primär auf deren theoretisches Fundament und Validierung beziehen und mich zur Entwicklung des Karlsruher Verständlichkeitskonzepts veranlassten, sind in Göpferich ([2]2006: 136 ff.) zusammengestellt. Die Kritik darf jedoch den Blick auf die nützlichen Aspekte der instruktionspsychologischen Verständlichkeitskonzepte nicht verstellen. Auch wenn ihre Herleitung methodisch höchst angreifbar ist, besteht doch kein Zweifel daran, dass die vier Verständlichkeitsdimensionen, zwischen denen Langer u. a. ([5]1993) und Groeben (1982) differenzieren, zur Beurteilung der Verständlichkeit eines Textes relevant sind.

In der Textproduktionsdidaktik hat die Beurteilung von Texten anhand von vier Verständlichkeitsdimensionen beispielsweise gegenüber dem Einsatz einer Lesbarkeitsformel den Vorteil, dass man aus den Einzelbewertungen in den vier Dimensionen genauer ablesen kann, in welcher Hinsicht ein Text optimierungsbedürftig ist. Solange die vier Dimensionen jedoch inhaltlich nicht exakter bestimmt und präziser voneinander abgegrenzt werden, als dies in den beiden instruktionspsychologischen Konzepten geschehen ist, oder ihnen nicht zumindest umfassendere Merkmallisten zugeordnet werden, die das von den Dimensionen abgedeckte Merkmalspektrum illustrieren (wie in Göpferich 1998: Kap. 8.5), bleiben die Urteile zu den Dimensionen, in denen ein Text optimierungsbedürftig ist, entsprechend vage. Eine genauere Abgrenzung der vier Dimensionen ist auch die Voraussetzung für die Beantwortung der Frage, ob es über die vier Dimensionen hinaus nicht noch weitere gibt, die ebenfalls einen Einfluss auf die Verständlichkeit eines Textes haben.

Der gravierendste Mangel der beiden instruktionspsychologischen Konzepte besteht jedoch darin, dass sie noch weitgehend textorientiert bleiben, also textexterner Bezugsgrößen entbehren, zu denen die Ausprägung der Merkmale in den einzelnen Dimensionen in Beziehung gesetzt werden könnte (vgl. Biere 1989: 41 ff.). Die Verständlichkeit eines Textes ist nämlich keine absolute Größe, sondern muss in Relation zu verschiedenen textexternen und über den Text hinausweisenden Faktoren gesehen werden, die für Verständlichkeitsbetrachtungen einen Bezugsrahmen bilden. Die Unentbehrlichkeit solcher Bezugsgrößen für Urteile über die Verständlichkeit von Texten betont auch Heringer (1979: 274).

Das Karlsruher Verständlichkeitskonzept, das im nächsten Abschnitt vorgestellt wird, beinhaltet einen solchen Bezugsrahmen. Die Dimensionen der instruktionspsychologischen Modelle werden in ihm präzisiert und um zwei weitere ergänzt (KORREKTHEIT und PERZIPIERBARKEIT). Ferner wird an Kontrastpaaren exemplarisch aufgezeigt, welche Merkmale jeweils zur Erfüllung der Anforderungen beitragen, die den Dimensionen zuzurechnen sind. In die Modellentwicklung fließen Erkenntnisse aus der Kognitionswissenschaft (Schema-Theorie und mentale Modelle), der Instruktionspsychologie (die vier instruktionspsychologischen Dimensionen als grober Ausgangspunkt), der Sprachwissenschaft (Stilistik, Textlinguistik, Sprachpsychologie, Fachsprachenforschung/Terminologielehre) sowie der Kommunikationstheorie und der Semiotik (Kommunikationsmodell, Zeichenbegriff) ein.

13.3   Das Karlsruher Verständlichkeitskonzept

Abb. 13.1 bietet einen Überblick über den Bezugsrahmen, die für Textbewertungen heranzuziehenden Dimensionen und deren Einflussbereich. Die einzelnen Größen des Bezugsrahmens werden im Folgenden erläutert.

13.3.1 Kommunikative Funktion

Die Qualität eines Textes – und damit auch seine Verständlichkeit als *ein* Qualitätsfaktor – kann nicht unabhängig von seiner KOMMUNIKATIVEN FUNKTION bestimmt werden; vielmehr kann die Textqualität geradezu definiert werden als der Grad, in dem der Text seine kommunikative Funktion erfüllt. Letztere ist dabei als eine Spezifikation zu betrachten, nach der ein Text erstellt werden kann. Um die kommuni-

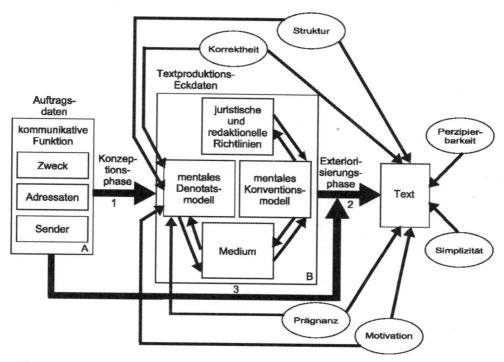

Abb. 13.1: Bezugsrahmen und Dimensionen für Textbewertungen

kative Funktion als Spezifikation für Textproduktionsaufträge und Bezugsgröße für Textbewertungen und -optimierungen nutzen zu können, bedarf sie jedoch einer genaueren Bestimmung: Die kommunikative Funktion kann aufgefasst werden als eine komplexe Bezugsgröße, die sich zusammensetzt aus a) dem Zweck des Textes, b) seinen Adressaten und c) seinem Sender.

Zweck

Der Begriff des ZWECKS (oder Verwendungszwecks) ist insofern wiederum vage, als der Zweck eines Textes mit unterschiedlicher Präzision angegeben werden kann. Um ihn als Bezugsgröße für Textproduktion, Textbewertungen und -optimierungen nutzen zu können, muss der Zweck des jeweiligen Textes mit einem Mindestpräzisionsgrad angegeben werden. Da dieser Mindestpräzisionsgrad textübergreifend intensional schwer bestimmbar ist, seien hier exemplarisch einige Verwendungszwecke mit der erforderlichen Genauigkeit genannt: Adressaten dazu befähigen, mit einem Handy anrufen zu können; Adressaten klarmachen, warum eine Reibungskupplung ein Verschleißteil ist; Adressaten befähigen, die Werkstattrechnung zu ihrer Kupplungsreparatur zu verstehen; Adressaten über die Therapiemöglichkeiten aufklären, die es für AIDS-Infizierte gibt.

Adressaten

Wie ein Text beschaffen sein muss, damit er dem spezifizierten Zweck entspricht, hängt wiederum auch von seinen ADRESSATEN ab. Es leuchtet leicht ein, dass ein Text, der behandelnde Ärzte als Spezialisten über AIDS-Therapien informiert, anders beschaffen sein muss als ein Text, der sich an Patienten richtet. Die Unterschiede liegen dabei nicht nur in der Terminologie, sondern u. a. auch in der Ausführlichkeit, mit der die verschiedenen Therapien beschrieben werden müssen.

Sender

Neben dem Zweck und den Adressaten stellt auch der SENDER einen Faktor dar, der einen Einfluss auf die Beschaffenheit eines Textes hat bzw. haben muss. Eine Broschüre, deren Zweck beispielsweise darin besteht, über die Auswirkungen der neuen Studien- und Prüfungsordnungen auf den Studienverlauf zu informieren, deren Adressaten die betroffenen Studierenden sind und deren Sender das Ministerium ist, wird sich grundlegend von einem Text mit demselben Zweck und denselben Adressaten unterscheiden, bei dem der AStA als Sender auftritt. Ein Hersteller von Luxuslimousinen wählt in seinen Firmendruckschriften ein anderes *Corporate Wording* als ein Automobilhersteller wie etwa Volkswagen (vgl. *unsere Automobile/Fahrzeuge* vs. *unsere Autos*).

Zweck, Adressaten und Sender im oben definierten Sinn machen die kommunikative Funktion eines Textes aus. Diese wiederum determiniert in der Textkonzeptionsphase zunächst die Textproduktions-Eckdaten (Pfeil ① in Abb. 13.1), im Rahmen des Gestaltungsspielraums, den diese Eckdaten gewähren, dann aber auch die Kodierung selbst (Pfeil ③ in Abb. 13.1).

13.3.2 Textproduktions-Eckdaten

Die Textproduktions-Eckdaten umfassen a) das mentale Modell der im Text behandelten Gegenstände und Sachverhalte (MENTALES DENOTATSMODELL), b) das mentale Modell der zu wählenden Textsorte (MENTALES KONVENTIONSMODELL), c) das MEDIUM, in dem die Informationen übermittelt werden, und d) ggf. zu beachtende JURISTISCHE UND REDAKTIONELLE RICHTLINIEN.

Mentales Denotatsmodell

Unter dem MENTALEN DENOTATSMODELL verstehe ich das mentale Modell der Gegenstände und Sachverhalte, das zur Erfüllung der kommunikativen Funktion bei der Rezeption des Textes vor dem geistigen Auge des Rezipienten entstehen soll und im Idealfall, induziert durch die im Text verwendeten Zeichen und unter Ausnutzung der von ihnen ausgelösten *top-down*-Prozesse, auch entsteht. Es stellt in der Konzeptionsphase zugleich die mentale Repräsentation der Gegenstände und Sachverhalte im Gedächtnis des Textproduzenten dar, die dieser in der Exteriorisierungsphase kodiert, also in Zeichen umsetzt.

Ausschlaggebend für die Beschaffenheit des in einem Text zu vermittelnden mentalen Denotatsmodells ist, wie das folgende Beispiel illustriert, die kommunikative Funktion des Textes.

Ein sehr einfaches mentales Denotatsmodell einer Kfz-Reibungskupplung lässt sich wie in Abb. 13.2 visualisieren.

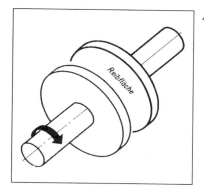

Abb. 13.2: Einfaches mentales Denotatsmodell einer Kfz-Reibungskupplung (adaptiert aus Niess u.a. 1984: 211)

Für einen Text mit dem Zweck ‚Erklärung des Funktionsprinzips einer Reibungskupplung‘ und der Adressatengruppe ‚Laien auf dem Gebiet der Kraftfahrzeugtechnik‘ reicht das mentale Denotatsmodell in Abb. 13.2 völlig aus: Werden die beiden Scheiben mit ausreichender Kraft gegeneinander gepresst und dreht sich die linke Welle, so nimmt diese aufgrund der Reibungskraft an der Kontaktstelle zwischen den beiden Scheiben die rechte Scheibe mit, so dass sich dann auch die rechte Welle dreht. Auch um zu erklären, warum die Kupplung ein Verschleißteil ist, reicht dieses simple mentale Denotatsmodell aus. Weitere Details über Kupplungen zu erwähnen, wie etwa ihre Bauteile im Einzelnen (Druckplatte, Kupplungsscheibe, Tellerfeder etc.), ist zur Vermittlung des bloßen Funktionsprinzips der Reibungskupplung bzw. der Einsicht, dass Reibungskupplungen zwangsläufig verschleißen, überflüssig. Wenn die kommunikative Funktion des Textes zum Thema Kupplung jedoch darin besteht, Autofahrer dazu zu befähigen, die Details in der Werkstattrechnung zu ihrer Kupplungsreparatur zu verstehen, ist ein komplexeres mentales Denotatsmodell erforderlich, das auch all diejenigen Bauteile beinhaltet, die in der Reparaturrechnung aufgeführt sein können.

Mentales Konventionsmodell

Bei der Kodierung des mentalen Denotatsmodells in der Exteriorisierungsphase ist ein Textproduzent nicht völlig frei, sondern an die Konventionen einer geeigneten Textsorte gebunden, deren Auswahl ebenfalls in Abhängigkeit von der kommunikativen Funktion des Textes getroffen werden muss. Diese Textsorten*konventionen* sind im Gegensatz zu juristischen und redaktionellen *Richtlinien* nicht schriftlich fixiert, sondern haben sich als „Sprachverwendungs- und Textgestaltungsmuster" (Reiß/ Vermeer 1984: 177) allmählich herausgebildet. Sie haben sich in Form von MENTA-LEN (TEXTSORTEN-)KONVENTIONSMODELLEN im Gedächtnis kompetenter Sprachbenutzer festgesetzt, sofern diese mit den betreffenden Textsorten zumindest rezeptiv vertraut sind. Diese mentalen Konventionsmodelle umfassen zum Beispiel Schemata zur konventionellen Gliederungsstruktur von Textsorten, der so genannten Makrostruktur, zu textsortenspezifischen standardisierten Formulierungen (syntaktischen Fertigstücken oder Textversatzstücken) u. a. Ein mentales Konventionsmodell steuert bei einem mit der entsprechenden Textsorte auch produktiv vertrauten Verfasser nicht nur die Textproduktion, sondern bei einem Rezipienten, der mit der Textsorte zumindest rezeptiv vertraut ist, auch die Informationsaufnahme aus dem Text und damit das Verstehen. Das mentale Konventionsmodell fungiert dabei als eine Art *advance organizer*, der es dem Rezipienten erleichtert, die Informationen, die er aufnimmt, in einen Zusammenhang zu bringen, es steuert seine Erwartungen zu dem, was im Text als nächstes behandelt wird, und auch zur Art der Versprachlichung (Stil, Fertigstücke, Terminologie etc.), in der dies geschieht. Werden seine Erwartungen erfüllt, so erleichtert ihm das mentale Konventionsmodell das Verstehen. Verstöße gegen ein solches Konventionsmodell hingegen können sich, wie Beispiel (13-1) unten illustriert, auf die Textrezeption erschwerend auswirken.

Dabei halte ich es für plausibel, dass mentale Konventionsmodelle so lange im Unterbewusstsein des Rezipienten bleiben und damit auch keine Verarbeitungskapazität im Arbeits- bzw. Kurzzeitgedächtnis beanspruchen, wie sie in dem Text, den er rezipiert, eingehalten werden. Verstöße gegen sie hingegen enttäuschen die Erwartungen des Rezipienten, was dazu führen kann, dass das jeweilige mentale Konventionsmodell in Auszügen in das Bewusstsein des Rezipienten „geladen" wird und somit *top-down*-Prozesse in Gang kommen, die beispielsweise zu Interpretationsversuchen für diese Konventionsverstöße führen. Hier liegt dann ein Fall vor, in dem sich – in der Terminologie Heringers (1984: 60) – Verständnis nicht mehr einstellt, sondern durch Interpretation bewusst herbeigeführt werden muss.

Mögliche durch Konventionsverstöße ausgelöste Interpretationsversuche des Rezipienten können an folgendem Beispiel illustriert werden: In negativen Bescheiden auf Bewerbungen wird die negative Botschaft aus Höflichkeitsgründen konventionell in Heckenausdrücke (*hedges*) gekleidet, die den Text zwangsläufig verlängern (vgl. die folgenden Varianten):

(13-1a) *Wir stellen Sie nicht ein.*
(13-1b) *Wir müssen Ihnen leider mitteilen, dass wir uns für einen anderen Bewerber entschieden haben.*

Die Variante (13-1a) ist zwar kürzer als die Variante (13-1b), dadurch aber in der Textsorte Abschlägiger Bescheid auf eine Bewerbung nicht verständlicher – im Gegenteil: Dadurch dass die Variante (13-1a) gegen die Konventionen dieser Textsorte verstößt, klingt sie für den Rezipienten ungewohnt, was an sich schon das Verständnis beeinträchtigen kann. Darüber hinaus kann der Konventionsverstoß beim Rezipienten, der den Text vor dem Hintergrund seines mentalen Konventionsmodells auswertet, auch *top-down*-Prozesse in Gang setzen, die vom Verfasser gar nicht intendiert waren, wie etwa Überlegungen dazu, warum gegen die Konventionen verstoßen wurde (aus Unhöflichkeit? zur Demütigung des Adressaten? etc.). Solche Überlegungen nehmen im Gedächtnis des Rezipienten Verarbeitungskapazität in Anspruch, die dann für die Verarbeitung des eigentlich zu Vermittelnden nicht mehr zur Verfügung steht (was im obigen Beispiel allerdings keine relevanten Auswirkungen haben dürfte).

Medium

Das VERMITTLUNGSMEDIUM wird ebenfalls von der kommunikativen Funktion des Textes mit bestimmt. Es ist aber auch abhängig vom mentalen Denotatsmodell. Umfasst dieses Prozesse, die sich nur schwer anschaulich verbalisieren lassen, so muss z. B. auf ein Medium zurückgegriffen werden, das auch animierte nonverbale Darstellungen erlaubt, wie etwa ein Computer-Based-Training (CBT). Umgekehrt kann das Medium jedoch auch Rückwirkungen auf das mentale Denotatsmodell haben. Können zur Informationsvermittlung beispielsweise multimediale Darstellungen genutzt werden, so sind der Kreativität bei der Konstruktion mentaler Denotatsmodelle weniger Grenzen gesetzt als bei einer rein verbalen Vermittlung. Ein wechselseitiges Determinationsverhältnis besteht außerdem zwischen dem Medium und dem mentalen Konventionsmodell. Dies wird deutlich, wenn man zum einen die Konventionen in konventionellen Briefen mit denjenigen in E-Mails vergleicht (hier determiniert das Medium die Konventionen) und sich zum anderen bewusst macht, dass es Standardsituationen (wie z. B. die Kündigung einer Stellung) gibt, die eine Kommunikation in einem bestimmten Medium (z. B. der Schriftform) vorschreiben (hier determiniert das Konventionsmodell das zu wählende Medium).

Juristische und redaktionelle Richtlinien

Hierzu zählen beispielsweise Anforderungen an technische Dokumentation, die in meist firmen- bzw. institutionsspezifischen Redaktionsleitfäden oder Style Guides festgehalten werden. Mit ihnen wird u. a. das Ziel verfolgt, übersetzungsfreundlichere Texte zu erhalten. Zu diesen Richtlinien gehören aber auch rechtliche Anforderungen, wie sie sich beispielsweise aus EU-Richtlinien ergeben. Hier finden sich u. a. Vorschriften dazu, welche Mindestinhalte Betriebsanleitungen aufweisen müssen, wie diese zu strukturieren sind und welcher Sprachstil in ihnen zu pflegen ist (siehe hierzu ausführlich Göpferich 1998: Kap. 11).

Zwischen diesen Richtlinien, die als schriftlich fixierte Dokumente vorliegen, und den lediglich in den kognitiven Strukturen verankerten mentalen Konventionsmodellen besteht wiederum ein wechselseitiges Determinationsverhältnis. Einerseits haben die bestehenden Konventionen einen Einfluss darauf, was in Richtlinien festgelegt werden darf. Letztere engen das Wahlspektrum, das die Konventionen lassen, nur ein. Andererseits wirken die Richtlinien auf die Konventionen zurück und führen dazu, dass bestimmte Wahlmöglichkeiten im Laufe der Zeit wegfallen.

In ihrer Summe legen die Eckdaten den Gestaltungsspielraum fest, der dem Textproduzenten beim Verfassen seines Textes bleibt (Pfeil ② in Abb. 13.1). Mit den Auftragsdaten (kommunikative Funktion, bestehend aus Zweck, Adressaten und Sender), den Textproduktions-Eckdaten (mentales Denotatsmodell, mentales Konventionsmodell, Medium und juristische und redaktionelle Richtlinien) sowie den zwischen ihnen bestehenden Determinationsverhältnissen steht der Bezugsrahmen für die Produktion und Bewertung von Texten fest. Die Frage, auf welche Faktoren innerhalb dieses Rahmens die Anforderungen aus meinen sechs Verständlichkeitsdimensionen (siehe Abb. 13.1) bezogen werden müssen, ist Gegenstand des nächsten Abschnitts, in dem die Dimensionen vorgestellt werden.

13.3.3 Die Verständlichkeitsdimensionen

In Anlehnung an die instruktionspsychologischen Verständlichkeitskonzepte (siehe Abschnitt 13.2) unterscheide ich zwischen den Verständlichkeitsdimensionen STRUKTUR (abgeleitet von der Dimension GLIEDERUNG – ORDNUNG bzw. KOGNITIVE GLIEDERUNG), PRÄGNANZ, MOTIVATION und SIMPLIZITÄT (abgeleitet von der Dimension [SPRACHLICHE] EINFACHHEIT). Dabei weiche ich bewusst von der Terminologie aus den instruktionspsychologischen Ansätzen ab, um Verwechslungen zwischen meinen präziser definierten Dimensionen und den noch relativ vagen Dimensionen der Instruktionspsychologen zu vermeiden. Darüber hinaus führe ich noch zwei weitere Dimensionen ein: die Dimension KORREKTHEIT und die Dimension PERZIPIERBARKEIT. Mit ihnen trage ich dem Umstand Rechnung, dass die Richtigkeit eines Textes auf allen Ebenen (Inhalt, Gestaltung, Typographie etc.) sowie die Leichtigkeit, mit der er über die Sinnesorgane aufgenommen und somit den kognitiven Systemen zur weiteren Verarbeitung zugeführt werden kann, zwei weitere wichtige Größen sind, von denen die Textverständlichkeit abhängt.

Ein wesentlicher Unterschied zwischen meinen Verständlichkeitsdimensionen und denjenigen der Instruktionspsychologen besteht auch darin, dass ich bei den Forderungen, die sich aus den einzelnen Dimensionen ergeben, streng differenziere zwischen solchen, die ausschließlich an die Kodierung im Text zu stellen sind, und solchen, die – noch unabhängig von der Kodierung im Text – vom jeweiligen zu vermittelnden mentalen Denotatsmodell zu erfüllen sind. In den instruktionspsychologischen Verständlichkeitskonzepten wird zwischen diesen beiden Arten von Forderungen nicht explizit differenziert.[1]

---

1 Zu einer ausführlicheren Darstellung der nachfolgenden sechs Verständlichkeitsdimensionen mit einem umfassenden Katalog von Beispielen für Textoptimierungen in den verschiedenen Dimensionen siehe Göpferich [2]2006: 163 ff.

Prägnanz

Unter dem Gesichtspunkt der PRÄGNANZ sind bei der Textbewertung zwei Größen zu analysieren: zum einen das im Text zu vermittelnde mentale Denotatsmodell und zum anderen die Kodierung im Text. Den idealen Prägnanzgrad erreicht ein Gebrauchstext dann, wenn

1. das im Text vermittelte mentale Denotatsmodell die ökonomischste Gestalt annimmt, mit der sich die kommunikative Funktion des Textes unter Beachtung der übrigen Textproduktions-Eckdaten (mentales Konventionsmodell, Medium, juristische und redaktionelle Richtlinien) sowie der Anforderungen aus den übrigen fünf Verständlichkeitsdimensionen erfüllen lässt, und
2. das diese Anforderungen erfüllende mentale Denotatsmodell wiederum unter Beachtung der kommunikativen Funktion, der übrigen Eckdaten für die Textproduktion sowie der Anforderungen aus den übrigen Verständlichkeitsdimensionen mit dem geringstmöglichen Zeichenaufwand exteriorisiert wird.

Beispiele für die größtmögliche Ökonomie mentaler Denotatsmodelle in Abhängigkeit von der kommunikativen Funktion des Textes wurden in Abschnitt 13.3.2 (siehe Abb. 13.2) bereits angeführt. Das mentale Denotatsmodell darf vor dem Hintergrund der jeweiligen kommunikativen Funktion des Textes keine Lücken, aber auch keine überflüssigen Details aufweisen. Überflüssige Details führen zwar nicht zwangsläufig zu einer Einbuße an Verständlichkeit; sie erhöhen aber den Rezeptionsaufwand, was ebenfalls nicht im Interesse des Rezipienten sein kann.

Ein weiterer Faktor, der den erforderlichen Zeichenaufwand beeinflusst, ist, wie in Beispiel (13-1) bereits aufgezeigt wurde, die Textsorte mit ihren jeweiligen Konventionen.

Bei Verstößen gegen die Anforderungen aus der Dimension Prägnanz sind vier Arten zu unterscheiden:

1. fehlende oder überflüssige Details im mentalen Denotatsmodell,
2. die Verwendung langer Formulierungen anstelle von dem Text angemessenen kürzeren Formulierungen mit gleicher für den Text relevanter Bedeutung,
3. Tautologien,
4. Redundanzen, die zwischen den aus dem Text zu entnehmenden Informationen und denjenigen Informationen bestehen, die der Rezipient aus dem Rezeptionsumfeld (z.B. der Benutzungsoberfläche der Software, die er mit Hilfe eines Handbuchs gerade bedient) entnehmen kann.

Während eine zu große Prägnanz stets mit Verständlichkeitseinbußen einhergehen dürfte, ist dies bei einer zu geringen Prägnanz nicht zwangsläufig der Fall. Dennoch ist in Gebrauchstexten eine größtmögliche Prägnanz anzustreben, da diese auch für Rezeptionsökonomie sorgt, die neben der Verständlichkeit gerade angesichts unserer heutigen Informationsüberflutung ein wichtiges zusätzliches Qualitätskriterium für Gebrauchstexte darstellt.

Korrektheit

Bei der KORREKTHEIT (und damit auch Widerspruchsfreiheit) handelt es sich um eine verständlichkeitsrelevante Dimension, die von den Hamburger Psychologen und Groeben in ihren Verständlichkeitskonzepten unberücksichtigt blieb. Bei ihren Textoptimierungen gehen sie stillschweigend davon aus, dass die zu optimierenden Texte und auch die optimierten Versionen fehlerfrei sind, was in der Praxis selten der Fall ist (siehe hierzu z. B. Schmitt 1999: 59 ff.).

Die Korrektheitsforderung kann im Bezugsrahmen in Abb. 13.1 grundsätzlich auf jeden der aufgeführten Faktoren bezogen werden: von einer falschen Einschätzung des Vorwissens der Adressaten über ein ungeeignetes mentales Denotatsmodell, Konventionsmodell oder Medium bis hin zu sprachlichen Fehlern im Text selbst. Da die kommunikative Funktion eines Textes bei der Textproduktion, bei Textbewertungen und -optimierungen jedoch als feste Größe unverzichtbar ist und sich außerdem Fehleinschätzungen in Bezug auf Adressaten und Sender entweder im Text und/oder den Textproduktions-Eckdaten in Kasten B, insbesondere dem mentalen Denotatsmodell, manifestieren, sind die Anforderungen aus der Dimension Korrektheit wie diejenigen aus der Dimension Prägnanz primär auf das mentale Denotatsmodell, das im Text vermittelt werden soll, und auf die Kodierung im Text zu beziehen. In ihr manifestieren sich auch Konventionsverstöße (also Verstöße gegen das mentale Konventionsmodell), Verstöße gegen juristische und redaktionelle Richtlinien sowie ein inkorrekt gewähltes Vermittlungsmedium, so dass die Anforderung der Korrektheit an diese Faktoren nicht separat gestellt werden muss.

Zu bedenken ist hier, dass Fehler im Text dem Rezipienten das Verständnis nicht nur dadurch erschweren oder gar unmöglich machen können, dass sie zur Konstruktion fehlerbehafteter oder gar keiner mentaler Denotatsmodelle führen, sondern auch dadurch, dass der Text in Konflikt gerät mit den mentalen Konventionsmodellen der Rezipienten, wodurch Fehlinterpretationen zur Absicht des Textproduzenten und damit zum Zweck des Textes in Gang gesetzt werden können (siehe hierzu das Beispiel Abschlägige Antwort auf eine Bewerbung (13-1)). Hierdurch entstehen Verstehensprobleme auf der illokutionären Ebene.

Motivation

Unter dem Gesichtspunkt der MOTIVATION ist zu differenzieren zwischen der Motivation, die der Rezipient für die Lektüre bereits mitbringt und quasi von „außen" an den Text heranträgt, und derjenigen Motivation oder Motivationssteigerung, die der Text aus sich heraus schafft. Die erste Form der Motivation kann sich entweder aus dem persönlichen Interesse des Rezipienten am Text ergeben oder aus einem äußeren Zwang, der etwa durch einen Lehrer auf den Rezipienten ausgeübt wird, indem er mit Sanktionen droht, wenn der Text nicht oder nicht hinreichend gründlich gelesen wird. Auf diese Form von Motivation hat der Text selbst keinen Einfluss; sie wird hier daher aus der Verständlichkeitsbetrachtung ausgeschlossen.

In der Dimension Motivation soll folglich nur die zweite Form der Motivation erfasst werden, diejenige, die der Text aus sich heraus schafft. Zu den Anforderungen, die sich aus dieser Dimension ergeben, gehört erstens, dass der Text, je nach Textsorte, der er angehört, zunächst einmal das Interesse der Adressaten auf sich lenkt (was beispielsweise auf populärwissenschaftliche Artikel, weniger oder gar nicht jedoch auf Bedienungsanleitungen zutrifft, zu deren Lektüre der Rezipient quasi durch seine „Bedienungsnotlage" gezwungen wird), und zweitens, dass der Text dieses Interesse, wiederum in Abhängigkeit von der Textsorte, dann auch hält. Auch letzteres gilt für populärwissenschaftliche Zeitschriftenartikel, weniger oder gar nicht jedoch für Bedienungsanleitungen.

Wie bereits die Anforderungen aus den Dimensionen Prägnanz und Korrektheit müssen auch diejenigen aus der Dimension Motivation erstens an das mentale Denotatsmodell und zweitens an die Kodierung gestellt werden.

Motivation auf der Ebene des mentalen Denotatsmodells schafft man beispielsweise durch die Exemplifizierung und Illustrierung von Sachverhalten anhand von Beispielen, die der Erfahrungswelt der Adressaten entstammen. Auf Kodierungsebene kann z. B. speziell in Anleitungen für Laien die Lesemotivation dadurch erhöht werden, dass man das pädagogische, den Leser mit einbeziehende *wir* verwendet anstelle von Passivkonstruktionen oder dass man den Leser persönlich anspricht, also:

(13-2) Nicht: *In diesem Kapitel wird die Tabellenerstellung mit* Word *behandelt.*
  Sondern: *In diesem Kapitel lernen Sie, wie Sie mit* Word *eine Tabelle erstellen.*

In den Fällen, in denen die Schaffung von Motivation mit einer Textverlängerung einhergeht, was nicht zwangsläufig der Fall sein muss, ist abzuwägen, welcher der beiden Dimensionen Motivation oder Prägnanz vor dem Hintergrund der kommunikativen Funktion des Textes die größere Bedeutung zukommt. Ferner ist zu beachten, dass viele Mittel zur Motivationssteigerung stark kulturell geprägt sind und daher in zu übersetzenden Texten sowie Texten für ein multikulturelles Publikum vermieden werden sollten.

Struktur

Im Gegensatz zu den Instruktionspsychologen, die in ihrer Dimension GLIEDERUNG – ORDNUNG bzw. KOGNITIVE GLIEDERUNG sowohl inhaltliche als auch optisch-typographische Merkmale zusammenfassen, beziehe ich meine Dimension STRUKTUR ausschließlich auf die inhaltliche Strukturierung.

Wie bereits die Anforderungen aus den Dimensionen Prägnanz, Korrektheit und Motivation müssen auch die Anforderungen aus der Dimension Struktur zum einen auf die Strukturierung des mentalen Denotatsmodells bezogen werden und zum anderen auf die Strukturierung der Kodierung. Das mentale Denotatsmodell ist unter strukturellen Gesichtspunkten daraufhin zu überprüfen, ob es in angemessene Bauteile (Schemata) zerlegt wird und diese im Verlaufe des Textes in einer sinnvollen Reihenfolge zusammengefügt werden.

Da die Strukturierung des mentalen Denotatsmodells nicht losgelöst vom Text betrachtet werden kann, weil sie sich nur in diesem manifestiert, ich aber dennoch zwischen einer Grobstruktur unterscheiden möchte, die sich aus der Beschaffenheit der Gegenstände und Sachverhalte ergibt, und einer Feinstruktur, die durch grammatische Zwänge (mit)determiniert wird, führe ich die Begriffe MAKROEBENEN-STRUKTUR und MIKROEBENENSTRUKTUR ein. Um ein operationalisierbares Kriterium für die Abgrenzung von Makroebenen- und Mikroebenenstruktur zu gewinnen, definiere ich die Makroebene als diejenige Ebene, die über zwei aneinandergrenzende Sätze hinausgeht (also in der Regel die Ebene der Absätze und der größeren Einheiten), und die Mikroebene als diejenige, die nicht über zwei aneinandergrenzende Sätze hinausgeht (zu den Gründen siehe Göpferich [2]2006: 172).

Innerhalb der Makroebenenstruktur kann nochmals differenziert werden zwischen der INHALTLICHEN STRUKTUR, in der die eigentlichen Gegenstände und Sachverhalte vermittelt werden (Objektstruktur; siehe die nachfolgende Empfehlung 1) und der METAKOMMUNIKATIVEN STRUKTUR, die beispielsweise durch metakommunikative Elemente wie *advance organizers* oder durch die Rezeptionssituation betreffende Aussagen wie *Diese Funktion kannten Sie sicher schon.* geschaffen wird (siehe die nachfolgenden Empfehlungen 2 und 3).

Strategien, die zur Erfüllung der Anforderungen beitragen, die sich aus der Dimension Struktur für die Makroebene ergeben, sind:

1. Die Aufgliederung von komplexen Handlungen muss dem Vorkenntnisstand der Adressaten angepasst werden.
2. Vor der Beschreibung von Lösungsstrategien sollte man genau erklären, wie die Aufgabe aussieht, damit der Leser sich vorab ein grobes mentales Modell seines Ziels konstruieren und vor diesem Hintergrund dann die nachfolgenden Schritte betrachten kann.
3. Je weniger starr die Textsortenkonventionen für einen Text sind, insbesondere für seine Makrostruktur (siehe hierzu Göpferich 1995: 217ff.), je mehr Gestaltungsspielraum dem Textproduzenten also beim Verfassen seines Textes bleibt, desto wichtiger wird es, im Text mit *advance organizers* zu arbeiten, die die Erwartungen des Lesers steuern und es ihm erleichtern, das Aufgenommene zu strukturieren und die Informationen zueinander in Beziehung zu setzen.

In der Mikroebenenstruktur sind die Reihenfolge der Kodierung der zu vermittelnden Konzepte und Schemata und ihre logische Verknüpfung (z.B. mit Konjunktionen, Adverbien u.a.) zu bewerten. Ein für die Verständlichkeit eines Textes sehr wichtiges Merkmal, das ich der Mikroebenenstruktur zurechne, ist z.B. die unter den Gesichtspunkten der funktionalen Satzperspektive korrekte bzw. inkorrekte Verknüpfung zweier Sätze.

Zur Erfüllung der Anforderungen, die sich aus der Dimension Struktur für die Mikroebene ergeben, tragen die folgenden Strategien bei:

4. Informationen (insbesondere Instruktionen) sollten stets in der Reihenfolge geliefert werden, in der der Benutzer sie braucht.

5. Des Weiteren ist darauf zu achten, dass Sätze in allen Textsorten mit denjenigen Satzteilen beginnen, die den niedrigsten Mitteilungswert besitzen (also dem THEMA), und mit denjenigen Satzteilen enden, die die neue Information transportieren (also das RHEMA darstellen), es sei denn, es soll ein Widerspruch zum Ausdruck gebracht oder eine emotional geladene Äußerung gemacht werden.

Simplizität

Im Gegensatz zu den Dimensionen Prägnanz, Korrektheit, Motivation und Struktur, die jeweils zum einen auf das mentale Denotatsmodell als analoge Repräsentation des im Text Vermittelten bezogen werden müssen und zum anderen auf dessen Kodierung als digitale Exteriorisierung des mentalen Denotatsmodells, ist die Dimension SIMPLIZITÄT ausschließlich auf die Kodierung im Text zu beziehen. Die Simplizität des mentalen Denotatsmodells wird bereits in der Dimension Prägnanz mit abgedeckt.

Sowohl die Hamburger Psychologen als auch Groeben beziehen die Dimension der (SPRACHLICHEN) EINFACHHEIT, aus der ich meine Dimension der Simplizität ableite, auf die Einfachheit der Wortwahl und des Satzbaus. Zur Bestimmung, welche Wörter und welche Satzkonstruktionen als „einfach" zu betrachten sind, werden auch hier Bezugsgrößen benötigt. In meinem Modell sind dies alle Bezugsgrößen, die den Text direkt oder indirekt (d. h. über die Determination anderer Größen) bestimmen, also die kommunikative Funktion (Kasten A) und die Textproduktions-Eckdaten (Kasten B in Abb. 13.1).

Zu den Fragen, die zur Beurteilung der Simplizität eines Textes zu beantworten sind, gehören:

1. *Ist die Wortwahl angemessen (lexikalische Einfachheit)?* Hier ist u. a. zu beurteilen, ob die im Text verwendeten unerklärten Ausdrücke und die unerklärten Abkürzungen bei den Adressaten als bekannt vorausgesetzt werden können und der Textsorte angemessen sind. Des Weiteren ist hier zu prüfen, ob die Fremd- und Fachwörter, die im Text aus Ökonomiegründen eingeführt werden müssen, aber bei den Adressaten nicht als bekannt vorausgesetzt werden können, hinreichend erklärt werden. Außerdem muss beurteilt werden, ob von mehreren synonymen Ausdrücken (z. B. *Schwungrad* oder *Schwungscheibe*; *Bordapotheke* oder *Verbandskasten*; *Fahrtrichtungsanzeiger* oder *Blinker*) innerhalb des Wahlspektrums, das die Textsorte lässt, der den Adressaten eingängigste verwendet wurde.

2. *Ist die Syntax angemessen (grammatische Einfachheit)?* Unter diesem Gesichtspunkt sind u. a. die folgenden Fragen zu beantworten: Können die Satzkomplexität, die Satztiefe, der Anteil der Hypotaxen und der Regressivitätsgrad verringert werden, ohne gegen die kommunikative Funktion des Textes, die Textsortenkonventionen und die Anforderungen aus den übrigen Verständlichkeitsdimen-

sionen zu verstoßen? Wird der Text hierdurch für die Adressaten auch leichter lesbar? Falls dies nicht zutrifft, ist eine Veränderung hier unter Verständlichkeitsgesichtspunkten nicht erforderlich.

Über diese beiden Fragenkomplexe hinaus, die auch in den instruktionspsychologischen Verständlichkeitskonzepten der Dimension (sprachliche) Einfachheit mehr oder weniger explizit zugeordnet wurden, sind im Rahmen meiner Dimension der Simplizität auch die folgenden Fragen zu stellen:

3. *Wird auf der illokutionären Ebene ein der Textsorte angemessener Direktheitsgrad erreicht?* Maximale Direktheit auf der illokutionären Ebene ist nicht in allen Verwendungskontexten als ideale Merkmalsausprägung zu betrachten. In Briefen mit abschlägigen Antworten auf Bewerbungen erfordern die Konventionen Indirektheit durch die Verwendung von Heckenausdrücken; Instruktionen in Anleitungen sollten indes möglichst direkt gegeben werden, wie in der folgenden optimierten Version:

(13-3) Nicht: *Die Klappe wird mit dem Hebel entriegelt.*
          Sondern:*Die Klappe mit dem Hebel entriegeln.*

4. *Sind die gewählten Wörter und Konstruktionen hinreichend präzise, d. h., wird Ambiguität vermieden?*
5. *Erreichen Lexik und Syntax einen der Textsorte angemessenen Konsistenzgrad?* Hier ist zu beachten, dass manche Textsorten, wie beispielsweise populärwissenschaftliche Zeitschriftenartikel, es erforderlich machen, in der Wortwahl und im Satzbau zu variieren. In solchen Textsorten für Konsistenz zu sorgen, könnte sich durchaus nachteilig auf das Verstehen auswirken, da hier eine Vereinheitlichung Einbußen an Motivation nach sich ziehen kann. In zu übersetzenden Texten, wie etwa Bedienungsanleitungen, kann die Schaffung von Konsistenz in der Lexik und den Formulierungen durchaus als Optimierung betrachtet werden, vor allem im Hinblick auf die Einsetzbarkeit von modernen Übersetzungswerkzeugen und dem mit ihnen zu erreichenden Effizienzgrad.

Perzipierbarkeit

Die Verständlichkeitsdimension der PERZIPIERBARKEIT führe ich ein, um diejenigen formal-gestalterischen, non- und paraverbalen sowie makro- und mikrotypographischen Texteigenschaften mit in die Verständlichkeitsbewertung einbeziehen zu können, die die Leichtigkeit bestimmen, mit der ein Text zunächst einmal über die Sinnesorgane aufgenommen und somit den kognitiven Strukturen zur weiteren Verarbeitung zugeführt werden kann, und/oder das Erkennen der inhaltlichen Struktur des Textes (siehe die Dimension Struktur) nonverbal unterstützen. Diese Verständlichkeitsdimension bezieht also diejenigen Textmerkmale in die Betrachtung mit ein, die auch Gegenstand der Leserlichkeitsforschung sind, darüber hinaus jedoch auch diejenigen Merkmale, die die Leserlichkeit nonverbaler Informationsträger bestimmen (siehe hierzu die Gestaltgesetze, z. B. in Göpferich 1998: 55 f.), und diejenigen Merkmale der formalen Struktur eines Textes, die die Instruktionspsychologen noch der Dimension der GLIEDERUNG – ORDNUNG bzw. der KOGNITIVEN GLIEDERUNG zurechnen (z. B. die Verwendung von Spiegelstrichen für Aufzählungen).

Wie die Dimension Simplizität bezieht sich auch die Dimension Perzipierbarkeit ausschließlich auf die Kodierung.

Ein Beispiel für eine Textoptimierung im Bereich Perzipierbarkeit liefert das folgende Kontrastpaar, in dem die Ausgangsversion jedoch nicht nur im optisch-typographischen Bereich optimiert wurde, sondern zugleich in der Dimension der Simplizität:

(13-4) Nicht: *Zum Ausdrucken des Textes auf Endlospapier ist zuerst der Drucker einzuschalten und dann das Papier einzulegen, wobei gegebenenfalls auf Traktorantrieb umgeschaltet werden muss. Dann wird die Schriftart gewählt und die ONLINE-Taste gedrückt.*

Sondern: *Zum Ausdrucken des Textes auf Endlospapier gehen Sie wie folgt vor:*
1. *Drucker einschalten.*
2. *Papier einlegen.*
3. *Ggf. Hebel auf Traktorantrieb umschalten.*
4. *Schriftart wählen.*
5. *ONLINE-Taste drücken.*

(Beispiel adaptiert aus Schmitt 1999: 400)

13.4 Methoden zur empirischen Verständlichkeitsprüfung

Mit dem Karlsruher Verständlichkeitskonzept wurde eine Methode vorgestellt, mit der die Verständlichkeit eines Textes differenziert beurteilt und ggf. optimiert werden kann. Betrachten wir im Folgenden, wie sich diese Methode in das Spektrum möglicher Verständlichkeitsprüfverfahren eingliedern lässt.

Bei instruktiven Texten lässt sich die Verständlichkeit mit so genannten Usability-Tests (siehe Rubin 1994) verlässlich bestimmen. Das liegt daran, dass diese Texte zu praktischen Anschlusshandlungen anleiten, deren Ausführung bei den Versuchspersonen beobachtet werden kann. Die Art und Weise, wie die Versuchspersonen diese Texte verstehen, wird in den Anschlusshandlungen exteriorisiert und damit dem externen Beobachter zugänglich.

Schwieriger ist eine zuverlässige Bestimmung der Verständlichkeit jedoch bei Texten, bei denen sich das Verständnis nicht auf diese Weise dem externen Beobachter in Form von Handlungen direkt zugänglich machen lässt. Das gilt für alle nicht-instruktiven (deskriptiven) Texte.

Zur Bestimmung der Verständlichkeit von Texten der unterschiedlichsten Art – instruktiven wie nicht-instruktiven – wurde bisher eine Vielzahl von Methoden angewandt. Schriver (1989) stellt sie in einem Forschungsüberblick mit ihren Vor- und Nachteilen ausführlich dar und klassifiziert sie in die drei Kategorien: TEXTZENTRIERTE METHODEN („text-focused methods"), EXPERTENURTEILSZENTRIER-TE METHODEN („expert-judgement-focused methods") und LESERZENTRIERTE ME-THODEN („reader-focused methods").

1. Zu den TEXTZENTRIERTEN METHODEN gehört beispielsweise die Anwendung von Lesbarkeitsformeln. Diese sind sehr beliebt, weil sich die Prüfung von Texten mit solchen Formeln sehr schnell mit dem Computer durchführen lässt, aber auch wenig aufschlussreich, denn sie berücksichtigen, wie in Abschnitt 13.1 festgestellt, lediglich Teilaspekte dessen, was einen Text verständlich bzw. unverständlich macht bzw. machen kann.

2. Bei den EXPERTENURTEILSZENTRIERTEN METHODEN ist zu unterscheiden zwischen solchen, in denen die Textbeurteilung durch Fachgebietsexperten erfolgt, und solchen, bei denen sie durch Kommunikationsexperten abgegeben wird. Eine Beurteilung durch Fachgebietsexperten ist zweifelsfrei nützlich, wenn es um die Bewertung der sachlich-fachlichen Korrektheit von Fachtexten geht. Die Verständlichkeit der Texte für Laien ist hingegen von Fachgebietsexperten schwer einschätzbar (vgl. die Ergebnisse der Versuche von Pander Maat 1996). Eine expertenurteilszentrierte Methode, bei der Kommunikationsexperten herangezogen werden, ist beispielsweise die Nutzung des „Karlsruher Verständlichkeitskonzepts" (Göpferich 2001, 2002, ²2006: 154 ff.). Sie hat sich als Instrument zur Voroptimierung nicht-instruktiver Texte bewährt (vgl. Göpferich ²2006: 154 ff.), kann aber zielgruppenorientierte empirische Untersuchungen zur Textverständlichkeit nicht ersetzen (vgl. Schriver 1989: 247).

3. Mit LESERZENTRIERTEN, genauer ZIELGRUPPENZENTRIERTEN METHODEN lassen sich zweifelsohne die am wenigsten spekulativen Aussagen über die Verständlichkeit von Texten gewinnen, da Verständlichkeit immer eine von den Adressaten abhängige relative Größe ist und deren Verständnis bzw. Verständnisschwierigkeiten folglich für eine Bewertung zentral sind.

   Zielgruppenorientierte empirische Methoden, die bisher in der Verständlichkeitsforschung eingesetzt wurden, sind so genannte *cloze procedures* (eine Art Lückentests); Fragen an Versuchspersonen über Texte, deren Verständlichkeit bestimmt werden soll; sowie Nacherzählungen und ähnliche Reproduktionen solcher Texte. Diese Methoden haben jedoch den Nachteil, dass mit ihnen entweder nur Teilaspekte der Verständlichkeit der zu evaluierenden Texte gemessen werden (z. B. die Vorhersagbarkeit von Wörtern und Phrasen, mit denen Lücken zu füllen sind, oder die Verständlichkeit von Wörtern oder Passagen, die die Antworten auf die gestellten Fragen beinhalten) oder aber lediglich deren grobe Gesamtverständlichkeit. Darüber hinaus kommt es in den betreffenden Untersuchungen gelegentlich auch zu einer Vermischung oder gar Verwechslung der

Begriffe ‚Verständlichkeit' und ‚Behaltbarkeit' (vgl. hierzu den Forschungsüberblick in Schriver 1989: 244 ff. und in Göpferich ²2006: Kap. 4).

Aus diesen Erkenntnissen lassen sich Anforderungen formulieren, die ein „ideales" Verständlichkeitsprüfverfahren für nicht-instruktive Texte erfüllen sollte:

1. Es sollte adressatenzentriert sein.
2. Es sollte dazu verhelfen, das Verständnis, das die Adressaten erlangen, zu exteriorisieren.

Ein Verfahren, das diese Anforderungen erfüllt, ist *optimierendes Reverbalisieren mit lautem Denken und Schreib-Logging*. Bei diesem Verfahren erhalten Versuchspersonen, die zum Adressatenkreis des zu bewertenden Textes gehören, den Text mit der Aufgabe, ihn so zu reverbalisieren (paraphrasieren), dass er ihrer Ansicht nach für die Adressatengruppe des Textes optimal verständlich wird. Passagen, die in den Augen der Versuchspersonen optimal verständlich sind, können einfach übernommen werden. Aus ihrer Sicht nicht optimale Stellen müssen umformuliert werden. Während der Bewältigung dieser Aufgabe sind die Versuchspersonen angehalten, alles, was ihnen durch den Kopf geht, laut auszusprechen. Man bezeichnet diese introspektive Methode als LAUTES DENKEN. Das laute Denken wird aufgezeichnet und kann anschließend in Protokollen des lauten Denkens transkribiert werden. Deren Analyse gibt Aufschluss über Verständnisprobleme, offene Fragen und eventuelle Missverständnisse der Versuchspersonen.

Die Texterstellung während des optimierenden Reverbalisierens erfolgt mit einer speziellen Schreib-Logging-Software (z. B. *Translog*; siehe Jakobsen 1999). Sie registriert (loggt) alle Tastenanschläge und Mausklicks während des Schreibprozesses sowie die Zeitintervalle zwischen ihnen, ohne dass die Versuchsperson hierdurch gestört wird. Die mit diesem Programm gewonnenen Log-Dateien erweisen sich insofern als hilfreich, als Pausen im Schreibprozess und Revisionen darauf schließen lassen, wie sicher sich eine Versuchsperson hinsichtlich ihres Verständnisses ist, das sich in einer optimierten Formulierung widerspiegelt. Gibt man den Versuchspersonen zusätzlich die Möglichkeit, Nachschlagewerke oder auch das Internet zu konsultieren, so geben die entsprechenden Recherchen Aufschluss über Textstellen, deren Informationsangebot dem Leser nicht ausreicht und ein zusätzliches Informationsbedürfnis weckt, das vom Text nicht befriedigt wird. Recherchen am Bildschirm können dabei mit Screen-Recording-Programmen aufgezeichnet werden. Will man wissen, was genau beispielsweise auf einer Internet-Seite gelesen wurde, kann zusätzlich ein Eye-Tracker zum Einsatz kommen, der im Screen-Record auf den mit den Augen abgetasteten Textstellen eine Linie hinterlässt.

Die Summe der auf diese Weise gewonnenen Erkenntnisse zur Verständlichkeit eines Textes können zur Erstellung einer optimierten Version genutzt werden. Die so entstehende optimierte Version muss aber streng genommen erneut einer Verständlichkeitsprüfung mit optimierendem Reverbalisieren unterzogen werden, und zwar so lange, bis keine nennenswerten Mängel mehr festgestellt werden. Es handelt sich bei dieser Methode also um eine iterative Methode. Sie ist zwar aufwändig, und entsprechende Untersuchungen sind rar. Sie stellen jedoch einen wichtigen Beitrag dazu dar, Textoptimierungen unter Verständlichkeitsgesichtspunkten objektiver gestalten zu können und aus den Erkenntnissen auch Schlussfolgerungen für die Textproduktionsdidaktik zu ziehen.

 ## Kommentierte Literaturtipps

Einen Überblick über verschiedenste Forschungsansätze zum Textverstehen und der Textverständlichkeit bieten die Kongressbeiträge zur 25. Jahrestagung der Gesellschaft für Angewandte Linguistik, die unter dem Rahmenthema „Sprache: Verstehen und Verständlichkeit" stand (Spillner 1995). Eine ausführliche Darstellung der kognitiven und kommunikativen Grundlagen der Sprachverarbeitung bieten Rickheit/Strohner 1993 und Strohner 1990. Göpferich [2]2006 (Kap. 4) liefert einen Überblick über die Leserlichkeits- und Lesbarkeitsforschung sowie die verschiedenen Ansätze und Modelle der Verständlichkeitsforschung im engeren Sinne. Biere 1989 behandelt die hermeneutischen, psychologischen und sprachtheoretischen Konzeptionen der Begriffe Verstehen und Verständlichkeit und befasst sich mit dem „Verständlich-Machen" von Texten. Praxisorientierte Ansätze zur Textoptimierung unter Verständlichkeitsgesichtspunkten liefern u. a. Langer u. a. [5]1993, Göpferich [2]2006 (insbesondere Kap. 4) und die Aufsätze in Strohner/Brose 2002. Eine kritische Betrachtung der Methode des optimierenden Reverbalisierens mit lautem Denken und Tastatur-Logging findet sich in Göpferich 2008, wo auch die Methoden des lauten Denkens, des Schreib-Logging, des Screen-Recording und des Eye-Tracking behandelt werden, sowie in Göpferich im Druck. Hier werden insbesondere auch Kriterien für die Auswahl der Versuchspersonen vorgestellt, die Vorgehensweise bei der Datenauswertung behandelt und mögliche Einsatzbereiche der Methode kritisch bewertet. Ergebnisse, die die Anwendung der Methode auf einen konkreten Text erbringt, werden in Göpferich 2006a, 2006b und 2006c vorgestellt. Weitere Textoptimierungsbeispiele (speziell auch bei instruktiven Texten) finden sich in Göpferich [2]2007.

IV   Textlinguistik und neue Medien

14 Hypertextlinguistik

Angelika Storrer

14.1   Hypertext: Ideengeschichte und Begriffsbestimmung
14.1.1 Von Memex bis zu Wikis: Die Geschichte der Hypertextidee
14.1.2 Definition und obligatorische Bestimmungsmerkmale
14.1.3 Weitere Bestimmungsmerkmale für Hypertexte
14.2   Zur Textualität von Hypertexten
14.2.1 Begriffliche Differenzierung: Hypertexte – E-Texte
14.2.2 Textualitätsmerkmale und Hypertexte
14.3   Hypertextlinguistik: Forschungsfragen und Perspektiven

Durch das World Wide Web (WWW) haben viele Menschen regelmäßig Umgang mit einer Schreib- und Lesetechnologie, die seit den 70er-Jahren des 20. Jahrhunderts als *Hypertext* bzw. als *Hypermedia* bezeichnet wird. Dieses Kapitel gibt eine Einführung in die interdisziplinäre Forschung zu Hypertext unter textlinguistischer Perspektive; der Schwerpunkt liegt darauf, Gemeinsamkeiten und Unterschiede zwischen digitalen Hypertexten und „traditionellen" Texten zu präzisieren. In 14.1 wird das Hypertextkonzept in seiner historischen Entwicklung und in seinen zentralen Merkmalen erläutert. In 14.2 geht es dann speziell um die Textualität von Hypertext, d. h. um die Frage, ob und in welcher medienspezifischen Ausprägung Hypertexte Merkmale aufweisen, die in der Textlinguistik als charakteristisch für Textualität angesehen werden.

Für die traditionelle Text- und Gesprächslinguistik ergeben sich in Bezug auf Hypertexte viele neue Forschungsfragen. Die weiterführenden Literaturangaben und die Literaturtipps am Ende des Kapitels geben die Möglichkeit, bestimmte Aspekte und Fragen zu vertiefen und eine eigene Position zu kontrovers diskutierten Fragen zu entwickeln. In der dort angegebenen Literatur finden sich auch Methoden und Konzepte für empirische Untersuchungen in diesem Bereich.

14.1 Hypertext: Ideengeschichte und Begriffsbestimmung

Was ist Hypertext? Dieser Frage werde ich mich in mehreren Schritten nähern. Abschnitt 14.1.1 gibt einen Überblick über die geschichtliche Entwicklung des Hypertextkonzepts. In Abschnitt 14.1.2 gebe ich eine Definition, die auf zwei Merkmalen basiert – der nicht-linearen Textorganisation und der Bindung an Computertechnik –, und erläutere, wie diese Merkmale zu verstehen sind. In Abschnitt 14.1.3 werden weitere Eigenschaften von Hypertexten erörtert, die zwar nicht notwendigerweise in jeder Hypertextanwendung umgesetzt sein müssen, die aber häufig genannt werden, wenn es darum geht, die Unterschiede der Hypertexttechnologie gegenüber anderen Text- und Kommunikationsformen zu bestimmen.

14.1.1 Von Memex bis zu Wikis: Die Geschichte der Hypertextidee

Die Hypertextidee entstand aus der Motivation heraus, Menschen durch Technik beim Problemlösen und bei der Informationsverarbeitung zu unterstützen. Eine wichtige Rolle in der Entwicklung der Hypertextidee spielt der 1945 erschienene Aufsatz „As we may think" (Bush 1945). In diesem Aufsatz beschäftigt sich der Wissenschaftspolitiker und Elektroingenieur Vannevar Bush mit der Frage, wie man die traditionellen Verfahren der Informationserschließung und -selektion durch Technik verbessern kann. Das von Bush skizzierte System namens *Memex* (Memory Expander) basierte zwar noch nicht auf Computertechnik, enthielt aber bereits zentrale Funktionen künftiger Hypertextsysteme: Nach den Vorstellungen von Bush konnten die Nutzer von Memex Dokumente (Fotografien von handschriftlichen Notizen, auf Mikrofilm gespeicherte Texte und Abbildungen) durch Betätigung von Knöpfen nach thematischen Gesichtspunkten zu so genannten TRAILS verknüpfen. Diese Trails können dann permanent gespeichert, nach Bedarf wieder abgerufen und anderen Memex-Nutzern zur Verfügung gestellt werden. In der ursprünglichen Memex-Konzeption sind diese Trails noch statisch. Bush erkannte jedoch später das Potenzial der Computertechnik, das darin besteht, digital gespeicherte Daten auf verschiedene Weise zu präsentieren. Entsprechend hat Bush in späteren Arbeiten das statische Memex zu einem „adaptiven Memex" (Oren 1992: 326) weiterentwickelt. Dieses adaptive System sollte selbst thematische Ähnlichkeit zwischen Dokumentenpassagen automatisch erkennen und auf dieser Basis „adaptive Trails" erzeugen, die an spezielle Nutzerinteressen angepasst sind.

Weder das auf Mikrofilmtechnik basierende Memex noch das computerbasierte „adaptive Memex" wurden je gebaut. Wichtig für das Hypertextkonzept war Bushs Idee, Dokumententeile mit technischen Verfahren nach funktional-thematischen Gesichtspunkten und über mediale Grenzen hinweg zu verknüpfen. Diese Idee wurde von Ted Nelson in einem „As we will think" (Nelson 1972) betitelten Vortrag wieder aufgegriffen. Nelson bezieht sich darin auf das Konzept des Trails in Memex und überträgt es auf Prozesse der Textproduktion. Es ist auch Nelson, der für die neue Schreib- und Lesetechnologie die Bezeichnung *Hypertext* einführt. In dem von ihm initiierten Xanadu-Projekt hat Nelson bereits in den 1970er-Jahren versucht, ein weltweit verfügbares, dezentral gespeichertes Hypertextsystem, ähnlich dem WWW, technisch zu realisieren – allerdings ohne Erfolg.

Das erste funktionstüchtige Hypertextsystem entwickelte Douglas C. Engelbart, ein erfindungsreicher Computerwissenschaftler an der Universität Stanford, dem moderne Computerbenutzer u. a. die „Maus" als Eingabegerät verdanken. Engelbart sah den Computer, der damals noch hauptsächlich als Rechenmaschine verstanden wurde, bereits als generelles Werkzeug zur Symbolmanipulation und -bearbeitung, das nicht nur die Problemlösungskompetenz des Einzelnen, sondern auch die arbeitsteilige Bearbeitung von Aufgaben im Team unterstützen kann (vgl. Engelbart 1962). Der Name seines Hypertextsystems *AUGMENT* steht programmatisch für seine sympathische Einstellung zur Computertechnik: Sie soll menschliche Fähigkeiten nicht automatisieren und ersetzen, sondern soll die menschlichen Problemlösungskapazitäten erweitern (= *to augment*). AUGMENT verfügte bereits über Funktionen zur computervermittelten Kommunikation (vgl. 14.1.3), um das gemeinsame Bearbeiten von Problemen in verteilt arbeitenden Gruppen zu erleichtern.

Obwohl seit den 1980er-Jahren in Informatik und Informationswissenschaft verschiedene Hypertextsysteme mit sehr elaborierter Funktionalität entwickelt wurden[1], blieb der Einsatz der neuen Schreib- und Lesetechnologie bis dahin auf eine relativ kleine Gruppe von Informationswissenschaftlern und Medienpädagogen beschränkt und die Zahl der Anwendungen war sehr überschaubar. Erst durch das World Wide Web, die Hypertextplattform des Internets, kommen nun viele Computernutzer bewusst oder unbewusst mit Hypertext in Berührung und erst durch die Popularität des WWW wurde Hypertext auch vermehrt als textlinguistisches Forschungsthema entdeckt. Auch das World Wide Web wurde ab 1989 von Tim Berners-Lee und Robert Caillau am Genfer Kernforschungszentrum CERN vornehmlich aus dem Interesse heraus entwickelt, die Zusammenarbeit und die Kommunikation zwischen örtlich getrennten Forschergruppen zu unterstützen. Die wichtigsten Faktoren für den großen Erfolg des WWW waren die Unabhängigkeit der Technik von einem bestimmten Betriebssystem, die Einbindung in das bereits vorhandene Internet und die Tatsache, dass Webbrowser – also die Software, mit der Webseiten aufgerufen, Links aktiviert und Suchwörter eingegeben werden können – schon früh kostenlos verfügbar waren. Eine weitere Stärke des WWW liegt in der Eigenschaft, die in 14.1.3 als „computervermittelte Kommunikation" diskutiert wird: Mit den Webbrowsern kann man nicht nur WWW-Seiten abrufen, sondern sich mit anderen Internet-Nutzern über internetbasierte Kommunikationsformen (E-Mail, Foren, Chats, Weblogs etc.) austauschen.

Mit der Einführung der Wiki-Technologie (Leuf/Cunningham 2004) wird die Hypertextidee im technischen Rahmen des WWW in neuer Form umgesetzt: Webseiten, die von Wiki-Systemen verwaltet werden, lassen sich nicht nur aufrufen, sondern auch bearbeiten. Sofern die Betreiber eines Wikis diese Möglichkeit nicht explizit deaktiviert haben, können alle Nutzer alle Seiten jederzeit verändern, indem sie den Link „Bearbeiten" aktivieren, in der dort angezeigten Bearbeitungsansicht Änderungen vornehmen und diese speichern. Wiki-Systeme sind dezidiert darauf ausgerichtet, das kollaborative Bearbeiten von Hypertexten zu unterstützen. Zu jeder Artikel-Seite gibt es eine Diskussionsseite, auf der man über die Inhalte und den Aufbau des Artikels diskutieren kann. Eine Versionierungskomponente speichert alle Versionen einer Seite ab und stellt damit sicher, dass alle von den Autoren ein-

---

1 Übersichten und Beschreibungen der Systeme finden sich in Kuhlen 1991 und Nielsen 1995.

gebrachten Inhalte rekonstruierbar bleiben. Die bekannteste Wiki-Anwendung ist sicherlich die Online-Enzyklopädie Wikipedia, die mit dem Wikisystem MediaWiki[2] verwaltet wird. Auch die Idee der Wiki-Technologie entstand im Kontext der Wissenskommunikation: Ward Cunningham entwickelte 1995 das erste Wiki-System (WikiWikiWeb) für die Kommunikation in einem fachspezifischen Online-Journal. Die Namensgebung – *Wiki* ist ein Lehnwort aus dem Hawaiianischen und bedeutet ‚schnell' – spielt vermutlich an auf die Schnelligkeit, mit der die Wiki-Sprache erlernt und die Inhalte bearbeitet werden können.

Mit dem WWW und der darin verankerten Wiki-Technologie sind Hypertexte keine exotische Randerscheinung mehr, sondern spielen eine wichtige Rolle, unabhängig davon, dass viele WWW-Nutzer sich der Tatsache nicht bewusst sind, dass sie mit Hypertexten umgehen, und das Konzept vielleicht gar nicht kennen. Im folgenden Abschnitt sollen die zentralen Merkmale des Hypertextkonzepts deshalb relativ ausführlich erläutert werden.

14.1.2 Definition und obligatorische Bestimmungsmerkmale

Wie auf die Frage, was eigentlich ein Text ist, findet man auch auf die Frage, was Hypertexte sind, unterschiedliche Antworten in Definitionen, in denen verschiedene Merkmale herangezogen und unterschiedlich gewichtet sind. In einer Befragung von 20 Hypertextexperten haben Flender/Christmann (2000) herausgefunden, dass die Merkmale COMPUTERVERWALTUNG und NICHT-LINEARITÄT zum prototypischen Kern des Hypertextkonzepts zählen. Meine Basisdefinition für Hypertext lautet entsprechend: *Hypertexte sind nicht-linear organisierte Texte, die durch Computertechnik verwaltet werden.* Die beiden zentralen Merkmale dieser Definition werden im Folgenden erläutert.

„By hypertext I mean non-sequential writing." (Nelson 1974: 28) Diese Charakterisierung Nelsons prägt bis heute die Diskussion um das Hypertextkonzept. Für das im Englischen gebräuchliche *non-sequential* wird im Deutschen meist der Ausdruck *nicht-linear* verwendet.[3] Unabhängig von der Benennung steckt hinter dem Merkmal folgende Idee: Der Autor eines Hypertextes verteilt seine Daten auf mehrere Module – im WWW werden solche Module üblicherweise als *Seiten* bezeichnet. Jedes Modul eines Hypertextes kann mit anderen Modulen durch im Computer gespeicherte Verknüpfungen verbunden sein; diese Verknüpfungen bezeichnet man als *Hyperlinks* (in der Kurzform als *Links*). Links werden am Computerbildschirm durch Linkanzeiger (entsprechend gekennzeichnete Wörter, Grafiken, Schaltflächen) repräsentiert. Ein Mausklick auf einen Linkanzeiger in einem Modul A führt dazu, dass ein damit verbundenes Modul B angezeigt wird.

---

2 Das System WikiMedia ist unter http://www.mediawiki.org kostenlos verfügbar; die deutsche Wikipedia findet man unter www.wikipedia.de

3 Z.B. im Titel des einflussreichen Standardwerks von Kuhlen 1991: „Hypertext – Ein nicht-lineares Medium zwischen Buch und Wissensbank".

NICHT-LINEAR organisiert ist ein Hypertext dadurch, dass jedes Modul mehrere Links enthalten kann, sodass die Nutzer je nach Vorlieben und Interessen selbst entscheiden können, welche Module sie in welcher Reihenfolge abrufen möchten. Im Gegensatz zu einem linear organisierten Text – z. B. einem als Buch veröffentlichten Krimi, der seine Leser auf einem festgelegten Leseweg vom Anfang zum Ende führen will, wobei die Leseabfolge der Anordnung der Buchseiten entspricht – sind Hypertexte also als Netzwerke von mehrfach durch Links untereinander verknüpften Modulen organisiert. Die nicht-lineare Wissensaufbereitung unterstützt die selektive Lektüre und die gezielte Suche nach Informationen; dabei werden die Nutzer computertechnisch durch Such- und Navigationssoftware unterstützt.

Auch das zweite notwendige Bestimmungsmerkmal für Hypertexte – dass sie DURCH COMPUTERTECHNIK VERWALTET werden – wurde bereits von Ted Nelson genannt:

> The best current definition of hypertext, over quite a broad range of types, is ‚text structure that cannot be conveniently printed‘. This is not very specific or profound, but it fits best. (Nelson 1972: 253)

Dass Hypertexte durch Software verwaltet werden müssen, liegt auf der Hand: Das für Hypertext zentrale Konzept des Hyperlinks – per Mausklick auf einen Linkanzeiger kann man von Modul zu Modul springen und sich seinen eigenen Pfad durch ein nicht-linear organisiertes Angebot suchen – lässt sich nur mit Computertechnik umsetzen. Zwar gibt es auch im gedruckten Medium Textsorten und Textverbünde, die durch Verweise und implizite Textrelationen miteinander verbunden sind. Als Beispiele werden häufig gedruckte Wörterbücher und Enzyklopädien genannt. Auch die moderne Form der Zeitungsgestaltung, das so genannte „Textdesign", präsentiert seine Inhalte in Modulen, die zu größeren Clustern kombiniert werden, und stellt es dem Leser mit dieser Präsentationsform frei, welche Module er in welcher Reihenfolge rezipieren möchte (vgl. Blum/Bucher 1998). Dennoch gibt es wichtige Unterschiede zwischen computerverwalteten Hypertexten und modularen Texttypen in Printmedien. Ein zentraler Unterschied liegt darin, dass Module und Verweise in Printmedien an einem festgelegten Platz auf einer Druckseite fixiert sind, während die computerverwalteten Module und die Links der Hypertexte auf verschiedene Weise am Bildschirm präsentiert werden können. Es lassen sich also unterschiedliche „Sichten" auf die Daten für verschiedene Nutzer und Rezeptionssituationen erzeugen. In vielen Fällen sind die am Bildschirm angezeigten Web-Seiten in ihrer Zusammensetzung und Verlinkung gar nicht als feste Einheiten gespeichert, sondern werden im Hinblick auf eine individuelle Nutzungssituation flexibel zusammengesetzt.

 Das Potenzial der Hypertexttechnologie beschränkt sich also nicht darauf, nicht-lineare Strukturen von Printmedien auf den Bildschirm zu übertragen. Vielmehr besteht die Flexibilität von Hypertext genau darin, dass die Speicherung der Module und Links unabhängig ist von der Art und Weise, wie diese auf dem Bildschirm zu Webseiten kombiniert und dem

Nutzer präsentiert werden. Dieses Potenzial wurde schon in Vannevar Bushs Konzeption der „adaptiven Trails" (s. o.) berücksichtigt; Forschungen zu adaptiven und kontextsensitiven Hypertexten (Hammwöhner 1997, Brusilovsky 2001, Mehler 2002) beschäftigen sich mit Verfahren, die Präsentation der Daten an individuellen Nutzungssituationen oder Nutzerprofilen auszurichten. Bislang ist die Arbeit zu adaptiven Hypertexten noch stark von den Automatisierungstechniken bestimmt. Wenn es um den Entwurf nutzerfreundlicher Anwendungen geht, können künftig (hyper-)textlinguistische Kompetenzen bei der Festlegung von Kriterien für die Auswahl und die Strukturierung von Inhalten sicherlich wichtige Beiträge leisten.

Dass Hypertexte computerverwaltet sind, hat Konsequenzen für die Produktion und Rezeption der damit vermittelten Inhalte:

1. Die Rezeption von Hypertexten setzt immer auch Know-how und Erfahrung im Umgang mit den Programmfunktionen und Werkzeugen voraus, die von einem Hypertextsystem angeboten werden. Gerade weil die Hypertextmodule nicht fest auf einem Trägermedium fixiert sind, sondern erst „auf Anfrage" angezeigt werden, müssen die Nutzer die Zugriffsmöglichkeiten auf die Daten kennen. Für den in dieser Arbeit fokussierten Produktionsaspekt hat dies zur Konsequenz, dass in den Planungsprozess neben Hypothesen über das Vorwissen der Rezipienten auch Hypothesen darüber einfließen müssen, welche computertechnische Vorerfahrung die potenziellen Nutzer mitbringen.
2. Bei der Produktion von Hypertexten ist der Spielraum von Hypertextautoren wesentlich determiniert von der Funktionalität des Hypertextsystems, insbesondere von den vom jeweiligen System unterstützten Strukturierungskonzepten und von den Navigations- und Orientierungswerkzeugen, die dem Nutzer für die Rezeption angeboten werden können.

14.1.3 Weitere Bestimmungsmerkmale für Hypertexte

Neben den beiden obligatorischen Bestimmungsmerkmalen COMPUTERVERWALTUNG und NICHT-LINEARITÄT gibt es weitere charakteristische Merkmale, die im Zusammenhang mit dem Hypertextkonzept häufig diskutiert werden. Vier dieser Merkmale – MULTIMODALE KODIERTHEIT, DYNAMIK, INTERAKTIVITÄT, COMPUTERVERMITTELTE KOMMUNIKATION – werde ich im Folgenden erläutern:

1. *Hypertexte können MULTIMODAL KODIERT sein:* In Hypertextmodulen lassen sich unterschiedliche mediale Objekte (Text-, Bild-, Audio- und Videodateien) kombinieren und durch Hyperlinks verknüpfen. Multimodal kodierte Hypertexte wurden in der frühen Hypertextforschung von Ted Nelson als *Hypermedia* (aus *Hyper*text und Multi*media*) bezeichnet und damit von rein schriftbasierten Hypertexten abgesetzt. Da schon in den 1990er-Jahren fast alle Hypertextsysteme Bild, Ton und Videoobjekte verwalten konnten, hat bereits Kuhlen (1991) auf diese Differenzierung verzichtet; heutzutage werden die Ausdrücke *Hypertext*

und *Hypermedia* synonym verwendet. Auch wenn im WWW überwiegend multimodal kodierte Seiten zu finden sind, ist es dennoch ein optionales Merkmal, d.h., es gibt nach wie vor rein oder vornehmlich textbasierte Seiten – z.B. manche Artikel der Wikipedia. Dennoch steckt hinter diesem Merkmal ein wichtiges Potenzial für die Produzenten und Rezipienten von Hypertexten: Sie können Informationen auf dem visuellen und dem auditiven Kanal kommunizieren. Die im gedruckten Medium dominante Schrift lässt sich nicht nur um Bilder und Grafiken anreichern (wie im gedruckten Textdesign, s.o.), sondern auch um Ton- und Videodokumente. Diese Verflechtung von Schrift, Bild, Ton und Bewegung wird auch als Synästhetisierungsaspekt von Hypertext (Freisler 1994: 31) bezeichnet; auch Bolter (1991: 27) spricht von „synaesthetic texts". In Hypertexten wird Schrift nicht nur symbolisch verwendet, sondern auch als Bild in ein größeres Text-Bild-Ensemble integriert, wobei die dekorative Funktion die symbolische überlagern kann (vgl. Schmitz 1997, 2003).

2. *Hypertexte können DYNAMISCH sein:* Diese Eigenschaft kann man sehr gut an der Wikipedia verdeutlichen: Die Wikipedia besteht nicht aus einer festen Anzahl von Artikeln (im Gegensatz zu einer gedruckten Enzyklopädie), sondern wird kontinuierlich um neue Artikel erweitert. Auch der Inhalt der Artikel ist nicht statisch, sondern kann bei Bedarf jederzeit verändert und aktualisiert werden. Auch viele andere WWW-Angebote werden täglich oder sogar stündlich aktualisiert, z.B. Websites mit Wetterdaten, Börsenkursen, Online-Nachrichtenticker etc. Wie wir bereits im Zusammenhang mit adaptiven Hypermedien diskutiert haben, sind viele Web-Seiten gar nicht fest gespeichert, sondern werden auf Anfrage aus in Datenbanken verwalteten Einzelteilen zusammengesetzt.

Das Merkmal der Dynamik spielt zwar für das Hypertextkonzept eine wichtige Rolle, es ist aber eine optionale Eigenschaft, die nicht notwendigerweise genutzt werden muss. In manchen Situationen ist es gerade sinnvoll, Hypertexte bzw. Teile davon in einem bestimmten Zustand zu archivieren, z.B. wenn man in einem Unterrichtsprojekt einen Hypertext zu einem Thema erstellt und diesen nach Abschluss des Projekts als abgeschlossenes Produkt mit stabiler Gestalt publiziert.[4] Das Potenzial der Hypertexttechnologie liegt also nicht darin, dass Hypertexte sich notwendigerweise dynamisch verändern müssen, sondern dass abgeschlossene und veränderliche Formen miteinander in einer Hypertextumgebung kombiniert werden können (vgl. Storrer 2000).

3. *Hypertexte sind INTERAKTIV:* Der Begriff der ‚Interaktion' wurde in den 1980er-Jahren aus der Sozialwissenschaft als Metapher in die Informatik und Informationswissenschaft übertragen. Als interaktiv bezeichnet man in diesem Kontext Software, die auf Eingaben eines Anwenders in vorprogrammierter Weise reagiert, d.h., es geht um die Interaktion zwischen Mensch und Computersystem

---

4 Ein Beispiel hierfür ist der Hypertext zu Theodor Fontanes „Schimmelreiter", der am Gymnasium Blankenese unter der Leitung von Bernhard Keller entstanden ist: vgl. www. bernhardkeller.de/Projekte/

(vgl. Haack 1995). In der Literatur zum WWW wird der Ausdruck *interaktiv* auch zur Bezeichnung der Interaktion zwischen Computernutzern (über Kommunikationsformen wie E-Mail, Foren, Chats etc.) verwendet. Um Missverständnisse zu vermeiden, ist es sinnvoll, für diese Art zwischenmenschlicher Interaktion einen anderen Ausdruck zu gebrauchen: Ich wähle hierfür die Bezeichnung COMPUTERVERMITTELTE KOMMUNIKATION und werde dieses Merkmal weiter unten erläutern. Interaktivität ist kein Merkmal, das nur Hypertexten zukommt; alle Computeranwendungen, deren Verlauf sich vom Nutzer zur Laufzeit steuern lässt, bezeichnet man als interaktiv (also auch Computerspiele, Lernprogramme u. Ä.). Die für Hypertext spezifischen Facetten der Interaktivität reichen von einfachen Operationen – z. B. Hyperlinks anklicken, Suchbegriffe eingeben oder Elemente aus einer Auswahlliste auswählen – über Funktionen des Zooming bei digitalen Landkarten bis hin zu simulierten Dialogen mit so genannten elektronischen Guides oder Agenten.

4. *Das WWW unterstützt die COMPUTERVERMITTELTE KOMMUNIKATION:* Mit WWW-Browsern kann man nicht nur Informationen abrufen und Links verfolgen, sondern auch mit anderen Nutzern kommunizieren: Webchats, Foren, Blogs und andere neue Kommunikationsformen ermöglichen den raschen Gedanken- und Meinungsaustausch zwischen Nutzern weltweit (vgl. Siever u. a. 2005). Dieses Merkmal macht das WWW nicht nur zu einem neuen Publikationsmedium, sondern zu einem Multimedium, in dem nicht nur verschiedene Speicher- und Präsentationstechniken, sondern auch verschiedene Kommunikationsformen und deren Produkte kombiniert und integriert werden können. Im Bereich der Wissenskommunikation schafft diese Verflechtung von Information und Kommunikation neue Verhältnisse, indem sie den raschen und informellen Informationsaustausch zwischen örtlich verteilten Experten, aber auch zwischen Experten und Laien unterstützt. Dabei kann das Tempo, in dem die Beteiligten schriftliche Kommunikationsbeiträge austauschen, nach Bedarf beschleunigt werden: Die Bandbreite reicht vom zeitversetzten Austausch in Foren und Blogs bis hin zur schriftlichen Echtzeitkommunikation mit Chat oder Instant Messaging (Beißwenger 2007). Auch wenn Funktionen zur Kommunikation schon früh von Engelbart im Hypertextsystem AUGMENT realisiert wurden (siehe 14.1.1), wurde das Merkmal erst durch das internetbasierte WWW im großen Stil und in vielgestaltiger Ausprägung umgesetzt.

14.2   Zur Textualität von Hypertexten

In diesem Abschnitt geht es um das Verhältnis des Hypertextkonzepts zu Textkonzepten, wie sie in der „traditionellen" Textlinguistik diskutiert werden. Um Missverständnisse in der weiteren Diskussion zu vermeiden, werde ich zunächst Hypertexte abgrenzen von E-Texten, die zwar im WWW publiziert sind, aber nicht die für Hypertexte typische nicht-lineare Organisationsform aufweisen. Im Anschluss daran werde ich anhand der Merkmale, die in Sandig (^{2}2006) als charakteristisch für das Textkonzept genannt werden, Gemeinsamkeiten und Unterschiede von Text und Hypertext herausarbeiten.

14.2.1 Begriffliche Differenzierung: Hypertexte – E-Texte

Für die Frage nach dem Verhältnis von Text und Hypertext ist es sinnvoll, die in 14.1.2 eingeführte Basisdefinition für Hypertext zu präzisieren. Zu diesem Zweck unterscheide ich terminologisch zwischen (1) nicht-linear organisierten HYPER-TEXTEN, die aus einer Menge von durch Links verknüpften Bestandteilen (Seiten, Modulen) bestehen, und (2) linear organisierten E-TEXTEN, die zwar im WWW online publiziert sind, ansonsten aber linear organisiert sind, d. h. einen eindeutigen Anfang und ein eindeutiges Ende haben und dafür gedacht sind, vom Anfang bis zum Ende gelesen zu werden. E-Texte sind häufig Parallel- oder Vorversionen von Print-Publikationen, die vor allem die schnelle und unkomplizierte Publikationsmöglichkeit des Internets nutzen. Beispiele für E-Texte sind online publizierte wissenschaftliche Fachartikel, Monographien (z.B. online publizierte Dissertationen) oder digitale Fassungen literarischer Werke, wie sie z.B. im Projekt Gutenberg[5] zur Verfügung gestellt werden. Wenn es im Folgenden um die Textualität von Hypertexten geht, ist es wichtig, sich bewusst zu machen, dass E-Texte *keine* Hypertexte im Sinne unserer Basisdefinition sind (es fehlt das Merkmal NICHT-LINEAR), sondern digitale Ausprägungen „traditioneller" Textarten. Als Teil des WWW können sie aber durch Links mit anderen Webseiten verknüpft sein und werden auch von vielen Suchdiensten des WWW (z.B. Google) erfasst.

14.2.2 Textualitätsmerkmale und Hypertexte

Beaugrande/Dressler (1981) haben in ihrer einflussreichen Einführung in die Textlinguistik eine Textdefinition vorgeschlagen, in der sie Texte mit Hilfe von sieben Kriterien von so genannten Nicht-Texten (also Kommunikaten ohne Textualität) abgrenzen (siehe Kap. 1 der vorliegenden Einführung). Diese Textualitätskriterien – KOHÄSION und KOHÄRENZ, INTENTIONALITÄT und AKZEPTABILITÄT, INTER-TEXTUALITÄT, SITUATIONALITÄT, INFORMATIVITÄT – wurden in mehreren Arbeiten als Anhaltspunkte genutzt, um Gemeinsamkeiten und Unterschiede von Texten und Hypertexten herauszuarbeiten (vgl. Hammwöhner 1993, 1997, Storrer 2004a, Rehm 2006: 93 ff.).

 Der Anspruch von Beaugrande/Dressler, mit den Kriterien ließen sich Texte eindeutig von Nicht-Texten abgrenzen, wurde allerdings verschiedentlich kritisiert (z.B. Vater 1992: 19, Sandig 2000b: 93). Als Weiterentwicklung und Alternative schlägt (Sandig 2000a, 2000b, ^{2}2006: 310 ff.) ein an der Prototypensemantik orientiertes Textkonzept vor. In diesem wird

---

5 Deutsche Fassung des Projekts: http://gutenberg.spiegel.de

,Text' als prototypische Kategorie zwar ebenfalls mit Merkmalen beschrieben, diesen Merkmalen kommt aber ein anderer Stellenwert zu: Sie sind untereinander gewichtet, d.h. mehr oder weniger wichtig für die Kategorisierung eines Dokuments als Text; bei weniger typischen Textexemplaren können bestimmte Merkmale auch ganz fehlen.

Was sind nun die Merkmale der ,Text'-Prototypen? Die Antwort auf diese Frage formuliert Sandig auf folgende Weise:

> Ein Text hat typischerweise folgende Eigenschaften: Er ist sprachlich, monologisch und schriftlich fixiert, er hat ein Thema, besteht aus mehreren Sätzen, diese sind untereinander verknüpft und bilden einen sinnvollen Zusammenhang; er ist in der Regel irgendwie individuell. Ein Text hat eine Funktion […]; mehr am Rande: ein Text ist irgendwie abgeschlossen und in eine Reihenfolge gebracht. (Sandig [2]2006: 310).

Im Folgenden möchte ich diese Bestimmung des prototypischen Textes zugrunde legen und auf der Basis der darin genannten Merkmale herausarbeiten, wodurch sich typische Hypertexte – also Hypertexte, die alle in 14.1 genannten obligatorischen und fakultativen Merkmale aufweisen – von typischen Texten unterscheiden, wo Gemeinsamkeiten und Unterschiede bestehen.

1. *Texte sind SPRACHLICH:* Typische Hypertexte sind meist multimodal kodiert, d.h., sie sind meist aus schriftlich fixierten Textpassagen und anderen Bild-, Ton- und Videoobjekten komponiert. Für ihre Analyse benötigt man also Kategorien und Methoden, die diese Verflechtung unterschiedlicher Kodes und Symbolsysteme erfassen können. Entsprechende Erweiterungen sind auch für die Erfassung von Sprache-Bild-Bezügen in gedruckten Medien notwendig; erweiterte Textbegriffe und Beschreibungsansätze werden z.B. in Sandig (2000a) und Fix (2001) diskutiert. Bei der multimodalen Kodiertheit in Hypertexten müssen jedoch nicht nur Text und Bild, sondern auch Ton- und Videoelemente und deren Verlinkung mit in die Analyse einbezogen werden (vgl. u.a. Schmitz 1997, 2001, 2006).

2. *Texte sind MONOLOGISCH:* Hypertexte weichen von diesem Merkmal in zweierlei Hinsicht ab: (1) Durch das in 14.1 beschriebene Merkmal der INTERAKTIVITÄT lässt sich die Rezeption von Hypertexten als (metaphorisch konstituierter) Dialog zwischen Nutzer und Hypertextsystem beschreiben (Hammwöhner 1997: 72ff., Fritz 1999, Bucher 2001, Storrer 2004b). Für die Analyse der Nutzer-Hypertext-Interaktion sind deshalb nicht nur Kategorien der Textanalyse, sondern auch Beschreibungsmodelle aus der Gesprächslinguistik relevant. (2) Die ins WWW integrierten Funktionen der COMPUTERVERMITTELTEN KOMMUNIKATION unterstützen den synchronen oder zeitversetzten Austausch der Hypertextnutzer untereinander; dabei entstehen im schriftlichen Medium dialogische Strukturen neuer Art: Chatprotokolle, Threads in Foren und Bulletin Boards, Diskussionsbeiträge auf Wiki-Diskussionsseiten etc. Auch für die Analyse dieser Strukturen müssen die am abgeschlossenen Schrifttext orientierten Ansätze in geeigneter Weise mit Kategorien und Methoden aus der Gesprächsforschung kombiniert werden (vgl. Schütte 2004, Siever u.a. 2005, Beißwenger 2007).

3. *Texte sind SCHRIFTLICH FIXIERT:* In Hypertexten sind schriftliche Einheiten häufig nicht nur Träger sprachlicher Informationen, sondern sie übernehmen zusätzliche Funktionen (Schmitz 2006). Wörter und Textpassagen fungieren als textuelle Linkanzeiger, die man mit der Maus aktivieren kann, um ein anderes Modul aufzurufen. Man kann schriftliche Einheiten „animieren", d. h. so programmieren, dass sie sich bewegen und verändern. Dass sich digital gespeicherte Schrift in ihrer Gestalt schnell verändern lässt, ist überhaupt ein zentraler Unterschied zwischen digital gespeicherten Texten und anderen Lese- und Schreibtechnologien. Im Bestandteil *fixiert* des Merkmals SCHRIFTLICH FIXIERT steckt ja die Vorstellung, dass schriftliche Texte in einer stabilen Form mit einem Textträger verbunden sind. Vor dem Aufkommen digitaler Medien war dies eine Selbstverständlichkeit, auch wenn die Fixierung je nach Textträger unterschiedlich dauerhaft sein kann – die Bandbreite reicht vom gravierten Stein bis hin zur mit Kreide beschrifteten Wandtafel. Digital gespeicherten Texten fehlt nun genau diese stabile Bindung an einen Textträger; sie können mit Leichtigkeit verändert, gelöscht und schnell über weite Strecken „transportiert" werden. Diese fehlende Bindung macht viele Charakteristika von Hypertexten überhaupt erst möglich, z.B. das synchrone schriftbasierte Kommunizieren über Webchats oder die in 14.1 als „Adaptivität" besprochene Anpassung von Hypertextinhalten an spezielle Nutzerprofile.

4. *Texte sind INDIVIDUELL:* Dieses Merkmal wird in Sandig (²2006: 313) im Anschluss an Fix/Poethe/Yos u.a. (2001) als UNIKALITÄT von Texten weiter ausgeführt. Gemeint ist die individuelle Angepasstheit eines Textes an die konkreten Gegebenheiten vor dem Hintergrund eines generalisierten Textmusters. Im Hinblick auf adaptive Hypertexte gewinnt dieses Merkmal eine neue Ausprägung: Die individuelle Anpassung an Nutzerprofile und Nutzungssituationen erfolgt durch automatische Verfahren. Aus einer Menge von Daten werden auf den dabei erstellten personalisierten Seiten jeweils verschiedene Bausteine zusammengestellt; dabei entstehen auf individuelle Situationen zugeschnittene „Unikate".

5. *Texte bestehen AUS MEHREREN SÄTZEN:* Dies gilt sicher auch für viele textuelle Bausteine von Hypertexten, allerdings gibt es auch hier Besonderheiten. Einstiegsseiten von Webangeboten, z.B. von Online-Zeitungen, enthalten oft nur den Titel und die ersten Sätze eines Textes. Das komplette Textmodul befindet sich auf einer anderen Seite, die mit dem Textanfang per Link verknüpft ist. Dieses Prinzip der Verweisung von Überschriften und Kurztexten auf längere, ausführliche Texte gibt es auch in gedruckten Zeitungen. Durch die Möglichkeit der direkten Verlinkung von Textpassagen machen Online-Zeitungen von dieser Möglichkeit aber sehr viel systematischeren Gebrauch.

6. *Ein Text ist ABGESCHLOSSEN und IN EINE REIHENFOLGE GEBRACHT:* In diesen beiden Merkmalen unterscheiden sich linear organisierte Texte grundlegend von nicht-linear organisierten Hypertexten. Die beiden Merkmale spielten vor allem in der strukturalistisch geprägten Textlinguistik eine wichtige Rolle. So definiert z.B. Harweg (²1979: 148) Text als „ein durch ununterbrochene pronominale Verket-

tung konstituiertes Nacheinander sprachlicher Einheiten" (siehe auch 3.1.2), das mit einem zu ersetzenden Ausdruck, dem Textanfang, beginnt und sich über substituierende Kohäsionsmittel so lange entfaltet, bis die pronominale Kette unterbrochen wird und damit nach dem streng textgrammatischen Kriterium der Text endet. Dieser Vorstellung eines Textes als einer vom Textanfang zum Textende führenden Verkettung sprachlicher Einheiten entsprechen nicht-linear organisierte Hypertexte nun genau *nicht*. In typischen Hypertexten kann es zwar eine Startseite geben, die den Ausgangspunkt der Rezeption bildet, ansonsten bleibt es aber den Nutzern überlassen, welche Links sie aktivieren und welche Pfade sie durch das modulare Informationsangebot wählen. Ein typischer nicht-linear organisierter Hypertext hat nicht nur kein eindeutiges Ende – in den meisten Fällen können die Nutzer gar nicht ohne weiteres entscheiden, ob sie den Hypertext komplett durchlaufen haben. Und es ist eben auch gar nicht der Sinn von Hypertexten, dass sie vollständig rezipiert werden – vielmehr unterstützt die nicht-lineare Organisationsform genau die punktuelle und selektive Lektüre einzelner Module im Hinblick auf eine bestimmte Fragestellung. Auch das Merkmal der ABGESCHLOSSENHEIT trifft auf viele Hypertexte nicht zu. Wie wir in 14.1.3 unter dem Merkmal DYNAMISCH diskutiert haben, ist ein typischer Hypertext ein „Text-in-Bewegung" (Storrer 2000): Seine Module können laufend aktualisiert werden, neue Module und Links können dazu kommen. Über die Inhalte des Hypertextes kann sich eine Diskussion zwischen Autoren und Nutzern entspinnen, deren Beiträge wiederum wechselseitig kommentiert und diskutiert werden. Es entsteht eine Ganzheit, die nicht einmal durchlaufen, sondern regelmäßig besucht wird, um es mit einer Metapher auszudrücken, die sich sprachlich auch in Ausdrücken wie *Gästebuch*, *Besucherzähler* u. Ä. manifestiert.

 Wie bereits in 14.1 besprochen, gibt es aber durchaus auch im gedruckten Medium nicht-linear organisierte Präsentationsformen: Auch Bücher, Zeitungen und Zeitschriften ermöglichen es dem Autor, Inhalte in modularisierter Form zu präsentieren und dem Leser alternative Lesewege anzubieten (Bucher 1996, Blum/Bucher 1998). Das Merkmal IN EINE REIHENFOLGE GEBRACHT ist also nicht notwendigerweise an das digitale Medium gebunden. Ich unterscheide in diesem Zusammenhang zwischen MONOSEQUENZIERTEN (Novelle, Krimi, Witz), MEHRFACHSEQUENZIERTEN (Reiseführer, Zeitung) und UNSEQUENZIERTEN (Wörterbuch, Enzyklopädie) Textsorten, die es auch bereits im gedruckten Medium gab (Storrer 2000). Allerdings unterstützt die Hypertexttechnologie die nicht-lineare Präsentation von Inhalten in einer Weise, die es so in den Printmedien nicht gibt: Durch Verknüpfung von Modulen mit Links, durch spezielle Funktionen zum Suchen und Navigieren, durch die adaptive Anpassung von Struktur und Inhalt an Nutzerprofile.

7. *Texte haben ein THEMA, Texte haben eine FUNKTION:* Diese beiden Merkmale spielen auch für Hypertexte eine wichtige Rolle. (1) Sie sind wichtig für die Begrenzung und Klassifikation von Hypertexttypen: Gerade weil typische Hypertexte dynamisch sind und keine auf einem Textträger fixierte abgeschlossene Form haben,

stellt sich das Problem, die Grenzen von Einheiten zu bestimmen, die man intuitiv mit Hypertextsortenbezeichnungen wie *Online-Grammatik, Online-Zeitung, Konferenz-Website* etc. benennt. Textthema und Textfunktion können – neben Struktur und Inhalt – bei der Begrenzung von Hypertexten und ihrer Klassifikation wichtige Anhaltspunkte liefern (Jakobs 2003, Jakobs/Lehnen 2005, Rehm 2006: Kap. 5). (2) Auch bei der Planung und Strukturierung von Hypertexten sind thematische und funktionale Aspekte wichtig. Weil sich die Planung nicht an einem festen Leseweg orientieren kann, ist die Grundlage für die Hypertextplanung oft ein thematisch und funktional hierarchisches Grundgerüst, dem man die Module zuordnen kann. Dieses Grundgerüst kann man dann nach verschiedenen Prinzipien um weitere Links ergänzen (vgl. Storrer 2004c: Kap. 3).

8. *Die Sätze von Texten sind* UNTEREINANDER VERKNÜPFT *und bilden einen* SINNVOLLEN ZUSAMMENHANG: Mit dieser Charakterisierung sind zwei Merkmale angesprochen, die in der textlinguistischen Literatur als KOHÄSION und KOHÄRENZ bezeichnet werden. Die Auswirkungen der nicht-linearen Organisationsform von Hypertexten auf Kohärenz und Kohäsion sind unter interdisziplinärer Perspektive intensiv diskutiert worden.[6] Weil schon das Konzept der Kohärenz und sein Verhältnis zur Kohäsion in der Textlinguistik unterschiedlich gefasst wird, kann es auf die Frage, ob und in welchem Sinne Hypertexte kohärent sind, keine einfache Antwort geben (vgl. Storrer 2003). Hilfreich ist die Differenzierung zwischen der LOKALEN KOHÄRENZ, zwischen benachbarten Einheiten, und DER GLOBALEN KOHÄRENZ, die durch eine übergreifende thematische Gesamtvorstellung und durch die Funktion des Textes in einem größeren Kommunikationszusammenhang gestiftet wird. Sinnvoll ist auch das Differenzieren zwischen der Kohärenz*planung* beim Produzieren von Hypertexten auf der einen Seite und der Kohärenz*bildung* bei der Rezeption von Hypertexten auf der anderen Seite. Eine wichtige Besonderheit der Kohärenzbildung beim Rezipieren von Hypertextinhalten hängt direkt mit der nicht-linearen Organisationsform zusammen: Bei der Hypertextrezeption ist die Abfolge, in der die Inhalte rezipiert werden, bei jedem Nutzer anders und vom Autor nicht vorhersehbar. Charakteristisch ist die Mehrfachrezeption von Seiten beim so genannten „Backtracking" oder durch das wiederholte Aufrufen zentraler Seiten (Einstiegsseiten, Suchdienste etc.). Dies hat wiederum Auswirkung auf die Kohärenzplanung: Weil der Leseweg nicht festliegt, kann bei der Vertextung eines Hypertextmoduls nicht antizipiert werden, welche Informationen der Rezipient bereits verarbeitet hat. Die Anforderung bei der Hypertextproduktion besteht deshalb darin, die Inhalte in den Modulen sprachlich und inhaltlich so modular abzuhandeln, dass sie potenziell in verschiedene Lesepfade integrierbar sind. Die Hypertexttechnologie stellt durch das neuartige Element des Hyperlinks und durch so genannte Orientie-

---

6 Z.B. Kuhlen 1991, Freisler 1994, Campbell 1995, Foltz 1996, Fritz 1999, Bucher 2001; einen Überblick gibt Storrer 2003.

rungs- und Navigationshilfen neue Mittel zur Herstellung von Kohärenz und Kohäsion auf lokaler und globaler Ebene bereit: Elemente wie die Navigationsleisten, Felder zur Eingabe von Suchwörtern und die Rücksprungfunktion des Browsers, die es ermöglicht, auf die zuletzt aufgerufene Seite zurückzukehren, kommen den veränderten Bedingungen der Hypertextrezeption entgegen und lassen sich als neue, medienspezifische Formen von Kohärenzbildungshilfen beschreiben (vgl. dazu ausführlich Storrer 2003: 286 ff.).

14.3 Hypertextlinguistik: Forschungsfragen und Perspektiven

Hypertextlinguistik wird hier als ein Bereich der Textlinguistik verstanden, der sich mit der Anwendung textlinguistischer Kategorien und Methoden auf Hypertexte beschäftigt. Nachdem wir ausführlich die Unterschiede und Gemeinsamkeiten von typischen Textexemplaren und typischen Hypertextexemplaren herausgearbeitet haben, diskutieren wir nun auf dieser Basis abschließend die Frage, ob und mit welchen Einschränkungen Hypertexte mit textlinguistischen Methoden und Kategorien untersucht werden können und welche neuen Forschungsfragen sich im Hinblick auf Hypertexte ergeben.

Aus den bisher angestellten Überlegungen zur Textualität von Hypertexten ergibt sich klar, dass typische Hypertexte viele Merkmale des prototypischen Textkonzepts *nicht* aufweisen: Hypertexte sind typischerweise multimodal kodiert. Sie sind nicht monologisch, sondern auf die Interaktion zwischen Nutzern und Hypertextsystem hin konzipiert. Schriftlichkeit spielt weiterhin eine wichtige Rolle, die Schrift übernimmt aber neue Funktionen auf der operativen Ebene: Wörter können als Schaltflächen (Linkanzeiger) fungieren, Nutzer können Suchwörter eingeben oder zwischen verschiedenen Menüoptionen auswählen. Digitale Schrift ist – im Gegensatz zu traditionellen Medien – nicht auf einem „greifbaren" Textträger fixiert, sondern kann in ihrer Gestalt an Nutzerprofile oder an die Gegebenheiten eines Anzeigemediums (Bildschirm, Notebook, Handydisplay etc.) angepasst werden. Digitale Schrift lässt sich schnell über weite Strecken „transportieren"; dies ermöglicht den schriftbasierten Dialog zwischen den Hypertextnutzern durch Formen der computervermittelten Kommunikation wie Chat und Instant Messaging.

 Dennoch lassen sich im WWW Sammlungen von Seiten ausgrenzen, die über eine übergreifende inhaltliche Gesamtvorstellung bzw. ein übergreifendes Thema konstituiert sind und zu denen sich ggf. auch eine dominante Textfunktion bestimmen lässt.[7] Für solche Seitensammlungen werden im alltäglichen Sprechen über das Internet Bezeichnungen wie *Site, Portal, Webauftritt* bzw. *Wiki* benutzt. Aus wissenschaftlicher Perspektive werden

---

7 Konkrete Beispiele für solche Sammlungen sind z. B. die Online-Grammatik „Grammis" am Institut für deutsche Sprache (http://hypermedia.ids-mannheim.de/); das DeguWiki rund um die Haltung des Haustiers „Degu" (www.deguwiki.de); die Fanseite „schwatzgelb" des Fußballclubs „Borussia Dortmund" (www.schwatzgelb.de).

derartige Einheiten als *digital genre*, als *Webgenre* oder als *Hypertextsorte* bezeichnet.[8]
Die textlinguistisch fundierte Analyse des Entstehens von Hypertextsorten, die Beschreibung typischer Gestaltungsmuster, die Analyse von Funktionen und Varietäten von Hypertextsorten sind spannende neue Forschungsfelder der Hypertextlinguistik. Methoden und
Kategorien dazu finden sich in Jakobs (2003), Jakobs/Lehnen (2005) und in Rehm (2006,
2007).

Hypertextsorten können als Ganzheiten oder in ihren Bestandteilen Merkmale
von Textualität aufweisen, nämlich (globale) Kohärenz, ein übergreifendes Thema,
eine dominante Textfunktion. Hypertextsorten kommen deshalb als Gegenstand
textlinguistischer Betrachtung durchaus in Betracht. Da sich aber auch funktional
und thematisch konstituierte Hypertextsorten in wesentlichen Punkten von prototypischen Texten unterscheiden, müssen Methoden und Kategorien angepasst
bzw. erweitert werden.

1. In nicht-linear organisierten Hypertexten gibt es keinen eindeutigen „Leseweg",
   sondern es entsteht ein Netzwerk, das auf verschiedenen Rezeptionswegen tra-
   versiert werden kann. Nun ist aber gerade die lineare Organisationsform, also
   die Gerichtetheit der Textabfolge von Textanfang zum Textende, grundlegend für
   viele Kategorien der Textanalyse: Sie bestimmt die Subklassifizierung in ANA-
   PHORISCH vs. KATAPHORISCH bzw. in ANADEIKTISCH vs. KATADEIKTISCH ebenso
   wie die Einteilung von Diskursreferenten in FORWARD-LOOKING und BACKWARD-
   LOOKING. Sie liefert wesentliche Hinweise für die Einteilung in BEKANNT und
   NEU, die für die Informationsverteilung innerhalb von Sätzen und über Sequenzen von Sätzen hinweg bestimmend ist, auf ihr basieren also Dichotomien wie
   THEMA vs. RHEMA, TOPIC vs. COMMENT etc. (siehe 4.6.1). Diese Kategorien und
   die darauf bezogenen Analysemethoden lassen sich nur auf kleinere Textbau-
   steine (Bestandteile von Hypertexten bzw. Hypertextknotentypen, vgl. Rehm
   2006) anwenden.[9] Wenn man individuelle Kohärenzbildungsprozesse bei der
   Hypertextnutzung untersuchen möchte, kann man sich weiterhin auf konkrete
   Folgen von Seiten oder Modulen beziehen, die von einem Nutzer im Zuge der
   Webnutzung konsultiert werden. Außerdem eröffnet sich durch die Compu-
   terbasiertheit von Hypertexten neue Möglichkeiten, Aspekte von Kohäsion und
   Kohärenz automatisch zu analysieren (z. B. unter Berücksichtigung der Verlin-
   kungsstruktur, z. B. Mehler 2004) oder das Rezeptionsverhalten durch Aufzeich-
   nung der individuellen Traversierungspfade quantitativ auszuwerten.
2. Hypertexten fehlt die stabile Bindung an einen Textträger; verschiedene Nutzer
   können auf dieselben Daten unterschiedliche Sichten haben. Viele Hypertexte sind dezidiert so konzipiert, dass Form und Umfang veränderlich sind und

---

8 Zur Präzisierung und Abgrenzung der verschiedenen Bezeichnungen vgl. Rehm 2006:
Kap. 4.

9 In unseren Beispielen wären solche Bausteine: ein Artikel des Degu-Wikis; ein Glossar-
eintrag im grammatischen Informationssystem „Grammis"; eine Meldung im Presseticker
von „schwatzgelb".

laufend an neue Gegebenheiten angepasst werden. Oft wird die am Bildschirm angezeigte Zusammenstellung informationeller Einheiten überhaupt erst zur Laufzeit generiert. Als Webnutzer gehen wir inzwischen mit dieser Dynamik von Hypertexten recht selbstverständlich um. Für textlinguistische Beschreibungs- und Analysemethoden, die sich überwiegend an abgeschlossenen Schrifttexten herausgebildet haben, ist diese Dynamik aber eine Herausforderung: Um Hypertexte in ihrer Struktur zu analysieren, muss man sie „stabilisieren", und zwar durch Archivierung auf einem digitalen Datenträger, weil beim Ausdrucken ja die zentralen Gestaltungsmittel – die Hyperlinks – verloren gehen. Wer sich für die Veränderung von Hypertexten und mithin genau auch für den dynamischen Aspekt interessiert, muss verschiedene Versionen (in Zuordnung zum Archivierungszeitpunkt) archivieren und vergleichen.

3. Auf Hypertextseiten gibt es nicht nur rezipierbare, sondern auch aktivierbare Elemente: Linkanzeiger (als Text oder Bild), Auswahlmenüs (Menüleisten), Eingabe- und Steuerungsfelder etc. Für diese operative Schicht von Hypertextseiten liefert die am Printmedium ausgerichtete Textlinguistik bislang keine geeigneten Kategorien und Methoden. Es wird ein mehrschichtiges Analysemodell benötigt, das auch eine operationale Schicht für die Mensch-Computer-Interaktion und eine Schicht für die Berücksichtigung der computervermittelten Kommunikation vorsieht. Gerade durch die Verbindung von Informations- und Kommunikationsdiensten entstehen Formen des sprachlichen Handelns, die sich nicht mehr ohne weiteres einer der beiden Grundformen – Text vs. Diskurs (vgl. Konrad Ehlich 1994) bzw. Text vs. Gespräch – zuordnen lassen, sondern Vorteile beider Handlungsformen unter neuen Vorzeichen miteinander verbinden (vgl. Storrer 2000, 2001, 2004c, Hoffmann 2004). Gerade für die Analyse von Hypertexten wird es deshalb notwendig und sinnvoll sein, Methoden aus der Text- und aus der Gesprächslinguistik in geeigneter Weise zu kombinieren und diese an die hypertextspezifischen Rahmenbedingungen anzupassen.

 ### Kommentierte Literaturtipps

In der interdisziplinären Hypertextforschung arbeiten Informatik, Bibliotheks- und Informationswissenschaften, Computerlinguistik, Literaturwissenschaft, Medientheorie und eben auch Linguistik eng zusammen. Insofern haben die zahlreichen Monographien und Sammelbände zum Thema unterschiedliche Schwerpunkte: Zur Einführung in die Grundlagen des Hypertextkonzepts empfehle ich als deutschsprachige Literatur Kuhlen 1991 und Hammwöhner 1997. Auch wenn sie informationswissenschaftlich ausgerichtet sind und vom Erscheinungsdatum her neuere Entwicklungen nicht berücksichtigen, diskutieren sie viele textlinguistische Aspekte (Textualitätsmerkmale, Kohärenz und Kohäsion, thematische Progression etc.) und erläutern grundlegende Kategorien zur Hypertextanalyse (Linktypen, Knotentypen, Typen des Browsing). Sehr anschaulich geschrieben ist das englische Einführungsbuch von Nielsen 1995, das auch in einer deutschen Übersetzung vorliegt; wenn man Englisch lesen kann, sollte man die englische Fassung wählen. Weiterhin sind die ebenfalls englischsprachigen „Klassiker" Bolter 1991, 2001 und Landow 1992 unter medien- und kulturwissenschaftlicher Perspektive sehr interessant und unbedingt lesenswert. Zur Vertiefung der textlinguistischen Perspektive eignen sich die Aufsätze von Freisler 1994, Storrer 2000 und Storrer 2004a. Zum Aspekt der Multimodalität und der Spezifika digitaler Schriftlichkeit empfehle ich Schmitz 2001, 2003, 2006. Zwei Dissertationen, die als PDF-Dateien im WWW verfügbar sind, widmen sich dezidiert der textlinguistischen Analyse von Hypertexten und bieten dafür Analysemodelle und Kategorien an: Huber 2002 und Rehm 2006. Wie oben bereits erwähnt, setzt sich die Dissertation von Georg Rehm, die in einer gekürzten Fassung auch als Buch erhältlich ist (Rehm 2007), mit dem Thema „Hypertextsorten" auseinander. Aufbauend auf Jakobs 2003 entwickelt er ein Beschreibungsmodell, das er exemplarisch auf verschiedene universitäre Webangebote (studentische Homepage, Homepage eines Wissenschaftlers, Einstiegsseite des Webauftritts einer Universität) anwendet. Sein Modell ist komplex, da es viele Beschreibungsdimensionen erfasst, die bei der texttechnologisch fundierten Analyse von Hypertextsorten relevant werden können. Gerade durch diese generelle Ausrichtung kann es aber flexibel an viele Hypertextsorten angepasst werden.

15 Computerlinguistik und Textanalyse

Manfred Stede

15.1   Vorbemerkung: Computerlinguistik und Textlinguistik
15.2   Werkzeuge der automatischen Analyse
15.2.1 Text als Menge von Wörtern
15.2.2 Text als Ansammlung formaler und linguistischer Merkmale
15.3   Computerlinguistische Modelle der Textstruktur
15.3.1 Koreferenz-Analyse
15.3.2 Lineare Abfolge von funktionalen Einheiten
15.3.3 Hierarchische Gliederung im Text
15.4   Korpora in Computerlinguistik und Textlinguistik
15.5   Die Methodik der Mehr-Ebenen-Analyse

15.1 Vorbemerkung: Computerlinguistik und Textlinguistik

In den 1970er-Jahren entstand im Grenzgebiet zwischen Informatik, Künstlicher Intelligenz und Linguistik die Computerlinguistik (kurz: CL) – eine Forschungsrichtung, die Modelle der Verarbeitung natürlicher Sprache entwickelt, die *formal* und zumindest im Prinzip *implementierbar* sein sollen; der Computer wird als Werkzeug betrachtet, Theorien und Modelle auf ihre Adäquatheit zu testen. Die Art solcher Modelle kann in der CL aber sehr unterschiedlich sein: Bis etwa 1990 waren Ansätze auf der Basis symbolischer Regeln (also im Stil „traditioneller" linguistischer Grammatikmodelle) vorherrschend; seither haben aber statistische Modelle, die aus großen Korpora gewonnen werden, zunehmend an Bedeutung gewonnen. Neben dieser Einteilung gemäß der Art der Modellbildung lässt sich die Disziplin auch in einen eher theoretisch und einen eher anwendungsorientierten Bereich gliedern.[1] Die theoretische CL betrachtet Grammatikmodelle unter mathematischen Gesichtspunkten und stellt Fragen nach der Berechenbarkeit und Komplexität solcher Modelle. Eine praktische Implementierung in Computerprogrammen kann dabei eine Rolle spielen, steht aber nicht im Vordergrund. Die angewandte CL hingegen befasst sich mit der Entwicklung von Software, die bestimmte Aufgaben

---

1 Mitunter wird diese Einteilung entlang der englischen Bezeichnungen *Computational Linguistics, Natural Language Processing* und *Language Technology* dargestellt. Erstgenannte steht danach für theoretisch motivierte Arbeiten, die beiden letztgenannten stehen für anwendungsnahe. Seitdem computerlinguistische Software Einzug in den Alltag gehalten hat (etwa Übersetzungsprogramme, Telefon-Dialogsysteme), spricht man in diesem Zusammenhang immer häufiger auch im Deutschen von *Sprachtechnologie* und speziell bei der Textdokumentverarbeitung von *Texttechnologie*. In diesem Beitrag verwenden wir der Einfachheit halber *Computerlinguistik* als neutralen Oberbegriff.

der Sprachverarbeitung erfüllt, sei es das Verstehen und Produzieren von gesprochener Sprache (in Dialogsystemen, die über das Telefon benutzt werden, etwa Fahrplanauskunft oder *voice banking*) oder die Verarbeitung von Textdokumenten für Zwecke der Informationssuche, Zusammenfassung, Übersetzung u. a.

Die Berührungspunkte mit der Textlinguistik sind bei der angewandten CL insgesamt zahlreicher als bei der theoretischen CL. So spielen Fragen der formalen und inhaltlichen Strukturierung von Texten oder ihrer Zugehörigkeit zu Textsorten für eine ganze Reihe von Anwendungen eine wichtige Rolle. In diesem Kapitel nehmen wir zunächst solch eine anwendungsorientierte Perspektive ein (15.2), fragen dann nach computerlinguistischen Ansätzen zur Untersuchung von Textstrukturen (15.3) und gehen auf die Rolle von Korpora in der CL und in der Textlinguistik ein (15.4). Schließlich identifiziert Abschnitt 15.5 die Methodik der Mehr-Ebenen-Analyse als vielversprechenden Forschungsansatz, der die jeweiligen Stärken von Computerlinguistik und Textlinguistik miteinander verbinden kann.

15.2   Werkzeuge der automatischen Analyse

Ganz grundsätzlich steht jede automatische Analyse eines Textes vor dem Dilemma, möglichst viel über diesen Text „errechnen" zu müssen, ohne ihn allerdings in irgendeinem Sinne inhaltlich „verstehen" zu können. Zwar gab es in der Frühzeit der Künstlichen Intelligenz (ca. 1975–1985) eine Reihe von Versuchen, unter der Überschrift Automatisches Textverstehen auch die Bedeutung von Sätzen und Texten zu erfassen und sie mit Modellen des Vorwissens eines Sprachbenutzers in Beziehung zu setzen (ein Überblick dazu findet sich in Stede 2006), doch haben sich diese Versuche als Sackgasse erwiesen, weil sie jeweils nur für sehr wenige Texte tatsächlich brauchbare Ergebnisse lieferten. Es ist bis heute nicht möglich, Computer auch nur annähernd mit so viel „Wissen" auszustatten, dass sie etwa eine Tageszeitung analysieren und inhaltlich verstehen könnten. Aus diesem Grund richtet sich das Interesse der computerlinguistischen Textanalyse heute im Wesentlichen auf die *Oberfläche* des Textes: Wie viel lässt sich über einen Text in Erfahrung bringen, ohne ihn inhaltlich zu verstehen und ohne sonderlich viele linguistische Wissensquellen (Lexika, Grammatiken) zu benötigen? Und welche – hoffentlich nützlichen und womöglich sogar kommerziell verwertbaren – Aufgabenstellungen lassen sich damit bearbeiten? Auf diese Fragen kann man nun mit zwei verschiedenen, im Grunde sogar gegensätzlichen Arbeitsansätzen reagieren.

15.2.1 Text als Menge von Wörtern

Die eine Sicht entstand in den 1960er-Jahren mit der Entstehung der Forschungsrichtung Information Retrieval, die sich mit der Suche nach und in Textdokumenten befasst und dabei Texte meist lediglich als Menge der darin vorkommenden Inhaltswörter auffasst. Auch vielen computerlinguistischen Anwendungen liegt heute die

Sicht „Text = Menge von Wörtern" zugrunde. Um die Arbeitsweise kennenzulernen, wählen wir als Beispiel die Aufgabe der AUTOMATISCHEN TEXTZUSAMMEN-
FASSUNG. Ziel ist, in einem gegebenen Text diejenigen Sätze zu identifizieren, die
besonders „wichtig" sind und daher in einer Zusammenfassung erscheinen sollten.
Die grundlegenden statistischen Techniken hierfür waren schon in den 1950er-
Jahren bekannt und werden in Variationen bis heute verwendet. Die Grundidee
besteht darin, dass in einem Text über ein bestimmtes Thema dieselben themen-
relevanten Wörter wiederholt vorkommen. Zum Beispiel ist zu erwarten, dass in
einem Bericht über ein Hotel (vgl. Abb. 15.1) Wörter wie *Hotel, Zimmer, Frühstück*
etc. mehrfach auftreten. Um das Thema eines Textes zu bestimmen, können also
die verschiedenen WORTFREQUENZEN als Indikator genutzt werden.

Vollständiger Testbericht

Cordial Theaterhotel Salzburg

•• "Grüaß" Gott Salzburg ••

Ist auch WIEN für meine Frau und mich unsere Lieblingsstadt, deren einzigartiges Flair wir beide gleichermaßen schätzen, so war es doch viele Jahre
ihr Wunsch, mehrere Tage in Salzburg zu verbringen.
Einen Tagesausflug mit Stadtführung in Salzburg vom Fuschlsee aus während eines Sommerwanderurlaubs verstärkte noch diesen Wunsch.

Nun liegt Salzburg zwar per IC oder EC gut erreichbar in Verlängerung unserer gewohnten Ulm - München Strecke, doch schreckten mich lange die
doch recht hohen Salzburger Hotelpreise. Ein Spezialangebot von points24 (50% plus Verrechnung der bis dahin erreichten Werbungspunkte) ließen
mich vor ca. zwei Jahren das erste Mal das Cordial Theaterhotel in Betracht ziehen. Damals liefen zwar ein paar Kleinigkeiten schief, aber insgesamt
waren wir doch recht zufrieden gewesen.

Daher versuchten wir ein ähnliches Angebot nochmals über points24 auf den Teilnehmernamen meiner Frau zu nutzen. Auch diesmal gab es in der
Vorabwicklung einige Ungereimtheiten, doch in der Umsetzung wurde alles kundenorientiert und erfreulich geregelt.

••• Die Buchung des Arrangements •••

Auf mypoints24 suchte ich folgendes Angebot heraus: 2 Übernachtungen mit Frühstücksbuffet für 2 Personen im Doppelzimmer, Begrüßungscocktail,
Obstschale und 2 Salzburgcards (freier Eintritt in die meisten Kulturangebote plus diverse Ermäßigungen einschließlich ÖPNV plus
Lifte/Bergbahnen, allerdings bis auf den ÖPNV je eine freie Nutzung).
Im Online Hotelbuchungsformular wählten wir den Zeitraum vom 1. Bis zum 4. bzw. bis zum 3. Januar, so dass wir einen zusätzlichen Tag "regulär"
als Verlängerungstag dazubuchen wollten, also 3 Übernachtungen.

Nun, warum auch immer, das mit der Ermäßigungsberechnung klappte irgendwie nicht richtig. Doch der berechnete Gesamtrestpreis nach Abzug der
Punkte von ca. 200 Euro für das Arrangement (30%) erschien mir tragbar, insbesondere da ich das Hotel ja schon kannte und seine Lage und
Ausstattung schätzte.

Der Schock traf mich bei der notwendig gewordenen Nachfrage zwecks Verlängerung per E-Mail. Da sollte doch der eine Zusatztag über 200 Euro
kosten. Ich lehnte dankend ab, fragte stattdessen nach, ob hier nicht ein Irrtum vorläge. Vor der Abfahrt erhielt ich keine Antwort mehr. Ansonsten
hatte die kurzfristige Buchung vollständig übers Internet bzw. per E-Mail nur 2 Tage mit Bestätigungen und Rückfragen gedauert.
Die bestätigte Buchung und sicherheitshalber das bestätigte Angebot druckte ich mir zum Mitnehmen aus.

•••• Lage, Ankunft, Empfang ••••

Das Theaterhotel liegt ca. 10 bis 15 Gehminuten vom HBF Salzburg entfernt, genauer beschrieben in der Schallmoser Hauptstraße 13, am Fuße des
Kapuzinerberges. Zur Altstadt sind es nur wenige Gehminuten. Die eigene Cordial Internetseite weist nicht nur die etwas geschönten Bilder des
Hotels und einiger Räume auf, sondern eine zwar recht grobe und dennoch brauchbare Wegbeschreibung

Abb. 15.1: Auszug aus einem Hotel-Testbericht[2]

Nun lassen sich die Wörter eines Textes anhand ihrer Frequenz grob in drei Klassen teilen. Die erste Klasse besteht aus einer kleinen Anzahl von Wörtern, die
sehr häufig auftreten. Zu dieser Klasse zählen vor allem Funktionswörter, also
Präpositionen, Konjunktionen etc. Am anderen Ende der Skala gibt es meist eine
große Anzahl von Wörtern, die im Text nur ein- oder zweimal auftreten. Nützliche
Hinweise auf den Textinhalt liefern in der Regel allein die Wörter aus der „Mittel-

---

2 Aus: http://reisen.ciao.de/Cordial_Theaterhotel_Salzburg_Test_2782947, kopiert am
12.10.2005.

klasse", die also mit mittlerer Frequenz auftreten. Die nachfolgende Tabelle zeigt einen Ausschnitt der Wörter des Textes aus Abb. 15.1, sortiert nach Häufigkeit.

und	35	ich	11	nicht	8	ca.	4	mir	4	...
der	25	Die	11	es	8	einschließlich	4	plus	4	Abend	1
in	21	den	11	des	8	E-Mail	4	Preis	4	abendlichen	1
die	19	wir	10	...		etwas	4	sehr	4	abends	1
zu	16	auch	9	an	4	Hotel	4	Theaterhotel	4	Abfahrt	1
für	13	ein	9	Angebot	4	Internetseite	4	vom	4	...
das	12	Salzburg	9	Auch	4	mich	4	von	4	

Das erste relevante Wort ist *Salzburg*, das 9× auftritt – allerdings kommen auch die irrelevanten Wörter *auch* und *ein* 9× vor. Weitere signifikante Wörter sind z. B. *Angebot, Hotel, Preis*, die jeweils 4× auftreten – neben vielen anderen. Die Tabelle ist für unseren Zweck also noch nicht sehr gut geeignet, weil sie relevante nicht von irrelevanten Wörtern scheidet. Sie macht auch ein anderes Problem dieses sehr einfachen Verfahrens deutlich: Wir zählen ja Wortformen, so dass thematisch eng verwandte Begriffe separat behandelt werden: *Abend, abendlichen, abends* und *Theaterhotel, Hotel*. Um dies zu verbessern, führt man flektierte und abgeleitete Wortformen zunächst auf ihre Grundformen und Stämme zurück, deren Frequenz dann der Relevanzberechnung zugrunde liegt.

Um aber die für einen Text wirklich charakteristischen Wörter zu ermitteln, müssen wir sie von solchen unterscheiden können, die in sehr vielen Texten gleichermaßen häufig sind – denn diese wären eben nicht „charakteristisch" für den Untersuchungstext. Zur weiteren Verbesserung der Häufigkeitszählung setzen wir die Frequenz eines Wortes in Relation zu seinem Vorkommen in einer Menge thematisch ähnlicher Dokumente, d. h. zur DOKUMENTFREQUENZ. Vergleicht man z. B. die 50 häufigsten Wörter einer Sammlung von Texten aus der Domäne ‚Hotelbericht' mit den 50 häufigsten Wörtern aus einem allgemeinen Zeitungstext, so tauchen die Wörter *Hotel, Strand, Zimmer, Essen* nur in der ‚Hotel'-Menge auf. Die inverse Dokumentfrequenz *idf* für ein bestimmtes Wort *w* ist durch diese Formel bestimmt: $idf_w = log(1+N/f_w)$ mit N = Anzahl aller Dokumente in der Vergleichsmenge und f_w = Anzahl derjenigen Dokumente, die das Wort *w* enthalten. Das Gewicht eines Wortes wird dann berechnet durch die Basisformel *wf • idf*, dem Produkt aus Wortfrequenz und inverser Dokumentfrequenz. Im Information Retrieval wurden für unterschiedliche Zwecke zahlreiche Varianten dieser Basisformel entwickelt. Nach der Methode erhalten z. B. Wörter wie *Minibar* und *Preis* dank ihres häufigen Auftretens in vielen Hotelberichten weniger Gewicht für den einzelnen Text.

Für die Textzusammenfassung wollen wir letzten Endes nicht die Wörter, sondern die Sätze eines Textes hinsichtlich ihrer Relevanz bewerten, dazu müssen wir aus den Wortgewichten ein geeignetes Maß für die SATZRELEVANZ gewinnen. Hier ist die wiederum einfache Grundidee, dass ein Satz umso relevanter ist, je mehr relevante Wörter er enthält – der Relevanzwert eines Satzes ist also eine Funktion der Gewichte seiner Wörter. Um auszuschließen, dass längere Sätze höhere Werte erhalten als kurze, wird der Relevanzwert *normalisiert,* d. h. durch die Anzahl der Wörter im Satz geteilt. So werden alle Sätze des Textes bezüglich ihrer Relevanz bewertet, und die am höchsten bewerteten Sätze erscheinen – in der Reihenfolge, in der sie im Text auftreten – in der Zusammenfassung. Dies ist die einfachste Version eines solchen statistischen Verfahrens; Verbesserungen lassen sich erzielen, indem man zum Beispiel Wörter, die in Überschriften auftreten, insgesamt höher bewertet oder indem man die Position der Sätze im Text in die Relevanzberechnung integriert (z. B. empfiehlt sich für Nachrichten eine Bevorzugung der Sätze vom Textanfang). Es bleibt aber das Problem, dass die Sätze in der Zusammenfassung oft aus ihrem ursprünglichen Zusammenhang herausgerissen sind, was erhebliche Probleme schaffen kann. Um dem zu begegnen, kann man nun mit linguistischen Analyseverfahren die KOHÄRENZ und KOHÄSION der Zusammenfassung prüfen und ggf. verbessern (siehe dazu Stede u. a. 2006 oder Endres-Niggemeyer 2004).

Das Prinzip, die in einem Text enthaltene Information auf die Liste seiner Inhaltswörter und der jeweiligen Frequenz ihres Auftretens zu reduzieren, liegt heute vielen computerlinguistischen Anwendungen zugrunde. Da wie gesehen die Wortliste als Indikator für das THEMA des Textes aufgefasst wird, besteht eine in der Praxis sehr wichtige Aufgabe darin, eine gegebene Menge von Texten nach Themen zu sortieren, also jeweils Teilmengen von Texten zu identifizieren, die anscheinend das gleiche Thema behandeln. Konkret kann man sich die Menge aller am heutigen Tage in deutschsprachigen Tageszeitungen erschienenen Artikel vorstellen – die Sortierung identifiziert dann die Artikel, die über dasselbe Ereignis berichten. Dies funktioniert, indem man jeden Text als hochdimensionalen VEKTOR darstellt: In Erweiterung des bekannten zweidimensionalen Koordinatensystems bildet man für jedes Inhaltswort eine eigene DIMENSION, und die FREQUENZ des Wortes im Text bestimmt den Abstand vom Nullpunkt des – jetzt sehr hochdimensionalen – Koordinatensystems. Der Text wird dann durch einen bestimmten Punkt in diesem System dargestellt bzw. durch den vom Nullpunkt dorthin verlaufenden Vektor. Damit aber ist es recht einfach, verschiedene Texte miteinander zu vergleichen: Man bestimmt den Abstand der jeweiligen Vektoren, um festzustellen, wie groß die Übereinstimmung der Wörter der Texte – und damit eben auch ihre Themen – sind. Dafür kann man verschiedene Maße verwenden; gebräuchlich ist beispielsweise das Cosinus-Maß, weil hier der Abstand der Vektoren unabhängig von ihrer Länge bestimmt wird.

Die Aufteilung unserer Zeitungstexte geschieht also, indem jeder Text (ggf. nach Entfernen der Funktionswörter) in einen Vektor überführt wird und dann die Abstände unter allen Vektoren bestimmt werden. Nun gilt es, Schwellwerte für Abstände so zu definieren, dass alle Texte zum gleichen Thema – und nur diese – auch in derselben Teilmenge landen. Dieses Problem wird auch in der deutschen Literatur als CLUSTERING („Klumpen-Bildung") von Texten bezeichnet.

Die hier skizzierten Verfahren spielen in der Praxis für viele – auch kommerzielle – Anwendungen wie gesagt eine sehr wichtige Rolle. In den letzten Jahren wird für Ansätze, die Texte als Wortmengen betrachten und mit Vektorraummodellen arbeiten, häufig der Oberbegriff Text Mining verwendet. Aus der Perspektive der Textlinguistik und ihres Erkenntnisinteresses freilich sind sie nur von begrenztem Interesse: Die Reduktion des Texts auf die Menge seiner Inhaltswörter führt uns nicht unbedingt zu neuen Einsichten darüber, was einen ‚Text' ausmacht. Wir wenden uns nun einer anderen Sicht zu, die – um eine automatische Verarbeitung zu ermöglichen – zwar immer noch an der Oberfläche des Textes orientiert ist, sich dabei aber nicht an den Inhaltswörtern orientiert.

15.2.2 Text als Ansammlung formaler und linguistischer Merkmale

Mit einem inzwischen schon etwas älteren, nichtsdestoweniger hochinteressanten und recht häufig zitierten Experiment hat Dimter (1981) nachgewiesen, dass Leser eines Textes in der Lage sind, mit bemerkenswerter Zuverlässigkeit die *Textsorte* dieses Textes ganz unabhängig von seinem *Inhalt* zu bestimmen (zu Textsorten siehe auch Kap. 6). Dazu hat er kurze Gebrauchstexte gezielt verfremdet, indem er

- alle Inhaltswörter durch Zeichenfolgen ersetzt, die phonetisch zwar an deutsche Wörter erinnern, aber keine Bedeutung tragen,
- dabei alle Flexionsendungen beibehält,
- Funktionswörter, Pronomina, Hilfsverben und Zahlwörter unverändert lässt,
- das Layout des Textes entfernt.

Zur Illustration hier ein Satz aus einem der Texte (Dimter 1981: 131):

(15-1) *Duren Sie perant un den forent sogenden Katt ef ein Darem tin einem Wega-Bich af der tergen Bage des Platis-Selmes belast.*

Nun wird klar, warum wir zu Beginn des Kapitels auf die Gegensätzlichkeit der Perspektiven in den Abschnitten 15.2.1 und 15.2.2 hingewiesen haben: Während die in 15.2.1 skizzierten Arbeiten sich allein auf die Inhaltswörter konzentrieren, um etwas über den Text zu erfahren, geht es hier nun um die komplementäre Sichtweise, nach der genau „alles andere" als die Inhaltswörter uns Informationen über den Text vermitteln soll. Wie Dimter herausfand, können menschliche Leser die verfremdeten Texte mit erstaunlicher Genauigkeit ihren richtigen Sorten zuordnen.[3] So haben die Versuchspersonen beispielsweise 97 % der Exemplare der Textsorte Todesanzeige richtig erkannt, 93 % der Testamente, 92 % der Kochrezepte, 88 % der Bedienungsanweisungen. Die niedrigsten Werte weisen Kommentare mit 42 % und Nachrichten mit 58 % auf, wobei diese beiden Sorten sehr häufig als Exemplare der Sorte Erzählung angesehen wurden (welche im Experiment aber nicht verwendet wurde).

---

3 Im Sommersemester 2005 haben zwei Studierende im Institut für Linguistik der Universität Potsdam das Dimter-Experiment repliziert und gelangten zu Wiedererkennungs-Ergebnissen, die denen von Dimter sehr ähnlich waren.

Für die anwendungsorientierte Computerlinguistik ist dies eine sehr interessante Nachricht, scheint es doch möglich zu sein, auch ohne jedes inhaltliche Verständnis die Aufgabe der Zuordnung von Textsorten recht zuverlässig zu erfüllen – allein durch die Analyse von Oberflächenmerkmalen, die aber auch ein Computer durchführen kann. Das einzige erforderliche lexikalische Wissen betrifft die Liste der Funktionswörter, von denen es aber eine gut überschaubare Anzahl gibt, und die Identifikation von Flexionsendungen, was sich heute mit recht hoher Genauigkeit automatisch bewerkstelligen lässt. Insofern dürfte es nicht allzu schwierig sein, eine Software zu entwickeln, die mit Texten der von Dimter verwendeten Textsorten „trainiert" wird und die dann in der Lage ist, auch ungesehene (sogar nach seinen Regeln verfremdete) Texte ihren Sorten zuzuordnen.

Eine solche automatische Erkennung von Textsorten (im Gegensatz zu der in 15.2.1 beschriebenen Gruppierung nach inhaltlichen Themenkategorien) hat in der Tat praktische Relevanz, beispielsweise im Kontext von Web-Suchmaschinen, die neben der reinen Wortsuche auch berücksichtigen können, von welcher Art die jeweils gefundene Seite ist, um die Relevanz des Treffers besser einschätzen zu können; dieses Forschungsgebiet wird als *web genre identification* bezeichnet. Beispielsweise untersucht Rehm (2005) Homepages von Universitätsmitarbeitern und identifiziert Merkmale, mit denen sie sich automatisch klassifizieren lassen; Dehmer u.a. (2006) schlagen Maße für die strukturelle Ähnlichkeit von Web-Seiten vor, die in die Klassifikationsaufgabe eingehen können.

Schließlich sei noch erwähnt, dass man durch Untersuchung formaler Merkmale auch versuchen kann, die LOGISCHE STRUKTUR eines Textdokuments automatisch zu identifizieren. Darunter versteht man die Identifikation von Überschriften, Absätzen, Bildern und ihren Unterschriften sowie von anderen Gestaltungsmerkmalen, die insgesamt die Form eines möglicherweise komplexen Dokuments bestimmen. Ein interessanter Ansatz dazu wird in der oben bereits genannten Arbeit von Rehm (2005) vorgestellt.

Die in 15.2.1 und 15.2.2 beschriebenen Herangehensweisen schließen sich natürlich nicht grundsätzlich aus: Für manche Aufgaben ist es durchaus sinnvoll, Modelle zu verwenden, die sowohl die Verteilung der Inhaltswörter als auch verschiedene Dokumentmerkmale berücksichtigen – dies geschieht beispielsweise in Ansätzen des Information Retrieval, die auch Parameter der Dokumentbeschreibung in die Vektoren aufnehmen.

15.3 Computerlinguistische Modelle der Textstruktur

Das Interesse der computerlinguistischen Forschung an textbezogenen Fragestellungen geht über statistische Analysen und Klassifikationsaufgaben aber weit hinaus. So wurden eine ganze Reihe von Vorschlägen unterbreitet, die inhaltliche Strukturierung von Texten auf unterschiedlichen Beschreibungsebenen zu erfassen; ebenso gibt es implementierte Algorithmen, die bestimmte Teilaufgaben lösen. Einige dieser Arbeiten sollen in diesem Abschnitt vorgestellt werden.

15.3.1 Koreferenz-Analyse

Für viele Zwecke, etwa die in 15.2.1 erläuterte AUTOMATISCHE TEXTZUSAMMENFAS-
SUNG, aber beispielsweise auch für die Aufgabe des QUESTION ANSWERING[4], ist es oft
nützlich, wenn ein System Informationen über die Antezedenten/Bezugsausdrücke
anaphorischer Ausdrücke besitzt. Bei der Zusammenfassung etwa kann es sehr problematisch sein, wenn unter den extrahierten Sätzen einer ist, der ein Pronomen
enthält, das auf ein Antezedens in einem Satz verweist, der *nicht* extrahiert wurde.
Im schlimmsten Fall kann durch die Aneinanderreihung der extrahierten Sätze den
Lesern ein ganz falsches Antezedens nahegelegt werden, so dass die Bedeutung des
Texts verfälscht werden kann. Die Behandlung referierender Ausdrücke insgesamt
ist bekanntermaßen ein schwieriges Problem, doch für die Teilaufgabe der Resolution von Personalpronomen gibt es vielversprechende Ansätze, die darauf beruhen,
dass die Verwendung von Pronomina engeren linguistischen Beschränkungen unterliegt als etwa die von definiten Nominalphrasen. Recht einflussreich ist in der
Computerlinguistik die „Centering-Theorie" (Grosz u. a. 1995), die versucht, die
Verschiebung des Aufmerksamkeitsfokus bei der linearen Verarbeitung des Textes
zu modellieren und dabei – jedenfalls für englischsprachige Texte – die grammatischen Funktionen als zentrales Beschreibungskriterium verwendet. Centering
geht davon aus, dass zu jedem Zeitpunkt genau einer der behandelten Diskurs-
gegenstände im Fokus der Aufmerksamkeit steht, und postuliert eine Hierarchie
grammatischer Funktionen, in denen dieser Fokus typischerweise kodiert wird.
Darüber hinaus wird eine hohe Korrelation zwischen dem Aufmerksamkeitsfokus
und der Pronominalisierung behauptet. So lautet eine Regel: Wenn auf irgendein
Element des bisherigen Diskurses im aktuellen Satz des Textes pronominal referiert
wird, so muss auch das im Aufmerksamkeitsfokus stehende Element in diesem Satz
pronominalisiert sein. Damit wird es möglich, die Voraussagen des Centering in Algorithmen zur Resolution von Pronomen zu kodieren, was auch verschiedentlich
versucht wurde (siehe Poesio u. a. 2004).

Implementierungen solcher Verfahren schaffen es heute, durch eine oberflä-
chennahe Analyse in bestimmten Textsorten etwa 80 % der Personalpronomen
korrekt aufzulösen. Die Verfahren arbeiten entweder unter der Voraussetzung einer zuvor erstellten syntaktischen Analyse, die den Nominalphrasen grammatische
Funktionen zugewiesen hat (siehe Lappin/Leass 1994), oder weniger anspruchsvoll
auf Text, bei dem die Wörter lediglich mit *part-of-speech tags* (Wortart-Bezeichnern)
versehen worden sind – eine Aufgabe, die heute automatisch mit hoher Zuverlässigkeit bewältigt werden kann (siehe Kennedy/Boguraev 1996).

---

4 Beim Question Answering formuliert die Benutzerin eine Frage in natürlicher Sprache, z. B. „Wann wurde Konrad Adenauer geboren?", und das System versucht in einem
Bestand von Textdokumenten (dabei kann es sich auch um das World Wide Web handeln)
eine Antwort darauf zu finden. Ausgabe des Systems sind meist ein oder mehrere Textaus-
schnitte, aus denen die Antwort entnommen werden kann.

Deutlich schwieriger als die Auflösung von Personalpronomen gestaltet sich die Behandlung von Sachverhaltsanaphern (oft durch Demonstrativpronomen realisiert) und die von definiten Nominalphrasen. Letztere können ganz unterschiedliche inhaltliche Bezüge zu ihren Antezedenten aufweisen oder sie können aus bestimmten Gründen definit sein, ohne im Text bereits vorerwähnt zu sein. Hier bedient man sich beispielsweise lexikalischer Ressourcen (strukturierte Thesauri, vor allem *WordNet* (Fellbaum/Miller 1998)), um die „Verwandtschaft" von Substantiven zu berechnen und damit die Koreferenz von definiten Nominalphrasen heuristisch zu bestimmen.

15.3.2 Lineare Abfolge von funktionalen Einheiten

Für viele Textsorten gilt bekanntlich, dass ihre Exemplare einem mehr oder weniger starren, als ‚prototypisch' zu beschreibenden Aufbau folgen (siehe Kap. 6). Besonders augenfällig ist das etwa bei der Mehrzahl der Kochrezepte, bei Wetterberichten oder – etwas komplexer – bei vielen juristischen Textsorten. Im Einzelnen bedeutet das dreierlei:

1. Der Text lässt sich in sinnvolle Einheiten gliedern.
2. Diese Einheiten lassen sich mit einem begrenzten und motivierbaren Inventar von Bezeichnern charakterisieren und damit *typisieren*.
3. Die Typen von Einheiten folgen in einem Text nicht beliebig aufeinander, sondern die Sequenz folgt bestimmten Regeln oder zumindest Tendenzen.

Aus dieser intuitiv einleuchtenden Beschreibung ergeben sich nun einige Fragestellungen: Nach welchen Kriterien erfolgt die Gliederung in Einheiten? Wie wird das Inventar von Bezeichnern (Typen) festgelegt? Auf welcher Grundlage erfolgt die Zuordnung eines Typs zu einer Einheit? Mit welchen formalen Mitteln kann das „prototypische" Aufeinanderfolgen von Typen beschrieben werden? Und schließlich, wie genau lässt sich eine Textsorte mit diesen Mitteln charakterisieren?

Biber (2007: 13f.) weist darauf hin, dass man sich diesen Aufgaben aus zwei verschiedenen Perspektiven nähern kann:

1. Bei einem *top-down*-Vorgehen wird vorab das für die Textsorte relevante Inventar von Typen festgelegt; die Segmentierung eines konkreten Textexemplars kann sich dann davon leiten lassen und Segmentgrenzen dort ansetzen, wo sich ein Wechsel zwischen zwei Typen festmachen lässt. Nach der Klassifikation aller Einheiten können dann einerseits die linguistischen Merkmale der Einheiten desselben Typs auf Ähnlichkeiten, andererseits der gesamte Text (und mit ihm möglichst viele andere) auf Regularitäten der Typ-Abfolge hin untersucht werden.
2. Bei einem *bottom-up*-Vorgehen hingegen gilt das Prinzip „Daten haben Vorrang": Man nimmt die Segmentierung zunächst allein aufgrund von Lexik-, Syntax- und anderen Oberflächenmerkmalen vor und beschäftigt sich dann mit den

linguistischen Merkmalen der Einheiten, um zu einer Typisierung zu gelangen, die schließlich funktional zu interpretieren ist. Das bedeutet, das Typ-Inventar wird nicht vorausgesetzt, sondern aus der Analyse des Texts (besser: vieler Texte) erst abgeleitet.

Ein „klassischer" Vertreter dieser Art der Textbeschreibung ist die *move analysis* nach Swales (1990). Segment-Typen heißen hier *moves*, weil es sich um funktionale Einheiten handelt, die den Text inhaltlich voranbringen, jeweils den „nächsten Zug" ausführen. Eine von Swales intensiv untersuchte Textsorte sind wissenschaftliche Aufsätze und speziell deren einleitende Abschnitte, die nach seinem Modell durch die unten stehende ZUG-FOLGE charakterisiert sind (Swales 1990):

ZUG 1: Etablieren des Fachgebiets, zu dem ein Beitrag geleistet wird
        Schritt 1: Wichtigkeit behaupten und/oder
        Schritt 2: allgemeine Aussage(n) über das Thema machen und/oder
        Schritt 3: frühere Forschungsarbeiten nennen

ZUG 2: Eine Nische definieren
        Schritt 1A: Gegenthese aufstellen oder
        Schritt 1B: auf eine Lücke hinweisen oder
        Schritt 1C: eine Frage aufwerfen oder
        Schritt 1D: eine Tradition fortsetzen

ZUG 3: Die Nische besetzen
        Schritt 1A: Ziele skizzieren oder
        Schritt 1B: die vorzustellende Arbeit ankündigen
        Schritt 2: die wesentlichen Ergebnisse bekanntgeben
        Schritt 3: die Struktur der Arbeit skizzieren

Für die Computerlinguistik stellt sich nun die Frage: Ist es möglich, die „Züge" eines Textes automatisch zu erkennen? Da, wie wir unterstrichen haben, ein inhaltliches „Verstehen" des Textes durch den Computer nicht das Ziel sein kann, bleibt uns wieder nur die Orientierung an oberflächlichen oder oberflächennahen (d. h. etwa durch robuste syntaktische Analyse erkennbaren) Merkmalen. Es gilt also, darauf hatte ja auch Biber (2007) hingewiesen, die einem Typ zugeordneten Segmente hinsichtlich ihrer linguistischen Eigenschaften zu untersuchen. Wenn wir darüber hinaus auf ein Modell der prototypischen Textstruktur zurückgreifen, das uns typische, zu erwartende Sequenzen von Segmenten verrät, haben wir es mit einer Kombination von *bottom-up-* und *top-down*-Analyse zu tun: *bottom-up* untersuchen wir die Merkmale eines Segments; *top-down* betrachten wir den Kontext des Segments und versuchen, anhand des Prototyps Hinweise zu nutzen, welcher Typ an der jeweiligen Position zu erwarten wäre. Dieser Aufgabe haben sich, wiederum für die Textsorte Wissenschaftlicher Aufsatz, Teufel/Moens (2002) verschrieben. Sie verwenden sieben Kategorien von INFORMATIONSZONEN, nämlich AIM (Ziel des Aufsatzes), TEXTUAL (Erläuterung der Struktur des Aufsatzes), OWN (Beschreibung eigener Arbeit der Autoren), BACKGROUND (wissenschaftlicher Hintergrund), CON-TRAST (Abgrenzung zu anderen Arbeiten), BASIS (Anknüpfung an frühere Arbeiten) und OTHER (Beschreibung anderer Arbeiten). Damit haben sie ein Korpus von Aufsätzen manuell annotiert und anschließend statistische Klassifikatoren trainiert, die dann in der Lage sind, diese Zonen in ungesehenen Aufsätzen mit hoher Genauigkeit zu identifizieren. Dabei werden eine Reihe struktureller (z. B. Länge, Position im Dokument) und linguistischer (z. B. Tempus, Modalität, Präsenz „relevanter" Wörter nach $wf \bullet idf$, siehe 15.2.1) Merkmale der Sätze verwendet.

15.3.3 Hierarchische Gliederung im Text

Die Analyse eines Textes hinsichtlich der linearen Abfolge seiner ZÜGE ist für viele Textsorten nützlich (sowohl aus theoretischer als auch aus anwendungsorientierter Sicht), doch sie erfasst nicht, dass der Text im Allgemeinen nicht nur ein lineares Gebilde ist, sondern oftmals auch eine HIERARCHISCHE ORGANISATION aufweist. Verdeutlichen wir uns das an einem kleinen Beispiel, das von Asher/Lascarides (2003) gründlich untersucht wird:

(15-2) (1) *Max had a great evening last night.* (2) *He head a great meal.* (3) *He ate salmon.*
(4) *He devoured lots of cheese.* (5) *Then he won a dancing competition.*

Offenkundig vertiefen die Sätze (3) und (4) das Thema *meal*, während (5) dann auf den in (1) eingeführten *great evening* zurückkommt. Es entsteht die in Abb. 15.2 unten gezeigte hierarchische Struktur, die u. a. Konsequenzen für die Anaphernresolution hat: Falls der Text mit einem Satz (6) fortgesetzt wird und dieser ein Pronomen enthält, würden laut Asher/Lascarides die Elemente in den Sätzen (2), (3) und (4) nicht als Antezedenten in Frage kommen, weil sie strukturell ausgeschieden werden können. Dies wurde bereits von Polanyi (1988) beobachtet und als *right-frontier constraint* bezeichnet: Für Pronomen „erreichbar" sind nur Elemente, die sich an der rechten Grenze des aufgebauten Diskursbaums befinden – also (1) und (5).

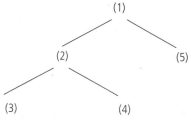

Abb. 15.2: Hierarchische Struktur des Beispieltexts (15-2) „Max's evening"

Man kann die so entstehenden Strukturen in Texten nun als rein „thematische" Gliederung auffassen (wie es beispielsweise im Modell von van Dijk (1980) geschieht, siehe 4.5), oder aber sie mit einem anderen Instrument verknüpfen, das für die Beschreibung des „Funktionierens" von Texten oft eine zentrale Rolle spielt: die KOHÄRENZRELATION, manchmal auch DISKURSRELATION genannt (siehe 1.3.2). Die zugrunde liegende These ist, dass Texte innerlich durch solche Relationen „zusammengehalten" werden, die mitunter an der Oberfläche signalisiert sind (etwa kann ein Kausalzusammenhang durch einen Konnektor wie *weil* oder *deshalb* angezeigt sein), oft aber auch nicht – wenn sie nämlich vom Leser aufgrund seines Wissens, zum Beispiel über typische kausale Zusammenhänge zwischen Sachverhalten, mühelos selbst hinzu interpretiert werden können.

 Einen größeren Erklärungswert für die Textstruktur erhält die Idee der Kohärenzrelation allerdings erst, wenn es gelingt, eine – in welchem Sinne auch immer – vollständige Menge von Relationen anzugeben, die man braucht, um mögliche Zusammenhänge in Texten zu charakterisieren. Klare Kriterien für die Festlegung einer solchen Relationsmenge sind schwer zu finden, und dementsprechend bietet die Forschungsliteratur auch eine ganze Reihe unterschiedlicher – wenn auch immer wieder überlappender – Vorschläge. Weitgehende Einigkeit besteht immerhin darüber, dass Kohärenzrelationen sowohl auf einer semantischen als auch einer pragmatischen Beschreibungsebene operieren können: Im einen Fall besteht die Relation zwischen den ausgedrückten Propositionen, im anderen zwischen den vollzogenen Sprechakten (siehe auch Kap. 4 und 5).

Schon Grosz/Sidner (1986) hatten in ihrem Vorschlag für eine computerlinguistische Theorie der Textstruktur die wichtige Rolle pragmatischer Beziehungen zwischen Äußerungen betont. So entsteht eine Beziehung der pragmatischen Unterordnung, wenn die eine Äußerung dazu dient, den mit der anderen vollzogenen Sprechakt „abzustützen":[5]

(15-3) (1) *Warte nicht mit dem Abendessen auf mich.* (2) *Ich habe noch einen Haufen Arbeit.*

Verbinden wir nun die Idee der Kohärenzrelation mit der oben beschriebenen hierarchischen Organisation von Texten, so gelangen wir zu dem Gedanken, dass sich nicht nur einzelne Sätze, sondern auch ganze Abschnitte mit einer Kohärenzrelation verbinden lassen. Dies sei durch ein kurzes Beispiel illustriert, das durch eine übergeordnete KONTRAST-Relation charakterisiert werden kann:

(15-4) (1) *Meine Schwester Michaela ist ganz nett.* (2) *Sie schenkt mir manchmal Abziehbilder* (3) *und hält zu mir,* (4) *wenn die Jungs aus der Nachbarklasse wieder auf mir herumhacken.* (5) *Dagegen ist auf meinen Bruder überhaupt kein Verlass.* (6) *Er rennt am liebsten weg,* (7) *wenn irgendetwas Wichtiges zu tun ist.* (8) *Ich glaube, er traut sich einfach gar nichts.*

Unterstellen wir also, dass derselbe Vorrat von Kohärenzrelationen zur Beschreibung der Verknüpfungen von Teiltexten ganz unterschiedlicher Größe benutzt werden kann, so sind wir bei der These angekommen, dass sich die Kohärenz

---

5 Solche Stützungsbeziehungen liegen auch der Illokutionsstruktur von Texten nach dem Vorschlag von Brandt/Rosengren (1992) zugrunde (siehe 5.6.2).

eines Textes durch eine Baumstruktur beschreiben lässt, die jeweils benachbarte Segmente miteinander durch eine Kohärenzrelation verbindet und das entstehende Super-Segment ihrerseits wieder mit einem benachbarten Segment verbindet, und so fort. Konsequent „zu Ende gedacht" wurde diese Idee wohl in der Rhetorical Structure Theory (RST) von Mann/Thompson (1988) (siehe auch 4.4). Sie postuliert etwa 25 Relationen, die sowohl semantische als auch pragmatische Zusammenhänge darstellen und in der Mehrzahl der Fälle zwei Segmente verknüpfen, denen jeweils ein unterschiedlicher Status zugewiesen wird: Der NUKLEUS ist das zentrale, für die Textfunktion maßgebliche Segment, während der SATELLIT lediglich eine unterstützende Funktion erfüllt, also dem Nukleus gewissermaßen „zuarbeitet". Insbesondere die pragmatischen Relationen sind primär durch den Effekt definiert, den die Verwendung der Relation beim Leser erreichen soll. Als Beispiel sei hier die Definition der Evidence-Relation genannt:

1. CONSTRAINTS ON NUCLEUS: Reader might not believe nucleus to a degree satisfactory to writer
2. CONSTRAINTS ON SATELLITE: Reader believes satellite or will find it credible
3. CONSTRAINTS ON THE COMBINATION OF NUCLEUS AND SATELLITE: Reader's comprehending the satellite will increase reader's belief of the nucleus
4. EFFECT: reader's belief of nucleus is increased

Weitere pragmatische Relationen sind MOTIVATION (den Leser zu einer Aktivität ermuntern), ENABLEMENT (dem Leser das Ausführen einer Aktivität erleichtern) oder ANTITHESIS (kontrastierendes Gegenüberstellen mit Hervorhebung eines der Segmente). Für semantische Relationen – zu ihnen zählen u. a. verschiedene Kausalrelationen, CONDITION oder SEQUENCE (temporale Abfolge zweier Ereignisse) – gilt, dass der Effekt „lediglich" darin besteht, dass der Leser den dargestellten Zusammenhang der Segmente jeweils erkennt; es wird also nicht primär der Versuch unternommen, Einfluss auf sein Handeln oder seine Überzeugungen auszuüben. Zur Illustration des Vorgehens von RST zeigt Abb. 15.3 eine mögliche Analyse des kurzen Beispieltextes (15-4). Gerade Linien verbinden größere Segmente mit ihren Nuklei, gebogene Pfeile verbinden Satelliten mit ihren jeweiligen Nuklei.

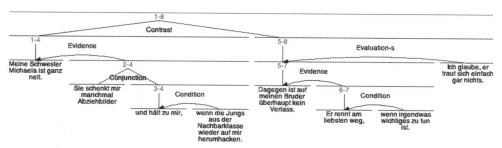

Abb. 15.3: RST-Analyse des kurzen Beispieltextes (15-4)

Stellen wir jetzt wieder die Gretchenfrage der Computerlinguistik: Ist eine RST-artige Analyse *automatisch* machbar? Die Antwort lautet, wohl wenig überraschend, „zum Teil". Für das Englische haben unter anderem Corston-Oliver (1998) und Marcu (2000) gezeigt, dass bestimmte Texte, die relativ reich an Konnektoren sind (in denen also viele Kohärenzrelationen explizit markiert sind), zu einem guten Teil automatisch segmentiert werden können und dass sich auch die Baumstruktur zumindest partiell konstruieren lässt. Für das Deutsche wurde ein entsprechender Ansatz u. a. von Bärenfänger u. a. (2006) vorgelegt, wiederum für die oben bereits erwähnte Textsorte Wissenschaftlicher Aufsatz. Für diese Aufgabe des so genannten Textparsing kann man wieder die von uns oben bereits eingeführte duale Arbeitsweise nutzen: *bottom-up* das Vorliegen von Relationen an bestimmten Textstellen aus den Konnektoren ableiten; *top-down* die Baumstruktur ergänzen oder vervollständigen, indem man einerseits (statistisch gewonnenes) Wissen über typische Konfigurationen von Relationen, andererseits Wissen über die textsortenspezifische Dokumentstruktur heranzieht. Wo also kein Konnektor die Natur des Zusammenhangs verrät, wird er anhand eines aus einem annotierten Korpus gelernten Modells erraten. Berücksichtigt man nun, dass das exakte Identifizieren einer jeden Relation zwar wünschenswert ist, aber auch die Ermittlung der Text-*struktur* bereits ein wertvolles Ergebnis ist (in dem es die eine oder andere Lücke bzw. Fehler bei der Bezeichnung eines Relationsknotens geben mag), so wird die Aufgabe des automatischen Textparsing durchaus nützlich, auch wenn sie nicht perfekt lösbar ist. Marcu (2000) beispielsweise hat gezeigt, dass sich solche Analysen gut eignen, um die automatische Textzusammenfassung zu verbessern: Aus der ermittelten Baumstruktur leitet er den Grad der „Wichtigkeit" jedes einzelnen Textsegments ab, was dann für die Selektion derjenigen Segmente, die im Extrakt erscheinen sollen, mitunter zuverlässigere Hinweise geben kann als die in 15.2.1 beschriebene, rein statistische Herangehensweise auf der Grundlage von Wortfrequenzen.

 Über den Zusammenhang zwischen Konnektoren (Pasch u. a. 2003) und Kohärenzrelationen gibt es zwar eine ganze Reihe von Einzeluntersuchungen, doch von einem vollständigen Bild sind wir noch weit entfernt. Wichtig und bisher nur wenig untersucht ist darüber hinaus die Frage, inwieweit Kohärenzrelationen auch durch andere linguistische Mittel angezeigt werden können, etwa durch Modalverben und Modalpartikeln, Tempus, Aspekt etc.

15.4 Korpora in Computerlinguistik und Textlinguistik

Etwa um 1990 herum hat sich in der Computerlinguistik ein bedeutsamer methodischer Wandel vollzogen. Bis dahin wurden die Modelle für sprachliche Strukturen im Wesentlichen „von Hand" gewonnen, entweder durch Konstruktion von Beispielsätzen, die ein bestimmtes Phänomen illustrieren, oder durch die Untersuchung einer kleinen Menge authentischer Daten. So wurden etwa Grammatiken für die syntaktische Beschreibung entwickelt, die einen bestimmten Ausschnitt der Sprache abdecken konnten – zum Beispiel den, der in einer bestimmten (nicht zu komplizierten) Textsorte gefunden wurde. Oder es wurden semantische Modelle und Wissensrepräsentationen erstellt, mit denen sich die Bedeutung eines kurzen Textes recht adäquat darstellen ließ – aber das Modell deckte dann oft wirklich kaum mehr ab als diesen einen Text. Mit den wachsenden Rechengeschwindigkeiten und Speicherkapazitäten wurde dann der Wunsch immer größer, Modelle für weitaus größere Sprachausschnitte zu erhalten, und – noch wichtiger – am besten solche Modelle, die *robust* sind in dem Sinne, dass sie eigentlich für jeden Eingabesatz oder Text ein Ergebnis liefern; dieses konnte gegebenenfalls nicht perfekt sein, sollte aber immerhin eine Annäherung darstellen, auf der man weitere Analyseschritte aufbauen konnte. Für die syntaktische Beschreibung beispielsweise bedeutete dies den Übergang zu *probabilistischen* Grammatiken, die nicht mehr das Ziel hatten, eine bestimmte Wortfolge als Satz oder Nicht-Satz einzustufen, sondern eine Wahrscheinlichkeit zu ermitteln, mit der es sich wohl um einen Satz handeln könnte. Solche Grammatiken wurden nun nicht mehr manuell erstellt, sondern automatisch aus Korpora gewonnen – aus Mengen von Sätzen, die bereits mit ihrer syntaktischen Struktur versehen sind, so genannte Baumbanken. Aus einer Baumbank lassen sich also Grammatik-Modelle errechnen, mit denen man dann für jeden „neuen" Satz seine wahrscheinlichste Strukturbeschreibung konstruieren kann.

Dieser Wechsel von der manuellen Erstellung symbolischer Regeln zu ihrer Modellierung durch statistische Verfahren (was wir in Abschnitt 15.2.1 ja bereits illustriert haben) und später durch Methoden des Maschinellen Lernens hatte enorme Auswirkungen. So ist es wie erwähnt heute möglich, für einen beliebigen „realen" Text mit hoher Genauigkeit automatisch jedem einzelnen Wort seine Wortart zuzuweisen (*part-of-speech tagging*), und mit etwas geringerer Genauigkeit lassen sich auch syntaktische Analysen für Sätze oder Satzteile angeben, mit denen dann für die unterschiedlichsten Anwendungen weitergearbeitet werden kann.

Voraussetzung für diese neue Arbeitsweise ist wie gesagt, dass „Trainingsdaten" vorliegen – möglichst viele und möglichst verschiedene Daten, die bereits mit denjenigen Informationen versehen sind, die künftig automatisch zugewiesen werden sollen. Es sind, um wieder bei der Syntax zu bleiben, eine Reihe von Baumbanken entstanden, die für wissenschaftliche Zwecke frei verfügbar sind. Neben der Möglichkeit, automatische Lernverfahren zu trainieren, hat die Verfügbarkeit solcher annotierten Korpora aber noch einen zweiten wichtigen Effekt: Sie befördert auch die Theoriebildung, weil eine bestimmte syntaktische Theorie auf eine größere Menge „echter" Daten angewendet wird und die Beschreibungen anderen Wissenschaftlern zugänglich gemacht werden, die sie untersuchen, kritisieren, mit eigenen Analysen vergleichen, weiterentwickeln können. *Shared corpora* beflügeln also nicht nur die Entwicklung computerlinguistischer Anwendungen, sondern auch den Fortschritt in der linguistischen Beschreibung.

Was wir hier für die Satzsyntax beschrieben haben, gilt leider für die Beschreibungsebene ‚Text' nicht gleichermaßen. Annotierte Textkorpora sind in deutlich geringerem Umfang verfügbar als etwa Satz-Baumbanken. Für die englische Sprache beispielsweise gibt es Texte mit Koreferenz-Information (Poesio 2004), mit rhetorischer Struktur (Carlson u. a. 2003) und mit markierten Konnektoren und ihrem Skopus (Prasad u. a. 2004), aber jeweils nur in relativ geringen Mengen. Die insgesamt wenig befriedigende Textkorpus-Situation liegt zum Teil daran, dass es gar nicht so viele hinlänglich verbreitete Theorien der Textbeschreibung gibt, die sich in größerem Stil auf reale Texte anwenden lassen. Daneben gilt aber auch, dass die Arbeitsweise vieler Text-Forscher vorwiegend *qualitativ* und nicht etwa *quantitativ* ist – man lässt sich möglicherweise durch größere Korpora inspirieren, führt genauere Untersuchungen dann aber oft nur an wenigen, illustrativen Texten durch.

Dazu gibt es freilich auch Gegenbeispiele, und eines sei hier kurz erwähnt, nämlich die korpusbasierten Arbeiten von Biber (1993, 2007), die insbesondere die Beschreibung von Textsorten mit qualitativen *und* quantitativen Mitteln leisten. Biber nimmt dazu eine teilautomatische Vorverarbeitung der Texte vor, die mehrere Dutzend Merkmale wie Tempus, Aspekt, Wortart, lexikalische Spezifizität, Elision uvm. an den Wörtern vermerkt; anschließend wird die Häufigkeit dieser Merkmale in den einzelnen Texten bestimmt. Der wesentliche Schritt ist dann eine so genannte FAKTORENANALYSE, bei der bestimmt wird, welche Merkmale in welchen Texten überdurchschnittlich häufig auftreten. Diese Merkmale werden zu DIMENSIONEN zusammengefasst, die Biber schließlich funktional interpretiert und zu den Textsorten in Beziehung setzt – in diesem Sinne folgt auf die rein quantitative Auswertung also eine qualitative Analyse und Deutung.

15.5 Die Methodik der Mehr-Ebenen-Analyse

Texte lassen sich auf ganz unterschiedlichen Beschreibungsebenen analysieren, und einige davon haben wir in den vergangenen Abschnitten genannt: logische Dokumentstruktur, die Zug-Analyse (lineare Abfolge inhaltlicher Elemente), Koreferenz und rhetorische Struktur. Weitere, hier nicht angesprochene, Aspekte kommen hinzu, etwa die lexikalische Kohäsion oder die thematische Progression (siehe die Kap. 1–5). Je nach Textsorte und -typ sind einzelne Aspekte mal mehr und mal weniger wichtig: Beispielsweise spielt im narrativen Text die temporale Ereignisstruktur eine zentrale Rolle für das Verständnis; im argumentativen Text sind es eher die Stützungsbeziehungen zwischen Thesen und Begründungen. Allgemein gilt aber, dass ‚Textualität' erst durch das Zusammenspiel einer ganzen Reihe von Beschreibungsebenen entsteht (Motsch 1996; siehe auch Kap. 1, 6, 8 und 14.2). Welches nun im Einzelnen die adäquaten Beschreibungsebenen sind, wie sie genau beschaffen sind (d. h. welche Merkmale jeweils eine Rolle spielen) und wie sie miteinander interagieren, darüber haben wir heute allerlei Einzelerkenntnisse, jedoch nicht wirklich ein „Gesamtbild", also eine Text-Theorie, die allumfassend das Zusammenwirken der Ebenen erklären und damit vielleicht auch Unterschiede zwischen gelungenen und weniger gelungenen Texten verdeutlichen könnte. Auch die in 15.3.2 als relativ ambitioniert beschriebene Rhetorical Structure Theory erfasst ja nur einen Ausschnitt der Textualitätsmerkmale – und verbindet diese, wie man kritisieren kann, in nicht optimal transparenter Weise zu einer einzelnen Baumstruktur. Doch sie macht beispielsweise keine Aussagen zur Verbindung zwischen Textstruktur und den einzelnen Satzstrukturen, schlägt also noch keine Brücke zur Analyse linguistischer Merkmale beim Auftreten bestimmter Kohärenzrelationen. Dies ist am Ende aber notwendig: Wenn wir genauer verstehen wollen, wie ein Text funktioniert, kommen wir auch um eine Analyse seiner Sätze nicht umhin. Neben ihrer Syntax interessieren dann vor allem auch die durch sie vollzogenen Sprechakte, die ihrerseits für die Konstitution der Textstruktur eine Rolle spielen. Es wirken also viele Kräfte in einem Text, und wir wissen nicht sehr genau, wie sie dies im Einzelnen miteinander tun. Können uns nun Korpora dabei helfen, mehr Klarheit zu gewinnen? Unsere These ist, dass sie es können, allerdings nur unter bestimmten Bedingungen:

- Textkorpora sollten nicht nur eine, sondern *mehrere* Analyseebenen umfassen (damit das Zusammenwirken untersucht werden kann).
- Die Annotationen der einzelnen Ebenen müssen durch Annotationsrichtlinien sorgfältig *dokumentiert* sein, damit sie auch für Dritte nutzbar sind.
- Korpora müssen *offen* für die Hinzufügung neuer Analyseebenen und auch für die Überarbeitung bereits bestehender Annotationen sein.
- Es muss Werkzeuge geben, um in den Korpora über die Analyseebenen hinweg zu *suchen*, also Textstellen mit bestimmten Merkmalskonstellationen aufzufinden.
- Ebenso muss es Werkzeuge für die statistische Auswertung, zu einzelnen oder zu Kombinationen von Analyseebenen geben.

Das damit beschriebene Szenario ist das der Mehr-Ebenen-Annotation von Textkorpora. Sie hat in den letzten Jahren in der Texttechnologie Verbreitung gefunden (siehe etwa Goecke u. a. 2003, Dipper u. a. 2007), denn sie ist nur mit Unterstützung einer geeigneten Software-Infrastruktur sinnvoll umsetzbar. So stehen heute eine Reihe effizienter Annotationswerkzeuge zur Verfügung, die speziell auf bestimmte Aufgaben (etwa Annotation von Koreferenz oder von rhetorischer Struktur) zugeschnitten sind und diese optimal unterstützen. Des Weiteren sind auch Recherche-Werkzeuge (oder linguistische Datenbanken) entwickelt worden, in denen die unterschiedlichen Annotationsebenen zusammengeführt werden können und die es gestatten, auf diesen „tief" annotierten Daten Recherchen durchzuführen. Im englischen Sprachraum sind es insbesondere Texte des „Wall Street Journal", die in den vergangenen zwei Jahrzehnten von Computerlinguistik-Projekten auf ganz unterschiedlichen Ebenen annotiert wurden und deren Ergebnisse nunmehr auch miteinander verbunden werden. Ein Beispiel für ein deutschsprachiges Korpus dieser Art ist das Potsdamer Kommentarkorpus (Stede 2004), das für ca. 200 Zeitungskommentare auf den Ebenen Satzsyntax, Koreferenz und rhetorische Struktur annotiert ist; weitere Ebenen werden nach und nach ergänzt (etwa Informationsstruktur, Argumentationsstruktur). Begleitend wird auch eine entsprechende Software entwickelt, die die „Interoperabilität" verschiedener Annotationswerkzeuge sicherstellt und die Daten in einer gemeinsamen Repräsentation zusammenführt (Chiarcos u. a. 2008).

Die Entstehung und Verbreitung solcher Mehr-Ebenen-Korpora bietet nun nicht nur für die Text*technologie*, sondern auch für die Text*linguistik* Chancen. Zum einen können wir über jede der einzelnen Analyseebenen mehr Klarheit gewinnen, weil wir konkrete Annotationen an „echten" Texten vorfinden, die wir prüfen und beurteilen können, auch hinsichtlich ihrer Übertragbarkeit auf andere Texte. Vorschläge zu Änderungen oder Ergänzungen bei der Annotation einer Ebene können unmittelbar an den bereits existierenden Korpora getestet werden, ganz ähnlich wie – in zugegeben weit größerem Maßstab – die Wikipedia-Artikel von nicht ganz zufriedenen Benutzern immer weiter verbessert werden können. So mag es vielleicht passieren, dass sich ein Annotationsschema für Koreferenz, das sich für die Analyse von Zeitungskommentaren bestens bewährt hat, als unzureichend herausstellt, wenn man es plötzlich auf wissenschaftliche Aufsätze anwendet. Was wiederum zwei Ursachen haben kann: (1) Wir haben es mit einem systematischen Unterschied zwischen den Textsorten zu tun, dem am besten mit zwei verschiedenen Annotationsschemata Rechnung getragen werden sollte; oder (2) das ursprüngliche Annotationsschema ist schlicht verbesserungsbedürftig.

Zum anderen können wir Annotationsebenen systematisch zueinander in Beziehung setzen, um entweder ein bisher noch nicht behandeltes (d. h. annotiertes) Phänomen der Textstruktur besser zu verstehen oder um einzelne Ebenen zu präzisieren und fortzuentwickeln.

 Betrachten wir dazu als Beispiel noch einmal die rhetorische Struktur nach Mann/Thompson (1988). Einige der Definitionen von KOHÄRENZRELATIONEN nehmen Bezug auf den *Typ* des Segments, das als Nukleus bzw. Satellit fungieren soll; so besagt beispielsweise die Relation MOTIVATION, dass der Nukleus eine vom Leser auszuführende Handlung beschreiben muss. Solche Bezüge treten in den Definitionen aber nur gelegentlich auf, und RST unternimmt nicht den Versuch einer Systematisierung solcher möglichen Typen von Segmenten. Ein wichtiger Baustein dazu kann aber ein Inventar von ILLOKUTIONSTYPEN sein, wie es z. B. von Schmitt (2000) vorgeschlagen wurde: Bestimmte Kohärenzrelationen verknüpfen dann bestimmte Sprechakte, was immerhin ein Schritt zu einer Präzisierung der RST-Definitionen wäre. Weitere Beschränkungen müssten sich aus eher semantischen Aspekten der Segmente ergeben und könnten systematisch untersucht werden, wenn eine entsprechende Annotationsebene vorliegt, die Phänomene wie Modalität, Aktionsart, Tempus und Aspekt behandelt.

Neben solchen qualitativen Untersuchungen, die gezielt nach Zusammenhängen zwischen Ebenen fahnden, kann man aber mit einem Mehr-Ebenen-Korpus natürlich auch quantitativ arbeiten und im Sinne des in der Informatik populären Data

Mining automatisch nach Mustern suchen, die zwischen den einzelnen Annotationsebenen bestehen.

Das bedeutet insgesamt, dass die texttechnologischen Fortschritte der letzten Jahre auch für die Theoriebildung der Textlinguistik wichtige Impulse liefern können, wenn es gelingt, einerseits leicht nutzbare Software-Werkzeuge zur Verfügung zu stellen, andererseits die Idee der Nutzung von allgemein zugänglichen Korpora voranzutreiben: Durch die gemeinsame Erstellung und Nutzung mehrfach annotierter Texte können dann in effektiver und nachvollziehbarer Weise neue Hypothesen und Theorien getestet und weiterentwickelt werden.

 Wenn verschiedene Annotationen zum selben Text von verschiedenen Personen erstellt werden, müssen neue methodische Probleme gelöst werden: Welche Art von Schlussfolgerungen ist gestattet, wenn die Analysen verschiedener Annotatoren miteinander verknüpft werden? Offenkundig kommt der oben betonten Rolle möglichst präziser Annotationsrichtlinien dabei eine zentrale Rolle zu.

 Bereits durch den systematischen Vergleich von zwei Analyseebenen lassen sich interessante offene Fragen angehen, zum Beispiel die nach dem Zusammenhang zwischen dem Grad der „Gegebenheit" eines Diskursreferenten (zu ermitteln anhand der Koreferenzanalyse) und auffälligen syntaktischen Konstruktionen wie Topikalisierung oder *cleft*-Sätzen. Darauf aufbauend lässt sich dann auch die thematische Progression empirisch untersuchen: Wie signalisieren Autoren, dass sie ein (Sub-)Thema beibehalten oder es wechseln?

 ### Kommentierte Literaturtipps

Zu den computerlinguistischen Anwendungen sind als weiterführende Literatur die gut lesbare Einführung in Text Mining von Heyer u. a. 2006 sowie der Sammelband mit Überblicksdarstellungen zu Themen der Texttechnologie von Lobin/Lemnitzer 2004 zu empfehlen. Zur Anaphernauflösung gibt Mitkov 2002 einen fundierten Überblick über den „Stand der Kunst". Die automatische Identifikation der Sequenz von Zügen eines Textes wird (neben der oben erwähnten, empfehlenswerten Arbeit von Teufel/Moens 2002) für die Textsorte Filmrezension von Stede/Suryiawongkul (im Druck) behandelt. Als Einstieg in die Rhetorical Structure Theory eignen sich Taboada/Mann 2006, Kap. 8 in Stede 2007, oder der „Originalbeitrag" von Mann/Thompson 1988. Hilfreich ist auch die RST-Webseite: http://www.sfu.ca/rst. Die Idee der Mehr-Ebenen-Analyse ist in der Textlinguistik keineswegs neu, wie etwa der Sammelband von Motsch 1996 belegt. Allein, sie harrt nach wie vor einer gründlichen Systematisierung. Eine Einführung in verschiedene Analyseebenen mit Hinweisen zu deren Zusammenwirken und zu Werkzeugen für die Korpuserstellung liefert Stede 2007. Dem Ziel der Verbreitung von allgemein zugänglichen, annotierten Korpora hat sich die *Special Interest Group for Annotation* (SIGANN) der *Association for Computational Linguistics* (ACL) verschrieben: http://www.cs.vassar.edu/sigann/

Gesamtliteraturverzeichnis

Adamzik, Kirsten (1995): Textsorten – Texttypologie. Eine kommentierte Bibliographie. Münster. [http://www.unige.ch/lettres/alman/akt/aktbilbl.html]

Adamzik, Kirsten (2001a): Die Zukunft der Text(sorten)linguistik. Textsortennetze, Textsortenfelder, Textsorten im Verbund. In: Fix/Habscheid/Klein (Hrsg.): 15–30.

Adamzik, Kirsten (2001b): Konstrastive Textologie. Untersuchungen zur deutschen und französischen Sprach- und Literaturwissenschaft. Mit Beiträgen von Roger Gaberell und Gottfried Kolde. Tübingen (= Textsorten 2).

Adamzik, Kirsten (2002): Interaktionsrollen. Die Textwelt und ihre Akteure. In: Adamzik, Kirsten (Hrsg.): Texte, Diskurse, Interaktionsrollen. Analysen zur Kommunikation im öffentlichen Raum. Tübingen (= Textsorten 6), 211–255.

Adamzik, Kirsten (2004): Textlinguistik. Eine einführende Darstellung. Tübingen (= Germanistische Arbeitshefte 40).

Adamzik, Kirsten (2008): Der virtuelle Text oder: Die Rolle der Sprachgemeinschaft für die Herstellung von Textualität. In: Zeitschrift für germanistische Linguistik (ZGL) (im Druck).

Adamzik, Kirsten (im Druck): Textsortenvernetzung im akademischen Bereich. In: Baumann/Kalverkämper (Hrsg.).

Adamzik, Kirsten (Hrsg.) (2000): Textsorten. Reflexionen und Analysen. Tübingen (= Textsorten 1).

Adamzik, Kirsten/Antos, Gerd/Jakobs, Eva-Maria (1997) (Hrsg.): Domänen- und kulturspezifisches Schreiben. Frankfurt am Main u. a. (= Textproduktion und Medium 3).

Ágel, Vilmos/Hennig, Mathilde (Hrsg.) (2007): Zugänge zur Grammatik der gesprochenen Sprache. Tübingen (= Reihe Germanistische Linguistik 269).

Agricola, Erhard (1970): Textstruktur aus linguistischer Sicht. In: Wissenschaftliche Zeitschrift der PH Erfurt/Mühlhausen. GSR 2/1970, 85–88.

Agricola, Erhard (1976): Vom Text zum Thema. In: Daneš/Viehweger (Hrsg.): Bd. 1, 3–28.

Agricola, Erhard (1977): Text – Textaktanten – Informationskern. In: Daneš/Viehweger (Hrsg.): Bd. 2, 11–32.

Agricola, Erhard (1979): Textstruktur, Textanalyse, Informationskern. Leipzig.

Agricola, Erhard/Brauße, Ursula/Karl, Ilse/Ludwig, Klaus-Dieter (1987): Studien zu einem Komplexwörterbuch der lexikalischen Mikro-, Medio- und Makrostrukuren („Komplexikon"). 2 Bde. Berlin (= Linguistische Studien, Reihe A: Arbeitsberichte 169).

Alamargot, Denis/Terrier, Patrice/Cellier, Jean-Marie (Hrsg.) (2007): Written Documents in the Workplace. Amsterdam u. a.

Albrecht, Jörn/Lüdtke, Jens/Thun, Harald (Hrsg.) (1988): Energeia und Ergon. Sprachliche Variation, Sprachgeschichte, Sprachtypologie. Studia in honorem Eugenio Coseriu. 2 Bde. Tübingen (= Tübinger Beiträge zur Linguistik 300).

Althaus, Hans Peter/Henne, Helmut/Wiegand, Herbert Ernst (Hrsg.) ([2]1980): Lexikon der Germanistischen Linguistik. 2., vollst. neu bearb. Aufl. Tübingen.

Altmann, Hans (1981): Formen der „Herausstellung" im Deutschen: Rechtsversetzung, Linksversetzung, freies Thema und verwandte Konstruktionen. Tübingen (= Linguistische Arbeiten 285).

Anderson, John R./Garrod, Simon C./Sanford, Anthony John (1983): The Accessibility of Pronominal Antecedents as a Function of Episode Shifts in Narrative Text. In: Quarterly Journal of Experimental Psychology 35A, 427–440.

Androutsopoulos, Jannis (1997): Intertextualität in jugendkulturellen Textsorten. In: Klein/Fix (Hrsg.): 339–372.

Antos, Gerd (1981a): Formulieren als sprachliches Handeln. Ein Plädoyer für eine produktionsorientierte Textpragmatik. In: Frier, Wolfgang (Hrsg.): Pragmatik. Theorie und Praxis. Amsterdam (= Amsterdamer Beiträge zur neueren Germanistik 13), 343–378.

Antos, Gerd (1981b): Rhetorisches Textherstellen als Problemlösen. Ansätze zu einer linguistischen Rhetorik. In: Zeitschrift für Literaturwissenschaft und Linguistik (LiLi) 43/44, 192–222.

Antos, Gerd (1982): Grundlagen einer Theorie des Formulierens: Textherstellung in geschriebener und gesprochener Sprache. Tübingen (= Reihe Germanistische Linguistik 39).

Antos, Gerd (2000): Ansätze zur Erforschung der Textproduktion. In: Brinker u. a. (Hrsg.): 1. Halbbd./HSK 16.1, 105–112.

Antos, Gerd/Beetz, Manfred (1982): Rhetorisches Textherstellen als Problemlösen. Zur linguistischen Rekonstruktion von Rhetoriken des 17. und 18. Jahrhunderts. In: Zeitschrift für Literaturwissenschaft und Linguistik (LiLi) 43/44, 192–222.

Antos, Gerd/Pogner, Karl-Heinz (1999): Kultur- und domänengeprägtes Schreiben. In: Wierlacher, Alois/Bogner, Andrea (Hrsg.): Handbuch interkulturelle Germanistik. Stuttgart, 396–400.

Antos, Gerd/Krings, Hans P. (Hrsg.) (1989): Textproduktion: Ein interdisziplinärer Forschungsüberblick. Tübingen (= Konzepte der Sprach und Literaturwissenschaft 48).

Antos, Gerd/Pogner, Karl-Heinz (Hrsg.) (1995): Schreiben. Heidelberg (= Studienbibliographien Sprachwissenschaft 14).

Antos, Gerd/Tietz, Heike (Hrsg.) (1997): Die Zukunft der Textlinguistik. Traditionen, Transformationen, Trends. Tübingen (= Reihe Germanistische Linguistik 188).

APTUM (2005): Zeitschrift für Sprachkritik und Sprachkultur. Hrsg. von Jürgen Schiewe und Martin Wengeler. Bremen.

Aschenberg, Heidi (1999): Kontexte in Texten. Umfeldtheorie und literarischer Situationsaufbau. Tübingen (= Beihefte zur Zeitschrift für romanische Philologie 295).

Aschenberg, Heidi (2003): Diskurstraditionen – Orientierungen und Fragestellungen. In: Aschenberg/Wilhelm (Hrsg.): 1–18.

Aschenberg, Heidi/Wilhelm, Raymund (Hrsg.) (2003): Romanische Sprachgeschichte und Diskurstraditionen. Tübingen (= Tübinger Beiträge zur Linguistik 464).

Asher, Nicholas/Lascarides, Alex (2003): Logics in Conversation. Cambridge.

Auer, Peter (1999): Sprachliche Interaktion. Eine Einführung anhand von 22 Klassikern. Tübingen (= Konzepte der Sprach- und Literaturwissenschaft 60).

Augst, Gerhard (Hrsg.) (1988): Theorie des Schreibens. Der Deutschunterricht 2 (Themenheft).

Augst, Gerhard/Faigel, Peter (1986): Von der Reihung zur Gestaltung. Untersuchungen zur Ontogenese der schriftsprachlichen Fähigkeiten von 13–23 Jahren. Frankfurt am Main.

Austin, John L. (1979): Zur Theorie der Sprechakte. Stuttgart. [Original: How to do things with words. Oxford 1962].

Barata-Moura, Jose (1990): Praxis. In: Sandkühler, Hans-Jörg (Hrsg.): Europäische Enzyklopädie zu Philosophie und Wissenschaften. Hamburg, 847–878.

Bärenfänger, Maja/Hilbert, Mirco/Lobin, Henning/Lüngen, Harald (2006): Using OWL Ontologies in Discourse Parsing. In: Kühnberger, Kai-Uwe/Mönnich, Uwe (Hrsg.): Proceedings of the Workshop on Ontologies in Text Technology, Osnabrück, 87–92.

Bartlett, Frederic Charles (1932): Remembering. A Study in Experimental and Social Psychology. Cambridge.

Barz, Irmhild/Fix, Ulla/Schröder, Marianne (Hrsg.) (2002): Gotthard Lerchner – Schriften zum Stil. Leipzig.

Baumann, Klaus-Dieter/Kalverkämper, Hartwig (Hrsg.) (im Druck): Fachtextsorten-in-Vernetzung. (= Forum für Fachsprachen-Forschung).

Baurmann, Jürgen/Weingarten, Rüdiger (Hrsg.) (1995): Schreiben: Prozesse, Prozeduren und Produkte. Opladen.

Bazzanella, Carla (1990): Le facce del parlare. Un approccio pragmatico. Florenz.

Beaman, Karen (1984): Coordination and Subordination Revisited. Syntactic Complexity in Spoken and Written Narrative Discourse. In: Tannen, Deborah (Hrsg.): Coherence in Spoken and Written Discourse. Norwood (= Advances in Discourse Processes 12), 45–80.

Beaugrande, Robert-Alain de (1984): Text Production. Towards a Science of Composition. Norwood/New Jersey.

Beaugrande, Robert-Alain de (1989): From Linguistics to Text Linguistics to Text Production: A Difficult Path. In: Antos/Krings (Hrsg.): 58–83.

Beaugrande, Robert-Alain de (1992): Theory and Practice in the Sign of Text Production Models. In: Krings/Antos (Hrsg.): 5–44.

Beaugrande, Robert-Alain de/Dressler, Wolfgang Ulrich (1981): Einführung in die Textlinguistik. Tübingen (= Konzepte der Sprach- und Literaturwissenschaft 28).

Becker-Mrotzek, Michael (2005): Das Universum der Textsorten in Schülerperspektive. In: Der Deutschunterricht 57 (1), 68–77.

Becker-Mrotzek, Michael/Böttcher, Ingrid (2006): Schreibkompetenz entwickeln und beurteilen. Praxishandbuch für die Sekundarstufe I und II. Berlin.

Beetz, Manfred/Antos, Gerd (1984): Die nachgespielte Partie. Vorschläge zu einer Theorie der literarischen Produktion. In: Finke, Peter/Schmidt, Siegfried J. (Hrsg.): Analytische Literaturwissenschaft. Braunschweig (= Wissenschaftstheorie, Wissenschaft und Philosophie 22), 90–141.

Behr, Irmtraud/Quintin, Hervé (1996): Verblose Sätze im Deutschen: Zur syntaktischen und semantischen Einbindung verbloser Konstruktionen in Textstrukturen. Tübingen (= Eurogermanistik 4).

Beißwenger, Michael (2007): Sprachhandlungskoordination in der Chat-Kommunikation. Berlin/New York.

Belke, Horst (1973): Literarische Gebrauchsformen. Düsseldorf.

Belke, Horst (1974): Gebrauchstexte. In: Arnold, Heinz Ludwig/Sinemus, Volker (Hrsg.): Grundzüge der Literatur- und Sprachwissenschaft. Bd. 1: Literaturwissenschaft. München, 320–341.

Bereiter, Carl/Scardamalia, Marlene (1987): The Psychology of Written Composition. Hillsdale/New Jersey.

Bergh, Huub van den/Rijlaarsdam, Gert (Hrsg.) (1995): Current Trends in Writing Research. Papers from the S.I.G. Writing Conference 1994. Utrecht.

Bergmann, Jörg/Luckmann, Thomas (1993): Formen der kommunikativen Konstruktion von Moral. Entwurf eines Forschungsvorhabens. Konstanz.

Berman, Ruth/Slobin Dan I. (1994): Relating Events in Narrative: A Crosslinguistic Developmental Study. Hillsdale/New Jersey.

Bertschi-Kaufmann, Andrea/Kassis, Wassilis/Sieber, Peter (Hrsg.) (2004): Mediennutzung und Schriftlernen: Analysen und Ergebnisse zur literalen und medialen Sozialisation. Unter Mitarbeit von Thomas Bachmann, Hansjakob Schneider und Christine Tresch. Weinheim/München (= Lesesozialisation und Medien).

Biber, Douglas (1993): Using Register-diversified Corpora for General Language Studies. In: Computational Linguistics 19, 219–241.

Biber, Douglas (1995): Dimensions of Register Variation. A Cross-linguistic Comparison. Cambridge.

Biber, Douglas (2007): Discourse Analysis and Corpus Linguistics. In: Biber, Douglas/Connor, Ulla/Upton, Thomas A. (Hrsg.): Discourse on the Move. Using Corpus Analysis to Describe Discourse Structure. Amsterdam, 1–20.

Biber, Douglas/Conrad, Susan/Reppen, Randi (Hrsg.) (1998): Corpus Linguistics. Investigating Language Structure and Use. Cambridge u. a.

Biere, Bernd Ulrich (1989): Verständlich-Machen: Hermeneutische Tradition – Historische Praxis – Sprachtheoretische Begründung. Tübingen (= Reihe Germanistische Linguistik 92).

Bloomfield, Leonard (1955): Language. New York/London.

Blühdorn, Hardarik (2006): Textverstehen und Intertextualität. In: Blühdorn u. a. (Hrsg.): 277–298.

Blühdorn, Hardarik/Breindl, Eva/Waßner, Ulrich H. (Hrsg.) (2006): Text – Verstehen. Grammatik und darüber hinaus. Jahrbuch des Instituts für deutsche Sprache 2005. Berlin/New York

Blum, Joachim/Bucher Hans-Jürgen (1998): Die Zeitung: Ein Multimedium. Textdesign – ein Gestaltungskonzept für Text, Bild und Grafik. Konstanz.

Blum, Karl/Müller, Udo (2003): Dokumentationsaufwand im Ärztlichen Dienst der Krankenhäuser. Düsseldorf (= Wissenschaft und Praxis der Krankenhausökonomie 11).

Bolter, Jay David (1991): Writing Space. The Computer, Hypertext, and the History of Writing. Hillsdale/New Jersey.

Bolter, Jay David (2001): Writing Space. The Computer, Hypertext, and the Remediation of Print. Hillsdale/New Jersey.

Bossong, Georg (1979): Probleme der Übersetzung wissenschaftlicher Werke aus dem Arabischen in das Altspanische zur Zeit Alfons des Weisen. Tübingen (= Beihefte zur Zeitschrift für romanische Philologie 169).

Böttcher, Ingrid/Becker-Mrotzek, Michael (2003): Texte bearbeiten, bewerten und benoten. Schreibdidaktische Grundlagen und unterrichtspraktische Anregungen. Unter Mitarbeit von Caroli Speckgens. Berlin (= Lehrer-Bücherei: Grundschule).

Bračič, Stojan/Fix, Ulla/Greule, Albrecht (2007): Textgrammatik – Textsemantik – Textstilistik. Ein textlinguistisches Repetitorium, Ljubljana.

Brandt, Margareta/Rosengren, Inger (1992): Zur Illokutionsstruktur von Texten. In: Zeitschrift für Literaturwissenschaft und Linguistik (LiLi) 86, 9–51.

Bransford, John D./McCarrell, Nancy S. (1974): A Sketch of a Cognitive Approach to Comprehension: Some Thoughts About Understanding What it Means to Comprehend. In: Weimer, Walter B./Palermo, David S. (Hrsg.): Cognition and the Symbolic Process. New York, 189–229.

Brinker, Klaus (1973): Zum Textbegriff in der heutigen Linguistik. In: Sitta, Horst/Brinker, Klaus (Hrsg.): Studien zur Texttheorie und zur deutschen Grammatik. Düsseldorf, 9–41.

Brinker, Klaus (⁶2005): Linguistische Textanalyse. Eine Einführung in Grundbegriffe und Methoden. 6., überarb. und erw. Aufl. Berlin (= Grundlagen der Germanistik 29). [1. Aufl. 1985].

Brinker, Klaus/Sager, Sven F. (⁴2006): Linguistische Gesprächsanalyse. Eine Einführung. 4., durchges. und erg. Aufl. Berlin (= Grundlagen der Germanistik 30). [1. Aufl. 1989].

Brinker, Klaus/Antos, Gerd/Heinemann, Wolfgang/Sager, Sven F. (Hrsg.) (2000/2001): Text- und Gesprächslinguistik. Ein internationales Handbuch zeitgenössischer Forschung. 2. Bde. Berlin/New York (= Handbücher zur Sprach- und Kommunikationswissenschaft/HSK 16). [1. Halbband: Textlinguistik (2000), HSK 16.1; 2. Halbband: Gesprächslinguistik (2001), HSK 16.2].

Broich, Ulrich (1985): Formen der Markierung von Intertextualität, in: Broich/Pfister (Hrsg.): 31–47.

Broich, Ulrich/Pfister, Manfred (Hrsg.) (1985): Intertextualität. Formen, Funktionen, anglistische Fallstudien. Tübingen (= Konzepte der Sprach- und Literaturwissenschaft 35).

Brown, Gillian/Yule, George (1983): Discourse Analysis. Cambridge.

Bruni, Francesco (1984): L'italiano. Elementi di storia della lingua e della cultura. Turin.

Brusilovsky, Peter (2001): Adaptive Hypermedia. In: User Modelling and User-Adapted Interaction 11, 87–110.

Bublitz, Siv (1994): Der ‚linguistic turn' der Philosophie als Paradigma der Sprachwissenschaft. Untersuchungen zur Bedeutungstheorie der linguistischen Pragmatik. Münster/New York.

Bucher, Hans-Jürgen (1996): Textdesign – Zaubermittel der Verständlichkeit? Die Tageszeitung auf dem Weg zum interaktiven Medium. In: Hess-Lüttich, Ernest, W.B./Holly, Werner/Püschel, Ulrich (Hrsg.): Textstrukturen im Medienwandel. Frankfurt am Main (= Forum Angewandte Linguistik 29), 31–59.

Bucher, Hans-Jürgen (2001): Von der Verständlichkeit zur Usability. Rezeptionsbefunde zur Nutzung von Online-Medien. In: Osnabrücker Beiträge zur Sprachtheorie 63, 45–66.

Bucher, Hans-Jürgen (2004a): Online-Interaktivität – ein hybrider Begriff für eine hybride Kommunikationsform. In: Bieber, Christoph/Leggewie, Claus (Hrsg.): Interaktivität. Ein transdisziplinärer Schlüsselbegriff. Frankfurt am Main, 132–167.

Bucher, Hans-Jürgen (2004b): Is There a Chinese Internet? Intercultural Investigations on the Internet in the People's Republic of China. In: Sudweek, Fay/Ess, Charles (Hrsg.): Forth International Conference: Cultural Attitudes Towards Technology and Communication (Proceedings), 416–428.

Bucher, Hans-Jürgen/Barth, Christof (1998): Rezeptionsmuster der Online-Kommunikation. In: Media Perspektiven 10, 517–523.

Bühler, Karl (1934): Sprachtheorie: Die Darstellungsfunktion der Sprache. Jena. [Ungekürzter Neudruck Stuttgart ³1999]

Busch, Albert (2007): Der Diskurs: Ein linguistischer Proteus und seine Erfassung – Methodologie und empirische Gütekriterien für die sprachwissenschaftliche Erfassung von Diskursen und ihrer lexikalischen Inventare. In: Warnke (Hrsg.): 141–163.

Bush, Vannevar (1945): As we may think. In: The Atlantic Monthly 07/1945. [E-Version erstellt von Denys Duchier: http://www.ps.uni-sb.de/~duchier/pub/vbush/]

Busler, Christine/Schlobinski, Peter (1997): „Was er (schon) (...) konstruieren kann – das sieht er (oft auch) als Ellipse an." Über ‚Ellipsen', syntaktische Formate und Wissensstrukturen. In: Schlobinski (Hrsg.) (1997b): 93–116.

Busse, Dietrich (1987): Historische Semantik. Analyse eines Programms. Stuttgart.

Busse, Dietrich (1992): Textinterpretation. Sprachtheoretische Grundlagen einer explikativen Semantik. Opladen.

Busse, Dietrich (1997): Semantisches Wissen und sprachliche Information. Zur Abgrenzung und Typologie von Faktoren des Sprachverstehens. In: Pohl, Inge (Hrsg.): Methodologische Aspekte der Semantikforschung. Frankfurt am Main (= Sprache – System und Tätigkeit 22), 13–34.

Busse, Dietrich/Teubert, Wolfgang (1994): Ist Diskurs ein sprachwissenschaftliches Objekt? Zur Methodenfrage der historischen Semantik. In: Busse, Dietrich/Hermanns, Fritz/Teubert, Wolfgang (Hrsg.): Begriffsgeschichte und Diskursgeschichte. Methodenfragen und Forschungsergebnisse der historischen Semantik. Opladen, 10–28.

Bußmann, Hadumod (^{3}2002): Lexikon der Sprachwissenschaft. 3., aktual. und erw. Aufl. Stuttgart.

Campbell, Kim Sydow (1995): Coherence, Continuity, and Cohesion: Theoretical Foundations for Document Design. Hillsdale/New Jersey.

Carlson, Lynn/Marcu, Daniel/Okurowski, Mary Ellen (2003): Building a Discourse Tagged Corpus in the Framework of Rhetorical Structure Theory. In: van Kuppevelt, Jan/Smith, Ronnie (Hrsg.): Current Directions in Discourse and Dialogue. Dordrecht, 85–112.

Caroli, Folker (1977): Pragmatische Aspekte syntaktischer Variation in der gesprochenen Sprache. Göppingen.

Carroll, Mary (1997): Changing Place in English and German: Language Specific Preferences in the Conceptualization of Spatial Relations. In: Nuyts, Jan/Pederson, Eric (Hrsg.): Language and Conceptualization. Cambridge, 137–161.

Carroll, Mary (2000). Representing Path in Language Production in English and German: Alternative Perspectives on Figure and Ground. In: Habel, Christopher/Stutterheim, Christiane von (Hrsg.). Räumliche Konzepte und sprachliche Strukturen. Tübingen, 97–118.

Carroll, Mary/Lambert, Monique (2006): Reorganizing Principles of Information Structure in Advanced L2s: A Study of French and German Learners of English. In: Byrnes, Heidi/Wagner-Guntharp, Heather/Sprang, Katherin (Hrsg.): Educating for Advanced Foreign Language Capacities. Georgetown, 54–73.

Carroll, Mary/Rossdeutscher, Antje/Lambert, Monique/von Stutterheim, Christiane (2008): Subordination in Narratives and Macrostructural Planning: A Comparative Point of View. In: Fabricius-Hansen, Cathrine/Ramm, Wiebke (Hrsg.): Subordination vs. Koordination in Satz und Text aus sprachvergleichender Perspektive. Amsterdam, 161–184.

Chafe, Wallace L. (1982): Integration and Involvement in Speaking, Writing and Oral Literature. In: Tannen, Deborah (Hrsg.): Spoken and Written Language: Exploring Orality and Literacy. Norwood (= Advances in Discourse Processes 9), 35–53.

Chiarcos, Christian/Dipper, Stefanie/Götze, Michael/Ritz, Julia/Stede, Manfred (2008): A Flexible Framework for Integrating Annotations from Different Tools and Tagsets? Erscheint in: Traitement Automatique des Langues.

Christmann, Ursula (1989): Modelle der Textverarbeitung: Textbeschreibung als Textverstehen. Münster (= Arbeiten zur sozialwissenschaftlichen Psychologie 21).

Corston-Oliver, Simon (1998): Identifying the Linguistic Correlates of Rhetorical Relations. In: Stede, Manfred/Wanner, Leo/Hovy, Eduard (Hrsg.): Proceedings of the ACL-Coling Workshop on Discourse Relations and Discourse Markers. Montréal, 8–14.

Coseriu, Eugenio (1980): ‚Historische Sprache' und ‚Dialekt'. In: Albrecht u.a. (Hrsg.) (1988): 54–61.

Coseriu, Eugenio (^{2}1981): Textlinguistik. Eine Einführung. Hrsg. von Jörn Albrecht. Tübingen (= Tübinger Beiträge zur Linguistik 109).

Coseriu, Eugenio (1988): Sprachkompetenz: Grundzüge der Theorie des Sprechens. Bearb. u. hrsg. von Heinrich Weber. Tübingen.

Couture, Barbara/Rymer, Joan (1993): Composing Processes on the Job by Writer's Role and Task Value. In: Spilka (Hrsg.): 420–433.

Craik, Kenneth J. (1943): The Nature of Explanation. Cambridge.

Dammann, Günter (2000): Textsorten und literarische Gattungen. In: Brinker u.a. (Hrsg.): 1. Halbbd./HSK 16.1, 546–561.

Daneš, František (1974): Functional Sentence Perspective and the Organization of Text. In: Daneš, František (Hrsg.): Papers on Functional Sentence Perspective. Prag, 106–128.

Daneš, František (1976): Zur semantischen und thematischen Struktur des Kommunikats. In: Daneš/Viehweger (Hrsg.): Bd. 1, 29–40.

Daneš, František/Vlehweger, Dieter (Hrsg.) (1976): Probleme der Textgrammatik. Bd. 1. Berlin [Ost].

Daneš, Frantisek/Viehweger, Dieter (Hrsg.): Ebenen der Textstruktur. Berlin [Ost].

Daneš, František/Viehweger, Dieter (Hrsg.) (1977): Probleme der Textgrammatik. Bd. 2. Berlin [Ost].

Dehmer, Matthias/Emmert-Streib, Frank/Mehler, Alexander/Kilian, Jürgen (2006): Measuring the Structural Similarity of Web-based Documents: A novel Approach. In: International Journal of Computational Intelligence 3 (1), 1–7.

Der Deutschunterricht (2/1994): Themenheft „Fehler: Defizite oder Lernschritte? – Deutung eines Falles".

Dimter, Matthias (1981): Textklassenkonzepte heutiger Alltagstexte. Kommunikationssituation, Textfunktion und Textinhalt als Kategorien alltagssprachlicher Textklassifikation. Tübingen.

Dipper, Stefanie/Götze, Michael/Küssner, Uwe/Stede, Manfred (2007): Representing and Querying Standoff XML. In: Rehm, Georg/Witt, Andreas/Lemnitzer, Lothar (Hrsg.): Data Structures for Linguistic Resources and Applications. Datenstrukturen für linguistische Ressourcen und ihre Anwendungen. Tübingen.

Domasch, Silke (2007): Biomedizin als sprachliche Kontroverse. Die Thematisierung von Sprache im öffentlichen Diskurs zur Gendiagnostik. Berlin/New York.

Dörner, Dietrich (1974): Die kognitive Organisation beim Problemlösen. Bern.

Dörner, Dietrich (1976): Problem lösen als Informationsverarbeitung. Stuttgart.

Dressler, Wolfgang (²1973): Einführung in die Textlinguistik. 2., durchges. Aufl. Tübingen (= Konzepte der Sprach- und Literaturwissenschaft 13).

DUDEN-Grammatik (⁷2005): Duden: Die Grammatik. Unentbehrlich für richtiges Deutsch. Hrsg. von der Duden-Redaktion. 7., neu bearb. Aufl. Mannheim u.a. 2005.

Duggan, Joseph J. (1973): The Song of Roland. Formulaic Style and Poetic Craft. Berkeley.

Dupuy-Engelhard, Hiltraud (2002): Lexikalische Dekomposition I: Strukturalistische Ansätze. In: Cruse, D. Alan/Hundsnurscher, Franz/Job, Michael/Lutzeier, Peter Rolf (Hrsg.): Lexikologie. Ein internationales Handbuch zur Natur und Struktur von Wörtern und Wortschätzen. 1. Halbbd. Berlin/New York (= Handbücher zur Sprach- und Kommunikationswissenschaft/HSK 21.1), 245–255.

Dürscheid, Christa (³2006): Einführung in die Schriftlinguistik. 3., überarb. und erg. Aufl. Göttingen.

Dürscheid, Christa (2007): Texte aus kommunikativ-pragmatischer Sicht. In: Zeitschrift für Angewandte Linguistik 46, 3–18.

Eco, Umberto (1987): Lector in fabula. Die Mitarbeit der Interpretation in erzählenden Texten. München/Wien.

Ehlich, Konrad (1984a): Eichendorffs *aber*. In: van Peer, Willi/Renkema, Jan (Hrsg.): Pragmatics and Stylistics. Leuven, 145–192.

Ehlich, Konrad (1984b): Zum Textbegriff. In: Rothkegel, Annely/Sandig, Barbara (Hrsg.): Text – Textsorten – Semantik. Hamburg, 9–25.

Ehlich, Konrad (1994): Funktion und Struktur schriftlicher Kommunikation. In: Günther/Ludwig (Hrsg.): 1. Halbbd./HSK 10.1, 18–41.

Ehlich, Konrad/Rehbein, Jochen (1972): Zur Konstitution pragmatischer Einheiten in einer Institution: Das Speiserestaurant. In: Wunderlich, Dieter (Hrsg.): Linguistische Pragmatik. Frankfurt am Main, 209–254.

Ehlich, Konrad/Steets, Angelika/Traunspurger, Inka (2000): Schreiben für die Hochschule. Eine annotierte Bibliographie. Frankfurt am Main.

Ehlich, Kurt (Hrsg.) (1994): Diskursanalyse in Europa. Frankfurt am Main u.a.

Ehrich, Veronika/Koster, Charlotte (1983): Discourse Organisation and Sentence Form: The Structure of Room Descriptions in Dutch. In: Discourse Processes 6, 169–195.

Eigler, Gunther/Jechle, Thomas (Hrsg.) (1993): Writing. Current Trends in European Research. Freiburg.

Eigler, Gunther/Jechle, Thomas/Merziger, Gabriele/Winter, Alexander (1990): Wissen und Textproduzieren. Tübingen.

Eisenberg, Peter (^{2}1989): Grundriß der deutschen Grammatik. 2., überarb. und erw. Aufl. Stuttgart.

Endres-Niggemeyer, Brigitte (2004): Automatische Textzusammenfassung. In: Lobin/Lemnitzer (Hrsg.): 407–432.

Engel, Ulrich (^{3}1994): Syntax der deutschen Gegenwartssprache. 3., völlig neu bearb. Aufl. Berlin.

Engelbart, Douglas C. (1962): Program on Human Effectiveness. Reprint in: Nyce/Kahn (Hrsg.): 237–244.

Engelkamp, Joachim (1990): Das menschliche Gedächtnis. Das Erinnern von Sprache, Bildern und Handlungen. Göttingen.

Ernst, Gerhard/Gleßgen, Martin-Dietrich/Schmitt, Christian/Schweickard, Wolfgang (Hrsg.) (2003–2008): Romanische Sprachgeschichte. Ein internationales Handbuch zur Geschichte der romanischen Sprachen. 3 Bde. Berlin/New York (= Handbücher zur Sprach- und Kommunikationswissenschaft/HSK 23).

Ernst, Peter (2002): Pragmalinguistik. Grundlagen, Anwendungen, Probleme. Berlin/New York (= de Gruyter Studienbuch).

Eroms, Hans-Werner (1986): Funktionale Satzperspektive. Tübingen.

Eroms, Hans-Werner (1991): Die funktionale Satzperspektive bei der Textanalyse. In: Brinker, Klaus (Hrsg.): Aspekte der Textlinguistik. Hildesheim/Zürich/New York (= Germanistische Linguistik 106/107), 55–72.

Eroms, Hans-Werner (2007): Stil und Stilistik. Eine Einführung. Berlin.

Fairclough, Norman (2001): Critical Discourse Analysis as a Method in Social Scientific Research. In: Wodak, Ruth/Meyer, Michael (Hrsg.): Methods of Critical Discourse Analysis. London u. a., 121–138.

Feilke, Helmuth (1988): Ordnung und Unordnung in argumentativen Texten. Zur Entwicklung der Fähigkeit, Texte zu strukturieren. In: Der Deutschunterricht 3, 65–81.

Feilke, Helmuth (1996): Die Entwicklung der Schreibfähigkeiten. In: Günther/Ludwig (Hrsg.): 2. Halbbd./HSK 10.2, 1178–1191.

Feilke, Helmuth (2000): Die pragmatische Wende in der Textlinguistik. In: Brinker u. a. (Hrsg.): 1. Halbbd./HSK 16.1, 64–82.

Feilke, Helmuth/Portmann, Paul R. (Hrsg.) (1995): Schreiben im Umbruch. Beiträge der linguistischen Schreibforschung zur Praxis und Reflexion schulischen Schreibens. Stuttgart.

Felder, Ekkehard (Hrsg.) (2006): Semantische Kämpfe. Macht und Sprache in den Wissenschaften. Berlin/New York (= Linguistik – Impulse und Tendenzen 19).

Fellbaum, Christiane/Miller, George (1998): Wordnet – An Electronic Lexical Database. Cambridge/MA.

Figge, Udo L. (2000): Die kognitive Wende in der Texlinguistik. In: Brinker u. a. (Hrsg.): 1. Halbbd./HSK 16.1, 96–104.

Fix, Martin (2006): Texte schreiben. Schreibprozesse im Unterricht. Paderborn u. a.

Fix, Ulla (1996): Gestalt und Gestalten. Von der Notwendigkeit der Gestaltkategorie für eine das Ästhetische berücksichtigende pragmatische Stilistik. In: Zeitschrift für Germanistik. Neue Folge 2, 308–323.

Fix, Ulla (1997): Kanon und Auflösung des Kanons. Typologische Intertextualität – ein ‚postmodernes' Stilmittel? Eine thesenhafte Darstellung. In: Antos, Gerd/Tietz, Heike (Hrsg.): Die Zukunft der Textlinguistik. Traditionen, Transformationen, Trends. Tübingen (= Reihe Germanistische Linguistik 188), 97–108.

Fix, Ulla (2000): Aspekte der Intertextualität. In: Brinker u. a. (Hrsg.): 1. Halbbd./HSK 16.1, 449–457.

Fix, Ulla (2001): Zugänge zu Stil als semiotisch komplexer Einheit. In: Jakobs, Eva-Maria/Rothkegel, Annely (Hrsg.): Perspektiven auf Stil. Tübingen (= Reihe Germanistische Linguistik 226), 113–126.

Fix, Ulla (2002): Sind Textsorten kulturspezifisch geprägt? Plädoyer für einen erweiterten Textsortenbegriff. In: Wiesinger, Peter (Hrsg.): Akten des X. Internationalen Germanistenkongresses, Wien 2000: „Zeitenwende – die Germanistik auf dem Weg vom 20. ins 21. Jahrhundert". Bd. 2. Frankfurt am Main/Berlin/Bern, 173–178.

Fix, Ulla (2003): Interdisziplinäre Bezüge der Textsortenlinguistik. In: Hagemann, Jörg/Sager, Sven F. (Hrsg.): Schriftliche und mündliche Kommunikation. Begriffe, Methoden, Analysen. Tübingen, 89–100.

Fix, Ulla (2005): Die stilistische Einheit von Texten – auch ein Textualitätskriterium? In: Reuter, Ewald/Sorvali, Tina (Hrsg.): Satz – Text – Kulturkontrast. Frankfurt am Main/Berlin/Bern, 35–50.

Fix, Ulla (2008): Aktuelle linguistische Textbegriffe und der literarische Text. Bezüge und Abgrenzungen. In: Winko, Simone/Jannidis, Fotis/Lauer, Gerhard (Hrsg.): Grenzen der Literatur. Berlin/New York (= Revisionen).

Fix, Ulla/Adamzik, Kirsten/Antos, Gerd/Klemm, Michael (Hrsg.) (2002): Brauchen wir einen neuen Textbegriff? Antworten auf eine Preisfrage. Frankfurt am Main u. a. (= Forum Angewandte Linguistik 40).

Fix, Ulla/Habscheid, Stephan/Klein, Josef (2001) (Hrsg.): Zur Kulturspezifik von Textsorten. Tübingen (= Textsorten 3).

Fix, Ulla/Poethe, Hannelore/Yos, Gabriele (2001): Textlinguistik und Stilistik für Einsteiger. Ein Lehr- und Arbeitsbuch. Frankfurt am Main/Berlin/Bern.

Fleischer, Wolfgang/Michel, Georg (1975): Stilistik der deutschen Gegenwartssprache. Leipzig.

Fleischer, Wolfgang/Michel, Georg/Starke, Günter (1993): Stilistik der deutschen Gegenwartssprache. Frankfurt am Main/Berlin/Bern.

Flender, Jürgen/Christmann, Ursula (2000): Hypertext: Prototypische Merkmale und deren Realisierung im Hypertext „Visuelle Wahrnehmung". In: Medienpsychologie 12, 95–116.

Flos, Annette (2008): Schreiben als Kernkompetenz polizeilichen Handelns. Ergebnisse eines studienbegleitenden Projektes an der Fakultät Polizei der Niedersächsischen Fachhochschule für Verwaltung und Rechtspflege Schreiben bei der Polizei. In: Jakobs, Eva–Maria/Lehnen, Katrin (Hrsg.): Berufliches Schreiben. Ausbildung, Training, Coaching (= Textproduktion und Medium 9), 53–64.

Flower, Linda S. (1981): Problem Solving Strategies for Writing. New York.

Flower, Linda S./Ackermann, John (1994): Writers at Work. Strategies for Communication in Business and Professional Settings. Orlando/FL.

Foltz, Peter W. (1996): Comprehension, Coherence, and Strategies in Hypertext and Linear Text. In: Rouet, Jean-Francois/Levonen, Jarmo J./Dillon, Andrew/Spiro, Rand J. (Hrsg.): Hypertext and Cognition. Mahwah/New Jersey, 109–136.

Foucault, Michel (1973): Archäologie des Wissens. Frankfurt am Main. [Original: L'archéologie du savoir. Paris 1969].

Foucault, Michel (1974): Die Ordnung des Diskurses. Inauguralvorlesung am Collège de France, 2. Dez. 1970. München. [Original: L'ordre du discours. Leçon inaugurale au Collège de France pronocée le 2. décembre 1970. Paris 1972].

Frank, Barbara/Haye, Thomas/Tophinke, Doris (Hrsg.) (1997): Gattungen mittelalterlicher Schriftlichkeit. Tübingen (= ScriptOralia 99).

Freisler, Stefan (1994): Hypertext – eine Begriffsbestimmung. In: Deutsche Sprache 1, 19–50.

Fries, Norbert (1988): Aspekte der Erforschung des Grammatik-Pragmatik-Verhältnisses. In: Sprache und Pragmatik. Arbeitsbericht 2. Lund, 1–23.

Fritz, Gerd (1982): Kohärenz. Grundfragen der linguistischen Kommunikationsanalyse. Tübingen.

Fritz, Gerd (1999): Coherence in Hypertext. In: Bublitz, Wolfram/Lenk, Uta/Ventola, Eija (Hrsg.): Coherence in Spoken and Written Discourse. Amsterdam/Philadelphia, 221–232.

Fritz, Gerd/Hundsnurscher, Franz (1975): Sprechaktsequenzen. Überlegungen zur Vorwurf/Rechtfertigungs-Interaktion. In: Der Deutschunterricht 2, 81–103.

Furthmann, Katja (2006): Die Sterne lügen nicht. Eine linguistische Analyse der Textsorte Presehoroskop. Göttingen.

Gaberell, Roger (2000): Probleme einer deutschen Textsortengeschichte – die „Anfänge". In: Adamzik (Hrsg.): 155–174.

Gansel, Christina/Jürgens, Frank ([2]2007): Textlinguistik und Textgrammatik. Eine Einführung. 2., überarb. und erg. Aufl. Göttingen (= Studienbücher zur Linguistik 6).

Garrett, Merrill F. (1980): Levels of processing in sentence production. In: Butterworth, Brian (Hrsg.): Language Production. Bd. 1: Speech and Talk. London, 177–220.

Gauger, Hans-Martin (1986): Störung durch Unwahrheit. In: Gauger, Hans-Martin (Hrsg.): Sprachstörungen. Beiträge zur Sprachkritik. München, 98–107.

Gauger, Hans-Martin (1994): Geschichte des Lesens. In: Günther/Ludwig (Hrsg.): 1. Halbbd./ HSK 10.1, 65–85.

Genette, Gérard (1982): Palimpsestes. La littérature au second degré. Paris. [Dt.: Palimpseste. Die Literatur auf zweiter Stufe. Deutsch von Wolfram Bayer und Dieter Hornig. Frankfurt am Main 1993].

Girnth, Heiko (1996): Texte im politischen Diskurs. Ein Vorschlag zur diskursorientierten Beschreibung von Textsorten. In: Muttersprache 106, 66–80.

Givón, Talmy (Hrsg.) (1983): Topic Continuity in Discourse. A Quantitative Crosslanguage Study. Amsterdam.

Givón, Talmy (1992): The Grammar of Referential Coherence as Mental Processing Instruction. In: Linguistics 30, 5–55.

Goecke, Daniela/Naber, Daniel/Witt, Andreas (2003): Query von Multiebenen-annotierten XML-Dokumenten mit Prolog. In: Seewald-Heeg, Uta (Hrsg.): Sprachtechnologie für die mulitlinguale Kommunikation – Textproduktion, Recherche, Übersetzung, Lokalisierung. Sankt Augustin.

Goonetilleke, Ravindra S./Lau, W.C./Shih, Eloisa M. (2002): Visual Search Strategies and Eye Movements. When Searching Chinese Character Screens. In: International Journal of Human-Computer-Studies 57 (6), 447–468.

Göpferich, Susanne (1995): Textsorten in Naturwissenschaften und Technik: Pragmatische Typologie – Kontrastierung – Translation. Tübingen (= Forum für Fachsprachen-Forschung 27).

Göpferich, Susanne (1998): Interkulturelles Technical Writing: Fachliches adressatengerecht vermitteln. Ein Lehr- und Arbeitsbuch. Tübingen (= Forum für Fachsprachen-Forschung 40).

Göpferich, Susanne (2001): Von Hamburg nach Karlsruhe: Ein kommunikationsorientierter Bezugsrahmen zur Bewertung der Verständlichkeit von Texten. In: Fachsprache/International Journal of LSP 23 (3-4), 117–138.

Göpferich, Susanne (2002): Ein kommunikationsorientiertes Modell zur Bewertung der Qualität von Texten. In: Strohner, Hans/Brose, Roselore (Hrsg.): Kommunikationsoptimierung: Verständlicher – instruktiver – überzeugender. Tübingen, 45–66.

Göpferich, Susanne ([2]2006): Textproduktion im Zeitalter der Globalisierung: Entwicklung einer Didaktik des Wissenstransfers. 2. Aufl. Tübingen (= Studien zur Translation 15).

Göpferich, Susanne (2006a): How Comprehensible Are Popular Science Texts? The Use of Thinking-aloud Protocols and Log Files of Reverbalization Processes in Comprehensibility Research. In: Gotti, Maurizio/Giannoni, Davide Simone (Hrsg.): New Trends in Specialized Discourse Analysis. Frankfurt am Main, 221–246.

Göpferich, Susanne (2006b): How Successful is the Mediation of Specialized Knowledge? – The Use of Thinking-aloud Protocols and Log Files of Reverbalization Processes as a Method in Comprehensibility Research. In: HERMES Journal of Language and Communication Studies 37, 67–93.

Göpferich, Susanne (2006c): Popularization from a Cognitive Perspective – What Thinking Aloud and Log Files Reveal about Optimizing Reverbalization Processes. In: Fachsprache/International Journal of LSP 28 (3–4), 128–154.

Göpferich, Susanne ([2]2007): Technische Kommunikation. In: Knapp, Karlfried/Antos, Gerd/Becker-Mrotzek, Michael u.a. (Hrsg.): Angewandte Linguistik: Ein Lehrbuch. 2., überarb. und erw. Aufl. Tübingen, 143–165.

Göpferich, Susanne (2008): Translationsprozessforschung: Stand – Methoden – Perspektiven. Tübingen.

Göpferich, Susanne (im Druck): Measuring Comprehensibility in Specialized Communication: Some Methodological Considerations. In: Hahn, Walter von (Hrsg.): Proceedings of the 16th Symposium on Language for Special Purposes „Specialized Language in Global Communication", Universität Hamburg, 27.–31.08.2007.

Greimas, Algirdas J. (1966): Sémantique structurale. Paris. [Dt.: Strukturale Semantik. Braunschweig 1971].

Greimás, Algirdas J. (1970): Du sens. Paris.

Grésillon, Almuth (1995): Über die allmähliche Verfertigung von Texten beim Schreiben. In: Raible, Wolfgang (Hrsg.): Kulturelle Perspektiven auf Schrift und Schreibprozesse. Tübingen (= ScriptOralia 72), 1–36.

Grewendorf, Günther (1993): Der Sprache auf der Spur: Anmerkungen zu einer Linguistik nach Jäger Art. In: Zeitschrift für Sprachwissenschaft 12, 113–132.

Grice, H. Paul (1975): Logic and conversation. In: Cole, Peter/Morgan, Jerry L. (Hrsg.): Syntax and Semantics. Bd. 3: Speech Acts. New York, 41–58. [Dt.: Logik und Gesprächsanalyse. In: Kußmaul, Paul (Hrsg.) (1980): Sprechakttheorie. Ein Reader. Wiesbaden (= Schwerpunkte der Linguistik und Kommunikationswissenschaft 17), 109–126].

Grimm, Jacob (1991 [1864, ^{2}1879]): Über den Ursprung der Sprache (1851). In: Grimm, Jacob: Kleinere Schriften 1. Reden und Abhandlungen. Mit einem Vorwort von O. Ehrismann. Hildesheim u.a. (= Jacob und Wilhelm Grimm: Werke: Forschungsausgabe, hrsg. von L.E. Schmitt, Abteilung I, Band 1, neu hrsg. von O. Ehrismann), 256–299.

Groeben, Norbert (^{2}1978): Die Verständlichkeit von Unterrichtstexten. 2., erw. Aufl. Münster.

Groeben, Norbert (1982): Leserpsychologie: Textverständnis – Textverständlichkeit. Münster.

Groeben, Norbert/Christmann, Ursula (1989): Textoptimierung unter Verständlichkeitsperspektive. In: Antos/Krings (Hrsg.): 165–196.

Gross, Sabine (1994): Lese-Zeichen. Kognition, Medium und Materialität im Leseprozeß. Darmstadt.

Große, Ernst-Ulrich (1974): Zur Neuorientierung der Semantik bei Greimas [1971]. In: Kallmeyer u.a. (Hrsg.): Bd. 2, 86–125.

Große, Ernst Ulrich (1976): Text und Kommunikation. Eine Einführung in die Funktionen der Texte. Stuttgart/Berlin/Köln.

Grosz, Barbara J./Sidner, Candace L. (1986): Attention, Intentions, and the Structure of Discourse. In: Computational Linguistics 12 (3), 175–204.

Grosz, Barbara J./Joshi, Aravind/Weinstein, Scott (1995): Centering: A Framework for Modeling the Local Coherence of Discourse. In: Computational Linguistics 21 (2), 203–225.

Gülich, Elisabeth (1981): Dialogkonstitution in institutionell geregelter Kommunikation. In: Schröder, Peter/Steger, Hugo (Hrsg.) (1981): Dialogforschung. Düsseldorf, 418–456.

Gülich, Elisabeth (1986): Textsorten in der Kommunikationspraxis. In: Kallmeyer, Werner (Hrsg.): Kommunikationstypologie. Handlungsmuster, Textsorten, Situationstypen. Jahrbuch 1985 des Instituts für deutsche Sprache. Düsseldorf (= Sprache der Gegenwart 67), 15–46.

Gülich, Elisabeth/Kotschi Thomas (1987): Reformulierungshandlungen als Mittel der Textkonstitution. Untersuchungen zu französischen Texten aus mündlicher Kommunikation. In: Motsch, Wolfgang (Hrsg.): Satz, Text, sprachliche Handlung. Berlin, 199–261.

Gülich, Elisabeth/Raible, Wolfgang (1975): Textsorten-Probleme. In: Linguistische Probleme der Textanalyse. Jahrbuch 1973 des IdS. Düsseldorf (= Sprache der Gegenwart 35), 144–197.

Gülich, Elisabeth/Raible, Wolfgang (1977): Linguistische Textmodelle. Grundlagen und Möglichkeiten. München.

Gülich, Elisabeth/Raible, Wolfgang (Hrsg.) (1972): Textsorten. Differenzierungskriterien aus linguistischer Sicht. Frankfurt am Main.

Günther, Hartmut/Ludwig, Otto (Hrsg.) (1994/1996): Schrift und Schriftlichkeit: Ein interdisziplinäres Handbuch internationaler Forschung. 2 Bde. Berlin/New York (= Handbücher zur Sprach- und Kommunikationswissenschaft/HSK 10).

Günthner, Susanne (2000): Vorwurfsaktivitäten in der Alltagsinteraktion. Tübingen.

Gutfleisch, Ingeborg (2000): Zur Funktion von Subordinationen in deutschen und griechischen Erzählungen. Frankfurt am Main.

Haack, Johannes (1995): Interaktivität als Kennzeichen von Multimedia und Hypermedia. In: Issing, Ludwig J./Klimsa, Paul (Hrsg.): Information und Lernen mit Multimedia. Weinheim, 151–166.

Habscheid, Stefan/Holly, Werner/Kleemann, Frank/Matuschek, Ingo/Voß, G. Günther (Hrsg.) (2006): Über Geld spricht man … Kommunikationsarbeit und medienvermittelte Arbeitskommunikation im Bankgeschäft. Wiesbaden.

Häcki-Buhofer, Annelies (1985): Schriftlichkeit im Alltag. Theoretische und empirische Aspekte – am Beispiel eines Schweizer Industriebetriebes. Bern.

Halliday, Michael A.K. (1985): An Introduction to Functional Grammar. London/Baltimore/MD.

Halliday, Michael A.K./Hasan, Ruqaiya (1976): Cohesion in English. London.

Halm, Ute (2008): Die Entwicklung narrativer Kompetenz bei Kindern im Alter zwischen 7 und 14 Jahren. Dissertation Universität Heidelberg.

Hammwöhner, Rainer (1993): Kognitive Plausibilität: Vom Netz im (Hyper-)Text zum Netz im Kopf. In: Nachrichten für Dokumentation 44, 23–28.

Hammwöhner, Rainer (1997): Offene Hypertextsysteme. Das Konstanzer Hypertextsystem (KHS) im wissenschaftlichen und technischen Kontext. Konstanz.

Hanstein, Volker (1993): Informationsverarbeitung aus Texten: Kognitionspsychologisches Modell als Hilfe bei der Textproduktion. In: tekom-Nachrichten 15.2, 36–42.

Harras, Gisela (1998): Intertextualität von linguistischen Fachtexten: ein Analysebeispiel. In: Hoffmann, Lothar/Kalverkämper, Hartwig/Wiegand, Herbert Ernst (Hrsg.): Fachsprachen. Ein internationales Handbuch zur Fachsprachenforschung und Terminologiewissenschaft. 1. Halbbd. Berlin/New York (= Handbücher zur Sprach- und Kommunikationswissenschaft/HSK 14.1), 602–610.

Harris, Zellig (1952): Discourse Analysis. In: Language 28, 1–30.

Hartmann, Peter (1964): Text, Texte, Klassen von Texten. In: Bogawus 2, 15–25.

Hartmann, Peter (1968a): Textlinguistik als linguistische Aufgabe. In: Schmidt, Siegfried J. (Hrsg.): Konkrete Dichtung, Konkrete Kunst. Karlsruhe, 62–77.

Hartmann, Peter (1968b): Zum Begriff des sprachlichen Zeichens. In: Zeitschrift für Phonetik, Sprachwissenschaft und Kommunikationsforschung 21, 205–222.

Hartmann, Peter (1971): Texte als linguistisches Objekt. In: Stempel, Wolf-Dieter (Hrsg.): Beiträge zur Textlinguistik. München, 9–29.

Hartung, Wolfdietrich (1974): Sprachliche Kommunikation und Gesellschaft. Berlin.

Hartung, Wolfdietrich (1981): Beobachtungen zur Organisation kommunikativer Ziele. In: Lunder Germanistische Forschungen 50, 221–232.

Hartung, Wolfdietrich (1982): Tätigkeitsorientierte Konzepte in der Linguistik. Ergebnisse – Grenzen – Perspektiven. In: Zeitschrift für Germanistik 1982, 389–401.

Hartung, Wolfdietrich (2000): Kommunikationsorientierte und handlungstheoretisch ausgerichtete Ansätze. In: Brinker u.a. (Hrsg.): 1. Halbbd./HSK 16.1, 64–83.

Harweg, Roland (1968, ²1979): Pronomina und Textkonstitution. München. [2., erw. Aufl. 1979].

Haugen, Einar (1983): The Implementation of Corpus Planning: Theory and Practice. In: Cobarrubias, Juan/Fishman, Joshua A. (Hrsg.): Progress in Language Planning. Berlin u.a. (= Contributions to the Sociology of Language 31), 269–289.

Hayes, John R. (1992): Naar een nieuw model voor tekstproduktie. Een voortgangsverslag. In: Tijdschrift voor Taalbeheersing 14 (3), 247–256.

Hayes, John (1996): A New Framework for Understanding Cognition and Affect in Writing. In: Levy, C. Michael/Ransdell, Sarah (Hrsg.): The Science of Writing. Theories, Methods, Individual Differences, and Applications. Mahwah/New Jersey, 1–27.

Hayes, John/Flower, Linda (1980): Identifying the Organization of Writing Processes. In: Gregg, Lee W./Steinberg, Edwin R. (Hrsg.): Cognitive Processes in Writing. Hillsdale/New Jersey, 3–30.

Heinemann, Margot/Heinemann, Wolfgang (2002): Grundlagen der Textlinguistik. Interaktion – Text – Diskurs. Tübingen (= Reihe Germanistische Linguistik 230).

Heinemann, Wolfgang (1981): Sprecher-Intention und Textstruktur. In: Rosengren (Hrsg.): 259–268.

Heinemann, Wolfgang (1997): Zur Eingrenzung der Intertextualität aus textlinguistischer Sicht. In: Klein/Fix (Hrsg.): 21–38.

Heinemann, Wolfgang (2000a): Textsorte – Textmuster – Texttyp. In: Brinker u.a. (Hrsg.): 1. Halbbd./HSK 16.1, 507–523.

Heinemann, Wolfgang (2000b): Aspekte der Textsortendifferenzierung. In: Brinker u.a. (Hrsg.): 1. Halbbd./HSK 16.1, 523–546.

Heinemann, Wolfgang (2000c): Textsorten. Zur Diskussion um Basisklassen des Kommunizierens. In: Adamzik (Hrsg.): 9–29.

Heinemann, Wolfgang/Viehweger, Dieter (1991): Textlinguistik: Eine Einführung. Tübingen (= Reihe Germanistische Linguistik 115).

Hellwig, Peter (1984): Titulus oder über den Zusammenhang von Titeln und Texten. Titel sind ein Schlüssel zur Textkonstitution. In: Zeitschrift für germanistische Linguistik (ZGL) 12, 1–20.

Henne, Helmut/Rehbock, Helmut (⁴2001): Einführung in die Gesprächsanalyse. 4., durchges. und bibliogr. erg. Aufl. Berlin/New York. [1. Aufl. 1975].

Hennig, Mathilde (2006): Grammatik der gesprochenen Sprache in Theorie und Praxis. Kassel.

Henn-Memmesheimer, Beate (1986): Nonstandardmuster: Ihre Beschreibung in der Syntax und das Problem ihrer Arealität. Tübingen.

Heringer, Hans-Jürgen (1979): Verständlichkeit – ein genuiner Forschungsbereich der Linguistik? In: Zeitschrift für germanistische Linguistik (ZGL) 7, 255–278.

Heringer, Hans-Jürgen (1984): Textverständlichkeit. Leitsätze und Leitfragen. In: Zeitschrift für Literaturwissenschaft und Linguistik (LiLi) 55, 57–70.

Herrmann, Theo/Grabowski, Joachim (1992): Mündlichkeit, Schriftlichkeit und die nicht-terminalen Prozeßstufen der Sprachproduktion. Universität Mannheim (= Arbeiten aus dem Sonderforschungsbereich 245 „Sprechen und Sprachverstehen im sozialen Kontext" HD/MA, Bericht Nr. 38).

Herrmann, Theo/Grabowski, Joachim (1994): Psychologie der Sprachproduktion. Heidelberg u. a.

Herrmann, Theo/Grabowski, Joachim (2003) (Hrsg.): Sprachproduktion. Göttingen.

Heyer, Gerhard/Quasthoff, Uwe/Wittig, Thomas (2006): Text Mining: Wissensrohstoff Text. Bochum.

Heyse, Johann Christian August (1907): Deutsche Grammatik. Hannover.

Hörmann, Hans (1976): Meinen und Verstehen. Grundzüge einer psychologischen Semantik. Frankfurt am Main.

Hörmann, Hans (1987): Einführung in die Psycholinguistik. Darmstadt.

Hoffmann, Ludger (2000): Thema, Themenentfaltung, Makrostruktur. In: Brinker u. a. (Hrsg.): 1. Halbband/HSK 16.1, 344–355.

Hoffmann, Ludger (2004): Chat und Thema. In: Osnabrücker Beiträge zur Sprachtheorie (OBST) 68, 103–122.

Holthuis, Susanne (1993): Intertextualität. Aspekte einer rezeptionsorientierten Konzeption. Tübingen.

Hoppe-Graff, Siegfried (1984): Verstehen als kognitiver Prozeß. Psychologische Ansätze und Beiträge zum Textverstehen. In: Zeitschrift für Literaturwissenschaft und Linguistik (LiLi) 55, 10–37.

Huber, Oliver (2002): HyperTextLinguistik – TAH: ein textlinguistisches Analysemodell für Hypertexte. Theoretisch und praktisch exemplifiziert am Problemfeld der typisierten Links von Hypertexten im World Wide Web. Dissertation, LudwigMaximiliansUniversität München. [http://edoc.ub.uni-muenchen.de/921/]

Hundsnurscher, Franz (1986): Theorie und Praxis der Textklassifikation. In: Rosengren, Inger (Hrsg.): Sprache und Pragmatik. Lunder Symposium 1984. Malmö/Stockholm, 75–97.

Initiative Deutsche Sprache und Stiftung Lesen (2008): „Der schönste erste Satz". München.

Isenberg, Horst (1970): Der Begriff ‚Text' in der Sprachtheorie. ASG-Bericht 8.

Isenberg, Horst (1971): Überlegungen zur Texttheorie. In: Ihwe, Jens (Hrsg.): Literaturwissenschaft und Linguistik. Ergebnisse und Perspektiven. Bd. 1. Frankfurt am Main, 155–172.

Isenberg, Horst (1974): Texttheorie und Gegenstand der Grammatik. Berlin.

Isenberg, Horst (1976): Einige Grundbegriffe für eine linguistische Texttheorie. In: Daneš/Viehweger (Hrsg.): Bd. 1, 119–146.

Isenberg, Horst (1978): Probleme der Texttypologie. Variation und Determination von Texttypen. In: Wissenschaftliche Zeitschrift der Pädagogischen Hochschule Leipzig 27, 565–579.

Isenberg, Horst (1983): Grundfragen der Texttypologie. In: Daneš/Viehweger (Hrsg.): 303–342.

Jäger, Siegfried (2005): Die Rezeption Michel Foucaults in der Sprachwissenschaft. „Diskurslinguistik" ohne Diskurstheorie. In: DISS-Journal 14, 13–15.

Jakobs, Eva-Maria (1995): Text und Quelle. Wissenschaftliche Textproduktion unter dem Aspekt der Nutzung externer Wissensspeicher. In: Jakobs u. a. (Hrsg.): 91–112.

Jakobs, Eva-Maria (1997a): Plagiate im Kontext elektronischer Medien. In: Antos/Tietz (Hrsg.): 147–172.

Jakobs, Eva-Maria (1997b): Quellenverfälschungen im wissenschaftlichen Diskurs. In: Klein/Fix (Hrsg.): 197–218.

Jakobs, Eva-Maria (1999): Textvernetzung in den Wissenschaften. Zitat und Verweis als Ergebnis rezeptiver, reproduktiver und produktiver Prozesse. Tübingen (= Reihe Germanistische Linguistik 210).

Jakobs, Eva-Maria (2003): Hypertextsorten. In: Zeitschrift für germanistische Linguistik (ZGL) 31, 232–252.

Jakobs, Eva-Maria (2006): Texte im Berufsalltag. Schreiben, um verstanden zu werden? In: Blühdorn u. a. (Hrsg.): 315–331.

Jakobs, Eva-Maria (2007): „Das lernt man im Beruf ..." Schreibkompetenz für den Arbeitsplatz. In: Werlen, Erika/Tissot, Fabienne (Hrsg.): Sprachvermittlung in einem mehrsprachigen kommunikationsorientierten Umfeld. Hohengehren (= Sprachenlernen konkret), 27–42.

Jakobs, Eva-Maria (2008): Unternehmenskommunikation. Arbeitsfelder, Trends und Defizite. In: Niemeyer, Susanne/Dieckmannshenke, Hajo (Hrsg.): Profession und Kommunikation. Frankfurt am Main, 9–26.

Jakobs, Eva-Maria/Lehnen, Katrin (2005): Hypertext – Klassifikation und Evaluation. In: Siever u. a. (Hrsg.): 159–184.

Jakobs, Eva-Maria/Püschel, Ulrich (1998): Von der Druckstraße auf den Datenhighway. In: Kämper, Heidrun/Schmidt, Herbert (Hrsg.): Sprachgeschichte? Zeitgeschichte. Das 20. Jahrhundert. Berlin/New York (= Jahrbuch des Instituts für deutsche Sprache 1997), 163–187.

Jakobs, Eva-Maria/Knorr, Dagmar (Hrsg.) (1997): Schreiben in den Wissenschaften. Frankfurt am Main.

Jakobs, Eva-Maria/Knorr, Dagmar/Molitor-Lübbert, Sylvie (Hrsg.) (1995): Wissenschaftliche Textproduktion. Mit und ohne Computer. Frankfurt am Main.

Jakobs, Eva-Maria/Knorr, Dagmar/Pogner, Karl-Heinz (Hrsg.) (1999): Textproduktion. Hypertext, Text, Kontext. Frankfurt am Main.

Jakobs, Eva-Maria/Lehnen, Katrin/Schindler, K. (2005) (Hrsg.): Schreiben am Arbeitsplatz. Wiesbaden.

Jakobsen, Arnt Lykke (1999): Logging Target Text Production with Translog. In: Hansen, Gyde (Hrsg.): Probing the Process in Translation: Methods and Results. Kopenhagen, 9–20.

Janich, Nina (1997): Wenn Werbung mit Werbung Werbung macht. Ein Beitrag zur Intertextualität. In: Muttersprache 107, 279–309.

Janich, Nina (2004): Die bewusste Entscheidung. Eine handlungsorientierte Theorie der Sprachkultur. Tübingen.

Janich, Nina (⁴2005): Werbesprache. Ein Arbeitsbuch, 4., unveränd. Aufl. Tübingen (= narr studienbücher).

Janich, Nina (2007): Kommunikationsprofile in der Unternehmenskommunikation. Eine interdisziplinäre Forschungsaufgabe. In: Reimann, Sandra/Kessel, Katja (Hrsg.): Wissenschaften im Kontakt. Kooperationsfelder der Deutschen Sprachwissenschaft. Tübingen, 317–330.

Janich, Nina (im Druck): Kommunikationsplanung und Kommunikationsrealität in Unternehmen. Ein methodischer Vorschlag zu Untersuchung vernetzter Textsorten. In: Baumann/Kalverkämper (Hrsg.).

Jechle, Thomas (1992): Kommunikatives Schreiben. Prozeß und Entwicklung aus der Sicht kognitiver Schreibforschung. Tübingen.

Johnson-Laird, Philip N. (1985): Mental Models. Towards a Cognitive Science of Language, Inference, and Consciousness. Cambridge/MA u. a.

Jung, Matthias (1994): Öffentlichkeit und Sprachwandel. Zur Geschichte des Diskurses über die Atomenergie. Opladen.

Jungbluth, Konstanze (1996): Die Tradition der Familienbücher. Das Katalanische während der Decadència. Tübingen (= Beihefte zur Zeitschrift für romanische Philologie 272).

Jürgens, Frank (1997): Syntaktische Variation in der Sportberichterstattung. Unter besonderer Berücksichtigung der Hörfunk- und der Fernsehreportage. In: Schlobinski (Hrsg.): 209–226.

Jürgens, Frank (1999): Auf dem Weg zu einer pragmatischen Syntax. Eine vergleichende Fallstudie zu Präferenzen in gesprochen und geschrieben realisierten Textsorten. Tübingen (= Reihe Germanistische Linguistik 207).

Kabatek, Johannes (2005): Tradiciones discursivas y cambio lingüístico. In: Lexis 29 (2), 151–177.

Kallmeyer, Werner/Klein, Wolfgang/Meyer-Hermann, Reinhard (Hrsg.) (1974): Lektürekolleg zur Textlinguistik. 2 Bde. Königstein/Ts.

Kallmeyer, Werner/Schütze, Fritz (1976): Konversationsanalyse. In: Studium Linguistik 1, 1–28.

Kallmeyer, Werner (Hrsg.) (1986): Handlungsmuster, Textsorten, Situationstypen. Jahrbuch 1985 des Instituts für deutsche Sprache. Düsseldorf (= Sprache der Gegenwart 67).

Kalverkämper, Hartwig (1981): Orientierung zur Textlinguistik. Tübingen (= Linguistische Arbeiten 100).

Kaplan, Robert B. (1966): Cultural Thought Patterns in Inter-cultural Education. In: Language Learning 16, 1–20. [Wiederabdruck in Croft, Kenneth (Hrsg.) (1972): Readings on English as a Second Language: for Teachers and Teacher-trainees. Cambridge/MA, 245–262.

Karrer, Wolfgang (1985): Intertextualität als Elementen- und Struktur-Reproduktion. In: Broich/Pfister (Hrsg.): 98–116.

Keller, Reiner/Hirseland, Andreas/Schneider, Werner/Viehöver, Willy (Hrsg.) (2004): Handbuch Sozialwissenschaftliche Diskursanalyse. Bd. 2: Forschungspraxis. Wiesbaden. [2. Aufl. vorauss. 2008]

Keller, Reiner/Hirseland, Andreas/Schneider, Werner/Viehöver, Willy (Hrsg.) ([2]2006): Handbuch Sozialwissenschaftliche Diskursanalyse. Bd. 1: Theorien und Methoden. 2., aktual. und erw. Aufl. Wiesbaden.

Kennedy, Christopher/Boguraev, Branimir (1996): Anaphora for Everyone: Pronominal Anaphora Resolution without a Parser. In: Proceedings of the 16th International Conference on Computational Linguistics. Bd. 1. Kopenhagen, 113–118.

Keseling, Gisbert (1993): Schreibprozeß und Textstruktur. Empirische Untersuchungen zur Produktion von Zusammenfassungen. Tübingen.

Kintsch, Walter (1974): The Representation of Meaning in Memory. Hillsdale/New Jersey.

Kleimann, Susan (1993): The Reciprocal Relationship of Workplace Culture and Review. In: Spilka (Hrsg.): 71–83.

Klein, Josef (1991): Politische Textsorten. In: Germanistische Linguistik 106–107, 245–278.

Klein, Josef (2000): Intertextualität, Geltungsmodus, Texthandlungsmuster. In: Adamzik (Hrsg.): 31–44.

Klein, Josef/Fix, Ulla (Hrsg.) (1997): Textbeziehungen. Linguistische und literaturwissenschaftliche Beiträge zur Intertextualität. Tübingen.

Klein, Wolfgang (1979): Wegauskünfte. In: Zeitschrift für Literaturwissenschaft und Linguistik (LiLi) 33, 9–57.

Klein, Wolfgang/Stutterheim, Christiane von (1989): Referential Movement in Descriptive and Narrative Discourse. In: Rainer Dietrich/Graumann Carl Friedrich (Hrsg.): Language Processing in Social Context. Amsterdam, 39–76.

Klein, Wolfgang/Stutterheim, Christiane von (1992): Textstruktur und referentielle Bewegung. In: Zeitschrift für Literaturwissenschaft und Linguistik (LiLi) 86, 67–92.

Kleine Enzyklopädie Deutsche Sprache (1983). Leipzig.

Kloss, Heinz ([2]1978): Die Entwicklung neuer germanischer Kultursprachen seit 1800. 2. Aufl. Düsseldorf (= Sprache der Gegenwart 37).

Knorr, Dagmar (1998): Informationsmanagement für wissenschaftliche Textproduktion. Tübingen.

Knorr, Dagmar/Jakobs, Eva-Maria (Hrsg.) (1997): Textproduktion in elektronischen Umgebungen. Frankfurt am Main.

Koch, Peter (1988a): Norm und Sprache. In: Albrecht u. a. (Hrsg.): Bd. 2, 355–386.

Koch, Peter (1988b): Italienisch: Externe Sprachgeschichte I. In: Holtus, Günter/Metzeltin, Michael/Schmitt, Christian (Hrsg.): Lexikon der Romanistischen Linguistik. Bd. IV. Tübingen, 343–360.

Koch, Peter (1993): Pour une typologie conceptionnelle et médiale des plus anciens documents/ monuments des langues romanes. In: Selig, Maria/Frank, Barbara/Hartmann, Jörg (Hrsg.): Le passage à l'écrit des langues romanes. Tübingen (= ScriptOralia 46), 39–81.

Koch, Peter (1997a): Orality in Literate Cultures. In: Pontecorvo, Clotilde (Hrsg.): Writing Delevopment. An Interdisciplinary View. Amsterdam/Philadelphia (= Studies in Written Language and Literacy 6), 149–171.

Koch, Peter (1997b): Diskurstraditionen: zu ihrem sprachtheoretischen Status und ihrer Dynamik. In: Frank u. a. (Hrsg.): 43–79.

Koch, Peter (1998): Urkunde, Brief und öffentliche Rede. Eine diskurstraditionelle Filiation im ‚Medienwechsel'. In: Das Mittelalter 3, 13–44.

Koch, Peter (2003): Romanische Sprachgeschichte und Varietätenlinguistik. In: Ernst u. a. (Hrsg.): 1. Halbbd./HSK 23.1, 102–124.

Koch, Peter/Krefeld, Thomas/Oesterreicher, Wulf (²1997): Neues aus Sankt Eiermark. Das kleine Buch der Sprachwitze. 2. Aufl. München.

Koch, Peter/Oesterreicher, Wulf (1985): Sprache der Nähe – Sprache der Distanz. Mündlichkeit und Schriftlichkeit im Spannungsfeld von Sprachtheorie und Sprachgeschichte. In: Romanistisches Jahrbuch 36, 15–43.

Koch, Peter/Oesterreicher, Wulf (1990): Gesprochene Sprache in der Romania. Französisch, Italienisch, Spanisch. Tübingen (= Romanistische Arbeitshefte 31).

Koch, Peter/Oesterreicher, Wulf (1994). Schriftlichkeit und Sprache. In: Günther/Ludwig (Hrsg.): 1. Halbbd./HSK 10.1, 587–604.

Koch, Peter/Oesterreicher, Wulf (2001): Langage écrit et langage parlé. In: Holtus, Günter/Metzeltin, Michael/Schmitt, Christian (Hrsg.): Lexikon der Romanistischen Linguistik. Bd. I/1. Tübingen, 584–627.

Koch, Peter/Oesterreicher, Wulf (2007a): Lengua hablada en la Romania: Español, francés, italiano. Madrid (= Biblioteca Románica Hispánica II, 448).

Koch, Peter/Oesterreicher, Wulf (2007b): Schriftlichkeit und kommunikative Distanz. In: Zeitschrift für germanistische Linguistik (ZGL) 35, 346–375.

Koch, Peter/Oesterreicher, Wulf (2008): Comparaison historique de l'architecture des langues romanes/Die Architektur romanischer Sprachen im historischen Vergleich. In: Ernst u. a. (Hrsg.): 3. Halbbd./HSK 23.3, 2575–2610.

Koch, Wolfgang/Rosengren, Inger/Schonebohm, Manfred (1981): Ein pragmatisch orientiertes Textanalyseprogramm. In: Rosengren (Hrsg.): 155–203.

Kohlmann, Ute (1997): Objektreferenzen in Beschreibungen und Instruktionen. Frankfurt am Main.

Kösler, Bertram (²1992): Gebrauchsanleitungen richtig und sicher gestalten. Forschungsergebnisse für die Gestaltung von Gebrauchsanleitungen. 2. Aufl. Wiesbaden.

Krämer, Sybille (Hrsg.) (2004): Performativität und Medialität. München.

Krämer, Sybille/König, Ekkehard (Hrsg.) (2002): Gibt es eine Sprache hinter dem Sprechen? Frankfurt am Main.

Krause, Wolf-Dieter (2000a): Kommunikationslinguistische Aspekte der Textsortenbestimmung. In: Krause (Hrsg.): 34–67.

Krause, Wolf-Dieter (2000b): Zum Begriff der Textsorte. In: Krause (Hrsg.): 11–33.

Krause, Wolf-Dieter (Hrsg.) (2000c): Textsorten. Kommunikationslinguistische und konfrontative Aspekte. Frankfurt am Main u. a. (= Sprache – System und Tätigkeit 33).

Kreye, Horst (1989): Satzform und Stil. Heidelberg.

Krings, Hans P. (1989): Schreiben in der Fremdsprache – Prozeßanalysen zum ‚vierten skill'. In: Antos/Krings (Hrsg.): 377–436.

Krings, Hans P. (1992): Schwarze Spuren auf weißem Grund – Fragen, Methoden und Ergebnisse der empirischen Schreibforschung im Überblick. In: Krings/Antos (Hrsg.): 45–110.

Krings, Hans P. (1998): Texte reparieren. Empirische Untersuchungen zum Prozeß der Nachredaktion von Maschine-Übersetzungen. Tübingen.

Krings, Hans P./Antos, Gerd (Hrsg.) (1992): Textproduktion. Neue Wege der Forschung. Trier.

Kristeva, Julia (1967): Bachtine, le mot, le dialogue et le roman. In: Critique 33, 239, 438–465.

Kristeva, Julia (1969): Sēmeiētikē. Recherches pour une sémanalyse. Paris.

Kruse, Otto/Jakobs, Eva-Maria/Ruhmann, Gabriela (1999): Schlüsselkompetenz Schreiben. Konzepte, Methoden, Projekte für Schreibberatung und Schreibdidaktik an der Hochschule. Neuwied.

Kuhlen, Rainer (1991): Hypertext. Ein nicht-lineares Medium zwischen Buch und Wissensbank. Berlin u. a.

Kusch, Martin/Schröder, Hartmut (1989): Contrastive Discourse Analysis – the Case of Davidson vs. Habermas. In: Kusch, Martin/Schröder, Hartmut (Hrsg.): Text, Interpretation, Argumentation. Hamburg (= Papiere zur Textlinguistik 64), 79–92.

Lachmann, Renate (1984): Ebenen des Intertextualitätsbegriffs. In: Stierle, Karlheinz/Warning, Rainer (Hrsg.): Das Gespräch. München (= Poetik und Hermeneutik 11), 133–138.

Lachmann, Renate (1990): Gedächtnis und Literatur. Intertextualität in der russischen Moderne. Frankfurt am Main.

Labov, William (1972): The Transformation of Experience in Narrative Syntax. In: Labov, William (Hrsg.): Language in the Inner City. Philadelphia, 354–396.

Labov, William/Waletzky, Joshua (1967): Narrative Analysis. In: Helm, June (Hrsg.), Essays on the Verbal and Visual Arts. Seattle, 12–44.

Lampe, Ralf-Henning (1990): Praxis. In: Sandkühler, Hans Jörg (Hrsg.): Europäische Enzyklopädie zu Philosophie und Wissenschaften. Hamburg, 842–847.

Landow, George P. (1992): Hypertext. The Convergence of Contemporary Critical Theory and Technology. Baltimore/London.

Langer, Inghard/Meffert, Jörg/Schulz von Thun, Friedemann/Tausch, Reinhard (1973): Merkmale der Verständlichkeit schriftlicher Informations- und Lehrtexte. In: Zeitschrift für experimentelle und angewandte Psychologie 20 (2), 269–286.

Langer, Inghard/Schulz von Thun, Friedemann/Tausch, Reinhard ([5]1993): Sich verständlich ausdrücken. 5., verb. Aufl., München/Basel.

Langer, Inghard/Tausch Reinhard (1972): Faktoren der sprachlichen Gestaltung von Wissensinformationen und ihre Auswirkungen auf die Verständnisleistungen von Schülern. In: Schule und Psychologie 18, 72–80.

Lappin, Shalom/Leass, Herbert J. (1994): An Algorithm for Pronominal Anaphora Resolution. In: Computational Linguistics 20 (4), 535–561.

Lausberg, Heinrich (1979): Elemente der literarischen Rhetorik. Eine Einführung für Studierende der klassischen, romanischen, englischen und deutschen Philologie. München.

Leont'ev, Aleksej N (1984a).: Der allgemeine Tätigkeitsbegriff. In: Viehweger (Hrsg.): 13–30.

Leont'ev, Aleksej N (1984b).: Sprachliche Tätigkeit. In: Viehweger (Hrsg.): 31–44.

Lerchner, Gotthard (2002a): Stilistisches und Stil. Ansätze für eine kommunikative Sprachtheorie. In: Barz u. a. (Hrsg.): 80–118. [Erstmals 1981 in: Beiträge zur Erforschung der deutschen Sprache 1, 85–109].

Lerchner, Gotthard (2002b): Konnotative Textpotenz. In: Barz u. a. (Hrsg.): 166–182. [Erstmals 1984 in: Beiträge zur Erforschung der deutschen Sprache 4, 39–48].

Leuf, Bo/Cunningham, Ward (2004): The Wiki Way: Quick Collaboration on the Web. Boston.

Levelt, William J. M. (1982). Linearization in Describing Spatial Networks. In: Peters, Stanley/Saarinen, Esa (Hrsg.). Processes, Beliefs and Questions. Dordrecht, 199–220.

Levelt, William J. M. (1989): Speaking: From Intention to Articulation. Cambridge/London.

Levinson, Stephen C. ([3]2000): Pragmatik. 3. Aufl. Tübingen (= Konzepte der Sprach- und Literaturwissenschaft 39). [Original: Pragmatics. Cambridge 1983].

Linde, Charlotte/Labov, William (1974): Spatial Networks as a Site for the Study of Language and Thought. In: Language 51, 924–939.

Lindgren, Kaj B. (1987): Zur Grammatik des gesprochenen Deutsch: Sätze und satzwertige Konstruktionen. In: Zeitschrift für germanistische Linguistik (ZGL) 15, 282–291.

Linke, Angelika/Nussbaumer, Markus (1997): Intertextualität. Linguistische Bemerkungen zu einem literaturwissenschaftlichen Textkonzept. In: Antos/Tietz (Hrsg.): 109–126.

Linke, Angelika/Nussbaumer, Markus/Portmann, Paul R. ([5]2004): Studienbuch Linguistik, 5., erw. Aufl. Tübingen (= Reihe Germanistische Linguistik 121).

Lobin, Henning/Lemnitzer Lothar (Hrsg.) (2004): Texttechnologie – Perspektiven und Anwendungen. Tübingen.

Lötscher, Andreas (1987): Text und Thema. Studien zur thematischen Konstituenz von Texten. Tübingen.

Louwerse, Max M./Graesser, Arthur C. (²2006): Macrostructure. In: Brown, Keith (Hrsg.): Encyclopedia of Language and Linguistics. 2. Aufl. Bd. 7. Oxford.

Luckmann, Thomas (2002): Wissen und Gesellschaft. Ausgewählte Aufsätze 1981–2002. Hrsg. von Hubert Knoblauch. Konstanz (= Erfahrung – Wissen – Imagination 1).

Ludwig, Otto (1994): Geschichte des Schreibens. In: Günther/Ludwig (Hrsg.): 1. Halbbd./HSK 10.1, 48–65.

Ludwig, Otto (2005): Geschichte des Schreibens. Von der Antike bis zum Buchdruck. Berlin/New York.

Lutz, Luise (1981): Zum Thema „Thema". Einführung in die Thema-Rhema-Theorie. Hamburg.

Lyons, John (1981): Language and Linguistics. Cambridge.

Maas, Utz (1972): Grammatik und Handlungstheorie. In: Wunderlich, Dieter: Linguistische Pragmatik. Frankfurt am Main, 172–181. [3. Aufl. Wiesbaden 1980].

Maas, Utz (1995): Bäuerliches Schreiben in der Frühen Neuzeit. Die Chronik des Hartich Sierk aus den Dithmarschen in der ersten Hälfte des 17. Jahrhunderts. In: Raible, Wolfgang (Hrsg.): Kulturelle Perspektiven auf Schrift und Schreibprozesse. Elf Aufsätze zum Thema Mündlichkeit und Schriftlichkeit. Tübingen (= ScriptOralia 72), 65–96.

Mann, William C./Matthiessen, Christian M. I. M./Thompson, Sandra A. (1992): Rhetorical Structure Theory and Text Analysis. In: Mann, William C./Thompson, Sandra A. (Hrsg.): Discourse Description. Diverse Linguistic Analyses of a Fund-raising Text. Amsterdam/Philadelphia, 39–78.

Mann, William C./Thompson, Sandra A. (1988): Rhetorical Structure Theory: Towards a Functional Theory of Text Organization. In: TEXT 8, 243–281.

Marcu, Daniel (2000): The Theory and Practice of Discourse Parsing and Summarization. Cambridge/MA.

Marx, Karl (1956): Marx-Engels-Werke. Bd. 1. Berlin.

Hickmann, Maya (2002): Children's Discourse: Person, Space, and Time across Languages. Cambridge (= Cambridge Studies in Linguistics 98).

McCutchen, Deborah (1986): Domain Knowledge and Linguistic Knowledge in the Development of Written Ability. In: Journal of Memory and Language 25, 431–444.

McEnery, Tony/Wilson, Andrew (²2005): Corpus Linguistics. An Introduction. 2. Aufl., Edinburgh.

Mehler, Alexander (2002): Components of a Model of Context-Sensitive Hypertexts. In: Journal of Universal Computer Science 8 (10), 924–943.

Mehler, Alexander (2004): Automatische Synthese Internet-basierter Links für digitale Bibliotheken. In: Osnabrücker Beiträge zur Sprachtheorie (OBST) 68, 31–53.

Mitkov, Ruslan (2002): Anaphora Resolution. London.

Molitor, Sylvie (1984): Kognitive Prozesse beim Schreiben. Tübingen (= Forschungsbericht 31).

Molitor-Lübbert, Sylvie (1989): Schreiben und Kognition. In: Antos/Krings (Hrsg.): 278–296.

Molitor-Lübbert, Sylvie (1996): Schreiben als mentaler und sprachlicher Prozeß. In: Günther/Ludwig (Hrsg.): 2. Halbbd./HSK 10.2, 1005–1028.

Molitor-Lübbert, Sylvie (1999): Vom Umgang mit den Texten anderer. Textbezüge im Spannungsfeld produktiver, reproduktiver und rezeptiver Prozesse. Tübingen.

Molnár, Valeria (1993): Zur Pragmatik und Grammatik des TOPIK-Begriffs. In: Reis, Marga (Hrsg.): Wortstellung und Informationsstruktur. Tübingen, 155–202.

Morris, Charles W. (1972): Grundlagen der Zeichentheorie. Ästhetik und Zeichentheorie. München. [Original: Foundations of the Theory of Signs. Chicago 1938].

Moser, Heinz (2003): Von der Medienkompetenz zur Medienbildung. In: Medienwissenschaft Schweiz 2.

Motsch, Wolfgang (1986): Anforderungen an eine handlungsorientierte Textanalyse. In: Zeitschrift für Germanistik, 261–282.

Motsch, Wolfgang (1996): Ebenen der Textstruktur. Tübingen.

Motsch, Wolfgang/Pasch, Renate (1987): Illokutive Handlungen. In: Motsch, Wolfgang (Hrsg.): Satz, Text, sprachliche Handlung. Berlin, 11–79.

Motsch, Wolfgang/Reis, Marga/Rosengren, Inger (1989): Zum Verhältnis von Satz und Text. In: Sprache und Pragmatik. Arbeitsbericht 11. Lund, 1–36.

Motsch, Wolfgang/Viehweger, Dieter (1981): Sprachhandlung, Satz und Text. In: Rosengren (Hrsg.): 125–154.

Müller, Jan-Dirk (1998): Spielregeln für den Untergang: Die Welt des Nibelungenliedes. Tübingen.

Murcia-Serra, Jorge (2001): Grammatische Relationen im Deutschen und Spanischen. Frankfurt am Main.

Murray, Donald M. (1980). Writing as Process: How Writing finds its own Meaning. In: Donovan, Timothy R./McClelland, Ben W. (Hrsg.): Eight Approaches to Teaching Composition. Urbana, 3–20.

Nabrings, Kirsten (1981): Sprachliche Varietäten. Tübingen (= Tübinger Beiträge zur Linguistik 147).

Nelson, Theodor H. (1972): As We Will Think. Reprint in: Nyce/Kahn (Hrsg.): 245–259.

Nelson, Theodor H. (1974): Dream Machines: New Freedoms through Computer Screens. Nachdruck Microsoft Press 1987.

Nickl, Markus (2005): Industrialisierung des Schreibens. In: Jakobs/Lehnen/Schindler (Hrsg.): 43–56.

Niederhauser, Jürg (1997): Das Schreiben populärwissenschaftlicher Texte als Transfer wissenschaftlicher Texte. In: Jakobs/Knorr (Hrsg.): 107–124.

Nielsen, Jakob (1995): Multimedia and Hypertext. The Internet and Beyond. Boston.

Niess, Friedrich/Kaerger, Rudi/Becker, Ralf (1984): Kraftfahrzeugtechnik. Fachbuch für den Kfz-Mechaniker. Stuttgart.

Nussbaumer, Markus (1991): Was Texte sind und wie sie sein sollen. Ansätze zu einer sprachwissenschaftlichen Begründung eines Kriterienrasters zur Beurteilung schriftlicher Schülertexte. Tübingen (= Reihe Germanistische Linguistik 119).

Nussbaumer, Markus/Sieber, Peter (1995): Über Textqualitäten reden lernen – z.B. anhand des „Zürcher Textanalyserasters". In: Diskussion Deutsch 141, 36–52.

Nyce, James M./Kahn, Paul (Hrsg.): From Memex to Hypertext: Vannevar Bush and the Mind's Machine. Boston.

Nystrand, Martin (1986): The Structure of Written Communication. Studies in Reciprocity between Writers and Readers. Orlando/FL.

O'Donnell, Roy C. (1974): Syntactic Differences between Speech and Writing. In: American Speech 49, 102–110.

Odell, Lee/Goswami, Dixie (1985) (Hrsg.): Writing in Nonacademic Settings. New York.

Oesterreicher, Wulf (1988): Sprechtätigkeit, Einzelsprache, Diskurs und vier Dimensionen der Sprachvarietät. In: Albrecht u.a. (Hrsg.): Bd. 2, 355–386.

Oesterreicher, Wulf (1993): ‚Verschriftung' und ‚Verschriftlichung' im Kontext medialer und konzeptioneller Schriftlichkeit. In: Schaefer, Ursula (Hrsg.): Schriftlichkeit im frühen Mittelalter. Tübingen (= ScriptOralia 53), 267–292.

Oesterreicher, Wulf (1997): Zur Fundierung von Diskurstraditionen. In: Frank u.a. (Hrsg.): 19–41.

Oesterreicher, Wulf (2001): Sprachwandel, Varietätenwandel, Sprachgeschichte: Zu einem verdrängten Theoriezusammenhang. In: Schaefer, Ursula/Spielmann, Edda (Hrsg.): Varieties and Consequences of Literacy and Orality. Formen und Folgen von Schriftlichkeit und Mündlichkeit. Tübingen, 217–248.

Oesterreicher, Wulf (2003): Zeit – Text – Sprache. Die Zeitlichkeit von Diskursen und der Zeitkern von Sprachregeln. In: Kablitz, Andreas/Oesterreicher, Wulf/Warning, Rainer (Hrsg.): Zeit und Text. Philosophische, kulturanthropologische, literarhistorische und linguistische Beiträge. München, 46–70.

Oesterreicher, Wulf (2007): Mit Clio im Gespräch. Zu Anfang, Entwicklung und Stand der romanistischen Sprachgeschichtsschreibung. In: Hafner, Jochen/Oesterreicher, Wulf (Hrsg.): Mit Clio im Gespräch. Romanische Sprachgeschichten und Sprachgeschichtsschreibung. Tübingen, 1–35.

Oesterreicher, Wulf (2008): Revisited: die ‚zerdehnte Sprechsituation'. In: Beiträge zur Geschichte der deutschen Sprache und Literatur 130 (1), 1–21.

Oesterreicher, Wulf/Stoll, Eva/Wesch, Andreas (Hrsg.) (1998): Competencia escrita, tradición discursiva y variedades lingüísticas. Aspectos del español europeo y americano en los siglos XVI y XVII. Tübingen (= ScriptOralia 112).

Oller, John W., Jr. (1974): Über die Beziehung zwischen Syntax, Semantik und Pragmatik. In: Schmidt (Hrsg.), 132–147.

Ong, Walter J. (1982): Orality and Literacy. The Technologizing of the Word, London/New York.

Oomen, Ursula (1971): Systemtheorie der Texte. In: Folia Linguistica 5, 12–34.

Opiłowski, Roman (2006): Intertextualität in der Werbung der Printmedien. Eine Werbestrategie in linguistisch-semiotischer Forschungsperspektive. Frankfurt am Main u. a. (= Kulturwissenschaftliche Werbeforschung 5).

Oren, Tim (1992): Memex: Getting Back on the Trail. In: Nyce/Kahn (Hrsg.): 319–337.

Ortner, Hanspeter (1987): Die Ellipse – Ein Problem der Sprachtheorie und Grammatikbeschreibung. Tübingen.

Pander Maat, Henk (1996): Identifying and Predicting Reader Problems in Drug Information Texts. In: Ensink, Titus/Sauer, Christoph (Hrsg.): Researching Technical Documents. Groningen, 17–47.

Parsons, Talcott (1951): The Social System. Glencoe.

Parsons, Talcott (1961): Language as a Groundwork of Culture. In: Parsons, Talcott/Shils, Edward/Naegele, Kaspar D./Pitts, Jesse R. (Hrsg.): Theories of Society. Foundation of Modern Sociological Theory. New York, 971–976.

Pasch, Renate/Brauße, Ursula/Breindl, Eva/Waßner, Ulrich Hermann (2003): Handbuch der deutschen Konnektoren. Berlin (= Schriften des Instituts für deutsche Sprache 9).

Paul, Hermann (1919): Deutsche Grammatik. Bd. 3 Teil IV: Syntax. Halle/Saale.

Peirce, Charles Sanders (1976): Schriften zum Pragmatismus und Pragmatizismus. Hrsg. von Karl-Otto Apel. Frankfurt. [Original: Pragmatism and Pragmaticism, 1877/1878].

Perrin, Daniel (1997): Kompressionsfaktor 100: Strategien journalistischer Textproduktion optimieren. In: Adamzik u. a. (Hrsg.): 167–202.

Perrin, Daniel (1999): „Eigene Darlings kannst Du nicht mehr killen". Die buffergestützte Text-Reproduktion im journalistischen Arbeitsprozeß. In: Jakobs u. a. (Hrsg.): 159–180.

Petöfi, János S./Olivi, Terry (1988): Schöpferische Textinterpretation. Einige Aspekte der Intertextualität. In: Petöfi, János S./Olivi, Terry (1988) (Hrsg.): Von der verbalen Konstitution zur symbolischen Bedeutung. Hamburg, 335–350.

Peyer, Ann (1997): Satzverknüpfung: Syntaktische und textpragmatische Aspekte. Tübingen (= Reihe Germanistische Linguistik 178).

Peyer, Ann (2006): „Unsere Sprache kann man ansehen als eine alte Stadt ...“ – Metaphern als Auslöser von Sprachreflexion. In: Der Deutschunterricht 6, 26–35.

Pfister, Manfred (1985): Konzepte der Intertextualität. In: Broich/Pfister (Hrsg.): 1–30.

Pfütze, Max/Blei, Dagmar (1982): Zur handlungstheoretischen Typologisierung von Texten. Von Textklassen, Texttypen zu Textarten und Textsorten. In: Zeitschrift für Phonetik, Sprachwissenschaft und Kommunikationsforschung 35, 705–712.

Poesio, Massimo (2004): Discourse Annotation and Semantic Annotation in the GNOME Corpus. In: Proceedings of the ACL Workshop on Discourse Annotation, Barcelona.

Poesio, Massimo/Stevenson, Rosemary/Di Eugenio, Barbara/Hitzeman, Janet (2004): Centering: A Parametric Theory and its Instantiations. In: Computational Linguistics 30 (3), 309–363.

Pogner, Karl-Heinz (1999a): Schreiben im Beruf als Handeln im Fach. Tübingen.

Pogner, Karl-Heinz (1999b): Textproduktion in Diskursgemeinschaften. In: Jakobs, Eva-Maria/Knorr, Dagmar/Pogner, Karl-Heinz (Hrsg.): Textproduktion. Hypertext, Text, Kontext. Frankfurt am Main, 145–158.

Polanyi, Livia (1988): A Formal Model of the Structure of Discourse. In: Journal of Pragmatics 12, 601–638.

Polenz, Peter von (^{2}1988): Deutsche Satzsemantik. Grundbegriffe des Zwischen-den-Zeilen-Lesens. 2. Aufl. Berlin/New York (= Sammlung Göschen 2226).

Polikarpow, Alexander (1997): Parataktische Konstruktionen im gesprochenen Deutsch. In: Schlobinski (Hrsg.), 181–208.

Portmann, Paul R. (1991): Schreiben und Lernen. Grundlagen der fremdsprachlichen Schreibdidaktik. Tübingen.

Portmann-Tselikas, Paul R./Schmölzer-Eibinger, Sabine (2007): Textkompetenz. Eine Schlüsselkompetenz und ihre Vermittlung. Tübingen.

Posner, Roland (1991): Kultur als Zeichensystem. Zur semiotischen Explikation kulturwissenschaftlicher Grundbegriffe. In: Assmann, Aleida/Harth, Dietrich (Hrsg.): Kultur als Lebenswelt
und Monument. Frankfurt am Main, 37–74.

Pottier, Bernard (1964): Vers une sémantique moderne. In: Travaux de linguistique et de littera-
ture de l'Université de Strasbourg 2, 2 (1), 107–136.

Prasad, Rashmi/Miltsakaki, Eleni/Joshi, Aravind/Webber, Bonnie (2004): Annotation and Data
Mining of the Penn Discourse TreeBank. In: Proceedings of the ACL Workshop on Discourse
Annotation, Barcelona.

Pusch, Claus D. (2002): A Survey of Spoken Language Corpora in Romance. In: Pusch/Raible
(Hrsg.): 245–264.

Pusch, Claus D./Kabatek, Johannes/Raible, Wolfgang (Hrsg.) (2005): Romanistische Korpuslinguistik II. Korpora und diachrone Sprachwissenschaft. Tübingen (= ScriptOralia 130).

Pusch, Claus D./Raible, Wolfgang (Hrsg.) (2002): Romanistische Korpuslinguistik. Korpora und
gesprochene Sprache. Tübingen (= ScriptOralia 126).

Püschel, Ulrich (2000): Text und Stil. In: Brinker u.a. (Hrsg.): 1. Halbbd./HSK 16.1, 473–489.

Quasthoff, Uta M. (1980): Erzählen in Gesprächen. Linguistische Untersuchungen zu Strukturen
und Funktionen am Beispiel einer Kommunikationsform des Alltags. Tübingen.

Quintin, Hervé (1993): „Unorthodoxe" Satzeröffnungen. Zum Zusammenhang zwischen Vor-
feldbesetzung und Enkodierungsprozeß. In: Marillier, Jean-Francois (Hrsg.): Satzanfang – Sat-
zende: syntaktische, semantische und pragmatische Untersuchungen zur Satzabgrenzung und
Extraposition im Deutschen. Tübingen, 93–108.

Raffaelli, Sergio (1992): La lingua filmata. Didascalie e dialoghi nel cinema italiano. Florenz.

Raible, Wolfgang (1985): Nominale Spezifikatoren (‚Artikel') in der Tradition lateinischer Juristen
oder Vom Nutzen einer ganzheitlichen Textbetrachtung für die Sprachgeschichte. In: Romanistisches Jahrbuch 36, 44–67.

Raible, Wolfgang (1992): Junktion. Eine Dimension der Sprache und ihre Realisierungsformen
zwischen Aggregation und Integration. Heidelberg (= Sitzungsberichte der Heidelberger Akademie der Wissenschaften. Philosophisch-historische Klasse 2).

Raible, Wolfgang (1994): Orality and Literacy. In: Günther/Ludwig (Hrsg.): 1. Halbbd./HSK 10.1,
1–17.

Raible, Wolfgang (1995): Arten des Kommentierens – Arten der Sinnbildung – Arten des Verstehens. Spielarten der generischen Intertextualität. In: Assmann, Jan/Gladigow, Burkhard
(Hrsg.): Text und Kommentar. München (= Archäologie der literarischen Kommunikation
4), 51–73.

Raible, Wolfgang (2004): Über das Entstehen der Gedanken beim Schreiben. In: Krämer (Hrsg.):
189–190.

Raible, Wolfgang (2006): Medien-Kulturgeschichte. Mediatisierung als Grundlage unserer kulturellen Entwicklung. Heidelberg (= Schriften der Philosophisch-historischen Klasse der Heidelberger Akademie der Wissenschaften 36).

Rastier, François (1972): Systematique des Isotopies. In: Greimas, Algirdas J. (Hrsg.): Essais de
sémiotique poétique. Paris, 80–106. [Dt.: Systematik der Isotopien [1974]. In: Kallmeyer u.a.
(Hrsg.) (1977): Bd. 2, 153–190.].

Rastier, François (1987): Sémantique interpretative. Paris.

Rath, Rainer (1979): Kommunikationspraxis: Analysen zur Textbildung und Textgliederung im
gesprochenen Deutsch. Göttingen.

Rau, Cornelia (1994): Revisionen beim Schreiben. Zur Bedeutung von Veränderungen in Textproduktionsprozessen. Tübingen.

Rauh, Reinhold (1987): Sprache im Film. Die Kombination von Wort und Bild im Spielfilm.
Münster.

Redish, Janice/Selzer, Jack (1985): The Place of Readability Formulas in Technical Communication. In: Technical Communication 4, 46–52.

Rehbein, Jochen (1977): Komplexes Handeln. Elemente zur Handlungstheorie der Sprache. Stuttgart.

Rehm, Georg (2005): Language-Independent Text Parsing of Arbitrary HTML-Documents. Towards a Foundation for Web Genre Identification. In: LDV-Forum 20 (2), 53–74.

Rehm, Georg (2006): Hypertextsorten: Definition, Struktur, Klassifikation. Dissertation, Universität Gießen. Online publiziert unter: http://geb.uni-giessen.de/geb/volltexte/2006/2688/. [Books on Demand: Norderstedt 2007].

Reiß, Katharina/Vermeer, Hans J. (1984): Grundlegung einer allgemeinen Translationstheorie. Tübingen (= Linguistische Arbeiten 147).

Reynolds, Ralph/Taylor, Marsha A./Steffensen, Margaret S./Shirey, Larry L./Anderson, Richard C. (1982): Cultural Schemata and Reading Comprehension. In: Reading Research Quarterly 3, 353–366.

Rickheit, Gert/Strohner, Hans (1993): Grundlagen der kognitiven Sprachverarbeitung. Modelle, Methoden, Ergebnisse. Tübingen.

Rößler, Elke (1999): Intertextualität und Rezeption. Linguistische Untersuchung zur Rolle von Text-Text-Kontakten im Textverstehen aktueller Zeitungstexte. Frankfurt am Main u.a. (=Sprache – System und Tätigkeit 31).

Rolf, Eckard (1993): Die Funktionen der Gebrauchstextsorten. Berlin/New York.

Rolf, Eckard (2000): Textuelle Grundfunktionen. In: Brinker u.a. (Hrsg.): 1. Halbbd./HSK 16.1, 422–435.

Rosengren, Inger (1983): Die Realisierung der Illokutionsstruktur auf der Vertextungsebene. In: Daneš/Viehweger (Hrsg.): 133–151.

Rosengren, Inger (1988): Das Forschungsprojekt „Sprache und Pragmatik". In: Deutsche Sprache 16, 79–81.

Rosengren, Inger (Hrsg.) (1981): Sprache und Pragmatik. Lunder Symposium 1980. Malmö/Stockholm.

Rothkegel, Annely (1993): Textualisieren: Theorie und Computermodell der Textproduktion. Frankfurt am Main.

Roulet, Eddy (1980): Strategies d'interaction, modes d'implication et marqueurs illocutoires. In: Cahiers de linguistique francaise 1, 80–103.

Roulet, Eddy (1988): De la structure de la conversation a la structure d'autres types de discours. Genf.

Rubin, Jeffrey (1994): Handbook of Usability Testing: How to Plan, Design, and Conduct Effective Tests. New York u.a.

Sacks, Harvey/Schegloff, Emanuel/Jefferson, Gail (Hrsg.) (1974/1978): A Simplest Systematics for the Organization of turn-taking for Conversation. In: Language 50, 696–735.

Sager, Sven (1995): Verbales Verhalten. Eine semiotische Studie zur Linguistischen Ethologie. Tübingen.

Sandig, Barbara (1972): Zur Differenzierung gebrauchssprachlicher Textsorten im Deutschen. In: Gülich/Raible (Hrsg.): 113–124.

Sandig, Barbara (1978): Stilistik. Sprachpragmatische Grundlegung der Stilbeschreibung. Berlin/New York.

Sandig, Barbara (1986): Stilistik der deutschen Sprache. Berlin/New York.

Sandig, Barbara (2000a): Textmerkmale und Sprache-Bild-Texte. In: Fix, Ulla/Wellmann, Hans (Hrsg.): Bild im Text – Text und Bild. Heidelberg, 3–30.

Sandig, Barbara (2000b): Text als prototypisches Konzept. In: Mangasser-Wahl, Martina (Hrsg.): Prototypentheorie in der Linguistik. Anwendungsbeispiele – Methodenreflexion – Perspektiven. Tübingen, 93–112.

Sandig, Barbara (^{2}2006): Textstilistik des Deutschen. 2., vollst. neu bearb. und erw. Aufl. Berlin/New York.

Sanford, Anthony J./Garrod, Simon C. (1981): Understanding Written Language: Explorations of Comprehension Beyond the Sentence. Chichester u.a.

Saussure, Ferdinand de (^{2}1967): Grundfragen der allgemeinen Sprachwissenschaft. Hrsg. von Charles Bally und Albert Séchehaye. Unter Mitwirkung von Albert Riedlinger. 2. Aufl. Berlin. [Original: Cours de linguistique générale. Paris/Lausanne 1916].

Scardamalia, Marlene/Carl Bereiter (1986): Writing. In: Dillon, Ronna F./Sternberg, Robert J. (Hrsg.): Cognition and Instruction. Orlando, 59–81.

Scardamalia, Marlene/Carl Bereiter (1987): Knowledge Telling and Knowledge Transforming in Written Composition. In: Rosenberg, Sheldon (Hrsg.): Advances in Applied Psycholinguistics. Bd. 2: Reading, Writing and Language Learning. Cambridge, 142–175.

Schaefer, Ursula (1992): Vokalität: altenglische Dichtung zwischen Mündlichkeit und Schriftlichkeit. Tübingen (= ScriptOralia 39).

Schank, Gerd/Schwitalla, Johannes (1980): Gesprochene Sprache und Gesprächsanalyse. In: Althaus u. a. (Hrsg.): Bd. 2, 313–323.

Schank, Roger C./Abelson, Roger P. (1977): Scripts, Plans, Goals and Understanding. Hillsdale/New Jersey.

Scheidt, Jürgen vom (1990): Kreatives Schreiben. Texte als Wege zu sich selbst und zu anderen. Selbsterfahrung, Therapie, Meditiation, Denkwerkzeug, Arbeitshilfe, Abbau von Schreibblockaden. Frankfurt am Main.

Scherner, Maximilian (1996): „Text". Untersuchungen zur Begriffsgeschichte. In: Archiv für Begriffsgeschichte 39, 103–160.

Schiffrin, Deborah (1988): Discourse Markers. Cambridge.

Schindler, Kirsten/Pierick, Simone/Jakobs, Eva-Maria (2007): Klar, kurz, korrekt. Anleitungen zum Schreiben für Ingenieure. In: Fachsprache 29, 26–43.

Schlieben-Lange, Brigitte (1983): Traditionen des Sprechens. Elemente einer pragmatischen Sprachgeschichtsschreibung. Stuttgart.

Schlieben-Lange, Brigitte (1998): Les hypercorrectismes de la scripturalité. In: Cahiers de Linguistique Française 20, 255–273.

Schlieben-Lange, Brigitte/Grésillon, Almuth (Hrsg.) (1988): Literarische Schreibprozesse. Zeitschrift für Literaturwissenschaft und Linguistik (LiLi) 68.

Schlobinski, Peter (1992): Funktionale Grammatik und Sprachbeschreibung: Eine Untersuchung zum gesprochenen Deutsch sowie zum Chinesischen. Opladen.

Schlobinski, Peter (1994): Über die pragmatischen Funktionen der koordinierenden Konnektoren *und* und *aber* im gesprochenen Deutsch. In: Halwachs, Dieter W./Penzinger, Christine/Stütz, Irmgard (Hrsg.): Sprache Onomatopöie Rhetorik Namen Idiomatik Grammatik. Festschrift für Prof. Dr. Karl Sornig zum 66. Geburtstag. Graz (= Grazer linguistische Monographien 11), 213–226.

Schlobinski, Peter (1996): Empirische Sprachwissenschaft. Opladen.

Schlobinski, Peter (1997a): Zur Analyse syntaktischer Strukturen in der gesprochenen Sprache. In: Schlobinski (Hrsg.): 9–26.

Schlobinski, Peter (Hrsg.) (1997b): Syntax des gesprochenen Deutsch. Opladen.

Schmidt, Jürgen E. (1993): Die deutsche Substantivgruppe und die Attribuierungskomplikation. Tübingen (= Reihe Germanistische Linguistik 138).

Schmidt, Siegfried J. (1973): Texttheorie. Probleme einer Linguistik der sprachlichen Kommunikation. München.

Schmidt, Siegfried J. (Hrsg.) (1974): Pragmatik I. Interdisziplinäre Beiträge zur Erforschung der sprachlichen Kommunikation. München.

Schmidt, Wilhelm (1977): Thesen zur Beschreibung und Einteilung von Texten. In: Potsdamer Forschungen, Reihe A, 27, 153–171.

Schmitt, Holger (2000): Zur Illokutionsanalyse monologischer Texte. Frankfurt am Main.

Schmitt, Peter A. (1999): Translation und Technik. Tübingen (= Studien zur Translation 6).

Schmitz, Ulrich (1997): Schriftliche Texte in multimedialen Kontexten. In: Weingarten, Rüdiger (Hrsg.): Sprachwandel durch den Computer? Opladen, 131–157.

Schmitz, Ulrich (2001): Optische Labyrinthe im digitalen Journalismus. Text-Bild-Beziehungen in Online-Zeitungen. In: Bucher, Hans-Jürgen/Püschel, Ulrich (Hrsg.): Die Zeitung zwischen Print und Digitalisierung. Opladen, 207–232.

Schmitz, Ulrich (2003): Deutsche Schriftsprache in hypermedialer Umgebung. In: Zeitschrift für germanistische Linguistik (ZGL) 31, 253–272.

Schmitz, Ulrich (2006): Schriftbildschirme. Tertiäre Schriftlichkeit im World Wide Web. In: Androutsopoulos, Jannis/Runkehl, Jens/Schlobinski, Peter/Siever, Torsten (Hrsg.): Neuere

Entwicklungen in der linguistischen Internetforschung. Germanistische Linguistik 186–187, 185–208.

Schnotz, Wolfgang (1985): Elementaristische und holistische Theorieansätze zum Textverstehen. Tübingen (= Forschungsbericht 35 des Deutschen Instituts für Fernstudien).

Schnotz, Wolfgang (1994): Aufbau von Wissensstrukturen. Weinheim.

Schnotz, Wolfgang (2006): Was geschieht im Kopf des Lesers? In: Blühdorn u. a. (Hrsg.): 222–238.

Schönherr, Beatrix (1997): Syntax – Prosodie – nonverbale Kommunikation: Empirische Untersuchungen zur Interaktion sprachlicher und parasprachlicher Ausdrucksmittel im Gespräch. Tübingen.

Schreiber, Michael (1995): Gibt es Sätze in gesprochener Sprache? Zu Theorie und Methode der syntaktischen Analyse von Sprechsprache. In: Papiere zur Linguistik 52, 75–93.

Schreiter, Jörg (1990): Pragmatismus. In: Sandkühler, Jörg (Hrsg.): Europäische Enzyklopädie zu Philosophie und Wissenschaften. Hamburg, 842–847.

Schriver, Karen A. (1989): Evaluating Text Quality: The Continuum from Text-focused to Reader-focused Methods. In: IEEE Transactions on Professional Communication 32.4, 238–255.

Schröder, Thomas (2003): Die Handlungsstruktur von Texten. Ein integrativer Beitrag zur Texttheorie. Tübingen.

Schulz von Thun, Friedemann (1974): Verständlichkeit von Informationstexten: Messung, Verbesserung und Validierung. In: Zeitschrift für Sozialpsychologie 5, 124–132.

Schütte, Wilfried (2004): Diskursstrukturen in fachlichen Mailinglisten. In: Osnabrücker Beiträge zur Sprachtheorie (OBST) 68, 55–75.

Schütz, Alfred/Luckmann, Thomas (1984): Strukturen der Lebenswelt. Bd. 2. Frankfurt am Main.

Schütz, Alfred (1971): Das Problem der Relevanz. Hrsg. und erläutert von Richard M. Zaner. Frankfurt am Main.

Schwitalla, Johannes (1997): Gesprochenes Deutsch. Eine Einführung. Berlin (= Grundlagen der Germanistik 33).

Schwitalla, Johannes (1999): Flugschrift. Tübingen (= Grundlagen der Medienkommunikation 7).

Searle, John R. (1971): Sprechakte. Ein sprachphilosophischer Essay. Frankfurt am Main. [Original: Speech Acts. An Essay in the Philosophy of. Language. Cambridge 1969].

Selting, Margret (1995): Der ‚mögliche Satz‘ als interaktiv relevante syntaktische Kategorie. In: Linguistische Berichte 158, 298–325.

Sieber, Peter (Hrsg.) (1994): Sprachfähigkeiten – Besser als ihr Ruf und nötiger denn je! Ergebnisse und Folgerungen aus einem Forschungsprojekt. Aarau u. a. (= Sprachlandschaft 12).

Sieber, Peter (1998): Parlando in Texten. Zur Veränderung kommunikativer Grundmuster in der Schriftlichkeit. Tübingen (= Reihe Germanistische Linguistik 191).

Sieber, Peter (2000): Schreiben im Spannungsfeld von Oralität und Literalität. Deutschunterricht zwischen Kompetenzerwerb und Persönlichkeitsbildung. In: Witte, Hansjörg/Garbe, Christine/Holle, Karl (Hrsg.): Deutschunterricht zwischen Kompetenzerwerb und Persönlichkeitsbildung. Hohengehren, 114–133.

Siever, Torsten/Schlobinski, Peter/Runkehl, Jens (Hrsg.) (2005): Websprache.net. Sprache und Kommunikation im Internet. Berlin/New York.

Sökeland, Werner (1980): Indirektheit von Sprechhandlungen. Tübingen.

Söll, Ludwig (³1985): Gesprochenes und geschriebenes Französisch. Berlin (= Grundlagen der Romanistik 6). [1. Aufl. 1974]

Sowinski, Bernhard (1983): Textlinguistik: Eine Einführung. Stuttgart u. a.

Sowinski, Bernhard (²1999): Stilistik. Stiltheorien und Stilanalysen. 2. Aufl. Stuttgart/Weimar.

Speck, Agnes (1995): Textproduktion im Dialog. Zum Einfluss des Redepartners auf die Textorganisation. Opladen.

Spilka, Rachel (1993a): Moving between Oral and Written Discourse to Fulfill Rhetorical and Social Goals. In: Spilka (Hrsg.): 71–83.

Spilka, Rachel (Hrsg.) (1993b): Writing in the Workplace: New Research Perspectives. Carbondale.

Spillner, Bernd (Hrsg.) (1995): Sprache: Verstehen und Verständlichkeit. Kongressbeiträge zur 25. Jahrestagung der Gesellschaft für Angewandte Linguistik GAL e.V. Frankfurt am Main u.a.

Spitzmüller, Jürgen (2005): Das Eigene, das Fremde und das Unbehagen an der Sprachkultur. Überlegungen zur Dynamik sprachideologischer Diskurse. In: Aptum. Zeitschrift für Sprachkritik und Sprachkultur 1 (3), 248–261.

Spranz-Fogasy, Thomas (2002): Was macht der Chef? Der kommunikative Alltag von Führungskräften in der Wirtschaft. In: Becker-Mrotzek, Michael/Fiehler, Reinhard (Hrsg.): Unternehmenskommunikation. Tübingen, 209–230.

Stede, Manfred (2004): The Potsdam Commentary Corpus. In: Proceedings of the ACL Workshop on Discourse Annotation, Barcelona.

Stede, Manfred (2006): Textverstehen in der Computerlinguistik am Beispiel der Automatischen Textzusammenfassung. In: Blühdorn u.a. (Hrsg.): 351–363.

Stede, Manfred (2007): Korpusgestütze Textanalyse – Grundzüge der Ebenen-orientierten Textlinguistik. Tübingen.

Stede, Manfred/Bieler, Heike/Dipper, Stefanie (2006): Automatische Textzusammenfassung. In: wisu – das wirtschaftsstudium 5, 674–680.

Stede, Manfred/Suryiawongkul, Arthit (im Druck): Identifying Logical Stucture and Content Structure of Semi-Structured Documents. In: Metzing, Dieter/Witt, Andreas (Hrsg.): Linguistic Modeling of Information and Markup Languages. Contributions to Language Technology. Dordrecht.

Steger, Hugo (1998): Sprachgeschichte als Geschichte der Textsorten, Kommunikationsbereiche und Semantiktypen. In: Besch, Werner/Sonderegger, Stefan/Betten, Anne/Reichmann, Oskar (Hrsg.): Sprachgeschichte. Ein Handbuch zur Erforschung der Geschichte der deutschen Sprache und ihrer Erforschung. Bd. 1. Berlin/New York (= Handbücher zur Sprach- und Kommunikationswissenschaft/HSK 2.1), 284–300.

Steger, Hugo/Deutrich, Karl-Helge/Schank, Gerd/Schütz, Eva (1974): Redekonstellation, Redekonstellationstyp, Textexemplar, Textsorte im Rahmen eines Sprachverhaltensmodells. Begründung einer Forschungshypothese. In: Moser, Hugo (Hrsg.): Gesprochene Sprache. Jahrbuch 1972 des Instituts für deutsche Sprache. Düsseldorf (= Sprache der Gegenwart 26), 39–97.

Stein, Stephan (1995): Formelhafte Sprache. Untersuchungen zu ihren pragmatischen und kognitiven Funktionen im gegenwärtigen Deutsch. Frankfurt am Main.

Steinig, Wolfgang/Huneke, Hans-Werner (^{3}2007): Sprachdidaktik Deutsch: Eine Einführung. 3., ≈neu bearb. und erw. Aufl. Berlin (= Grundlagen der Germanistik 38).

Stempel, Wolf-Dieter (1980): Alltagsfiktion. In: Ehlich, Konrad (Hrsg.): Erzählen im Alltag. Frankfurt am Main, 385–402.

Stempel, Wolf-Dieter (1987): Die Alltagserzählung als Kunst-Stück. In: Erzgräber, Willi/Goetsch, Paul (Hrsg.): Mündliches Erzählen im Alltag, fingiertes mündliches Erzählen in der Literatur. Tübingen, 105–135.

Steyer, Kathrin (1997): Irgendwie hängt alles mit allem zusammen – Grenzen und Möglichkeiten einer linguistischen Kategorie ‚Intertextualität'. In: Klein/Fix (Hrsg.): 83–106.

Storrer, Angelika (2000): Was ist „hyper" am Hypertext? In: Kallmeyer, Werner (Hrsg.): Sprache und neue Medien. Berlin/New York, 222–249.

Storrer, Angelika (2001): Getippte Gespräche oder dialogische Texte? Zur kommunikationstheoretischen Einordnung der Chat-Kommunikation. In: Lehr, Andrea/Kammerer, Matthias/Konerding, Klaus-Peter/Storrer, Angelika/Wolski, Werner (Hrsg.): Sprache im Alltag. Beiträge zu neuen Perspektiven der Linguistik. Herbert Ernst Wiegand zum 65. Geburtstag gewidmet. Berlin/New York, 439–466.

Storrer, Angelika (2003): Kohärenz in Hypertexten. In: Zeitschrift für germanistische Linguistik (ZGL) 31, 274–292.

Storrer, Angelika (2004a): Text und Hypertext. In: Lobin/Lemnitzer (Hrsg.): 13–50.

Storrer, Angelika (2004b): Text-Bild-Bezüge und Nutzermetaphern im World Wide Web. In: Holly, Werner/Hoppe, Almut/Schmitz, Ulrich (Hrsg.): Sprache und Bild I. Mitteilungen des Germanistenverbands 51.1, 40–57.

Storrer, Angelika (2004c): Hypertext und Texttechnologie. In: Knapp, Karlfried/Antos, Gerd/ Becker-Mrotzek, Michael u. a. (Hrsg.): Angewandte Linguistik. Ein Lehrbuch. Tübingen, 207–228.

Strawson John (1964): Intention und Konvention in Sprechakten. In: Philosophical Review 1973, 430–460.

Strohner, Hans (1990): Textverstehen: Kognitive und kommunikative Grundlagen der Sprachverarbeitung. Opladen.

Strohner, Hans (1995): Semantische Verarbeitung beim Lesen. In: Spillner (Hrsg.), 129–137.

Strohner, Hans (2000): Kognitive Voraussetzungen: Wissenssysteme – Wissensstrukturen – Gedächtnis. In: Brinker u. a. (Hrsg.): 1. Halbbd./HSK 16.1, 261–274.

Strohner, Hans/Brose, Roselore (Hrsg.) (2002): Kommunikationsoptimierung: Verständlicher – instruktiver – überzeugender. Tübingen.

Stubbs, Michael (1996): Text and Corpus Analysis. Computer-assisted Studies of Language and Culture. Oxford (= Language in Society 23).

Stutterheim, Christiane von (1997a): Einige Prinzipien des Textaufbaus. Tübingen (= Reihe Germanistische Linguistik 184).

Stutterheim, Christiane von (1997b): Zum Ausdruck von Zeit- und Raumkonzepten in deutschen und englischen Texten. In: Zeitschrift für germanistische Linguistik (ZGL) 25, 147–166.

Stutterheim, Christiane von u. a. (in Vorber.): Language Specificity and Macrostructural Organisation in Expository Texts. Ms. Universität Heidelberg.

Stutterheim, Christiane von/Carroll, Mary. (2005): Subjektwahl und Topikkontinuität im Deutschen und Englischen. Zeitschrift für Literaturwissenschaft und Linguistik (LiLi) 139, 7–27.

Stutterheim, Christiane von/Carroll, Mary/Klein, Wolfgang (2003). Two Ways of Construing Complex Temporal Structures. In: Lenz, Friedrich (Hrsg.): Deictic Conceptualization of Space, Time and Person. Berlin (= Cognitive Linguistics Research), 97–133.

Stutterheim, Christiane von/Klein, Wolfgang (2002): Quaestio and L-perspectivation. In: Graumann, Carl F./Kallmeyer, Werner (Hrsg.): Perspective and Perspectivation in Discourse. Amsterdam/Philadelphia, 59–88.

Stutterheim, Christiane von/Kohlmann, Ute (1998). Selective Hearer Adaptation. In: Linguistics 36 (3), 517–549.

Stutterheim, Christiane von/Kohlmann, Ute (2001): ‚Beschreiben' im Gespräch. In: Brinker u. a. (Hrsg.): 2. Halbbd./HSK16.2, 1279–1292.

Stutterheim, Christiane von u. a. (1993): Reference to Objects in Text Production. In: Belgian Journal of Linguistics 8, 99–125.

Svartvik, Jan (Hrsg.) (1992): Directions in Corpus Linguistics. Proceedings of Nobel Symposium 82, Stockholm, 4–8 August 1991. Berlin (= Trends in Linguistics; Studies and Monographs 65).

Swales, (1990): Genre Analysis: English for Academic and Research Settings. Cambridge.

Taboada, Maite/Mann, William C. (2006): Rhetorical Structure Theory: Looking Back and Moving Ahead. In: Discourse Studies 8, 423–459.

Talmy, Leonard (1988): Force Dynamics in Language and Cognition. In: Cognitive Science 12, 49–100.

Techtmeier, Bärbel (2000): Merkmale von Textsorten im Alltagswissen der Sprecher. In: Adamzik (Hrsg.): 113–127.

Tegtmeyer, Henning (1997): Der Begriff der Intertextualität und seine Fassungen. Eine Kritik der Intertextualitätskonzepte Julia Kristevas und Susanne Holthuis. In: Klein/Fix (Hrsg.): 49–81.

Teufel, Simone/Moens, Marc (2002): Summarizing Scientific Articles – Experiments with Relevance and Rhetorical Status. In: Computational Linguistics 28 (4), 409–445.

Textsorten und literarische Gattungen (1983). Dokumentation des Germanistentages in Hamburg vom 1. bis 4. April 1979. Hrsg. vom Vorstand der Vereinigung der deutschen Hochschulgermanisten. Berlin.

Tristram, Hildegard L. C. (1988): Aspects of Tradition and Innovation in the *Táin Bó Cuailinge*. In: Matthews, Richard/Schmole-Rostosky, Joachim (Hrsg.): Papers on Language and Medieval Studies. Presented to Alfred Schopf, Frankfurt am Main, 19–38.

van der Maast, Niels P. (1996): Adjusting Target Figures Downwards: On the Collaborativ Writing of Policy Documents in the Dutch Government. In: Sharples, Mike/van der Geest, Thea (Hrsg.): The New Writing Environment: Writers at Work in a World of Technology. London, 43–52.

van Dijk, Teun (1980): Textwissenschaft. Eine interdisziplinäre Einführung. Tübingen.

van Dijk, Teun/Kintsch, Walter (1983): Strategies of Discourse Comprehension. New York.

van Gemert, Lisette/Woudstra, Egbert (1997): Veränderungen im Schreiben am Arbeitsplatz. Eine Literaturstudie und eine Fallstudie. In: Adamzik u. a. (Hrsg.): 103–126.

van Kuppevelt, Jan (1995): Discourse Structure, Topicality and Questioning. In: Journal of Linguistics 31, 109–147.

Vater, Heinz (1992): Einführung in die Textlinguistik. Struktur, Thema und Referenz in Texten. München. [3., überarbeitete Aufl. 2001].

Ventola, Eija (1987): The Structure of Social Interaction. London

Viehweger, Dieter (Hrsg.) (1977): Probleme der semantischen Analyse. Berlin.

Viehweger, Dieter (Hrsg.) (1984): Grundfragen einer Theorie der sprachlichen Tätigkeit. Berlin [Ost].

Viollet, Catherine (1995): Textgenetische Mutationen einer Erzählung. Ingeborg Bachmanns „Ein Schritt nach Gomorrha". In: Baurmann/Weingarten (Hrsg.): 129–143.

Voghera, Miriam (1992): Sintassi e intonazione nell'italiano parlato. Bologna.

Waltereit, Richard (2006): Abtönung. Zur Pragmatik und historischen Semantik von Modalpartikeln und ihren funktionalen Äquivalenten in romanischen Sprachen. Tübingen (= Beihefte zur Zeitschrift für romanische Philologie 338).

Warnke, Ingo (2002): Adieu Text – bienvenue Diskurs? Über Sinn und Zweck einer poststrukturalistischen Entgrenzung des Textbegriffs. In: Fix u. a. (Hrsg.): 125–141.

Warnke, Ingo H. (Hrsg.) (2007): Diskurslinguistik nach Foucault. Theorie und Gegenstände. Berlin/New York.

Warnke, Ingo/Gerhard, Ulrike (2006): Texturen suburbaner Räume im 21. Jahrhundert – Linguistische und stadtgeographische Perspektiven auf den nordamerikanischen Neotraditionalismus. In: Bock, Bettina/Dumont, Björn (Hrsg.): Beiträge zum interdisziplinären Kolloquium Stadt & Text. Universität Leipzig. Germanistisches Institut, 13–35.

Warnke, Ingo H./Spitzmüller, Jürgen (2008b): Methoden und Methodologie der Diskurslinguistik áGrundlagen und Verfahren einer Sprachwissenschaft jenseits textueller Grenzen. In: Warnke/Spitzmüller (Hrsg.): 3–54.

Warnke, Ingo H./Spitzmüller, Jürgen (Hrsg.) (2008a): Methoden der Diskurslinguistik. Sprachwissenschaftliche Zugänge zur transtextuellen Ebene. Berlin/New York.

Weber, Max (1921): Wirtschaft und Gesellschaft. Heidelberg/Tübingen.

Weiand, Christof (1993): „Libri di famiglia" und Autobiographie in Italien zwischen Tre- und Cinquecento. Studien zur Entwicklung des Schreibens über sich selbst. Tübingen (= Romanica et comparatistica 19).

Weidacher, Georg (2007): Fiktionale Texte – Fiktive Welten: Fiktionalität aus textlinguistischer Sicht. Tübingen.

Weinrich, Harald (1993): Textgrammatik der deutschen Sprache. Mannheim u. a.

Wengeler, Martin (2003): Topos und Diskurs. Begründung einer argumentationsanalytischen Methode und ihre Anwendung auf den Migrationsdiskurs (1960á1985). Tübingen.

Werner, Jürgen (1994): Emphatische Syntax: Zur Funktionalität oraler Syntagmen. Eine komparative Studie am Beispiel des Bairischen und des Iraq-Arabischen mit einer einführenden Diskussion der relevanten Termini. Tübingen.

Wichter, Sigurd (2005): Reihen. Folgen aus Gesprächen und Textkommunikaten. Zur Modellierung der gesellschaftlichen Kommunikation. In: Muttersprache 115, 193–214; 298–319.

Wilhelm, Raymund (1996): Italienische Flugschriften des Cinquecento (1500–1550). Gattungsgeschichte und Sprachgeschichte. Tübingen (= Beihefte zur Zeitschrift für romanische Philologie 279).

Wilhelm, Raymund (2001): Diskurstraditionen. In: Haspelmath, Martin/König, Ekkehard/Oesterreicher, Wulf/Raible, Wolfgang (Hrsg.): Sprachtypologie und sprachliche Universalien. Ein internationales Handbuch. 1. Halbbd. Berlin/New York (= Handbücher für Sprach- und Kommunikationswissenschaft 20.1), 467–478.

Wilhelm, Raymund (2003): Von der Geschichte der Sprachen zur Geschichte der Diskurstraditionen. Für eine linguistisch fundierte Kommunikationsgeschichte. In: Aschenberg/Wilhelm (Hrsg.): 221–236.

Winsor, Dorothy A. (1989): An Engineer's Writing and the Corporate Construction of Knowledge. In: Written Communication 6, 270–285.

Winter, Alexander (1992): Metakognition beim Textproduzieren. Tübingen.

Wittgenstein, Ludwig (1995): Philosophische Untersuchungen [1952]. In: Wittgenstein, Ludwig: Tractatus logico-philosophicus. Werkausgabe Bd. 1. Frankfurt am Main, 225–618.

Wolf, Alois (1988): Die Verschriftlichung von europäischen Heldensagen als mittelalterliches Kulturproblem. In: Heinrich Beck (Hrsg.): Heldensage und Heldendichtung in Germanien. Berlin/New York, 305–328.

Wrobel, Arne (1995): Schreiben als Handlung. Überlegungen und Untersuchungen zur Theorie der Textproduktion. Tübingen.

Wunderlich, Dieter (1976): Studien zur Sprechakttheorie. Frankfurt am Main.

Wunderlich, Dieter (Hrsg.) (1972): Linguistische Pragmatik. Frankfurt am Main.

Wundt, Wilhelm (1901): Sprachgeschichte und Sprachpsychologie. Leipzig.

Ziegler, Arne (2002): E-Mail – Textsorte oder Kommunikationsform? Eine textlinguistische Annäherung. In: Ziegler, Arne/Dürscheid, Christa (Hrsg.): Kommunikationsform E-Mail. Tübingen (= Textsorten 7), 9–32.

Zifonun Gisela/Hoffmann, Ludger/Strecker, Bruno (1997): Grammatik der deutschen Sprache. 3 Bde. Berlin/New York.

Zimmermann, Klaus (1978): Erkundungen zur Texttypologie mit einem Ausblick auf die Nutzung einer Texttypologie für eine Corpustheorie. Tübingen (= Forschungsberichte des Instituts für deutsche Sprache 39).

Zimmermann, Klaus (1984): Die Antizipation möglicher Rezipientenreaktionen als Prinzip der Kommunikation. In: Rosengren, Inger (Hrsg.) (1984): Sprache und Pragmatik. Lunder Germanistische Forschungen 53. Malmö/Stockholm, 131–158.

Zumthor, Paul (1983): Introduction à la poésie orale. Paris.

Register

Abbildungsfunktion 86 → Funktion
Adressat 29, 48, 114, 137, 174, 240, 245, 250, 259, 261, 265, 267, 269, 289, **291ff.**
Aktant 99f.
Aktantenmodell 89
Akteur 35, **40ff.**, 48ff., 128, 132, **134**, 262
Akt 99, 120, 200, 243 → Äußerungs-, Kommunikations-, Prädikations-, Referenz-, Sprech-
–, illokutionärer/illokutiver 120f., 208
–, kognitiver 271, 289
–, lokutiver 120f.
–, perlokutiver 120f.
–, phonetischer 166
–, propositionaler 121
Akzeptabilität 18, **23f.**, 137, 323
Alltagswissen 17, 22, 80, 146f., 269 → Wissen
Allusion 183, 189
anaphorisch 60, 85, 233, 329, 340
Angemessenheit 245, **273ff.**
Anschlusshandlung 309
Anspielung 26, 49f., 181, 185, **189ff.**
Appellfunktion 119, 161 → Funktion
Architextualität 185f.
Argumentationsstruktur 207, 350 → Struktur
Artikulation 219
Attraktivität 276f.
Aufgabe, kommunikative 106, 136, 143, 193f., 218, 220, 225f., 231, 234, 266
Ausbau 211f.
Ausdrucksfunktion 119 → Funktion
Äußerungsakt 121 → Akt
Automatische Textzusammenfassung 335
Autoreflexivität 184

Basiseinheit, syntaktische 67, 73ff.
Besetzung, referenzielle 222f., 227, 234
Bewegung, referenzielle 222ff., 227
Bezugswelt 145, **154ff.**, 160, 209

Centering 340
Clustering 337
Computerlinguistik 330, **333ff.**
Critical Discourse Analysis 41

Darstellungsfunktion 119 → Funktion
Deiktika 118
deiktisch 225, 232ff.

Deixis 208
Deklarationsfunktion 139, 161 → Funktion
Dekonstruktivismus 179
Denken, lautes 311
Denotation 86
Denotatsmodell, mentales 298ff.
Dialoganalyse 123
Dialogizität 179, 184f., 196, 201ff.
DIMEAN 45ff.
Diskurs 16, **35ff.**, 65, 77, 104, 140, 161, 190f., 199, **204ff.**, 330, 340 → Distanz-, Nähe-
Diskursanalyse 33, **41ff.**, 123, 126, 235
–, deskriptive 41
–, kritische 41
Diskursdimension 35, 43ff.
Diskurshandlung 48 → Handlung
Diskursivität 137
Diskurslinguistik 16, **35ff.**
Diskursmuster 262
Diskursrelation 343
Diskurstradition 203, 207, **209ff.**
Disposition, (inter)textuelle 177, 181f.
Distanz 11, **201ff.**
–, kommunikative 202, 205f., 214
–, raum-zeitliche 201, 207
–, referenzielle 201, 209
Distanzdiskurs 204, 206ff. → Diskurs
Distanzdiskurstradition 211f.
Distanzkommunikation 158
Dokumentfrequenz 336
Domäne 189, 209, 222, **255ff.**, 336 → Konzept-, Wissens-
–, konzeptuelle 222, 233
Dynamik, interne 214

Einzeltextreferenz 177, 186, **189**, 194
Ellipse 70ff.
emisch 57
Entfaltung, thematische 23, 142, 276 → Themenentfaltung
E-Text 315, 323f.
etisch 57
Exhaustivität 150

Faktorenanalyse 348
Feld, semantisches 25
Finitheit 150
Fokus 103f., 220ff.

Fokuskomponente 221 ff.
Frame 25 f., 50 f., 93
Funktion → Abbildungs-, Appell-, Aus-
drucks-, Darstellungs-, Deklaration-, Infor-
mations-, Kommunikations-, Obligations-,
Text-
–, kommunikative 105, 115, 118, **124 f.**,
158, 291, **296 ff.**
–, poetische 124
Funktionalstilistik 28 f. → Stilistik

Gattung 26, 28, 33, 148, **154 f.**, 172 f., 182,
184 ff., 210
Gebrauchstext 154 ff., 178 ff., 303, 338
Gebrauchstextsorte 152, 154, 162, 172
→ Textsorte
Geltungsmodus 156
Gespräch 10, 18, 34, 37, 39, 49, **121 ff.**,
126 ff., 131, 134 f., 149, 155, 157, **207 ff.**,
283, 330
Gesprächsanalyse 15, 126, 139, 165
Gesprächsanalysemodell, Genfer 127
Graphostilistik 43 → Stilistik
Gültigkeitsdauer 145, 157 f.

Handlung 24, 29, 40, 43, 48, 86, 93, 101,
104, **106 ff.**, **115 ff.**, 158, 165, 168, 171,
240 ff. → Anschluss-, Diskurs-, Herstel-
lungs-, Sprach-, Text-
Handlungsbereich 27, **263 ff.**
Handlungskette 99 f.
Handlungskompetenz 143
Handlungsmuster 89, 93, 127, 129 ff., 134
Handlungsraum 255, **263 ff.**
Handlungsstruktur 85, **106 ff.**, 111
→ Struktur
Handlungswissen 135, 147 → Wissen
Hauptstruktur 223 ff. → Struktur
Haushalt, kommunikativer 195, 209
Herstellungshandlung 240 ff. → Handlung
Homogenität 150
Hypermedia 315, 320 f.
Hyperproposition 100 → Proposition
Hypertext 10, 12, 33, 180, 185, 205,
315 ff.
Hypertextmuster 262
Hypertextsorte 262, 329, 331 → Textsorte
Hypertextualität 185 ff.

Illokution 95, 120, **130 ff.**, 141
Illokutionshierarchie 113, 130
Illokutionsstruktur 109, 128, 344
→ Struktur
Illokutionstyp 139, 350
Implikatur 46 f., 51, 63, 122
Information Retrieval 334, 336, 339

Informationsfunktion 139, 161 → Funk-
tion
Informativität 18, 24, 137, 323
Intentionalität 18, 20, 24, 137, 182, 323
Interaktion 113 ff., 124, 126 ff., **131 ff.**, 160,
264, 267, 295, 320 f., 324, 328
Interaktionsbeziehung 256, 260, 265
Interaktionsereignis 170
Interaktionspartner 134 ff.
Interaktionsrolle 48, 51
Interaktivität 145, **157 f.**, 263, **320 ff.**
Intertextualität 11, 15, 18, **26 f.**, 33, 36,
50 f., 137, 140, **177 ff.**, 323 → Textsorten-
Isotopie 85, **87 ff.**

kataphorisch 60, 329
Klassem 87 ff.
Kodiertheit, multimodale 320, 324
Kohärenz 18, 20, **22**, 24, 30 f., **60 f.**, 65,
86 ff., 137, 180, 206 f., 212, 220, 250, 252,
273 ff., 287, 294, 323, **327 ff.**, 337
–, dynamische 223, 225
–, statische 223, 225
Kohärenzrelation 115, **343 ff.**
Kohäsion 18, **20 ff.**, 30 f., 60 f., 85, 137, 206,
277, 323, **327 ff.**, 337, 348
Kommunikationsakt 105, 122, 130, 136,
142 → Akt
Kommunikationsfunktion 56
Kommunikationsmaxime 246 → Konver-
sationsmaxime
Kommunikationsprofil 195
Kommunikativität 183
Komponentenanalyse, semantische 87
Kompositheit 214 f.
Konnektor 60 f., 100, 344, 346, 348
Konnexion 60 f., 94
Kontaktfunktion 124, 139, 161 → Funk-
tion
Kontiguität **59 ff.**, 85, **91 ff.**
Konventionsmodell, mentales 298 ff.
Konversationsanalyse 29, 113, 123, **126 ff.**,
165, 202
Konversationsmaxime 63, 122 → Kom-
munikationsmaxime
Konzeptdomäne 223 ff., 229, 234
→ Domäne
Koreferenz 59 f., 341, 348 ff.
Koreferenz-Analyse 333, 340, 351
Korpuslinguistik 37, 49, 215
Korrektheit 273 f., 280, 283, 296, 302,
304 ff.
Kulturalität 28

langage 203, 206
langue 61, 203, 205

Lesbarkeit 291 f.
Lesbarkeitsformel 292, 295, 310
Leserlichkeit 291, 309
Leseweg 319, 326 f., 329
Linearisierung 219, 227, 229 ff.
Linearisierungsprinzip 223
Linguistik, kognitive 110 f.

Makroregel 100
Makrostruktur **46 f.**, 51, **98 f.**, **100 ff.**, 130, 207, 223, 300, 306 → Struktur
Makrostruktur-Konzept 98 f.
Medialität 42, 48, 51, 157, 159, 239
Medium 28, 32, 48, 51, 78 f., **164 f.**, 171, **199 ff.**, 260, 281, 298, **301 ff.**, **319 ff.**
medium transferability 200
Metatextualität 185 ff.
Mikrostruktur 47, 51, 207 f., 223 → Struktur
Modell, mentales 293 ff., 306
Monotypie 150
Motivation 302, 304 ff.
move analysis 342
Multikodalität 32
Multimedialität 10, 32
multimodal → Kodiertheit, multimodale
Mündlichkeit 62, 66, 81, 158, **199 ff.**, 241 f., **284 ff.**
Musterbrechung 192
Mustermetamorphose 192
Mustermischung 192
Mustermontage 192

Nähe 11, **201 ff.**
Nähediskurs 206 ff., 212 → Diskurs
Nähe-Distanz-Kontinuum 201 f.
Nebenstruktur 223 ff. → Struktur
Nicht-Linearität 318, 320

Obligationsfunktion 139, 161 → Funktion
Ordinary Language Philosophy 119
Organon-Modell 118 f.

Paratextualität 185 ff.
Parlando 12, **271 ff.**
parole 61, 145, 203, 205
Perspektivierung 220
Perzipierbarkeit 296, 302, **308 ff.**
Phänotext 178 ff.
Plagiat 181, 185, 191, 238, 262
Poststrukturalismus 179 f.
Prädikation 46, 203
Prädikationsakt 121 → Akt
Pragmatik **63 f.**, 95, 113, **116 ff.**, 165
Prägnanz 295, 302 ff.
Präsupposition 46 f., 51, 63

Problem (Def.) 247
Problemlösen, dialektisches 12, 237 ff.
Pro-Form 59 ff.
Progression, thematische 105 ff., 331, 348, 351
Pronominalisierung 21, 51, **57 ff.**, 340
Proposition 46 f., 51, 61, **93 ff.**, 104, 110, 141, 205, 220, 294, 344 → Hyper-
Prototypikalität 137

Quaestio 12, 104, 217, **221 ff.**
Question Answering 340

Referenzakt 121 → Akt
Referenzialisierung 203
Referenzialität 184
Referenzidentität 59
Referenzsignal 178, 182
Referenztext 178 ff.
Regulationsmodell, Mannheimer 260
Rekurrenz 21, 59 → Sem-
Repulsivität 276 f.
Reziprozität 134
Rhema **103 ff.**, 307, 329
Rhetorical Structure Theory 85, 96 f., 345, 349, 351

Sachverhaltswissen 219, 227 f. → Wissen
Satzverknüpfungshypothese 55
Schema 25, 30, 50 f., 80, 262, **293 f.**, 300, 306
Schema-Theorie 293 f.
Schreibforschung 237 ff.
Schreib-Logging 311 f.
Schriftlichkeit 10, 12, 72, 158, **199 ff.**, 238 f., 242, 257, 261, 270, **282 ff.**, 328, 331
Script 25 f., 50 f., 93
Segmentierung 55, 66 ff., 341
Selektion 40, 49, 219, 226, 231, 246
Selektivität 184
Semiotik 16, 32, 117, 296
Semrekurrenz 85, 91 f. → Rekurrenz
Sequenzierung 126, 130, 263
Serie 33, 45
Simplizität 302, 307 ff.
Situationalität 18, 20, 24, 206, 323
Sprachbewusstsein 82, 289
Sprachhandlung 120, 128, 139, 142 → Handlung
Sprachrichtigkeit 274
Sprachwerk 240 f., 246
Sprechakt 46 f., 51, 63, 113, **120 ff.**, **128 ff.**, 241, 244, 344, 349 f. → Akt
Sprechakttheorie 24 f., 86, **119 ff.**, 128, 131, 157

Stil 15, 19f., **28ff.**, 180, 203, 241, 265, **286ff.**, 300
Stilelement 29
Stilistik 29 → Funktional-, Grapho-
Stilzug 29
Struktur → Argumentations-, Handlungs-, Haupt-, Illokutions-, Makro-, Mikro-, Neben-, Thema-Rhema-
Strukturalität 184
Subthema 98 → Thema
Systemreferenz 172ff.

Teilthema 98 → Thema
Text, virtueller 174
Textarchitektur 46
Textanalyseraster, Zürcher 273ff.
Text-Bild-Beziehung 10, 46f., 51
Textdesign 192f., 319, 321
Textfunktion 18, 24, 46f., 51, 65, 101, 113, **124ff.**, **139**, 153, **161ff.**, 292, **327ff.**, 345
Texthandlung 107, 137 → Handlung
Texthintergrundslogik 276, 278
Text-im-Kopf 180
Textklasse 24, 149, 169f.
Textkompetenz 195, 254
Textkörper 174
Text Mining 338, 351
Textmuster 24, 26, 29, 31, 48, 51, 140, 143, 186, 188, 192, 195, 214, 262, 271, 273, 278, 281, 285f., 325
Textparsing 346
Textproduktionsforschung 237ff., 255f., 262
Textqualität 29, **271ff.**, 296
Textsorte → Gebrauchs-, Hyper-
Textsorten-Intertextualität 187, **193ff.** → Intertextualität
Textsorten-in-Vernetzung 177, 188, **193f.**
Textsortenklasse 170, 210
Textsortenkonzept 146
Textsortennetz 33
Textsortenwissen 18, 22, 143, 147
Texttechnologie 333, 349ff.
Textthema 47, 51, **99ff.**, 142, 227, 277, 327
Text-Thema-Modell 97
Texttradition 207, 209, 211f., 262
Texttyp 56, 150, **168ff.**, 183, 210, 223, 235, 319
Texttypologie 148, 151, 161, 167
Textualität 15, **18ff.**, 136f., 199, **206f.**, 315, **322ff.**, 348
Textualitätskriterium/-kriterien **19ff.**, 60, 185, 206, 315, **322f.**

Textvernetzung 191
Textverstehen 17, 26, 93, 111, 135, 178, 180, 255, 277, **291**, 334
Textvordergrundslogik 276, 278
Thema → Sub-, Teil-, Text-
Thema-Rhema-Struktur 103 → Struktur
Themenentfaltung 46f., 51, **97f.** → Entfaltung, thematische
Themenentfaltungstyp 101, 161, 164f.
Topik 103f., 220ff.
Topikkomponente 221ff.
Transphrastik 212
transphrastisch 15, 19ff., 55ff.
Transtextualität 185f.

Umwelt-Individuen-Modell 259
Unikalität 325

Varianz, konzeptionelle 214
Varietät 199, 203, 213, 329
Verankerung, deiktische 232
Verankerung, intrinsische 232
Verantwortung 173, 180, 243
Verlautlichung 200f.
Vermündlichung 200, 210
Verschriftlichung 200, 205, 209f.
Verschriftung 210
Verständlichkeit 12, 255, 269, **273ff.**, **291ff.**
Verständlichkeitsdimension 291ff.
Verständlichkeitskonzept, Hamburger 295
Verständlichkeitskonzept, Karlsruher 12, 291ff.
Vertextung 204f., 327
Vertextungsmittel 57, 85
Vertextungsmuster 143, 161

Wagnis, formales 276, 278
Wagnis, inhaltliches 276, 278
Webgenre 329
Wegqualität 273, 276, 278
Weiterschreiben 190
Weltwissen 20ff., 26, 80, 110, 135 → Wissen
Wiederaufnahme 28, **58ff.**, 91
Wiki-Technologie 317f.
Wissen → Alltags-, Handlung-, Sachverhalts-, Welt-
Wissensdomäne 238 → Domäne
Wissensformation 39ff.

Zeichenmodell, semiotisches 63, **117f.**, 124
Zeichentheorie 117, 178
Zeigfeld 118
Zug 342

Nina Janich

Werbesprache

Ein Arbeitsbuch

narr studienbücher
5., erweiterte Auflage 2010,
324 Seiten,
€[D] 19,90/SFr 33,50
ISBN 978-3-8233-6550-1

Werbung ist ein beliebtes Forschungsobjekt der germanistischen Sprachwissenschaft, und die Werbesprache wird gerne als Thema für Seminar- und Magisterarbeiten gewählt. Das vorliegende Studienbuch stellt einerseits die werbewissenschaftlichen Grundlagen bereit, die auch für sprachwissenschaftliche Analysen unerlässliche Rahmendaten abgeben. Zum anderen wird in die unterschiedlichen linguistischen Fragestellungen eingeführt, unter denen Werbung untersucht werden kann. Methodische Hinweise, Wissens- und Diskussionsfragen sowie Anregungen zu bisher nicht untersuchten Aspekten machen dieses Arbeitsbuch zur geeigneten Seminargrundlage.

Die 5. Auflage des bewährten Studienbuches wurde komplett überarbeitet, die Werbebeispiele und Aufgaben wurden erneuert, die Bibliographie wurde aktualisiert. Fernseh- und Hörfunkspots erfahren nun gebührende Berücksichtigung, und ein Beitrag von Jens Runkehl führt in die Formen der Internet-Werbung ein.

narr VERLAG

Narr Francke Attempto Verlag GmbH + Co. KG
Postfach 2560 · D-72015 Tübingen · Fax (0 7071) 97 97-11
Internet: www.narr.de · E-Mail: info@narr.de